이패스
합격예감
보세사

(5과목 이론+모의고사)

안준호 저

epasskorea

머리말

보세사 시험은 관세법을 포함한 여러 관세청 고시와 자유무역지역의 지정 및 운영에 관한 법률을 포함한 산업통상자원부장관 고시에서 문제가 출제되며, 1년에 한 번 시험이 치러지게 됩니다. 학습할 분량이 많고 시험에 응시할 수 있는 기회도 적어 한번 시험에 떨어지면 1년을 기다려야 하는 부담스러운 시험이라고 할 수 있습니다.

예전에는 3개월 정도의 시간을 들여 보세사 시험을 준비하면 충분히 합격할 수 있다는 의견이 지배적이었으나, 최근에는 시험의 난이도가 상승하였기 때문에 전략을 잘 세워 효율적으로 준비를 할 필요가 있습니다.

특히 보세사 시험 과목이 다양하고 학습할 분량이 많기 때문에, 전 범위를 다 학습하는 것이 아니라 기출문제를 분석하여 출제가 자주 되는 부분을 중심으로 학습하는 것이 필요하며, 본 교재에서는 이를 위해 다음과 같이 내용을 구성하였습니다.

1. 관세법과 각 고시의 규정 중에서 그동안 출제가 되었거나 출제될 수 있는 부분만 수록하였습니다.
2. 최근 3년 동안 출제되었던 기출문제를 확인할 수 있도록 각 과목의 내용 옆에 기출문제를 표시했습니다.
3. 각 과목의 내용 중에서 기출되었던 보기를 확인할 수 있도록 굵은 글자로 표시했습니다.
4. 24년도 기출문제를 분석하여 출제 경향에 맞게 실전 모의고사를 수록하였습니다.

이에 본 교재를 학습할 때에는 기출 표시가 있는 내용 중에서 굵은 글자로 표시된 부분을 중점적으로 학습하는 것이 효과적입니다.

본 교재가 보세사 시험을 합격하는데 도움이 될 수 있기를 기원합니다.

안준호 편저

PREFACE

■ 보세사(Bonded goods caretaker) 소개

보세사는 보세창고 운영인이 보세창고를 운영하기 위해서 반드시 채용해야 하는 국가공인전문자격사입니다. 보세화물관리에 전문적인 지식을 지니고 보세화물관리에 대한 세관 공무원의 업무 중 일부를 위탁 받아 수행하고 있으며, 보세창고 운영인이나 보세공장 운영인이 반드시 채용하여야 하는 보세화물 전문관리자입니다. 또한 지정보세구역의 화물관리인이나 특허보세구역 운영인이 자신의 보세구역을 세관으로부터 자율관리보세구역으로 지정 받기 위해서도 반드시 채용하기에 앞으로의 전망이 밝은 국가공인자격 입니다.

■ 응시원서 접수방법

한국관세물류협회 홈페이지(https://www.kcla.kr/)에서 인터넷 온라인접수
응시자격 : 제한없음

■ 2025년 시험일정

시험일	접수일	합격자 발표
2025년 7월 5일(토)	4월 7일(월) ~ 4월 18일(금)	8월 7일(목)

■ 시험과목별 문항 수 및 제한시간

시험과목	출제형태	입실시간	시험기간	합격결정기준
수출입통관절차 보세구역관리 보세화물관리 자율관리 및 관세벌칙 수출입안전관리	과목당 25문항 (5지 선택형)	09:30 까지	10:00 ~ 12:15 (135분)	1과목을 100점 만점으로 하여 매 과목 40점 이상, 전 과목 평균 60점 이상을 득점한 사람

■ 응시자 수 및 합격률

구분	2020년	2021년	2022년	2023년	2024년
응시자	2,841	3,017	2,695	3,117	3,097
합격자	680	1,034	695	1,213	532
합격률	23.9%	34.3%	25.8%	38.2%	17.2%

한눈에 보는 출제경향 분석

1과목 | 수출입통관절차

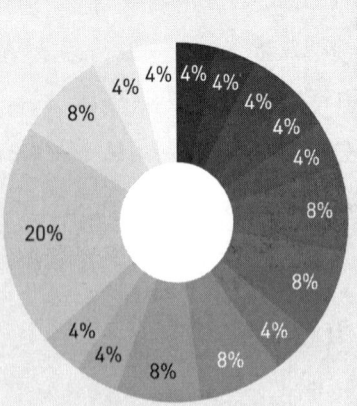

- 제1장 제1절 통칙
- 제1장 제3절 기간과 기한
- 제2장 제1절 통칙
- 제2장 제2절 납세의무의 소멸 등
- 제2장 제4절 과세가격의 신고 및 결정
- 제3장 제3절 세율의 적용 등
- 제4장 제1절 감면
- 제5장 제2절 심사와 심판
- 제9장 제1절 통칙
- 제9장 제2절 수출·수입 및 반송
- 제13장 보칙
- 관세법 종합
- 수입통관 사무처리에 관한 고시
- 수출통관 사무처리에 관한 고시
- 반송절차에 관한 고시
- 관세법 제226조에 따른 세관장확인물품 및 확인방법 지정고시

출제 포인트

5과목 중 가장 기초가 되는 과목입니다. 관세법에 대한 전반적 이해가 필요하며, 최근 출제경향을 파악하여 빈출되는 이론을 정확하게 이해해야 합니다. 다른 과목과 겹치는 내용도 다소 있으므로, 기초를 다지는 과정에서 꼼꼼하게 학습한다면 다른 과목의 점수 향상에도 도움이 될 것입니다. 관세법에서 64% 정도가 출제되고 관련 고시에서 36% 정도가 출제되고 있으며, 고시에서는 특정 내용이 반복적으로 출제되고 있으므로, 해당 부분을 중점적으로 학습하는 것이 좋습니다.

2과목 | 보세구역관리

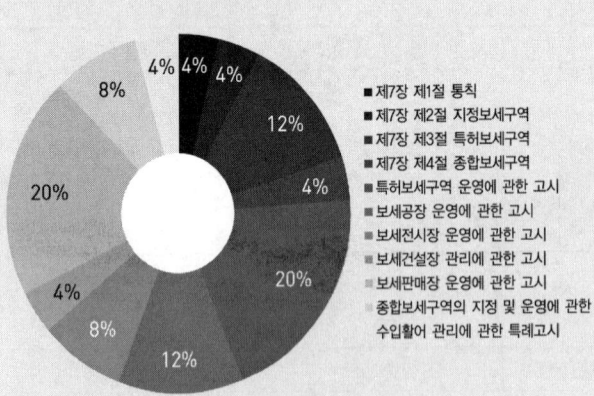

- 제7장 제1절 통칙
- 제7장 제2절 지정보세구역
- 제7장 제3절 특허보세구역
- 제7장 제4절 종합보세구역
- 특허보세구역 운영에 관한 고시
- 보세공장 운영에 관한 고시
- 보세전시장 운영에 관한 고시
- 보세건설장 관리에 관한 고시
- 보세판매장 운영에 관한 고시
- 종합보세구역의 지정 및 운영에 관한 고시
- 수입활어 관리에 관한 특례고시

출제 포인트

2과목은 관세법보다는 고시의 내용이 많이 각각 50%씩 출제되는 과목입니다. 관세법에서는 특허보세구역에서 주로(12%) 출제되고, 고시에서는 특허보세구역 운영에 관한 고시(20%)와 보세공장판매장 운영에 관한 고시에서(20%) 및 보세공장 운영에 관한 고시(12%)에서 주로 출제되고 있습니다. 특정 내용이 반복적으로 출제되는 것이 많으니, 해당 내용을 중점적으로 학습하는 것이 좋습니다.

INFORMATION

3과목 | 화물관리

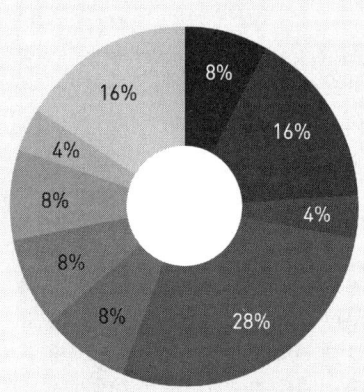

- 제6장 운송수단
- 제7장 보세구역
- 제9장 통관
- 보세화물 입출항 하선 하기 및 적재에 관한 고시
- 보세화물관리에 관한 고시
- 보세화물 장치기간 및 체화관리에 관한 고시
- 화물운송주선업자의 등록 및 관리에 관한 고시
- 환적화물 처리절차에 관한 특례고시
- 보세운송에 관한 고시

출제 포인트

3과목은 주로 고시에서 출제가 많이 되고 있으며, 보세화물과 관련된 부분에서 약 44% 이상 출제되고 있습니다. 보세화물 외에 보세운송, 환적화물 등 다양한 부분에서 출제가 되고 있으나, 주로 출제되는 부분에서 반복적으로 출제되고 있으므로, 기출문제를 중심으로 반복적으로 학습하는 것이 좋습니다.

4과목 | 수출입안전관리

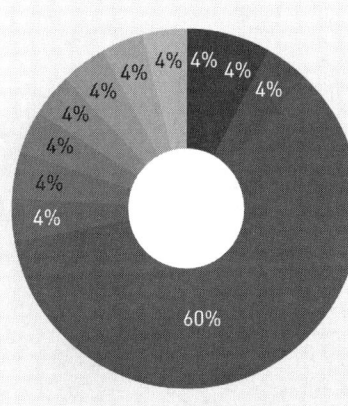

- 제1장 총칙
- 제6장 운송수단
- 제8장 운송
- 수출입 안전관리 우수업체 공인 및 운영에 관한 고시
- 국제무역선의 입출항 전환 및 승선절차에 관한 고시
- 국제무역기의 입출항절차 등에 관한 고시
- 선박용품 등 관리에 관한 고시
- 항공기용품 등 관리에 관한 고시
- 밀수 등 신고자 포상에 관한 훈령
- 위해물품 보고 및 포상에 관한 훈령
- 관리대상화물 관리에 관한 고시

출제 포인트

4과목은 수출입 안전관리 우수업체(AEO)와 관련된 부분에서 약 60%가 출제되며, 관세법상 운송수단에서 12%가 출제되고 있습니다. 두 부분에서 72%가 넘게 출제되고 있으므로, 해당 내용을 위주로 학습하되, 나머지 부분에 대해서는 기출문제를 위주로 학습하는 것이 좋습니다.

● INFORMATION

5과목 | 자율관리 및 관세벌칙

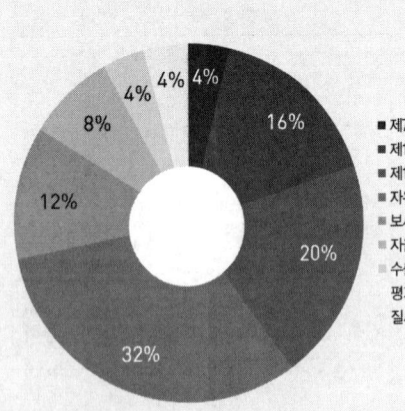

- 제7장 보세구역
- 제11장 벌칙
- 제12장 조사와 처분
- 자유무역지역의 지정 및 운영에 관한 법률
- 보세사제도 운영에 관한 고시
- 자율관리 보세구역 운영에 관한 고시
- 수출입물류업체에 대한 법규수행능력측정 및 평가관리에 관한 훈령
- 질서위반행위규제법

출제 포인트

5과목은 관세법에서 약 40% 정도 출제되고, 자유무역지역과 관련하여 약 32% 정도가 출제되며, 자율관리 보세구역 운영에 관한 고시에서 약 8% 정도가 출제됩니다. 그 외의 부분에서는 20%가 출제되고 있는데, 관세법상 벌칙의 내용은 기출문제를 중심으로 빈출되는 내용들을 주로 학습하는 것이 좋으며, 자유무역지역과 자율관리 보세구역은 주로 출제되는 내용들이 반복해서 출제되고 있으므로, 해당 내용을 위주로 학습하는 것이 좋습니다.

좀 더 자세한 내용 및 수험정보 등은 당사 홈페이지(www.epasskorea.com) 참조

합격까지 한 걸음, 학습전략

1과목 | 수출입통관절차

1과목인 수출입통관절차는 수출·수입·반송통관에 관한 내용을 다루는 과목으로서, 24년의 출제 비율을 살펴 보면, 관세법에서 60%~70% 정도가 출제되며, 고시 중에서는 수입통관 사무처리에 관한 고시에서 8%, 수출통관 사무처리에 관한 고시에서 8%, 그 밖의 고시에서 16% 정도가 출제된다. 관세법에서는 제1장(총칙), 제2장(과세가격과 과세의 부과·징수) 및 제9장(통관)에서 주로 출제되기 때문에, 해당 내용을 중심으로 학습하는 것이 효과적이다.

- **출제가 많이 되는 부분** : 과세가격과 관세의 부과·징수(24%), 통관(20%), 총칙(8%)
- **출제가 적게 되는 부분** : 세율 및 품목분류(4%), 납세자의 권리 및 불복절차(4%), 보세구역(4%)

고시에 대한 부분은 전체 내용을 두루 학습하기 보다는 출제가 빈번하게 되는 부분만 집중적으로 학습을 하는데, 수입통관 사무처리에 관한 고시와 수출통관 사무처리에서 16~20%가 출제되기 때문에, 해당 내용을 중심으로 학습하는 것이 효과적이다.

2과목 | 보세구역관리

2과목인 보세구역관리는 보세화물을 취급하는 보세구역에 대한 내용을 다루고 있다. 이는 관세법상의 보세구역 규정을 포함하여 보세창고 특허 및 운영에 관한 고시, 보세공장 운영에 관한 고시 등 보세화물에 관련된 여러 고시에서 문제가 출제된다.

24년의 출제 비율을 살펴 보면, 관세법에서 20%~30% 정도가 출제되고, 관련 고시인 특허보세구역(전체 및 개별 보세구역)에서 60%, 종합보세구역에서 8%, 수입활어 관리에 관한 특례고시에서 4%가 출제되고 있는 것을 확인할 수 있다. 이에 전체 고시의 내용을 두루 살펴보기 보다는 출제가 많이 되는 부분을 집중적으로 학습하는 것이 효과적이다.

- **출제가 많이 되는 부분** : 보세창고 특허 및 운영에 관한 고시(20%), 보세판매장 특허 및 운영에 관한 고시(16%)
- **출제가 적게 되는 부분** : 보세건설장 관리에 관한 고시(4%), 수입활어 관리에 관한 특례고시(4%)

3과목 | 화물관리

3과목인 화물관리는 보세화물의 장치, 관리, 입출항, 보세운송 등에 대하여 규정하고 있다. 이는 관세법을 포함하여 보세화물 관리에 관한 고시 등 여러 고시의 내용을 다루는데, 다른 과목에 비해 비교적 학습해야 할 고시의 내용이 많다고 볼 수 있다.

24년도의 출제 비율을 살펴 보면, 보세화물관리에 관한 고시(28%), 보세운송에 관한 고시(24%), 보세화물 입출항 하선 하기 및 적재에 관한 고시(20%), 환적화물 처리절차에 관한 특례고시(8%), 보세화물 장치기간 및 체화관리에 관한 고시(8%), 화물운송주선업자의 등록 및 관리에 관한 고시(8%)가 출제되었기에, 해당 내용을 집중적으로 학습하는 것이 효과적이다.

- 출제가 많이 되는 부분 : 보세화물관리에 관한 고시(28%), 보세화물 입출항 하선 하기 및 적재에 관한 고시(24%)
- 출제가 적게 되는 부분 : 관세법(4%)

비교적 출제가 적게 되는 환적화물 처리절차에 관한 고시((8%), 보세화물 장치기간 및 체화관리에 관한 고시((8%) 및 화물운송업자의 등록 및 관리에 관한 고시((8%)는 기출문제 위주로 학습하는 것이 효과적이다.

4과목 | 수출입안전관리

4과목인 수출입안전관리는 주로 종합인증우수업체(AEO)에 대한 부분에서 많은(56%) 문제가 출제되므로, 수출입 안전관리 우수업체 공인 및 운영에 관한 고시의 규정을 집중적으로 학습하는 것이 필요하다. 또한, 수출입 안전관리 우수업체 공인 및 운영에 관한 고시 별표1에 규정된 수출입 안전관리 우수업체 공인기준에서도 매년 문제가 출제되기에 해당 규정도 반드시 학습을 하여야 한다.

- 출제가 많이 되는 부분 : 수출입 안전관리 우수업체 공인 및 운영에 관한 고시(56%), 관세법(16%)
- 출제가 적게 되는 부분 : 밀수 등 신고자 포상에 관한 훈령(4%), 선박용품 등 관리에 관한 고시(4%)

24년도의 출제 비율을 살펴 보면, 수출입 안전관리 우수업체 공인 및 운영에 관한 고시를 제외한 나머지 고시에서는 각 1문제씩만 출제(관리대상화물 관리에 관한 고시는 2문제)되었기에, 최근 기출문제를 바탕으로 출제가 되었던 부분만 정리하여 학습하는 것이 효과적이다.

5과목 | 자율관리 및 관세벌칙

5과목인 자율관리 및 관세벌칙은 자율관리 보세구역과 관세법상의 벌칙 규정이 주로 출제된다. 이는 관세법 제11장부터 제12장까지와 자유무역지역에 관한 법률 등과 자율관리 보세구역 운영에 관한 고시 등 관세청 고시에서 문제가 출제된다.

24년도의 출제 비율을 살펴 보면, 관세법 제11장과 제12장에서 비교적 많은 문제(40%)가 출제되어 단순 암기형으로 출제되는 문제가 많다고 볼 수 있으며, 자유무역지역에 관련된 문제도 28%가 출제되어, 비교적 출제 비율이 높은 편이라고 할 수 있다.

- 출제가 많이 되는 부분 : 관세법(40%), 자유무역지역의 지정 및 운영에 관한 법률(28%)
- 출제가 적게 되는 부분 : 수출입물류업체에 대한 법규수행능력측정 및 평가관리에 관한 훈령(8%)

출제가 많이 되는 벌칙 부분을 학습할 때에는 징역형과 벌금형에서의 숫자를 틀리지 않도록 특정 포인트를 두어 암기하는 것이 필요하며, 출제가 적게 되는 부분인 보세사제도 운영에 관한 고시(8%)와 수출입물류업체에 대한 법규수행능력측정 및 평가관리에 관한 훈령(8%)은 기출문제만 정리하는 등 최소한으로 학습을 하는 것이 효과적이다.

좀 더 자세한 내용 및 수험정보 등은 당사 홈페이지(www.epasskorea.com) 참조

합격예감이 현실이 되는 플랜

1일 ☐	2일 ☐	3일 ☐	4일 ☐	5일 ☐
1과목 총칙 ~ 납세담보	1과목 과세가격의 신고 및 결정 ~ 부과와 징수	1과목 세율 ~ 감면 및 분할납부	1과목 납세자의 권리 및 불복절차 ~ 환적물품 등에 대한 유치 등	1과목 통관의 제한 ~ 우편물의 통관절차
6일 ☐	**7일** ☐	**8일** ☐	**9일** ☐	**10일** ☐
2과목 보세구역의 통칙 ~ 지정보세구역	2과목 특허보세구역	2과목 종합보세구역 ~ 수입활어장치장	3과목 보세화물관리제도	3과목 보세운송제도 ~ 환적화물의 처리
11일 ☐	**12일** ☐	**13일** ☐	**14일** ☐	**15일** ☐
4과목 관세국경 관리체계	4과목 AEO	5과목 자율관리 보세구역 ~ 보세사	5과목 자유무역지역 ~ 관세벌칙	기출문제 및 모의고사

15일 학습플랜은 보세사를 처음 공부하는 학습자를 위한 수료과정 플랜입니다.

상기 학습 플랜은 하루 4시간 학습자를 기준으로 선정한 플랜입니다.

처음에 1과목을 학습하며, 관세의 부과·징수와 관세행정 절차에 대한 전반적인 감을 익히고, 다른 과목과의 연계성을 확인합니다.

1과목을 바탕으로 각 과목별로 정해진 절차를 이해하고 정리하되, 강의 때 설명했던 중요한 부분(기출된 내용)을 위주로 내용을 학습합니다.

모든 과목을 한번씩 정리한 뒤, 기출문제와 모의고사를 통해 중요한 내용을 복습하고 정리합니다.

이패스코리아 보세사의 특별함

강의력 + 실무를 겸비한 관세사 저자 직강

본 교재의 저자이며 온라인강의를 진행하는 안준호 강사는 현직 관세업무를 하는 무역 전문 관세사입니다.
또한 이패스코리아에서 관세사[1, 2차], 외환전문역2종 등 무역과정을 전문으로 하고 있습니다.
2024년 현재 관세사무소 이론+실무 사례를 바탕으로 강의가 진행되기 때문에 훨씬 유익합니다.

최신 기출문제분석을 통한 합격 자신감UP

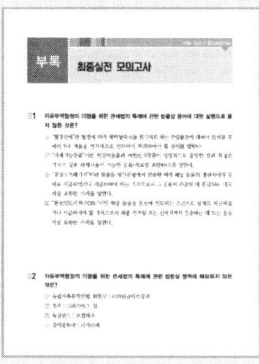

실전모의고사를 통해서 실전감각을 익히고 충분히 연습할 수 있도록 구성하였으며 무엇보다 자세한 해설이 함께합니다.
보세사는 기본서 없이도 이패스코리아 온라인강의와 문제집 1권이면 바로 합격 가능합니다!

궁금한건 언제든지 대답해주는 365일 운영 서비스

이패스코리아 고객센터는 365일 운영됩니다. 주중보다 주말에 공부할 경우가 많은데 온라인 수강에 불편함이 생기면 당황하시죠?
이패스코리아는 365일 고객센터 운영으로 학습불편함을 제로!로 만들어 드립니다. 공부하면서 궁금한점 언제든지 질의 남겨주세요.
강사가 최대한 빠른 시간내로 답변드립니다!

차 례

| 1과목 | 수출입통관절차 ·· 14

    제1장 총 칙 / 16

    제2장 과세가격과 관세의 부과·징수 / 27

    제3장 세 율 / 62

    제4장 감면 및 분할납부 등 / 70

    제5장 납세자의 권리 및 불복절차 / 86

    제6장 통 관 / 102

| 2과목 | 보세구역관리 ·· 172

    제1장 보세구역의 통칙 / 174

    제2장 지정보세구역 / 177

    제3장 특허보세구역 / 185

    제4장 종합보세구역 / 271

    제5장 수입활어장치장 / 285

| 3과목 | 화물관리 ·· 294

    제1장 화물관리 제도 / 296

    제2장 보세운송제도 / 344

    제3장 화물운송주선업자 / 363

    제4장 환적화물의 처리 / 370

    제5장 보세화물의 하선 하기 및 적재 / 379

| 4과목 | 수출입안전관리 ··· 400

　　제1장　관세국경 감시체계 / 402
　　제2장　AEO / 450
　　제3장　밀수 등 신고자 포상 / 491

| 5과목 | 자율관리 및 관세벌칙 ·· 504

　　제1장　자율관리 보세구역 / 506
　　제2장　보세사 / 515
　　제3장　자유무역지역 / 524
　　제4장　관세벌칙 / 560

| 부록 | 실전모의고사 ··· 586

1과목

수출입통관절차

제1장 총 칙
제2장 과세가격과 관세의 부과·
 징수 등
제3장 세 율
제4장 감면·환급 및 분할납부 등
제5장 납세자의 권리 및 불복절차
제6장 통 관

제1장 총칙

I. 통칙

1 관세법의 목적

관세법은 ① 관세의 부과·징수 및 ② 수출입물품의 통관을 적정하게 하고, ③ 관세수입을 확보함으로써 ④ 국민경제의 발전에 이바지함을 목적으로 한다.

2 관세의 성격

관세는 국가가 징수하는 ① **대물세**, 납세의무자와 담세자가 다른 ② **간접세**, 수입신고 건별로 과세하는 ③ **수시세**이며, 우리나라에서 수입물품이 소비될 것을 전제로 부과되는 ④ **소비세**이다.

3 관세법상의 용어의 정의 `기출 2021~2023`

(1) 수입

수입이란 **외국물품**을 ① 우리나라에 **반입**(② 보세구역을 경유하는 것은 보세구역으로부터 반입하는 것을 말한다)하거나 ③ 우리나라에서 **소비 또는 사용**하는 것(④ 우리나라의 운송수단 안에서의 소비 또는 사용을 포함하며, 관세법 제239조(수입으로 보지 아니하는 소비 또는 사용) 각 호의 어느 하나에 해당하는 소비 또는 사용은 제외한다)을 말한다.

(2) 수출

수출이란 **내국물품을 외국으로 반출**하는 것을 말한다.

(3) 반송

반송이란 국내에 도착한 외국물품이 **수입통관절차를 거치지 아니하고** 다시 외국으로 반출되는 것을 말한다.

(4) 외국물품

외국물품이란 다음의 어느 하나에 해당하는 물품을 말한다.
① 외국으로부터 우리나라에 도착한 물품[외국의 선박 등이 공해(외국의 영해가 아닌 경제수역을 포함한다)에서 채집하거나 포획한 수산물 등을 포함한다]으로서 수입신고가 수리되기 전의 것
② **수출신고가 수리된 물품**

> **그 밖의 관세법상의 외국물품**
>
> ㉠ 보수작업으로 외국물품에 부가된 내국물품
> ㉡ 입항전수입신고가 된 물품
> ㉢ 외국물품과 내국물품을 원료로 하거나 재료로 하여 작업을 하는 경우 그로써 생긴 물품

(5) 내국물품

내국물품이란 다음의 어느 하나에 해당하는 물품을 말한다.
① 우리나라에 있는 물품으로서 외국물품이 아닌 것
② **우리나라의 선박 등이 공해**에서 채집하거나 포획한 수산물 등
③ **입항전수입신고가 수리된 물품**
④ 수입신고수리전 반출승인을 받아 반출된 물품
⑤ 수입신고전 즉시반출신고를 하고 반출된 물품

(6) 국제무역선 및 국제무역기

① 국제무역선이란 무역을 위하여 우리나라와 외국 간을 운항하는 선박을 말한다.
② 국제무역기란 무역을 위하여 우리나라와 외국 간을 운항하는 항공기를 말한다.

(7) 국내운항선 및 국내운항기

① 국내운항선이란 국내에서만 운항하는 선박을 말한다.
② 국내운항기란 국내에서만 운항하는 항공기를 말한다.

(8) 선박용품 등

① 선박용품이란 음료, 식품, 연료, 소모품, 밧줄, **수리용 예비부분품** 및 부속품, 집기, 그 밖에 이와 유사한 물품으로서 **해당 선박에서만 사용**되는 것을 말한다.
② 항공기용품이란 선박용품에 준하는 물품으로서 해당 항공기에서만 사용되는 것을 말한다.
③ 차량용품이란 선박용품에 준하는 물품으로서 해당 차량에서만 사용되는 것을 말한다.

(9) 통관

통관이란 **관세법에 따른 절차를 이행하여 물품을 수출·수입 또는 반송하는 것**을 말한다.

(10) 환적 등

① 환적이란 **동일한 세관의 관할구역**에서 입국 또는 입항하는 운송수단에서 출국 또는 출항하는 운송수단으로 물품을 옮겨 싣는 것을 말한다.
② 복합환적이란 입국 또는 입항하는 운송수단의 물품을 **다른 세관의 관할구역으로 운송**하여 출국 또는 출항하는 운송수단으로 **옮겨 싣는 것**을 말한다.

(11) 운영인

운영인이란 다음의 어느 하나에 해당하는 자를 말한다.
① 특허보세구역의 설치·운영에 관한 특허를 받은 자
② 종합보세사업장의 설치·운영에 관한 신고를 한 자

(12) 세관공무원

세관공무원이란 다음의 사람을 말한다.
① 관세청장, 세관장 및 그 소속 공무원
② 그 밖에 관세청 소속기관의 장 및 그 소속 공무원

(13) 탁송품

탁송품이란 상업서류, 견본품, 자가사용물품, 그 밖에 이와 유사한 물품으로서 국제무역선·국제무역기 또는 국경출입차량을 이용한 물품의 송달을 업으로 하는 자(물품을 휴대하여 반출입하는 것을 업으로 하는 자는 제외한다)에게 위탁하여 우리나라에 반입하거나 외국으로 반출하는 물품을 말한다.

(14) 전자상거래물품

전자상거래물품이란 사이버몰(컴퓨터 등과 정보통신설비를 이용하여 재화를 거래할 수 있도록 설정된 가상의 영업장을 말한다) 등을 통하여 전자적 방식으로 거래가 이루어지는 수출입물품을 말한다.

(15) 관세조사

관세조사란 관세의 과세표준과 세액을 결정 또는 경정하기 위하여 방문 또는 서면으로 납세자의 장부·서류 또는 그 밖의 물건을 조사(관세법 제110조의2에 따라 통합하여 조사하는 것을 포함한다)하는 것을 말한다.

4 수입통관 사무처리에 관한 고시상의 용어의 정의 기출 2022

(1) 출항전신고

출항전신고라 함은 항공기로 수입되는 물품이나 일본, 중국, 대만, 홍콩으로부터 선박으로 수입되는 물품을 선(기)적한 선박과 항공기가 해당 물품을 적재한 항구나 공항에서 출항하기 전에 수입신고하는 것을 말한다.

(2) 입항전신고

입항전신고라 함은 수입물품을 선(기)적한 선박 등이 물품을 적재한 항구나 공항에서 출항한 후 입항(관세법 제135조에 따라 최종 입항보고를 한 후 하선(기) 신고하는 시점을 기준으로 한다. 다만, 입항보고를 하기 전에 하선(기) 신고하는 경우에는 최종 입항보고 시점을 기준으로 한다)하기 전에 수입신고하는 것을 말한다.

(3) 보세구역 도착전신고

보세구역 도착전신고라 함은 수입물품을 선(기)적한 선박 등이 입항하여 해당 물품을 통관하기 위하여 반입하려는 보세구역(부두 밖 컨테이너 보세창고와 컨테이너 내륙통관기지를 포함한다)에 도착하기 전에 수입신고하는 것을 말한다.

(4) 보세구역 장치후신고

보세구역 장치후신고라 함은 수입물품을 보세구역에 장치한 후 수입신고하는 것을 말한다.

(5) 심사

심사라 함은 신고된 세번·세율과 과세가격 등 신고사항의 적정 여부와 법령에 따른 수입요건의 충족 여부 등을 확인하기 위하여 관련 서류나 분석결과를 검토하는 것을 말한다.

(6) 물품검사

물품검사라 함은 수입신고된 물품 이외에 은닉된 물품이 있는지 여부와 수입신고사항과 현품의 일치 여부를 확인하는 것을 말한다.

(7) 공급망

공급망이란 물품의 수입, 수입신고, 운송, 보관과 관련된 **수입업체, 관세사, 보세구역운영인, 보세운송업자, 화물운송주선업자, 선사, 항공사, 하역업자 등**을 말한다.

(8) 전자통관심사

전자통관심사란 **일정한 기준에 해당하는 성실업체가 수입신고하는 위험도가 낮은 물품에 대하여 통관시스템에서 전자적 방식으로 심사**하는 것을 말한다.

(9) 부두직통관

부두직통관이라 함은 **화물 전부가 1명인 화주의 컨테이너로 반입된 화물로써 부두 내에서 통관절차 및 검사절차가 이루어지는 것**을 말한다.

(10) 부두통관장

부두통관장이라 함은 부두직통관 하려는 화물을 컨테이너에 내장한 상태로 장치하기 위해 부두에 설치된 장소를 말한다.

(11) 장치장소 관리인

장치장소 관리인이라 함은 **특허보세구역은 운영인, 지정장치장은 화물관리인, 자유무역지역은 입주기업체 등 화물을 관리하는 자**를 말한다.

(12) P/L신고

P/L신고란 수입신고서 작성요령에 따라 기재한 수입신고서를 첨부 서류 없이 전송하는 것을 말한다.

(13) 통합선별심사

통합선별심사란 각 수입통관담당과로 접수된 "P/L신고"건을 심사하는 과에서 통합해 위험분석 및 신고사항을 심사하는 것을 말한다.

5 수입물품에 대하여 세관장이 부과·징수할 수 있는 조세 기출 2021

① 부가가치세, ② 지방소비세, ③ 담배소비세, ④ 지방교육세, ⑤ 개별소비세, ⑥ 주세, ⑦ 교육세, ⑧ 교통·에너지·환경세 및 ⑨ 농어촌특별세

세관장이 부과·징수할 수 없는 조세

① 법인세, ② 증여세, ③ 등록세

Ⅱ 기간과 기한

1 관세법상의 기간 및 기한의 계산 기출 2021/2024

(1) 기간의 계산

① 관세법에 따른 기간을 계산할 때 **수입신고수리전 반출승인을 받은 경우에는 그 승인일을 수입신고의 수리일로 본다.**
② 관세법에 따른 기간의 계산은 관세법에 특별한 규정이 있는 것을 제외하고는 민법에 따른다.

(2) 기한의 계산

1) 비영업일에 따른 기한의 연장

관세법에 따른 기한이 다음의 어느 하나에 해당하는 경우에는 **그 다음 날을 기한으로 한다.**
① 토요일 및 일요일
② 공휴일 및 대체공휴일
③ 근로자의 날
④ 그 밖에 대통령령으로 정하는 날

> **그 밖에 대통령령으로 정하는 날**
>
> 금융기관(한국은행 국고대리점 및 국고수납대리점인 금융기관) 또는 체신관서의 휴무, 그 밖에 부득이한 사유로 인하여 정상적인 관세의 납부가 곤란하다고 관세청장이 정하는 날

2) 장애로 인한 기한의 연장

국가관세종합정보시스템, 연계정보통신망 또는 전산처리설비가 대통령령으로 정하는 장애로 가동이 정지되어 관세법에 따른 기한까지 관세법에 따른 신고, 신청, 승인, 허가, 수리, 교부, 통지, 통고, 납부 등을 할 수 없게 되는 경우에는 **그 장애가 복구된 날의 다음 날을 기한으로 한다.**

> **대통령령으로 정하는 장애**
>
> ① 정전, ② 프로그램의 오류, ③ 한국은행(그 대리점을 포함한다) 또는 체신관서의 정보처리 장치의 비정상적인 가동, ④ 그 밖에 관세청장이 정하는 사유로 인한 장애

2 관세의 납부기한 등 기출 2021/2023

(1) 원칙적인 관세의 납부기한

관세의 납부기한은 관세법에서 달리 규정하는 경우를 제외하고는 다음의 구분에 따른다.

① **납세신고를 한 경우** : 납세신고 수리일부터 15일 이내
② **납부고지를 한 경우** : 납부고지를 받은 날부터 15일 이내
③ **수입신고전 즉시반출신고를 한 경우** : 수입신고일부터 15일 이내

(2) 예외적인 관세의 납부기한

1) 월별납부

① 세관장은 납세실적 등을 고려하여 **관세청장이 정하는 요건을 갖춘 성실납세자가 대통령령으로 정하는 바에 따라 신청을 할 때에는 납부기한이 동일한 달에 속하는 세액**에 대하여는 **그 기한이 속하는 달의 말일까지 한꺼번에 납부**하게 할 수 있다.
② 이 경우 세관장은 필요하다고 인정하는 경우에는 납부할 관세에 상당하는 담보를 제공하게 할 수 있다.
③ 세관장은 월별납부의 승인을 신청한 자가 관세청장이 정하는 요건을 갖춘 경우에는 세액의 월별납부를 승인하여야 하며, **승인의 유효기간은 승인일부터 그 후 2년이 되는 날이 속하는 달의 마지막 날까지로** 한다.

2) 천재지변 등으로 인한 기한의 연장

① 세관장은 천재지변이나 그 밖에 대통령령으로 정하는 사유로 관세법에 따른 신고, 신청, 청구, 그 밖의 서류의 제출, 통지, 납부 또는 징수를 정하여진 기한까지 할 수 없다고 인정되는 경우에는 1년을 넘지 아니하는 기간을 정하여 대통령령으로 정하는 바에 따라 그 기한을 연장할 수 있다.

> **대통령령으로 정하는 사유**
> ㉠ 전쟁·화재 등 재해나 도난으로 인하여 재산에 심한 손실을 입은 경우
> ㉡ 사업에 현저한 손실을 입은 경우
> ㉢ 사업이 중대한 위기에 처한 경우
> ㉣ 그 밖에 세관장이 ㉠부터 ㉢까지의 규정에 준하는 사유가 있다고 인정하는 경우

② 이 경우 세관장은 필요하다고 인정하는 경우에는 **납부할 관세에 상당하는 담보를 제공하게 할 수 있다**.

Ⅲ 서류의 송달 등

1 납부고지서의 송달

(1) 원칙적인 송달방법

관세 납부고지서의 송달은 납세의무자에게 ① 직접 발급하는 경우를 제외하고는 ② 인편, ③ 우편 또는 ④ 전자송달의 방법으로 한다.

(2) 예외적인 송달방법

1) 공시송달의 사유 및 효력 발생시기

원칙적인 방법으로 송달할 수 없을 때에는 공시송달의 방법으로 하며, 납부고지서를 송달받아야 할 자가 다음의 어느 하나에 해당하는 경우에는 납부고지사항을 공고한 날부터 14일이 지나면 납부고지서의 송달이 된 것으로 본다.
① 주소, 거소, 영업소 또는 사무소가 국외에 있고 송달하기 곤란한 경우
② 주소, 거소, 영업소 또는 사무소가 분명하지 아니한 경우
③ 납세의무자가 송달할 장소에 없는 경우로서 등기우편으로 송달하였으나 수취인 부재로 반송되는 경우 등 대통령령으로 정하는 경우

> **대통령령으로 정하는 경우**
>
> ㉠ 서류를 등기우편으로 송달하였으나 수취인이 부재중인 것으로 확인되어 반송됨으로써 납부기한까지 송달이 곤란하다고 인정되는 경우
> ㉡ 세관공무원이 2회 이상 납세자를 방문[처음 방문한 날과 마지막 방문한 날 사이의 기간이 3일(기간을 계산할 때 공휴일, 대체공휴일, 토요일 및 일요일은 산입하지 않는다) 이상이어야 한다]해 서류를 교부하려고 하였으나 수취인이 부재중인 것으로 확인되어 납부기한까지 송달이 곤란하다고 인정되는 경우

2) 공시송달의 방법

공고는 다음의 어느 하나에 해당하는 방법으로 게시하거나 게재하여야 한다. 이 경우 ①에 따라 공시송달을 하는 경우에는 다른 공시송달 방법과 함께 하여야 한다.
① 국가관세종합정보시스템에 게시하는 방법
② 관세청 또는 세관의 홈페이지, 게시판이나 그 밖의 적절한 장소에 게시하는 방법
③ 해당 서류의 송달 장소를 관할하는 특별자치시·특별자치도·시·군·구(자치구를 말한다)의 홈페이지, 게시판이나 그 밖의 적절한 장소에 게시하는 방법
④ 관보 또는 일간신문에 게재하는 방법

2 장부 등의 보관 [기출 2022]

(1) 장부 등의 보관 의무

1) 의의

관세법에 따라 가격신고, 납세신고, 수출입신고, 반송신고, 보세화물반출입신고, 보세운송신고를 한 자 또는 제출된 적재화물목록을 작성한 자는 신고 또는 작성한 자료의 내용을 증빙할 수 있는 장부 및 증거서류(신고필증을 포함한다)를 성실하게 작성하여 신고일 또는 자료 제출일부터 5년의 범위에서 대통령령으로 정하는 기간 동안 갖추어 두어야 한다. 이 경우 장부 및 증거서류 중 세관장이 특수관계에 있는 자에게 제출하도록 요구할 수 있는 자료의 경우에는 소득세법 제6조 또는 법인세법 제9조에 따른 납세지(소득세법 제9조 또는 법인세법 제10조에 따라 국세청장이나 관할 지방국세청장이 지정하는 납세지를 포함한다)에 갖추어 두어야 한다.

2) 전자문서에 의한 작성 등

전자문서 및 전자거래 기본법에 따른 전자문서로 작성하거나 전자화문서로 변환하여 공인전자문서센터에 보관한 경우에는 장부 및 증거서류를 갖춘 것으로 본다. 다만, 계약서 등 위조·변조하기 쉬운 장부 및 증거서류로서 대통령령으로 정하는 것은 그러하지 아니하다.

3) 장부 등의 작성 및 보관방법

장부 및 증거서류를 작성·보관하여야 하는 자는 그 장부와 증거서류의 전부 또는 일부를 전자문서 및 전자거래 기본법에 따른 정보처리시스템을 이용하여 작성할 수 있다. 이 경우 그 처리과정 등을 대통령령으로 정하는 기준에 따라 디스켓 또는 그 밖의 정보보존 장치에 보존하여야 한다.

(2) 장부 등의 보관기간

1) 다음의 어느 하나에 해당하는 서류 : 해당 신고에 대한 수리일부터 5년

① 수입신고필증
② 수입거래 관련 계약서 또는 이에 갈음하는 서류
③ 지식재산권의 거래에 관련된 계약서 또는 이에 갈음하는 서류
④ 수입물품 가격결정에 관한 자료

2) 다음의 어느 하나에 해당하는 서류 : 해당 신고에 대한 수리일부터 3년

① 수출신고필증
② 반송신고필증
③ 수출물품·반송물품 가격결정에 관한 자료
④ 수출거래·반송거래 관련 계약서 또는 이에 갈음하는 서류

3) 다음의 어느 하나에 해당하는 서류 : 해당 신고에 대한 수리일부터 2년

① 보세화물 반출입에 관한 자료
② 적재화물목록에 관한 자료
③ 보세운송에 관한 자료

제2장 과세가격과 관세의 부과·징수

I 통칙

1 관세의 부과요건

관세를 부과하기 위해서는 ① 과세물건(대상), ② 과세표준, ③ 납세의무자, ④ 세율에 대한 요건이 모두 충족되어야 한다.

2 과세물건 [기출 2021~2022]

(1) 관세의 과세물건

수입물품에는 관세를 부과한다.

(2) 과세물건 확정의 시기 [기출 2021]

1) 원칙적인 과세물건 확정의 시기

관세는 수입신고(입항전수입신고를 포함한다)를 하는 때의 물품의 성질과 그 수량에 따라 부과한다.

2) 예외적인 과세물건 확정의 시기

다만, 다음의 어느 하나에 해당하는 물품에 대하여는 아래에 규정된 때의 물품의 성질과 그 수량에 따라 부과한다.
① 외국물품인 선박용품(항공기용품, 차량용품), 국제무역선(국제무역기, 국경출입차량) 안에서 판매하는 물품 또는 해양수산부장관의 허가·승인 또는 지정을 받은 자가 조업하는 원양어선에 무상으로 송부하기 위하여 반출하는 물품으로서 해양수산부장관이 확인한 물품을 하역 또는 환적허가의 내용대로 운송수단에 적재되지 아니하여 관세를 징수하는 물품 : 하역을 허가받은 때

② 보세구역 밖에서 보수작업하는 물품으로서 정해진 기간 내에 보세구역에 반입하지 아니하여 관세를 징수하는 물품 : 보세구역 밖에서 하는 보수작업을 승인받은 때
③ **보세구역에 장치된 외국물품으로서 멸실되거나 폐기되어 관세를 징수하는 물품 : 해당 물품이 멸실되거나 폐기된 때**
④ 허가를 받거나 신고를 하여 보세공장(보세건설장, 종합보세구역) 외 보세작업을 하는 물품으로서 지정된 기간 내에 보세공장(보세건설장, 종합보세구역)에 반입하지 아니하여 관세를 징수하는 물품 : 보세공장 외 작업, 보세건설장 외 작업 또는 종합보세구역 외 작업을 허가받거나 신고한 때
⑤ 보세운송신고를 하거나 승인을 받아 보세운송하는 외국물품이 지정된 기간 내에 목적지에 도착하지 아니하여 관세를 징수하는 물품 : 보세운송을 신고하거나 승인받은 때
⑥ 수입신고가 수리되기 전에 소비하거나 사용하는 물품(소비 또는 사용을 수입으로 보지 아니하는 물품은 제외한다) : 해당 물품을 소비하거나 사용한 때
⑦ **수입신고전 즉시반출신고를 하고 반출한 물품 : 수입신고전 즉시반출신고를 한 때**
⑧ 우편으로 수입되는 물품(수입신고대상 우편물 제외) : 통관우체국에 도착한 때
⑨ **도난물품 또는 분실물품 : 해당 물품이 도난되거나 분실된 때**
⑩ 관세법에 따라 매각되는 물품 : 해당 물품이 매각된 때
⑪ 수입신고를 하지 아니하고 수입된 물품(①부터 ⑩까지에 규정된 것은 제외한다) : 수입된 때

3 과세표준

관세의 과세표준은 수입물품의 가격 또는 수량으로 한다.

> 종가세 : 수입물품의 가격을 과세표준으로 하는 것
> 종량세 : 수입물품의 수량을 과세표준으로 하는 것

4 적용 법령 기출 2021/2023

(1) 원칙

관세는 **수입신고 당시의 법령**에 따라 부과한다.

(2) 예외

다만, 다음의 어느 하나에 해당하는 물품에 대하여는 **아래에 규정된 날에 시행되는 법령**에 따라 부과한다.
① 관세법 제16조 각 호(예외적인 과세물건 확정시기)의 어느 하나에 해당되는 물품 : 그 사실이 발생한 날
② 보세건설장에 반입된 외국물품 : 사용 전 수입신고가 수리된 날

5 과세환율 기출 2023

과세가격을 결정하는 경우 외국통화로 표시된 가격을 내국통화로 환산할 때에는 상기 4 (적용 법령)에 따른 날(보세건설장에 반입된 물품의 경우에는 수입신고를 한 날을 말한다)이 속하는 주의 전주의 기준환율 또는 재정환율을 평균하여 관세청장이 그 율을 정한다.

6 납세의무자 기출 2021~2022/2024

(1) 본래의 납세의무자

1) 수입신고를 한 물품

수입신고를 한 물품인 경우에는 그 물품을 수입신고하는 때의 화주(화주가 불분명할 때에는 다음의 어느 하나에 해당하는 자를 말한다). 다만, 수입신고가 수리된 물품 또는 수입신고수리전 반출승인을 받아 반출된 물품에 대하여 납부하였거나 납부하여야 할 관세액이 부족한 경우 해당 물품을 수입신고하는 때의 화주의 주소 및 거소가 분명하지 아니하거나 수입신고인이 화주를 명백히 하지 못하는 경우에는 그 신고인이 해당 물품을 수입신고하는 때의 화주와 연대하여 해당 관세를 납부하여야 한다.
① 수입을 위탁받아 수입업체가 대행수입한 물품인 경우 : 그 물품의 수입을 위탁한 자
② 수입을 위탁받아 수입업체가 대행수입한 물품이 아닌 경우 : 대통령령으로 정하는 상업서류에 적힌 물품수신인
  ㉠ 송품장
  ㉡ 선하증권 또는 항공화물운송장
③ 수입물품을 수입신고 전에 양도한 경우 : 그 양수인

2) 특별납세의무자

특별납세의무자란 수입신고를 하지 않은 물품에 대하여 특정한 사유에 의해 관세를 부과·징수하는 경우에 납세의무자로서 다음의 어느 하나에 해당하는 자를 말한다.

① 외국물품인 선박용품(항공기용품, 차량용품), 국제무역선(국제무역기, 국경출입차량) 안에서 판매하는 물품 또는 해양수산부장관의 허가·승인 또는 지정을 받은 자가 조업하는 원양어선에 무상으로 송부하기 위하여 반출하는 물품으로서 해양수산부장관이 확인한 물품을 하역 또는 환적허가의 내용대로 운송수단에 적재되지 아니하여 관세를 징수하는 물품 : 하역허가를 받은 자
② 보세구역 밖에서 보수작업하는 물품으로서 정해진 기간 내에 보세구역에 반입하지 아니하여 관세를 징수하는 물품 : 보세구역 밖에서 하는 보수작업을 승인받은 자
③ 보세구역에 장치된 외국물품으로서 멸실되거나 폐기되어 관세를 징수하는 물품 : 운영인 또는 보관인
④ 허가를 받거나 신고를 하여 보세공장(보세건설장, 종합보세구역) 외 보세작업을 하는 물품으로서 지정된 기간 내에 보세공장(보세건설장, 종합보세구역)에 반입하지 아니하여 관세를 징수하는 물품 : 보세공장 외 작업, 보세건설장 외 작업 또는 종합보세구역 외 작업을 허가받거나 신고한 자
⑤ 보세운송신고를 하거나 승인을 받아 보세운송하는 외국물품이 지정된 기간 내에 목적지에 도착하지 아니하여 관세를 징수하는 물품 : 보세운송을 신고하였거나 승인을 받은 자
⑥ 수입신고가 수리되기 전에 소비하거나 사용하는 물품(소비 또는 사용을 수입으로 보지 아니하는 물품은 제외한다)인 경우에는 그 소비자 또는 사용자
⑦ 수입신고전 즉시반출신고를 하고 반출한 물품 : 해당 물품을 즉시 반출한 자
⑧ 우편으로 수입되는 물품인 경우에는 그 수취인
⑨ 도난물품이나 분실물품인 경우에는 다음에 규정된 자
　㉠ 보세구역의 장치물품 : 그 운영인 또는 화물관리인
　㉡ 보세운송물품 : 보세운송을 신고하거나 승인을 받은 자
　㉢ 그 밖의 물품 : 그 보관인 또는 취급인
⑩ 관세법 또는 다른 법률에 따라 따로 납세의무자로 규정된 자
⑪ ①부터 ⑩까지 외의 물품 : 그 소유자 또는 점유자

3) 납세의무자 경합 시

상기 1)에 따른 화주 또는 신고인과 2)에 규정된 자가 경합되는 경우에는 2)에 규정된 자를 납세의무자로 한다.

(2) 납세의무의 승계

법인이 합병하거나 상속이 개시된 경우에는 국세기본법 제23조 및 제24조를 준용하여 관세·가산세 및 강제징수비의 납세의무를 승계한다.

(3) 연대납세의무자

연대납세의무란 하나의 관세채권에 대하여 여러 사람이 각각 독립적으로 납세의무를 부담하게 하는 제도를 말하며, 그에 따라 납세의무를 부담하는 자를 연대납세의무자라 한다.

1) 수입신고물품의 경우

① 수입신고물품이 공유물이거나 공동사업에 속하는 물품인 경우 : 그 공유자 또는 공동사업자인 납세의무자

② 수입신고인이 수입신고를 하면서 수입신고하는 때의 화주가 아닌 자를 납세의무자로 신고한 경우 : 수입신고인 또는 납세의무자로 신고된 자가 관세포탈 또는 부정감면의 범죄를 저지르거나 교사·방조(관세포탈죄 또는 부정감면죄에 한한다)에 따른 범죄를 저질러 유죄의 확정판결을 받은 경우 그 수입신고인 및 납세의무자로 신고된 자와 해당 물품을 수입신고하는 때의 화주. 다만, 관세포탈 또는 부정감면으로 얻은 이득이 없는 수입신고인 또는 납세의무자로 신고된 자는 제외한다.

③ 구매대행업자

다음 중 어느 하나를 업으로 하는 자(구매대행업자)가 화주로부터 수입물품에 대하여 납부할 관세 등에 상당하는 금액을 수령하고, 수입신고인 등에게 과세가격 등의 정보를 거짓으로 제공한 경우 : 구매대행업자와 수입신고하는 때의 화주

㉠ 자가사용물품을 수입하려는 화주의 위임에 따라 해외 판매자로부터 해당 수입물품의 구매를 대행하는 것

㉡ 사이버몰 등을 통하여 해외로부터 구매 가능한 물품의 정보를 제공하고 해당 물품을 자가사용물품으로 수입하려는 화주의 요청에 따라 그 물품을 구매해서 판매하는 것

2) 수입신고물품이 아닌 경우(특별납세의무자)

특별납세의무자가 2인 이상인 경우 그 2인 이상의 특별납세의무자

3) 법인

다음의 어느 하나에 해당되는 경우 법인이나 분할 또는 분할합병으로 설립되는 법인, 존속하는 분할합병의 상대방 법인 및 신회사가 관세·가산세 및 강제징수비를 연대하여 납부할 의무를 진다.
① 법인이 분할되거나 분할합병되는 경우
② 법인이 분할 또는 분할합병으로 해산하는 경우
③ 법인이 신회사를 설립하는 경우

(4) 납세의무의 확장

납세의무의 확장이란 납세의무자로부터 관세를 징수하지 못할 경우에 그 납세의무자와 관련 있는 제3자에게 보충적으로 납세의무를 부담시키는 것을 말한다.

1) 납세보증인

관세법 또는 다른 법령, 조약, 협약 등에 따라 관세의 납부를 보증한 자는 보증액의 범위에서 납세의무를 진다.

2) 제2차 납세의무자

① 관세의 징수에 관하여는 국세기본법 제38조부터 제41조까지의 규정을 준용하여, ㉠ 청산인 또는 잔여재산을 분배받거나 인도받은 자, ㉡ 출자자, ㉢ 법인, ㉣ 사업양수인에게 제2차 납세의무를 부담시킨다.
② 제2차 납세의무자는 관세의 담보로 제공된 것이 없고, 납세의무자와 관세의 납부를 보증한 자가 납세의무를 이행하지 아니하는 경우에 납세의무를 진다.

3) 양도담보권자의 물적납세의무

납세의무자(관세의 납부를 보증한 자와 제2차 납세의무자를 포함한다)가 관세·가산세 및 강제징수비를 체납한 경우 그 납세의무자에게 양도담보재산이 있을 때에는 그 납세의무자의 다른 재산에 대하여 강제징수를 하여도 징수하여야 하는 금액에 미치지 못한 경우에만 그 양도담보재산으로써 납세의무자의 관세·가산세 및 강제징수비를 징수할 수 있다. 다만, 그 관세의 납세신고일(부과고지하는 경우에는 그 납부고지서의 발송일을 말한다) 전에 담보의 목적이 된 양도담보재산에 대해서는 그러하지 아니하다.

Ⅱ 납세의무의 소멸 등

1 납세의무의 소멸 사유

관세 또는 강제징수비를 납부하여야 하는 의무는 다음의 어느 하나에 해당되는 때에는 소멸한다.
① 관세를 납부하거나 관세에 충당한 때
② 관세부과가 취소된 때
③ 관세를 부과할 수 있는 기간에 관세가 부과되지 아니하고 그 기간이 만료된 때
④ 관세징수권의 소멸시효가 완성된 때

2 관세부과의 제척기간 기출 2023~2024

(1) 통상적인 제척기간

관세는 해당 **관세를 부과할 수 있는 날부터 5년**이 지나면 부과할 수 없다. 다만, 다음의 경우에는 관세를 부과할 수 있는 날부터 아래에서 정하는 기간이 지나면 부과할 수 없다.
① 수입신고를 하지 아니하고 수입한 경우(관세법 제16조제1호부터 제10호까지에 따른 물품은 제외한다) : 7년
② 부정한 방법으로 관세를 포탈하였거나 환급 또는 감면받은 경우 : 10년

(2) 관세부과 제척기간의 기산일

관세부과 제척기간의 기산일은 대통령령으로 정하며, 다음과 같다.

1) 원칙(정상적인 수입통관 절차를 거친 경우)

관세부과의 제척기간을 산정할 때 수입신고한 날의 다음날을 관세를 부과할 수 있는 날로 한다.

2) 예외(정상적인 수입통관 절차를 거치지 않은 경우)

다만, 다음의 경우에는 다음의 날을 관세를 부과할 수 있는 날로 한다.
① 관세법 제16조 제1호 내지 제11호에 해당되는 경우에는 그 사실이 발생한 날의 다음날

② 의무불이행 등의 사유로 감면된 관세를 징수하는 경우에는 그 사유가 발생한 날의 다음날
③ 보세건설장에 반입된 외국물품의 경우에는 다음의 날 중 먼저 도래한 날의 다음날
  ㉠ 건설공사 완료보고를 한 날
  ㉡ 특허기간(특허기간을 연장한 경우에는 연장기간을 말한다)이 만료되는 날
④ **과다환급 또는 부정환급 등의 사유로 관세를 징수하는 경우에는 환급한 날의 다음날**
⑤ 잠정가격을 신고한 후 확정된 가격을 신고한 경우에는 확정된 가격을 신고한 날의 다음 날(다만, 확정가격신고기간 내에 확정된 가격을 신고하지 아니하는 경우에는 해당 기간의 만료일의 다음날)

(3) 특례 제척기간

다음의 어느 하나에 해당하는 경우에는 상기 (1)에도 불구하고 다음에 규정된 기간까지는 해당 결정·판결·회신결과 또는 경정청구에 따라 경정이나 그 밖에 필요한 처분을 할 수 있다.

1) 다음의 어느 하나에 해당하는 경우 : 그 결정·판결이 확정된 날부터 1년
   ① 이의신청, 심사청구 또는 심판청구에 대한 결정이 있은 경우
   ② 감사원법에 따른 심사청구에 대한 결정이 있은 경우
   ③ **소송에 대한 판결이 있은 경우**
   ④ 압수물품의 반환결정이 있은 경우

2) 관세법과 자유무역협정의 이행을 위한 관세법의 특례에 관한 법률 및 조약·협정 등에서 정하는 바에 따라 양허세율의 적용 여부 및 세액 등을 확정하기 위하여 원산지증명서를 발급한 국가의 세관이나 그 밖에 발급권한이 있는 기관에게 원산지증명서 및 원산지증명서확인자료의 진위 여부, 정확성 등의 확인을 요청한 경우 : 다음의 날 중 먼저 도래하는 날부터 1년
   ① 해당 요청에 따라 회신을 받은 날
   ② 관세법과 자유무역협정의 이행을 위한 관세법의 특례에 관한 법률 및 조약·협정 등에서 정한 회신기간이 종료된 날

3) 다음의 어느 하나에 해당하는 경우 : 경정청구일 또는 결정통지일부터 2개월
   ① 경정청구가 있는 경우

② 국세의 정상가격과 관세의 과세가격에 대한 과세 조정 신청에 대한 결정통지가 있는 경우

(4) 명의대여 사실이 확인된 경우

상기 (1)에도 불구하고 상기 (3)의 1)의 ①부터 ③까지의 결정 또는 판결에 따라 명의대여 사실이 확인된 경우에는 당초의 부과처분을 취소하고 그 결정 또는 판결이 확정된 날부터 1년 이내에 실제로 사업을 경영한 자에게 경정이나 그 밖에 필요한 처분을 할 수 있다.

3 관세징수권 등의 소멸시효 기출 2022/2024

(1) 관세징수권의 소멸시효

1) 의의

관세의 징수권은 이를 행사할 수 있는 날부터 다음의 구분에 따른 기간 동안 행사하지 아니하면 소멸시효가 완성된다.
① 5억원 이상의 관세(내국세를 포함한다) : 10년
② ① 외의 관세 : 5년

2) 관세징수권 소멸시효의 기산일

관세징수권을 행사할 수 있는 날은 다음의 날로 한다.
① **신고납부하는 관세에 있어서는 수입신고가 수리된 날부터 15일이 경과한 날의 다음 날. 다만, 월별납부의 경우에는 그 납부기한이 경과한 날의 다음 날로 한다.**
② **보정신청 후 납부하는 관세에 있어서는** 부족세액에 대한 **보정신청일의 다음날의 다음날**
③ **수정신고 후 납부하는 관세에 있어서는 수정신고일의 다음날의 다음날**
④ 부과고지하는 관세의 경우 납부고지를 받은 날부터 15일이 경과한 날의 다음 날
⑤ **수입신고전 즉시반출신고를 하고 그날부터 10일 이내에 수입신고를 하지 않아서 납부하는 관세에 있어서는 수입신고한 날부터 15일이 경과한 날의 다음날**
⑥ 그 밖의 법령에 따라 납부고지하여 부과하는 관세의 경우 납부기한을 정한 때에는 그 납부기한이 만료된 날의 다음 날

(2) 환급청구권의 소멸시효

1) 의의

납세자가 납부한 금액 중 잘못 납부하거나 초과하여 납부한 금액 또는 그 밖의 관세의 환급청구권은 그 권리를 행사할 수 있는 날부터 5년간 행사하지 아니하면 소멸시효가 완성된다.

2) 환급청구권의 소멸시효의 기산일

관세환급청구권을 행사할 수 있는 날은 다음의 날로 한다.
① 경정으로 인한 환급의 경우에는 경정결정일
② 착오납부 또는 이중납부로 인한 환급의 경우에는 그 납부일
③ 계약과 상이한 물품 등에 대한 환급의 경우에는 당해 물품의 수출신고수리일 또는 보세공장반입신고일
④ 폐기, 멸실, 변질, 또는 손상된 물품에 대한 환급의 경우에는 해당 물품이 폐기, 멸실, 변질 또는 손상된 날
⑤ 수입한 상태 그대로 수출되는 자가사용물품에 대한 환급의 경우에는 수출신고가 수리된 날. 다만, 수출신고가 생략되는 물품의 경우에는 운송수단에 적재된 날로 한다.
⑥ 국제무역선, 국제무역기 또는 보세판매장에서 구입한 후 환불한 물품에 대한 환급의 경우에는 해당 물품이 환불된 날
⑦ 종합보세구역에서 물품을 판매하는 자가 환급받고자 하는 경우에는 동 규정에 의한 환급에 필요한 서류의 제출일
⑧ 수입신고 또는 입항전수입신고를 하고 관세를 납부한 후 신고가 취하 또는 각하된 경우에는 신고의 취하일 또는 각하일
⑨ 적법하게 납부한 후 법률의 개정으로 인하여 환급하는 경우에는 그 법률의 시행일

4 관세징수권 등의 소멸시효의 중단 및 정지 기출 2021/2023

(1) 관세징수권의 소멸시효의 중단

관세징수권의 소멸시효는 다음의 어느 하나에 해당하는 사유로 중단된다.
① 납부고지
② 경정처분
③ 납부독촉

④ 통고처분

⑤ 고발

⑥ 공소제기

⑦ 교부청구

⑧ 압류

(2) 환급청구권의 소멸시효의 중단

환급청구권의 소멸시효는 환급청구권의 행사로 중단된다.

(3) 관세징수권의 소멸시효의 정지

① 관세징수권의 소멸시효는 ⊙ **관세의 분할납부기간**, ⓒ **징수유예기간**, ⓒ **압류·매각의 유예기간** 또는 ⓔ **사해행위 취소소송기간** 중에는 진행하지 아니한다.

② 사해행위 취소소송으로 인한 시효정지의 효력은 소송이 각하, 기각 또는 취하된 경우에는 효력이 없다.

(4) 민법 준용

관세징수권과 환급청구권의 소멸시효에 관하여 관세법에서 규정한 것을 제외하고는 민법을 준용한다.

Ⅲ 납세담보

1 담보의 종류 등 [기출 2021/2024]

(1) 담보의 종류

① 관세법에 따라 제공하는 담보의 종류는 다음과 같다.
   ㉠ 금전
   ㉡ 국채 또는 지방채
   ㉢ 세관장이 인정하는 유가증권
   ㉣ 납세보증보험증권
   ㉤ 토지
   ㉥ 보험에 가입된 등기 또는 등록된 건물·공장재단·광업재단·선박·항공기 또는 건설기계
   ㉦ 세관장이 인정하는 보증인의 납세보증서
② 납세보증보험증권 및 납세보증서는 세관장이 요청하면 특정인이 납부하여야 하는 금액을 일정 기일 이후에는 언제든지 세관장에게 지급한다는 내용의 것이어야 한다.

(2) 담보의 제공

① 담보의 제공에 필요한 사항은 대통령령으로 정한다.
② 제공하고자 하는 담보의 금액은 납부하여야 하는 관세에 상당하는 금액이어야 한다. 다만, 그 관세가 확정되지 아니한 경우에는 관세청장이 정하는 금액으로 한다.

(3) 담보 미제공 시의 조치

세관장은 다음의 어느 하나에 해당하는 경우에는 납부고지를 할 수 있다.
① 관세의 담보를 제공하고자 하는 자가 **담보액의 확정일부터 10일** 이내에 담보를 제공하지 아니하는 경우
② 납세의무자가 **수입신고 후 10일** 이내에 담보를 제공하지 아니하는 경우

(4) 포괄담보의 제공

① 납세의무자(관세의 납부를 보증한 자를 포함한다)는 관세법에 따라 **계속하여 담보를 제공하여야 하는 사유가 있는 경우**에는 관세청장이 정하는 바에 따라 일정 기간에

제공하여야 하는 **담보를 포괄하여 미리 세관장에게 제공할 수 있다.**
② 담보를 포괄하여 제공하고자 하는 자는 그 기간 및 담보의 최고액과 담보제공자의 전년도 수출입실적 및 예상수출입물량을 기재한 신청서를 세관장에게 제출하여야 한다.
③ 담보를 포괄하여 제공할 수 있는 요건, 그 담보의 종류 기타 필요한 사항은 관세청장이 정한다.

2 담보의 관세충당 기출 2021

(1) 의의

① 세관장은 담보를 제공한 납세의무자가 그 납부기한까지 해당 관세를 납부하지 아니하면 기획재정부령으로 정하는 바에 따라 그 담보를 해당 관세에 충당할 수 있다.
② 이 경우 담보로 제공된 금전을 해당 관세에 충당할 때에는 납부기한이 지난 후에 충당하더라도 관세법 제42조(가산세)를 적용하지 아니한다.

(2) 잔액 교부

1) 담보를 제공한 자에 대한 교부

세관장은 담보를 관세에 충당하고 남은 금액이 있을 때에는 **담보를 제공한 자에게 이를 돌려주어야 하며, 돌려줄 수 없는 경우에는 이를 공탁할 수 있다.**

2) 납세보증인에 대한 교부

세관장은 관세의 납세의무자가 아닌 자가 관세의 납부를 보증한 경우 그 담보로 관세에 충당하고 남은 금액이 있을 때에는 그 보증인에게 이를 직접 돌려주어야 한다.

(3) 충당방법

1) 국채 또는 지방채, 세관장이 인정하는 유가증권, 토지, 보험에 가입된 등기 또는 등록된 건물·공장재단·광업재단·선박·항공기 또는 건설기계 : 이를 매각하는 방법

2) 납세보증보험증권, 세관장이 인정하는 보증인의 납세보증서 : 그 보증인에게 담보한 관세에 상당하는 금액을 납부할 것을 **즉시 통보**하는 방법

3 담보 등이 없는 경우의 관세징수

① 담보 제공이 없거나 징수한 금액이 부족한 관세의 징수에 관하여는 관세법에 규정된 것을 제외하고는 국세기본법과 국세징수법의 예에 따른다.
② 세관장은 관세의 강제징수를 할 때에는 재산의 압류, 보관, 운반 및 공매에 드는 비용에 상당하는 강제징수비를 징수할 수 있다.

4 담보의 해제

세관장은 납세담보의 제공을 받은 관세 및 강제징수비가 납부되었을 때에는 지체 없이 담보해제의 절차를 밟아야 한다.

Ⅳ 과세가격의 신고 및 결정

1 가격신고

(1) 의의

1) 원칙

관세의 납세의무자는 수입신고를 할 때 대통령령으로 정하는 바에 따라 세관장에게 해당 물품의 가격에 대한 신고(이하 "가격신고")를 하여야 한다.

2) 예외

다만, 통관의 능률을 높이기 위하여 필요하다고 인정되는 경우에는 대통령령으로 정하는 바에 따라 물품의 수입신고를 하기 전에 가격신고를 할 수 있다.

(2) 과세가격결정자료의 제출

가격신고를 할 때에는 대통령령으로 정하는 바에 따라 과세가격의 결정과 관계되는 자료(이하 "과세가격결정자료")를 제출하여야 한다.

(3) 가격신고의 생략 기출 2024

1) 의의

과세가격을 결정하기가 곤란하지 아니하다고 인정하여 기획재정부령으로 정하는 물품에 대하여는 가격신고를 생략할 수 있다.

2) 가격신고 생략물품

① 정부 또는 지방자치단체가 수입하는 물품
② 정부조달물품
③ 공공기관이 수입하는 물품
④ 관세 및 내국세등이 부과되지 않는 물품
⑤ 방위산업용 기계와 그 부분품 및 원재료로 수입하는 물품. 다만, 해당 물품과 관련된 중앙행정기관의 장의 수입확인 또는 수입추천을 받은 물품에 한정한다.
⑥ 수출용 원재료
⑦ 특정연구기관이 수입하는 물품

⑧ 과세가격이 미화 1만불 이하인 물품. 다만, 개별소비세, 주세, 교통·에너지·환경세가 부과되는 물품과 분할하여 수입되는 물품은 제외한다.
⑨ 종량세 적용물품. 다만, 종량세와 종가세 중 높은 세액 또는 높은 세율을 선택하여 적용해야 하는 물품의 경우에는 제외한다.
⑩ 관세법 제37조 제1항 제3호(특수관계가 있는 자들 간에 거래되는 물품의 과세가격 결정방법)에 따른 과세가격 결정방법의 사전심사 결과가 통보된 물품. 다만, 잠정가격신고 대상 물품은 제외한다.

3) 가격신고 생략물품 제외

① 과세가격을 결정함에 있어서 제1방법에 따른 가산금액(운임, 보험료 및 그 밖에 운송 관련 비용 제외)을 가산하여야 하는 물품
② 구매자가 실제로 지급하였거나 지급하여야 할 가격에 구매자가 해당 수입물품의 대가와 판매자의 채무를 상계하는 금액, 구매자가 판매자의 채무를 변제하는 금액, 그 밖의 간접적인 지급액이 포함되어 있는 경우에 해당하는 물품
③ 과세가격이 제2방법부터 제6방법에 따라 결정되는 경우에 해당하는 물품
④ 세관장이 관세를 부과·징수하는 물품
⑤ 잠정가격신고 대상 물품
⑥ 관세법 시행규칙 제8조 제1항 제3호부터 제5호까지의 물품
  ㉠ 관세를 체납하고 있는 자가 신고하는 물품(체납액이 10만원 미만이거나 체납기간 7일 이내에 수입신고하는 경우를 제외한다)
  ㉡ 납세자의 성실성 등을 참작하여 관세청장이 정하는 기준에 해당하는 불성실신고인이 신고하는 물품
  ㉢ 물품의 가격변동이 큰 물품 기타 수입신고 수리 후에 세액을 심사하는 것이 적합하지 아니하다고 인정하여 관세청장이 정하는 물품

2 잠정가격의 신고 등 기출 2022

(1) 잠정가격의 신고

1) 의의

납세의무자는 가격신고를 할 때 신고하여야 할 가격이 확정되지 아니한 경우로서 대통령령으로 정하는 경우에는 잠정가격으로 가격신고를 할 수 있다. 이 경우 신고의 방법과 그 밖에 필요한 사항은 대통령령으로 정한다.

2) 잠정가격신고 사유

① 거래관행상 거래가 성립된 때부터 일정 기간이 지난 후에 가격이 정하여지는 물품(기획재정부령으로 정하는 것으로 한정한다)으로서 수입신고일 현재 그 가격이 정하여지지 아니한 경우
② 가산금액이 수입신고일부터 일정 기간이 지난 후에 정하여 질 수 있음이 서류 등으로 확인되는 경우
③ 관세법 제37조 제1항 제3호(특수관계가 있는 자들 간에 거래되는 물품의 과세가격 결정방법)에 따라 과세가격 결정방법의 사전심사를 신청한 경우
④ 특수관계가 있는 구매자와 판매자 사이의 거래 중 수입물품의 거래가격이 수입신고수리 이후에 정상가격으로 조정될 것으로 예상되는 거래로서 기획재정부령으로 정하는 요건을 갖춘 경우
⑤ 계약의 내용이나 거래의 특성상 잠정가격으로 가격신고를 하는 것이 불가피한 경우로서 기획재정부령으로 정하는 경우

(2) 확정가격의 신고

1) 의의

납세의무자는 잠정가격으로 가격신고를 하였을 때에는 대통령령으로 정하는 기간 내에 해당 물품의 확정된 가격을 세관장에게 신고하여야 한다.

2) 확정가격신고기간

잠정가격으로 가격신고를 한 자는 **2년의 범위 안에서 구매자와 판매자 간의 거래계약의 내용 등을 고려하여 세관장이 지정하는 기간** 내에 확정된 가격(이하 "확정가격")을 신고하여야 한다. 이 경우 잠정가격으로 가격신고를 한 자는 관세청장이 정하는 바에 따라 전단에 따른 **신고기간이 끝나기 30일 전까지 확정가격의 계산을 위한 가산율을 산정해 줄 것을 요청**할 수 있다.

(3) 세관장의 가격 확정

세관장은 납세의무자가 확정가격신고기간 내에 확정된 가격을 신고하지 아니하는 경우에는 해당 물품에 적용될 가격을 확정할 수 있다. 다만, 납세의무자가 폐업, 파산신고, 법인해산 등의 사유로 확정된 가격을 신고하지 못할 것으로 인정되는 경우에는 확정가격신고기간 중에도 해당 물품에 적용될 가격을 확정할 수 있다.

(4) 차액 정산

세관장은 확정된 가격을 신고받거나 가격을 확정하였을 때에는 대통령령으로 정하는 바에 따라 잠정가격을 기초로 신고납부한 세액과 확정된 가격에 따른 세액의 차액을 징수하거나 환급하여야 한다.

3 과세가격 결정의 원칙(제1방법) 기출 2021/2023

(1) 과세가격 결정의 원칙

실제지급가격		가산요소		공제요소
구매자가 실제로 지급하였거나 지급하여야 할 가격	+	① 수수료와 중개료 ② 용기비용 및 포장비용 ③ 생산지원비용 ④ 권리사용료 ⑤ 사후귀속이익 ⑥ 운임, 보험료 등	−	① 수입 후의 설치비용 등 ② 수입 후의 운임, 보험료 등 ③ 관세 등 ④ 연불이자

1) 의의

수입물품의 과세가격은 우리나라에 수출하기 위하여 판매되는 물품에 대하여 구매자가 실제로 지급하였거나 지급하여야 할 가격에 다음의 금액을 더하여 조정한 거래가격으로 한다.

2) 가산요소 기출 2023

다만, 다음의 금액을 더할 때에는 객관적이고 수량화할 수 있는 자료에 근거하여야 하며, 이러한 자료가 없는 경우에는 제1방법으로 과세가격을 결정하지 아니하고, 제2방법부터 제6방법까지의 방법 중에서 과세가격을 결정한다.

① **구매자가 부담하는 수수료와 중개료**. 다만, **구매수수료는 제외**한다.
② 해당 **수입물품과 동일체로 취급되는 용기의 비용**과 해당 **수입물품의 포장에 드는 노무비와 자재비로서 구매자가 부담하는 비용**
③ 구매자가 해당 수입물품의 생산 및 수출거래를 위하여 대통령령으로 정하는 물품 및 용역을 무료 또는 인하된 가격으로 직접 또는 간접으로 공급한 경우에는 그 물품 및 용역의 가격 또는 인하차액을 해당 수입물품의 총생산량 등 대통령령으로 정하는 요소를 고려하여 적절히 배분한 금액

④ 특허권, 실용신안권, 디자인권, 상표권 및 이와 유사한 권리를 사용하는 대가로 지급하는 것으로서 대통령령으로 정하는 바에 따라 산출된 금액
⑤ 해당 수입물품을 **수입한 후 전매·처분 또는 사용하여 생긴 수익금액 중** 판매자에게 **직접 또는 간접으로 귀속**되는 금액
⑥ 수입항까지의 운임·보험료와 그 밖에 운송과 관련되는 비용으로서 대통령령으로 정하는 바에 따라 결정된 금액. 다만, 기획재정부령으로 정하는 수입물품의 경우에는 이의 전부 또는 일부를 제외할 수 있다.

> **우리나라에 수출하기 위하여 판매되는 물품의 범위** 기출 2021
>
> 우리나라에 수출하기 위하여 판매되는 물품에는 다음의 물품은 포함되지 아니하는 것으로 한다.
> ㉠ 무상으로 수입하는 물품
> ㉡ 수입 후 경매 등을 통하여 판매가격이 결정되는 위탁판매수입물품
> ㉢ 수출자의 책임으로 국내에서 판매하기 위하여 수입하는 물품
> ㉣ 별개의 독립된 법적 사업체가 아닌 지점 등에서 수입하는 물품
> ㉤ 임대차계약에 따라 수입하는 물품
> ㉥ 무상으로 임차하는 수입물품
> ㉦ 산업쓰레기 등 수출자의 부담으로 국내에서 폐기하기 위하여 수입하는 물품

(2) 실제지급가격

1) 의의

"구매자가 실제로 지급하였거나 지급하여야 할 가격"이란 해당 수입물품의 대가로서 구매자가 지급하였거나 지급하여야 할 총금액을 말한다.

2) 실제지급가격에 포함되는 금액

구매자가 해당 수입물품의 대가와 판매자의 채무를 상계하는 금액, 구매자가 판매자의 채무를 변제하는 금액, 그 밖의 간접적인 지급액을 포함한다.

3) 공제요소 기출 2023

다만, 구매자가 지급하였거나 지급하여야 할 총금액에서 다음의 어느 하나에 해당하는 금액을 명백히 구분할 수 있을 때에는 그 금액을 뺀 금액을 말한다.
① 수입 후에 하는 해당 수입물품의 건설, 설치, 조립, 정비, 유지 또는 해당 수입물품에 관한 기술지원에 필요한 비용

② 수입항에 도착한 후 해당 수입물품을 운송하는 데에 필요한 운임·보험료와 그 밖에 운송과 관련되는 비용
③ 우리나라에서 해당 수입물품에 부과된 관세 등의 세금과 그 밖의 공과금
④ **연불조건의 수입인 경우에는 해당 수입물품에 대한 연불이자**

(3) 제1방법 적용의 배제 사유

다음의 어느 하나에 해당하는 경우에는 거래가격을 해당 물품의 과세가격으로 하지 아니하고 제2방법부터 제6방법까지의 방법으로 과세가격을 결정한다. 이 경우 세관장은 다음의 어느 하나에 해당하는 것으로 판단하는 근거를 납세의무자에게 미리 서면으로 통보하여 의견을 제시할 기회를 주어야 한다.

① 해당 물품의 처분 또는 사용에 제한이 있는 경우. 다만, 세관장이 거래가격에 실질적으로 영향을 미치지 아니한다고 인정하는 제한이 있는 경우 등 대통령령으로 정하는 경우는 제외한다.
② 해당 물품에 대한 거래의 성립 또는 가격의 결정이 금액으로 계산할 수 없는 조건 또는 사정에 따라 영향을 받은 경우
③ 해당 물품을 수입한 후에 전매·처분 또는 사용하여 생긴 수익의 일부가 판매자에게 직접 또는 간접으로 귀속되는 경우. 다만, 적절히 조정할 수 있는 경우는 제외한다.
④ 구매자와 판매자 간에 대통령령으로 정하는 특수관계(이하 "특수관계")가 있어 그 특수관계가 해당 물품의 가격에 영향을 미친 경우. 다만, 해당 산업부문의 정상적인 가격결정 관행에 부합하는 방법으로 결정된 경우 등 대통령령으로 정하는 경우는 제외한다.

(4) 과세가격의 불인정

1) 신고가격 증명자료의 제출 요구

세관장은 납세의무자가 거래가격으로 가격신고를 한 경우 해당 신고가격이 동종·동질물품 또는 유사물품의 거래가격과 현저한 차이가 있는 등 이를 과세가격으로 인정하기 곤란한 경우로서 대통령령으로 정하는 경우에는 대통령령으로 정하는 바에 따라 납세의무자에게 신고가격이 사실과 같음을 증명할 수 있는 자료를 제출할 것을 요구할 수 있다.

2) 과세가격 불인정의 범위

① 납세의무자가 신고한 가격이 동종·동질물품 또는 유사물품의 가격과 현저한 차이가 있는 경우
② 납세의무자가 동일한 공급자로부터 계속하여 수입하고 있음에도 불구하고 신고한 가격에 현저한 변동이 있는 경우
③ 신고한 물품이 원유·광석·곡물 등 국제거래시세가 공표되는 물품인 경우 신고한 가격이 그 국제거래시세와 현저한 차이가 있는 경우
④ 신고한 물품이 원유·광석·곡물 등으로서 국제거래시세가 공표되지 않는 물품인 경우 관세청장 또는 관세청장이 지정하는 자가 조사한 수입물품의 산지 조사가격이 있는 때에는 신고한 가격이 그 조사가격과 현저한 차이가 있는 경우
⑤ 납세의무자가 거래처를 변경한 경우로서 신고한 가격이 종전의 가격과 현저한 차이가 있는 경우
⑥ ①부터 ⑤까지의 사유에 준하는 사유로서 기획재정부령으로 정하는 경우

(5) 제1방법의 적용 배제

세관장은 납세의무자가 다음의 어느 하나에 해당하면 제1방법으로 과세가격을 결정하지 아니하고 제2방법부터 제6방법까지의 방법으로 과세가격을 결정한다. 이 경우 세관장은 빠른 시일 내에 과세가격 결정을 하기 위하여 납세의무자와 정보교환 등 적절한 협조가 이루어지도록 노력하여야 하고, 신고가격을 과세가격으로 인정하기 곤란한 사유와 과세가격 결정 내용을 해당 납세의무자에게 통보하여야 한다.

① 요구받은 자료를 제출하지 아니한 경우
② 요구에 따라 제출한 자료가 일반적으로 인정된 회계원칙에 부합하지 아니하게 작성된 경우
③ 그 밖에 대통령령으로 정하는 사유에 해당하여 신고가격을 과세가격으로 인정하기 곤란한 경우
  ㉠ 납세의무자가 제출한 자료가 수입물품의 거래관계를 구체적으로 나타내지 못하는 경우
  ㉡ 그 밖에 납세의무자가 제출한 자료에 대한 사실관계를 확인할 수 없는 등 신고가격의 정확성이나 진실성을 의심할만한 합리적인 사유가 있는 경우

4 동종·동질물품의 거래가격을 기초로 한 과세가격 결정방법(제2방법)

(1) 의의

제1방법으로 과세가격을 결정할 수 없는 경우에는 과세가격으로 인정된 사실이 있는 동종·동질물품의 거래가격으로서 다음의 요건을 갖춘 가격을 기초로 하여 과세가격을 결정한다.

① 과세가격을 결정하려는 해당 물품의 생산국에서 생산된 것으로서 해당 물품의 선적일에 선적되거나 해당 물품의 선적일을 전후하여 가격에 영향을 미치는 시장조건이나 상관행에 변동이 없는 기간 중에 선적되어 우리나라에 수입된 것일 것

② 거래 단계, 거래 수량, 운송 거리, 운송 형태 등이 해당 물품과 같아야 하며, 두 물품 간에 차이가 있는 경우에는 그에 따른 가격차이를 조정한 가격일 것

> **동종·동질물품의 정의**
>
> 동종·동질물품이란 해당 수입물품의 생산국에서 생산된 것으로서 물리적 특성, 품질 및 소비자 등의 평판을 포함한 모든 면에서 동일한 물품(외양에 경미한 차이가 있을 뿐 그 밖의 모든 면에서 동일한 물품을 포함한다)을 말한다.

(2) 동종·동질물품의 적용 제외

과세가격으로 인정된 사실이 있는 동종·동질물품의 거래가격이라 하더라도 그 가격의 정확성과 진실성을 의심할만한 합리적인 사유가 있는 경우 그 가격은 과세가격 결정의 기초자료에서 제외한다.

(3) 과세가격의 결정 원칙

동종·동질물품의 거래가격이 둘 이상 있는 경우에는 생산자, 거래 시기, 거래 단계, 거래 수량 등(이하 "거래내용등")이 해당 물품과 가장 유사한 것에 해당하는 물품의 가격을 기초로 하고, 거래내용등이 같은 물품이 둘 이상이 있고 그 가격도 둘 이상이 있는 경우에는 가장 낮은 가격을 기초로 하여 과세가격을 결정한다.

5 유사물품의 거래가격을 기초로 한 과세가격 결정방법(제3방법)

(1) 의의

제1방법과 제2방법으로 과세가격을 결정할 수 없을 때에는 과세가격으로 인정된 사실이 있는 유사물품의 거래가격으로서 상기 의 (1)의 요건을 갖춘 가격을 기초로 하여 과세가격을 결정한다.

> **유사물품의 정의**
> 유사물품이라 함은 당해 수입물품의 생산국에서 생산된 것으로서 모든 면에서 동일하지는 아니하지만 동일한 기능을 수행하고 대체사용이 가능할 수 있을 만큼 비슷한 특성과 비슷한 구성요소를 가지고 있는 물품을 말한다.

(2) 유사물품의 적용 제외

과세가격으로 인정된 사실이 있는 유사물품의 거래가격이라 하더라도 그 가격의 정확성과 진실성을 의심할만한 합리적인 사유가 있는 경우 그 가격은 과세가격 결정의 기초자료에서 제외한다.

(3) 과세가격의 결정 원칙

유사물품의 거래가격이 둘 이상이 있는 경우에는 거래내용등이 해당 물품과 가장 유사한 것에 해당하는 물품의 가격을 기초로 하고, 거래내용등이 같은 물품이 둘 이상이 있고 그 가격도 둘 이상이 있는 경우에는 가장 낮은 가격을 기초로 하여 과세가격을 결정한다.

6 국내판매가격을 기초로 한 과세가격 결정방법(제4방법)

(1) 의의

제1방법부터 제3방법으로 과세가격을 결정할 수 없을 때에는 ①의 금액에서 ②부터 ④까지의 금액을 뺀 가격을 과세가격으로 한다. 다만, 납세의무자가 요청하면 제5방법에 따라 과세가격을 결정하되 제5방법에 따라 결정할 수 없는 경우에는 제4방법, 제6방법의 순서에 따라 과세가격을 결정한다.

① 해당 물품, 동종·동질물품 또는 유사물품이 수입된 것과 동일한 상태로 해당 물품의

수입신고일 또는 수입신고일과 거의 동시에 특수관계가 없는 자에게 가장 많은 수량으로 국내에서 판매되는 단위가격을 기초로 하여 산출한 금액
② 국내판매와 관련하여 통상적으로 지급하였거나 지급하여야 할 것으로 합의된 수수료 또는 동종·동류의 수입물품이 국내에서 판매되는 때에 통상적으로 부가되는 이윤 및 일반경비에 해당하는 금액
③ 수입항에 도착한 후 국내에서 발생한 통상의 운임·보험료와 그 밖의 관련 비용
④ 해당 물품의 수입 및 국내판매와 관련하여 납부하였거나 납부하여야 하는 조세와 그 밖의 공과금

(2) 국내판매가격의 적용 제외

국내에서 판매되는 단위가격이라 하더라도 그 가격의 정확성과 진실성을 의심할만한 합리적인 사유가 있는 경우에는 상기 (1)을 적용하지 아니할 수 있다.

(3) 수입된 것과 동일한 상태의 국내판매가격이 없는 경우

해당 물품, 동종·동질물품 또는 유사물품이 수입된 것과 동일한 상태로 국내에서 판매되는 사례가 없는 경우 납세의무자가 요청할 때에는 해당 물품이 국내에서 가공된 후 특수관계가 없는 자에게 가장 많은 수량으로 판매되는 단위가격을 기초로 하여 산출된 금액에서 다음의 금액을 뺀 가격을 과세가격으로 한다.
① 상기 (1)의 ②부터 ④까지의 금액
② 국내 가공에 따른 부가가치

7 산정가격을 기초로 한 과세가격 결정방법(제5방법)

(1) 의의

제1방법부터 제4방법까지의 방법으로 과세가격을 결정할 수 없을 때에는 다음의 금액을 합한 가격을 기초로 하여 과세가격을 결정한다.
① 해당 물품의 생산에 사용된 원자재 비용 및 조립이나 그 밖의 가공에 드는 비용 또는 그 가격
② 수출국 내에서 해당 물품과 동종·동류의 물품의 생산자가 우리나라에 수출하기 위하여 판매할 때 통상적으로 반영하는 이윤 및 일반 경비에 해당하는 금액
③ 해당 물품의 수입항까지의 운임·보험료와 그 밖에 운송과 관련된 비용

(2) 적용 배제

납세의무자가 상기 (1)의 금액을 확인하는데 필요한 자료를 제출하지 않은 경우에는 (1)을 적용하지 않을 수 있다.

8 합리적인 기준에 따른 과세가격 결정방법(제6방법)

(1) 의의

제1방법부터 제5방법까지의 방법으로 과세가격을 결정할 수 없을 때에는 대통령령으로 정하는 바에 따라 제1방법부터 제5방법까지의 방법의 원칙과 부합되는 합리적인 기준에 따라 과세가격을 결정한다.

(2) 적용 제외 가격

상기 (1)에 따라 과세가격을 결정함에 있어서는 다음의 어느 하나에 해당하는 가격을 기준으로 하여서는 아니 된다.
① 우리나라에서 생산된 물품의 국내판매가격
② 선택 가능한 가격 중 반드시 높은 가격을 과세가격으로 하여야 한다는 기준에 따라 결정하는 가격
③ 수출국의 국내판매가격
④ 동종·동질물품 또는 유사물품에 대하여 제5방법 외의 방법으로 생산비용을 기초로 하여 결정된 가격
⑤ 우리나라 외의 국가에 수출하는 물품의 가격
⑥ 특정수입물품에 대하여 미리 설정하여 둔 최저과세기준가격
⑦ 자의적 또는 가공적인 가격

(3) 특수물품에 대한 과세가격 결정

상기 (1)에 따른 방법을 적용하기 곤란하거나 적용할 수 없는 경우로서 다음의 어느 하나에 해당하는 물품에 대한 과세가격 결정에 필요한 기초자료, 금액의 계산방법 등 세부사항은 기획재정부령으로 정할 수 있다.
① 수입신고 전에 변질·손상된 물품
② 여행자 또는 승무원의 휴대품·우편물·탁송품 및 별송품
③ 임차수입물품

④ 중고물품
⑤ 보세공장에서 내국물품과 외국물품을 혼용하여 제조한 물품
⑥ 범칙물품
⑦ 석유로서 국제거래시세를 조정한 가격으로 보세구역에서 거래되는 물품
⑧ 그 밖에 과세가격결정에 혼란이 발생할 우려가 있는 물품으로서 기획재정부령으로 정하는 물품

V 부과와 징수

과세요건이 충족되면 납세의무가 추상적으로 성립되고, 이러한 납세의무를 확정하는 절차를 거치게 된다. 납세의무를 확정하는 방법으로 원칙적으로는 신고납부를, 예외적으로 부과고지를 두고 있다.

1 신고납부 기출 2022~2023

(1) 납세신고

물품(세관장이 부과고지하는 물품은 제외한다)을 수입하려는 자는 수입신고를 할 때에 세관장에게 관세의 납부에 관한 신고(이하 "납세신고")를 하여야 한다.

(2) 세액심사(세관장)

1) 원칙(수입신고 수리 후 세액심사)

세관장은 납세신고를 받으면 수입신고서에 기재된 사항과 관세법에 따른 확인사항 등을 심사하되, 신고한 세액 등 납세신고 내용에 대한 심사(이하 "세액심사")는 수입신고를 수리한 후에 한다.

2) 예외(수입신고 수리 전 세액심사)

① 의의

다만, 신고한 세액에 대하여 관세채권을 확보하기가 곤란하거나, 수입신고를 수리한 후 세액심사를 하는 것이 적당하지 아니하다고 인정하여 기획재정부령으로 정하는 물품의 경우에는 수입신고를 수리하기 전에 이를 심사한다.

② 수입신고 수리 전 세액심사 대상물품
  ㉠ **법률 또는 조약**에 의하여 관세 또는 내국세를 **감면**받고자 하는 물품
  ㉡ 관세를 **분할납부**하고자 하는 물품
  ㉢ **관세를 체납하고 있는 자가 신고하는 물품**(체납액이 10만원 미만이거나 체납기간 7일 이내에 수입신고하는 경우를 제외한다)
  ㉣ 납세자의 성실성 등을 참작하여 **관세청장이 정하는 기준에 해당하는 불성실신고인**이 신고하는 물품
  ㉤ 물품의 가격변동이 큰 물품 기타 수입신고 수리 후에 세액을 심사하는 것이 적합하지 아니하다고 인정하여 관세청장이 정하는 물품
  상기의 물품 중에서 ㉠ 및 ㉡에 규정된 물품의 감면 또는 분할납부의 적정 여부에 대한 심사는 수입신고 수리 전에 하고, 과세가격 및 세율 등에 대한 심사는 수입신고 수리 후에 한다.

(3) 세액심사 시의 보완 요구

세관장은 세액심사를 할 때 제출된 신고서나 그 밖의 서류에 미비한 점이 있거나 오류가 있는 경우에는 보완할 것을 요구할 수 있다.

(4) 자율심사(납세의무자)

① 세관장은 상기 (2)에도 불구하고 납세실적과 수입규모 등을 고려하여 관세청장이 정하는 요건을 갖춘 자가 신청할 때에는 납세신고한 세액을 자체적으로 심사(이하 "자율심사")하게 할 수 있다.
② 이 경우 해당 납세의무자는 자율심사한 결과를 세관장에게 제출하여야 한다.

(5) 세액정정

① 납세의무자는 **납세신고한 세액**을 납부하기 전에 그 **세액이 과부족**하다는 것을 알게 되었을 때에는 **납세신고한 세액을 정정**할 수 있다.
② 이 경우 납부기한은 **당초의 납부기한**(관세법 제9조에 따른 원칙적인 납부기한을 말한다)으로 한다.
③ 납세의무자는 정정한 내용대로 세액을 정정하여 납부서를 재발행하되, 납부서번호와 납부기한은 변경하지 않는다.

2 보정신청 기출 2022~2023

(1) 보정신청(납세의무자)

납세의무자는 신고납부한 세액이 부족하다는 것을 알게 되거나 세액산출의 기초가 되는 과세가격 또는 품목분류 등에 오류가 있는 것을 알게 되었을 때에는 신고납부한 날부터 6개월 이내(이하 "보정기간")에 대통령령으로 정하는 바에 따라 해당 세액을 보정하여 줄 것을 세관장에게 신청할 수 있다.

(2) 보정신청의 통지(세관장)

① 세관장은 신고납부한 세액이 부족하다는 것을 알게 되거나 세액산출의 기초가 되는 과세가격 또는 품목분류 등에 오류가 있다는 것을 알게 되었을 때에는 대통령령으로 정하는 바에 따라 납세의무자에게 해당 보정기간에 보정신청을 하도록 통지할 수 있다.
② 이 경우 세액보정을 신청하려는 납세의무자는 대통령령으로 정하는 바에 따라 세관장에게 신청하여야 한다.

(3) 보정신청 시의 납부기한

납세의무자가 부족한 세액에 대한 세액의 보정을 신청한 경우에는 해당 **보정신청을 한 날의 다음 날**까지 해당 관세를 납부하여야 한다.

(4) 보정이자

1) 보정이자의 징수

세관장은 보정신청에 따라 세액을 보정한 결과 부족한 세액이 있을 때에는 관세법 제42조(가산세)에도 불구하고 납부기한(수리전납부는 납부일) 다음 날부터 보정신청을 한 날까지의 기간과 금융회사의 정기예금에 대하여 적용하는 이자율을 고려하여 대통령령으로 정하는 이율(연 1천분의 29)에 따라 계산한 금액을 더하여 해당 부족세액을 징수하여야 한다.

2) 보정이자의 징수 면제

다만, 다음의 어느 하나에 해당하는 경우에는 그러하지 아니하다.
① 국가 또는 지방자치단체가 직접 수입하는 물품 등 대통령령으로 정하는 물품의 경우
㉠ 국가 또는 지방자치단체(지방자치단체조합을 포함한다)가 직접 수입하는 물품과

국가 또는 지방자치단체에 기증되는 물품

ⓒ 우편물. 다만, 수입신고를 해야 하는 것은 제외한다.

② 신고납부한 세액의 부족 등에 대하여 납세의무자에게 대통령령으로 정하는 정당한 사유가 있는 경우

㉠ 관세법 제10조(천재지변 등)에 따른 기한 연장 사유에 해당하는 경우

㉡ 관세법 해석에 관한 질의·회신 등에 따라 신고·납부했으나 이후 동일한 사안에 대해 다른 과세처분을 하는 경우

㉢ 그 밖에 납세자가 의무를 이행하지 않은 정당한 사유가 있는 경우

(5) 가산세

1) 가산세의 징수

상기 (4)에도 불구하고 납세의무자가 부정한 행위로 과소신고한 후 보정신청을 한 경우에는 세관장은 가산세를 징수하여야 한다.

2) 부정한 행위의 범위

① 이중송품장·이중계약서 등 허위증명 또는 허위문서의 작성이나 수취

② 세액심사에 필요한 자료의 파기

③ 관세부과의 근거가 되는 행위나 거래의 조작·은폐

④ 그 밖에 관세를 포탈하거나 환급 또는 감면을 받기 위한 부정한 행위

3 수정신고 기출 2022~2023

(1) 의의

납세의무자는 **신고납부한 세액이 부족**한 경우에는 대통령령으로 정하는 바에 따라 수정신고(보정기간이 지난 날부터 관세부과의 제척기간이 끝나기 전까지로 한정한다)를 할 수 있다.

(2) 수정신고 시의 납부기한

납세의무자는 **수정신고한 날의 다음 날**까지 해당 관세를 납부하여야 한다.

4 경정청구 기출 2021~2024

(1) 경정청구의 종류

1) 통상적인 경정청구

납세의무자는 **신고납부한 세액, 보정신청한 세액 및 수정신고한 세액이 과다한 것**을 알게 되었을 때에는 **최초로 납세신고를 한 날부터 5년 이내**에 대통령령으로 정하는 바에 따라 신고한 세액의 경정을 세관장에게 청구할 수 있다.

2) 후발적인 경정청구

납세의무자는 최초의 신고 또는 경정에서 과세표준 및 세액의 계산근거가 된 거래 또는 행위 등이 그에 관한 소송에 대한 판결(판결과 같은 효력을 가지는 화해나 그 밖의 행위를 포함한다)에 의하여 다른 것으로 확정되는 등 대통령령으로 정하는 사유가 발생하여 납부한 세액이 과다한 것을 알게 되었을 때에는 상기 (1)에 따른 기간에도 불구하고 그 사유가 발생한 것을 안 날부터 2개월 이내에 대통령령으로 정하는 바에 따라 납부한 세액의 경정을 세관장에게 청구할 수 있다.

대통령령으로 정하는 사유

① 최초의 신고 또는 경정에서 과세표준 및 세액의 계산근거가 된 거래 또는 행위 등이 그에 관한 소송에 대한 판결(판결과 같은 효력을 가지는 화해나 그 밖의 행위를 포함한다)에 의하여 다른 것으로 확정된 경우
② 최초의 신고 또는 경정을 할 때 장부 및 증거서류의 압수, 그 밖의 부득이한 사유로 과세표준 및 세액을 계산할 수 없었으나 그 후 해당 사유가 소멸한 경우
③ 원산지증명서 등의 진위 여부 등을 회신받은 세관장으로부터 그 회신 내용을 통보받은 경우

3) 수입물품의 과세가격 조정에 따른 경정청구

① 납세의무자는 관할 지방국세청장 또는 세무서장이 해당 수입물품의 거래가격을 조정하여 과세표준 및 세액을 결정·경정 처분하거나 국세청장이 해당 수입물품의 거래가격과 관련하여 소급하여 적용하도록 사전승인을 함에 따라 그 **거래가격과 신고납부·경정한 세액의 산정기준이 된 과세가격 간 차이가 발생한 경우**에는 그 **결정·경정 처분 또는 사전승인이 있음을 안 날**(처분 또는 사전승인의 통지를 받은 경우에는 그 받은 날)부터 **3개월 또는 최초로 납세신고를 한 날부터 5년** 내에 대통령령으로 정하는 바에 따라 세관장에게 세액의 경정을 청구할 수 있다.

② 경정청구를 받은 세관장은 대통령령으로 정하는 바에 따라 해당 수입물품의 거래가격 조정방법과 계산근거 등이 제1방법부터 제6방법에 적합하다고 인정하는 경우에는 세액을 경정할 수 있다.

③ 세관장의 통지에 이의가 있는 청구인은 그 통지를 받은 날(2개월 내에 통지를 받지 못한 경우에는 2개월이 지난 날)부터 30일 내에 기획재정부장관에게 국세의 정상가격과 관세의 과세가격 간의 조정을 신청할 수 있다.

④ 세관장은 세액을 경정하기 위하여 필요한 경우에는 관할 지방국세청장 또는 세무서장과 협의할 수 있다.

(2) 경정청구에 대한 결정

세관장은 경정의 청구를 받은 날부터 2개월 이내에 세액을 경정하거나 경정하여야 할 이유가 없다는 뜻을 그 청구를 한 자에게 통지하여야 한다.

(3) 불복청구

경정을 청구한 자가 2개월 이내에 통지를 받지 못한 경우에는 그 2개월이 되는 날의 다음 날부터 이의신청, 심사청구, 심판청구 또는 감사원법에 따른 심사청구를 할 수 있다.

(4) 경정

① 세관장은 납세의무자가 신고납부한 세액, 납세신고한 세액 또는 경정청구한 세액을 심사한 결과 과부족하다는 것을 알게 되었을 때에는 대통령령으로 정하는 바에 따라 그 세액을 경정하여야 한다.

② 경정을 하는 경우 이미 납부한 세액에 부족이 있거나 납부할 세액에 부족이 있는 경우에는 그 부족세액에 대하여 납부고지를 해야 한다. 이 경우 동일한 납세의무자에게 경정에 따른 납부고지를 여러 건 해야 할 경우 통합하여 하나의 납부고지를 할 수 있다

③ 세관장은 경정을 한 후 그 세액에 과부족이 있는 것을 발견한 때에는 그 경정한 세액을 다시 경정한다.

5 부과고지

(1) 부과고지 대상물품

다음의 어느 하나에 해당하는 경우에는 신고납부에도 불구하고 세관장이 관세를 부과·징수한다.

① 관세법 제16조 제1호부터 제6호까지 및 제8호부터 제11호까지(예외적인 과세물건의 확정시기)에 해당되어 관세를 징수하는 경우
② 보세건설장에서 건설된 시설로서 수입신고가 수리되기 전에 가동된 경우
③ 보세구역(보세구역 외 장치를 허가받은 장소를 포함한다)에 반입된 물품이 수입신고가 수리되기 전에 반출된 경우
④ 납세의무자가 관세청장이 정하는 사유로 과세가격이나 관세율 등을 결정하기 곤란하여 부과고지를 요청하는 경우
⑤ 수입신고전 즉시반출신고를 하고 반출한 물품을 즉시반출신고를 한 날부터 10일 내에 수입신고를 하지 아니하여 관세를 징수하는 경우
⑥ 그 밖에 납세신고가 부적당한 것으로서 기획재정부령으로 정하는 경우
　㉠ 여행자 또는 승무원의 휴대품 및 별송품
　㉡ 우편물(수입신고대상 우편물 제외)
　㉢ 법령의 규정에 의하여 세관장이 관세를 부과·징수하는 물품
　㉣ ㉠ 내지 ㉢ 외에 납세신고가 부적당하다고 인정하여 관세청장이 지정하는 물품

(2) 부족액 징수

세관장은 과세표준, 세율, 관세의 감면 등에 관한 규정의 적용 착오 또는 그 밖의 사유로 이미 징수한 금액이 부족한 것을 알게 되었을 때에는 그 부족액을 징수한다.

(3) 납부고지

상기에 따라 세관장이 관세를 징수하려는 경우에는 대통령령으로 정하는 바에 따라 납세의무자에게 납부고지를 하여야 한다.

6 징수금액의 최저한

① 세관장은 납세의무자가 납부하여야 하는 세액이 대통령령으로 정하는 금액(1만원) 미만인 경우에는 이를 징수하지 아니한다.

② 관세를 징수하지 아니하게 된 경우에는 당해 물품의 수입신고 수리일을 그 납부일로 본다.

7 수정신고 또는 경정에 대한 가산세

(1) 가산세 징수

1) 과소신고 가산세(일반적인 경우)

세관장은 납세의무자가 납부기한(이하 "법정납부기한")까지 납부하지 아니한 관세액(이하 "미납부세액")을 징수하거나 수정신고 또는 경정에 따라 부족한 관세액(이하 "부족세액")을 징수할 때에는 다음의 금액을 합한 금액(① + ②)을 가산세로 징수한다.

① 신고불성실 가산세 : 부족세액의 100분의 10
② 납부지연 가산세 : 다음의 금액을 합한 금액
  ㉠ 미납부세액 또는 부족세액 × 법정납부기한의 다음 날부터 납부일까지의 기간(납부고지일부터 납부고지서에 따른 납부기한까지의 기간은 제외한다) × 금융회사 등이 연체대출금에 대하여 적용하는 이자율 등을 고려하여 대통령령으로 정하는 이자율(1일 10만분의 22의 율)
  ㉡ 법정납부기한까지 납부하여야 할 세액 중 납부고지서에 따른 납부기한까지 납부하지 아니한 세액 × 100분의 3(관세를 납부고지서에 따른 납부기한까지 완납하지 아니한 경우에 한정한다)

2) 과소신고 가산세(부정한 행위로 인한 경우)

상기 1)에도 불구하고 납세자가 부정한 행위(납세자가 관세의 과세표준 또는 세액계산의 기초가 되는 사실의 전부 또는 일부를 은폐하거나 가장하는 것에 기초하여 관세의 과세표준 또는 세액의 신고의무를 위반하는 것으로서 대통령령으로 정하는 행위를 말한다)로 과소신고한 경우에는 세관장은 부족세액의 100분의 60에 상당하는 금액과 상기 1)의 ②의 금액을 합한 금액을 가산세로 징수한다.

3) 무신고 가산세

세관장은 수입신고를 하지 아니하고 수입된 물품에 대하여 관세를 부과·징수할 때에는 다음의 금액을 합한 금액을 가산세로 징수한다. 다만, 관세법 제241조 제5항에 따라 가산세를 징수하는 경우(여행자 휴대품 등의 미신고가산세)와 천재지변 등 수입신고를 하지 아니하고 수입한 데에 정당한 사유가 있는 것으로 세관장이 인정하는 경우는 제외한다.

① 해당 관세액의 100분의 20(밀수출입죄에 해당하여 처벌받거나 통고처분을 받은 경우에는 100분의 60)
② 다음의 금액을 합한 금액
  ㉠ 해당 관세액 × 수입된 날부터 납부일까지의 기간(납부고지일부터 납부고지서에 따른 납부기한까지의 기간은 제외한다) × 금융회사 등이 연체대출금에 대하여 적용하는 이자율 등을 고려하여 대통령령으로 정하는 이자율(1일 10만분의 22의 율)
  ㉡ 해당 관세액 중 납부고지서에 따른 납부기한까지 납부하지 아니한 세액 × 100분의 3(관세를 납부고지서에 따른 납부기한까지 완납하지 아니한 경우에 한정한다)

(2) 가산세 징수의 제한

상기 (1)을 적용할 때 납부고지서에 따른 납부기한의 다음 날부터 납부일까지의 기간이 5년을 초과하는 경우에는 그 기간은 5년으로 한다.

(3) 가산세 적용 제외

체납된 관세(세관장이 징수하는 내국세가 있을 때에는 그 금액을 포함한다)가 150만원 미만인 경우에는 상기 (1)의 1)의 ②의 ㉠ 및 3)의 ②의 ㉠의 가산세를 적용하지 아니한다.

(4) 가산세의 감면

1) 신고불성실 가산세와 납부지연 가산세를 모두 면제하는 경우
  ① 수입신고가 수리되기 전에 관세를 납부한 결과 부족세액이 발생한 경우로서 수입신고가 수리되기 전에 납세의무자가 해당 세액에 대하여 수정신고를 하거나 세관장이 경정하는 경우
  ② 잠정가격신고를 기초로 납세신고를 하고 이에 해당하는 세액을 납부한 경우(납세의무자가 제출한 자료가 사실과 다름이 판명되어 추징의 사유가 발생한 경우는 제외한다)
  ③ 국가 또는 지방자치단체가 직접 수입하는 물품 등 대통령령으로 정하는 물품의 경우
    ㉠ 국가 또는 지방자치단체(지방자치단체조합을 포함한다)가 직접 수입하는 물품과 국가 또는 지방자치단체에 기증되는 물품
    ㉡ 우편물. 다만, 수입신고를 해야 하는 것은 제외한다.
  ④ 신고납부한 세액의 부족 등에 대하여 납세의무자에게 대통령령으로 정하는 정당한

사유가 있는 경우
- ㉠ 천재지변 등에 따른 기한 연장 사유에 해당하는 경우
- ㉡ 관세법 해석에 관한 질의·회신 등에 따라 신고·납부했으나 이후 동일한 사안에 대해 다른 과세처분을 하는 경우
- ㉢ 그 밖에 납세자가 의무를 이행하지 않은 정당한 사유가 있는 경우

2) 신고불성실 가산세만 면제 또는 경감하는 경우
① 특수관계자 간의 과세가격 결정방법에 관한 사전심사의 결과를 통보받은 경우 그 통보일부터 2개월 이내에 통보된 과세가격의 결정방법에 따라 해당 사전심사의 결과를 통보받은 날 전에 신고납부한 세액을 수정신고하는 경우(면제)
② 수입신고 수리 전 세액심사 대상물품 중 감면대상 및 감면율을 잘못 적용하여 부족세액이 발생한 경우(면제)
③ 수정신고(보정기간이 지난 날부터 1년 6개월이 지나기 전에 한 수정신고로 한정한다)를 한 경우에는 다음의 구분에 따른 금액. 다만, 해당 관세에 대하여 과세표준과 세액을 경정할 것을 미리 알고 수정신고를 한 경우로서 기획재정부령으로 정하는 경우는 제외한다.
- ㉠ 보정기간이 지난 날부터 6개월 이내에 수정신고한 경우 : 신고불성실 가산세의 100분의 30
- ㉡ 보정기간이 지난 날부터 6개월 초과 1년 이내에 수정신고한 경우 : 신고불성실 가산세의 100분의 20
- ㉢ 보정기간이 지난 날부터 1년 초과 1년 6개월 이내에 수정신고한 경우 : 신고불성실 가산세의 100분의 10

3) 납부지연 가산세만 경감하는 경우
관세심사위원회가 과세전적부심사의 결정기간 내에 과세전적부심사의 결정·통지를 하지 아니한 경우 : 결정·통지가 지연된 기간에 대하여 부과되는 가산세(납부지연 가산세에 적용되는 계산식에 결정·통지가 지연된 기간을 적용하여 계산한 금액에 해당하는 가산세를 말한다) 금액의 100분의 50

제3장 세 율

I. 세율의 종류

1. 국정세율

국정세율이란 우리나라의 법률로 정한 관세의 세율을 말한다.

(1) 기본세율

기본세율이란 관세율표상의 기본세율을 말한다.

(2) 잠정세율

잠정세율이란 관세율표에 기본세율과 함께 표시되어 있는 세율로서, 특정 품목에 대하여 기본세율과는 다른 세율을 잠정적으로 적용하기 위하여 마련한 세율을 말한다.

(3) 탄력세율

탄력세율이란 급격히 변화하는 국내외 경제 및 무역환경에 대한 신속한 정책을 위하여, 조세법률주의의 예외로서 일정한 요건을 정하여 관세율 변경권을 행정부에 위임하고 있는 세율을 말한다.
① 대통령령 : 보복관세, 조정관세, 할당관세, 편익관세, 국제협력관세, 일반특혜관세
② 기획재정부령 : 덤핑방지관세, 상계관세, 긴급관세, 특정국물품 긴급관세, 농림축산물에 대한 특별긴급관세, 계절관세

2. 협정세율

협정세율이란 우리나라의 통상과 대외무역의 증진을 위하여 필요하다고 인정하여 특정 국가 또는 국제기구와 조약 또는 행정협정 등으로 정한 세율을 말한다.

Ⅱ 세율 적용의 우선순위 기출 2021

순위	세율의 종류	비고
1	덤핑방지관세, 상계관세, 보복관세, 긴급관세, 특정국물품 긴급관세, 농림축산물에 대한 특별긴급관세	세율의 높낮이에 관계없이 항상 우선 적용
2	국제협력관세, 편익관세	아래의 순위보다 세율이 낮은 경우에만 우선 적용
3	조정관세, 할당관세, 계절관세	아래의 순위보다 우선 적용 (단, 할당관세는 일반특혜(최빈특혜)관세보다 낮은 경우에만 우선 적용)
4	일반특혜(최빈특혜)관세	아래의 순위보다 우선 적용
5	잠정세율	아래의 순위보다 우선 적용
6	기본세율	

Ⅲ 세율의 조정

1 덤핑방지관세

국내산업과 이해관계가 있는 자로서 대통령령으로 정하는 자 또는 주무부장관이 부과요청을 한 경우로서 외국의 물품이 대통령령으로 정하는 정상가격 이하로 수입(덤핑)되어 다음의 어느 하나에 해당하는 것으로 조사를 통하여 확인되고 해당 국내산업을 보호할 필요가 있다고 인정되는 경우에는 기획재정부령으로 그 물품과 공급자 또는 공급국을 지정하여 해당 물품에 대하여 정상가격과 덤핑가격 간의 차액(덤핑차액)에 상당하는 금액 이하의 관세(덤핑방지관세)를 추가하여 부과할 수 있다.

① 국내산업이 실질적인 피해를 받거나 받을 우려가 있는 경우
② 국내산업의 발전이 실질적으로 지연된 경우

2 상계관세

국내산업과 이해관계가 있는 자로서 대통령령으로 정하는 자 또는 주무부장관이 부과요청을 한 경우로서, 외국에서 제조·생산 또는 수출에 관하여 직접 또는 간접으로 보조금이나 장려금(보조금등)을 받은 물품의 수입으로 인하여 다음의 어느 하나에 해당하는 것으로 조사를 통하여 확인되고 해당 국내산업을 보호할 필요가 있다고 인정되는 경우에는 기획재정부령으로 그 물품과 수출자 또는 수출국을 지정하여 그 물품에 대하여 해당 보조금등의 금액 이하의 관세(상계관세)를 추가하여 부과할 수 있다.
① 국내산업이 실질적인 피해를 받거나 받을 우려가 있는 경우
② 국내산업의 발전이 실질적으로 지연된 경우

3 보복관세 기출 2021

교역상대국이 우리나라의 수출물품 등에 대하여 **다음의 어느 하나에 해당하는 행위를 하여 우리나라의 무역이익이 침해되는 경우**에는 그 나라로부터 수입되는 물품에 대하여 피해상당액의 범위에서 관세(보복관세)를 부과할 수 있다.
① 관세 또는 무역에 관한 국제협정이나 양자 간의 협정 등에 규정된 우리나라의 권익을 부인하거나 제한하는 경우
② 그 밖에 우리나라에 대하여 부당하거나 차별적인 조치를 하는 경우

4 긴급관세

특정물품의 수입증가로 인하여 동종물품 또는 직접적인 경쟁관계에 있는 물품을 생산하는 국내산업이 심각한 피해를 받거나 받을 우려(심각한 피해등)가 있음이 조사를 통하여 확인되고 해당 국내산업을 보호할 필요가 있다고 인정되는 경우에는 해당 물품에 대하여 심각한 피해등을 방지하거나 치유하고 조정을 촉진하기 위하여 필요한 범위에서 관세(긴급관세)를 추가하여 부과할 수 있다.

5 특정국물품 긴급관세

국제조약 또는 일반적인 국제법규에 따라 허용되는 한도에서 대통령령으로 정하는 국가를 원산지로 하는 물품(특정국물품)이 다음의 어느 하나에 해당하는 것으로 조사를 통하여 확인된 경우에는 피해를 구제하거나 방지하기 위하여 필요한 범위에서 관세(특정국물품 긴급관세)를 추가하여 부과할 수 있다.
① 해당 물품의 수입증가가 국내시장의 교란 또는 교란우려의 중대한 원인이 되는 경우
② 세계무역기구 회원국이 해당 물품의 수입증가에 대하여 자국의 피해를 구제하거나 방지하기 위하여 한 조치로 인하여 중대한 무역전환이 발생하여 해당 물품이 우리나라로 수입되거나 수입될 우려가 있는 경우

6 농림축산물에 대한 특별긴급관세

국내외 가격차에 상당한 율로 양허한 농림축산물의 수입물량이 급증하거나 수입가격이 하락하는 경우에는 대통령령으로 정하는 바에 따라 양허한 세율을 초과하여 관세(특별긴급관세)를 부과할 수 있다.

7 조정관세 기출 2022

다음의 어느 하나에 해당하는 경우에는 **100분의 100에서 해당 물품의 기본세율을 뺀 율을 기본세율에 더한 율의 범위**에서 관세를 부과할 수 있다. 다만, 농림축수산물 또는 이를 원재료로 하여 제조된 물품의 국내외 가격차가 해당 물품의 과세가격을 초과하는 경우에는 국내외 가격차에 상당하는 율의 범위에서 관세를 부과할 수 있다.
① 산업구조의 변동 등으로 물품 간의 세율 불균형이 심하여 이를 시정할 필요가 있는 경우
② 공중도덕 보호, 인간·동물·식물의 생명 및 건강 보호, 환경보전, 한정된 천연자원 보존 및 국제평화와 안전보장 등을 위하여 필요한 경우
③ 국내에서 개발된 물품을 일정 기간 보호할 필요가 있는 경우
④ 농림축수산물 등 국제경쟁력이 취약한 물품의 수입증가로 인하여 국내시장이 교란되거나 산업기반이 붕괴될 우려가 있어 이를 시정하거나 방지할 필요가 있는 경우

8 할당관세 `기출 2022~2024`

(1) 세율의 인하

다음의 어느 하나에 해당하는 경우에는 **100분의 40의 범위의 율을 기본세율에서 빼고 관세를 부과**할 수 있다. 이 경우 필요하다고 인정될 때에는 그 수량을 제한할 수 있다.
① 원활한 물자수급 또는 산업의 경쟁력 강화를 위하여 특정물품의 수입을 촉진할 필요가 있는 경우
② 수입가격이 급등한 물품 또는 이를 원재료로 한 제품의 국내가격을 안정시키기 위하여 필요한 경우
③ 유사물품 간의 세율이 현저히 불균형하여 이를 시정할 필요가 있는 경우

(2) 세율의 인상

특정물품의 수입을 억제할 필요가 있는 경우에는 일정한 수량을 초과하여 수입되는 분에 대하여 100분의 40의 범위의 율을 기본세율에 더하여 관세를 부과할 수 있다. 다만, 농림축수산물인 경우에는 기본세율에 동종물품·유사물품 또는 대체물품의 국내외 가격차에 상당하는 율을 더한 율의 범위에서 관세를 부과할 수 있다.

9 계절관세

계절에 따라 가격의 차이가 심한 물품으로서 동종물품·유사물품 또는 대체물품의 수입으로 인하여 국내시장이 교란되거나 생산 기반이 붕괴될 우려가 있을 때에는 계절에 따라 해당 물품의 국내외 가격차에 상당하는 율의 범위에서 기본세율보다 높게 관세를 부과하거나 100분의 40의 범위의 율을 기본세율에서 빼고 관세를 부과할 수 있다.

10 국제협력관세

① 정부는 우리나라의 대외무역 증진을 위하여 필요하다고 인정될 때에는 특정 국가 또는 국제기구와 관세에 관한 협상을 할 수 있다.
② 협상을 수행할 때 필요하다고 인정되면 관세를 양허할 수 있다. 다만, 특정 국가와 협상할 때에는 기본 관세율의 100분의 50의 범위를 초과하여 관세를 양허할 수 없다.

11 편익관세

(1) 의의

관세에 관한 조약에 따른 편익을 받지 아니하는 나라의 생산물로서 우리나라에 수입되는 물품에 대하여 이미 체결된 외국과의 조약에 따른 편익의 한도에서 관세에 관한 편익(편익관세)을 부여할 수 있다.

(2) 대상 국가

지역	국가
1. 아시아	부탄
2. 중동	이란·이라크·레바논·시리아
3. 대양주	나우루
4. 아프리카	코모로·에티오피아·소말리아
5. 유럽	안도라·모나코·산마리노·바티칸·덴마크(그린란드 및 페로제도 한정)

12 일반특혜관세

① 대통령령으로 정하는 개발도상국가를 원산지로 하는 물품 중 대통령령으로 정하는 물품에 대하여는 기본세율보다 낮은 세율의 관세(일반특혜관세)를 부과할 수 있다.
② 일반특혜관세를 부과할 때 해당 특혜대상물품의 수입이 국내산업에 미치는 영향 등을 고려하여 그 물품에 적용되는 세율에 차등을 두거나 특혜대상물품의 수입수량 등을 한정할 수 있다.
③ 국제연합총회의 결의에 따른 최빈 개발도상국[최빈 개발도상국에서 제외(2025년 4월 1일 전에 제외된 경우를 포함한다)된 날부터 대통령령으로 정하는 기간이 지나지 아니한 국가를 포함한다] 중 대통령령으로 정하는 국가를 원산지로 하는 물품에 대하여는 다른 특혜대상국보다 우대하여 일반특혜관세를 부과할 수 있다.
④ 특혜대상물품에 적용되는 세율 및 적용기간과 그 밖에 필요한 사항은 대통령령으로 정한다.

Ⅳ 세율의 적용 등

1 간이세율 기출 2023

(1) 의의

간이세율이란 특정 물품에 대하여 신속·간편한 과세를 하기 위해 해당 물품에 부과되는 여러 가지 세율을 통합한 세율을 말한다.

(2) 간이세율 적용대상 물품

다음의 어느 하나에 해당하는 물품 중 대통령령으로 정하는 물품에 대하여는 다른 법령에도 불구하고 간이세율을 적용할 수 있다.
① 여행자 또는 외국을 오가는 운송수단의 승무원이 휴대하여 수입하는 물품
② 우편물. 다만, 수입신고를 하여야 하는 우편물은 제외한다.
③ 탁송품 또는 별송품

(3) 간이세율 적용제외 물품 기출 2023

① **관세율이 무세인 물품과 관세가 감면되는 물품**
② **수출용원재료**
③ **범칙행위에 관련된 물품**
④ **종량세가 적용되는 물품**
⑤ 다음의 1에 해당하는 물품으로서 **관세청장이 정하는 물품**
　㉠ **상업용으로 인정되는 수량의 물품**
　㉡ 고가품
　㉢ **당해 물품의 수입이 국내산업을 저해할 우려가 있는 물품**
　㉣ **단일한 간이세율의 적용이 과세형평을 현저히 저해할 우려가 있는 물품**

> ※ 관세청장이 정하는 물품(간이세율적용 배제물품)
> ① 부과고지 대상으로서 1개나 1조의 과세가격이 1,000만원을 초과하는 물품
> ② 상업용으로 인정되는 수량의 물품
> ③ 관세법 제49조 제3호에 따른 관세(제51조~제77조)를 적용받는 물품 중 기본관세율보다 높은 세율을 적용받는 물품

⑥ 화주가 수입신고를 할 때에 과세대상물품의 전부에 대하여 간이세율의 적용을 받지 아니할 것을 요청한 경우의 당해 물품

2 합의에 따른 세율 기출 2023

① 일괄하여 수입신고가 된 물품으로서 물품별 세율이 다른 물품에 대하여는 신고인의 신청에 따라 그 세율 중 가장 높은 세율을 적용할 수 있다.
② 합의에 따른 세율을 적용하면 불복청구를 할 수 없다.

3 용도세율

(1) 용도세율의 적용

세율을 다르게 정하는 물품을 세율이 낮은 용도에 사용하여 해당 물품에 그 낮은 세율(용도세율)의 적용을 받으려는 자는 대통령령으로 정하는 바에 따라 세관장에게 신청하여야 한다. 다만, 대통령령으로 정하는 바에 따라 미리 세관장으로부터 해당 용도로만 사용할 것을 승인받은 경우에는 신청을 생략할 수 있다.

(2) 용도세율 적용 신청 시기

① 원칙

용도세율을 적용받으려는 자는 해당 물품을 수입신고하는 때부터 수입신고가 수리되기 전까지 그 품명·규격·수량·가격·용도·사용방법 및 사용장소를 기재한 신청서를 세관장에게 제출해야 한다.

② 예외

다만, 해당 물품을 보세구역에서 반출하지 않은 경우에는 수입신고 수리일부터 15일이 되는 날까지 신청서를 제출할 수 있다.

제4장 감면 및 분할납부

I 감면

1 감면의 종류

관세감면이란 관세납부의무의 전부 또는 일부를 면제시키는 제도를 말하며, 관세감면은 무조건 감면과 조건부 감면으로 구별할 수 있다. 무조건 감면이란 수입 시 감면을 받을 수 있는 특정한 사실만 갖추면 감면을 적용하는 것을 말하며, 조건부 감면이란 수입 시에 감면을 받을 수 있는 특정한 사실을 갖추는 것 외에도 수입 후에도 특정 용도로 사용할 것을 조건으로 감면을 적용하는 것을 말한다.

감면의 종류	감면의 내용
무조건 감면	① 외교관용 물품 등의 면세
	② 정부용품 등의 면세
	③ 소액물품 등의 면세
	④ 여행자 휴대품 및 이사물품 등의 감면
	⑤ 재수입면세
	⑥ 손상물품에 대한 감면
	⑦ 해외임가공물품 등의 감면
조건부 감면	① 세율불균형물품의 면세
	② 학술연구용품의 감면
	③ 종교용품, 자선용품, 장애인용품 등의 면세
	④ 특정물품의 면세 등
	⑤ 환경오염방지물품 등에 대한 감면
	⑥ 재수출면세
	⑦ 재수출 감면

2 무조건 감면 기출 2021~2023

(1) 외교관용 물품 등의 면세

① 우리나라에 있는 외국의 대사관·공사관 및 그 밖에 이에 준하는 기관의 업무용품
② 우리나라에 주재하는 외국의 대사·공사 및 그 밖에 이에 준하는 사절과 그 가족이 사용하는 물품
③ 우리나라에 있는 외국의 영사관 및 그 밖에 이에 준하는 기관의 업무용품
④ 우리나라에 있는 외국의 대사관·공사관·영사관 및 그 밖에 이에 준하는 기관의 직원 중 대통령령으로 정하는 직원과 그 가족이 사용하는 물품
⑤ 정부와 체결한 사업계약을 수행하기 위하여 외국계약자가 계약조건에 따라 수입하는 업무용품
⑥ 국제기구 또는 외국 정부로부터 우리나라 정부에 파견된 고문관·기술단원 및 그 밖에 기획재정부령으로 정하는 자가 사용하는 물품

(2) 정부용품 등의 면세

① 국가기관이나 지방자치단체에 기증된 물품으로서 공용으로 사용하는 물품. 다만, 기획재정부령으로 정하는 물품은 제외한다.
② 정부가 외국으로부터 수입하는 군수품(정부의 위탁을 받아 정부 외의 자가 수입하는 경우를 포함한다). 다만, 기획재정부령으로 정하는 물품은 제외한다.
③ 국가원수의 경호용으로 사용하기 위하여 수입하는 물품
④ 외국에 주둔하는 국군이나 재외공관으로부터 반환된 공용품
⑤ 과학기술정보통신부장관이 국가의 안전보장을 위하여 긴요하다고 인정하여 수입하는 비상통신용 물품 및 전파관리용 물품
⑥ 정부가 직접 수입하는 간행물, 음반, 녹음된 테이프, 녹화된 슬라이드, 촬영된 필름, 그 밖에 이와 유사한 물품 및 자료
⑦ 국가나 지방자치단체(이들이 설립하였거나 출연 또는 출자한 법인을 포함한다)가 환경오염(소음 및 진동을 포함한다)을 측정하거나 분석하기 위하여 수입하는 기계·기구 중 기획재정부령으로 정하는 물품
⑧ 상수도 수질을 측정하거나 이를 보전·향상하기 위하여 국가나 지방자치단체(이들이 설립하였거나 출연 또는 출자한 법인을 포함한다)가 수입하는 물품으로서 기획재정부령으로 정하는 물품

⑨ 국가정보원장 또는 그 위임을 받은 자가 국가의 안전보장 목적의 수행상 긴요하다고 인정하여 수입하는 물품

(3) 소액물품 등의 면세 [기출 2021]

① 우리나라의 거주자에게 수여된 훈장·기장 또는 이에 준하는 표창장 및 상패
② 기록문서 또는 그 밖의 서류
③ 상업용 견본품 또는 광고용품으로서 기획재정부령으로 정하는 물품
   ㉠ 물품이 천공 또는 절단되었거나 통상적인 조건으로 판매할 수 없는 상태로 처리되어 견본품으로 사용될 것으로 인정되는 물품
   ㉡ 판매 또는 임대를 위한 물품의 상품목록·가격표 및 교역안내서 등
   ㉢ 과세가격이 미화 250달러 이하인 물품으로서 견본품으로 사용될 것으로 인정되는 물품
   ㉣ 물품의 형상·성질 및 성능으로 보아 견본품으로 사용될 것으로 인정되는 물품
④ 우리나라 거주자가 받는 소액물품으로서 기획재정부령으로 정하는 물품
   ㉠ 물품가격(제1방법부터 제6방법까지에 따른 방법으로 결정된 과세가격에서 수입항까지의 운임, 보험료 그 밖에 운송에 관련된 비용을 뺀 가격. 다만, 이 금액을 명백히 구분할 수 없는 경우에는 이를 포함한 가격으로 한다)이 미화 150달러 이하의 물품으로서 자가사용 물품으로 인정되는 것. 다만, 반복 또는 분할하여 수입되는 물품으로서 관세청장이 정하는 기준에 해당하는 것을 제외한다.
   ㉡ 박람회 기타 이에 준하는 행사에 참가하는 자가 행사장 안에서 관람자에게 무상으로 제공하기 위하여 수입하는 물품(전시할 기계의 성능을 보여주기 위한 원료를 포함한다). 다만, 관람자 1인당 제공량의 정상도착가격이 미화 5달러 상당액 이하의 것으로서 세관장이 타당하다고 인정하는 것에 한한다.

(4) 여행자 휴대품 및 이사물품 등의 감면 [기출 2022]

1) 면세대상 물품
① 여행자의 휴대품 또는 별송품으로서 여행자의 입국 사유, 체재기간, 직업, 그 밖의 사정을 고려하여 기획재정부령으로 정하는 기준에 따라 세관장이 타당하다고 인정하는 물품

여행자 휴대품 또는 별송품의 면세 한도(1명당)

㉠ 일반 물품(기본면세범위) : 과세가격 합계 기준 미화 800달러 이하
㉡ 특정 물품(별도면세범위)

구분			면세한도	비고
술			2병	2병 합산하여 용량은 2리터(L) 이하, 가격은 미화 400달러 이하로 한다.
담배	궐련		200개비	2 이상의 담배 종류를 반입하는 경우에는 한 종류로 한정한다.
	엽궐련		50개비	
	전자담배	궐련형	200개비	
		니코틴 용액형	20밀리리터(mL)	
		기타 유형	110그램	
	그 밖의 담배		250그램	
향수			100밀리리터(mL)	

② 우리나라로 거주를 이전하기 위하여 입국하는 자가 입국할 때 수입하는 이사물품으로서 거주 이전의 사유, 거주기간, 직업, 가족 수, 그 밖의 사정을 고려하여 기획재정부령으로 정하는 기준에 따라 세관장이 타당하다고 인정하는 물품

관세가 면제되는 이사물품 기출 2022

1. 원칙(거주기간 고려)

    관세가 면제되는 물품은 우리나라 국민(재외영주권자를 제외한다)으로서 **외국에 주거를 설정하여 1년(가족을 동반한 경우에는 6개월) 이상 거주**했거나 외국인 또는 재외영주권자로서 우리나라에 주거를 설정하여 1년(가족을 동반한 경우에는 6개월) 이상 거주하려는 사람이 반입하는 다음의 어느 하나에 해당하는 것으로 한다. 다만, 자동차(③에 해당하는 것은 제외한다), 선박, 항공기와 개당 과세가격이 500만원 이상인 보석·진주·별갑·산호·호박·상아 및 이를 사용한 제품은 제외한다.

    ① 해당 물품의 성질·수량·용도 등으로 보아 통상적으로 가정용으로 인정되는 것으로서 우리나라 입국 전에 **3개월 이상** 사용했고 입국한 후에도 계속하여 사용할 것으로 인정되는 것

    ② 우리나라에 상주하여 취재하기 위하여 입국하는 외국국적의 기자가 최초로 입국할 때에 반입하는 취재용품으로서 문화체육관광부장관이 취재용임을 확인하는 물품일 것

    ③ 우리나라에서 수출된 물품(조립되지 않은 물품으로서 법 별표 관세율표상의 완성품에 해당하는 번호로 분류되어 수출된 것을 포함한다)이 반입된 경우로서 관세청장이 정하는 사용기준에 적합한 물품일 것

④ 외국에 거주하던 우리나라 국민이 다른 외국으로 주거를 이전하면서 우리나라로 반입(송부 포함)하는 것으로서 통상 가정용으로 3개월 이상 사용하던 것으로 인정되는 물품일 것

2. 예외(거주기간 미고려)
   상기 1에도 불구하고 사망이나 질병 등 관세청장이 정하는 사유가 발생하여 반입하는 이사물품에 대해서는 거주기간과 관계없이 관세를 면제할 수 있다.

③ 국제무역선 또는 국제무역기의 승무원이 휴대하여 수입하는 물품으로서 항행일수, 체재기간, 그 밖의 사정을 고려하여 기획재정부령으로 정하는 기준에 따라 세관장이 타당하다고 인정하는 물품

2) 감면대상 물품

여행자가 휴대품 또는 별송품을 기획재정부령으로 정하는 방법으로 자진신고하는 경우에는 20만원을 넘지 아니하는 범위에서 해당 물품에 부과될 관세(간이세율을 적용하는 물품의 경우에는 간이세율을 적용하여 산출된 세액을 말한다)의 100분의 30에 상당하는 금액을 경감할 수 있다.

(5) 재수입면세 기출 2021/2023

1) 감면대상

① 우리나라에서 수출(보세가공수출을 포함한다)된 물품으로서 해외에서 제조·가공·수리 또는 사용(장기간에 걸쳐 사용할 수 있는 물품으로서 임대차계약 또는 도급계약 등에 따라 해외에서 일시적으로 사용하기 위하여 수출된 물품이나 박람회, 전시회, 품평회, 국제경기대회, 그 밖에 이에 준하는 행사에 출품 또는 사용된 물품 등 기획재정부령으로 정하는 물품의 경우는 제외한다)되지 아니하고 수출신고 수리일부터 2년 내에 다시 수입(재수입)되는 물품

기획재정부령으로 정하는 물품(재수입면세 대상)

① 장기간에 걸쳐 사용할 수 있는 물품으로서 임대차계약 또는 도급계약 등에 따라 해외에서 일시적으로 사용하기 위하여 수출된 물품 중 내용연수가 3년(금형의 경우에는 2년) 이상인 물품
② 박람회, 전시회, 품평회, 국제경기대회, 그 밖에 이에 준하는 행사에 출품 또는 사용된 물품
③ 수출물품을 해외에서 설치, 조립 또는 하역하기 위해 사용하는 장비 및 용구

> ④ 수출물품을 운송하는 과정에서 해당 물품의 품질을 유지하거나 상태를 측정 및 기록하기 위해 해당 물품에 부착하는 기기
> ⑤ 결함이 발견된 수출물품
> ⑥ 수입물품을 적재하기 위하여 수출하는 용기로서 반복적으로 사용되는 물품

② 수출물품의 용기로서 다시 수입하는 물품
③ 해외시험 및 연구를 목적으로 수출된 후 재수입되는 물품

2) 감면 제외

다만, 다음의 어느 하나에 해당하는 경우에는 관세를 면제하지 아니한다.
① 해당 물품 또는 원자재에 대하여 관세를 감면받은 경우
② 관세환급을 받은 경우
③ 관세환급을 받을 수 있는 자 외의 자가 해당 물품을 재수입하는 경우. 다만, 재수입하는 물품에 대하여 환급을 받을 수 있는 자가 환급받을 권리를 포기하였음을 증명하는 서류를 재수입하는 자가 세관장에게 제출하는 경우는 제외한다.
④ **보세가공 또는 장치기간 경과물품을 재수출조건으로 매각함에 따라 관세가 부과되지 아니한 경우**

(6) 손상물품에 대한 감면

1) 수입신고 후 수입신고 수리 전 물품

수입신고한 물품이 수입신고가 수리되기 전에 변질되거나 손상되었을 때에는 대통령령으로 정하는 바에 따라 그 관세를 경감할 수 있다.

2) 관세를 감면받은 물품에 대하여 관세를 추징하는 경우

관세법이나 그 밖의 법률 또는 조약·협정 등에 따라 관세를 감면받은 물품에 대하여 관세를 추징하는 경우 그 물품이 변질 또는 손상되거나 사용되어 그 가치가 떨어졌을 때에는 대통령령으로 정하는 바에 따라 그 관세를 경감할 수 있다.

(7) 해외임가공물품 등의 감면

1) 감면대상 물품

① 원재료 또는 부분품을 수출하여 기획재정부령으로 정하는 물품으로 제조하거나 가공한 물품

기획재정부령으로 정하는 물품
관세율표 제85류 및 제90류 중 제9006호에 해당하는 것

② 가공 또는 수리할 목적으로 수출한 물품으로서 기획재정부령으로 정하는 기준에 적합한 물품

기획재정부령으로 정하는 기준
가공 또는 수리하기 위하여 수출된 물품과 가공 또는 수리 후 수입된 물품의 품목분류표상 10단위의 품목번호가 일치하는 물품을 말한다. 다만, 수율·성능 등이 저하되어 폐기된 물품을 수출하여 용융과정 등을 거쳐 재생한 후 다시 수입하는 경우와 제품의 제작일련번호 또는 제품의 특성으로 보아 수입물품이 우리나라에서 수출된 물품임을 세관장이 확인할 수 있는 물품인 경우에는 품목분류표상 10단위의 품목번호가 일치하지 아니하더라도 관세를 경감할 수 있다.

2) 감면 제외

다음의 어느 하나에 해당하는 경우에는 그 관세를 경감하지 아니한다.
① 해당 물품 또는 원자재에 대하여 관세를 감면받은 경우. 다만, 상기 1)의 ②는 제외한다.
② 관세환급을 받은 경우
③ 보세가공 또는 장치기간 경과물품을 재수출조건으로 매각함에 따라 관세가 부과되지 아니한 경우

3 조건부 감면 기출 2023~2024

(1) 세율불균형물품의 면세

세율불균형을 시정하기 위하여 **중소기업**이 대통령령으로 정하는 바에 따라 **세관장이 지정하는 공장**에서 다음의 어느 하나에 해당하는 물품을 제조 또는 수리하기 위하여 사용하는 부분품과 원재료(수출한 후 외국에서 수리·가공되어 수입되는 부분품과 원재료의 가공수리분을 포함한다) 중 기획재정부령으로 정하는 물품에 대해서는 그 관세를 면제할 수 있다.
① 항공기(부분품을 포함한다)
② 반도체 제조용 장비(부속기기를 포함한다)

(2) 학술연구용품의 감면 기출 2024

① 국가기관, 지방자치단체 및 기획재정부령으로 정하는 기관에서 사용할 학술연구용품·교육용품 및 실험실습용품으로서 기획재정부령으로 정하는 물품

② 학교, 공공의료기관, 공공직업훈련원, 박물관, 그 밖에 이에 준하는 기획재정부령으로 정하는 기관에서 학술연구용·교육용·훈련용·실험실습용 및 과학기술연구용으로 사용할 물품 중 기획재정부령으로 정하는 물품

③ 상기 ②의 기관에서 사용할 학술연구용품·교육용품·훈련용품·실험실습용품 및 과학기술연구용품으로서 외국으로부터 기증되는 물품. 다만, 기획재정부령으로 정하는 물품은 제외한다.

④ 기획재정부령으로 정하는 자가 산업기술의 연구개발에 사용하기 위하여 수입하는 물품으로서 기획재정부령으로 정하는 물품

(3) 종교용품, 자선용품, 장애인용품 등의 면세

① 교회, 사원 등 종교단체의 의식에 사용되는 물품으로서 외국으로부터 기증되는 물품. 다만, 기획재정부령으로 정하는 물품은 제외한다.

② 자선 또는 구호의 목적으로 기증되는 물품 및 기획재정부령으로 정하는 자선시설·구호시설 또는 사회복지시설에 기증되는 물품으로서 해당 용도로 직접 사용하는 물품. 다만, 기획재정부령으로 정하는 물품은 제외한다.

③ 국제적십자사·외국적십자사 및 기획재정부령으로 정하는 국제기구가 국제평화봉사활동 또는 국제친선활동을 위하여 기증하는 물품

④ 시각장애인, 청각장애인, 언어장애인, 지체장애인, 만성신부전증환자, 희귀난치성질환자 등을 위한 용도로 특수하게 제작되거나 제조된 물품 중 기획재정부령으로 정하는 물품

⑤ 장애인복지시설 및 장애인의 재활의료를 목적으로 국가·지방자치단체 또는 사회복지법인이 운영하는 재활 병원·의원에서 장애인을 진단하고 치료하기 위하여 사용하는 의료용구

(4) 특정물품의 면세 등

① 동식물의 번식·양식 및 종자개량을 위한 물품 중 기획재정부령으로 정하는 물품

> 관세를 면제하는 물품은 사료작물 재배용 종자(호밀·귀리 및 수수에 한한다)로 한다.

② 박람회, 국제경기대회, 그 밖에 이에 준하는 행사 중 기획재정부령으로 정하는 행사에 사용하기 위하여 그 행사에 참가하는 자가 수입하는 물품 중 기획재정부령으로 정하는 물품
③ 핵사고 또는 방사능 긴급사태 시 그 복구지원과 구호를 목적으로 외국으로부터 기증되는 물품으로서 기획재정부령으로 정하는 물품
④ 우리나라 선박이 외국 정부의 허가를 받아 외국의 영해에서 채집하거나 포획한 수산물(이를 원료로 하여 우리나라 선박에서 제조하거나 가공한 것을 포함한다)
⑤ 우리나라 선박이 외국의 선박과 협력하여 기획재정부령으로 정하는 방법으로 채집하거나 포획한 수산물로서 해양수산부장관이 추천하는 것
⑥ 해양수산부장관의 허가를 받은 자가 기획재정부령으로 정하는 요건에 적합하게 외국인과 합작하여 채집하거나 포획한 수산물 중 해양수산부장관이 기획재정부장관과 협의하여 추천하는 것
⑦ 우리나라 선박 등이 채집하거나 포획한 수산물과 상기 ⑤ 및 ⑥에 따른 수산물의 포장에 사용된 물품으로서 재사용이 불가능한 것 중 기획재정부령으로 정하는 물품
⑧ 중소기업이 해외구매자의 주문에 따라 제작한 기계·기구가 해당 구매자가 요구한 규격 및 성능에 일치하는지를 확인하기 위하여 하는 시험생산에 필요한 원재료로서 기획재정부령으로 정하는 요건에 적합한 물품
⑨ 우리나라를 방문하는 외국의 원수와 그 가족 및 수행원의 물품
⑩ 우리나라의 선박이나 그 밖의 운송수단이 조난으로 인하여 해체된 경우 그 해체재 및 장비
⑪ 우리나라와 외국 간에 건설될 교량, 통신시설, 해저통로, 그 밖에 이에 준하는 시설의 건설 또는 수리에 필요한 물품
⑫ 우리나라 수출물품의 품질, 규격, 안전도 등이 수입국의 권한 있는 기관이 정하는 조건에 적합한 것임을 표시하는 수출물품에 붙이는 증표로서 기획재정부령으로 정하는 물품
⑬ 우리나라의 선박이나 항공기가 해외에서 사고로 발생한 피해를 복구하기 위하여 외국의 보험회사 또는 외국의 가해자의 부담으로 하는 수리 부분에 해당하는 물품
⑭ 우리나라의 선박이나 항공기가 매매계약상의 하자보수 보증기간 중에 외국에서 발생한 고장에 대하여 외국의 매도인의 부담으로 하는 수리 부분에 해당하는 물품
⑮ 국제올림픽·장애인올림픽·농아인올림픽 및 아시아운동경기·장애인아시아운동경기 종목에 해당하는 운동용구(부분품을 포함한다)로서 기획재정부령으로 정하는 물품

⑯ 국립묘지의 건설·유지 또는 장식을 위한 자재와 국립묘지에 안장되는 자의 관·유골함 및 장례용 물품
⑰ 피상속인이 사망하여 국내에 주소를 둔 자에게 상속되는 피상속인의 신변용품
⑱ 보석의 원석 및 나석으로서 기획재정부령으로 정하는 것

(5) 환경오염방지물품 등에 대한 감면

다음의 어느 하나에 해당하는 물품으로서 국내에서 제작하기 곤란한 물품이 수입될 때에는 그 관세를 감면할 수 있다.

① 오염물질(소음 및 진동을 포함한다)의 배출 방지 또는 처리를 위하여 사용하는 기계·기구·시설·장비로서 기획재정부령으로 정하는 것
② 폐기물 처리(재활용을 포함한다)를 위하여 사용하는 기계·기구로서 기획재정부령으로 정하는 것
③ 기계·전자기술 또는 정보처리기술을 응용한 공장 자동화 기계·기구·설비(그 구성기기를 포함한다) 및 그 핵심부분품으로서 기획재정부령으로 정하는 것

(6) 재수출면세

수입신고 수리일부터 다음의 어느 하나의 기간에 다시 수출하는 물품에 대하여는 그 관세를 면제할 수 있다.

① **기획재정부령으로 정하는 물품** : 1년의 범위에서 대통령령으로 정하는 기준에 따라 세관장이 정하는 기간. 다만, 세관장은 부득이한 사유가 있다고 인정될 때에는 1년의 범위에서 그 기간을 연장할 수 있다.
② **1년을 초과하여 수출하여야 할 부득이한 사유가 있는 물품으로서 기획재정부령으로 정하는 물품** : 세관장이 정하는 기간

(7) 재수출 감면

장기간에 걸쳐 사용할 수 있는 물품으로서 그 수입이 임대차계약에 의하거나 도급계약 또는 수출계약의 이행과 관련하여 국내에서 일시적으로 사용하기 위하여 수입하는 물품 중 기획재정부령으로 정하는 물품이 그 수입신고 수리일부터 2년(장기간의 사용이 부득이한 물품으로서 기획재정부령으로 정하는 것 중 수입하기 전에 세관장의 승인을 받은 것은 4년의 범위에서 대통령령으로 정하는 기준에 따라 세관장이 정하는 기간을 말한다) 이내에 재수출되는 것에 대해서는 다음의 구분에 따라 그 관세를 경감할 수 있다.

다만, 외국과 체결한 조약·협정 등에 따라 수입되는 것에 대해서는 상호 조건에 따라 그 관세를 면제한다.
① 재수출기간이 6개월 이내인 경우 : 해당 물품에 대한 관세액의 100분의 85
② 재수출기간이 6개월 초과 1년 이내인 경우 : 해당 물품에 대한 관세액의 100분의 70
③ 재수출기간이 1년 초과 2년 이내인 경우 : 해당 물품에 대한 관세액의 100분의 55
④ 재수출기간이 2년 초과 3년 이내인 경우 : 해당 물품에 대한 관세액의 100분의 40
⑤ 재수출기간이 3년 초과 4년 이내인 경우 : 해당 물품에 대한 관세액의 100분의 30

> **가산세 징수** 기출 2023
>
> 세관장은 재수출면세 대상물품 및 재수출 감면 대상물품이 재수출면세 기간 내에 수출되지 아니한 경우에는 **500만원을 넘지 아니하는** 범위에서 해당 물품에 부과될 **관세의 100분의 20**에 상당하는 금액을 가산세로 징수한다.

4 관세감면의 신청 시기 기출 2023

(1) 원칙

관세법 기타 관세에 관한 법률 또는 조약에 따라 관세를 감면받으려는 자는 해당 물품의 **수입신고 수리 전**에 감면신청서를 세관장에게 제출하여야 한다.

(2) 예외

다음의 사유가 있는 경우에는 다음의 구분에 따른 기한까지 감면신청서를 제출할 수 있다.
① 부과고지에 따라 관세를 징수하는 경우 : 해당 납부고지를 받은 날부터 5일 이내
② 그 밖에 수입신고 수리 전까지 감면신청서를 제출하지 못한 경우 : 해당 수입신고 수리일부터 15일 이내(해당 물품이 보세구역에서 반출되지 아니한 경우로 한정한다)

Ⅱ 분할납부 기출 2022

1 분할납부의 사유

(1) 천재지변 등으로 인한 관세의 분할납부

세관장은 천재지변이나 그 밖에 대통령령으로 정하는 사유로 관세법에 따른 신고, 신청, 청구, 그 밖의 서류의 제출, 통지, 납부 또는 징수를 정하여진 기한까지 할 수 없다고 인정될 때에는 1년을 넘지 아니하는 기간을 정하여 대통령령으로 정하는 바에 따라 관세를 분할하여 납부하게 할 수 있다.

(2) 특정물품에 대한 관세의 분할납부

다음의 어느 하나에 해당하는 물품이 수입될 때에는 세관장은 기획재정부령으로 정하는 바에 따라 5년을 넘지 아니하는 기간을 정하여 관세의 분할납부를 승인할 수 있다.
① 시설기계류, 기초설비품, 건설용 재료 및 그 구조물과 공사용 장비로서 기획재정부장관이 고시하는 물품. 다만, 기획재정부령으로 정하는 업종에 소요되는 물품은 제외한다.

> **관세분할납부의 요건**
> ㉠ 관세율표에서 부분품으로 분류되지 아니할 것
> ㉡ 관세법 기타 관세에 관한 법률 또는 조약에 의하여 관세를 감면받지 아니할 것
> ㉢ 당해 관세액이 500만원 이상일 것. 다만, 중소기업이 수입하는 경우에는 100만원 이상일 것
> ㉣ 관세법 제51조 내지 제72조의 규정을 적용받는 물품이 아닐 것

② 정부나 지방자치단체가 수입하는 물품으로서 기획재정부령으로 정하는 물품
③ 학교나 직업훈련원에서 수입하는 물품과 비영리법인이 공익사업을 위하여 수입하는 물품으로서 기획재정부령으로 정하는 물품
④ 의료기관 등 기획재정부령으로 정하는 사회복지기관 및 사회복지시설에서 수입하는 물품으로서 기획재정부장관이 고시하는 물품
⑤ 기획재정부령으로 정하는 기업부설연구소, 산업기술연구조합 및 비영리법인인 연구기관, 그 밖에 이와 유사한 연구기관에서 수입하는 기술개발연구용품 및 실험실습용품으로서 기획재정부장관이 고시하는 물품

⑥ 기획재정부령으로 정하는 중소제조업체가 직접 사용하려고 수입하는 물품. 다만, 기획재정부령으로 정하는 기준에 적합한 물품이어야 한다.

> **관세분할납부의 요건**
>
> 1. 납세의무자 요건
>   관세분할납부의 승인을 얻을 수 있는 중소제조업체는 중소기업자로서 한국표준산업분류표상 제조업을 영위하는 업체에 한한다.
> 2. 물품 요건
>   관세를 분할납부할 수 있는 물품은 관세율표 제84류·제85류 및 제90류에 해당하는 물품으로서 다음의 요건을 갖추어야 한다.
>   ① 관세법 기타 관세에 관한 법률 또는 조약에 의하여 관세의 감면을 받지 아니할 것
>   ② 당해 관세액이 100만원 이상일 것
>   ③ 관세법 제51조 내지 제72조의 규정을 적용받는 물품이 아닐 것
>   ④ 국내에서 제작이 곤란한 물품으로서 당해 물품의 생산에 관한 사무를 관장하는 주무부처의 장 또는 그 위임을 받은 기관의 장이 확인한 것일 것

⑦ 기획재정부령으로 정하는 기업부설 직업훈련원에서 직업훈련에 직접 사용하려고 수입하는 교육용품 및 실험실습용품 중 국내에서 제작하기가 곤란한 물품으로서 기획재정부장관이 고시하는 물품

2 관세의 징수

(1) 징수 사유

다음의 어느 하나에 해당하는 경우에는 납부하지 아니한 관세의 전액을 즉시 징수한다.
① 관세의 분할납부를 승인받은 물품(분할납부 승인을 받은 특정물품)을 분할납부기간에 해당 용도 외의 다른 용도로 사용하거나 해당 용도 외의 다른 용도로 사용하려는 자에게 양도한 경우
② 관세를 지정된 기한까지 납부하지 아니한 경우. 다만, 관세청장이 부득이한 사유가 있다고 인정하는 경우는 제외한다.
③ 파산선고를 받은 경우
④ 법인이 해산한 경우

(2) 납부고지

세관장은 상기 (1)에 따라 관세를 징수하는 때에는 **15일 이내의 납부기한을 정하여 납부고지**를 해야 한다.

3 납세의무자

(1) 합병 등이 발생한 경우

관세의 분할납부를 승인받은 법인이 합병·분할 또는 분할합병된 경우에는 합병·분할 또는 분할합병 후에 존속하거나 합병·분할 또는 분할합병으로 설립된 법인이 연대하여 관세를 납부하여야 한다.

(2) 파산선고를 받은 경우

관세의 분할납부를 승인받은 자가 파산선고를 받은 경우에는 그 파산관재인이 관세를 납부하여야 한다.

(3) 해산한 경우

관세의 분할납부를 승인받은 법인이 해산한 경우에는 그 청산인이 관세를 납부하여야 한다.

(4) 용도 외로 사용한 경우 등

관세의 분할납부를 승인받은 물품을 **동일한 용도로 사용하려는 자에게 양도한 경우에는 그 양수인이 관세를 납부**하여야 하며, 해당 용도 외의 다른 용도로 사용하려는 자에게 양도한 경우에는 그 양도인이 관세를 납부하여야 한다. 이 경우 양도인으로부터 해당 관세를 징수할 수 없을 때에는 그 양수인으로부터 징수한다.

Ⅲ 사후관리

1 사후관리의 대상

사후관리는 용도세율의 적용, 관세의 감면(조건부 감면대상 및 무조건 감면대상 중 외교관용 물품 등의 면세대상의 양수제한물품) 또는 분할납부의 승인을 받은 물품으로 한다.

2 사후관리의 내용 기출 2023

(1) 관세감면물품의 사후관리 기출 2023

관세법 제89조부터 제91조까지와 제93조 및 제95조에 따라 관세를 감면받은 물품(세율불균형물품의 면세, 학술연구용품의 감면, 종교용품, 자선용품, 장애인용품 등의 면세, 특정물품의 면세 등, 환경오염방지물품 등에 대한 감면)은 수입신고 수리일부터 3년의 범위에서 대통령령으로 정하는 기준에 따라 관세청장이 정하는 기간에는 그 감면받은 용도 외의 다른 용도로 사용하거나 양도(임대 포함)할 수 없다. 다만, 기획재정부령으로 정하는 물품과 대통령령으로 정하는 바에 따라 미리 세관장의 승인을 받은 물품의 경우에는 그러하지 아니하다.

> **기획재정부령으로 정하는 물품(사후관리 면제 물품)**
> ① 관세법 제89조(세율불균형물품의 면세) 제1항 제1호의 물품(항공기와 그 부분품)
> ② 관세법 제95조(환경오염방지물품 등에 대한 감면) 제1항 제1호의 물품 중 자동차의 부분품

(2) 사후관리기간 기출 2023

관세청장은 사후관리기간을 정하려는 경우에는 다음의 기준에 따르며, 각 기준을 적용한 결과 동일물품에 대한 사후관리기간이 다르게 되는 경우에는 그 중 **짧은 기간**으로 할 수 있다.
① 물품의 내용연수(법인세법 시행령 제28조에 따른 기준내용연수를 말한다)를 기준으로 하는 사후관리기간 : 다음의 구분에 의한 기간
  ㉠ 내용연수가 5년 이상인 물품 : 3년. 다만, 관세법 제90조(학술연구용품의 감면)의 규정에 의하여 관세의 감면을 받는 물품의 경우는 2년으로 한다.

ⓒ 내용연수가 4년인 물품 : 2년

   ⓒ 내용연수가 3년 이하인 물품 : 1년 이내의 기간에서 관세청장이 정하여 고시하는 기간

② 관세감면물품이 다른 용도로 사용될 가능성이 적은 경우의 사후관리기간 : 1년 이내의 기간에서 관세청장이 정하여 고시하는 기간. 다만, 장애인 등 특정인만이 사용하거나 금형과 같이 성격상 다른 용도로 사용될 수 없는 물품의 경우에는 수입신고 수리일까지로 하며, 박람회·전시회 등 특정행사에 사용되는 물품의 경우에는 당해 용도 또는 행사가 소멸 또는 종료되는 때까지로 한다.

③ 관세감면물품이 원재료·부분품 또는 견본품인 경우의 사후관리기간 : 1년 이내의 기간에서 관세청장이 정하여 고시하는 기간. 다만, 원재료·부분품 또는 견본품 등이 특정용도로 사용된 후 사실상 소모되는 물품인 경우에는 감면용도에 사용하기 위하여 사용장소로 반입된 사실이 확인된 날까지로 하며, 해당 기간이 경과될 때까지 감면받은 용도로 사용되지 않고 보관되는 경우에는 해당 물품이 모두 사용된 날까지로 한다.

④ 관세감면물품에 대한 관세법 제50조(세율 적용의 우선순위)의 규정에 의한 세율에 감면율을 곱한 율을 기준으로 하는 사후관리기간 : 3 퍼센트 이하인 경우에는 1년 이내의 기간에서 관세청장이 정하여 고시하는 기간, 3 퍼센트 초과 7 퍼센트 이하인 경우에는 2년 이내의 기간에서 관세청장이 정하여 고시하는 기간

(3) 사후관리 위반 시의 관세 징수 기출 2023

다음의 어느 하나에 해당하면 그 용도 외의 **다른 용도로 사용한 자나 그 양도인(임대인을 포함한다)으로부터 감면된 관세를 즉시 징수**하며, 양도인으로부터 해당 관세를 징수할 수 없을 때에는 양수인(임차인을 포함한다)으로부터 감면된 관세를 징수한다. 다만, 재해나 그 밖의 부득이한 사유로 멸실되었거나 미리 세관장의 승인을 받아 폐기하였을 때에는 그러하지 아니하다.

① 관세를 감면받은 물품을 사후관리기간에 감면받은 용도 외 다른 용도로 사용한 경우
② 관세를 감면받은 물품을 사후관리기간에 감면받은 용도 외의 다른 용도로 사용하려는 자에게 양도한 경우

제5장 납세자의 권리 및 불복절차

I 납세자의 권리

1 관세조사권 남용 금지

(1) 의의

세관공무원은 적정하고 공평한 과세를 실현하고 통관의 적법성을 보장하기 위하여 필요한 최소한의 범위에서 관세조사를 하여야 하며 다른 목적 등을 위하여 조사권을 남용하여서는 아니 된다.

(2) 중복조사의 금지

세관공무원은 다음의 어느 하나에 해당하는 경우를 제외하고는 해당 사안에 대하여 이미 조사받은 자를 다시 조사할 수 없다.
① 관세포탈 등의 혐의를 인정할 만한 명백한 자료가 있는 경우
② 이미 조사받은 자의 거래상대방을 조사할 필요가 있는 경우
③ 재조사 결정에 따라 재조사를 하는 경우(결정서 주문에 기재된 범위의 재조사에 한정한다)
④ 납세자가 세관공무원에게 직무와 관련하여 금품을 제공하거나 금품제공을 알선한 경우
⑤ 그 밖에 ①부터 ④까지와 유사한 경우로서 대통령령으로 정하는 경우

> 밀수출입, 부정·불공정무역 등 경제질서 교란 등을 통한 탈세혐의가 있는 자에 대하여 일제조사를 하는 경우를 말한다.

2 관세조사의 경우 조력을 받을 권리

납세자는 세관공무원에게 조사를 받는 경우에 변호사, 관세사로 하여금 조사에 참여하게 하거나 의견을 진술하게 할 수 있다.

3 납세자의 성실성 추정 등

세관공무원은 납세자가 관세법에 따른 신고 등의 의무를 이행하지 아니한 경우 또는 납세자에게 구체적인 관세포탈 등의 혐의가 있는 경우 등 대통령령으로 정하는 경우를 제외하고는 납세자가 성실하며 납세자가 제출한 신고서 등이 진실한 것으로 추정하여야 한다.

4 관세조사의 사전통지와 연기신청

(1) 관세조사의 사전통지

1) 원칙

세관공무원은 조사를 하기 위하여 해당 장부, 서류, 전산처리장치 또는 그 밖의 물품 등을 조사하는 경우에는 조사를 받게 될 납세자(그 위임을 받은 자를 포함한다)에게 조사 시작 15일 전에 조사 대상, 조사 사유, 그 밖에 대통령령으로 정하는 사항을 통지하여야 한다.

2) 예외

다만, 다음의 어느 하나에 해당하는 경우에는 그러하지 아니하다.
① 범칙사건에 대하여 조사하는 경우
② 사전에 통지하면 증거인멸 등으로 조사 목적을 달성할 수 없는 경우

(2) 관세조사의 연기신청

관세조사의 통지를 받은 납세자가 천재지변이나 그 밖에 대통령령으로 정하는 사유로 조사를 받기가 곤란한 경우에는 대통령령으로 정하는 바에 따라 해당 세관장에게 조사를 연기하여 줄 것을 신청할 수 있다.

5 장부·서류 등의 보관 금지

(1) 원칙

세관공무원은 관세조사의 목적으로 납세자의 장부·서류 또는 그 밖의 물건(장부등)을 세관관서에 임의로 보관할 수 없다.

(2) 예외

상기 (1)에도 불구하고 세관공무원은 관세법 제110조의3제2항 각 호의 어느 하나의 사유(수시조사 사유)에 해당하는 경우에는 조사목적에 필요한 최소한의 범위에서 납세자, 소지자 또는 보관자 등 정당한 권한이 있는 자가 임의로 제출한 장부등을 납세자의 동의를 받아 세관관서에 일시 보관할 수 있다.

6 관세조사의 결과 통지

(1) 관세조사의 결과 통지

세관공무원은 조사를 종료하였을 때에는 종료 후 20일 이내에 그 조사 결과를 서면으로 납세자에게 통지하여야 한다.

(2) 관세조사의 결과 통지의 생략

① 납세자에게 통고처분을 하는 경우
② 범칙사건을 고발하는 경우
③ 폐업한 경우
④ 납세자의 주소 및 거소가 불명하거나 그 밖의 사유로 통지를 하기 곤란하다고 인정되는 경우

7 비밀유지

(1) 원칙

세관공무원은 납세자가 관세법에서 정한 납세의무를 이행하기 위하여 제출한 자료나 관세의 부과·징수 또는 통관을 목적으로 업무상 취득한 자료 등(과세정보)을 타인에게 제공하거나 누설하여서는 아니 되며, 사용 목적 외의 용도로 사용하여서도 아니 된다.

(2) 예외

다만, 다음의 어느 하나에 해당하는 경우에는 그 사용 목적에 맞는 범위에서 납세자의 과세정보를 제공할 수 있다.

① 국가기관이 관세에 관한 쟁송이나 관세범에 대한 소추를 목적으로 과세정보를 요구하는 경우
② 법원의 제출명령이나 법관이 발부한 영장에 따라 과세정보를 요구하는 경우
③ 세관공무원 상호 간에 관세를 부과·징수, 통관 또는 질문·검사하는 데에 필요하여 과세정보를 요구하는 경우
④ 통계청장이 국가통계작성 목적으로 과세정보를 요구하는 경우
⑤ 다음에 해당하는 자가 급부·지원 등의 대상자 선정 및 그 자격을 조사·심사하는데 필요한 과세정보를 당사자의 동의를 받아 요구하는 경우
  ㉠ 국가행정기관 및 지방자치단체
  ㉡ 공공기관 중 대통령령으로 정하는 공공기관
  ㉢ 은행
  ㉣ 그 밖에 급부·지원 등의 업무와 관련된 자로서 대통령령으로 정하는 자
⑥ 상기 ⑤의 ㉡ 또는 ㉢에 해당하는 자가 무역거래자의 거래, 지급, 수령 등을 확인하는데 필요한 과세정보를 당사자의 동의를 받아 요구하는 경우
⑦ 다른 법률에 따라 과세정보를 요구하는 경우

8 고액·상습체납자 등의 명단 공개

(1) 공개 대상 및 내용

관세청장은 상기 7 에도 불구하고 다음의 구분에 따라 해당 사항을 공개할 수 있다.

① 체납발생일부터 1년이 지난 관세 및 내국세등(이하 "체납관세등")이 2억원 이상인 체납자 : 해당 체납자의 인적사항과 체납액 등. 다만, 체납관세등에 대하여 이의신청·심사청구 등 불복청구가 진행 중이거나 체납액의 일정금액 이상을 납부한 경우 등 대통령령으로 정하는 사유에 해당하는 경우에는 그러하지 아니하다.
② 관세법 제270조 제1항(관세포탈죄)·제4항(부정감면죄) 및 제5항(부정환급죄)에 따른 범죄로 유죄판결이 확정된 자로서 같은 조에 따른 포탈, 감면, 면탈 또는 환급받은 관세 및 내국세등의 금액(이하 "포탈관세액")이 연간 2억원 이상인 자(이하 "관세포탈범") : 해당 관세포탈범의 인적사항과 포탈관세액 등. 다만, 관세정보위원회가 공개

할 실익이 없거나 공개하는 것이 부적절하다고 인정하는 경우 등 대통령령으로 정하는 사유에 해당하는 경우에는 그러하지 아니하다.

(2) 관세정보위원회의 설치

체납자의 인적사항과 체납액 등에 대한 공개 여부를 심의 또는 재심의하고 체납자에 대한 감치 필요성 여부를 의결하기 위하여 관세청에 관세정보위원회(심의위원회)를 둔다.

(3) 소명기회 부여

관세청장은 심의위원회의 심의를 거친 공개대상예정자에게 체납자 명단 공개대상예정자임을 통지하여 소명할 기회를 주어야 한다.

(4) 체납자의 명단 공개 여부 재심의

관세청장은 통지한 날부터 6개월이 지나면 심의위원회로 하여금 체납액의 납부이행 등을 고려하여 체납자의 명단 공개 여부를 재심의하게 한다.

(5) 명단 공개방법

공개는 관보에 게재하거나 관세청장이 지정하는 정보통신망 또는 관할 세관의 게시판에 게시하는 방법으로 한다.

9 고액·상습체납자의 감치

(1) 의의

법원은 검사의 청구에 따라 체납자가 다음의 사유에 모두 해당하는 경우 결정으로 30일의 범위에서 체납된 관세(세관장이 부과·징수하는 내국세등을 포함한다)가 납부될 때까지 그 체납자를 감치에 처할 수 있다.
① 관세를 3회 이상 체납하고 있고, 체납발생일부터 각 1년이 경과하였으며, 체납금액의 합계가 2억원 이상인 경우
② 체납된 관세의 납부능력이 있음에도 불구하고 정당한 사유 없이 체납한 경우
③ 관세정보위원회의 의결에 따라 해당 체납자에 대한 감치 필요성이 인정되는 경우

(2) 감치 신청

관세청장은 체납자가 상기 (1)의 사유에 모두 해당하는 경우에는 체납자의 주소 또는 거소를 관할하는 지방검찰청 또는 지청의 검사에게 체납자의 감치를 신청할 수 있다.

(3) 소명기회 부여

관세청장은 체납자의 감치를 신청하기 전에 체납자에게 대통령령으로 정하는 바에 따라 소명자료를 제출하거나 의견을 진술할 수 있는 기회를 주어야 한다.

(4) 즉시항고

감치 결정에 대하여는 즉시항고를 할 수 있다.

(5) 재감치 금지

감치에 처하여진 체납자는 동일한 체납사실로 인하여 재차 감치되지 아니한다.

(6) 감치집행 종료

감치에 처하는 재판을 받은 체납자가 그 감치의 집행 중에 체납된 관세를 납부한 경우에는 감치집행을 종료하여야 한다.

(7) 감치집행 시의 세관공무원의 역할

감치집행 시 세관공무원은 감치대상자에게 감치사유, 감치기간, 감치집행의 종료 등 감치결정에 대한 사항을 설명하고 그 밖의 감치집행에 필요한 절차에 협력하여야 한다.

(8) 필요 사항

감치에 처하는 재판 절차 및 그 집행, 그 밖에 필요한 사항은 대법원규칙으로 정한다.

10 출국금지 요청 등

(1) 출국금지 등의 요청

관세청장은 정당한 사유 없이 5천만원 이상의 관세(세관장이 부과·징수하는 내국세등을 포함한다)를 체납한 자 중 대통령령으로 정하는 자에 대하여 법무부장관에게 출국금지 또는 출국정지를 즉시 요청하여야 한다.

(2) 출국금지 등의 결과 통보

법무부장관은 출국금지 또는 출국정지 요청에 따라 출국금지 또는 출국정지를 한 경우에는 관세청장에게 그 결과를 정보통신망 등을 통하여 통보하여야 한다.

(3) 출국금지 등의 해제 요청

관세청장은 다음의 어느 하나에 해당하는 경우에는 즉시 법무부장관에게 출국금지 또는 출국정지의 해제를 요청하여야 한다.
① 체납자가 체납액을 전부 또는 일부 납부하여 체납된 관세가 5천만원 미만으로 된 경우
② 체납자 재산의 압류, 담보 제공 등으로 출국금지 사유가 해소된 경우
③ 관세징수권의 소멸시효가 완성된 경우
④ 그 밖에 대통령령으로 정하는 사유가 있는 경우

11 정보의 제공

① 세관공무원은 납세자가 납세자의 권리행사에 필요한 정보를 요구하면 신속하게 제공하여야 한다.
② 세관공무원은 납세자가 요구한 정보와 관련되어 있어 관세청장이 정하는 바에 따라 납세자가 반드시 알아야 한다고 판단되는 그 밖의 정보도 함께 제공하여야 한다.

12 과세전적부심사 기출 2023

(1) 과세전 통지

1) 과세전 통지(원칙)

세관장은 경정 또는 납부고지에 따라 납부세액이나 납부하여야 하는 세액에 미치지 못한 금액을 징수하려는 경우에는 미리 납세의무자에게 그 내용을 서면으로 통지하여야 한다.

2) 과세전 통지의 생략(예외)

다만, 다음의 어느 하나에 해당하는 경우에는 통지를 생략할 수 있다.
① 통지하려는 날부터 3개월 이내에 관세부과의 제척기간이 만료되는 경우

② 납세의무자가 확정가격을 신고한 경우
③ 수입신고 수리 전에 세액을 심사하는 경우로서 그 결과에 따라 부족세액을 징수하는 경우
④ 재수출면세 또는 재수출 감면에 따라 면제된 관세를 징수하거나 감면받은 물품의 용도 외 사용 등으로 인해 감면된 관세를 징수하는 경우
⑤ 관세포탈죄로 고발되어 포탈세액을 징수하는 경우
⑥ 그 밖에 관세의 징수가 곤란하게 되는 등 사전통지가 적당하지 아니한 경우로서 대통령령으로 정하는 경우
  ㉠ 납부세액의 계산착오 등 명백한 오류에 의하여 부족하게 된 세액을 징수하는 경우
  ㉡ 감사원의 시정요구에 따라 징수하는 경우
  ㉢ 납세의무자가 부도·휴업·폐업 또는 파산한 경우
  ㉣ 관세품목분류위원회의 의결에 따라 결정한 품목분류에 의하여 수출입물품에 적용할 세율이나 품목분류의 세번이 변경되어 부족한 세액을 징수하는 경우
  ㉤ 재조사 결과에 따라 해당 처분의 취소·경정을 하거나 필요한 처분을 하는 경우

(2) 과세전적부심사의 청구 기출 2023

1) 기획재정부령으로 정하는 세관장에 대한 청구

납세의무자는 과세전 통지를 받았을 때에는 그 **통지를 받은 날부터 30일 이내**에 기획재정부령으로 정하는 세관장에게 통지 내용이 적법한지에 대한 심사(과세전적부심사)를 청구할 수 있다.

2) 관세청장에 대한 청구

다만, 법령에 대한 관세청장의 유권해석을 변경하여야 하거나 새로운 해석이 필요한 경우 등 대통령령으로 정하는 경우에는 관세청장에게 이를 청구할 수 있다.

(3) 과세전적부심사에 대한 결정 및 통지

1) 원칙

과세전적부심사를 청구받은 세관장이나 관세청장은 그 청구를 받은 날부터 30일 이내에 관세심사위원회의 심사를 거쳐 결정을 하고, 그 결과를 청구인에게 통지하여야 한다.

2) 예외

다만, 과세전적부심사 청구기간이 지난 후 과세전적부심사청구가 제기된 경우 등 대통령령으로 정하는 사유에 해당하는 경우에는 관세심사위원회의 심사를 거치지 아니하고 결정할 수 있다.

(4) 조기경정의 청구

① 과세전 통지를 받은 자는 과세전적부심사를 청구하지 아니하고 통지를 한 세관장에게 통지받은 내용의 전부 또는 일부에 대하여 조기에 경정해 줄 것을 신청할 수 있다.
② 이 경우 해당 세관장은 즉시 신청받은 대로 세액을 경정하여야 한다.

Ⅱ 심사와 심판

1 심사청구의 대상 기출 2024

(1) 심사청구의 대상이 되는 행정처분

관세법이나 그 밖의 관세에 관한 법률 또는 조약에 따른 처분으로서 위법한 처분 또는 부당한 처분을 받거나 필요한 처분을 받지 못하여 권리나 이익을 침해당한 자는 그 처분의 취소 또는 변경을 청구하거나 필요한 처분을 청구할 수 있다.

(2) 심사청구의 대상이 되지 않는 행정처분

① 통고처분
② 감사원법에 따라 심사청구를 한 처분이나 그 심사청구에 대한 처분
③ 관세법이나 그 밖의 관세에 관한 법률에 따른 과태료 부과처분

2 이의신청

① 심사청구의 대상이 되는 처분이 관세청장이 조사·결정 또는 처리하거나 하였어야 할 것인 경우를 제외하고는 그 처분에 대하여 심사청구 또는 심판청구에 앞서 이의신청을 할 수 있다.

② 이의신청은 대통령령으로 정하는 바에 따라 불복의 사유를 갖추어 해당 처분을 하였거나 하였어야 할 세관장에게 하여야 한다. 이 경우 우편물 통관에 대한 결정사항 또는 세액에 관한 이의신청은 해당 결정사항 또는 세액에 관한 통지를 직접 우송한 우체국의 장에게 이의신청서를 제출함으로써 할 수 있고, 우체국의 장이 이의신청서를 접수한 때에 세관장이 접수한 것으로 본다.

3 심사청구 등의 제한

(1) 원칙

심사청구 또는 심판청구에 대한 처분에 대해서는 이의신청, 심사청구 또는 심판청구를 제기할 수 없다.

(2) 예외

다만, 재조사 결정에 따른 처분청의 처분에 대해서는 해당 재조사 결정을 한 재결청에 심사청구 또는 심판청구를 제기할 수 있다.

4 심사청구 등의 청구기간 기출 2023

(1) 심사청구의 청구기간 기출 2023

심사청구는 그 처분을 한 것을 안 날(처분의 통지를 받았을 때에는 그 통지를 받은 날을 말한다)부터 90일 이내에 하여야 한다.

(2) 행정소송의 제기기간

감사원법에 따른 심사청구를 거친 처분에 대한 행정소송은 행정소송법에도 불구하고 그 심사청구에 대한 결정을 통지받은 날부터 90일 내에 처분청을 당사자로 하여 제기하여야 한다.

상기 (1)(감사원법에 따른 심사청구)과 (2)(행정소송)의 기간은 불변기간으로 한다.

5 내국세등에 대한 심사청구 등 기출 2024

수입물품에 부과하는 내국세등의 부과, 징수, 감면, 환급 등에 관한 세관장의 처분에 불복하는 자는 이의신청·심사청구 및 심판청구를 할 수 있다.

6 이해관계인의 심사청구 등

관세법이나 그 밖의 관세에 관한 법률 또는 조약에 따른 처분으로 권리나 이익을 침해받게 되는 제2차 납세의무자 등 대통령령으로 정하는 이해관계인은 그 처분에 대하여 심사청구 또는 심판청구를 하여 그 처분의 취소 또는 변경이나 그 밖에 필요한 처분을 청구할 수 있다.

> **대통령령으로 정하는 이해관계인**
> ① 제2차 납세의무자로서 납부고지서를 받은 자
> ② 물적 납세의무를 지는 자(양도담보권자)로서 납부고지서를 받은 자
> ③ 납세보증인
> ④ 그 밖에 기획재정부령으로 정하는 자

7 중복청구 금지 기출 2024

동일한 처분에 대하여는 심사청구와 심판청구를 중복하여 제기할 수 없다.

8 심사청구기간

(1) 원칙적인 심사청구기간

1) 이의신청을 거치지 않은 경우의 심사청구기간

심사청구는 해당 처분을 한 것을 안 날(처분하였다는 통지를 받았을 때에는 통지를 받은 날을 말한다)부터 90일 이내에 제기하여야 한다.

2) 이의신청을 거친 경우의 심사청구기간

이의신청을 거친 후 심사청구를 하려는 경우에는 이의신청에 대한 결정을 통지받은 날

부터 90일 이내에 하여야 한다. 다만, 결정기간 내에 결정을 통지받지 못한 경우에는 결정을 통지받기 전이라도 그 결정기간이 지난 날부터 심사청구를 할 수 있다.

3) 우편 제출의 특례

상기 (1)과 (2)의 기한 내에 우편으로 제출한 심사청구서가 청구기간이 지나 세관장 또는 관세청장에게 도달한 경우에는 그 기간의 만료일에 청구된 것으로 본다.

(2) 예외적인 심사청구기간

① 심사청구인이 관세법 제10조(천재지변 등)에서 규정하는 사유(신고, 신청, 청구, 그 밖의 서류의 제출 및 통지에 관한 기한 연장 사유로 한정한다)로 상기 (1)에서 정한 기간 내에 심사청구를 할 수 없을 때에는 그 사유가 소멸한 날부터 14일 이내에 심사청구를 할 수 있다.

② 이 경우 심사청구인은 그 기간 내에 심사청구를 할 수 없었던 사유, 그 사유가 발생한 날과 소멸한 날, 그 밖에 필요한 사항을 적은 문서를 함께 제출하여야 한다.

9 심사청구절차

(1) 심사청구기관

심사청구는 대통령령으로 정하는 바에 따라 불복하는 사유를 심사청구서에 적어 해당 처분을 하였거나 하였어야 하는 세관장을 거쳐 관세청장에게 하여야 한다.

(2) 심사청구기간의 계산

① 심사청구기간을 계산할 때에는 해당 심사청구서가 세관장에게 제출된 때에 심사청구가 된 것으로 본다.

② 해당 심사청구서가 처분을 하였거나 하였어야 하는 세관장 외의 다른 세관장이나 관세청장에게 제출된 경우에도 또한 같다.

(3) 세관장의 의견서 제출

해당 심사청구서를 제출받은 세관장은 이를 받은 날부터 7일 내에 그 심사청구서에 의견서를 첨부하여 관세청장에게 보내야 한다.

(4) 의견서 부본 송부

관세청장은 세관장의 의견서를 받은 때에는 지체 없이 해당 의견서의 부본을 심사청구인에게 송부하여야 한다.

(5) 반대서류 등의 제출

심사청구인은 송부받은 의견서에 대하여 반대되는 증거서류 또는 증거물을 관세청장에게 제출할 수 있다.

10 심사청구서의 보정

(1) 보정 요구 등

관세청장은 심사청구의 내용이나 절차가 적합하지 아니하지만 보정할 수 있다고 인정되는 경우에는 20일 이내의 기간을 정하여 해당 사항을 보정할 것을 요구할 수 있다. 다만, 보정할 사항이 경미한 경우에는 직권으로 보정할 수 있다.

(2) 보정의 방법

보정 요구를 받은 심사청구인은 보정할 사항을 서면으로 작성하여 관세청장에게 제출하거나, 관세청에 출석하여 보정할 사항을 말하고 그 말한 내용을 세관공무원이 기록한 서면에 서명 또는 날인함으로써 보정할 수 있다.

(3) 보정기간 미산입

보정기간은 심사청구기간에 산입하지 아니한다.

11 심사청구 등이 집행에 미치는 효력 등

(1) 심사청구 등이 집행에 미치는 효력

1) 원칙

이의신청·심사청구 또는 심판청구는 법령에 특별한 규정이 있는 경우를 제외하고는 해당 처분의 집행에 효력을 미치지 아니한다.

2) 예외

다만, 해당 재결청이 처분의 집행 또는 절차의 속행 때문에 이의신청인, 심사청구인 또는 심판청구인에게 중대한 손해가 생기는 것을 예방할 긴급한 필요성이 있다고 인정할 때에는 처분의 집행 또는 절차 속행의 전부 또는 일부의 정지를 결정할 수 있다.

(2) 불고불리의 원칙

관세청장은 심사청구에 대한 결정을 할 때 심사청구를 한 처분 외의 처분에 대해서는 그 처분의 전부 또는 일부를 취소 또는 변경하거나 새로운 처분의 결정을 하지 못한다.

(3) 불이익변경 금지의 원칙

관세청장은 심사청구에 대한 결정을 할 때 심사청구를 한 처분보다 청구인에게 불리한 결정을 하지 못한다.

12 대리인

(1) 일반사건의 대리인

이의신청인, 심사청구인 또는 심판청구인은 변호사나 관세사를 대리인으로 선임할 수 있다.

(2) 소액사건의 대리인

이의신청인, 심사청구인 또는 심판청구인은 신청 또는 청구의 대상이 대통령령으로 정하는 금액(3천만원) 미만인 경우에는 배우자, 4촌 이내의 혈족 또는 배우자의 4촌 이내의 혈족을 대리인으로 선임할 수 있다.

(3) 대리인의 권한

① 대리인의 권한은 서면으로 증명하여야 한다.
② 대리인은 본인을 위하여 청구에 관한 모든 행위를 할 수 있다. 다만, 청구의 취하는 특별한 위임을 받은 경우에만 할 수 있다.

(4) 대리인 해임 신고

대리인을 해임하였을 때에는 그 뜻을 서면으로 해당 재결청에 신고하여야 한다.

13 결정절차

(1) 관세심사위원회의 의결에 따른 결정

심사청구가 있으면 관세청장은 관세심사위원회의 의결에 따라 결정하여야 한다. 다만, 심사청구기간이 지난 후 심사청구가 제기된 경우 등 대통령령으로 정하는 사유에 해당하는 경우에는 그러하지 아니하다.

(2) 관세청장의 재심의 요청

관세청장은 관세심사위원회의 의결이 법령에 명백히 위반된다고 판단하는 경우 구체적인 사유를 적어 서면으로 관세심사위원회에 한 차례에 한정하여 다시 심의할 것을 요청할 수 있다.

14 심사청구에 대한 결정

(1) 결정 내용

1) 다음의 어느 하나에 해당하는 경우 : 그 청구를 각하하는 결정
    ① 심판청구를 제기한 후 심사청구를 제기(같은 날 제기한 경우도 포함한다)한 경우
    ② 심사청구 기간이 지난 후에 심사청구를 제기한 경우
    ③ 보정기간 내에 필요한 보정을 하지 아니한 경우
    ④ 적법하지 아니한 심사청구를 제기한 경우
    ⑤ ①부터 ④까지의 규정에 따른 경우와 유사한 경우로서 대통령령으로 정하는 경우

2) 심사청구가 이유 없다고 인정되는 경우 : 그 청구를 기각하는 결정

3) 심사청구가 이유 있다고 인정되는 경우

그 청구의 대상이 된 처분의 취소·경정 또는 필요한 처분의 결정. 이 경우 취소·경정 또는 필요한 처분을 하기 위하여 사실관계 확인 등 추가적으로 조사가 필요한 경우에는 처분청으로 하여금 이를 재조사하여 그 결과에 따라 취소·경정하거나 필요한 처분을 하도록 하는 재조사 결정을 할 수 있다.

(2) 결정기간

① 결정은 심사청구를 받은 날부터 90일 이내에 하여야 한다. 다만, 부득이한 사유가 있을 때에는 그러하지 아니하다.
② 보정기간은 결정기간에 산입하지 아니한다.

(3) 결정서 통지

결정을 하였을 때에는 결정기간 내에 그 이유를 적은 결정서를 심사청구인에게 통지하여야 한다.

(4) 재조사 결정

재조사 결정이 있는 경우 처분청은 재조사 결정일부터 60일 이내에 결정서 주문에 기재된 범위에 한정하여 조사하고, 그 결과에 따라 취소·경정하거나 필요한 처분을 하여야 한다. 이 경우 처분청은 대통령령으로 정하는 바에 따라 조사를 연기 또는 중지하거나 조사기간을 연장할 수 있다.

제6장 통관

I 통칙

1 허가·승인 등의 증명 및 확인

수출입을 할 때 법령에서 정하는 바에 따라 허가·승인·표시 또는 그 밖의 조건을 갖출 필요가 있는 물품은 세관장에게 그 허가·승인·표시 또는 그 밖의 조건(이하 "구비조건")을 갖춘 것임을 증명하여야 한다.

2 세관장 확인물품 및 확인방법 지정고시 기출 2022/2024

(1) 의의

통관을 할 때 구비조건에 대한 세관장의 확인이 필요한 수출입물품에 대하여는 다른 법령에도 불구하고 그 물품과 확인방법, 확인절차, 그 밖에 필요한 사항을 대통령령으로 정하는 바에 따라 미리 공고하여야 한다.

(2) 용어의 정의

① "요건확인기관"이란 관련 법령에 따라 **수출입물품에 대한 허가·승인·표시나 그 밖의 조건을 확인·증명하는 수출입 관련 기관**을 말한다.
② "세관장확인"이란 **세관장이 수출입신고자료의 심사과정에서 수출입요건 구비 여부를 확인하는 것**을 말한다.
③ "요건신청"이란 수출입 시 허가·승인 등의 증명이 필요한 물품을 수출입하려는 자가 요건확인기관의 장에게 허가·승인 그 밖의 조건을 구비하기 위하여 신청하는 것을 말한다.
④ "통관포털"이란 수출입신고 등 민원업무처리 및 정보서비스를 받기 위하여 https://unipass.customs.go.kr로 접속하게 되는 인터넷 사이트를 말한다.

⑤ "자율확인우수기업"이란 수출입신고 시 세관장확인을 생략하고 통관 이후 요건확인기관이 사후적으로 관리하도록 관세청장과 요건확인기관의 장이 협의하여 지정한 기업을 말한다.
⑥ "요건면제물품"이란 관련 법령에 따라 수출입 요건이 면제되는 물품으로 면제절차는 세관장 확인물품 및 확인방법 지정고시 또는 관련 법령을 적용한다.

(3) 대상법령 및 물품의 범위

세관장확인대상 수출물품

대상법령 및 물품의 범위 (수출물품)
① 마약류 관리에 관한 법률 해당 물품
② 폐기물의 국가간 이동 및 그 처리에 관한 법률 해당 물품
③ 외국환거래법 해당 물품
④ 총포·도검·화약류 등의 안전관리에 관한 법률 해당 물품 　㉠ 권총·소총·기관총포, 화약폭약 　㉡ 그 외의 총 및 그 부분품, 도검, 화공품, 분사기, 전자충격기, 석궁
⑤ 야생생물 보호 및 관리에 관한 법률 해당 물품 　㉠ 멸종위기에 처한 야생생물(국제적 멸종위기종 포함)
⑥ 문화유산의 보존 및 활용에 관한 법률 해당 물품
⑦ 남북교류협력에 관한 법률 해당 물품
⑧ 원자력안전법 해당 물품 　㉠ 핵물질 　㉡ 방사성동위원소 및 방사선발생장치
⑨ 가축전염병 예방법 해당 물품
⑩ 농업생명자원의 보존·관리 및 이용에 관한 법률 해당 물품 중 인삼종자
⑪ 방위사업법 해당 물품 중 군용 총포, 도검, 화약류
⑫ 생물다양성 보전 및 이용에 관한 법률 해당 물품 　㉠ 국외반출승인대상 생물자원
⑬ 생활주변방사선 안전관리법 해당 물품 　㉠ 원료물질·공정부산물

세관장확인대상 수입물품

대상법령 및 물품의 범위 (수입물품)
① 약사법 해당 물품 중 의약품(첨단바이오의약품 포함) 및 한약재 　㉠ 의약품 및 의약외품 　㉡ 자가치료용 의약품 등(자가치료용, 구호용 등 의약품 등 안전에 관한 규칙 제57조 제6호에 따라 식품의약품안전처장이 정하는 품목에 한함) 　㉢ 한약재 　㉣ 동물용 의약품
② 마약류 관리에 관한 법률 해당 물품
③ 수입식품안전관리 특별법 해당 물품 중 식품 및 식품첨가물, 식품용 기구 및 용기·포장, 수산물, 건강기능식품, 축산물
④ 식물방역법 해당 물품 중 식물, 종자, 원목, 원석, 가공목재
⑤ 사료관리법 해당 물품
⑥ 가축전염병 예방법 해당 물품
⑦ 전기용품 및 생활용품 안전관리법 해당 물품 　㉠ 안전인증대상 제품 　㉡ 안전확인대상 제품 　㉢ 공급자 적합성 확인대상 제품
⑧ 폐기물의 국가간 이동 및 그 처리에 관한 법률 해당 물품
⑨ 오존층 보호를 위한 특정물질의 관리에 관한 법률 해당 물품 중 수입금지물질, 국제협약에 의한 수입쿼터 관리품목
⑩ 외국환거래법 해당 물품
⑪ 방위사업법 해당 물품 중 군용 총포, 도검, 화약류
⑫ 화학물질관리법 해당 물품 　㉠ 금지물질, ㉡ 제한물질, ㉢ 유독물질
⑬ 석면안전관리법 해당 물품
⑭ 원자력안전법 해당 물품 　㉠ 핵물질 　㉡ 방사성동위원소 및 방사선발생장치
⑮ 총포·도검·화약류 등의 안전관리에 관한 법률 해당 물품 　㉠ 권총·소총·기관총포, 화약폭약 　㉡ 그 외의 총 및 그 부분품, 도검, 화공품, 분사기, 전자충격기, 석궁
⑯ 야생생물 보호 및 관리에 관한 법률 해당 물품(다만, 쉽게 식별할 수 없는 가공품은 제외) 　㉠ 야생생물 　㉡ 멸종위기에 처한 야생생물(국제적 멸종위기종 포함), ㉢ 지정검역물
⑰ 남북교류협력에 관한 법률 해당 물품
⑱ 비료관리법 해당 물품 중 위해성검사대상 물품

⑲ 먹는물관리법 해당 물품 중 먹는 샘물, 수처리제
⑳ 종자산업법 해당 물품
  ㉠ 식량작물종자, ㉡ 채소종자, ㉢ 버섯종균, ㉣ 약용종자,
  ㉤ 목초·사료작물종자 또는 녹비종자
㉑ 화장품법 해당 물품
㉒ 의료기기법 해당 물품
  ㉠ 의료기기
  ㉡ 시험용 의료기기 등(시험용, 자가사용용, 구호용 등 의료기기법 시행규칙 제32조 제2항에 따라 식품의약품안전처장이 정하는 품목에 한함)
  ㉢ 동물용 의료기기
㉓ 인체조직안전 및 관리 등에 관한 법률 해당 물품
㉔ 통신비밀보호법 해당 물품 중 감청설비
㉕ 산업안전보건법 해당 물품
  ㉠ 석면함유제품, ㉡ 제조등 금지물질, ㉢ 안전인증 대상제품, ㉣ 자율안전확인 대상물품
㉖ 화학무기·생물무기의 금지와 특정화학물질·생물작용제 등의 제조·수출입 규제 등에 관한 법률 해당 물품 중 생물작용제, 독소
㉗ 수산생물질병 관리법 해당 물품
㉘ 전파법 해당 물품
  ㉠ 적합성평가 대상 또는 적합성평가시험 신청기자재, ㉡ 적합성평가 면제대상 기자재
㉙ 감염병의 예방 및 관리에 관한 법률 해당 물품 중 고위험병원체
㉚ 고압가스 안전관리법 해당 물품 중 고압가스용기
㉛ 어린이제품 안전 특별법 해당 물품
㉜ 계량에 관한 법률 해당 물품
㉝ 위생용품 관리법 해당 물품
㉞ 농약관리법 해당 물품
㉟ 목재의 지속가능한 이용에 관한 법률 해당 물품
  ㉠ 목재, 목재제품, 목재팰릿, ㉡ 성형목탄, 목탄
㊱ 생물다양성 보전 및 이용에 관한 법률 해당 물품
  ㉠ 생태계교란 생물
㊲ 생활주변방사선 안전관리법 해당 물품
  ㉠ 원료물질·공정부산물
㊳ 생활화학제품 및 살생물제의 안전관리에 관한 법률 해당 물품
  ㉠ 안전확인대상 생활화학제품
㊴ 액화석유가스의 안전관리 및 사업법 해당 물품
  ㉠ 이동식부탄연소기·이동식프로판연소기
㊵ 에너지이용 합리화법 해당 물품
  ㉠ 삼상유도전동기

(4) 세관장 확인 생략 법률

1) 수출입승인면제물품 기출 2023

① 원칙
대외무역법 시행령 제19조(수출입승인의 면제)에 의한 사유에 해당하는 물품

② 예외 기출 2023
다만, **다음의 법령을 적용받는 물품은 세관장이 수출입요건 구비 여부를 확인한다.**
㉠ **마약류 관리에 관한 법률**
㉡ **식물방역법**
㉢ 야생생물 보호 및 관리에 관한 법률
㉣ **총포·도검·화약류 등의 안전관리에 관한 법률**
㉤ 수산생물질병 관리법
㉥ **가축전염병 예방법**
㉦ 폐기물의 국가 간 이동 및 그 처리에 관한 법률
㉧ 약사법(식품의약품안전처장이 지정하는 오·남용우려 의약품에 한정한다. 다만, 자가치료 목적으로 처방전을 세관장에게 제출하는 경우에는 세관장 확인을 생략한다)
㉨ 수입식품안전관리 특별법(수입식품안전관리특별법 시행규칙 별표 8의2에 해당하는 식품등은 제외한다)
㉩ 통신비밀보호법
㉪ 화학물질관리법(금지물질, 제한물질에 한함. 다만, 제한물질 중 시험·연구·검사용 시약은 제외)
㉫ 생물다양성 보전 및 이용에 관한 법률
㉬ 생활화학제품 및 살생물제의 안전관리에 관한 법률

2) 세관장확인생략 대상법령 및 수출입자가 수출입신고하는 물품

수출입 안전관리 우수 공인업체, 자율확인우수기업 등 세관장확인생략 대상법령 및 수출입자가 수출입신고하는 물품. 다만, 상기 1)의 ②에 해당하는 물품은 제외한다.

(5) 세관장의 확인방법

1) 요건확인기관의 장의 통보

    요건확인기관의 장은 수출입요건 확인내역을 연계된 전산망을 통하여 관세청 통관시스템에 전자문서로 통보해야 하며, 요건확인기관의 장이 통관시스템에 전송한 전자문서는 이를 원본으로 인정한다.

2) 세관장의 확인

    세관장은 통관시스템에 통보된 수출입요건 확인내역을 조회하여 세관장확인을 하여야 한다. 다만, 다음의 어느 하나의 법령을 적용받는 물품 중 요건확인내용이 보안이 요구되는 비밀사항이거나 동일업무에 대한 요건확인기관이 기초자치단체단위까지 산재되어 전산망연계가 곤란하다고 판단되는 물품은 요건확인 서류로 세관장확인을 할 수 있다.
    ① 외국환거래법
    ② 방위사업법
    ③ 총포·도검·화약류 등의 안전관리에 관한 법률
    ④ 원자력안전법
    ⑤ 야생생물 보호 및 관리에 관한 법률

3) 전자심사제의 운영

    관세청장은 세관장확인 시 다음의 어느 하나에 해당하는 경우 수입신고내역과 요건승인 내역을 전산으로 상호 대사하여 자동으로 심사하는 전자심사제를 운영할 수 있다.
    ① 요건승인번호 등 신고내역의 일부 비교만으로 요건 구비 여부 확인이 가능한 경우
    ② 주무부장관이나 요건확인기관의 장의 요청이 있는 경우
    ③ 개별 법령의 특성상 사회안전 또는 국민보건에 미치는 영향이 제한적인 경우
    ④ 동일 세번에 다수 법령 요건이 중복되어 신속통관의 저해가 우려되면서 해당 법령이 다른 법령보다 상대적으로 위험도가 낮은 경우
    ⑤ 그 밖에 신속통관 지원 등을 위해 관세청장이 필요하다고 인정하는 경우

3 의무 이행의 요구 및 조사 기출 2022

(1) 의무 이행의 요구

세관장은 다른 법령에 따라 수입 후 특정한 용도로 사용하여야 하는 등의 의무가 부가되어 있는 물품에 대하여는 **문서로써 해당 의무를 이행할 것을 요구**할 수 있다.

(2) 의무의 이행

의무의 이행을 요구받은 자는 대통령령으로 정하는 특별한 사유가 없으면 해당 물품에 대하여 부가된 의무를 이행하여야 한다. 다만, 다음의 어느 하나에 해당하는 경우에는 의무이행을 면제할 수 있으며, 의무를 면제받고자 하는 자는 해당 의무이행을 요구한 세관장의 승인을 얻어야 한다.
① 법령이 정하는 허가·승인·추천 기타 조건을 구비하여 의무이행이 필요하지 아니하게 된 경우
② 법령의 개정 등으로 인하여 의무이행이 해제된 경우
③ 관계행정기관의 장의 요청 등으로 부과된 의무를 이행할 수 없는 사유가 있다고 인정된 경우

(3) 의무 이행의 조사

세관장은 의무의 이행을 요구받은 자의 이행 여부를 확인하기 위하여 필요한 경우 세관공무원으로 하여금 조사하게 할 수 있다.

4 통관표지

(1) 통관표지의 첨부명령

세관장은 관세 보전을 위하여 필요하다고 인정할 때에는 대통령령으로 정하는 바에 따라 수입하는 물품에 통관표지를 첨부할 것을 명할 수 있다.

(2) 통관표지의 첨부대상

세관장은 다음의 1에 해당하는 물품에 대하여는 관세보전을 위하여 통관표지의 첨부를 명할 수 있다.
① 관세법에 의하여 관세의 감면 또는 용도세율의 적용을 받은 물품
② 관세법 제107조 제2항의 규정에 의하여 관세의 분할납부승인을 얻은 물품
③ 부정수입물품과 구별하기 위하여 관세청장이 지정하는 물품

Ⅱ 원산지의 확인 등

1 원산지 확인 기준 [기출 2022~2023]

(1) 의의

관세법, 조약, 협정 등에 따른 관세의 부과·징수, 수출입물품의 통관, 확인요청에 따른 조사 등을 위하여 원산지를 확인할 때에는 다음의 어느 하나에 해당하는 나라를 원산지로 한다.

① 해당 물품의 전부를 생산·가공·제조한 나라(완전생산기준)
② 해당 물품이 2개국 이상에 걸쳐 생산·가공 또는 제조된 경우에는 그 물품의 본질적 특성을 부여하기에 충분한 정도의 실질적인 생산·가공·제조(이하 "생산") 과정이 최종적으로 수행된 나라(실질적 변형기준)

(2) 일반물품의 원산지 결정기준

1) 완전생산기준을 충족하는 물품의 범위

① 당해 국가의 영역에서 생산된 광산물과 식물성 생산물
② 당해 국가의 영역에서 번식 또는 사육된 산 동물과 이들로부터 채취한 물품
③ 당해 국가의 영역에서의 수렵 또는 어로로 채집 또는 포획한 물품
④ 당해 국가의 선박에 의하여 채집 또는 포획한 어획물 기타의 물품
⑤ **당해 국가에서의 제조·가공의 공정 중에 발생한 부스러기**
⑥ 당해 국가 또는 그 선박에서 ① 내지 ⑤의 물품을 원재료로 하여 제조·가공한 물품

2) 실질적 변형기준의 구체적인 범위

① 원칙(세번변경기준) : 2개국 이상에 걸쳐 생산된 물품의 원산지는 당해 물품의 생산과정에 사용되는 물품의 **품목분류표상 6단위 품목번호와 다른 6단위 품목번호**의 물품을 최종적으로 생산한 국가로 한다.
② 예외(부가가치기준 또는 주요공정기준) : 관세청장은 상기 ①에 의하여 6단위 품목번호의 변경만으로 본질적 특성을 부여하기에 충분한 정도의 실질적인 생산과정을 거친 것으로 인정하기 곤란한 품목에 대하여는 주요공정·부가가치 등을 고려하여 품목별로 원산지기준을 따로 정할 수 있다.

3) 불인정 공정

다음의 1에 해당하는 작업이 수행된 국가는 원산지로 인정하지 아니한다.
① 운송 또는 보세구역장치 중에 있는 물품의 보존을 위하여 필요한 작업
② 판매를 위한 물품의 포장개선 또는 상표표시 등 상품성 향상을 위한 개수작업
③ 단순한 선별·구분·절단 또는 세척작업
④ 재포장 또는 단순한 조립작업
⑤ 물품의 특성이 변하지 아니하는 범위 안에서의 원산지가 다른 물품과의 혼합작업
⑥ **가축의 도축작업**

(3) 특수물품의 원산지 결정기준

상기 (2)에도 불구하고 촬영된 영화용 필름, 부속품·예비부분품 및 공구와 포장용품은 다음의 구분에 따라 원산지를 인정한다.
① 촬영된 영화용 필름은 그 제작자가 속하는 국가
② 기계·기구·장치 또는 차량에 사용되는 부속품·예비부분품 및 공구로서 기계·기구·장치 또는 차량과 함께 수입되어 동시에 판매되고 그 종류 및 수량으로 보아 통상 부속품·예비부분품 및 공구라고 인정되는 물품은 당해 기계·기구 또는 차량의 원산지
③ 포장용품은 그 내용물품의 원산지. 다만, 품목분류표상 포장용품과 내용품을 각각 별개의 품목번호로 하고 있는 경우에는 그러하지 아니한다.

(4) 직접운송원칙

원산지를 결정할 때 해당 물품이 원산지가 아닌 국가를 경유하지 아니하고 직접 우리나라에 운송·반입된 물품인 경우에만 그 원산지로 인정한다. 다만, 다음의 어느 하나에 해당하는 물품인 경우에는 우리나라에 직접 반입한 것으로 본다.
① 다음의 요건을 모두 충족하는 물품일 것
  ㉠ 지리적 또는 운송상의 이유로 단순 경유한 것
  ㉡ 원산지가 아닌 국가에서 관세당국의 통제하에 보세구역에 장치된 것
  ㉢ 원산지가 아닌 국가에서 하역, 재선적 또는 그 밖에 정상 상태를 유지하기 위하여 요구되는 작업 외의 추가적인 작업을 하지 아니한 것
② 박람회·전시회 및 그 밖에 이에 준하는 행사에 전시하기 위하여 원산지가 아닌 국가로 수출되어 해당 국가 관세당국의 통제하에 전시목적에 사용된 후 우리나라로 수출된 물품일 것

2 원산지 허위표시물품 등의 통관 제한

세관장은 법령에 따라 원산지를 표시하여야 하는 물품이 다음의 어느 하나에 해당하는 경우에는 해당 물품의 통관을 허용하여서는 아니 된다. 다만, 그 위반사항이 경미한 경우에는 이를 보완·정정하도록 한 후 통관을 허용할 수 있다.
① 원산지 표시가 법령에서 정하는 기준과 방법에 부합되지 아니하게 표시된 경우
② 원산지 표시가 부정한 방법으로 사실과 다르게 표시된 경우
③ 원산지 표시가 되어 있지 아니한 경우

3 품질등 허위·오인 표시물품의 통관 제한

세관장은 물품의 품질, 내용, 제조 방법, 용도, 수량(품질등)을 사실과 다르게 표시한 물품 또는 품질등을 오인할 수 있도록 표시하거나 오인할 수 있는 표지를 붙인 물품으로서 부정경쟁방지 및 영업비밀보호에 관한 법률, 식품 등의 표시·광고에 관한 법률, 산업표준화법 등 품질등의 표시에 관한 법령을 위반한 물품에 대하여는 통관을 허용하여서는 아니 된다.

4 환적물품 등에 대한 유치 등

(1) 환적물품 등에 대한 유치

세관장은 일시적으로 육지에 내려지거나 다른 운송수단으로 환적 또는 복합환적되는 외국물품 중 원산지를 우리나라로 허위 표시한 물품은 유치할 수 있다.

(2) 유치물품의 보관

유치하는 외국물품은 세관장이 관리하는 장소에 보관하여야 한다. 다만, 세관장이 필요하다고 인정할 때에는 그러하지 아니하다.

(3) 유치사실 통지

세관장은 외국물품을 유치할 때에는 그 사실을 그 물품의 화주나 그 위임을 받은 자에게 통지하여야 한다.

(4) 원산지 표시 등 조치명령

세관장은 통지를 할 때에는 이행기간을 정하여 원산지 표시의 수정 등 필요한 조치를 명할 수 있다. 이 경우 지정한 이행기간 내에 명령을 이행하지 아니하면 매각한다는 뜻을 함께 통지하여야 한다.

(5) 조치명령 이행 여부에 따른 조치

① 세관장은 조치명령이 이행된 경우에는 물품의 유치를 즉시 해제하여야 한다.
② 세관장은 조치명령이 이행되지 아니한 경우에는 이를 매각할 수 있다.

Ⅲ 원산지증명서 등

1 원산지증명서의 제출 [기출 2022]

(1) 의의

관세법, 조약, 협정 등에 따라 원산지 확인이 필요한 물품을 수입하는 자는 해당 물품의 원산지를 증명하는 서류(이하 "원산지증명서")를 제출하여야 한다. 다만, 대통령령으로 정하는 물품의 경우에는 그러하지 아니하다.

(2) 원산지증명서 제출시기

1) 원칙

다음의 어느 하나에 해당하는 자는 해당 물품의 수입신고 시에 원산지증명서를 세관장에게 제출하여야 한다.
① 관세법·조약·협정 등에 의하여 다른 국가의 생산(가공을 포함한다)물품에 적용되는 세율보다 낮은 세율을 적용받고자 하는 자로서 원산지확인이 필요하다고 관세청장이 정하는 자
② 관세율의 적용 기타의 사유로 인하여 원산지확인이 필요하다고 관세청장이 지정한 물품을 수입하는 자

(2) 예외

상기 1)의 ①에 해당하는 자로서 수입신고 전에 원산지증명서를 발급받았으나 분실 등의 사유로 수입신고 시에 원산지증명서를 제출하지 못한 경우에는 원산지증명서 유효기간 내에 해당 원산지증명서 또는 그 부본을 제출할 수 있다.

(3) 대통령령으로 정하는 물품(원산지증명서 제출생략 대상)

① 세관장이 물품의 종류·성질·형상 또는 그 상표·생산국명·제조자 등에 의하여 원산지를 확인할 수 있는 물품
② 우편물(수입신고대상 우편물에 해당하는 것 제외)
③ 과세가격[종량세의 경우에는 이를 관세법 제15조(과세표준)의 규정에 준하여 산출한 가격]이 15만원 이하인 물품
④ 개인에게 무상으로 송부된 탁송품·별송품 또는 여행자의 휴대품
⑤ 기타 관세청장이 관계행정기관의 장과 협의하여 정하는 물품

(4) 원산지증명서 인정 범위

세관장에게 제출하는 원산지증명서는 다음의 1에 해당하는 것이어야 한다.
① 원산지국가의 세관 기타 발급권한이 있는 기관 또는 상공회의소가 당해 물품에 대하여 원산지국가(지역 포함)를 확인 또는 발행한 것
② 원산지국가에서 바로 수입되지 아니하고 제3국을 경유하여 수입된 물품에 대하여 그 제3국의 세관 기타 발급권한이 있는 기관 또는 상공회의소가 확인 또는 발행한 경우에는 원산지국가에서 당해 물품에 대하여 발행된 원산지증명서를 기초로 하여 원산지국가(지역 포함)를 확인 또는 발행한 것
③ 관세청장이 정한 물품의 경우에는 당해 물품의 상업송장 또는 관련 서류에 생산자·공급자·수출자 또는 권한있는 자가 원산지국가를 기재한 것

(5) 원산지증명서 발행 요건

원산지증명서에는 해당 수입물품의 품명, 수량, 생산지, 수출자 등 관세청장이 정하는 사항이 적혀 있어야 하며, 제출일부터 소급하여 1년(다음의 구분에 따른 기간 제외) 이내에 발행된 것이어야 한다.
① 원산지증명서 발행 후 1년 이내에 해당 물품이 수입항에 도착하였으나 수입신고는 1년을 경과하는 경우 : 물품이 수입항에 도착한 날의 다음 날부터 해당 물품의 수입신고를 한 날까지의 기간

② 천재지변, 그 밖에 이에 준하는 사유로 원산지증명서 발행 후 1년이 경과한 이후에 수입항에 도착한 경우 : 해당 사유가 발생한 날의 다음 날부터 소멸된 날까지의 기간

(6) 경정청구서 제출

원산지증명서 또는 그 부본을 제출하는 경우에는 경정청구서를 함께 제출하여야 한다.

2 원산지증명서 미제출 시 조치

세관장은 원산지 확인이 필요한 물품을 수입하는 자가 원산지증명서를 제출하지 아니하는 경우에는 관세법, 조약, 협정 등에 따른 관세율을 적용할 때 일반특혜관세·국제협력관세 또는 편익관세를 배제하는 등 관세의 편익을 적용하지 아니할 수 있다.

3 원산지증명서 확인자료의 제출

세관장은 원산지 확인이 필요한 물품을 수입한 자로 하여금 제출받은 원산지증명서의 내용을 확인하기 위하여 필요한 자료(이하 "원산지증명서 확인자료")를 제출하게 할 수 있다. 이 경우 원산지 확인이 필요한 물품을 수입한 자가 정당한 사유 없이 원산지증명서 확인자료를 제출하지 아니할 때에는 세관장은 수입신고 시 제출받은 원산지증명서의 내용을 인정하지 아니할 수 있다.

4 원산지증명서 확인자료 비공개

세관장은 원산지증명서 확인자료를 제출한 자가 정당한 사유를 제시하여 그 자료를 공개하지 아니할 것을 요청한 경우에는 그 제출인의 명시적 동의 없이는 해당 자료를 공개하여서는 아니 된다.

5 필요사항

상기 1 부터 4 까지의 규정에도 불구하고 조약·협정 등의 시행을 위하여 원산지증명서 제출 등에 관한 사항을 따로 정할 필요가 있을 때에는 기획재정부령으로 정한다.

Ⅳ 원산지증명서의 발급 등

1 원산지증명서의 발급

관세법, 조약, 협정 등에 따라 관세를 양허받을 수 있는 물품의 수출자가 원산지증명서의 발급을 요청하는 경우에는 세관장이나 그 밖에 원산지증명서를 발급할 권한이 있는 기관은 그 수출자에게 원산지증명서를 발급하여야 한다.

2 원산지증명서 확인자료의 제출

(1) 의의

세관장은 발급된 원산지증명서의 내용을 확인하기 위하여 필요하다고 인정되는 경우에는 다음의 자로 하여금 원산지증명서 확인자료(대통령령으로 정하는 자료로 한정)를 제출하게 할 수 있다. 이 경우 자료의 제출기간은 20일 이상으로서 기획재정부령으로 정하는 기간 이내로 한다.
① 원산지증명서를 발급받은 자
② 원산지증명서를 발급한 자
③ 그 밖에 대통령령으로 정하는 자(수출물품의 생산자 또는 수출자)

(2) 대통령령으로 정하는 자료

"대통령령으로 정하는 자료"란 다음의 구분에 따른 자료로서 수출신고 수리일부터 3년 이내의 자료를 말한다.

1) 수출물품의 생산자가 제출하는 다음의 자료
① 수출자에게 해당 물품의 원산지를 증명하기 위하여 제공한 서류
② 수출자와의 물품공급계약서
③ 해당 물품의 생산에 사용된 원재료의 수입신고필증(생산자 명의로 수입신고한 경우만 해당한다)
④ 해당 물품 및 원재료의 생산 또는 구입 관련 증명 서류
⑤ 원가계산서·원재료내역서 및 공정명세서
⑥ 해당 물품 및 원재료의 출납·재고관리대장

⑦ 해당 물품의 생산에 사용된 재료를 공급하거나 생산한 자가 그 재료의 원산지를 증명하기 위하여 작성하여 생산자에게 제공한 서류
⑧ 원산지증명서 발급 신청서류(전자문서를 포함하며, 생산자가 원산지증명서를 발급받은 경우만 해당한다)

2) 수출자가 제출하는 자료
① 원산지증명서가 발급된 물품을 수입하는 국가의 수입자에게 제공한 원산지증명서(전자문서 포함)
② 수출신고필증
③ 수출거래 관련 계약서
④ 원산지증명서 발급 신청서류(전자문서를 포함하며, 수출자가 원산지증명서를 발급받은 경우만 해당한다)
⑤ 상기 1)의 ④부터 ⑥까지의 서류(수출자가 원산지증명서를 발급받은 경우만 해당)

3) 원산지증명서를 발급한 자가 제출하는 다음의 자료
① 발급한 원산지증명서(전자문서 포함)
② 원산지증명서 발급신청 서류(전자문서 포함)
③ 그 밖에 발급기관이 보관 중인 자료로서 원산지 확인에 필요하다고 판단하는 자료

(3) 기획재정부령으로 정하는 기간

1) 원칙

세관장으로부터 원산지증명서 확인자료의 제출을 요구받은 날부터 30일을 말한다.

2) 예외

제출을 요구받은 자가 부득이한 사유로 그 기간에 원산지증명서 확인자료를 제출하기 곤란할 때에는 그 기간을 30일의 범위에서 한 차례만 연장할 수 있다.

3 세부사항의 제정

원산지증명서의 발급 요청 기한 및 발급 기관 등 원산지증명서의 발급에 필요한 사항은 기획재정부령으로 정한다.

V 원산지증명서 등의 확인요청 및 조사

1 수입물품 원산지증명서의 확인요청

(1) 의의

세관장은 원산지증명서를 발급한 국가의 세관이나 그 밖에 발급권한이 있는 기관(이하 "외국세관 등")에 제출된 원산지증명서 및 원산지증명서 확인자료의 진위 여부, 정확성 등의 확인을 요청할 수 있다. 이 경우 세관장의 확인요청은 해당 물품의 수입신고가 수리된 이후에 하여야 하며, 세관장은 확인을 요청한 사실 및 회신 내용과 그에 따른 결정 내용을 수입자에게 통보하여야 한다.

(2) 확인요청

세관장은 원산지증명서 및 원산지증명서 확인자료에 대한 진위 여부 등의 확인을 요청할 때에는 다음의 사항이 적힌 요청서와 수입자 또는 그 밖의 조사대상자 등으로부터 수집한 원산지증명서 사본 및 송품장 등 원산지 확인에 필요한 서류를 함께 송부하여야 한다.
① 원산지증명서 및 원산지증명서 확인자료의 진위 여부 등에 대하여 의심을 갖게 된 사유 및 확인 요청사항
② 해당 물품에 적용된 원산지 결정기준

2 편익적용의 배제

(1) 의의

세관장이 확인을 요청한 사항에 대하여 조약 또는 협정에서 다르게 규정한 경우를 제외하고 다음의 어느 하나에 해당하는 경우에는 일반특혜관세·국제협력관세 또는 편익관세를 적용하지 아니할 수 있다. 이 경우 세관장은 납부하여야 할 세액 또는 납부하여야 할 세액과 납부한 세액의 차액을 부과·징수하여야 한다.
① 외국세관 등이 기획재정부령으로 정한 기간 이내에 그 결과를 회신하지 아니한 경우
② 세관장에게 신고한 원산지가 실제 원산지와 다른 것으로 확인된 경우
③ 외국세관 등의 회신내용에 원산지증명서 및 원산지증명서 확인자료를 확인하는 데 필요한 정보가 포함되지 아니한 경우

(2) 기획재정부령으로 정하는 기간(회신기간)

① 국제협력관세로서 아시아·태평양 무역협정에 따른 국제협정관세를 적용하기 위하여 외국세관 등에 원산지증명서 등의 확인을 요청한 경우 : 확인을 요청한 날부터 4개월
② 최빈개발도상국에 대한 일반특혜관세를 적용하기 위하여 외국세관 등에 원산지증명서 등의 확인을 요청한 경우 : 확인을 요청한 날부터 6개월

3 원산지증명서 등의 조사

(1) 의의

세관장은 원산지증명서가 발급된 물품을 수입하는 국가의 권한 있는 기관으로부터 원산지증명서 및 원산지증명서 확인자료의 진위 여부, 정확성 등의 확인을 요청받은 경우 등 필요하다고 인정되는 경우에는 다음의 어느 하나에 해당하는 자를 대상으로 서면조사 또는 현지조사를 할 수 있다.
① 원산지증명서를 발급받은 자
② 원산지증명서를 발급한 자
③ 수출물품의 생산자 또는 수출자

(2) 현지조사

현지조사는 서면조사만으로 원산지증명서 및 원산지증명서확인자료의 진위 여부, 정확성 등을 확인하기 곤란하거나 추가로 확인할 필요가 있는 경우에 할 수 있다.

(3) 조사 전 통지

세관장은 서면조사 또는 현지조사를 하는 경우에는 기획재정부령으로 정하는 사항을 조사대상자에게 조사 시작 7일 전까지 서면으로 통지하여야 한다.

(4) 이의제기

조사결과에 대하여 이의가 있는 조사대상자는 조사결과를 통지받은 날부터 30일 이내에 다음의 사항이 적힌 신청서에 이의제기 내용을 확인할 수 있는 자료를 첨부하여 세관장에게 제출할 수 있다.
① 이의를 제기하는 자의 성명과 주소 또는 거소
② 조사결과통지서를 받은 날짜 및 조사결정의 내용

③ 해당 물품의 품명·규격·용도·수출자·생산자 및 수입자
④ 이의제기의 요지와 내용

(5) 이의제기에 대한 결정

세관장은 이의제기를 받은 날부터 30일 이내에 심사를 완료하고 그 결정내용을 통지하여야 하며, 보정기간은 결정기간에 산입하지 아니한다.

(6) 보정요구

세관장은 이의제기의 내용이나 절차에 결함이 있는 경우에는 20일 이내의 기간을 정하여 다음의 사항을 적은 문서로서 보정할 것을 요구할 수 있다. 다만, 보정할 사항이 경미한 경우에는 직권으로 보정할 수 있다.
① 보정할 사항
② 보정을 요구하는 이유
③ 보정할 기간
④ 그 밖의 필요한 사항

4 조약·협정 등의 시행을 위한 원산지증명서 확인요청 등

상기 1 부터 3 까지의 규정에도 불구하고 조약·협정 등의 시행을 위하여 원산지증명서 확인요청 및 조사 등에 관한 사항을 따로 정할 필요가 있을 때에는 기획재정부령으로 정한다.

Ⅵ 수출입물품의 원산지정보 수집·분석

1 의의

관세청장은 관세법과 자유무역협정의 이행을 위한 관세법의 특례에 관한 법률 및 조약·협정 등에 따라 수출입물품의 원산지 확인·결정 또는 검증 등의 업무에 필요한 정보를 수집·분석할 수 있다.

2 업무의 위탁

관세청장은 원산지정보를 효율적으로 수집·분석하기 위하여 필요한 경우 대통령령으로 정하는 업무의 일부를 대통령령으로 정하는 법인 또는 단체에 위탁할 수 있다. 이 경우 관세청장은 예산의 범위에서 위탁업무의 수행에 필요한 경비를 지원할 수 있다.

Ⅶ 통관의 제한

1 수출입의 금지 [기출 2022]

다음의 어느 하나에 해당하는 물품은 수출하거나 수입할 수 없다.
① 헌법질서를 문란하게 하거나 공공의 안녕질서 또는 풍속을 해치는 서적·간행물·도화, 영화·음반·비디오물·조각물 또는 그 밖에 이에 준하는 물품
② 정부의 기밀을 누설하거나 첩보활동에 사용되는 물품
③ 화폐·채권이나 그 밖의 유가증권의 위조품·변조품 또는 모조품

2 마약류 등의 수출입 제한

마약류, 마약류 관리에 관한 법률에 따른 원료물질 및 같은 법 제5조의2에 따라 지정된 임시마약류는 같은 법에 따라 허가 또는 승인받은 경우를 제외하고 수출하거나 수입할 수 없다.

3 지식재산권 등의 보호 [기출 2021~2022/2024]

(1) 지식재산권 등의 보호대상

1) 원칙

다음의 어느 하나에 해당하는 지식재산권 등을 침해하는 물품은 수출하거나 수입할 수 없다.
① 상표법에 따라 설정등록된 상표권

② 저작권법에 따른 저작권과 저작인접권(이하 "저작권 등")

③ 식물신품종 보호법에 따라 설정등록된 품종보호권

④ 농산물품질관리법 또는 수산물품질관리법에 따라 등록되거나 조약·협정 등에 따라 보호대상으로 지정된 지리적표시권 또는 지리적표시(이하 "지리적표시권 등")

⑤ 특허법에 따라 설정등록된 특허권

⑥ 디자인보호법에 따라 설정등록된 디자인권

⑦ 방위산업기술 보호법에 따른 방위산업기술(이하 "방위산업기술")

2) 예외

상업적 목적이 아닌 개인용도에 사용하기 위한 여행자휴대품으로서 소량으로 수출입되는 물품에 대하여는 상기 1)을 적용하지 아니한다.

(2) 지식재산권의 신고

1) 의의

관세청장은 상기 (1)에 따른 지식재산권 등을 침해하는 물품을 효율적으로 단속하기 위하여 필요한 경우에는 해당 지식재산권 등을 관계 법령에 따라 등록 또는 설정등록한 자 등으로 하여금 해당 지식재산권 등에 관한 사항을 신고하게 할 수 있다.

2) 신고

지식재산권을 신고하려는 자는 다음의 사항을 적은 신고서 및 해당 지식재산권을 관련 법령에 따라 등록 또는 설정등록한 증명서류를 세관장에게 제출하여야 한다.

① 지식재산권을 사용할 수 있는 권리자

② 지식재산권의 내용 및 범위

③ 침해가능성이 있는 수출입자 또는 수출입국

④ 침해사실을 확인하기 위하여 필요한 사항

(3) 통관 보류 및 유치 요청

1) 통관 보류 등의 대상

세관장은 다음의 어느 하나에 해당하는 물품이 신고된 지식재산권 등을 침해하였다고 인정될 때에는 그 지식재산권 등을 신고한 자에게 해당 물품의 수출입, 환적, 복합환적, 보세구역 반입, 보세운송, 일시양륙의 신고(이하 "수출입신고 등") 또는 통관우체국 도착 사실을 통보하여야 한다.

① 수출입신고된 물품
② 환적 또는 복합환적 신고된 물품
③ 보세구역에 반입신고된 물품
④ 보세운송신고된 물품
⑤ 일시양륙이 신고된 물품
⑥ 통관우체국에 도착한 물품

2) 통관 보류 등의 요청자
① 수출입신고 등 또는 통관우체국 도착 사실의 통보를 받은 자는 세관장에게 담보를 제공하고 해당 물품의 통관 보류나 유치를 요청할 수 있다.
② 지식재산권 등을 보호받으려는 자는 세관장에게 담보를 제공하고 해당 물품의 통관 보류나 유치를 요청할 수 있다.

3) 통관 보류 등의 요청
통관 보류 등을 요청하려는 자는 다음의 사항을 적은 신청서와 해당 법령에 따른 정당한 권리자임을 증명하는 서류를 세관장에게 제출하여야 한다.
① 품명·수출입자 및 수출입국
② 지식재산권의 내용 및 범위
③ 요청사유
④ 침해사실을 입증하기 위하여 필요한 사항

(4) 통관 보류 또는 유치

1) 의의
통관 보류 또는 유치 요청을 받은 세관장은 특별한 사유가 없으면 해당 물품의 통관을 보류하거나 유치하여야 한다.

2) 통관 보류 등
① 원칙 : 세관장은 통관 보류 등이 요청된 물품이 지식재산권 등을 침해한 물품이라고 인정되면 해당 물품의 통관 보류 등을 하여야 한다.
② 예외 : 지식재산권 등의 권리자가 해당 물품의 통관 또는 유치 해제에 동의하는 때에는 관세청장이 정하는 바에 따라 통관을 허용하거나 유치를 해제할 수 있다.
③ 통관 보류 등의 통지 : 세관장은 통관 보류 등을 한 경우 그 사실을 해당 물품의 수출

입신고 등을 한 자에게 통보하여야 하며, 지식재산권 등의 권리자에게는 통관 보류 등의 사실 및 다음의 사항을 통보하여야 한다.

　㉠ 수출입신고 등을 한 자, 송하인 및 수하인의 성명과 주소
　㉡ 통관 보류 등을 한 물품의 성질·상태 및 수량
　㉢ 원산지 등 그 밖의 필요한 사항

④ **통관 보류 등의 연장** : 세관장은 통관 보류 등을 요청한 자가 해당 물품에 대한 **통관 보류 등의 사실을 통보받은 후 10일(휴일 및 공휴일 제외) 이내에 법원에의 제소사실 또는 무역위원회에의 조사신청사실을 입증하였을 때에는 해당 통관 보류 등을 계속 할 수 있다.** 이 경우 통관 보류 등을 요청한 자가 부득이한 사유로 인하여 10일 이내에 법원에 제소하지 못하거나 무역위원회에 조사신청을 하지 못하는 때에는 상기 입증기간은 10일간 연장될 수 있다.

⑤ **통관 보류 등의 방법** : 통관 보류 등은 위반사실 및 통관 보류 등을 한 해당 물품의 신고번호·품명·수량 등을 명시한 문서로써 하여야 한다.

⑥ **통관 보류 물품 등의 보관** : 통관 보류 등이 된 물품은 통관이 허용되거나 유치가 해제될 때까지 세관장이 지정한 장소에 보관하여야 한다.

(5) 통관 허용 또는 유치 해제

1) 배제대상

수출입신고 등을 한 자 또는 통관우체국에 도착한 물품의 화주가 담보를 제공하고 통관 또는 유치 해제를 요청하는 경우에는 다음의 물품을 제외하고는 해당 물품의 통관을 허용하거나 유치를 해제할 수 있다.

① 위조하거나 유사한 상표를 부착하여 상표권을 침해하는 물품
② 불법복제된 물품으로서 저작권등을 침해하는 물품
③ 같거나 유사한 품종명칭을 사용하여 품종보호권을 침해하는 물품
④ 위조하거나 유사한 지리적표시를 사용하여 지리적표시권 등을 침해하는 물품
⑤ 특허로 설정등록된 발명을 사용하여 특허권을 침해하는 물품
⑥ 같거나 유사한 디자인을 사용하여 디자인권을 침해하는 물품
⑦ 다음의 어느 하나에 해당하는 방위산업기술이 사용된 물품
　㉠ 부정한 방법으로 취득한 방위산업기술
　㉡ ㉠에 해당하는 방위산업기술임을 알고 취득한 방위산업기술

2) 통관 또는 유치 해제 신청

수출입신고 등을 한 자가 통관 또는 유치 해제를 요청하려는 때에는 관세청장이 정하는 바에 따라 신청서와 해당 물품이 지식재산권을 침해하지 아니하였음을 소명하는 자료를 세관장에게 제출하여야 한다.

3) 요청사실 통보

통관 또는 유치 해제의 요청을 받은 세관장은 그 요청사실을 지체 없이 통관 보류 등을 요청한 자에게 통보하여야 하며, 그 통보를 받은 자는 침해와 관련된 증거자료를 세관장에게 제출할 수 있다.

4) 처리기간

세관장은 통관 또는 유치 해제의 요청이 있는 경우 해당 물품의 통관 또는 유치 해제 허용 여부를 요청일부터 15일 이내에 결정한다. 이 경우 세관장은 관계기관과 협의하거나 전문가의 의견을 들어 결정할 수 있다.

(6) 직권 조치

세관장은 상기 (3)의 1)에 따른 물품이 **지식재산권 등을 침해하였음이 명백한 경우**에는 대통령령으로 정하는 바에 따라 **직권으로** 해당 물품의 통관을 보류하거나 해당 물품을 유치할 수 있다. 이 경우 세관장은 해당 물품의 수출입신고등을 한 자에게 그 사실을 즉시 통보하여야 한다.

(7) 담보 제공 등

1) 담보 금액

① 일반적인 경우 : 통관 보류나 유치를 요청하려는 자와 통관 또는 유치 해제를 요청하려는 자는 세관장에게 **해당 물품의 과세가격의 100분의 120에 상당하는 금액의 담보를 금전 등으로 제공하여야 한다. (부동산 및 납세보증보험증권 제외)**

② 중소기업인 경우 : 담보 금액은 담보를 제공하여야 하는 자가 **중소기업인 경우에는 해당 물품의 과세가격의 100분의 40에 상당하는 금액**으로 한다.

2) 손해배상 사용 동의

담보를 제공하는 자는 제공된 담보를 법원의 판결에 따라 수출입신고 등을 한 자 또는 통관 보류 등을 요청한 자가 입은 손해의 배상에 사용하여도 좋다는 뜻을 세관장에게 문서로 제출하여야 한다.

3) 제공된 담보의 반환

세관장은 통관 보류 등이 된 물품의 통관을 허용하거나 유치를 해제하였을 때 또는 통관 또는 유치 해제 요청에도 불구하고 통관 보류 등을 계속할 때에는 제공된 담보를 담보제공자에게 반환하여야 한다.

(8) 지식재산권 등의 침해 여부 확인 등

1) 전문인력 등의 제공

세관장은 수출입신고 등이 된 물품의 지식재산권 등의 침해 여부를 판단하기 위하여 필요하다고 인정되는 경우에는 해당 지식재산권 등의 권리자로 하여금 지식재산권 등에 대한 전문인력 또는 검사시설을 제공하도록 할 수 있다.

2) 검사 및 견본품 채취

세관장은 지식재산권 등의 권리자 또는 수출입신고 등을 한 자가 지식재산권 등의 침해 여부를 판단하기 위하여 수출입신고 등의 사실이 통보된 물품 또는 통관 보류 등이 된 물품에 대한 검사 및 견본품의 채취를 요청하면 해당 물품에 관한 영업상의 비밀보호 등 특별한 사유가 없는 한 이를 허용하여야 한다.

3 통관물품 및 통관절차의 제한 기출 2022

(1) 의의

관세청장이나 세관장은 감시에 필요하다고 인정될 때에는 통관역·통관장 또는 특정한 세관에서 통관할 수 있는 물품을 제한할 수 있다.

(2) 특정물품의 통관지세관 제한

1) 의의

특정물품은 특정세관에서 수입통관을 해야 한다. 다만, 통관지세관장의 사전승인을 받은 경우와 보세공장에서 반출입하는 물품의 경우에는 그러하지 아니하다.

2) 특정물품의 통관지세관 제한 대상

① **한약재(원료에 한함)**
② 귀석과 반귀석(HS 7103호 내지 7104호의 물품. 다만, 원석은 제외)

③ **고철**
④ **해체용 선박**
⑤ 수산물(HS 0302호, 0303호, 0305호 단, HS 0305호는 염수장한 것에 한함)
⑥ 수입쇠고기 및 관련 제품(별표18 해당 물품에 한함)
⑦ **활어(HS 0301호, 관상용 및 양식용은 제외)**
⑧ 쌀(HS 1006.20호, 1006.30호 해당 물품)
⑨ 중고승용차

3) 통관절차

① **고철** : 수입신고물품이 국제적인 상관습상 고철로서 거래된 것은 고철 이외의 다른 용도외 사용될 가능성이 있는 경우에는 고철화 작업을 완료한 후 통관을 허용한다.
② **해체용 선박** : 해체용 선박을 신고수리 전에 해체작업이나 폐품화 작업을 하려는 자는 신고수리 전 세관장에게 해체 및 폐품화 작업허가를 받아야 한다.
③ **공동어업사업** : 공동어업사업에 의하여 반입되는 수산물에 대한 관세는 수입신고를 할 때의 물품의 성질과 그 수량에 의하여 부과한다.
④ **선박, 항공기** : 선박, 항공기를 외국으로부터 수입하려는 자는 해당 선박, 항공기가 우리나라에 최초 입항한 때에 수입신고를 하고 세관장으로부터 신고수리를 받아야 한다.

4 통관의 보류 기출 2021/2024

세관장은 다음의 어느 하나에 해당하는 경우에는 해당 물품의 통관을 보류할 수 있다.
① 수출·수입 또는 반송에 관한 **신고서의 기재사항에 보완이 필요**한 경우
② 수출·수입 또는 반송신고 시의 **제출서류 등이 갖추어지지 아니하여 보완이 필요**한 경우
③ 관세법에 따른 의무사항을 위반하거나 국민보건 등을 해칠 우려가 있는 경우
④ 안전성 검사가 필요한 경우
⑤ 안전성 검사 결과 불법·불량·유해 물품으로 확인된 경우
⑥ 국세징수법 제30조 및 지방세징수법 제39조의2에 따라 세관장에게 강제징수 또는 체납처분이 위탁된 해당 체납자가 수입하는 경우
⑦ 그 밖에 관세법에 따라 필요한 사항을 확인할 필요가 있다고 인정하여 대통령령으로 정하는 경우(관세 관계 법령을 위반한 혐의로 고발되거나 조사를 받는 경우)
⑧ 수출입 관계 법령에 따른 일시적 통관 제한·금지 또는 이에 따른 중앙행정기관의 장의 일시적 통관 제한·금지 요청이 있어 세관장이 그 해당 여부를 확인할 필요가 있는 경우

5 보세구역 반입명령 기출 2021~2022/2024

(1) 보세구역 반입명령의 대상

관세청장이나 세관장은 다음의 어느 하나에 해당하는 물품으로서 관세법에 따른 의무사항을 위반하거나 국민보건 등을 해칠 우려가 있는 물품은 대통령령으로 정하는 바에 따라 이를 보세구역으로 반입할 것을 명할 수 있다.
① **수출신고가 수리되어 외국으로 반출되기 전에 있는 물품**
② 수입신고가 수리되어 반출된 물품

(2) 보세구역의 반입명령의 사유

1) 원칙

관세청장 또는 세관장은 수출입신고가 수리된 물품이 다음의 어느 하나에 해당하는 경우에는 해당 물품을 보세구역으로 반입할 것을 명할 수 있다.
① 관세법 제227조(의무 이행의 요구)에 따른 의무를 이행하지 아니한 경우
② 원산지 표시가 적법하게 표시되지 아니하였거나 수출입신고 수리 당시와 다르게 표시되어 있는 경우
③ 품질 등의 표시(표지의 부착 포함)가 적법하게 표시되지 아니하였거나 수출입신고 수리 당시와 다르게 표시되어 있는 경우
④ **지식재산권 등을 침해한 경우**

2) 예외

해당 물품이 **수출입신고가 수리된 후 3개월이 지났거나** 관련 법령에 따라 관계행정기관의 장의 시정조치가 있는 경우에는 그러하지 아니하다.

(3) 보세구역 반입명령서의 송달

1) 원칙

관세청장 또는 세관장이 보세구역의 반입명령을 하는 경우에는 반입대상물품, 반입할 보세구역, 반입사유와 반입기한을 기재한 명령서를 화주 또는 수출입신고자에게 송달하여야 한다.

2) 예외(공시송달)

관세청장 또는 세관장은 **명령서를 받을 자의 주소 또는 거소가 불분명한 때에는 관세청 또는 세관의 게시판 및 기타 적당한 장소에 반입명령사항을 공시할 수 있다.** 이 경우 공시한 날부터 2주일이 경과한 때에는 명령서를 받을 자에게 반입명령서가 송달된 것으로 본다.

(4) 보세구역 반입의무

1) 의의

보세구역의 반입명령을 받은 자는 해당 물품을 지정받은 보세구역으로 반입하여야 한다.

2) 보세구역 반입기한

① 원칙 : 보세구역 반입명령서를 받은 자는 관세청장 또는 세관장이 정한 기한 내에 명령서에 기재된 물품을 지정받은 보세구역에 반입하여야 한다.
② 예외 : 반입기한 내에 반입하기 곤란한 사유가 있는 경우에는 관세청장 또는 세관장의 승인을 얻어 반입기한을 연장할 수 있다.

(5) 반송 또는 폐기명령 등

1) 의의

세관장은 보세구역에 반입된 물품에 대하여 명령을 받은 자에게 그 물품을 반송 또는 폐기할 것을 명하거나 보완 또는 정정 후 반출하게 할 수 있다. 이 경우 반송 또는 폐기에 소요되는 비용은 명령을 받은 자가 이를 부담한다.

2) 반송 또는 폐기 시의 효과

① 수출입신고 수리 취소 : **보세구역에 반입된 물품이 반송 또는 폐기된 경우에는 당초의 수출입신고 수리는 취소된 것으로 본다.**
② 관세환급 : 반송 또는 폐기된 물품에 대하여는 관세법 제46조(관세환급금의 환급) 및 관세법 제48조(관세환급가산금)의 규정을 준용한다.

Ⅷ 통관의 예외 적용

1 수입으로 보지 아니하는 소비 또는 사용 기출 2023

외국물품의 소비나 사용이 다음의 어느 하나에 해당하는 경우에는 이를 수입으로 보지 아니한다.
① 선박용품·항공기용품 또는 차량용품을 운송수단 안에서 그 용도에 따라 소비하거나 사용하는 경우
② 선박용품·항공기용품 또는 차량용품을 세관장이 정하는 지정보세구역에서 출입국관리법에 따라 출국심사를 마치거나 우리나라에 입국하지 아니하고 우리나라를 경유하여 제3국으로 출발하려는 자에게 제공하여 그 용도에 따라 소비하거나 사용하는 경우
③ **여행자가 휴대품을 운송수단 또는 관세통로**에서 소비하거나 사용하는 경우
④ 관세법에서 인정하는 바에 따라 소비하거나 사용하는 경우

2 수출입의 의제 기출 2023

(1) 수입의 의제

다음의 어느 하나에 해당하는 외국물품은 관세법에 따라 적법하게 수입된 것으로 보고 관세 등을 따로 징수하지 아니한다.
① 체신관서가 수취인에게 내준 우편물
② 관세법에 따라 매각된 물품
③ 관세법에 따라 몰수된 물품
④ 관세법에 따른 통고처분으로 납부된 물품
⑤ 법령에 따라 국고에 귀속된 물품
⑥ 몰수를 갈음하여 추징된 물품

(2) 수출 또는 반송의 의제

체신관서가 외국으로 발송한 우편물은 관세법에 따라 적법하게 수출되거나 반송된 것으로 본다.

Ⅸ 통관 후 유통이력 관리

1 통관 후 유통이력 신고 기출 2021~2022

(1) 통관 후 유통이력 신고

외국물품을 수입하는 자와 수입물품을 국내에서 거래하는 자(소비자에 대한 판매를 주된 영업으로 하는 사업자 제외)는 사회안전 또는 국민보건을 해칠 우려가 현저한 물품 등으로서 관세청장이 지정하는 물품(유통이력 신고물품)에 대한 유통단계별 거래명세(유통이력)를 관세청장에게 신고하여야 한다.

(2) 기록 및 보관

유통이력 신고의 의무가 있는 자(유통이력 신고의무자)는 유통이력을 **장부에 기록**(전자적 기록방식 포함)하고, 그 자료를 거래일부터 **1년간 보관**하여야 한다.

(3) 지정협의

관세청장은 유통이력 신고물품을 지정할 때 미리 관계 행정기관의 장과 협의하여야 한다.

(4) 부당차별 금지

관세청장은 유통이력 신고물품의 지정, 신고의무 존속기한 및 신고대상 범위 설정 등을 할 때 수입물품을 내국물품에 비하여 부당하게 차별하여서는 아니 되며, 이를 이행하는 유통이력 신고의무자의 부담이 최소화 되도록 하여야 한다.

(5) 과태료

다음의 어느 하나에 해당하는 자에게는 500만원 이하의 과태료를 부과한다.
① 유통이력을 신고하지 아니하거나 거짓으로 신고한 자
② 장부기록 자료를 보관하지 아니한 자

2 유통이력 조사 [기출 2021]

(1) 유통이력의 조사

관세청장은 통관 후 유통이력 신고를 시행하기 위하여 필요하다고 인정할 때에는 세관공무원으로 하여금 **유통이력 신고의무자의 사업장에 출입하여 영업 관계의 장부나 서류를 열람하여 조사**하게 할 수 있다.

(2) 금지행위

유통이력 신고의무자는 정당한 사유 없이 상기 (1)에 따른 조사를 거부·방해 또는 기피하여서는 아니 된다.

(3) 증표 제시

유통이력의 조사를 하는 세관공무원은 신분을 확인할 수 있는 증표를 지니고 이를 관계인에게 보여 주어야 한다.

X 수입

제1관 신고

1 수입신고 [기출 2021~2022/2024]

(1) 수입신고의 시기

물품을 수입하려는 자는 해당 물품의 품명·규격·수량 및 가격과 그 밖에 대통령령으로 정하는 사항을 세관장에게 신고해야 하며, **출항전신고, 입항전신고, 보세구역 도착전신고, 보세구역 장치후신고** 중에서 필요에 따라 신고방법을 선택하여 수입신고할 수 있다.

(2) 신고세관

① 출항전신고나 입항전신고는 수입물품을 적재한 선박 등의 입항예정지를 관할하는 세관장에게 하여야 한다.

② 보세구역 도착전신고는 해당 물품이 도착할 보세구역을 관할하는 세관장에게 신고하여야 한다.
③ 보세구역 장치후신고는 해당 물품이 장치된 보세구역을 관할하는 세관장에게 신고하여야 한다.

(3) 신고인

수입신고나 수입신고전 즉시반출신고는 **관세사, 관세법인, 통관취급법인 등**(이하 "관세사")이나 **수입화주의 명의**로 하여야 한다.

(4) 수입신고의 방법 및 효력 발생시점

1) 수입신고의 방법

수입신고를 하려는 자는 **인터넷통관포탈서비스 이용신청을 하고 세관장의 승인**을 받아야 한다.

2) 수입신고의 효력 발생시점

수입신고의 효력 발생시점은 전송된 신고자료가 통관시스템에 접수된 시점으로 한다. 다만, 수작업에 의하여 수입신고를 하는 때에는 신고서가 통관지세관에 접수된 시점으로 한다.

(5) 수입신고의 생략

1) 수입신고의 생략대상

다음의 어느 하나에 해당하는 물품 중 **관세가 면제되거나 무세인 물품**은 수입신고를 생략한다.
① **외교행낭으로 반입되는 면세대상물품**(외교관용물품 등의 면세대상 중 양수제한 물품은 제외)
② 우리나라에 내방하는 외국의 원수와 그 가족 및 수행원에 속하는 면세대상물품
③ **장례를 위한 유해(유골)와 유체**
④ 신문, 뉴스를 취재한 필름·녹음테이프로서 문화체육관광부에 등록된 언론기관의 보도용품
⑤ 재외공관 등에서 외교부로 발송되는 자료
⑥ 기록문서와 서류
⑦ 외국에 주둔하는 국군으로부터 반환되는 공용품 [군함·군용기(전세기를 포함한다)에 적재되어 우리나라에 도착된 경우에 한함]

2) 물품의 인도

상기 1)의 물품은 B/L(상기 1)의 ⑦의 경우에는 물품목록)만 제시하면 물품보관장소에서 즉시 인도한다. 이때 B/L 원본을 확인하고 물품인수에 관한 권한 있는 자의 신분을 확인하여 인수증을 제출받은 후 인계해야 한다.

3) 물품의 검사

상기 1)의 물품에 대한 검사는 무작위선별방식에 의하여 선별된 물품만을 검사한다.

4) 위장반입에 대한 주의

장례를 위한 유해(유골)와 유체의 인도 시에는 유족의 신분 등을 파악하여 안보위해물품이 위장 반입되지 아니하도록 주의해야 한다.

(6) 신고서에 의한 간이신고

1) 신고서에 의한 간이신고 대상

수입신고의 생략대상 중 과세되는 물품과 다음의 어느 하나에 해당하는 물품은 첨부서류 없이 신고서에 수입신고사항을 기재하여 신고(이하 "간이신고")한다.
① 국내거주자가 수취하는 자가사용물품으로서 물품가격이 미화 150달러 이하인 면세대상물품
② 상업용견본품으로서 과세가격이 미화 250불 이하의 면세대상물품
③ **설계도 중 수입승인이 면제되는 것**
④ 금융기관이 외환업무를 영위하기 위하여 수입하는 지급수단

2) 물품명의 표기

품명과 규격이 각기 다른 소액물품으로서 물품의 관세 등이 면제되거나 합의세율을 적용하는 경우에는 "주요물품명 ○○ 등"이라고 표기할 수 있다.

(7) B/L분할신고 및 수리

1) B/L분할신고 및 수리대상

수입신고는 B/L 1건에 대하여 수입신고서 1건으로 한다. 다만, B/L을 분할하여도 물품검사와 과세가격 산출에 어려움이 없는 경우에는 B/L분할신고 및 수리를 할 수 있으며, 보세창고에 입고된 물품으로서 세관장이 보세화물관리에 지장이 없다고 인정하는 경우에는 여러 건의 B/L에 관련되는 물품을 1건으로 수입신고할 수 있다.

2) B/L분할신고의 제한

상기 1)에도 불구하고 다음의 어느 하나에 해당하는 경우에는 B/L을 분할하여 신고할 수 없다.
① 분할된 물품의 납부세액이 징수금액 최저한인 1만원 미만이 되는 경우. 다만, 다음에 해당하는 경우에는 제외한다.
  ㉠ 신고물품 중 일부만 통관이 허용되고 일부는 통관이 보류되는 경우
  ㉡ 검사·검역결과 일부는 합격되고 일부는 불합격된 경우이거나 일부만 검사·검역 신청하여 통관하려는 경우
② 관세법 제226조(허가·승인 등의 증명 및 확인)에 따른 의무를 회피하기 위한 경우
③ 관세법 제94조(소액물품 등의 면세) 제4호에 따라 관세를 면제받기 위한 경우

3) 물품의 검사

B/L분할신고 및 수리대상 물품이 물품검사 대상인 경우 처음 수입신고할 때 분할 전 B/L물품 전량에 대하여 물품검사를 하여야 하며, 이후 분할신고되는 물품에 대하여는 물품검사를 생략할 수 있다.

(8) 수입신고의 기한

1) 일반물품

수입하려는 물품을 지정장치장 또는 보세창고에 반입하거나 보세구역이 아닌 장소에 장치한 자는 그 **반입일 또는 장치일부터 30일 이내에 수입신고를 하여야 한다.**

2) 특수물품

상기 1)에도 불구하고 전기·유류 등 대통령령으로 정하는 물품(전기, 가스, 유류 및 용수)을 그 물품의 특성으로 인하여 전선이나 배관 등 대통령령으로 정하는 시설 또는 장치 등(전선로, 배관 등 전기·유류 등의 물품을 공급하기에 적합하도록 설계·제작된 일체의 시설)을 이용하여 수출·수입 또는 반송하는 자는 1개월을 단위로 하여 해당 물품에 대한 사항을 대통령령으로 정하는 바에 따라 다음 달 10일까지 신고하여야 한다.

(9) 신고지연 가산세의 징수

1) 의의

세관장은 대통령령으로 정하는 물품(가산세 대상물품)을 수입하는 자가 상기 (8)에 따

른 기간 내에 수입신고를 하지 아니한 경우에는 **해당 물품 과세가격의 100분의 2에 상당하는 금액의 범위에서 대통령령으로 정하는 금액을 가산세로 징수**한다.

2) 가산세 대상물품

가산세를 징수해야 하는 물품은 **물품의 신속한 유통이 긴요하다고 인정하여 보세구역의 종류와 물품의 특성을 고려하여 관세청장이 정하는 물품**으로 한다.

3) 가산세율

가산세액은 다음의 율에 의하여 산출한다.

① 상기 (8)에 의한 신고기한이 경과한 날부터 20일 내에 신고를 한 때에는 당해 물품의 과세가격의 1천분의 5
② 신고기한이 경과한 날부터 50일내에 신고를 한 때에는 당해 물품의 과세가격의 1천분의 10
③ 신고기한이 경과한 날부터 80일내에 신고를 한 때에는 당해 물품의 과세가격의 1천분의 15
④ ① 내지 ③ 외의 경우에는 당해 물품의 과세가격의 1천분의 20

4) 가산세액의 부과 제한 등

가산세액은 500만원을 초과할 수 없으며, 신고기한이 경과한 후 보세운송된 물품에 대하여는 보세운송신고를 한 때를 기준으로 가산세율을 적용하며, 그 세액은 수입신고를 하는 때에 징수한다.

2 입항전 수입신고 기출 2021

(1) 개요

1) 의의

수입하려는 물품의 신속한 통관이 필요할 때에는 관세법 제243조(신고의 요건) 제2항에도 불구하고 대통령령으로 정하는 바에 따라 해당 물품을 적재한 선박이나 항공기가 입항하기 전에 수입신고를 할 수 있다. 이 경우 입항전 수입신고가 된 물품은 우리나라에 도착한 것으로 본다.

2) 신고의 요건
　① 원칙(입항 전) : 입항전 수입신고는 **당해 물품을 적재한 선박 또는 항공기가 그 물품을 적재한 항구 또는 공항에서 출항하여 우리나라에 입항하기 5일 전(항공기의 경우 1일 전)부터 할 수 있다.**
　② 예외(입항 후) : 상기 ①에도 불구하고 **다음의 물품은 해당 선박 등이 우리나라에 도착한 후에 신고하여야 한다.** 다만, ㉠의 물품으로서 해당 선박 등이 우리나라에 도착하는 날이 해당 법령의 시행일보다 빠른 경우에는 그렇지 않다.
　　㉠ **세율이 인상되거나 새로운 수입요건을 갖추도록 요구하는 법령이 적용되거나 적용될 예정인 물품**
　　㉡ 농·수·축산물이나 그 가공품으로서 수입신고하는 때와 입항하는 때의 물품의 관세율표 번호 10단위가 변경되는 물품
　　㉢ 농·수·축산물이나 그 가공품으로서 수입신고하는 때와 입항하는 때의 과세단위(수량이나 중량)가 변경되는 물품
　③ 수입신고의 유효성 : 입항전 수입신고 수리된 물품을 적재한 선박 등이 기상악화 등 불가피한 사유로 수입신고 후 5일(항공기에 의한 경우에는 1일)을 경과하여 입항한 경우에도 해당 선박 등이 수입신고 후 5일(항공기에 의한 경우에는 1일) 이내에 우리나라 영역에 도달한 것이 객관적인 증빙서류 등을 통해 입증되는 때에는 해당 수입신고는 유효한 것으로 본다.

(2) 검사대상 결정 및 통보

세관장은 입항전 수입신고를 한 물품에 대하여 물품검사의 실시를 결정하였을 때에는 수입신고를 한 자에게 이를 통보하여야 한다.

(3) 검사대상으로 결정된 물품

1) 원칙

검사대상으로 결정된 물품은 수입신고를 한 세관의 관할 보세구역(보세구역이 아닌 장소에 장치하는 경우 그 장소 포함)에 반입되어야 한다.

2) 예외

세관장이 적재상태에서 검사가 가능하다고 인정하는 물품은 해당 물품을 적재한 선박이나 항공기에서 검사할 수 있다.

(4) 검사대상으로 결정되지 아니한 물품

검사대상으로 결정되지 아니한 물품은 **입항 전에** 그 수입신고를 수리할 수 있다.

(5) 관세환급

입항전 수입신고가 수리되고 보세구역 등으로부터 반출되지 아니한 물품에 대하여는 해당 물품이 지정보세구역에 장치되었는지 여부에 관계없이 관세법 제106조 제4항(재해로 인한 멸실, 변질 또는 손상물품 환급)을 준용한다.

(6) 출항전 수입신고

출항부터 입항까지의 기간이 단기간인 경우 등 당해 선박 등이 출항한 후에 신고하는 것이 곤란하다고 인정되어 출항하기 전에 신고하게 할 필요가 있는 때에는 관세청장이 정하는 바에 따라 그 신고시기를 조정할 수 있다.

3 신고 시의 제출서류

(1) 서류제출대상 선별기준 등

1) 서류제출대상의 선별

수입신고는 P/L신고를 원칙으로 한다. 그럼에도 불구하고 다음의 어느 하나에 해당하는 물품은 전산시스템에 의하여 서류(전자서류, 종이서류를 포함한다) 제출대상으로 선별한다.

① 사전세액심사 대상물품. 다만, 다음의 어느 하나에 해당하는 물품은 제외한다.
　㉠ 부가가치세법 제27조 제1호·제2호와 제15호(같은 법 시행령 제56조 제22호 해당 물품에 한한다) 해당 물품
　㉡ 특급탁송물품으로서 소액면세 대상물품
　㉢ 세율불균형물품의 면세 대상물품 중 감면추천서를 전자문서로 제출받은 물품
　㉣ 개성공업지구로부터 반입되는 임가공물품
　㉤ 해외임가공물품 등의 감면물품
　㉥ 재수입면세 대상물품 중 물품가격이 미화 150달러 이하인 전자상거래물품으로서 수출업체가 반품 등의 사유로 재반입하는 물품
　㉦ 조세특례제한법 제109조에 해당하는 환경친화적 자동차(신차에 한함)

◎ 그 밖에 관세청장 또는 세관장이 통관심사 시 서류제출이 필요하지 않다고 인정하는 물품
② 부과고지 대상물품
③ 합의세율 적용신청물품
④ 할당·양허관세 신청물품 중 세율추천기관으로부터 세율추천을 증명하는 서류를 통관시스템에서 전자문서로 전송받을 수 없는 물품
⑤ 세관장확인물품 중 요건확인기관으로부터 요건구비를 증명하는 서류를 통관시스템에서 전자문서로 전송받을 수 없는 물품
⑥ 원산지증명서류 제출대상물품. 다만, 개성공업지구로부터 반입되는 임가공물품과 체약상대국과의 원산지 전자자료교환시스템을 통해 원산지증명서의 내용을 확인 할 수 있는 경우에는 제외한다.
⑦ 검사대상으로 선별된 물품
⑧ 신고 취하되거나 신고 각하된 후 다시 수입신고하는 물품
⑨ 무역통계부호표상 수입 종류별 분류(코드)가 다음에 해당하는 경우
  ㉠ 보세건설장에서의 수입물품(17, 20, 분할신고가 아닌 건 중 AEO업체가 수입하는 건은 제외)
  ㉡ 신고수리전 반출승인물품(22, 23)
  ㉢ 보세판매장 반입물품(18, 24, 25, 30, 33)
⑩ 선박(항공기)용품 수입물품
⑪ 일시수입통관증서(A.T.A Carnet)에 의하여 수입하는 물품
⑫ 수입신고서 기재사항 중 품명·규격의 일부만 기재한 물품
⑬ 담배소비세 납세담보확인서 제출대상물품과 자동차세 납세담보확인서 제출대상물품
⑭ 다이아몬드 원석(HS 7102.10, 7102.21, 7102.31)
⑮ 관리대상화물 검사결과 이상이 있는 물품
⑯ 같은 컨테이너에 화주가 다른 선하증권(B/L)이 혼재되어 있으나 부두직통관을 신청한 물품
⑰ 그 밖에 관세청장이나 세관장이 서류제출이 필요하다고 인정하는 물품

2) 서류제출대상 선별기준

관세청장은 다음의 기준에 따라 서류제출대상으로 차등 선별할 수 있다.
① 수입업체의 성실도
② 수입신고인의 성실도

③ 최초 수입업체와 물품
④ 수입신고되는 물품의 공급망에 속한 당사자의 성실도
⑤ 그 밖에 서류제출이 필요하다고 인정되는 경우

(2) 제출 서류

신고인은 서류제출대상으로 선별된 수입신고 건에 대하여는 수입신고서에 다음의 서류를 스캔 등의 방법으로 전자 이미지화하거나 무역서류의 전자제출을 이용하여 통관시스템에 전송하는 것을 원칙으로 한다.

① 송품장. 다만, 잠정가격으로 수입신고 할 때 송품장이 해외에서 도착하지 아니한 경우에는 계약서(송품장은 확정가격신고 시 제출)
② 가격신고서(해당 물품에 한하며, 전산으로 확인 가능한 경우에는 서류제출대상에서 제외한다)
③ 선하증권(B/L) 사본이나 항공화물운송장(AWB) 사본
④ 포장명세서(포장박스별로 품명(규격)·수량을 기재해야 하며, 세관장이 필요 없다고 인정하는 경우는 제외한다)
⑤ 원산지증명서(해당 물품에 한한다)
⑥ 관세법 제226조에 따른 세관장 확인물품 및 확인방법 지정고시 제3조에 따른 수입요건 구비서류(해당 물품에 한한다)
⑦ 관세감면(분납)/용도세율적용신청서(해당 물품에 한한다)
⑧ 합의에 의한 세율적용 승인(신청)서
⑨ 담배소비세 납세담보확인서(해당 물품에 한한다)
⑩ 할당·양허관세 및 세율추천 증명서류 및 종축(씨가축)·치어(어린 물고기)의 번식·양식용 해당 세율 증명서류(동 내용을 전산으로 확인할 수 없는 경우에 한한다)
⑪ 자동차세 납세담보확인서(해당 물품에 한한다)

(3) 종이서류의 제출

상기 (2)에도 불구하고 다음의 어느 하나에 해당하는 경우에는 종이서류를 제출하여야 한다.

① 킴벌리프로세스증명서 제출대상물품(원본)
② **일시수입통관증서(A.T.A Carnet)에 의한 일시수입물품(원본)**
③ SOFA 협정 적용대상물품(원본 또는 주한미군에서 전자서명 하여 교부한 증명서)
④ 사전세액심사 대상물품. 다만, 다음의 어느 하나에 해당하는 물품은 제외한다.

㉠ 부가가치세법 제27조 제1호·제2호와 제15호(같은 법 시행령 제56조 제19호·제22호 해당 물품에 한함) 해당 물품
   ㉡ 소액면세 대상물품
   ㉢ 세율불균형물품의 면세 대상물품
   ㉣ 재수입면세 대상물품
   ㉤ 재수출면세 대상물품
   ㉥ 개성공업지구로부터 반입되는 임가공물품
   ㉦ 물품의 가격변동이 큰 물품 기타 수입신고 수리 후에 세액을 심사하는 것이 적합하지 아니하다고 인정하여 관세청장이 정하는 물품 중 농축수산물을 제외한 물품
   ㉧ 관세를 분할납부 하려는 물품
   ㉨ 관세를 체납하고 있는 자가 신고하는 물품
   ㉩ 자유무역협정의 이행을 위한 관세법의 특례에 관한 법률 제30조 제1항 제2호에 따른 재수입면세 대상물품
   ㉪ 정부용품 면세대상물품
   ㉫ 항공협정에 따른 감면대상 물품
⑤ 부과고지 대상물품(다만, 관세법 시행규칙 제48조의2 제1항 본문에 규정된 자가 수입하는 자동차 이외의 이사화물은 제외한다)
⑥ 신고수리 전 반출대상물품(다만, 수출입 안전관리 우수업체(AEO)로 공인받은 수입업체가 수입하는 물품은 제외한다)
⑦ ①에서 ⑥ 이외의 경우로 첨부서류가 20매를 초과하는 경우. 다만 신고인이 원하는 경우 전자문서로 제출할 수 있다.
⑧ 전산장애 등으로 첨부서류 전송시스템을 이용할 수 없는 경우
⑨ 관세청장이나 세관장이 종이서류 제출이 필요하다고 인정하는 경우

(4) 원본 등의 제출

종이서류를 제출하는 경우에는 원본이나 수입화주가 원본대조필한 사본(원본 제출대상은 제외한다)을 제출하여야 한다. 다만, 세관장이 필요로 하는 경우 신고수리 전이거나 신고수리 후 원본의 제출을 요구할 수 있다.

(5) 신고수리 후의 제출

세관장은 제출서류 중 신고수리 전까지 제출할 수 없는 부득이한 사유가 있거나 신고성실도 등을 고려하여 신고수리 후에 제출하여도 통관관리에 지장이 없다고 세관장이 인

정하는 경우에는 신고수리 후에 제출하게 할 수 있다. 다만, 다음의 서류는 신고수리 전에 제출하여야 한다.
① 킴벌리프로세스증명서
② 수입요건 구비서류
③ 관세감면(분납)/용도세율 적용신청서
④ 담배소비세 납세담보확인서
⑤ 할당·양허관세 세율추천 증명서류 및 종축(씨가축)·치어(어린 물고기)의 번식·양식용 해당 세율 증명서류

제2관 물품의 검사

1 물품의 검사 기출 2022~2023

(1) 물품의 검사 기출 2023

1) 의의

세관공무원은 수출·수입 또는 반송하려는 물품에 대하여 검사를 할 수 있다.

2) 검사기준의 결정

관세청장은 **검사의 효율을 거두기 위하여** 검사대상, 검사범위, 검사방법, 검사 장비·시설 및 검사인력 양성 등에 관하여 **필요한 사항을 정할 수 있다.**

3) 화주의 물품 확인

화주는 수입신고를 하려는 물품에 대하여 **수입신고 전에 관세청장이 정하는 바에 따라 확인을 할 수 있다.**

4) 직권 검사

세관장은 지정장치장 또는 보세창고 반입일 또는 장치일로부터 30일 이내에 수입 또는 반송의 신고를 하지 아니한 물품에 대하여는 관세청장이 정하는 바에 의하여 직권으로 이를 검사할 수 있다.

5) 검사 참여 통지

세관장은 수출·수입 또는 반송의 신고인이 검사에 참여할 것을 신청하거나 신고인의 참여가 필요하다고 인정하는 때에는 그 일시·장소·방법 등을 정하여 검사에 참여할 것을 통지할 수 있다.

(2) 물품의 검사절차 등 기출 2022

1) 검사계획의 통보

세관장은 물품검사를 실시하기 전에 **검사준비 사항이 포함된 검사계획을 신고인 및 장치장소 관리인에게 전자통관시스템으로 통보**해야 한다.

2) 검사참여의 신청

검사계획을 통보받은 신고인은 검사참여를 신청할 수 있다. 이 경우 수입신고 시에 요구되는 서류를 제출하는 때까지 검사참여신청(통보)서 2부를 작성하여 통관지 세관장에게 제출해야 한다.

3) 검사참여의 통보

검사참여를 신청받은 세관장은 검사일시와 장소를 적은 검사참여신청(통보)서를 신고인에게 발급해야 한다.

4) 검사준비 요구

세관장은 물품검사를 할 때 수입화주 또는 수입화주로부터 화물의 보관·관리를 위탁받은 장치장소 관리인(이하 "장치장소 관리인")에게 다음의 검사준비 사항을 요구할 수 있다. 이 경우 **검사준비 완료 여부에 따라 검사의 순서를 조정하는 등 그 준비가 완료된 때에 검사를 실시할 수 있다.**
① 검사에 필요한 장소와 장비의 확보
② 검사대상 물품의 포장을 열고 다시 포장하는 작업을 할 수 있는 사람의 배치
③ 그 밖에 검사에 필요한 사항

5) 검사 협조 및 검사 실시

세관장은 검사준비가 완료된 경우 장치장소의 관리인이나 그를 대리하는 소속종사자의 협조(물품의 포장상태 및 내용물품의 파손 여부 등을 확인)하에 검사를 실시한다. 다만, 장치장소의 관리인이나 그를 대리하는 소속종사자의 협조가 어려운 경우 수입화주나 신고인(그 소속 종사자 포함)에게 검사참여하도록 검사일시와 장소 등을 통보할 수 있다.

6) 검사가 곤란하다고 인정되는 경우

세관장은 상기 4) 및 5)에도 불구하고 검사준비 또는 협조가 어려워 검사가 곤란하다고 인정되는 경우에는 다음의 어느 하나에 해당하는 방법으로 물품검사를 할 수 있다.
① 지정보세구역 등 세관장이 지정하는 검사 가능 장소로 보세운송 등을 하여 검사
② 신고취하 후 검사가 가능한 보세구역(화주 소재지 보세구역 외 장치장을 포함한다)으로 보세운송한 후 도착지 보세구역 관할세관에 다시 수입신고하여 검사

7) 화물담당부서에 대한 통보

검사자는 장치장소 관리인의 검사준비 또는 협조사항을 전자통관시스템에 등록한 후 화물담당부서에 통보한다.

8) 검사에 대한 주의 요청

신고인은 물품을 검사할 때 특별한 주의를 기울이도록 세관장에게 요청할 수 있다.

(3) 물품의 검사에 따른 손실보상 기출 2023~2024

1) 의의

관세청장 또는 세관장은 관세법에 따른 세관공무원의 적법한 물품검사로 인하여 **물품에 손실이 발생**한 경우 그 손실을 입은 자에게 보상(이하 "손실보상")하여야 한다.

2) 손실보상의 대상

① 검사 대상 물품
② ①의 물품을 포장한 용기 또는 운반·운송하는 수단

3) 손실보상의 금액

① 해당 물품 등을 수리할 수 없는 경우 : 다음의 구분에 따른 금액
  ㉠ 상기 2)의 ①에 해당하는 경우 : 관세법 제30조부터 제35조까지의 규정에 따른 해당 물품의 과세가격에 상당하는 금액. 다만, 과세가격에 상당하는 금액을 산정할 수 없는 경우에는 구매가격 및 손실을 입은 자가 청구하는 금액을 고려하여 관세청장이 합리적인 범위에서 인정하는 금액으로 한다.
  ㉡ 상기 2)의 ②에 해당하는 경우 : 구매가격 및 손실을 입은 자가 청구하는 금액을 고려하여 관세청장이 합리적인 범위에서 인정하는 금액
② 해당 물품 등을 수리할 수 있는 경우 : 수리비에 상당하는 금액. 다만, ①에 따른 금액을 한도로 한다.

(4) 물품에 대한 안전성 검사 기출 2024

1) 의의

관세청장은 중앙행정기관의 장의 요청을 받아 세관장으로 하여금 관세법 제226조에 따른 세관장의 확인이 필요한 수출입물품 등 다른 법령에서 정한 물품의 성분·품질 등에 대한 안전성 검사(이하 "안전성 검사")를 하게 할 수 있다. 다만, 관세청장은 관세법 제226조에 따른 세관장의 확인이 필요한 수출입물품에 대하여는 필요한 경우 해당 중앙행정기관의 장에게 세관장과 공동으로 안전성 검사를 할 것을 요청할 수 있다.

2) 안전성 검사의 방법 및 절차

중앙행정기관의 장은 안전성 검사를 요청하는 경우 관세청장에게 해당 물품에 대한 안전성 검사 방법 등 관련 정보를 제공하여야 하고, 필요한 인력을 제공할 수 있다.

3) 안전성 검사 대상물품의 지정 등

관세청장은 중앙행정기관의 장의 안전성 검사 요청을 받거나 중앙행정기관의 장에게 안전성 검사를 요청한 경우 해당 안전성 검사를 위하여 필요한 인력 및 설비 등을 고려하여 안전성 검사 대상물품을 지정하여야 하고, 그 결과를 해당 중앙행정기관의 장에게 통보하여야 한다.

4) 안전성 검사를 위한 조치

관세청장은 안전성 검사를 위하여 협업검사센터를 주요 공항·항만에 설치할 수 있고, 세관장에게 지정된 안전성 검사 대상 물품의 안전성 검사에 필요한 자체 검사 설비를 지원하는 등 원활한 안전성 검사를 위한 조치를 취하여야 한다.

5) 안전성 검사 실시

세관장은 안전성 검사 대상물품으로 지정된 물품에 대하여 중앙행정기관의 장과 협력하여 안전성 검사를 실시하여야 한다.

6) 안전성 검사 결과의 공개

관세청장은 안전성 검사 결과 불법·불량·유해 물품으로 확인된 물품의 정보를 관세청 인터넷 홈페이지를 통하여 공개할 수 있다.

(5) 검사 장소 기출 2023

1) 원칙

검사는 관세법 제155조(물품의 장치) 제1항에 따라 장치할 수 있는 장소에서 한다. 다만, 수출하려는 물품은 해당 물품이 장치되어 있는 장소에서 검사한다.

2) 예외

상기 1)에도 불구하고 세관장은 **효율적인 검사를 위하여 부득이하다고 인정**될 때에는 **관세청장이 정하는 바에 따라** 해당 **물품을 보세구역에 반입하게 한 후 검사**할 수 있다.

3) 검사수수료

검사 장소가 지정장치장이나 세관검사장이 아닌 경우 신고인은 기획재정부령으로 정하는 바에 따라 수수료를 납부하여야 한다. 다만, 다음의 어느 하나에 해당하는 경우에는 수수료를 납부하지 아니한다.
① 검사 장소가 보세창고인 경우로서 신고인이 운영인과 다른 경우
② 검사 대상이 수출물품인 경우

제3관 신고의 처리

1 신고의 수리

(1) 의의

세관장은 수출·수입 또는 반송의 신고가 관세법에 따라 적합하게 이루어졌을 때에는 이를 지체 없이 수리하고 신고인에게 신고필증을 발급하여야 한다. 다만, 국가관세종합정보시스템의 전산처리설비를 이용하여 신고를 수리하는 경우에는 관세청장이 정하는 바에 따라 신고인(신고 명의인이 화주가 아닌 경우에는 화주를 포함한다)이 직접 전산처리설비를 이용하여 신고필증을 발급받을 수 있다.

(2) 담보 제공의 요구

세관장은 관세를 납부하여야 하는 물품에 대하여는 신고를 수리할 때에 다음의 어느 하나에 해당하는 자에게 관세에 상당하는 담보의 제공을 요구할 수 있다.
① 관세법 또는 수출용 원재료에 대한 관세 등 환급에 관한 특례법 제23조를 위반하여 징역형의 실형을 선고받고 그 집행이 끝나거나(집행이 끝난 것으로 보는 경우 포함) 면제된 후 2년이 지나지 아니한 자
② 관세법 또는 수출용 원재료에 대한 관세 등 환급에 관한 특례법 제23조를 위반하여 징역형의 집행유예를 선고받고 그 유예기간 중에 있는 자
③ 관세법 제269조부터 제271조까지, 제274조, 제275조의2, 제275조의3 또는 수출용 원재료에 대한 관세 등 환급에 관한 특례법 제23조에 따라 벌금형 또는 통고처분을 받은 자로서 그 벌금형을 선고받거나 통고처분을 이행한 후 2년이 지나지 아니한 자
④ 관세법 제241조 또는 제244조에 따른 수입신고일을 기준으로 최근 2년간 관세 등 조세를 체납한 사실이 있는 자

⑤ 수입실적, 수입물품의 관세율 등을 고려하여 대통령령으로 정하는 관세채권의 확보가 곤란한 경우에 해당하는 자
  ㉠ 최근 2년간 계속해서 수입실적이 없는 자
  ㉡ 파산, 청산 또는 개인회생절차가 진행 중인 자
  ㉢ 수입실적, 자산, 영업이익, 수입물품의 관세율 등을 고려할 때 관세채권 확보가 곤란한 경우로서 관세청장이 정하는 요건에 해당하는 자

(3) 물품 반출 제한

신고수리 전에는 운송수단, 관세통로, 하역통로 또는 관세법에 따른 장치 장소로부터 신고된 물품을 반출하여서는 아니 된다.

2 신고사항의 보완

세관장은 다음의 어느 하나에 해당하는 경우에는 수출·수입 또는 반송의 신고가 수리되기 전까지 갖추어지지 아니한 사항을 보완하게 할 수 있다. 다만, 해당 사항이 경미하고 신고수리 후에 보완이 가능하다고 인정되는 경우에는 관세청장이 정하는 바에 따라 신고수리 후 이를 보완하게 할 수 있다.
① 수출·수입 또는 반송에 관한 신고서의 기재사항이 갖추어지지 아니한 경우
② 제출서류가 갖추어지지 아니한 경우

3 신고의 취하 및 각하 기출 2021~2023

(1) 신고의 취하 기출 2023

1) 취하신청

수입신고를 취하하려는 자는 수입신고취하승인(신청)서에 수입신고 취하신청 내용을 기재하여 통관지세관장에게 전송하여야 한다.

2) 취하사유 및 취하의 처리기간

세관장은 다음의 어느 하나에 해당하는 경우에 한하여 수입신고취하를 승인해야 하며, 접수일로부터 10일 이내에 승인 여부를 신청인에게 통지해야 한다. 세관장이 **해당 기간 내에 승인 여부 또는 민원 처리 관련 법령에 따른 처리기간의 연장을 신청인에게 통지하**

지 아니하면 그 기간(민원 처리 관련 법령에 따라 처리기간이 연장 또는 재연장된 경우에는 해당 처리기간을 말한다)이 끝난 날의 다음 날에 승인을 한 것으로 본다.
① **수입계약 내용과 상이한 물품, 오송물품, 변질·손상물품 등을 해외공급자 등에게 반송하기로 한 경우**
② 재해 그 밖의 부득이한 사유로 수입물품이 멸실되거나 세관의 승인을 얻어 폐기하려는 경우
③ **통관보류, 통관요건 불합격, 수입금지물품 등의 사유로 반송하거나 폐기하려는 경우**
④ 그 밖에 ①부터 ③에 준하는 정당한 사유가 있다고 인정되는 경우

3) 취하의 효력

수출·수입 또는 반송의 신고를 수리한 후 신고의 취하를 승인한 때에는 신고수리의 **효력이 상실**된다.

(2) 신고의 각하 기출 2021/2023

1) 각하사유

세관장은 수입신고가 그 요건을 갖추지 못하였거나 부정한 방법으로 신고되는 등 다음의 어느 하나에 해당하는 경우 수입신고를 각하할 수 있다.
① **거짓이나 그 밖의 기타 부정한 방법으로 신고한 경우**
② 폐기, 공매·경매낙찰, 몰수확정, 국고귀속이 결정된 경우
③ 출항전신고나 입항전신고의 요건을 갖추지 아니한 경우
④ **출항전신고나 입항전신고한 화물이 도착하지 아니한 경우**
⑤ 기타 수입신고의 형식적 요건을 갖추지 못한 경우

2) 각하통보

세관장은 신고를 각하한 때에는 즉시 그 사실을 신고인에게 통보하고 통관시스템에 등록하여야 한다.

제4관 통관절차의 특례

1 수입신고 수리 전 반출 기출 2023

(1) 담보의 제공 등

1) 원칙

수입신고를 한 물품을 세관장의 수리 전에 해당 물품이 장치된 장소로부터 반출하려는 자는 납부하여야 할 관세에 상당하는 담보를 제공하고 세관장의 승인을 받아야 한다.

2) 예외

정부 또는 지방자치단체가 수입하거나 담보를 제공하지 아니하여도 관세의 납부에 지장이 없다고 인정하여 대통령령으로 정하는 물품에 대하여는 담보의 제공을 생략할 수 있다.

3) 대통령령으로 정하는 물품

다음의 어느 하나에 해당하는 물품에 대해서는 담보의 제공을 생략할 수 있다. 다만, ② 및 ③의 물품을 수입하는 자 중 관세 등의 체납, 불성실신고 등의 사유로 담보 제공을 생략하는 것이 타당하지 아니하다고 관세청장이 인정하는 자가 수입하는 물품에 대해서는 담보를 제공하게 할 수 있다.

① 국가, 지방자치단체, 공공기관, 지방공사 및 지방공단이 수입하는 물품
② 관세법 제90조(학술연구용품의 감면) 제1항 제1호 및 제2호에 따른 기관이 수입하는 물품
③ 최근 2년간 관세법 위반(관세청장이 관세법 제270조·제276조 및 제277조에 따른 처벌을 받은 자로서 재범의 우려가 없다고 인정하는 경우 제외) 사실이 없는 수출입자 또는 신용평가기관으로부터 신용도가 높은 것으로 평가를 받은 자로서 관세청장이 정하는 자가 수입하는 물품
④ 수출용 원재료 등 수입물품의 성질, 반입사유 등을 고려할 때 관세채권의 확보에 지장이 없다고 관세청장이 인정하는 물품
⑤ 거주 이전의 사유, 납부할 세액 등을 고려할 때 관세채권의 확보에 지장이 없다고 관세청장이 정하여 고시하는 기준에 해당하는 자의 이사물품

(2) 수입신고 수리 전 반출승인 대상물품 기출 2023

수입통관에 곤란한 사유가 없는 물품으로서 다음의 어느 하나에 해당하는 경우에는 세관장이 수입신고 수리 전 반출을 승인할 수 있다.

① 완성품의 세번으로 수입신고수리 받고자 하는 물품이 미조립상태로 분할선적 수입된 경우
② 조달사업에 관한 법률에 따른 비축물자로 신고된 물품으로서 실수요자가 결정되지 아니한 경우
③ 사전세액심사 대상물품(부과고지물품을 포함한다)으로서 세액결정에 오랜 시간이 걸리는 경우
④ 품목분류나 세율결정에 오랜 시간이 걸리는 경우
⑤ 수입신고 시 관세법 시행령 제236조 제1항 제1호(관세법·조약·협정 등에 의하여 다른 국가의 생산물품에 적용되는 세율보다 낮은 세율을 적용받고자 하는 경우)에 따라 원산지증명서를 세관장에게 제출하지 못한 경우
⑥ 수입신고 수리 전 협정관세의 적정 여부 심사물품으로서 원산지 등의 결정에 오랜 시간이 걸리는 경우

(3) 수입신고 수리 전 반출승인신청

수입신고 수리 전 반출을 승인받고자 하는 자는 세관장에게 수입신고 수리 전 반출승인(신청)서에 수입신고 수리 전 반출신청 내용을 기재하여 전송해야 한다.

(4) 관세부과 제척기간 도래물품에 대한 관세 부과

세관장은 수입신고 수리 전 반출기간 중에 관세부과 제척기간이 도래하는 물품이 있는 경우 제척기간 도래 전에 관세법 제39조(부과고지) 제1항 제3호에 따라 수입화주나 비축물자 수입자에게 해당 관세를 부과해야 한다.

2 수입신고 전의 물품 반출 기출 2022~2023

(1) 의의

수입하려는 물품을 수입신고 전에 운송수단, 관세통로, 하역통로 또는 관세법에 따른 장치 장소로부터 즉시 반출하려는 자는 대통령령으로 정하는 바에 따라 **세관장에게 즉시 반출신고를 하여야 한다.** 이 경우 세관장은 납부하여야 하는 관세에 상당하는 담보를 제공하게 할 수 있다.

(2) 즉시반출을 할 수 있는 자 등의 지정

1) 의의

즉시반출을 할 수 있는 자 또는 물품은 대통령령으로 정하는 바에 따라 세관장이 지정한다.

2) 즉시반출을 할 수 있는 자 및 물품

즉시반출을 할 수 있는 자 및 물품은 다음의 1에 해당하는 것 중 **구비조건의 확인에 지장이 없는 경우로서 세관장이 지정하는 것에 한한다.**
① 관세 등의 체납이 없고 최근 3년 동안 수출입실적이 있는 제조업자 또는 외국인투자자가 수입하는 시설재 또는 원부자재
② 기타 관세 등의 체납우려가 없는 경우로서 관세청장이 정하는 물품

(3) 수입신고

즉시반출신고를 하고 반출을 하는 자는 **즉시반출신고를 한 날부터 10일 이내에 수입신고를 하여야 한다.**

(4) 관세 및 가산세의 부과·징수

세관장은 반출을 한 자가 상기 (3)에 따른 기간 내에 수입신고를 하지 아니하는 경우에는 관세를 부과·징수한다. 이 경우 해당 물품에 대한 **관세의 100분의 20에 상당하는 금액을 가산세로 징수하고,** 지정을 취소할 수 있다.

3 탁송품의 특별통관

(1) 목록통관

1) 의의

탁송품으로서 기획재정부령으로 정하는 물품은 운송업자(관세청장 또는 세관장에게 등록한 자, 이하 "탁송품 운송업자")가 다음에 해당하는 사항이 적힌 목록(이하 "통관목록")을 세관장에게 제출함으로써 수입신고를 생략할 수 있다.
① 물품의 송하인 및 수하인의 성명, 주소, 국가
② 물품의 품명, 수량, 중량 및 가격
③ 탁송품의 통관목록에 관한 것으로 기획재정부령으로 정하는 사항
　㉠ 운송업자명
　㉡ 선박편명 또는 항공편명
　㉢ 선하증권 번호
　㉣ 수하인의 통관고유번호
　㉤ 그 밖에 관세청장이 정하는 사항

2) 기획재정부령으로 정하는 물품

"기획재정부령으로 정하는 물품"이란 자가사용물품 또는 면세되는 상업용 견본품 중 물품가격(관세법 제30조부터 제35조까지의 규정에 따른 방법으로 결정된 과세가격에서 제30조 제1항 제6호 본문에 따른 금액을 뺀 가격. 다만, 관세법 제30조 제1항 제6호 본문에 따른 금액을 명백히 구분할 수 없는 경우에는 이를 포함한 가격으로 한다)이 미화 150달러 이하인 물품을 말한다.

(2) 통관목록의 제출

탁송품 운송업자는 통관목록을 사실과 다르게 제출하여서는 아니 된다.

(3) 실제 배송주소 기재

탁송품 운송업자는 제출한 통관목록에 적힌 수하인의 주소지(수입신고를 한 탁송품의 경우에는 수입신고서에 적힌 납세의무자의 주소지)가 아닌 곳에 탁송품을 배송하거나 배송하게 한 경우(우편법 제31조 단서에 해당하는 경우 제외)에는 배송한 날이 속하는 달의 다음달 15일까지 실제 배송한 주소지를 세관장에게 제출하여야 한다.

(4) 목록통관의 배제

세관장은 탁송품 운송업자가 상기 (2) 또는 (3)을 위반하거나 관세법에 따라 통관이 제한되는 물품을 국내에 반입하는 경우에는 상기 (1)의 통관절차의 적용을 배제할 수 있다.

(5) 탁송품 통관절차

1) 원칙

세관장은 관세청장이 정하는 절차에 따라 별도로 정한 지정장치장에서 탁송품을 통관하여야 한다.

2) 예외

세관장은 탁송품에 대한 감시·단속에 지장이 없다고 인정하는 경우 탁송품을 해당 탁송품 운송업자가 운영하는 보세창고 또는 시설(입주계약을 체결하여 입주한 업체가 해당 자유무역지역에서 운영하는 시설에 한정한다)에서 통관할 수 있다.

XI 수출

1 용어의 정의(수출통관 사무처리에 관한 고시)

(1) 전자통관심사

"전자통관심사"란 수출신고를 하면 세관 직원의 심사 없이 수출통관시스템에서 전자적 방식으로 심사하는 것을 말한다.

(2) 특송업체

"특송업체"란 관세법 제222조 제1항 제6호 및 「특송물품 수입통관 사무처리에 관한 고시」 제4조에 따라 세관장에게 등록한 업체를 말한다.

(3) 정식통관절차

"정식통관절차"란 목록통관절차 적용대상 이외의 물품의 수출통관에 적용하는 절차를 말한다.

(4) 간이수출신고

"간이수출신고"란 정식통관절차 중 신고항목을 간소화한 수출신고를 말한다.

(5) 목록통관절차

"목록통관절차"란 관세법 시행령 제246조 제4항 제3호(수출입신고 대상 우편물을 제외한 우편물) 및 제5호(기타 서류·소액면세물품 등 신속한 통관을 위하여 필요하다고 인정하여 관세청장이 정하는 탁송품 또는 별송품)에 해당하는 물품으로서 정식통관절차를 필요로 하지 않는 물품의 수출통관에 적용하는 예외적인 절차를 말한다.

(6) 통관목록

"통관목록"이란 목록통관절차에 따라 특송업체가 수출하는 물품의 품명·가격 등을 기재한 목록을 말한다.

(7) 우편물목록

"우편물목록"이란 통관우체국의 장이 우편물의 종류·품명·가격 등 수출통관 사무처리에 관한 고시에서 정한 사항을 기재한 목록을 말한다.

(8) 자율정정

"자율정정"이란 심사나 검사대상으로 선별되지 않은 신고 건에 대하여 화주 또는 신고인이 자율적으로 통관시스템을 이용하여 정정하는 것을 말한다.

(9) 심사

"심사"란 신고된 세번과 신고가격 등 신고사항의 적정 여부, 법령에 의한 수출요건의 충족 여부 등을 확인하기 위하여 관련 서류(전자이미지 포함)나 분석결과를 검토하는 것을 말한다.

(10) 물품검사

"물품검사"란 수출신고된 물품 이외에 은닉된 물품이 있는지 여부와 수출신고사항과 현품의 일치 여부를 확인하는 것을 말한다.

(11) **신고지검사**

"신고지검사"란 수출신고를 한 물품의 소재지에 방문하여 검사하는 것을 말한다.

(12) **적재지검사**

"적재지검사"란 수출물품이 선적(기적 포함)되는 적재지 보세구역 또는 적재지 관할 세관장이 별도로 정하는 장소에서 검사하는 것을 말한다.

(13) **전자이미지 전송**

"전자이미지 전송"이란 수출신고 시 제출하여야 하는 서류를 스캔 등의 방법으로 전자이미지화 하여 전자통관시스템으로 전송하는 것을 말한다.

(14) **전자상거래**

"전자상거래"란 물품의 주문, 대금결제 등 거래의 전부 또는 일부가 전자문서에 의하여 처리되는 상거래를 말한다.

(15) **전자상거래 업체**

"전자상거래 업체"란 사이버몰(컴퓨터 등과 정보통신 설비를 이용하여 재화를 거래할 수 있도록 설정된 가상의 영업장)을 이용하여 전자상거래를 업으로 하는 자를 말한다.

(16) **전자상거래 수출업체**

"전자상거래 수출업체"란 전자상거래 업체 중에서 수출신고서상 거래구분 15(전자상거래에 의한 수출물품), 17(전자상거래 풀필먼트 수출)로 신고한 자를 말한다.

(17) **전자상거래 간이신고 시스템**

"전자상거래 간이신고 시스템"이란 전자상거래 물품의 수출신고 시 항목을 간소화한 신고 시스템을 말한다.

(18) **수출목록 변환신고 시스템**

"수출목록 변환신고 시스템"이란 목록통관 물품의 배송정보를 수출신고로 변환하여 신고하는 시스템을 말한다.

2 수출신고 기출 2021~2022

(1) 수출신고의 의무

물품을 수출하려면 해당 물품의 **품명·규격·수량 및 가격과 그 밖에 대통령령으로 정하는 사항을** 세관장에게 신고하여야 한다.

(2) 수출신고의 시기 기출 2021

수출하려는 자는 **해당 물품이 장치된 물품소재지를 관할하는 세관장에게 수출신고를 하여야 한다.** 다만 별도로 정한 특수형태의 수출인 경우에는 해당 규정을 따른다.

(3) 수출신고인 기출 2021

수출신고는 **수출화주 또는 관세사등의 명의로** 하여야 하며, 화주에게 해당 수출물품을 제조하여 공급한 자의 명의로 할 수 있다.

(4) 보세구역 등 반입 후 수출신고 기출 2021/2024

1) 의의

밀수출 등 불법행위가 발생할 우려가 높거나 감시단속을 위하여 필요하다고 인정하여 대통령령으로 정하는 물품은 관세청장이 정하는 장소에 반입한 후 수출의 신고를 하게 할 수 있다.

2) 보세구역 등 반입 후 수출신고 대상물품

"대통령령으로 정하는 물품"이란 다음의 어느 하나에 해당하는 물품으로서 관세청장이 정하여 고시하는 물품을 말한다. 해당 물품을 수출신고하려는 자는 수출신고서에 보세구역 등의 반입정보(컨테이너번호, 장치장소, 반입번호 등)를 정확히 기재하여야 한다.
① 도난우려가 높은 물품 등 국민의 재산권 보호를 위하여 수출관리가 필요한 물품
② 고세율 원재료를 제조·가공하여 수출하는 물품 등 부정환급 우려가 높은 물품
③ 국민보건이나 사회안전 또는 국제무역질서 준수 등을 위해 수출관리가 필요한 물품

보세구역 등 반입 후 수출신고 대상물품(관세청장이 정하여 고시하는 물품)				
연번	종류	품목명	대상
1	중고자동차	87류 중 '중고차'	컨테이너에 적입하여 수출하는 중고자동차
2	플라스틱 폐기물	HS 3915호 (플라스틱 스크랩)	컨테이너에 적입하여 수출하는 플라스틱 웨이스트·스크랩
3	생활폐기물	HS 3825호 (생활폐기물 등)	컨테이너에 적입하여 수출하는 생활폐기물 등

3) 보세구역 등 반입 장소

"관세청장이 정하는 장소"란 수출물품을 적재하는 공항만 지역으로서 다음의 어느 하나를 말한다.

① 보세창고
② 종합보세구역
③ 지정보세구역
④ **자유무역지역 입주기업체 중 세관장으로부터 장치장소부호를 부여받은 곳**

4) 보세구역 등 반입 후 수출신고 대상물품 제외

상기 2)에도 불구하고 수출입 안전관리 우수업체로 공인된 업체가 수출하는 물품은 관세청장이 정하는 장소에 반입한 후 수출의 신고를 하는 물품에서 제외할 수 있다.

5) 우선 검사

보세구역 등 반입대상 물품이 검사로 지정된 경우 수출검사 담당 직원은 다른 물품에 우선하여 신속하게 검사하여야 한다.

(5) 수출신고의 효력발생시점 `기출 2021`

수출신고의 효력발생시점은 **전송된 신고자료가 통관시스템에 접수된 시점**으로 한다.

(6) 수출신고의 처리방법 `기출 2021`

수출신고물품에 대한 신고서의 처리방법은 ① **전자통관심사**, ② **심사(화면심사, 서류심사)**, ③ **물품검사**로 구분한다.

3 물품검사

(1) 물품검사의 생략

수출신고물품의 검사는 원칙적으로 생략한다. 다만, 물품을 확인할 필요가 있는 경우에는 물품검사를 할 수 있다.

(2) 물품검사의 방법

1) 원칙(적재지검사)

수출물품의 검사는 적재지검사를 원칙으로 한다.

2) 예외(신고지검사)

세관장은 상기 1)에도 불구하고 적재지검사가 부적절하다고 판단되는 물품이나 반송물품, 계약상이물품, 수입상태 그대로 수출되는 자가사용물품, 재수출물품 및 원상태수출물품, 국제우편 운송 수출물품, 보세공장으로부터의 수출물품 등은 신고지검사를 실시할 수 있다.

(3) 적재지검사 대상물품에 대한 정정

신고인은 적재지검사 대상물품을 수출신고한 이후 적재지가 변경되는 경우에는 물품검사 이전에 수출신고를 정정하여야 한다.

(4) 물품검사 생략대상에 대한 검사

적재지 관할 세관장은 필요하다고 인정되는 경우 물품검사 생략대상으로 수출신고수리된 물품에 대하여도 컨테이너검색기검사 등의 검사를 실시할 수 있다.

(5) 관계 자료의 제출 요구

세관장은 수출물품의 효율적인 검사를 위하여 필요한 경우 포장명세서 등 관계 자료의 제출을 요구할 수 있다.

(6) 신고지검사 완료물품에 대한 조치

세관장은 신고지검사를 완료한 수출물품에 대하여 봉인조치를 하거나 보세운송을 통하여 적재지 보세구역으로 운송하도록 할 수 있다.

(7) 물품의 재검사

세관장은 물품검사가 완료되고 적재지 보세구역에 반입된 물품이 적재 목적 이외의 사유로 반출되는 경우 해당 물품이 적재지 보세구역에 재반입된 때 물품검사를 다시 할 수 있다.

(8) 검사장소

수출신고물품에 대한 검사는 해당 물품이 장치되어 있는 장소에서 행한다. 다만, 다음의 어느 하나에 해당하는 경우에는 물품을 보세구역에 반입하게 한 후 검사할 수 있다.
① 부정수출 또는 부정환급 등 우범성 정보가 있는 경우
② 물품의 성질, 업체의 성실도 등을 감안하여 물품의 효율적인 검사를 위하여 필요하다고 세관장이 인정하는 경우

(9) 검사방법 기출 2024

① 세관장은 효율적인 물품검사를 위하여 컨테이너검색기 또는 차량이동형검색기 등을 활용하여 검사할 수 있다.
② 세관장은 물품확인이 필요한 경우 전량검사, 발췌검사 또는 분석검사 등을 실시한다.

4 수출신고의 정정 등

(1) 신고사항의 정정

1) 수출신고의 정정신청

수출신고를 정정하려는 자는 정정신청 내역을 기재한 수출신고 정정신청서를 전자문서로 통관지 세관장 또는 신청인 소재지 관할 세관장에게 전송하고 표준증빙자료를 제출(전자이미지 전송 포함)하여야 한다. 다만, 다음의 어느 하나에 해당하는 경우에는 그 증빙자료의 제출을 생략할 수 있다.
① 자율정정대상에 해당하는 경우
② 잠정수량신고 및 잠정가격신고에 대하여 확정신고를 하는 경우
③ 다음에 해당하는 항목을 정정하는 경우
  ㉠ 적재예정보세구역
  ㉡ 적재항부호

④ 그 밖에 세관장이 수출신고 정정신청서만으로 정정 내역의 확인이 가능하다고 인정하는 경우

2) 자율정정의 허용

전자통관심사에 해당하는 수출신고 건은 자율정정 제외대상을 제외하고 출항 전까지 자율정정을 허용할 수 있다. 다만, 수출자가 수출입 안전관리 우수업체로 공인받은 수출업체에 해당하는 경우 자율정정 제외대상 항목에 대해서도 자율정정을 허용할 수 있다.

3) 정정의 승인 사유

자율정정을 제외한 수출물품의 정정은 다음의 어느 하나인 경우에 승인한다.
① 현품확인으로 정정내용을 확인한 경우
② 품명·규격 및 세번부호 정정으로 환급액이 증가하는 경우는 계약서, 송품장, 해당 수출물품에 대한 품명·규격을 입증할 수 있는 객관적 자료(분석결과회보서등)에 의하여 정정내용을 확인한 경우
③ 단가, 신고가격의 정정으로 환급액이 증가하는 경우는 계약서, L/C, 외화입금증명서, P/O(Purchase Order)등 거래 관련 서류에 의하여 정정 내용을 확인한 경우
④ 수량(중량)정정으로 수출금액이 증가하는 경우는 계약서, L/C, 선하증권, 상대국 해당 물품 수입신고서 사본 등 거래 관련 서류에 의하여 정정 내용을 확인한 경우
⑤ 거래구분 정정은 임가공계약서 등 거래형태를 증빙하는 서류에 의하여 정정 내용을 확인한 경우. 다만, 원상태수출 또는 계약상이 수출의 거래구분 정정은 원칙적으로 전산시스템상 선적이 완료되기 전에만 허용하고, 선적이 완료된 이후에는 계약서, 법원 판결문, 그 밖에 이에 준하는 객관적 증빙서류로 입증이 가능하여 세관장이 타당하다고 인정하는 경우에만 허용한다.
⑥ 계산 착오, 소수점 기재 착오 등 작성(전송) 오류가 수출신고인의 명백한 과실로 인정될 경우
⑦ 그 밖에 환급액 증가가 없는 경우로 관련 증빙서류에 의하여 정정사유가 타당하다고 인정될 경우

(2) 신고의 취하

1) 수출신고의 취하신청

수출신고를 취하하려는 자는 수출신고 취하승인(신청)서에 신고취하 신청 내역을 기재하여 통관지 세관장에게 전송하고, 증빙서류를 제출(전자이미지 전송을 포함한다)해야

한다. 다만, 전자상거래 물품 등의 간이수출신고를 취하하는 경우에는 증빙서류의 제출을 생략할 수 있다.

2) 취하의 처리기간

세관장은 수출신고 취하승인의 신청을 받은 날부터 10일 이내에 승인 여부를 신청인에게 통지하여야 한다.

3) 취하승인의 효과

세관장이 수출신고 취하승인 하였을 때 수출신고 또는 수출신고 수리의 효력은 상실된다.

(3) 신고의 각하

세관장은 다음의 어느 하나에 해당하는 경우에는 수출신고를 각하할 수 있다. 이 경우 세관장은 즉시 통관시스템에 등록하고 그 사실을 신고인에게 통보하여야 한다.
① 거짓 또는 그 밖의 부정한 방법으로 신고한 경우
② 그 밖에 수출신고의 형식적 요건을 갖추지 못한 경우

(4) 직권 정정

세관장은 다음의 어느 하나에 해당하는 경우에는 신고 내역을 정정할 수 있다.
① 신고 내역이 잘못된 경우
② 분석 결과가 수출신고 내역과 다른 경우

5 특수형태의 수출

(1) 선상수출신고

1) 선상수출신고의 대상물품

수출하려는 물품이 다음의 어느 하나에 해당하는 경우에는 해당 물품을 선적한 후 선상에서 수출신고를 할 수 있다.
① 선적한 후 공인검정기관의 검정서(SURVEY REPORT)에 의하여 수출물품의 수량을 확인하는 물품(예 : 산물 및 광산물)
② 물품의 신선도 유지 등의 사유로 선상수출신고가 불가피하다고 인정되는 물품(예 : 국내운항선에 적재된 수산물을 다른 선박으로 이적하지 않은 상태로 국제무역선으로 자격변경하여 출항하고자 하는 경우)

③ 자동차운반전용선박에 적재하여 수출하는 신품자동차
④ 벌크선에 적재하여 수출하는 국내제조 HS 제72류 철강류(웨이스트, 스크랩 등 HS 제7204호 물품 제외)

2) 출항 후 수출신고

상기 1)에도 불구하고 상기 1)의 ①의 물품이 다음을 모두 충족하는 경우에는 출항 후 최초 세관 근무시간까지 수출신고를 할 수 있다.
① 수출신고수리전 적재허가(내국물품 적재허가)를 받은 물품
② 수출통관 사무처리에 관한 고시 제7조 제2항 제1호(세관장확인물품)부터 제2호(계약상이 및 재수출조건부 수출물품)까지 해당하지 않는 물품
③ 세관 근무시간 외에 적재 또는 출항하는 경우

3) 수출신고수리전 적재허가

선상수출신고를 하려는 자는 사전에 수출신고수리전 적재허가(신청)서를 세관장에 제출하고 허가를 받아야 한다. 이 경우 세관장은 수출물품의 특성 등을 감안하여 1년 범위 내에서 일괄하여 허가할 수 있다.

(2) 현지수출 어패류신고

어패류를 출항허가를 받은 운반선에 의하여 현지에서 수출하는 것이 부득이한 경우에는 수출 후 대금결제 전까지 출항허가를 받은 세관장에게 신고자료를 전송하고, 신고서류에 수출실적을 증명하는 서류(예 : Cargo Receipt)를 첨부하여 제출하여야 한다.

(3) 보세판매장 수출신고

관세법 제196조에 따른 보세판매장에서 외국인에게 국내에서 생산(제조·가공·조립·수리·재생 또는 개조하는 것을 말한다)된 물품을 판매하는 경우 보세판매장 운영인은 수출신고서 기재항목 중 일부 항목을 기재하지 않을 수 있다. 다만, 고시 제7조제2항 각 호에 해당하는 물품(서류제출 수출신고 대상물품)은 제외한다.

(4) 원양수산물 신고

우리나라 선박이 공해에서 채포한 수산물을 현지 판매하는 경우에는 수출자가 수출 후 대금결제 전까지 수출사실을 증명하는 서류[예 : Cargo Receipt, B/L, Final(Fish) Settlement]가 첨부된 수출실적보고서(수출신고서 양식 사용)를 한국원양산업협회를

경유하여 서울세관장에게 신고자료를 전송하여야 한다.

(5) 잠정수량신고·잠정가격신고 대상물품의 수출신고

1) 의의

배관 등 고정운반설비를 이용하여 적재하는 경우 또는 제조공정상의 이유 및 국제원자재 시세에 따른 금액이 사후에 확정되어 수출신고 시에 수량이나 가격 확정이 곤란한 물품 중 다음의 어느 하나에 해당하는 물품을 수출하려는 자는 수출신고 시에 적재예정 수량 및 금액을 신고하고, 적재완료일로부터 수량의 경우 5일, 금액의 경우 180일이 경과하기 전까지 실제 공급한 수량 및 금액을 신고할 수 있다.

① 가스
② 액체
③ 전기
④ HS 제50류부터 제60류까지 중 직물 및 편물
⑤ HS 제71류부터 제83류까지의 귀금속 및 비금속제 물품
⑥ 전자상거래 수출물품
⑦ 위탁판매 수출물품
⑧ 그 밖에 계약의 내용이나 거래의 특성상 잠정수량 또는 잠정가격으로 신고하는 것이 불가피하다고 세관장이 인정하는 물품

2) 수출신고 정정신청을 통한 실제 공급액 신고

상기 1)에도 불구하고 상기 1)의 ⑥ 및 ⑦에 따른 물품은 수출신고 시에 적재예정금액을 신고하고, 판매금액 확정일 또는 판매대금 입금일로부터 60일이 경과하기 전까지 수출신고 정정신청서로 실제 공급한 금액을 신고할 수 있다.

6 수출물품의 적재 이행관리 [기출 2021]

(1) 수출신고 수리물품의 적재

수출신고가 수리된 물품은 **수출신고가 수리된 날부터 30일 이내에 운송수단에 적재**하여야 한다. 다만, 기획재정부령으로 정하는 바에 따라 1년의 범위에서 적재기간의 연장 승인을 받은 것은 그러하지 아니하다.

(2) 수출신고 수리 전 적재의 제한

수출자 및 국제무역선(기)의 선(기)장은 특수형태의 수출을 제외하고는 수출신고 수리 전에 수출하려는 물품을 국제무역선(기)에 적재해서는 안 된다.

(3) 적재기간의 연장승인

1) 승인신청

상기 (1)에도 불구하고 출항 또는 적재 일정변경 등 부득이한 사유로 인하여 적재기간을 연장하려는 자는 변경 전 적재기간 내에 통관지 세관장에게 "적재기간 연장승인(신청)서"를 제출하여야 한다. 다만, 전자문서로 신청할 경우에는 "수출신고 정정, 취하, 적재기간 연장승인(신청서)"을 사용하여야 한다.

2) 연장승인

세관장은 "적재기간 연장승인(신청)서"를 접수한 때에는 연장승인 신청사유 등을 심사하여 타당하다고 인정하는 경우에는 **수출신고 수리일로부터 1년의 범위 내에서 적재기간 연장을 승인할 수 있다.** 세관장은 적재기간 연장을 승인한 때에는 즉시 통관시스템에 연장사유 및 연장기간을 기록하여야 한다.

(4) 물품검사 완료 후 적재

적재지검사 대상물품의 경우에는 상기의 규정에도 불구하고 **물품검사가 완료된 후 운송수단에 적재**하여야 한다.

(5) 수출신고 수리의 취소·관리

1) 수출신고 수리취소의 예정통보

① 세관장의 예정통보 : **통관지 세관장**은 매주 월요일(월요일이 휴일인 경우에는 그 다음 날)마다 통관시스템을 조회하여 수출신고 수리물품의 적재기간이 경과한 물품에

대하여 **신고인 등에게 적재기간 내에 적재 확인이 되지 않는 경우 수출신고 수리를 취소한다는 수출신고 수리취소 예정통보**를 하여야 한다.

② 신고인의 원인규명 : 수출신고 수리취소 예정통보를 받은 신고인은 **취소예정통보일로부터 14일 내에 적재된 화물이 있는지 여부에 대하여 원인규명**을 하여야 하며, **원인규명의 결과 이미 적재된 물품이 있는 경우에는 정정 등의 조치**를 취하여야 한다.

③ 수출신고 수리의 취소 : 원인규명의 결과 적재되지 않았거나 원인을 규명할 수 없는 물품에 대하여 세관장은 적재관리시스템에서 미적재 여부를 확인한 후 수출신고의 수리를 취소하여야 한다. 다만, 하기 2)에 해당하는 경우에는 그렇지 않다.

2) 수출신고 수리의 취소

세관장은 우리나라와 외국 간을 왕래하는 운송수단에 적재하는 기간을 초과하는 물품에 대하여 수출신고의 수리를 취소하여야 한다. 다만, 다음의 1에 해당하는 경우에는 그러하지 아니하다.

① 수출신고 취하의 승인신청이 정당한 사유가 있다고 인정되는 경우
② 적재기간 연장승인의 신청이 정당한 사유가 있다고 인정되는 경우
③ 세관장이 수출신고의 수리를 취소하기 전에 당해 물품의 적재를 확인한 경우
④ 기타 세관장이 기간 내에 적재하기 곤란하다고 인정하는 경우

3) 수출신고 수리의 취소 통지

세관장은 수출신고의 수리를 취소하는 때에는 즉시 신고인에게 그 내용을 서면으로 통지하여야 한다. 다만, 연락두절 등의 사유로 서면통지가 불가능한 경우에는 게시공고로서 이에 대신할 수 있다.

XII 반송

1 용어의 정의(반송절차에 관한 고시) 기출 2023~2024

(1) 반송

"반송"이란 외국물품(수출신고 수리물품을 제외한다)을 외국으로 반출하는 것을 말한다.

(2) 단순반송물품

"단순반송물품"이란 외국으로부터 보세구역에 반입된 물품으로서 다음의 어느 하나의 사유로 수입신고를 하지 아니한 상태에서 다시 외국으로 반출되는 물품을 말한다.
① 주문이 취소되었거나 잘못 반입된 물품
② 수입신고 전에 계약상이가 확인된 물품
③ 수입신고 전에 수입요건을 갖추지 않은 것이 확인된 물품
④ 선사(항공사)가 외국으로 반출하는 선(기)용품 또는 선(기)내 판매용품
⑤ 그 밖의 사유로 반출하는 물품

(3) 통관보류물품 기출 2023

"통관보류물품"이란 외국으로부터 보세구역에 반입된 물품으로서 **수입신고를 하였으나 수입신고수리요건 등을 갖추지 못하여 통관이 보류된 물품**을 말한다.

(4) 위탁가공물품

"위탁가공물품"이란 해외에서 위탁가공 후 보세구역에 반입된 물품으로서 외국으로 반출될 물품을 말한다.

(5) 중계무역물품

"중계무역물품"이라 함은 대외무역법령에 의하여 수출할 것을 목적으로 보세구역 또는 세관장으로부터 보세구역 외 장치허가를 받은 장소에 반입하여 외국으로 반출하는 물품을 말한다.

(6) 보세창고 반입물품

"보세창고 반입물품"이란 외국으로부터 보세창고에 반입된 물품으로서 국내 수입화주의

결정지연 등으로 수입하지 아니한 상태에서 다시 외국으로 반출될 물품을 말한다.

(7) 장기비축 수출용원재료 및 수출물품 사후 보수용품

"장기비축 수출용원재료 및 수출물품 사후 보수용품"이란 보세창고에 반입된 해외조립용 수출용원재료 또는 이미 수출한 물품의 사후 보수, 수리를 위한 물품(해체·절단 등의 작업을 한 구성품을 포함한다)을 말한다.

(8) 보세전시장 반출물품

"보세전시장 반출물품"이란 우리나라에서 개최하는 박람회 등을 위하여 보세전시장에 반입된 후 전시 종료 후 외국으로 반출될 물품을 말한다.

(9) 보세판매장 반출물품

"보세판매장 반출물품"이란 보세판매장에 반입되어 판매 중인 외국물품이 변질, 고장, 그 밖에 유행의 변화 등의 사유로 판매하지 못하여 운영인이 외국으로 반출하려는 물품을 말한다.

(10) 수출조건부 미군불하물품

"수출조건부 미군불하물품"이란 미군교역처에서 수출조건부로 불하한 보세물품을 말한다.

2 적용 범위

반송절차에 관한 고시는 다음의 어느 하나에 해당하는 물품에 대하여 적용한다.
① 단순반송물품
② 통관보류물품
③ 위탁가공물품
④ 중계무역물품
⑤ 보세창고반입물품
⑥ 장기비축 수출용원재료 및 수출물품 사후 보수용품
⑦ 보세전시장반출물품
⑧ 보세판매장반출물품
⑨ 수출조건부 미군불하물품

XIII 우편물

1 우편물

(1) 통관우체국

1) 통관우체국의 경유

수출·수입 또는 반송하려는 우편물(서신 제외)은 통관우체국을 경유하여야 한다.

2) 통관우체국의 지정

통관우체국은 체신관서 중에서 관세청장이 지정한다.

(2) 우편물의 사전전자정보 제출

1) 우편물의 사전전자정보 제출

통관우체국의 장은 수입하려는 우편물의 발송국으로부터 해당 우편물이 발송되기 전에 세관신고정보를 포함하여 대통령령으로 정하는 전자정보(이하 "사전전자정보")를 제공받은 경우에는 그 제공받은 정보를 해당 우편물이 발송국에서 출항하는 운송수단에 적재되기 전까지 세관장에게 제출하여야 한다.

2) 사전전자정보 미제출 시의 조치

세관장은 관세청장이 우정사업본부장과 협의하여 사전전자정보 제출대상으로 정한 국가에서 발송한 우편물 중 사전전자정보가 제출되지 아니한 우편물에 대해서는 통관우체국의 장으로 하여금 반송하도록 할 수 있다.

3) 사전전자정보 제출 시의 조치

통관우체국의 장은 사전전자정보가 제출된 우편물에 대해서는 우편물목록의 제출을 생략하고 세관장에게 검사를 받을 수 있다. 다만, 통관우체국의 장은 세관장이 통관절차의 이행과 효율적인 감시·단속을 위하여 대통령령으로 정하는 사유에 해당하여 우편물목록의 제출을 요구하는 경우에는 이를 제출하여야 한다.

(3) 우편물의 검사

1) 우편물의 검사
   ① 원칙 : 통관우체국의 장이 상기 (1)의 우편물을 접수하였을 때에는 세관장에게 우편물목록을 제출하고 해당 우편물에 대한 검사를 받아야 한다.
   ② 예외 : 관세청장이 정하는 우편물은 검사를 생략할 수 있다.

2) 소속공무원의 참여
   통관우체국장은 물품의 검사를 받는 때에는 소속공무원을 참여시켜야 한다.

3) 물품의 개봉
   통관우체국의 장은 검사를 위하여 세관공무원이 해당 우편물의 포장을 풀고 검사할 필요가 있다고 인정하는 경우에는 그 우편물의 포장을 풀었다가 다시 포장해야 한다.

(4) 우편물통관에 대한 결정

① 물품 인도 제한 : 통관우체국의 장은 세관장이 우편물에 대하여 수출·수입 또는 반송을 할 수 없다고 결정하였을 때에는 그 우편물을 발송하거나 수취인에게 내줄 수 없다.
② 수출 등의 신고 : 우편물이 대외무역법 제11조에 따른 수출입의 승인을 받은 것이거나 그 밖에 대통령령으로 정하는 기준에 해당하는 것일 때에는 해당 우편물의 수취인이나 발송인은 수출·수입 또는 반송신고를 하여야 한다.
③ 대통령령으로 정하는 기준에 해당하는 것(수출입신고대상 우편물)
   ㉠ 법령에 따라 수출입이 제한되거나 금지되는 물품
   ㉡ 관세법 제226조에 따라 세관장의 확인이 필요한 물품
   ㉢ 판매를 목적으로 반입하는 물품 또는 대가를 지급하였거나 지급하여야 할 물품 (통관허용 여부 및 과세대상 여부에 관하여 관세청장이 정한 기준에 해당하는 것으로 한정)
   ㉣ 가공무역을 위하여 우리나라와 외국 간에 무상으로 수출입하는 물품 및 그 물품의 원·부자재
   ㉤ 그 밖에 수출입신고가 필요하다고 인정되는 물품으로서 관세청장이 정하는 금액을 초과하는 물품

(5) 세관장의 통지

1) 세관장의 통지
① 의의 : 세관장은 우편물통관에 대한 결정을 한 경우에는 그 결정사항을, 관세를 징수하려는 경우에는 그 세액을 통관우체국의 장에게 통지하여야 한다.
② 통지의 갈음 : 상기 (4)의 ②에 해당하는 우편물에 있어서 상기 ①에 의한 통지는 신고의 수리 또는 승인을 받은 서류를 당해 신고인이 통관우체국에 제출하는 것으로써 이에 갈음한다.

2) 통관우체국장의 통지
① 의의 : 상기 1)의 ①의 통지를 받은 통관우체국의 장은 우편물의 수취인이나 발송인에게 그 결정사항을 통지하여야 한다.
② 통지의 갈음 : 상기 ①의 통지는 세관이 발행하는 납부고지서로써 이에 갈음한다.

(6) 우편물의 납세절차

① 관세의 납부 : 상기 (5)의 2)에 따른 통지를 받은 자는 대통령령으로 정하는 바에 따라 해당 관세를 수입인지 또는 금전으로 납부하여야 한다.
② 납부기관 : 관세를 납부하고자 하는 자는 납부고지서의 경우에는 세관장에게, 기타의 경우에는 체신관서에 각각 금전으로 이를 납부하여야 한다.
③ 인도의 제한 : 체신관서는 관세를 징수하여야 하는 우편물은 관세를 징수하기 전에 수취인에게 내줄 수 없다.

(7) 우편물의 반송

우편물에 대한 관세의 납세의무는 해당 우편물이 반송되면 소멸한다.

Memo

2과목

보세구역관리

제1장 보세구역의 통칙
제2장 지정보세구역
제3장 특허보세구역
제4장 종합보세구역
제5장 수입활어장치장

제1장 보세구역의 통칙

I. 보세제도의 개요

1 보세제도의 의의

보세제도란 외국물품에 대한 관세의 징수를 일정 기간 유보하는 제도를 말한다.

2 보세제도의 종류

보세제도는 정적인 보세 제도인 보세구역 제도와 동적인 보세제도인 보세운송 제도로 구분할 수 있다. 보세구역 제도는 외국물품을 특정 장소에서 반입·장치·가공·전시·판매할 수 있도록 하는 제도를 말하며, 보세운송 제도란 외국물품을 보세구역 등으로 운송할 수 있는 제도를 말한다.

3 보세제도의 필요성

납세의무자 입장에서는 보세제도를 통하여 관세의 부과 없이 외국물품의 장치, 전시 등의 목적을 수행할 수 있으며, 과세관청 입장에서는 관세가 부과되지 않은 외국물품에 대하여 안전하고 효율적으로 관리할 수 있기 때문에 보세제도가 필요하다.
① 수출 및 산업지원
② 세관업무의 효율화
③ 통관질서의 확립
④ 관세징수의 확보

4 보세제도의 기능

① 중계무역과 가공무역 등 수출 진흥에 기여할 수 있다.
② 수입통관 미필 상태의 물품을 집중 관리함으로써 통관질서를 확립할 수 있다.
③ 보다 안전하고 효율적으로 수입물품을 관리할 수 있다.
④ 관세 부담 없이 외국물품을 반입한 후 국내외 시장 수요에 따라 적시에 반출할 수 있다.

Ⅱ 보세구역의 개요

1 보세구역의 의의 및 특징

① 보세구역은 일정 범위를 갖는 장소적 요건을 갖추어야 한다.
② 보세구역의 종류는 관세법에서 정하고 있다.
③ 보세구역은 관세청장 또는 세관장이 지정하거나 특허한 장소이다.
④ 선박·차량과 같이 정착성이 없는 것은 원칙적으로 보세구역으로 할 수 없다.

2 보세구역의 종류 기출 2021/2023

보세구역은 **지정보세구역·특허보세구역 및 종합보세구역**으로 구분하고, 지정보세구역은 **지정장치장 및 세관검사장**으로 구분하며, 특허보세구역은 **보세창고·보세공장·보세전시장·보세건설장 및 보세판매장**으로 구분한다.

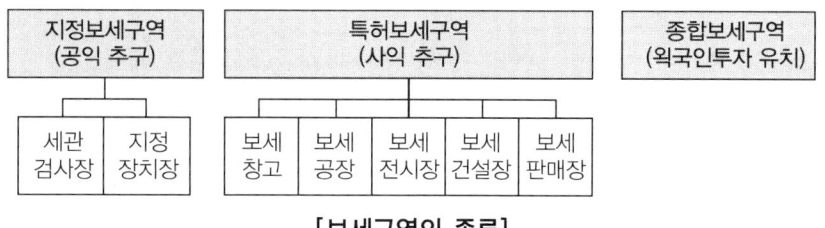

[보세구역의 종류]

Ⅲ 보세물품의 장치

1 물품의 장치 기출 2022

(1) 원칙 기출 2022

외국물품은 보세구역이 아닌 장소에 장치할 수 없다.

(2) 예외 기출 2022

다만, 다음의 어느 하나에 해당하는 물품은 그러하지 아니하다.
① 수출신고가 수리된 물품
② 크기 또는 무게의 과다나 그 밖의 사유로 보세구역에 장치하기 곤란하거나 부적당한 물품
③ 재해나 그 밖의 부득이한 사유로 임시로 장치한 물품
④ 검역물품
⑤ **압수물품**
⑥ 우편물품

2 보세구역 외 장치의 허가

(1) 보세구역 외 장치의 허가

크기 또는 무게의 과다나 그 밖의 사유로 보세구역에 장치하기 곤란하거나 부적당한 물품을 보세구역이 아닌 장소에 장치하려는 자는 세관장의 허가를 받아야 한다.

(2) 담보의 제공 등 명령

세관장은 외국물품에 대하여 보세구역 외 장치의 허가를 하려는 때에는 그 물품의 관세에 상당하는 담보의 제공, 필요한 시설의 설치 등을 명할 수 있다.

(3) 허가수수료 납부

보세구역 외 장치의 허가를 받으려는 자는 기획재정부령으로 정하는 금액과 방법 등에 따라 수수료를 납부하여야 한다.

제2장 지정보세구역

I 지정보세구역 통칙

1 지정보세구역의 의의 기출 2021

지정보세구역이란 통관을 하려는 물품을 일시 장치하거나 검사하기 위한 장소로서 세관장이 지정하는 구역을 의미한다. **지정보세구역은 지정장치장과 세관검사장으로 구분할 수 있다.**

2 지정보세구역의 특징

① 이용자 모두의 공동이용 장소라는 점에서 공익성을 갖는다.
② 효율적 공동이용을 위해 화물의 신속한 물류가 요구된다.

3 지정보세구역의 지정 기출 2022

(1) 지정 지역

세관장은 다음의 어느 하나에 해당하는 자가 **소유하거나 관리**하는 **토지·건물** 또는 그 밖의 시설(이하 "토지 등")을 지정보세구역으로 지정할 수 있다.
① 국가
② 지방자치단체
③ 공항시설 또는 항만시설을 관리하는 법인

(2) 소유자 등의 동의

세관장은 해당 세관장이 관리하지 아니하는 토지 등을 지정보세구역으로 지정하려면 해당 토지 등의 소유자나 관리자의 동의를 받아야 한다. 이 경우 세관장은 임차료 등을 지급할 수 있다.

4 지정보세구역 지정의 취소

세관장은 수출입물량이 감소하거나 그 밖의 사유로 지정보세구역의 전부 또는 일부를 보세구역으로 존속시킬 필요가 없어졌다고 인정될 때에는 그 지정을 취소하여야 한다.

5 지정보세구역의 처분

(1) 사전 협의

1) 원칙

지정보세구역의 지정을 받은 토지 등의 소유자나 관리자는 다음의 어느 하나에 해당하는 행위를 하려면 미리 세관장과 협의하여야 한다.
① 해당 토지 등의 양도, 교환, 임대 또는 그 밖의 처분이나 그 용도의 변경
② 해당 토지에 대한 공사나 해당 토지 안에 건물 또는 그 밖의 시설의 신축
③ 해당 건물 또는 그 밖의 시설의 개축·이전·철거나 그 밖의 공사

2) 예외

다만, ① 해당 행위가 지정보세구역으로서의 사용에 지장을 주지 아니하거나 ② 지정보세구역으로 지정된 토지 등의 소유자가 국가 또는 지방자치단체인 경우에는 그러하지 아니하다.

(2) 부당한 협의 거부 금지

세관장은 협의에 대하여 정당한 이유 없이 이를 거부하여서는 아니 된다.

Ⅱ 지정장치장

1 지정장치장의 정의 및 범위 기출 2021~2023

지정장치장은 **통관을 하려는 물품을 일시 장치하기 위한 장소로서 세관장이 지정**하는 구역으로 한다.

2 지정장치장의 장치기간 기출 2021~2023

(1) 장치기간 기출 2021~2023

지정장치장에 물품을 장치하는 기간은 **6개월의 범위에서 관세청장이 정한다.** 다만, 관세청장이 정하는 기준에 따라 **세관장은 3개월의 범위에서 그 기간을 연장**할 수 있다.

> **보세화물 장치기간 및 체화관리에 관한 고시 제4조(장치기간)**
> 지정장치장 반입물품의 장치기간은 6개월로 한다. 다만, 부산항·인천항·인천공항·김해공항 항역 내의 지정장치장으로 반입된 물품의 장치기간은 2개월로 하며, 세관장이 필요하다고 인정할 때에는 2개월의 범위에서 그 기간을 연장할 수 있다.

(2) 장치기간의 연장신청

화주 또는 그 위임을 받은 자가 장치기간의 연장을 하려는 때에는 세관장에게 보세구역 물품 장치기간 연장승인(신청)서로 신청(전자적 방식에 의한 신청을 포함한다)하고, 신청서류는 우편 또는 FAX 등 정보통신망 등을 이용하여 제출할 수 있다.

(3) 장치기간의 기산

① 지정장치장에 반입된 물품의 장치기간은 해당 보세구역 반입일을 기준으로 장치기간을 기산한다. 다만, 보세운송 승인을 받아 다른 보세구역에 반입하거나 보세구역 간 장치물품을 이동함으로써 장치기간을 다시 기산하여야 하는 경우 중 장치기간이 이미 경과된 물품은 종전에 산정한 장치기간을 합산한다.
② 동일 B/L물품이 수 차에 걸쳐 반입되는 경우에는 그 B/L물품의 반입이 완료된 날부터 장치기간을 기산한다.

3 지정장치장 반입물품에 대한 보관책임 기출 2021~2023

(1) 화물 관리 기출 2021~2023

1) 화주 또는 반입자

지정장치장에 반입한 물품은 **화주 또는 반입자**가 그 보관의 책임을 진다.

2) 화물관리인

세관장은 지정장치장의 질서유지와 화물의 안전관리를 위하여 필요하다고 인정할 때에는 화주를 갈음하여 보관의 책임을 지는 화물관리인을 지정할 수 있다. 다만, 세관장이 관리하는 시설이 아닌 경우에는 세관장은 해당 시설의 소유자나 관리자와 협의하여 화물관리인을 지정하여야 한다.

■ 화물관리인의 보관책임
보관의 책임은 보관인의 책임과 해당 화물의 보관과 관련한 하역·재포장 및 경비 등을 수행하는 책임으로 한다.

3) 세관장

세관장은 **불가피한 사유로 화물관리인을 지정할 수 없을 때**에는 **화주를 대신하여 직접 화물관리를 할 수 있다.** 이 경우 화물관리에 필요한 비용을 화주로부터 징수할 수 있다.

(2) 화물관리비의 징수 기출 2021~2023

지정장치장의 화물관리인은 **화물관리에 필요한 비용(세관설비 사용료를 포함한다)을 화주로부터 징수할 수 있다.** 다만, 그 요율에 대하여는 세관장의 승인을 받아야 한다.

(3) 세관설비 사용료 납부 기출 2021~2023

지정장치장의 화물관리인은 징수한 비용 중 **세관설비 사용료에 해당하는 금액을 세관장에게 납부**하여야 한다.

4 화물관리인의 지정 기출 2021

(1) 화물관리인으로 지정받을 수 있는 자

화물관리인으로 지정받을 수 있는 자는 다음의 어느 하나에 해당하는 자로 한다.
① 직접 물품관리를 하는 국가기관의 장
② 관세행정 또는 보세화물의 관리와 관련 있는 비영리법인
③ 해당 시설의 소유자 또는 관리자가 요청한 자(세관장이 관리하는 시설이 아닌 경우에 따라 화물관리인을 지정하는 경우로 한정한다)

(2) 화물관리인의 지정

세관장은 다음의 구분에 따라 화물관리인을 지정한다.
① 직접 물품관리를 하는 국가기관의 장 : 세관장이 요청한 후 직접 물품관리를 하는 국가기관의 장이 승낙한 경우에 지정한다.
② 관세행정 또는 보세화물의 관리와 관련 있는 비영리법인 및 해당 시설의 소유자 또는 관리자가 요청한 자 : 세관장이 해당하는 자로부터 지정신청서를 제출받아 이를 심사하여 지정한다. 이 경우 해당 시설의 소유자 또는 관리자가 요청한 자에 해당하는 자는 해당 시설의 소유자 또는 관리자를 거쳐 제출하여야 한다.

(3) 화물관리인의 지정 절차 기출 2021

① 세관장이나 해당 시설의 소유자 또는 관리자는 화물관리인을 지정하려는 경우에는 **지정 예정일 3개월 전까지 지정 계획을 공고하여야 한다.**
② 화물관리인으로 지정을 받으려는 자는 지정신청서를 ①에 따른 공고일부터 30일 내에 세관장이나 해당 시설의 소유자 또는 관리자에게 제출하여야 한다.

(4) 화물관리인 지정 시의 평가사항

화물관리인을 지정할 때에는 다음의 사항에 대하여 관세청장이 정하는 심사기준에 따라 평가한 결과를 반영하여야 한다.
① 보세화물 취급경력 및 화물관리시스템 구비 사항
② 보세사의 보유에 관한 사항(보세사 채용현황)
③ 자본금, 부채비율 및 신용평가등급 등 재무건전성에 관한 사항

④ 그 밖에 기획재정부령으로 정하는 사항
  ㉠ 지게차, 크레인 등 화물관리에 필요한 시설 장비 구비 현황
  ㉡ 수출입 안전관리 우수업체로 공인을 받았는지 여부
  ㉢ 그 밖에 관세청장이나 해당 시설의 소유자 또는 관리자가 정하는 사항

(5) 지정기간 기출 2021

화물관리인 지정의 유효기간은 5년 이내로 한다.

(6) 화물관리인의 재지정 기출 2021

화물관리인으로 재지정을 받으려는 자는 유효기간이 끝나기 1개월 전까지 세관장에게 재지정을 신청하여야 한다.

(7) 재지정 신청 안내

세관장은 지정을 받은 자에게 재지정을 받으려면 지정의 유효기간이 끝나는 날의 1개월 전까지 재지정을 신청하여야 한다는 사실과 재지정 절차를 지정의 유효기간이 끝나는 날의 2개월 전까지 휴대폰에 의한 문자전송, 전자메일, 팩스, 전화, 문서 등으로 미리 알려야 한다.

5 화물관리인의 지정 취소 기출 2021~2022

(1) 지정 취소의 사유 기출 2021~2022

세관장은 다음의 어느 하나에 해당하는 사유가 발생한 경우에는 화물관리인의 지정을 취소할 수 있다. 이 경우 ③에 해당하는 자에 대한 지정을 취소할 때에는 해당 시설의 소유자 또는 관리자에게 미리 그 사실을 통보하여야 한다.

① 거짓이나 그 밖의 부정한 방법으로 지정을 받은 경우
② 화물관리인이 관세법 제175조(운영인의 결격사유) 각 호의 어느 하나에 해당하는 경우
③ 화물관리인이 세관장 또는 해당 시설의 소유자·관리자와 맺은 화물관리업무에 관한 약정을 위반하여 해당 지정장치장의 질서유지 및 화물의 안전관리에 중대한 지장을 초래하는 경우
④ 화물관리인이 그 지정의 취소를 요청하는 경우

(2) 청문 실시

세관장은 상기의 규정(화물관리인이 그 지정의 취소를 요청하는 경우 제외)에 따라 화물관리인의 지정을 취소하려는 경우에는 청문을 하여야 한다.

Ⅲ 세관검사장

1 의의 기출 2021

세관검사장은 **통관하려는 물품을 검사하기 위한 장소로서 세관장이 지정하는 지역**으로 한다. 세관청사, 국제공항의 휴대품검사장이 세관검사장으로 지정될 수 있다.

2 세관장의 물품 검사 기출 2021

세관장은 관세청장이 정하는 바에 따라 **검사를 받을 물품의 전부 또는 일부를 세관검사장에 반입하여 검사**할 수 있다.

3 검사비용의 부담 기출 2021

(1) 화주의 부담

세관검사장에 반입되는 물품의 채취·운반 등에 필요한 비용(이하 "검사비용")은 화주가 부담한다.

(2) 검사비용 지원 기출 2021/2024

1) 의의

국가는 중소기업 또는 중견기업의 컨테이너 화물로서 해당 화물에 대한 검사 결과 관세법 또는 대외무역법 등 물품의 수출입과 관련된 법령을 위반하지 아니하는 경우의 물품 등 **대통령령으로 정하는 물품**에 대해서는 **예산의 범위에서 관세청장이 정하는 바에 따라 해당 검사비용을 지원**할 수 있다.

2) 검사비용 지원 대상

① 중소기업 또는 중견기업이 해당 물품의 화주일 것
② 컨테이너로 운송되는 물품으로서 관세청장이 정하는 별도 검사 장소로 이동하여 검사받는 물품일 것
③ 검사 결과 법령을 위반하여 통고처분을 받거나 고발되는 경우가 아닐 것

> 관세법, 자유무역협정의 이행을 위한 법의 특례에 관한 법률, 수출용 원재료에 대한 관세 등 환급에 관한 특례법, 대외무역법, 상표법, 그 밖에 물품의 수출입과 관련된 법령으로 기획재정부령으로 정하는 법령

④ 검사 결과 제출한 신고 자료(적재화물목록은 제외한다)가 실제 물품과 일치할 것
⑤ 예산의 범위에 따라 관세청장이 정하는 기준을 충족할 것

제3장 특허보세구역

I 특허보세구역의 통칙

1 특허보세구역의 개념

특허보세구역이란 외국물품이나 통관하려는 물품을 장치·가공·전시·건설·판매 등을 하기 위한 보세구역을 말하며, 세관장의 특허를 받아 설치·운영한다.

2 특허보세구역의 설치·운영에 관한 특허 기출 2021~2022

(1) 의의

특허보세구역을 설치·운영하려는 자는 세관장의 특허를 받아야 한다. 기존의 특허를 갱신하려는 경우에도 또한 같다.

(2) 특허수수료 기출 2021~2022

1) 의의

특허보세구역의 설치·운영에 관한 특허를 받으려는 자, 특허보세구역을 설치·운영하는 자, 이미 받은 **특허를 갱신하려는** 자는 기획재정부령으로 정하는 바에 따라 **수수료를 납부하여야** 한다.

2) 수수료의 계산

① **특허신청 수수료** : 특허신청의 수수료는 **4만 5천원**으로 한다.
② **특허수수료** : 특허수수료는 다음의 구분에 의한 금액으로 한다. 다만, 보세공장과 목재만 장치하는 수면의 보세창고에 대하여는 아래의 금액의 4분의 1로 한다.

연면적	특허수수료(매 분기당)
1,000m² 미만	72,000원
1,000m² 이상 2,000m² 미만	108,000원
2,000m² 이상 3,500m² 미만	144,000원
3,500m² 이상 7,000m² 미만	180,000원
7,000m² 이상 15,000m² 미만	225,000원
15,000m² 이상 25,000m² 미만	291,000원
25,000m² 이상 50,000m² 미만	360,000원
50,000m² 이상 100,000m² 미만	435,000원
100,000m² 이상	510,000원

특허수수료를 계산함에 있어서 특허보세구역의 연면적은 특허보세구역의 설치·운영에 관한 특허가 있은 날의 상태에 의하되, 특허보세구역의 연면적이 변경된 때에는 그 변경된 날이 속하는 분기의 다음 분기 첫째 달 1일의 상태에 의한다. 특허보세구역의 연면적이 수수료 납부 후에 변경된 경우 납부하여야 하는 특허수수료의 금액이 증가한 때에는 변경된 날부터 5일 내에 그 증가분을 납부하여야 하고, 납부하여야 하는 특허수수료의 금액이 감소한 때에는 그 감소분을 다음 분기 이후에 납부하는 수수료의 금액에서 공제한다.

3) 납부

특허수수료는 **분기 단위로 매분기말까지 다음 분기분을 납부**하되, 특허보세구역의 설치·운영에 관한 **특허가 있은 날이 속하는 분기분의 수수료는 이를 면제**한다. 이 경우 **운영인이 원하는 때에는 1년 단위로 일괄하여 미리 납부**할 수 있다.

4) 휴지 또는 폐지의 경우

특허보세구역의 휴지 또는 폐지의 경우에는 **당해 특허보세구역 안에 외국물품이 없는 때에 한하여 그 다음 분기의 특허수수료를 면제**한다. 다만, **휴지 또는 폐지를 한 날이 속하는 분기분의 특허수수료는 이를 환급하지 아니한다.**

5) 특허수수료의 면제

우리나라에 있는 외국공관이 직접 운영하는 보세전시장에 대하여는 특허수수료를 면제한다.

6) 납부증명

특허신청 수수료 및 특허수수료를 납부하여야 하는 자가 관세청장이 정하는 바에 의하여 이를 따로 납부한 때에는 그 사실을 증명하는 증표를 특허신청서 등에 첨부하여야 한다.

(3) 특허의 요건

특허를 받을 수 있는 요건은 보세구역의 종류별로 대통령령으로 정하는 기준에 따라 관세청장이 정한다.

(4) 운영인의 자격 기출 2021/2024

특허보세구역을 설치·운영하려는 자(신청인)는 다음의 요건을 갖추어야 한다.
① 관세법 제175조(운영인의 결격사유) 각 호의 어느 하나에 해당하지 않을 것
② 체납된 관세 및 내국세가 없을 것
③ **자본금 2억원 이상의 법인이거나 특허를 받으려는 토지 및 건물(2억원 이상)을 소유하고 있는 개인**(다만, 자가용 보세창고는 제외한다)
④ **신청인이 보세사 자격증을 취득했거나 1명 이상의 보세사를 관리자로 채용할 것**
⑤ 특허갱신의 경우에는 해당 보세구역의 갱신신청 직전 특허기간 동안 법규수행능력평가 점수가 평균 80점(평균등급 B등급) 이상일 것
⑥ 위험물품을 특허보세구역에 장치·제조·전시 또는 판매하는 경우에는 관계 행정기관의 장의 허가 또는 승인 등을 받을 것

3 특허보세구역의 설치·운영에 관한 특허의 신청

(1) 특허의 신청

1) 원칙

특허보세구역의 설치·운영에 관한 특허를 받고자 하는 자는 특허신청서에 기획재정부령이 정하는 서류를 첨부하여 세관장에게 제출하여야 한다.

2) 예외(보세공장)

특허보세구역 중 보세공장의 설치운영에 관한 특허를 받으려는 자는 특허신청서에 사업계획서와 그 구역 및 부근의 도면을 첨부하여 세관장에게 제출하여야 한다. 이 경우 세관장은 행정정보의 공동이용을 통하여 법인 등기사항증명서를 확인하여야 한다.

(2) 특허기간의 갱신신청

특허를 갱신하려는 자는 다음의 사항을 적은 신청서에 기획재정부령으로 정하는 서류를 첨부하여 그 기간만료 1개월 전까지 세관장에게 제출하여야 한다.
① 갱신사유
② 갱신기간

(3) 특허기간 갱신 안내

세관장은 특허를 받은 자에게 특허를 갱신받으려면 특허기간이 끝나는 날의 1개월 전까지 특허 갱신을 신청하여야 한다는 사실과 갱신 절차를 특허기간이 끝나는 날의 2개월 전까지 휴대폰에 의한 문자전송, 전자메일, 팩스, 전화, 문서 등으로 미리 알려야 한다.

4 특허보세구역 설치·운영 특허의 기준

① 체납된 관세 및 내국세가 없을 것
② 관세법 제175조(운영인의 결격사유) 각 호의 결격사유가 없을 것
③ 위험물 또는 유해화학물질 등 관련 법령에서 위험물품으로 분류되어 취급이나 관리에 관하여 별도로 정한 물품(이하 "위험물품")을 장치·제조·전시 또는 판매하는 경우에는 위험물품의 종류에 따라 관계 행정기관의 장의 허가 또는 승인 등을 받을 것
④ 관세청장이 정하는 바에 따라 보세화물의 보관·판매 및 관리에 필요한 자본금·수출입규모·구매수요·장치면적 및 시설·장비 등에 관한 요건을 갖출 것

5 업무내용 등의 변경 기출 2022

(1) 업무내용의 변경승인

특허보세구역의 운영인이 그 **장치물품의 종류를 변경**하거나 그 **특허작업의 종류** 또는 **작업의 원재료를 변경**하고자 하는 때에는 그 사유를 기재한 신청서를 세관장에게 제출하여 그 **승인**을 얻어야 한다.

(2) 법인등기 사항의 변경통보

특허보세구역의 운영인이 **법인**인 경우에 그 **등기사항을 변경**한 때에는 **지체 없이 그 요지를 세관장에게 통보**하여야 한다.

6 수용능력 증감 등의 변경 [기출 2022~2023]

(1) 수용능력 증감의 승인신청 [기출 2022~2023]

특허보세구역의 운영인이 그 **장치물품의 수용능력을 증감**하거나 그 **특허작업의 능력을 변경할 설치·운영시설의 증축, 수선 등의 공사**를 하고자 하는 때에는 그 사유를 기재한 신청서에 공사내역서 및 관계 도면을 첨부하여 세관장에게 제출하여 그 **승인**을 얻어야 한다. 다만, 특허받은 면적의 범위 내에서 수용능력 또는 특허작업능력을 변경하는 경우에는 신고함으로써 승인을 얻은 것으로 본다.

(2) 수용능력 증감공사 준공 신고

공사를 준공한 운영인은 그 사실을 지체 없이 세관장에게 통보하여야 한다.

7 운영인의 결격사유 [기출 2021]

다음의 어느 하나에 해당하는 자는 특허보세구역을 설치·운영할 수 없다. 다만, ⑥에 해당하는 자의 경우에는 ⑥의 각 사유(㉠ 및 ㉡)가 발생한 해당 특허보세구역을 제외한 기존의 다른 특허를 받은 특허보세구역에 한정하여 설치·운영할 수 있다.

① 미성년자
② **피성년후견인과 피한정후견인**
③ 파산선고를 받고 복권되지 아니한 자
④ 관세법을 위반하여 **징역형의 실형을 선고받고** 그 **집행이 끝나거나**(집행이 끝난 것으로 보는 경우를 포함한다) **면제된 후 2년**이 지나지 아니한 자
⑤ 관세법을 위반하여 **징역형의 집행유예를 선고받고** 그 **유예기간 중**에 있는 자
⑥ 다음의 어느 하나에 해당하는 경우에는 아래에서 정한 날부터 2년이 지나지 아니한 자. 이 경우 동일한 사유로 다음 모두에 해당하는 경우에는 그 중 빠른 날을 기준으로 한다.
  ㉠ 특허보세구역의 설치·운영에 관한 특허가 취소(상기 ①부터 ③까지의 규정 중 어느 하나에 해당하여 특허가 취소된 경우는 제외한다)된 경우 : 해당 특허가 취소된 날
  ㉡ 관세법 제276조(허위신고죄 등) 제3항 제3호의2 또는 같은 항 제6호(관세법 제178조 제2항 제1호·제5호에 해당하는 자만 해당한다)에 해당하여 벌금형 또는 통고처분을 받은 경우 : 벌금형을 선고받은 날 또는 통고처분을 이행한 날

⑦ 관세법 제268조의2(전자문서 위조·변조죄 등), 제269조(밀수출입죄), 제270조(관세포탈죄 등), 제270조의2(가격조작죄), 제271조(미수범 등), 제274조(밀수품의 취득죄 등), 제275조의2(강제징수면탈죄 등) 또는 제275조의3(타인에 대한 명의대여죄)에 따라 벌금형 또는 통고처분을 받은 자로서 그 벌금형을 선고받거나 통고처분을 이행한 후 2년이 지나지 아니한 자. 다만, **제279조(양벌 규정)에 따라 처벌된 개인 또는 법인은 제외**한다.
⑧ ②부터 ⑦까지에 해당하는 자를 임원(해당 보세구역의 운영업무를 직접 담당하거나 이를 감독하는 자로 한정한다)으로 하는 법인

8 특허보세구역의 특허기간 `기출 2021~2022`

(1) 보세창고·보세공장·보세판매장 `기출 2021~2022`

보세창고, 보세공장 및 보세판매장의 특허보세구역의 특허기간은 **10년 이내**로 한다.

(2) 보세전시장 및 보세건설장 `기출 2022`

1) 원칙

① 보세전시장 : 해당 **박람회 등의 기간을 고려**하여 **세관장이 정하는 기간**
② 보세건설장 : 해당 **건설공사의 기간을 고려**하여 **세관장이 정하는 기간**

2) 예외

다만, 세관장은 전시목적을 달성하거나 공사를 진척하기 위하여 부득이하다고 인정할 만한 사유가 있을 때에는 그 기간을 연장할 수 있다.

9 특허보세구역 운영인의 명의대여 금지 `기출 2021`

① 특허보세구역의 운영인은 다른 사람에게 자신의 성명·상호를 사용하여 특허보세구역을 운영하게 해서는 아니 된다.
② 특허보세구역 운영인의 명의를 대여한 자와 명의를 차용한 자는 **관세법 위반으로 처벌받을 수 있다.**
③ 특허보세구역 명의대여 금지 위반으로 **통고처분을 받은 자가 통고처분을 이행한 날로부터 2년이 지나지 아니한 경우에는 운영인의 결격사유에 해당**된다.
④ 보세창고 운영인이 **명의대여를 하였는지 여부**는 임대인과 임차인이 체결한 임대차

계약서 내용 및 보관료 세금계산서 발행 주체 등 제반 사실관계에 따라 객관적으로 판단하여야 한다.

10 행정제재 기출 2021~2024

(1) 물품반입 등의 정지 기출 2021~2023

세관장은 특허보세구역의 운영인이 다음의 어느 하나에 해당하는 경우에는 관세청장이 정하는 바에 따라 6개월의 범위에서 해당 특허보세구역에의 물품반입 또는 보세건설·보세판매·보세전시 등(이하 "물품반입 등")을 정지시킬 수 있다.
① 장치물품에 대한 **관세를 납부할 자금능력이 없다고 인정**되는 경우
② **본인이나 그 사용인이 관세법 또는 관세법에 따른 명령을 위반**한 경우
③ **해당 시설의 미비 등으로 특허보세구역의 설치 목적을 달성하기 곤란하다고 인정**되는 경우
④ 보세공장 재고조사 결과 원자재소요량 관리가 적정하지 않은 경우
⑤ 1년 동안 계속하여 물품의 반입·반출 실적이 없거나, 6개월 이상 보세작업을 하지 않거나 업체가 부도 또는 극심한 경영난으로 인하여 정상적인 영업활동이 불가능하여 보세공장의 설치·운영목적을 달성하기 곤란하다고 인정되는 경우
⑥ 운영인이 최근 1년 이내에 법에 따른 절차 등을 위반한 경우 등 관세청장이 정하는 사유에 해당하는 경우
  ㉠ 운영인 또는 그 종업원이 합법가장 밀수를 인지하고도 세관장에게 보고하지 않고 보관 또는 반출한 때
  ㉡ 세관장의 **시설구비** 명령을 미이행하거나 보관화물에 대한 중대한 관리소홀로 보세화물의 도난, 분실이 발생한 때
  ㉢ 운영인 또는 그 종업원의 관리소홀로 해당 보세구역에서 밀수행위가 발생한 때
  ㉣ 운영인이 최근 1년 동안 3회 이상 경고처분을 받은 때

(2) 특허취소 사유 기출 2022~2024

세관장은 특허보세구역의 운영인이 다음의 어느 하나에 해당하는 경우에는 그 특허를 취소할 수 있다. 다만, ①, ② 및 ⑤에 해당하는 경우에는 특허를 취소하여야 한다.
① **거짓이나 그 밖의 부정한 방법으로 특허를 받은 경우**
② 관세법 제175조(운영인의 결격사유) 각 호의 어느 하나에 해당하게 된 경우. 다만,

제175조 제8호(운영인의 결격사유에 해당하는 자를 임원으로 하는 법인)에 해당하는 경우로서 같은 조 제2호(피성년후견인과 피한정후견인) 또는 제3호(파산선고를 받고 복권되지 아니한 자)에 해당하는 사람을 임원으로 하는 법인이 3개월 이내에 해당 임원을 변경한 경우에는 그러하지 아니하다.
③ 1년 이내에 3회 이상 물품반입 등의 정지처분(과징금 부과처분 포함)을 받은 경우
④ 2년 이상 물품의 반입실적이 없어서 세관장이 특허보세구역의 설치 목적을 달성하기 곤란하다고 인정하는 경우
⑤ 관세법 제177조의2(특허보세구역 운영인의 명의대여 금지)를 위반하여 명의를 대여한 경우

(3) 과징금 부과

1) 의의

세관장은 물품반입 등의 정지처분이 그 이용자에게 심한 불편을 주거나 공익을 해칠 우려가 있는 경우에는 특허보세구역의 운영인에게 물품반입 등의 정지처분을 갈음하여 해당 특허보세구역 운영에 따른 매출액의 100분의 3 이하의 과징금을 부과할 수 있다. 이 경우 매출액 산정, 과징금의 금액, 과징금의 납부기한 등에 관하여 필요한 사항은 대통령령으로 정한다.

2) 과징금의 가중 또는 감경

세관장은 산정된 과징금 금액의 4분의 1의 범위에서 사업규모, 위반행위의 정도 및 위반 횟수 등을 고려하여 그 금액을 가중하거나 감경할 수 있다. 다만, 과징금을 가중하는 경우에는 과징금 총액이 산정된 연간매출액의 100분의 3을 초과할 수 없다.

3) 강제징수

과징금을 납부하여야 할 자가 납부기한까지 납부하지 아니한 경우 과징금의 징수에 관하여는 관세법 제26조(담보 등이 없는 경우의 관세징수)를 준용한다.

11 특허의 효력상실 및 승계 기출 2024

(1) 특허의 효력상실 사유

특허보세구역의 설치·운영에 관한 특허는 다음의 어느 하나에 해당하면 그 효력을 상실한다.
① 운영인이 특허보세구역을 운영하지 아니하게 된 경우
② 운영인이 해산하거나 사망한 경우
③ 특허기간이 만료한 경우
④ 특허가 취소된 경우

(2) 승계법인의 보고

상기 (1)의 ① 및 ②의 경우에는 운영인, 그 상속인, 청산법인 또는 합병·분할·분할합병 후 존속하거나 합병·분할·분할합병으로 설립된 법인(이하 "승계법인")은 지체 없이 세관장에게 그 사실을 보고하여야 한다.

(3) 특허의 승계신고

1) 신고기한

특허보세구역의 설치·운영에 관한 특허를 받은 자가 사망하거나 해산한 경우 상속인 또는 승계법인이 계속하여 그 특허보세구역을 운영하려면 피상속인 또는 피승계법인이 사망하거나 해산한 날부터 30일 이내에 특허에 필요한 요건을 갖추어 대통령령으로 정하는 바에 따라 세관장에게 신고하여야 한다.

2) 처리기간

승계신고를 받은 세관장은 이를 심사하여 신고일부터 5일 이내에 그 결과를 신고인에게 통보하여야 한다.

(4) 특허의 의제

상속인 또는 승계법인이 승계신고를 하였을 때에는 피상속인 또는 피승계법인이 사망하거나 해산한 날부터 신고를 한 날까지의 기간 동안 피상속인 또는 피승계법인의 특허보세구역의 설치·운영에 관한 특허는 상속인 또는 승계법인에 대한 특허로 본다.

(5) 승계신고 결격자

관세법 제175조(운영인의 결격사유) 각 호의 어느 하나에 해당하는 자는 승계신고를 할 수 없다.

12 특허보세구역의 설치·운영에 관한 감독 등 기출 2021/2023

(1) 특허보세구역의 설치·운영에 관한 감독

세관장은 특허보세구역의 운영인을 감독한다.

(2) 보고 또는 검사 기출 2021/2023

1) 의의

세관장은 특허보세구역의 운영인에게 그 설치·운영에 관한 보고를 명하거나 세관공무원에게 특허보세구역의 운영상황을 검사하게 할 수 있다.

2) 보세구역 운영상황의 보고

특허보세구역의 운영인은 매년 다음의 사항을 기재한 **보세구역 운영상황을 다음 해 2월 말까지 관할세관장에게 보고**하여야 한다. 보세구역 운영상황을 보고받은 세관장은 특허요건 등의 변동 여부, 재고현황 및 장치기간 경과화물 현황의 정확성 여부를 세관에 보관된 서류등과 대조 확인하는 등으로 심사를 하여야 하며, 이상이 있는 경우 고발 의뢰, 시정지시 등 필요한 조치 또는 처분을 하여야 한다.
① 특허 또는 특허기간 갱신 시 구비한 시설요건 등의 변동 여부
② 임대차기간의 연장 여부(임대시설의 경우에만 해당)
③ 종업원명단(보세사 포함)
④ 장치기간 경과화물 보관 상세내역(12월 31일 기준)
⑤ 그 밖에 세관장이 보세구역 등의 운영과 관련하여 필요하다고 인정한 사항

(3) 시설 등 설치명령 기출 2023

세관장은 특허보세구역의 운영에 필요한 시설·기계 및 기구의 설치를 명할 수 있다.

(4) 다른 보세구역으로의 반출명령 기출 2023

특허보세구역에 반입된 물품이 해당 **특허보세구역의 설치 목적에 합당하지 아니한 경우**에는 세관장은 해당 물품을 **다른 보세구역으로 반출**할 것을 명할 수 있다.

(5) 특허보세구역의 관리 `기출 2023~2024`

1) 인적사항 보고명령

세관장은 특허보세구역의 관리상 필요하다고 인정되는 때에는 특허보세구역의 운영인에게 그 **업무에 종사하는 자의 성명 기타 인적사항을 보고하도록 명할 수 있다.**

2) 세관공무원의 참여

특허보세구역의 출입구를 개폐하거나 특허보세구역에서 물품을 취급하는 때에는 세관공무원의 참여가 있어야 한다. 다만, 세관장이 불필요하다고 인정하는 때에는 그러하지 아니하다.

3) 자물쇠 설치

특허보세구역의 출입구에는 자물쇠를 채워야 한다. 이 경우 세관장은 필요하다고 인정되는 장소에는 2중으로 자물쇠를 채우게 하고, 그 중 1개소의 열쇠를 세관공무원에게 예치하도록 할 수 있다.

4) 관리인 등의 단속

지정보세구역의 관리인 또는 특허보세구역의 운영인은 그 업무에 종사하는 자 기타 보세구역에 출입하는 자에 대하여 상당한 단속을 하여야 한다.

13 특허의 효력상실 시 조치 등 `기출 2022`

(1) 외국물품 반출의무

특허보세구역의 설치·운영에 관한 특허의 효력이 상실되었을 때에는 운영인이나 그 상속인 또는 승계법인은 해당 특허보세구역에 있는 외국물품을 지체 없이 다른 보세구역으로 반출하여야 한다.

(2) 특허의 의제 `기출 2022`

특허보세구역의 설치·운영에 관한 특허의 효력이 상실되었을 때에는 해당 특허보세구역에 있는 **외국물품의 종류와 수량 등을 고려하여 6개월의 범위에서 세관장이 지정하는 기간** 동안 그 구역은 특허보세구역으로 보며, 운영인이나 그 상속인 또는 승계법인에 대해서는 해당 구역과 장치물품에 관하여 특허보세구역의 설치·운영에 관한 특허가 있는 것으로 본다.

Ⅱ 보세창고

1 보세창고의 개요 기출 2024

(1) 보세창고의 개념

보세창고란 외국물품이나 통관을 하려는 물품을 장치하는 특허보세구역을 말한다.

(2) 보세창고의 종류

1) 영업용 보세창고

영업용 보세창고란 수출입화물을 보관하는 것을 업으로 하는 특허보세구역을 말한다.

2) 자가용 보세창고

자가용 보세창고란 운영인이 소유하거나 사용하는 자가화물을 보관하기 위한 특허보세구역을 말한다.

3) 컨테이너전용 보세창고

컨테이너전용 보세창고란 컨테이너를 보관하고, 컨테이너에 화물을 적입 또는 적출하여 통관절차를 이행할 수 있는 특허보세구역을 말한다.

4) 야적전용 보세창고

야적전용 보세창고란 철재, 동판, 시멘트 제품이나 그 밖의 광물과 석재, 목재 등의 물품과 노천에서 보관하여도 상품가치가 크게 저하되지 않는 물품을 보관하는 특허보세구역을 말한다.

5) 복합물류 보세창고

복합물류 보세창고란 국제물류 촉진기능을 수행하기 위하여 외국물품 등을 보관하는 시설과 보수작업(재포장, 분할·합병 작업 등)을 상시적으로 수행하는 데 필요한 시설을 갖춘 특허보세구역을 말한다.

2 보세창고의 특허 기준 기출 2021~2023

(1) 영업용 보세창고 기출 2021

1) 건물과 부지

영업용보세창고의 건물과 부지는 다음의 요건을 갖추어야 한다.
① 지붕이 있고 주위에 벽을 가진 건축물로서 창고면적(창고 내 화물을 장치하는 바닥의 면적)이 1,000m² 이상이어야 한다. 다만, 다음에 해당하는 경우 창고면적 산출은 각 내용에서 정하는 바에 따른다.
  ㉠ 지하층을 포함한 건축물로서 건축물의 용도를 건축법상 창고용도로 설계하여 건축허가 및 준공검사를 받고, 화물전용통로 또는 전용승강기 등 화물운반을 위한 적합한 시설을 갖춘 건물일 경우에는 지하층의 화물장치 바닥면적을 합산하여 창고면적을 산출한다.
  ㉡ 자동화 설비를 갖춘 건축물로서 국제거래상 통상 운송되는 단위 포장 및 중량 화물을 충분히 장치할 수 있는 공간을 구비하고 하중에 견딜 수 있는 견고한 선반(RACK)을 설치한 경우에는 선반의 면적과 통로의 면적을 합산하여 창고면적을 산출한다.
② 컨테이너 트레일러가 주차하고 회차하기에 충분한 부지가 있어야 한다.
③ 건물은 철근 콘크리트, 시멘트, 벽돌 등 내화성 및 방화성이 있고 외부로부터 침입이 어려운 강도를 가진 재료로 구축되어야 한다.
④ 건물의 용도가 건축법상 보관하려는 보세화물의 보관에 적합하여야 한다.
⑤ 건물의 바닥은 시멘트·콘크리트·아스팔트 등으로 하여야 한다.
⑥ 해당 건물과 건물의 주변 및 건물 이외의 하치장에 침수방지를 위한 배수구 또는 배수펌프 등 적정시설이 설치되어 있어야 한다.
⑦ 외부 침입 방지를 위해 담벽이나 철조망 및 조명을 설치하여야 하며, 상시 녹화 및 기록보관이 가능한 감시 장비를 갖추어야 한다.(다만, 보안 전문업체와 경비위탁계약을 체결한 경우는 제외한다)
⑧ 해당 창고시설을 임차하고 있는 경우, 신청일 현재 남은 임차기간이 중장기적 사업계획을 추진할 수 있을 만큼 충분하여야 한다.
⑨ 그 밖에 장치한 물품의 종류에 따라 관계 법령에 규정된 시설 요건 또는 세관장이 필요하다고 인정되는 시설을 하여야 한다.

2) 내부 화물관리 규정

특허신청인은 다음의 사항을 포함한 내부 화물관리 규정을 작성하여 세관장에게 제출하여야 하며, 특허기간 중 내부 화물관리 규정을 개정한 경우에도 또한 같다.

① **내부 화물관리 종합책임자 및 책임체계**
② **화물 반출입 및 보관 절차**
③ 대장 기록 체계
④ **출입자 통제 및 시설안전관리**
⑤ 세관 보고 사항 및 절차
⑥ **보세화물 취급 직원 교육 방법**
⑧ **내부고발자에 대한 포상과 청렴위반자에 대한 징계 체계**

3) 수출입 물동량

① 원칙 : 특허신청일 전월 기준 최근 1년간 해당 시설이 소재하는 세관 관할지역의 **수출입 물동량이 세관장이 정하는 범위 이상**이어야 하며, 특허갱신의 경우에는 해당 보세창고의 보세화물 취급 실적이 세관장이 정하는 범위 이상을 유지하여야 한다.

② 예외 : 세관장은 다음의 어느 하나에 해당하는 경우에는 상기 ① 전단의 규정을 적용하지 아니할 수 있다.

　㉠ 관세법 제179조(특허의 효력상실 및 승계) 제3항에 따른 승계신고 대상인 상속인 또는 승계법인
　㉡ 「특허보세구역 운영에 관한 고시」 제12조(집단화지역의 기준완화 등) 제2항 또는 제3항에 해당하는 경우
　㉢ 국가 산업의 일환으로 조성되는 공항만, 물류단지
　㉣ 동일 세관 관할 내에서 보세창고 소재지를 단순 이동(변경)하는 경우
　㉤ 수출입 안전관리 우수 공인업체(보세구역운영인) 공인기준에 준하는 요건 등을 본부세관별로 설정·운영하는 경우
　㉥ 해당 지역 최초로 특수화물을 장치하기 위한 경우
　㉦ 기존 보세창고를 인수하는 경우
　㉧ 집단화 물류시설에 입주하는 경우
　㉨ 수출입화물의 유통구조 개선 및 물류비 절감 등을 위해 조성된 컨테이너 내륙물류기지(ICD)
　㉩ 산업단지 내에서 보세창고를 운영하려는 경우

4) 장비와 설비

영업용 보세창고는 **화물 반출입, 통관 절차 이행 및 화물관리업무를 위하여 필요한 장비와 설비**를 갖추어야 한다.

(2) 특수보세창고의 요건 등 기출 2021~2022

1) 위험물품 전용 보세창고

위험물품 전용 보세창고는 다음의 요건을 갖추어야 한다.

① 지상의 공작물 또는 토지로서 보관하는 위험물품의 종류에 따라 「소방기본법」, 「위험물안전관리법」, 「화학물질관리법」, 「화재예방, 소방시설 설치·유지 및 안전관리에 관한 법률」, 「소방시설공사업법」, 「총포·도검·화약류 등의 안전관리에 관한 법률」, 「고압가스 안전관리법」이나 그 밖에 관련 법령에 따른 구조 및 시설기준에 적합하여야 하며, 그 적합 여부는 주무관청의 허가서 등으로 판단한다.

② 부지 내에 방화에 필요한 통로와 소화전이나 이를 대신할 소화기구 및 방화용 수리시설을 설치하여야 하며, 그 적합 여부는 소방관서의 확인 결과에 따라 판단한다.

③ 옥외에는 「위험물안전관리법 시행령」 제4조 별표 2의 항목 중 7호에서 정하는 위험물만을 저장할 수 있다.

④ 발화 및 폭발성이 높은 화물을 장치하는 구역은 탄약저장소의 예에 준하여 수개소로 구분하여 방화용 토벽이나 방호벽을 설치하여야 한다.

⑤ 위험물품 취급자격자를 채용하여야 한다.

⑥ 「위험물안전관리법」 등 관계 법령으로 정하는 바에 따라 주택가, 주유소, 고압선 등으로부터의 안전거리가 유지된 장소에 설치하여야 한다.

⑦ 그 밖에 상기 (1)에서 정하는 요건 중 세관장이 필요하다고 인정하는 요건을 갖추어야 한다.

2) 야적전용 보세창고

야적전용 보세창고(창고건물에 부속된 야적장 제외)은 4,500㎡ 이상의 대지로서 주위의 지면보다 높아야 하며, 침수를 방지할 수 있는 구조와 시설을 갖추어야 한다. 다만, 엔진블록 등 원상태 유출의 우려가 있는 성질의 고철을 장치하는 야적장은 물품을 매몰하거나 그 밖의 방법으로 은닉할 수 없도록 바닥을 단단히 하여야 한다.

3) 컨테이너전용 보세창고

컨테이너전용 보세창고는 다음의 요건을 갖추어야 한다.

① **부지면적은 15,000㎡ 이상**이어야 한다.
② 보세화물을 보관하고 컨테이너 적입화물을 적출하는 **화물조작장(CFS)을 설치**하여야 하나, **CFS면적은 물동량에 따라 운영인이 자율적으로 결정**할 수 있다.
③ 건물 및 주변의 시설요건에 관하여는 상기 (1)을 준용한다.
④ 컨테이너 보세창고에는 **컨테이너 장치에 지장이 없는 최소한의 면적 범위**에서 컨테이너로 반입된 거대·중량 또는 장척화물을 장치할 수 있는 야적장을 설치할 수 있다.
⑤ 컨테이너를 차량에 적재한 상태로 건물에 접속시켜 2대 이상 동시에 개장검사할 수 있는 컨테이너검사장(컨테이너에서 물품을 적출할 수 있는 이동식 컨테이너 검사대를 구비한 경우 포함)과 컨테이너차량이 2대 이상 동시에 검사대기할 수 있는 장소를 갖추어야 한다. 다만, ②에 따른 창고의 일부를 컨테이너검사장으로 대체하려는 경우에는 그 시설이 기준을 충족하고 보세화물 보관장소와 구분되어야 한다.

4) 액체화물전용 보세창고

액체화물전용 보세창고는 다음의 요건을 갖추어야 한다.

① 상기 (1)의 1)의 ①의 창고면적(㎡)기준을 적용하지 않으며, 세관장이 관할구역 내 액체화물 물동량과 액체화물 전용장치장의 수용능력을 감안하여 보세창고 특허가 필요하고 관할구역 내 다른 액체화물전용보세창고와 비교하여 보세창고로 특허하기에 충분하다고 인정되는 저장용적(㎥)을 적용한다.
② 액체화물 성상을 보존하기 위한 필요한 부대시설과 선박으로부터 하역 및 입출고를 위한 배관시설을 갖추어야 한다.

5) 복합물류 보세창고

복합물류 보세창고는 물품 보관시설과 구획을 달리하여 분류·재포장·상표부착 등에 필요한 시설과 작업장을 갖추어야 하며 수량단위 화물관리가 가능한 재고관리 시스템을 구비하여야 한다.

(3) 집단화지역의 기준완화 등

1) 면적기준

세관장은 특정 보세창고의 위치 또는 규모가 상기 **(1)의 1)의 ①** 및 **(2)의 3)의 ①**의 요건을 갖추지는 못하였으나 그 위치가 세관 또는 다른 보세창고에 근접(직선거리 300m 이내)한 경우에는 다음의 면적기준을 적용한다.

① 상기 (1)의 1)의 ①의 경우에는 창고면적이 500㎡ 이상
② 상기 (2)의 3)의 ①의 경우에는 부지면적이 3,000㎡ 이상

2) 동일 종류의 보세창고에 대한 복수 특허

세관장은 독점에 따른 부작용을 방지하고 수출입화주에 대한 서비스를 향상시키기 위하여 필요한 경우에는 같은 종류의 보세창고를 복수 특허할 수 있다. 다만, 이 경우에는 1개소의 규모가 상기 1)의 어느 하나에 해당되어야 한다.

3) 특허기준

세관장은 특정 보세창고의 신청이 요건을 갖추지 못하였으나, 관세행정 목적에 비추어 보아 특허하는 것이 불가피하다고 판단되고 다음의 어느 하나에 해당하면 특허할 수 있다. 다만, 컨테이너전용 보세창고는 CFS를 설치하여야 하며, ③의 보세창고 중 통관검사기능을 수행하지 않는 보세창고의 경우에는 CFS가 없어도 특허할 수 있다.

① 위험물품, 항온·항습 또는 냉동·냉장물, 검역물, 방위산업물품, 체화물품, 조달물품, 활어(활수산물) 등 특수물품을 취급하는 보세창고
② 공항만과 공항만배후단지 내 보세창고
③ 철도역 구내 컨테이너 일시장치를 위한 보세창고
④ 물류단지 내 보세창고

(4) 영업용 공동보세창고

1) 의의

세관장은 2인 이상의 신청인이 공동으로 영업용 보세창고의 요건을 충족하는 경우에는 공동보세창고를 특허할 수 있다.

2) 특허신청

공동보세창고를 운영하려는 자는 전체 창고면적 중에서 신청인의 관리면적만을 특허면적으로 하여 특허를 신청하여야 한다.

3) 특허요건

공동보세창고의 특허를 받고자 하는 자는 신청인별로 다음의 요건을 갖추어야 한다.

① 관세법령 및 특허고시 등 관련 규정에 따른 보세사 채용, 운영인의 자격 등 특허요건을 갖출 것
② 보세화물 반출입 등 통관절차 이행을 위한 시설과 장비 등을 구축할 것
③ 장치물품의 종류와 특성에 따른 보세화물 관리조직, 반출입절차, 보관방법, 출입자 통제, 안전관리 등에 대한 내부 화물관리 규정을 갖출 것

4) 특허

세관장은 공동보세창고의 운영인별로 관리하는 면적을 구분하여 특허하여야 한다.

5) 특허기간의 부여

세관장은 공동보세창고의 특허기간을 가급적 동일하게 부여하여야 한다.

6) 면적 표시

세관장은 공동보세창고의 특허장에 전체 창고면적과 운영인별 특허면적을 구분하여 표시하여야 한다.

7) 공동보세창고 명칭 표기

세관장은 해당 보세창고가 공동보세창고임을 알 수 있도록 특허장의 보세창고 명칭에 공동보세창고임을 표기하여야 한다.

8) 특허수수료 부과

세관장은 공동보세창고의 특허수수료를 운영인별 특허 면적에 따라 구분하여 부과하여야 한다.

(5) 자가용 보세창고 `기출 2021/2023`

1) 특허요건

세관장은 자가화물을 장치하려는 경우 자가용 보세창고로 특허할 수 있다. 다만, 다음의 어느 하나에 해당하는 물품으로서 보세화물 감시단속 관련 문제가 있다고 판단하는 경우에는 특허하지 않을 수 있다. 자가용 보세창고 운영인은 장치물품의 종류를 변경하려는 경우 세관장의 승인을 받아야 하며, 자가용 보세창고 운영인은 위험물품을 장치하고자 하는 경우 위험물에 대하여 관계 행정기관의 장으로부터 허가(승인)를 받고 위험물품 취급자를 채용하여야 한다.

① 소량·고가물품(귀금속 등)

② 고세율 물품(농산물 등)

③ ① 또는 ②와 유사한 물품

2) 시설요건

자가용 보세창고(공동보세창고 포함)의 운영인은 장치·보관되는 물품의 종류 및 특성에 따라 필요한 면적을 확보하여야 한다. 자가용 보세창고의 시설에 관하여는 영업용 보세창고의 건물과 부지요건(지상건축물 요건 제외), **내부 화물관리 규정**, 특수보세구역의 요건을 준용한다. (※ **물동량 기준은 적용하지 아니함**)

3) 자가용 공동보세창고

① **특허의 요건** : 세관장은 다음의 어느 하나에 해당하는 경우에는 자가용 보세창고를 공동보세창고로 특허할 수 있다.

㉠ 2 이상의 수출입업체가 공동으로 자가화물을 보관하려는 경우

㉡ 정부기관 또는 공기업, 준정부기관, 그 밖의 공공기관 등이 수입하는 물품을 일괄하여 보관하는 경우

㉢ **수출입업을 영위할 수 있는 중소기업협동조합에서 회원사의 수입원자재를 수입하여 보관하려는 경우**

㉣ 물류단지를 운영하는 자가 입주업체의 수입품을 일괄하여 보관하는 경우

㉤ 관광산업진흥 및 외화획득을 위하여 주식회사 케이티에스씨가 회원사에 공급할 물품을 일괄 수입하여 보관하는 경우

㉥ **정부 또는 정부투자기관이 관리하는 보관·비축시설에 관련 업체의 수입물품을 일괄 보관하는 경우**

② **공동보세창고 운영인의 요건** : 공동보세창고의 운영인은 다음의 요건을 갖추어야 한다.

㉠ 보세사 채용, 운영인의 자격 등 자가용 보세창고의 특허요건을 갖출 것

㉡ 보세화물 반출입 등 통관절차 이행을 위한 시설과 장비 등을 구축할 것

㉢ **장치물품의 종류와 특성에 따른 내부 화물관리 규정을 갖출 것**

㉣ 보세창고 장치물품의 도난, 분실, 멸실 등에 따른 운영인 간의 명확한 책임관계, 보세화물 관리조직, 반출입절차, 보관방법, 출입자 통제, 안전관리 등에 대한 내부 화물관리 규정을 갖출 것

③ **기타 의무**

㉠ 공동보세창고를 운영하려는 자는 **전체 창고면적 중에서 신청인의 관리면적만을**

특허면적으로 하여 특허를 신청하여야 한다.
ⓒ 세관장은 공동보세창고의 운영인별로 관리하는 면적을 구분하여 특허하여야 한다.
ⓒ 세관장은 공동보세창고의 특허기간을 가급적 동일하게 부여하여야 한다.
② 세관장은 공동보세창고의 특허장에 전체 창고면적과 운영인별 특허면적을 구분하여 표시하여야 한다.
⑩ 세관장은 해당 보세창고가 공동보세창고임을 알 수 있도록 특허장의 보세창고 명칭에 공동보세창고를 표기하여야 한다.
ⓑ 세관장은 공동보세창고의 특허수수료를 운영인별 특허 면적에 따라 구분하여 부과하여야 한다.

3 보세창고의 관리 기출 2021~2024

(1) 특허장의 게시 등 기출 2023

1) 특허장 등의 게시

운영인은 보세창고 내 일정한 장소에 다음의 사항을 게시하여야 한다.
① 특허장
② 보관요율(자가용 보세창고는 제외한다) 및 보관규칙
③ 화재보험요율
④ 자율관리보세구역지정서(자율관리보세구역만 해당한다)
⑤ 위험물품장치허가증 등 관계 행정기관의 장의 허가, 승인 또는 등록증(위험물품, 식품류를 보관하는 보세창고에 한정한다)

2) 간판 및 안내문 게시

운영인은 보세창고 입구에 간판을 게시하고 민원인출입구, 울타리 등 필요한 장소에 안내문을 게시하여야 하며, 공동보세창고 운영인은 안내문에 운영인별 보세창고를 구분하여 표시하여야 한다.

(2) 운영인의 의무 기출 2021~2024

1) 확인 및 보고사항의 이행 및 장부 등의 보관 의무

운영인은 「보세화물 관리에 관한 고시」에서 정한 확인 및 보고사항을 성실하게 이행하여야 하며, 장치화물에 관한 각종 장부와 보고서류(전산화되어 있는 경우에는 전산자료

를 포함한다)는 2년간 보관하여야 한다.

2) 세관장에 대한 보고 의무

운영인은 다음의 사유가 발생한 때에는 **지체 없이 세관장에게 보고하여야 한다.**
① 관세법 제175조(운영인의 결격사유) 및 제179조 제1항 각 호의 사유(특허의 효력상실 사유)가 발생한 때
② **도난, 화재, 침수, 그 밖의 사고가 발생한 때**
③ 보세창고에 장치한 물품이 선적서류, 보세운송신고필증 또는 포장 등에 표기된 물품과 상이한 사실을 발견한 때
④ **보세창고에 종사하는 직원을 채용하거나 면직한 때**
⑤ **보세창고의 건물, 시설 등에 관하여 소방서 등 행정관청으로부터 시정명령을 받은 때**

3) 세관장에 대한 보고 또는 승인 의무

운영인은 다음의 어느 하나에 해당하는 사유가 발생한 때에는 **지체 없이 세관장에게 보고하거나 승인을 받아야 한다.**
① 업무내용의 변경 승인신청
② **법인등기 사항의 변경통보**
③ **수용능력 증감 승인신청** 또는 신고 및 **수용능력 증감공사 준공신고**
④ 폐업 등의 사항 보고·신고

4) 특허수수료 납부 의무

운영인은 보세창고 **특허수수료를 납부**하여야 한다. 이때 세관장은 매 분기 마지막 월 10일까지 특허수수료 납부고지서를 교부하여야 한다.

5) 변경사항에 대한 세관장의 확인 및 통보

세관장은 운영인 또는 임원이나 그 밖의 법인등기사항의 변경에 관한 보고를 받은 경우 변경사유를 함께 제출받아 즉시 결격 여부를 확인하여야 한다. 다만, 동일법인이 전국에 다수의 사업장을 보세창고로 운영하고 있는 경우 해당 법인의 본사 또는 주사무소를 관할하는 세관에서 법인등기 변경사항을 접수한 후 결격 여부를 확인하고 그 결과를 전국 해당 세관장에게 통보하여야 한다.

6) 물품의 장치 의무

① 운영인은 장치물품 및 수용능력의 범위 내에서 물품을 장치하여야 한다.

② 운영인은 **야적대상이 아닌 물품을 야적장에 장치할 수 없다.**
③ 공동보세창고 운영인은 창고 안에 장치한 화물이 섞이지 않도록 칸막이 등을 설치하여 구분하여 장치하여야 한다.

7) 격리 등의 조치 의무

운영인은 부패·변질되었거나 부패·변질의 우려가 있는 등 다른 장치물품을 해할 우려가 있는 물품은 신속하게 격리·폐기 등의 조치를 취하여야 한다.

8) 보세사 채용 의무

운영인은 보세사가 퇴사, 업무정지 등의 사유로 보세사 업무를 수행할 수 없는 경우에는 2개월 이내에 다른 보세사를 채용하여 보세사 업무를 수행하게 하여야 한다.

4 행정제재 [기출 2021~2023]

(1) 주의처분 [기출 2021~2023]

세관장은 다음의 어느 하나에 해당하는 경우에는 주의처분을 할 수 있으며, **1년 이내에 주의처분을 3회 받은 때에는 경고 1회**로 한다. 이 경우 현장점검, 감사 등의 결과에 따라 여러 개의 동일 위반사항이 적발된 경우 이를 1건으로 주의처분 할 수 있다.

① 다음의 어느 하나의 사유가 발생한 경우로서 **운영인이 세관장에게 이를 지체 없이 보고하지 아니한 경우**
  ㉠ 도난, 화재, 침수, 그 밖의 사고가 발생한 때
  ㉡ 보세구역에 장치한 물품이 선적서류, 보세운송신고필증 또는 포장 등에 표기된 물품과 상이한 사실을 발견한 때
  ㉢ 보세구역에 종사하는 직원을 채용하거나 면직한 때
  ㉣ **보세구역의 건물, 시설 등에 관하여 소방서등 행정관청으로부터 시정명령을 받은 때**
② 운영인이 특허보세구역 특허수수료를 납부하지 아니한 경우
③ 운영인이 보세구역 운영상황의 보고 의무를 위반한 경우
④ 위험물 장치허가를 받지 아니한 특허보세구역 운영인 및 지정보세구역의 관리인이 위험물 인지의 확인 및 보고 의무를 위반한 경우
⑤ 운영인이 하선신고서에 의한 보세화물 반입 시의 확인 및 반입신고 의무를 위반한 경우

⑥ 운영인이 보세운송물품에 대한 확인, 반입신고 및 자료보관 의무를 위반한 경우
⑦ 운영인이 세관장의 승인을 받지 않고 반입신고 내역을 정정한 경우
⑧ 운영인이 세관장에게 반출신고를 하지 않고 수입신고 또는 반송신고가 수리된 물품을 반출한 경우
⑨ 운영인이 세관장에게 반출신고를 하지 않고 보세운송신고가 수리(승인)된 물품을 반출한 경우
⑩ 운영인이 세관장에게 반출신고를 하지 않고 폐기, 공매낙찰, 적재 등을 목적으로 하는 물품을 반출한 경우
⑪ 운영인이 세관장에게 보고하지 않고 이상이 있는 물품을 출고하거나 세관장에게 이상보고를 한 후에 세관장의 지시에 따라 물품을 처리하지 아니한 경우
⑫ 운영인이 세관장의 승인을 받지 않고 물품의 반출신고 내역을 정정한 경우
⑬ 운영인이 컨테이너화물의 반출입신고를 위반한 경우
⑭ 운영인이 세관장의 승인을 받지 않고 내국물품의 반출입신고를 하지 아니한 경우
⑮ 운영인이 세관장에게 신고하지 않고 B/L제시 인도물품을 반출한 경우
⑯ 운영인이 수입신고전 물품확인승인을 받은 물품을 물품확인 대장에 기록 관리하지 아니한 경우
⑰ 운영인 또는 관리인이 보세구역관리상 이상이 발견된 것을 화물관리 세관공무원에게 보고하지 아니한 경우

(2) 경고처분 기출 2021~2023

세관장은 보세창고의 운영인이 다음의 어느 하나에 해당하는 경우에는 경고처분을 할 수 있다. 이 경우 **현장점검, 감사 등의 결과에 따라 여러 개의 동일 위반사항이 적발된 경우 이를 1건으로 경고처분할 수 있다.**

① **장치화물에 대한 각종 장부와 보고서류(전산화되어 있는 경우에는 전산자료 포함)의 2년간 보관 의무를 위반한 경우**
② 세관장에 대한 보고 또는 승인 의무를 위반한 경우
③ **세관장이 특허한 수용능력의 범위를 초과하여 물품을 장치한 경우**
④ **야적대상이 아닌 물품을 야적장에 장치한 경우**
⑤ 유해물품에 대한 격리·폐기 등의 조치를 취하지 아니한 경우
⑥ 보관화물에 대한 멸실이 발생한 때(다만, 재해, 천재지변 등 운영인의 귀책사유가 없는 경우 제외)

⑦ 반입물품 이상보고 의무를 위반한 경우
⑧ 반출명령을 받은 물품에 대하여 세관장이 지정한 기간 내에 해당 물품을 다른 보세구역으로 반출하지 아니하거나 그 반출 결과를 세관장에게 보고하지 아니한 경우
⑨ 하선반입되는 물품 중 세관봉인대 봉인물품의 반입 즉시 세관장에게 세관봉인이 이상있는지 등을 보고하지 아니하거나 세관봉인대 봉인물품 반입확인대장에 세관봉인대 확인내역을 기록 관리하지 아니한 경우
⑩ 보세운송물품의 이상 여부를 확인하고 세관장에게 즉시 반입물품에 대한 이상보고를 하지 아니하거나 이상보고 후 세관장의 지시에 따라 처리하지 아니한 경우
⑪ 이상이 있는 반출물품에 대하여 세관장에게 그 사실을 보고하지 아니하거나 보고 후 세관장의 지시에 따라 처리하지 아니한 경우
⑫ 보세창고에 반출입하려는 내국물품에 대하여 내국물품의 반출입 전에 세관장에게 신고하지 아니한 경우
⑬ 1년 이상 계속하여 장치하려는 내국물품에 대하여 세관장의 승인을 받지 아니한 경우
⑭ 매 분기별로 전산재고 내역과 현품 재고조사 결과의 이상 여부를 확인하지 아니하거나 전체 전산재고 내역과 현품 재고조사 결과를 세관장에게 보고하지 아니한 경우
⑮ 포괄보수작업에 대하여 세관장의 승인을 받지 아니한 경우
⑯ 복합물류보세창고 운영인이 사업계획에 따른 보수작업을 하려는 경우로서 세관장의 승인을 받지 아니한 경우
⑰ 보세구역에 장치된 외국물품이 멸실된 경우로서 세관장에게 이를 신고하지 아니한 경우
⑱ 견품반출 허가를 받은 물품이 해당 보세구역에서 반출입되는 경우로서 견품반출 허가사항 확인 및 견품반출입 대장에 기록 관리하지 아니한 경우
⑲ ⑦ 내지 ⑱에 해당하는 경우에도 법규수행능력 우수업체(A등급)에 대하여는 주의처분을 할 수 있다.

(3) 물품반입 등의 정지 [기출 2024]

1) 물품반입 등의 정지 사유

세관장은 보세창고 운영인이 다음의 어느 하나에 해당하는 경우에는 기간을 정하여 보세창고에의 물품반입을 정지시킬 수 있다.
① 장치물품에 대한 **관세를 납부할 자금능력이 없다고 인정**되는 경우
② **본인 또는 그 사용인이 관세법 또는 관세법에 따른 명령을 위반**한 경우

③ 해당 시설의 미비 등으로 보세창고 설치 목적을 달성하기 곤란하다고 인정되는 경우
④ 운영인 또는 그 종업원이 합법가장 밀수를 인지하고도 세관장에게 보고하지 않고 보관 또는 반출한 때
⑤ 세관장의 시설구비 명령을 미이행하거나 보관화물에 대한 중대한 관리소홀로 보세화물의 도난, 분실이 발생한 때
⑥ 운영인 또는 그 종업원의 관리소홀로 해당 보세창고에서 밀수행위가 발생한 때
⑦ 운영인이 최근 1년 동안 3회 이상 경고처분을 받은 때

2) 물품반입 정지기간

세관장이 물품반입을 정지하는 경우 그 기간은 다음과 같다.

① 상기 1)의 ①의 경우 : 관세를 납부할 자금능력을 회복할 때까지
② 상기 1)의 ② 및 ④를 위반한 경우 : 6개월의 범위에서 다음의 어느 하나의 기간 이상
  ㉠ **물품원가**가 5억원 이상인 경우 또는 최근 1년 이내에 물품반입정지를 받은 경우 : 15일
  ㉡ **물품원가**가 1억원 이상 5억원 미만인 경우 또는 최근 2년 이내에 물품반입정지 처분을 받은 경우 : 10일
  ㉢ **물품원가**가 1억원 미만인 경우 : 7일
  ㉣ **물품원가**를 알 수 없는 경우 : 7일
③ 상기 1)의 ③의 경우 : 해당 시설의 완비 등으로 보세창고의 설치목적을 달성할 수 있다고 인정될 때까지
④ 상기 1)의 ⑤부터 ⑦까지의 경우 : 7일

3) 물품반입 정지기간의 하향 조정

세관장은 상기 2)의 ②의 경우에 보세창고의 규모, 위반의 정도, 업체의 법규수행능력평가, 관세행정발전에 기여한 공로 등을 종합적으로 고려하고 **자체 특허심사위원회의 사전심사를 거친 후 기준일의 50%의 범위(A등급을 받은 법규수행능력 우수업체의 경우에는 최소 10% 이상)에서 반입정지 기간을 하향 조정(소수점 이하는 버린다)**할 수 있다. 다만, 반입정지 기간은 7일 미만으로 할 수 없다.

(4) 과징금 부과

1) 의의

세관장은 물품반입의 정지처분이 그 이용자에게 심한 불편을 주거나 공익을 해칠 우려

가 있는 경우에는 보세창고의 운영인에게 반입정지 처분을 갈음하여 해당 보세창고 운영에 따른 매출액의 100분의 3 이하의 과징금을 부과할 수 있다. 이 경우 특허심사위원회의 사전심사를 거쳐야 한다.

2) 과징금의 산정

세관장은 과징금을 부과하는 경우 과징금 부과대상자인 보세창고의 운영인(이하 "과징금 부과대상자")으로부터 해당 보세창고 운영에 따른 매출액 산정 자료를 제출받아 과징금을 산정하여야 한다. 이 경우 과징금 금액의 산정은 관세법 시행령 제193조의3에 따라 부과하되, 반입정지 기간을 하향조정한 경우에는 관세법 시행령 제193조의3 제3항을 적용하지 않는다.

3) 과징금의 부과 및 납부

세관장은 과징금 부과대상자에게 과징금 부과통지서를 교부하여야 하며, 과징금의 부과 및 납부에 관하여는 관세법 시행령 제285조의7을 준용한다.

(5) 특허취소 사유

세관장은 운영인이 다음의 어느 하나에 해당하는 경우에는 그 특허를 취소할 수 있다. 다만, ①, ② 및 ⑤에 해당하는 경우에는 특허를 취소하여야 하고, ③ 및 ④의 경우 세관장이 특허를 취소하는 것이 보세화물관리상 매우 불합리하다고 인정되고 관세채권 확보 등에 어려움이 없는 경우에는 특허심사위원회의 사전심사를 거친 후 취소하지 않을 수 있다.

① 거짓이나 그 밖의 부정한 방법으로 특허를 받은 경우
② 관세법 제175조(운영인의 결격사유) 각 호의 어느 하나에 해당하게 된 경우. 다만, 관세법 제175조 제8호(운영인의 결격사유에 해당하는 자를 임원으로 하는 법인)에 해당하는 경우로서 같은 조 제2호(피성년후견인과 피한정후견인) 또는 제3호(파산선고를 받고 복권되지 아니한 자)에 해당하는 사람을 임원으로 하는 법인이 3개월 이내에 해당 임원을 변경한 경우에는 그러하지 아니하다.
③ 1년 이내에 3회 이상 물품반입 등의 정지처분(과징금 부과처분 포함)을 받은 경우
④ 2년 이상 물품의 반입실적이 없어서 세관장이 보세창고의 설치 목적을 달성하기 곤란하다고 인정하는 경우
⑤ 관세법 제177조의2를 위반하여 명의를 대여한 경우

Ⅲ 보세공장

1 용어의 정의(보세공장 운영에 관한 고시) 기출 2022

(1) 수출

"수출"이란 보세공장에서 제조·가공된 물품 또는 이와 유사한 물품을 외국으로 반출하는 것을 말하는 것으로서 관세법상의 '수출'과는 개념상 달리 해석되어야 한다.

(2) 기내식 보세공장

"기내식 보세공장"이란 외국물품 또는 외국물품과 내국물품을 원재료로 하여 항공기에 탑승하거나 탑승 대기하는 승무원 및 승객에게 제공할 기내식을 제조·가공(조리)하는 보세공장을 말한다.

(3) 물품도착전 사용신고

"물품도착전 사용신고"란 운영인이 보세공장의 작업공정상 물품도착과 동시에 보세작업에 사용하려는 물품에 대하여 해당 보세공장에 물품이 도착하기 전에 세관장에게 사용신고를 하는 것을 말한다.

(4) 내국작업

"내국작업"이란 보세공장의 유휴시설 등을 이용하여 내국물품만을 원료로 하거나 재료로 하여 제조·가공하거나 수리, 그 밖에 이와 유사한 작업을 하는 것을 말한다.

(5) 장외작업

"장외작업"이란 해당 보세공장 외의 장소에서 보세작업의 일부를 행하는 것을 말한다.

(6) 잉여물품 기출 2022

"잉여물품"이란 보세작업으로 인하여 발생하는 부산물과 불량품, 제품 생산 중단 등의 사유로 사용하지 않은 원재료와 제품 등을 말하며, 보세공장 반입물품 또는 보세공장에서 제조·가공한 물품에 전용되는 포장·운반용품을 포함한다.

(7) 보세작업기간 총소요량

"보세작업기간 총소요량"이란 해당 보세작업기간 동안에 제품을 생산하는 과정에서 사용한 원재료별 총량을 말한다.

(8) 물품관리체계

"물품관리체계"란 보세공장(장외작업 포함)에서 원재료, 잉여물품 및 제품에 대한 반출입사항(예 기초재고, 반입, 반출, 기말재고)과 생산공정에서의 원재료, 잉여물품 및 제품의 출납사항(예 기초재고, 투입, 생산, 재공품, 기말재고)이 장부 또는 자료전달 및 보존매체(마이크로필름, 광디스크, 그 밖의 전산매체)에 따라 기록하고 동 기록을 유지해서, 최종적으로 결산보고서 재무제표 및 관련 부속서류와 연계되어 보세화물의 재고 등을 파악 관리하는 일련의 체제를 말한다.

(9) 자율관리보세공장

"자율관리보세공장"이란 세관장이 우수 자율관리보세구역으로 지정한 보세공장을 말한다.

2 보세공장의 특허 [기출 2021]

(1) 의의

보세공장이란 외국물품을 원료 또는 재료로 하거나 외국물품과 내국물품을 원료 또는 재료로 하여 제조·가공 등의 작업을 할 수 있는 특허보세구역을 말한다.

(2) 특허대상 [기출 2021]

세관장은 다음을 모두 충족하는 경우에는 보세공장 설치·운영특허를 할 수 있다.
① 외국물품 또는 외국물품과 내국물품을 원료로 하거나 재료로 하여 수출 또는 수입하는 물품을 제조·가공하거나 수리·조립·분해·검사(원재료 품질검사 등을 포함한다)·포장 또는 그 밖에 이와 유사한 작업을 하는 것을 목적으로 하는 공장
② 수입을 목적으로 하는 물품을 제조·가공하는 공장의 경우 제한되지 않는 업종

(3) 특허요건

1) 시설요건

보세공장은 다음의 시설을 갖추어야하고, 공장의 규모와 입지적 조건 등이 보세공장관

리 운용에 지장이 없어야 한다.
① 제조·가공 또는 그 밖의 보세작업에 필요한 기계시설 및 기구의 비치
② 물품검사를 위하여 필요한 측정용 기기와 이에 부수하는 장비의 비치(제조공정 특성상 물품검사가 필요 없거나, 보세공장 외 장소에서 수행하는 경우는 제외)
③ 원재료, 제품, 잉여물품, 수입통관 후 사용해야 하는 물품 및 그 밖의 반입물품을 구분하여 안전하게 장치 보관할 수 있는 창고 또는 야적장과 필요한 작업장의 확보
④ 소방법령 및 소방관서가 지정하는 방화 및 소방시설의 구비
⑤ 전기사업법령의 규정에 적합한 전기설비 및 전기안전시설의 구비
⑥ 보세화물의 분실과 도난방지를 위한 적절한 시설을 완비하거나 보안전문업체와 경비위탁계약서를 구비
⑦ 위험물품을 취급하는 보세공장의 경우는 위험물취급요령 및 그 밖의 법령(「화학물질관리법」, 소방 관련 법령, 「고압가스 안전관리법」 등)에서 정한 시설의 완비 및 취급자격자의 상시 근무와 위험물품 보세공장 특허지역으로서의 적합한 지역

2) 관리요건

보세공장은 보세화물관리를 적정하게 하기 위하여 다음의 관리요건을 갖추어야 한다.
① 보세화물 관리를 위하여 1명 이상의 보세사를 채용하여야 하며, 단일보세공장의 경우 각 공장별 1명 이상의 보세사를 채용하여 근무하도록 해야 한다.
② 원자재의 반출입, 제품 제조·가공, 제품 반출 및 잉여물품의 처리 등과 관련한 물품관리체계가 확립되어 있고, 물품관리를 위한 시스템[기업자원관리(ERP) 시스템 등]을 구비하여야 한다.
③ 원자재 등의 부정유출 우려가 없으며, 보세작업의 감시·감독에 지장이 없어야 한다.
④ 특허를 갱신하는 경우에는 갱신신청 전의 특허기간 동안 해당 보세공장의 법규수행능력평가 평균등급이 B등급 이상이어야 한다.

3) 물품관리

물품관리를 위하여 운영인은 보세작업의 종류 및 특수성에 따라 장부 또는 자료전달 및 보존매체(마이크로필름, 광디스크, 그 밖의 전산매체)를 사용하여 물품을 관리할 수 있으며, 자료전달 및 보존매체에 따라 보관·관리하려는 운영인은 자료보존매체를 확인, 조회할 수 있는 장치를 같이 보관·관리하여야 한다.

(4) 단일보세공장의 특허 등 기출 2021

1) 단일보세공장의 특허

2개 이상 근접한 장소에 있는 공장이 동일기업체에 속하며, 각 공장 간에 물품관리체계의 통합관리로 반출입 물품관리 및 재고관리에 지장이 없는 경우 다음의 어느 하나를 충족할 때에는 단일보세공장으로 특허할 수 있다. 다만, **세관관할구역을 달리하는 경우**에는 통관절차의 간소화 및 세관업무의 편리를 도모하기 위하여 감시 단속에 지장이 없는 경우에만 **관할지 세관장과 협의하여 주공장 관할세관에서 특허할 수 있다.**
① 제조·가공의 공정상 일괄작업에 각 공장이 필요한 경우
② **기존 보세공장으로부터 직선거리 15Km 이내에 신규 공장을 증설**하는 경우. 다만, 세관장은 세관감시의 단속에 지장이 없는 경우 동일세관 관할구역 내에서는 거리기준을 적용하지 않을 수 있다.

2) 동일세관 관할구역 보관창고의 증설(원칙)

세관장은 수출입 안전관리 우수업체 또는 법규수행능력 우수업체로서 해당 보세공장에 원재료 및 제품 등의 추가 보관이 곤란하다고 인정되고 다음의 요건을 충족시키는 경우에는 동일세관 관할구역에 보관창고를 증설하게 할 수 있다.
① 보관창고 : 해당 보세공장 및 동일법인 보세공장의 원재료 및 생산제품을 보관하는 전용 창고일 것
② 물품관리 : 보세공장과 보관창고 물품의 통합관리로 반출입 물품관리 및 재고관리에 지장이 없을 것

3) 동일세관 관할구역 외 보관창고의 증설(예외)

상기 2)에도 불구하고 세관장은 감시단속에 지장이 없다고 판단하는 경우 관할구역을 벗어나는 경우에도 보세공장으로부터 직선거리 15Km 이내에 보관창고를 증설하게 할 수 있다. 이때 세관장은 보관창고 관할지 세관장과 협의하여야 하며, 물품관리는 보세공장 관할지 세관장이 수행하는 것을 원칙으로 한다.

(5) 특허의 제한

1) 일반적인 특허의 제한사유

다음의 어느 하나에 해당하는 경우에는 보세공장의 설치·운영 특허를 할 수 없다.
① 관세법 제175조(운영인의 결격사유) 각 호의 어느 하나에 해당되는 자

② 관세 및 내국세를 체납하고 있는 자
③ 위험물품을 취급하는 경우에는 위험물품의 종류에 따라 관계 행정기관의 장의 허가나 승인을 받지 아니한 자

2) 보세작업의 종류 및 특수성을 고려한 특허의 제한

다음의 어느 하나에 해당하는 경우에는 보세작업의 종류 및 특수성을 고려하여 설치·운영특허를 제한할 수 있다.
① 보수작업만을 목적으로 하는 경우
② **폐기물을 원재료로 하여 제조·가공하려는 경우**
③ 손모율이 불안정한 농·수·축산물을 원재료로 하여 제조·가공하려는 경우
④ **보세작업의 전부를 장외작업에 의존할 경우**

3 보세공장 내의 보세작업 〔기출 2021~2022〕

(1) 보세작업 〔기출 2022〕

보세공장에서는 **외국물품을 원료 또는 재료로 하거나 외국물품과 내국물품을 원료 또는 재료로** 하여 제조·가공하거나 그 밖에 이와 비슷한 작업을 할 수 있다.

(2) 내국물품만을 원재료로 하는 작업의 허가 〔기출 2021~2022〕

보세공장에서는 **세관장의 허가를 받지 아니하고는 내국물품만을 원료로 하거나 재료로 하여 제조·가공하거나 그 밖에 이와 비슷한 작업을 할 수 없다.** 이 경우 당해 작업은 외국물품을 사용하는 작업과 구별하여 실시하여야 한다.

(3) 허가 여부의 결정 및 통지

세관장은 내국물품 작업 허가의 신청을 받은 날부터 10일 이내에 허가 여부를 신청인에게 통지하여야 한다. 세관장이 해당 기간 내에 허가 여부 또는 민원 처리 관련 법령에 따른 처리기간의 연장을 신청인에게 통지하지 아니하면 그 기간(민원 처리 관련 법령에 따라 처리기간이 연장 또는 재연장된 경우에는 해당 처리기간을 말한다)이 끝난 날의 다음 날에 허가를 한 것으로 본다.

(4) 보세공장 업종의 제한 등 기출 2021~2022

1) 보세공장 업종의 제한

보세공장 중 수입하는 물품을 제조·가공하는 것을 목적으로 하는 보세공장의 업종은 기획재정부령으로 정하는 바에 따라 제한할 수 있다.

> 보세공장의 업종은 다음에 규정된 업종을 **제외한 업종**으로 한다.
> ① 국내외 가격차에 상당하는 율로 양허한 농·임·축산물을 원재료로 하는 물품을 제조·가공하는 업종
> ② 국민보건 또는 환경보전에 지장을 초래하거나 풍속을 해하는 물품을 제조·가공하는 업종으로 세관장이 인정하는 업종

2) 외국물품의 반입제한

관세청장은 국내 공급상황을 고려하여 필요하다고 인정되는 때에는 상기 1)에 따른 보세공장에 대해서는 외국물품의 반입을 제한할 수 있다.

(5) 반입 후 신고 기출 2022

세관장은 **수입통관 후** 보세공장에서 사용하게 될 물품에 대하여는 **보세공장에 직접 반입하여 수입신고**를 하게 할 수 있다.

4 보세공장 원재료의 반출입 기출 2022~2023

(1) 보세공장 원재료 기출 2022~2023

1) 보세공장 원재료의 범위

보세공장에서 보세작업을 하기 위하여 반입되는 원료 또는 재료(이하 "보세공장 원재료")는 다음의 어느 하나에 해당하는 것을 말한다. 다만, 기계·기구 등의 작동 및 유지를 위한 연료, 윤활유 등 제품의 생산·수리·조립·검사·포장 및 이와 유사한 작업에 **간접적으로 투입되어 소모되는 물품은 제외**한다.
① 해당 보세공장에서 **생산하는 제품에 물리적 또는 화학적으로 결합**되는 물품
② 해당 보세공장에서 **생산하는 제품을 제조·가공하거나 이와 비슷한 공정에 투입되어 소모되는 물품**
③ 해당 보세공장에서 **수리·조립·검사·포장 및 이와 유사한 작업에 직접적으로 투입**되는 물품

2) 보세공장 원재료의 요건

보세공장 원재료는 해당 보세공장에서 생산하는 제품에 소요되는 수량(이하 "원자재소요량")을 **객관적으로 계산할 수 있는 물품**이어야 한다.

3) 원자재소요량 계산 자료의 제출

세관장은 물품의 성질, 보세작업의 종류 등을 고려하여 감시상 필요하다고 인정되는 때에는 보세공장의 운영인으로 하여금 보세작업으로 생산된 제품에 소요된 원자재소요량을 계산한 서류를 제출하게 할 수 있다.

(2) 반입대상 물품 기출 2023

1) 수입통관 후 사용할 물품의 반입

수입통관 후 해당 보세공장에서 사용할 기계, 기구, 부분품, 소모품, 견품, 내국작업 원재료 및 **해당 보세공장 부설 연구소에서 사용될 시설기자재·원재료 등은 보세공장에 반입**할 수 있다. 이 경우 **반입된 물품은 반입일부터 30일 이내에 수입 또는 반송신고**를 하여야 한다.

2) 보세공장에 반입할 수 있는 물품

다음의 어느 하나에 해당하는 물품은 보세공장제도의 원활한 운영을 위하여 보세공장에 반입할 수 있다. 세관장은 운영인이 물품을 반입신고하는 때에는 자료를 제출받아 심사하거나 검사할 수 있다.

① 보세공장에서 제조되어 반출된 제품의 하자보수용 물품
② 보세공장에서 제조·가공하여 반출한 후 하자발생, 불량, 구매자의 인수거절 등으로 인하여 반송된 물품과 하자보수, 성능개선 등 목적으로 보세공장에 재반입되는 물품
③ 해당 보세공장의 생산품목과 동일품목을 보세작업 또는 보수작업을 거쳐 재수출하거나 다른 보세공장에 원재료로 공급할 물품
④ 해당 보세공장에서 건조·수리되는 선박 또는 항공기에 적재하고자 하는 선박용품·항공기용품(환급대상물품 제외)
⑤ 해당 보세공장에서 외국으로 원재료 등을 반출하여 제조·가공한 후 국내 보세공장에서 마무리작업, 성능검사, 조립, 재포장, 상표(LABEL)부착의 작업을 하거나 해당 보세공장에 반입 후 양수도 또는 통관절차를 수행하고자 하는 완성품
⑥ 해당 보세공장에서 생산하는 제품의 연구개발을 위하여 해당 보세공장의 시설을 이용하여 연구·시험용 제품의 제조·가공에 사용하는 원재료

⑦ 보세공장 반입물품 또는 보세공장에서 제조·가공한 물품과 세트를 구성하거나 함께 거래되는 물품
⑧ 보세공장 반입물품 또는 보세공장에서 제조·가공한 물품에 전용되는 포장·운반용품
⑨ 해당 보세공장의 특허 받은 품목의 제조·가공에 소요되는 물품과 동일한 물품으로 위탁가공계약에 의해 보세작업을 위하여 반입되는 타인소유 물품
⑩ 해당 보세공장에서 제조되어 수출된 물품의 마무리 작업, 유지보수 또는 수리 등을 위해 추가로 수출하는 물품으로서 해당 보세공장에서 보세작업이 필요한 물품
⑪ 수리를 위해 반입되는 선박 또는 항공기에 적재되어 있는 연료
⑫ 해당 보세공장 생산품과 함께 보관·관리하고자 하는 해외 현지법인 생산품

(3) 물품의 반출입 기출 2022-2023

1) 반출입신고

보세공장에 물품을 반입, 반출하려는 자는 세관장에게 보세공장물품 반출(입)신고(승인)서로 신고하여야 하며, 세관장은 보세공장 반입대상 물품인지를 심사하여 반입대상이 아닌 경우에는 다른 보세구역으로 반출을 명하여야 한다.

2) 보세운송물품에 대한 반입신고

보세운송절차에 따라 반입되는 물품은 **즉시 반입신고**를 하여야 한다. 이 경우 **반입신고는 보세운송 도착보고를 갈음**할 수 있다.

3) 환급대상물품의 반입신고

환급대상물품의 반입신고는 **보세사에 의한 반입명세의 기록으로 갈음**하며, 국내 반출신고는 반입확인서의 정정·취하 승인으로 갈음한다. 다만, 반입확인서의 정정·취하 승인 대상이 아닌 물품의 반출신고는 수입 등의 절차에 따른다.

4) 잉여물품의 즉시반출신고

운영인은 잉여물품을 수입신고 전에 즉시 반출하려는 경우에는 세관장에게 **보세공장 잉여물품 수입신고전 반출신고서를 제출**하여야 하며, 반출신고서를 정정하거나 취하하려는 경우에는 보세공장 잉여물품 수입신고전 반출 정정·취하신청(승인)서를 수입신고 수리 전까지 제출하여 세관장의 승인을 받아야 한다.

5) 수출입신고 수리물품의 반출신고 등

수출 또는 수입의 신고가 수리되어 반출되는 물품의 반출신고는 동 신고의 수리로 갈음하며, 운영인은 보세공장에 반입된 물품에 이상(계약내용과 상이 포함)이 있는 경우에는 관할세관장에게 물품이상신고를 하여야 한다.

6) 보세운송물품의 반출

운영인은 다음의 어느 하나에 해당하는 경우에는 **보세공장에서 제조·가공·수리 또는 재생한 물품, 원재료와 부산물 등 잉여물품을 보세운송절차에 따라 다른 보세공장으로 반출할 수 있으며, 다른 보세구역으로 반출하는 경우에는 화물관리시스템으로 화물관리번호를 신청한 후 보세운송 절차에 따라 반출**할 수 있다. 이때 ①부터 ③까지에 따른 보세공장과 다른 보세공장에는 제조업종의 사업 또는 복합물류 관련 사업(포장·보수·가공 또는 조립 등의 기능을 수행하는 경우)을 하는 자유무역지역 입주기업체와 복합물류보세창고를 포함한다.
① 비축·보관·판매를 위하여 다른 보세구역 또는 보세공장으로 반출하는 경우
② **다른 보세공장의 원재료로 사용하기 위하여 다른 보세공장으로 반출**하는 경우
③ 불량, 성능미달 등의 사유로 다른 보세공장으로부터 공급받은 원재료를 원재료 공급 보세공장으로 재반출하는 경우

7) 화물관리번호 신청의 자동수리

세관장은 운영인이 수출입 안전관리 우수업체 또는 법규수행능력 우수업체에 해당하는 경우에는 화물관리번호의 신청수리를 전산에서 자동수리하게 할 수 있다. 이 경우 해당 보세공장의 보세구역 부호를 화물관리시스템에 등록하여야 한다.

8) 내국물품에 대한 반출입신고의 생략

「보세공장 운영에 관한 고시」에서 반출입신고를 규정하지 아니한 내국물품에 대한 반출입신고는 생략할 수 있다. 다만, **제품의 제조·가공 등에 소요되는 원재료를 반출입하려는 때에는 그 사실을 기록·관리**하여야 한다.

(4) 국외가공 등 원재료 원상태 반출 〔기출 2021~2023〕

1) 원상태 국외반출 허용대상

다음의 어느 하나에 해당하는 물품은 **반입신고 시의 원재료 원상태로 국외반출을 허용**할 수 있다.

① 국외에서 제조·가공공정의 일부를 이행하기 위하여 필요한 원재료
② **보세공장에서 수출한 물품의 하자보수 등 추가적인 제조·가공·수리에 필요한 원재료**
③ 보세공장의 해외 현지공장에서 제조·가공·수리 그 밖에 유사한 작업에 사용할 원재료
④ 생산계획 변경, 제조품목의 사양변경 또는 보세작업과정에서 발생하는 잉여 원재료
⑤ 계약내용과 다른 원재료. 다만, 사용신고가 수리된 경우에는 사용신고 당시의 성질이나 형태가 변경되지 아니한 경우에 한한다.
⑥ 임가공을 의뢰한 해외 공급자가 계약수량 변경, 품질검사 등의 사유로 반환을 요구하는 원재료

2) 보세운송에 따른 원상태 국외반출 허용대상

세관장은 다음의 어느 하나에 해당하는 사유가 있을 때에는 보세운송절차에 따라 보세공장 간 원재료의 원상태 반출을 허용할 수 있다.
① 동일법인이 2개 이상의 보세공장을 설치·운영특허를 받아 운영하는 경우에 일부 보세공장의 원재료 수급 및 재고관리 등 불가피한 사유로 동일법인 보세공장 간 원재료의 원상태 반출이 타당하다고 인정되는 경우
② 생산제품의 사양 변경, 단종 또는 재고 원재료 중 해당 보세공장의 제조·가공에 지장이 없는 원재료에 대하여 동일 원재료를 사용하는 다른 보세공장 등에 양도하는 것이 타당하다고 인정되는 경우

3) 원상태 수입

세관장은 보세공장에서 국내로 수입된 물품의 하자보수, 원재료에 대한 성분 분석, **보세공장 부설연구소의 연구·개발용 원재료의 사용 등 부득이한 사유로 보세공장에 반입신고 또는 사용신고된 원재료를 사용하는 것이 타당하다고 인정하는 경우**에는 **원재료의 원상태 수입을 허용**할 수 있다.

(5) 환급대상물품 반입확인서의 발급 기출 2022

1) 보세공장 외 일시 물품장치

보세공장에 반입한 보세공장원재료의 환급대상물품 반입확인서의 발급·정정 등의 절차는 환급고시에 따르며, 세관장은 환급고시에 따라 반입확인하는 때에는 보세사에 의한 반입명세의 기록을 확인하거나 관련 자료 또는 반입사실에 대한 보세사의 확인서를 제출하게 할 수 있다.

2) 환급대상물품 반입확인서의 발급 생략

세관장은 상기 1)에도 불구하고 다음의 어느 하나에 해당하는 물품은 물품반입확인서를 발급하지 아니한다.
① 시험·연구용 제품의 생산을 위한 원재료
② 내국작업용 원재료
③ **국내로 수입하려는 물품의 제조·가공 등에 필요한 원재료**

(6) 보세공장 외 일시 물품장치 등 기출 2022~2023

1) 보세공장 외 일시 물품장치

운영인은 해당 보세공장에 반입하려는 물품과 반입된 물품, 해당 보세공장에서 생산된 재공품 및 제품 중 거대 중량(부피)의 물품 또는 특수보관이 필요한 물품으로서 다른 보세작업의 수행에 지장이 있는 경우에는 세관장의 허가를 받아 해당 물품을 보세공장 외의 장소에 장치(이하 "장외일시장치")할 수 있다.

2) 보세공장 외 일시 물품장치의 허가

보세공장 외 일시 물품 장치허가(정정)신청서를 제출받은 세관장은 신청물품이 다른 보세작업의 수행에 지장을 초래하는지, 그 밖의 장치기간·장소 및 신청사유 등이 보세화물의 감시감독에 지장을 초래하는지 등을 심사하여 1년 6개월의 범위에서 이를 허가할 수 있다. 다만, 재해 그 밖에 부득이한 사유가 있는 경우에는 세관장의 허가를 받아 장치장소를 변경하거나 1년 6개월의 범위에서 장치기간을 연장할 수 있다.

3) 장외일시장치 물품에 대한 수출입신고 등

장외일시장치 물품은 **장외일시장치 장소에 장치한 상태에서 수출입신고, 양수도 또는 폐기처분 등을 할 수 있다.**

4) 장외일시장치 물품의 반입

운영인은 장외일시장치 허가를 받은 물품을 허가일부터 30일 이내에 허가받은 장소에 반입하여야 하며, **장외일시장치장소에 반입된 물품은 허가기간이 종료될 때까지 보세공장에 있는 것으로 본다.** 이 경우 해당 물품의 반출신고 및 보세운송신고는 장외일시장치허가서로 갈음하며, 허가받은 물품을 장외장치장으로 직접 반입하려는 경우에는 원재료의 장외작업장소 직접 반입 규정을 준용한다.

5) 장외일시장치 물품의 처리

운영인은 장외일시장치 물품을 보세공장에 반입하는 때에는 세관장에게 보세공장물품 반출(입)신고(승인)서를 제출하여야 하며, 세관장은 허가기간이 경과한 물품이 장외일시장치장소에 장치되어 있는 경우에는 해당 물품의 허가받은 운영인으로부터 그 관세를 즉시 징수한다.

6) 장외일시장치 장소의 등록

동일한 장외장치 장소에서 반복적으로 보세공장 외 일시 물품 장치허가를 받고자 하는 운영인은 사전에 장외일시장치 장소를 관할하는 세관장에게 장외장치장 장외작업장 등록(변경) 신청서를 제출하여 장외일시장치 장소를 등록(변경하는 경우 포함)할 수 있다.

5 보세공장 반입물품의 사용신고

(1) 사용신고

운영인은 보세공장에 반입된 물품을 그 사용 전에 세관장에게 사용신고를 하여야 한다. 이 경우 세관공무원은 그 물품을 검사할 수 있다.

(2) 요건 확인

사용신고를 한 외국물품이 마약, 총기 등 다른 법령에 따라 허가·승인·표시 또는 그 밖의 요건을 갖출 필요가 있는 물품으로서 관세청장이 정하여 고시하는 물품인 경우에는 세관장에게 그 요건을 갖춘 것임을 증명하여야 한다.

6 보세공장 외 작업 기출 2023~2024

(1) 장외작업의 허가 기출 2023~2024

1) 의의

세관장은 가공무역이나 국내산업의 진흥을 위하여 필요한 경우에는 대통령령으로 정하는 바에 따라 기간, 장소, 물품 등을 정하여 해당 보세공장 외에서 제조·가공 또는 이와 비슷한 작업(이하 "장외작업")을 허가할 수 있다. 보세공장 외 작업허가를 신청하려는 자는 허가절차의 신속한 진행을 위하여 그 신청 전에 작업장소를 세관장에게 알릴 수 있으며, 허가를 한 경우 세관공무원은 해당 물품이 보세공장에서 반출될 때에 이를 검사할 수 있다.

2) 장외작업장의 등록 등

장외작업을 하려는 운영인은 세관장에게 장외작업장 등록신청서를 제출하여 장외작업장소를 등록하고, 임가공계약서 등 임가공계약을 확인할 수 있는 서류 사본 1부(전산시스템에 의한 신고의 경우 제출생략)를 첨부하여 세관장에게 장외작업허가를 받아야 한다. 이 경우 세관장은 작업에 소요되는 원재료를 부정하게 유출할 우려가 있다고 인정되는 물품 또는 공장에 대하여는 장외작업을 허가하여서는 아니 된다.

3) 장외작업의 허가기간

장외작업 허가신청을 받은 세관장은 6개월의 범위에서 기간과 장소를 정하여 장외작업을 허가할 수 있다. 다만, 다음의 어느 하나의 경우에는 해당 기간의 범위에서 장외작업을 허가할 수 있다.

① **임가공계약서 등으로 전체 작업 내용(작업장소, 작업종류, 예상 작업기간 등)을 미리 알 수 있어 여러 작업을 일괄적으로 허가하는 경우 : 1년**
② 물품 1단위 생산에 장기간이 소요된다고 세관장이 인정하는 경우 : 2년

4) 장외작업의 포괄허가

세관장은 다음의 어느 하나에 해당하는 경우에는 장외작업 기간 동안 생산하는 물품과 소요 원재료를 포괄하여 장외작업을 허가할 수 있다. 이 경우 임가공계약서 등에 작업공정별 작업장소, 작업기간, 생산하는 물품 및 소요원재료 등이 명시되어 있어야 한다.
① 제조공정상 동일한 장외작업장에서 연속하여 작업수행이 필요한 경우
② 장외작업장, 다른 보세공장 및 자유무역지역 간에 한 곳 이상의 장외작업장 등에서 연속하여 작업수행이 필요한 경우

5) 허가 여부의 결정 및 통지

세관장은 허가의 신청을 받은 날부터 10일 이내에 허가 여부를 신청인에게 통지하여야 한다. 세관장이 해당 기간 내에 허가 여부 또는 민원 처리 관련 법령에 따른 처리기간의 연장을 신청인에게 통지하지 아니하면 그 기간(민원 처리 관련 법령에 따라 처리기간이 연장 또는 재연장된 경우에는 해당 처리기간을 말한다)이 끝난 날의 다음 날에 허가를 한 것으로 본다.

6) 장외작업의 허가정정

운영인은 허가받은 장외작업 내용이 변경된 경우 세관장에게 장외작업 허가정정 신청서를 제출하여 장외작업허가 내용을 정정신청 하여야 한다. 이 경우 업종에 따라 잦은 제작(설계) 변경 등으로 허가내용을 수시로 정정하여야 하는 경우 세관장이 타당하다고 인정하는 경우에 한하여 완료보고 전에 사용된 원재료 실소요량으로 일괄하여 1건으로 정정신청을 할 수 있다.

(2) 장외작업의 기간연장 기출 2023

1) 의의

장외작업허가를 받은 자는 재해나 그 밖의 부득이한 사유로 허가받은 작업기간의 연장이나 작업장소의 변경이 필요한 경우에는 세관장에게 1년의 범위에서 작업기간의 연장이나 작업장소의 변경허가를 신청할 수 있다.

2) 장외작업 기간연장 등의 사유

세관장은 다음의 어느 하나에 해당하는 경우에는 운영인으로부터 장외작업 기간연장(장소변경) 승인신청을 받아 승인할 수 있다.

① **거대중량 또는 원보세공장의 장치공간 부족 등의 사유로 1년의 범위에서 계속하여 장치하려는 경우**
② 재해 그 밖에 부득이한 사유로 1년의 범위에서 작업기간을 연장하려는 경우
③ 재해 그 밖에 부득이한 사유로 장외작업 장소를 변경하려는 경우

(3) 장외작업장

1) 물품의 반입

허가를 받아 지정된 장소(장외작업장)에 반입된 외국물품은 지정된 기간이 만료될 때까지는 보세공장에 있는 것으로 보며, 세관장은 허가를 받은 보세작업에 사용될 물품을 관세청장이 정하는 바에 따라 장외작업장에 직접 반입하게 할 수 있다.

2) 장외작업장과 다른 보세공장 간 물품의 이동

① 운영인은 원보세공장과 장외작업장 또는 장외작업장과 장외작업장 간의 원재료 및 제품을 이동할 때에 물품 반출입 내역을 자체적으로 기록·유지하는 경우에는 반출입신고 겸 보세운송신고를 생략할 수 있으며, 장외작업장과 다른 보세공장 간의 원재료 및 제품의 이동은 보세운송절차에 따른다.

② 운영인은 장외작업허가를 받은 원재료 및 제품의 운송 시에는 보세운송등록 차량, 원보세공장 또는 장외작업장 소유의 차량을 이용하여야 한다. 이때 원보세공장 또는 장외작업장 소유의 차량을 이용하려는 경우 해당 운영인은 사전에 관할세관장에게 보세운송신고자로 등록하여야 한다.

3) 장외작업장에서의 수출신고 등

장외작업의 허가를 받아 보세작업한 물품과 그 잉여물품은 장외작업장소에 장치한 상태에서 원보세공장 관할세관으로 수출·수입신고, 양수도, 다른 보세구역 또는 자유무역지역 입주기업체로의 반출신고, 폐기신청, 장외일시장치신청 등을 할 수 있다. 다만, 세관장이 보세화물의 관리·감독상 필요하다고 판단하거나 검사대상물품으로 선별한 경우에는 원보세공장으로 반입하여야 하며, 거대중량 등 부득이한 사유로 반입하기 곤란한 물품은 장외작업 장소에서 확인하여야 한다.

(4) 장외작업의 완료보고

운영인은 허가받은 기간이 끝나는 날부터 5일 이내에 세관장에게 장외작업 완료보고서를 제출하여야 한다. 이 경우 동일장소 또는 동일계약에 따른 여러 건의 장외작업허가를 일괄하여 1건으로 완료보고 할 수 있다.

(5) 관세의 징수

장외작업 허가기간이 경과한 물품이 장외작업장에 장치되어 있는 경우, 세관장은 해당 물품의 허가를 받은 보세공장 운영인으로부터 그 관세를 즉시 징수한다.

(6) 물품의 관리·감독 [기출 2023]

① 장외작업의 허가를 받은 물품은 **원보세공장 관할세관에서 관리**한다. 다만, 보세공장과 장외작업장소가 서로 다른 세관의 관할구역에 있어 **관리가 어렵다고 인정되는 경우에는 장외작업장소 관할세관장에게 구체적으로 확인할 사항을 통보하여 관리·감독을 의뢰**할 수 있다.

② 장외작업 물품의 관리·감독을 의뢰받은 세관장은 해당 작업장의 관리·감독과정에서 보세화물의 관리가 부적절하다고 인정되는 경우에는 즉시 장외작업허가 세관장에게 그 사실을 통보하여야 한다.

7 보세공장 반입물품의 과세방법 기출 2022~2023

(1) 제품과세 기출 2022

1) 원칙

외국물품이나 **외국물품과 내국물품을 원료로 하거나 재료로 하여 작업을 하는 경우 그로써 생긴 물품은 외국으로부터 우리나라에 도착한 물품**으로 본다. 즉, 해당 물품을 수입하는 경우에는 수입신고를 하는 때의 제품의 성질과 수량에 따라 관세를 부과한다.

2) 예외(외국물품과 내국물품의 혼용)

① 의의 : 세관장의 승인을 받고 외국물품과 내국물품을 혼용하는 경우에는 그로써 생긴 제품 중 해당 외국물품의 수량 또는 가격에 상응하는 것은 외국으로부터 우리나라에 도착한 물품으로 본다. 즉, 해당 물품을 수입하는 경우에는 전체 물품 가격 중에서 외국물품이 차지하는 비율에 대하여만 관세를 부과한다.

② 승인의 요건 : 외국물품과 내국물품의 혼용에 관한 승인을 할 수 있는 경우는 작업의 성질·공정 등에 비추어 당해 작업에 사용되는 외국물품과 내국물품의 품명·규격별 수량과 그 손모율이 확인되고, 과세표준이 결정될 수 있는 경우에 한한다.

③ 승인신청의 생략 : 세관장은 상기 ②에 의한 승인을 얻은 사항 중 혼용하는 **외국물품 및 내국물품의 품명 및 규격이 각각 동일하고, 손모율에 변동이 없는 동종의 물품을 혼용하는 경우에는 새로운 승인신청을 생략**하게 할 수 있다.

(2) 원료과세 기출 2021~2023

1) 원료과세 적용신청

보세공장에서 제조된 물품을 수입하는 경우 **사용신고 전에 미리 세관장에게 해당 물품의 원료인 외국물품에 대한 과세의 적용을 신청한 경우**에는 관세법 제16조(과세물건 확정의 시기)에도 불구하고 **사용신고를 할 때의 그 원료의 성질 및 수량에 따라 관세를 부과**한다.

2) 원료과세 포괄적용 신청

① 의의 : 세관장은 대통령령으로 정하는 기준에 해당하는 보세공장에 대하여는 1년의 범위에서 원료별, 제품별 또는 보세공장 전체에 대하여 원료과세 신청을 하게 할 수 있다.

② 원료과세 포괄적용 신청 기준
  ㉠ 최근 2년간 생산되어 판매된 물품 중 수출된 물품의 가격 비율이 100분의 50 이상일 것
  ㉡ 수출입 안전관리 우수업체로 공인된 업체가 운영할 것
  ㉢ 내·외국 원재료별 품명, 규격, 소요량, 재고 등이 전산시스템에 의하여 명확하게 기록·관리되는 경우
③ 원료과제 포괄적용의 정정 : 운영인이 원료과세 적용 신청내역을 정정하려는 때에는 원료과세 포괄적용 정정신청(승인)서를 전산시스템으로 전송하여야 하며, 세관장이 정정신청 내용의 확인을 위하여 증명자료를 요청하는 경우에는 이를 제출하여야 한다.

3) 협정관세의 적용신청

원료과세 적용신청 물품에 대해 FTA 협정관세를 적용받으려는 자는 사용신고를 할 때 해당 원산지와 원산지증명서 구비 여부(Y), 세율란(FTA 관세율)을 기재하여 사용신고하여야 하며, 제품 수입신고를 할 때 협정관세적용신청서와 함께 해당 사용신고서를 첨부하여야 한다.

8 수출·수입 또는 국외반출의 신고 기출 2023

(1) 수출입의 신고

보세공장에서 제조·가공한 물품을 운영인이 수출 또는 수입을 하거나 양수한 자가 수출, 수입하려는 경우(보세공장에서 제조·가공하여 외국의 제3자와의 거래관계에 의하여 국내업자가 수출, 수입하는 경우 포함)에는 세관장에게 신고하여야 한다.

(2) 수입신고 대상물품

다음의 어느 하나에 해당하는 물품은 수입신고를 하여야 하며, 세관장은 필요한 경우 관련 증명자료의 제출을 요구할 수 있다.
① 보세공장에서 생산한 제품과 잉여물품 중 국내로 수입하려는 물품
② 수입통관 후 보세공장에서 사용할 물품
③ 보세공장으로부터 수입한 물품을 하자보수, 하자발생 등에 따른 반송 등의 목적으로 반입되어 외국물품 또는 환급대상 내국물품을 사용하여 수리 후 다시 반출하는 물품 또는 그 대체품

④ 해당 보세공장의 시설을 이용하여 연구·시험용 제품의 제조·가공에 사용하는 원재료를 사용하여 제조·가공된 물품 중 시험·연구용 물품
⑤ 원상태 수입이 허용된 원재료로서 세관장이 그 사유와 증명자료 심사결과 타당하다고 인정하는 원재료

(3) 관할세관장 신고

운영인이 단일보세공장에 반입된 물품 및 다른 보세공장 일시보세작업으로 생산한 물품과 잉여물품 등을 수출 또는 수입신고하려는 경우에는 해당 물품이 장치된 보세구역을 관할하는 세관장에게 하여야 한다.

(4) 국외반출의 신고

운영인이 원재료 원상태 국외반출이 허용된 물품을 국외로 반출하려는 경우에는 상기 (1)에서 정하는 수출의 절차에 따른다. 다만, 사용신고를 하지 아니한 물품은 「반송절차에 관한 고시」의 규정에 따른다.

(5) 원료과세 적용물품의 수입신고

원료과세 적용물품을 수입하는 경우에는 제품과 원료를 란을 달리하여 신고하여야 한다.

(6) 수입신고전 즉시반출신고를 한 잉여물품의 수입신고 기출 2023

수입신고전 반출한 잉여물품은 반출신고서를 제출한 날로부터 10일 이내에 수입신고서에 다음의 서류를 첨부하여 세관장에게 수입신고 하여야 한다. 이 경우 10일 이내의 반출한 물품을 일괄하여 수입신고 할 수 있다.
① 보세공장 잉여물품 수입신고전 반출신고서
② 송품장 및 포장명세서
③ 매매계약서(필요한 경우에 한함)

(7) 통관이행내역의 등록

운영인은 상기 (6)에 따른 수입신고가 수리된 경우에는 화물관리시스템으로 제출한 보세공장 잉여물품 수입신고전 반출신고서 목록을 조회하여 통관이행내역을 등록하여야 한다. 다만, 상기 (6)에 따른 수입신고 시 즉시반출신고번호를 기재하여 신고하는 경우에는 통관이행내역 등록 절차를 생략할 수 있다. 수입신고전의 잉여물품 반출과 관련한 즉시반출업체 및 물품의 지정절차 등에 대해서는 「수입통관 사무처리에 관한 고시」를 적용한다.

9 보세공장 보세운송의 특례 [기출 2021]

(1) 보세운송 특례적용 대상물품

세관장은 다음의 어느 하나에 해당하는 물품에 대하여 보세운송신고 수리를 전산에서 자동수리하게 할 수 있다.
① 동일법인 보세공장(자유무역지역 입주기업체 및 복합물류보세창고 포함) 간 반출입물품
② 원재료 등 상호 반출입이 빈번한 보세공장(자유무역지역 입주기업체 및 복합물류보세창고 포함) 간 반출입물품
③ FTA형 특별보세공장 반출입물품

(2) 보세운송 특례적용의 승인

상기 (1)에 따른 물품 반출입절차를 이용하려는 운영인은 보세공장 관할지 세관장에게 보세공장 보세운송 특례적용 신청(승인)서를 제출하여 세관장의 승인을 받아야 한다.

(3) 보세운송 특례적용의 일괄승인

보세공장 보세운송 특례적용 신청(승인)서를 접수한 세관장은 해당 보세공장, 복합물류보세창고 및 자유무역지역을 관할하는 세관장과 협의하여 다음의 사항을 충족하고 보세화물관리에 지장이 없다고 인정하는 경우에는 이를 일괄하여 승인하고 전산시스템에 해당 보세구역 부호 및 자유무역지역 입주기업체 부호를 등록하여야 하며, 운영인은 보세운송물품의 내용과 반출입물품의 내용을 보세사로 하여금 확인하도록 하여야 한다.
① 동일법인 보세공장 간 반출입 물품
  ㉠ 보세공장, 복합물류보세창고 및 자유무역지역 입주기업체의 물품관리체계상 반출입 물품관리에 지장이 없는 경우
  ㉡ 담보제공 생략자 또는 포괄담보제공업체에 해당하는 경우
  ㉢ 자유무역지역 입주기업체 중 제조업종의 사업이나 포장·보수·가공·조립 등 복합물류 관련 사업을 하는 경우
② 원재료 등 상호 반출입이 빈번한 보세공장 간 반출입물품
  ㉠ 해당 업체 중 어느 하나라도 수출입 안전관리 우수업체 또는 법규수행능력 우수업체인 경우(이 경우 보세운송신고를 전산에서 자동수리하게 할 수 있다)
  ㉡ 최근 3개월의 해당 업체 간 반출입 횟수가 월평균 20회 이상인 경우. 다만, 해당

보세공장(자유무역지역 입주기업체 또는 복합물류보세창고 포함)이 모두 수출입 안전관리 우수업체인 경우 반출입 횟수와 상관없이 특례를 적용할 수 있다.

ⓒ 자유무역지역 입주기업체 중 제조업종의 사업이나 포장·보수·가공·조립 등 복합물류 관련 사업을 하는 경우

③ FTA형 특별보세공장 반출입물품

㉠ FTA형 특별보세공장으로 특허받은 경우

㉡ FTA형 특별보세공장의 상대 보세공장이 수출입 안전관리 우수업체 또는 법규수행능력 우수업체에 해당하는 경우

(4) 보세운송 특례적용의 해제 [기출 2021]

세관장은 다음의 어느 하나에 해당하는 경우에는 보세공장 보세운송 특례절차의 적용을 해제할 수 있다. 이 경우 ③ 및 ④는 상기 (1)의 ②의 물품에 대하여 적용하고, ③ 및 ⑤는 상기 (1)의 ③의 물품에 대하여 적용한다.

① 운영인이 보세공장 보세운송 특례적용 정정(해제)신청서를 제출한 때
② 물품의 반입정지처분을 받은 때
③ 수출입 안전관리 우수업체 또는 법규수행능력 우수업체에 해당하지 아니한 때
④ 보세공장 간 반출입 횟수가 최근 3개월의 월평균 10회 미만인 때
⑤ FTA형 특별보세공장의 기준에 부합하지 아니할 때

10 잉여물품의 처리 [기출 2022]

(1) 잉여물품의 기록 [기출 2022]

운영인은 **잉여물품이 발생한 때에는 잉여물품 관리대장에 잉여물품의 형태, 품명·규격, 수량 또는 중량 및 발생사유를 기록**하여야 하며, 잉여물품을 다른 보세작업에 사용하고자 하는 경우에는 잉여물품 관리대장에 그 내용을 기록한 후 사용하여야 한다.

(2) 잉여물품의 폐기승인

잉여물품을 폐기하려는 운영인은 세관장의 승인을 받아야 하며, 이 경우 세관장은 해당 물품의 성질, 폐기장소 및 폐기방법 등을 고려하여 필요하다고 인정되는 경우에는 세관공무원을 입회시킬 수 있다. 다만, 기업의 영업비밀 또는 보안상의 사유로 해당 보세공장의 자체 시설을 이용하여 잉여물품의 원형을 변형하려는 경우에는 별도의 폐기승인

절차 없이 잉여물품 등에 대한 원형변형 작업을 할 수 있으며, 이 경우 운영인은 작업내역을 자체적으로 기록·유지하여야 한다.

(3) 폐기물품의 완료보고 기출 2022

운영인이 **승인받은 물품을 폐기할 경우**에 세관공무원은 **폐기물품의 품명, 규격 및 수량 등이 현품과 일치하는지를 확인**하여야 하며, **폐기를 완료한 운영인은 관련 자료를 첨부하여 세관장에게 폐기 완료일로부터 30일 이내에 폐기완료보고**를 하여야 한다. 이 경우 세관장은 **폐기 후 잔존물이 실질적인 가치가 있을 때에는 폐기 후의 물품의 성질과 수량에 따라 관세 등을 징수**하여야 한다.

(4) 잉여물품의 확인

운영인이 기록된 잉여물품을 수입신고전 반출신고, 수입 또는 수출하고자 하는 때에는 보세사가 확인한 잉여물품확인서를 제출하여야 하며, 일시적으로 보세사가 확인할 수 없는 부득이한 사유가 있는 운영인은 세관장으로부터 잉여물품확인서를 확인받아 제출하여야 한다. 다만, 수입신고전 즉시반출신고 후 수입신고하는 경우에는 반출일로부터 10일 이내에 수입신고하는 때까지 잉여물품확인서를 제출할 수 있다.

(5) 자체폐기 대상물품의 지정 기출 2022

세관장은 운영인이 잉여물품을 폐기하는 때에는 **수출입 안전관리 우수업체, 법규수행능력평가 우수업체** 등 성실하다고 인정하는 업체 중 폐기 후의 잔존물이 실질적 가치가 없는 물품에 대하여는 **업체의 신청을 받아 사전에 자체폐기 대상물품으로 지정**할 수 있다. 이 경우 폐기수량 확인 및 폐기방법 등에 대하여는 특정 폐기물 처리업체 등으로부터 폐기물처리 완료증명서를 제출받아 보세공장 운영인이 자체적으로 대장관리 하도록 하며, 세관장은 재고조사 시에 이를 일괄하여 확인함으로써 폐기신청, 폐기 시 입회확인 및 폐기완료보고 등을 생략하게 할 수 있다.

(6) 다른 보세공장에서의 폐기

운영인은 잉여물품의 폐기장소가 다른 보세공장인 경우에는 보세운송절차에 의하여 다른 보세공장으로 반출하여 폐기하여야 하며, 세관장은 세관공무원의 입회가 필요한 물품으로 폐기장소가 세관관할구역을 달리하는 경우에는 관할지 세관장에게 세관공무원의 입회를 의뢰할 수 있다.

(7) 일회용 포장재에 대한 처리

상기 (1) 및 (5)에도 불구하고 잉여물품이 사용신고 시 따로 신고하지 아니하는 일회용 포장재로서 반복사용하지 아니하는 물품인 경우에는 해당 원재료의 사용신고수리로써 폐기처분승인을 받은 것으로 본다. 이 경우 폐기에 따른 입회 및 폐기완료보고는 생략한다.

(8) 다른 보세공장 등에서의 작업

1) 불량 검사 및 재생작업

운영인은 잉여물품의 불량 여부 검사 또는 자원재활용을 위한 재생작업 등을 위하여 다른 보세공장이나 보세공장 이외의 장소로 반출하고자 하는 때에는 장외작업 및 다른 보세공장 등 일시 보세작업절차를 준용하여 반출입할 수 있다.

2) 실제 중량 측정

세관장은 잉여물품의 실제 중량을 측정하기 위하여 보세공장 외의 장소로 반출하는 것이 필요하다고 인정되는 경우에는 이를 허가할 수 있다. 이 경우 해당 장소에서 잉여물품의 수입신고가 수리되는 때에는 세관장은 화물관리시스템에 보세공장 외 일시 물품장치 허가승인 목록을 조회하여 통관이행내역을 등록·관리하여야 한다.

(9) 장외일시장치장소로의 반출

세관장은 잉여물품 즉시반출업체로 지정받은 운영인이 즉시반출물품으로 지정받은 잉여물품을 실제 중량을 측정하기 위하여 등록된 장외일시장치장소로 반출하는 경우에 보세공장 외 일시 물품 장치허가(정정)를 전산에서 자동수리 할 수 있다.

11 자율관리보세공장의 특례 기출 2023

(1) 자율관리보세공장의 특례사항

세관장은 자율관리보세공장으로 지정받은 자에게 다음의 특례를 적용한다. 세관장은 다음의 특례사항 중 자율관리보세공장 운영인이 신청하는 특례적용대상을 자율관리보세공장 지정서에 기재하여 교부하여야 한다.

① 공휴일(근로자의 날 및 토요일 포함), 야간 등 개청시간 외에 보세공장에 반입된 물품(장외작업장에 직접 반입된 물품 포함)을 사용하려는 경우에는 사용 전 사용신고를 공휴일 또는 야간 종료일 다음날까지 사용신고 할 수 있다. 다만, 세관장 확인대

상 외국물품은 제외한다.
② 다른 보세공장 일시 보세작업 장소가 자율관리보세공장인 경우 보세운송절차를 생략할 수 있다.
③ 물품의 반출입을 할 때 **동일법인에서 운영하는 자율관리보세공장 간이나, 동일법인에서 운영하는 자율관리보세공장과 자유무역지역 입주기업체 간에는 보세운송절차를 생략**할 수 있다.
④ 사용신고 특례적용을 위한 품목번호(HSK) 등록절차를 생략할 수 있다.
⑤ **연 1회 재고조사를 생략**할 수 있다.
⑥ 제12조 제3항(반입대상 물품) 및 제14조의(국외가공 등 원재료 원상태 반출) 물품 외에도 해당 보세공장의 특허 목적과 관련 있는 물품은 보세공장에 반입하거나 보세공장으로부터 반출할 수 있다.
⑦ 해당 보세공장에서 **생산된 수출물품이 무상으로 반출하는 상품의 견품 및 광고용품에 해당되고, 물품 가격이 미화 1만불(FOB기준) 이하인 경우 보세운송절차를 생략**할 수 있으며, 보세공장에서 생산된 물품이 장외일시장치장과 장외작업장에서 수출신고되는 경우에도 이와 같다.
⑧ 보세공장 장기재고 현황 및 처리계획 보고서의 제출을 생략할 수 있다.
⑨ 해당 보세공장의 견본품을 기업부설연구소로 반출할 때 장외작업절차를 준용하게 할 수 있다.
⑩ 장외작업 허가 신청 및 장외작업 완료보고서 제출을 생략하게 할 수 있다. 이 경우 보세공장 운영인은 장외작업장을 등록하여야 하며, 이때 세관장으로부터 장외작업 허가를 받은 것으로 본다.

(2) 자율관리보세공장의 의무

자율관리보세공장은 특례사항에 대한 업무절차 매뉴얼과 물품의 반출입 등 이동내용을 관리할 수 있는 내부통제시스템을 갖추어야 하며, 상기 **(1)**의 사용신고, 물품 반출입 내용 등은 보세사가 자체 기록·유지하고, 기록내용을 매분기 10일까지 세관에 제출하여야 한다.

12 재고조사

세관장은 제출한 원자재소요량을 계산한 서류의 적정 여부, 기장의무의 성실한 이행 여부 등을 확인하기 위하여 필요한 경우 보세공장에 대한 재고조사를 실시할 수 있다.

Ⅳ 보세전시장

1 의의 `기출 2021~2022`

보세전시장에서는 **박람회, 전람회, 견본품 전시회** 등의 운영을 위하여 외국물품을 **장치·전시**하거나 **사용**할 수 있다.

2 보세전시장 설치·운영의 특허 `기출 2021/2023~2024`

(1) 특허대상 `기출 2023`

보세전시장의 특허대상이 될 박람회 등은 주최자, 목적, 회기, 장소, 참가국의 범위, 전시 또는 사용될 외국물품의 종류와 수량, 회장에서 개최될 각종 행사의 성질 등 그 규모와 내용으로 보아 해당 박람회 등의 회장을 보세구역으로 하는 것이 타당하다고 세관장이 인정하는 경우에 한정한다. 다만, 외국물품의 판매를 주목적으로 점포 또는 영업장소에서 개인영리 목적으로 이루어지는 전시장은 그러하지 아니하다. **보세전시장의 운영인은 해당 박람회 등의 주최자 명의로서 하여야 한다.**

(2) 특허장소 `기출 2023`

보세전시장으로 특허를 받을 수 있는 장소는 해당 박람회 등의 전시장에 한정하며, 세관장은 그 박람회 등의 내용에 따라 전시장의 일정 지역을 한정하거나 전시장의 전부를 보세구역으로 특허할 수 있다.

(3) 특허기간 `기출 2021/2023~2024`

보세전시장의 특허기간은 해당 박람회 등의 회기와 그 회기의 전후에 박람회 등의 운영을 위한 외국물품의 반입과 반출 등에 필요하다고 인정되는 기간을 고려해서 세관장이 정한다. 다만, 부득이한 사유로 특허기간의 연장이 필요하다고 세관장이 인정하는 경우에는 그 기간을 연장할 수 있다.

(4) 특허장 교부

세관장이 보세전시장의 설치·운영에 대한 특허를 하였을 때에는 운영인에게 특허장을 교부하여야 한다.

3 물품의 반출입 기출 2023

(1) 반입물품의 범위 기출 2023

보세전시장에 반입이 허용되는 외국물품의 범위는 다음의 어느 하나에서 정하는 바와 같다.

① **건설용품** : 해당 보세전시장에 설치될 전시관, 사무소, 창고, 그 밖의 건조물의 건설 유지 또는 철거를 위하여 사용될 물품을 말하며, 여기에는 시멘트, 도료류, 접착제, 볼트, 합판 등의 건축자재와 토목기계, 건축기계, 각종공구 및 이에 사용될 연료나 기계류 등이 포함된다.

② **업무용품** : 해당 박람회 등의 주최자 또는 출품자가 보세전시장에서 그 업무수행을 위하여 사용할 물품을 말하며, 여기에는 사무소 또는 전시관에 비치된 가구, 장식품, 진열용구, 사무용비품 및 소모품 등이 포함된다.

③ **오락용품** : 해당 보세전시장에서 불특정 다수의 관람자에게 오락용으로 관람시키거나 사용하게 할 물품을 말하며 영화필름, 슬라이드, 회전목마 등이 포함된다.

④ **전시용품** : 해당 보세전시장에서 전시할 물품을 말한다.

⑤ **판매용품** : **해당 보세전시장에서 불특정 다수의 관람자에게 판매할 것을 목적으로 하는 물품**을 말하며, 판매될 물품이 전시할 기계류의 성능실연을 거쳐서 가공·제조되는 것인 때에는 이에 사용될 원료도 포함된다.

⑥ **증여물품** : 해당 보세전시장에서 불특정 다수의 관람자에게 증여할 것을 목적으로 하는 물품을 말하며, 다음과 같은 것이 이에 포함된다.
  ⊙ 광고용의 팸플릿(pamphlet), 카탈로그(catalog), 포스터(poster) 또는 이와 유사한 인쇄물
  ⓒ 관세법 제94조(소액물품 등의 면세) 제3호에서 관세가 면제될 진정견본
  ⓒ 관세법 제94조(소액물품 등의 면세) 제4호에서 관세가 면제될 소액 증여품

(2) 반출입의 신고

① 보세전시장에 물품을 반출입하려는 자는 세관장에게 반출입신고를 하여야 한다. 이 경우 보세운송된 물품은 반입 시 세관화물정보시스템의 반입예정정보와 대조 확인 후 반입신고를 전자문서로 제출할 수 있다.

② 물품을 반출입할 때에는 세관공무원을 입회시켜야 한다. 다만, 세관장이 입회할 필요가 없다고 인정할 때에는 예외로 한다.

4 물품의 검사 기출 2023

(1) 물품검사 기출 2023

① 세관장에게 반입신고를 한 외국물품이 보세전시장에 반입된 경우 운영인은 그 물품에 대하여 세관공무원의 검사를 받아야 한다.
② 운영인이 물품검사를 받으려는 때에는 외국물품 검사신청서 2부에 다음의 서류를 첨부하여 세관장에게 제출하여야 한다.
  ㉠ 반입신고서
  ㉡ 송품장, 그 밖에 과세가격 결정에 필요한 서류. 다만, 반입신고서 이외의 서류는 세관장이 이를 제출할 수 없는 부득이한 사유가 있다고 인정한 경우에는 그 제출을 생략하거나 사후에 제출하게 할 수 있다.
③ 세관장은 물품검사 결과 이상이 없으면 제출된 신청서에 "검사필"이라 기재하고 세관청인을 날인하여 신청인에게 1부를 교부한다. 다만, 검사결과 해당 물품이 정식으로 수입신고 수리를 받아야만 보세전시장에서 사용이 가능한 물품에 대하여는 신청서의 해당 물품란 여백에 "통관 후 사용할 것"이라 표시한 후 「수입통관사무처리에 관한 고시」에서 정하는 바에 따라 통관절차를 이행하도록 명령하여야 한다.

(2) 검사결과 상이물품 등의 처리

세관장은 반입신고된 물품이 반입대상물품에 속하지 아니하거나 신고내용과 현품이 다를 때에는 그 물품을 지체 없이 다른 보세구역으로 반출할 것을 설영인에게 명할 수 있다. 다만, 그 서로 다른 내용이 경미하고 그 물품이 해당 박람회 등의 운영상 필요한 것이라 인정되면 검사실적에 따라 적격품으로 처리할 수 있다.

(3) 내국물품

1) 반출입신고의 생략

보세전시장에서 사용될 내국물품에 대하여는 반출입의 신고를 생략한다. 다만, 그 내국물품이 다음의 어느 하나에 해당하는 때에는 그러하지 아니한다.
① 내국물품이 외국에서 생산된 제품으로서 보세전시장에 있는 외국물품과 구별할 필요가 있을 때
② 내국물품이 인화성 또는 폭발성 물질로서 안전관리상의 조치가 필요할 때
③ 해당 보세전시장에서 개최될 박람회 등의 운영과 관계가 없는 것일 때

2) 장치장소의 제한 등

위의 1)의 ①부터 ③까지에 해당하는 내국물품에 대하여는 세관장이 해당 내국물품의 장치장소를 제한하거나, 전시 또는 판매행위 등을 제한할 수 있다.

5 물품의 전시 기출 2021~2022

(1) 전시의 범위

보세전시장에서의 외국물품의 전시는 전시의 대상이 될 물품의 성능을 실연하기 위하여 이를 작동시키는 행위를 포함한다.

(2) 사용의 범위 기출 2021~2022

보세전시장에서 외국물품의 사용은 그 **물품의 성질 또는 수량에 변경을 가하거나 전시장에서 소비하는 행위를 포함**한다.

(3) 수입신고 수리 후 사용 가능 물품

보세전시장에 반입된 외국물품 중 수입신고 수리 후 사용이 가능한 물품은 다음의 어느 하나에서 정하는 바와 같다.
① **판매용품** : 보세전시장에서 불특정 다수의 관람자에게 판매할 것을 목적으로 하는 물품
② **오락용품** : 보세전시장에서 불특정 다수의 관람자에게 오락용으로 관람케하거나 사용하게 할 물품 중 유상으로 제공될 물품
③ **증여용품** : 보세전시장에서 불특정 다수의 관람자에게 증여할 목적으로 한 물품

(4) 소액증여품의 면세

증여용품 중 관세가 면제되는 물품은 주최자 또는 출품자가 전시장에서 관람자에게 무상으로 제공할 목적으로 수입하고 관람자 1명당 증여품의 가액이 미화 5달러 상당액 이하인 소액물품으로서 세관장이 타당하다고 인정하는 물품에 한정한다. 이 경우 소액증여품이 전시된 기계류의 성능실연 과정에서 제조되는 것일 때에는 그 제조용 원료도 포함된다.

6 보세전시장의 장치 제한 등 [기출 2022]

(1) 의의

세관장은 필요하다고 인정되는 때에는 보세전시장 안의 장치물품에 대하여 장치할 장소를 제한하거나 그 사용사항을 조사하거나 운영인으로 하여금 필요한 보고를 하게 할 수 있다.

(2) 판매용 외국물품의 사용 금지 [기출 2022]

보세전시장에 장치된 판매용 외국물품은 **수입신고가 수리되기 전에는 이를 사용하지 못**한다.

(3) 전시용 외국물품의 인도 금지 [기출 2022]

보세전시장에 장치된 전시용 외국물품을 현장에서 직매하는 경우 **수입신고가 수리되기 전에는 이를 인도하여서는 아니 된다.**

7 폐회 후의 물품처리 [기출 2023]

(1) 반송

박람회 등의 회기가 종료되면 해당 보세전시장에 있는 외국물품은 이를 외국으로 반송하는 것을 원칙으로 하며, 이 경우의 반송절차는 「반송절차에 관한 고시」를 적용한다.

(2) 수입신고

기증·매각됨으로써 보세전시장에 있는 외국물품을 국내로 반입하려는 자는 수입신고를 하여야 한다.

(3) 폐기승인

보세전시장에 있는 외국물품을 폐기하려는 때에는 미리 세관장의 승인을 받아야 한다. 폐기 후의 잔존물이 가치가 있는 때에는 폐기 후의 성질과 수량에 따라 관세를 부과한다.

(4) 다른 보세구역으로의 반출

회기가 종료되고 반송, 수입 또는 폐기처리 되지 아니한 외국물품은 해당 보세전시장의 특허기간에 지체 없이 다른 보세구역으로 반출하여야 한다.

8 운영인의 의무

(1) 물품 관리

① 운영인은 보세전시장에 있는 외국물품에 대하여 부정유출 방지 또는 안전관리를 위한 세관장의 명령을 준수하고 세관공무원의 지휘를 받아야 한다.
② 운영인은 인화성 또는 폭발성 물품에 대하여 「소방기본법」 등 관계 법령을 준수하여야 한다.

(2) 설비명령

운영인은 보세전시장에서의 외국물품의 관리에 필요한 시설을 설치하거나 물품검사에 필요한 기구를 비치할 것을 내용으로 하는 세관장의 명령이 있을 때에는 즉시 이를 실행하여야 한다.

Ⅴ 보세건설장

1 의의

보세건설장에서는 산업시설의 건설에 사용되는 외국물품인 기계류 설비품이나 공사용 장비를 장치·사용하여 해당 건설공사를 할 수 있다.

2 보세건설장의 특허 기출 2021/2024

(1) 특허의 제한

관세청장은 관세법 등 관계 법령에서 정하는 보세구역 설치·운영특허의 특허결격 사유 이외의 다음의 어느 하나에 해당하는 경우에는 보세건설장 설치·운영 특허를 하지 아니한다.
① 산업시설 공사의 규모, 수입물품의 종류, 수량 등에 비추어 통상의 수입통관 절차를 따르더라도 공사 진행에 지장이 없는 경우
② 기존 시설의 보수 및 개수를 하는 경우. 다만, 중요산업(관세감면 또는 분할납부 업종)으로서 보수 및 개수를 위하여 세관장이 타당하다고 인정되는 경우에는 그러하지 아니하다.

(2) 특허의 사유 기출 2021

세관장은 다음의 어느 하나에 해당하는 경우 보세건설장을 특허할 수 있다. 세관장은 보세건설장을 특허하였을 때에는 운영인에게 특허장을 교부하여야 한다.
① **「산업발전법」 제2조에 따른 업종에 해당하는 물품을 수입하는 경우**
② 중요산업(관세감면 또는 분할납부 업종)으로서 보수 및 개수를 위하여 세관장이 타당하다고 인정하는 경우
③ 외국인투자지역에 입주하는 외국인투자기업체
④ 공업단지입주기업체
⑤ 국가첨단전략산업에 해당하는 경우
⑥ ①부터 ⑤까지에 해당하지 아니하는 경우로서 정상 통관절차를 따르면 장기간이 소요되어 산업시설건설에 지장을 초래한다고 인정되는 산업 또는 기업체

(3) 특허의 갱신 등 기출 2021

1) 특허의 갱신신청

보세건설장의 특허를 갱신하려는 자는 특허기간 만료 30일 전까지 세관장에게 신청하여야 한다.

2) 특허의 연장신청

운영인은 건설물품의 반입 지연, 공사지체 등으로 특허기간 내에 건설공사의 완료가 곤란하다고 판단되어 그 기간을 연장하려는 경우 보세건설장 특허기간 연장신청서와 ① 공사진행 경과보고서 및 ② 건설물품 반입현황을 세관장에게 제출하여야 하며, 신청서류는 우편으로 제출할 수 있다.

3) 수용능력 증감승인

운영인은 특허면적 등 수용능력을 증감하려면 보세건설장 수용능력 증감신청(승인)서를 세관장에게 제출하고 승인을 받아야 한다.

4) 수용능력 증감공사의 완료보고

운영인은 **수용능력 증감공사를 완료한 때에는 지체 없이 그 사실을 세관장에게 통보**하여야 한다.

3 물품의 반출입 기출 2023

(1) 보세건설장 반입물품의 범위 기출 2023

보세건설장에 반입할 수 있는 물품은 상기 **1** 에 의한 외국물품 및 이와 유사한 물품으로서 **당해 산업시설의 건설에 필요하다고 세관장이 인정하는 물품**에 한한다.
① 산업시설 건설에 사용되는 외국물품인 기계류 설비품
② 산업시설 건설에 사용되는 외국물품인 공사용 장비
③ 산업시설에 병설되는 사무소, 의료시설, 식당, 공원, 숙사 등 부대시설을 건설하기 위한 물품
④ 그 밖에 해당 산업시설 건설의 형편상 필요하다고 인정되는 물품

(2) 보세건설장 반입물품의 장치 제한

세관장은 보세건설장에 반입된 외국물품에 대하여 필요하다고 인정될 때에는 보세건설장 안에서 그 물품을 장치할 장소를 제한하거나 그 사용상황에 관하여 운영인으로 하여금 보고하게 할 수 있다.

(3) 물품의 반출입

① 보세건설장에 물품을 반출입 하려는 자는 세관장에게 반출입신고를 하여야 한다. 이 경우 보세운송되어 반입된 물품은 반입 시 세관 화물정보시스템의 반입예정정보와 대조하여 확인한 후 반입신고를 전자문서로 제출할 수 있다.
② 자율관리보세구역으로 지정받은 경우 운영인은 내국물품의 반출입신고를 생략할 수 있다. 다만, 세관장이 필요하다고 인정하는 때에는 그러하지 아니하다.
③ 보세건설장에 물품을 반입 또는 반출하고자 할 때에는 세관공무원을 입회시켜야 한다. 다만, 세관장이 입회할 필요가 없다고 인정할 때에는 예외로 한다.

(4) 반입물품의 관리

운영인은 보세건설장에 반입하는 외국물품에 대하여는 다음의 사항을 확인할 수 있는 반출입신고서, 수입신고필증 등을 비치하고 반입물품을 관리하여야 한다.
① 해당 물품의 B/L번호·품명·수량·가격, 포장의 종류·기호·번호 및 개수
② 반입신고 연월일 및 신고번호
③ 수입신고 연월일, 수입신고번호, 검사 연월일, 사용 연월일, 수입신고수리 연월일
④ 그 밖에 세관장이 필요하다고 인정하는 사항

4 사용 전 수입신고 기출 2021~2022

(1) 수입신고 기출 2021~2022

운영인은 보세건설장에 외국물품을 반입하였을 때에는 **사용 전에 「수입통관 사무처리에 관한 고시」에 따라 해당 물품의 수입신고를 하고 세관공무원의 검사**를 받아야 한다. 다만, 세관공무원이 검사가 필요 없다고 인정하는 경우에는 검사를 하지 아니할 수 있다.

(2) 분할신고 물품의 처리 기출 2021

보세건설장에 반입하는 외국물품이 분할되어 신고되었을 때에는 **품목분류 등 수입통관에 관한 사항**은 「수입통관 사무처리에 관한 고시」를 **준용**한다.

5 건설공사 완료보고 기출 2022

보세건설장의 운영인은 사용 전 수입신고를 한 물품을 사용한 **건설공사가 완료된 때에는 지체 없이** 이를 세관장에게 보고하여야 한다.

6 보세건설물품의 가동 제한 등 기출 2021~2023

1) 수입신고 수리 전 사용 제한 기출 2021-2023

① 운영인은 보세건설장에서 건설된 시설의 전부 또는 일부를 사용 전 수입신고가 수리되기 전에 가동하여서는 아니 된다. 다만, 세관장의 승인을 받고 시험목적으로 일시 가동한 경우에는 그러하지 아니하다.

② 상기 3 의 (1)의 ①의 물품은 수입신고 후 사용하여야 하며, 상기 3 의 (1)의 ②부터 ④까지에 해당하는 물품은 수입신고 수리 전에 사용할 수 없다.

2) 잉여물품의 처리

보세건설장 운영인은 보세건설장 작업이 종료한 때에는 수입신고한 물품 중 잉여물품을 세관장에게 보고하여야 하며, 세관장은 잉여물품에 대하여 관세와 내국세 징수 등 해당 세액을 경정하여야 한다.

7 보세건설장 외 작업허가

(1) 의의

세관장은 보세작업을 위하여 필요하다고 인정될 때에는 대통령령으로 정하는 바에 따라 기간, 장소, 물품 등을 정하여 해당 보세건설장 외에서의 보세작업을 허가할 수 있다.

(2) 보세건설장 외 보세작업의 허가신청

보세건설장 외 보세작업의 허가를 받고자 하는 자는 보세건설장 외 보세작업 신청(허가)서를 세관장에게 제출하여야 한다.

(3) 보세건설장 외 보세작업 기간 등 변경

세관장은 재해 기타 부득이한 사유로 인하여 필요하다고 인정되는 때에는 보세건설장 운영인의 신청에 의하여 보세건설장 외에서의 보세작업의 기간 또는 장소를 변경할 수 있다.

8 특허상실 보세건설장 장치물품의 처리

특허상실 또는 특허기간이 만료된 보세건설장에 장치되어 있는 외국물품은 종류, 수량 등을 고려하여 특허상실 또는 특허기간 만료일로부터 6개월을 초과하지 않는 범위에서 세관장이 정한 기간 내에 다른 보세구역으로 반출하여야 한다. 다만, 보세구역 외 장치 사유가 있을 때에는 신청에 의하여 보세구역 외 장치를 허가할 수 있다.

Ⅵ 보세판매장

1 보세판매장의 개요

보세판매장이란 외국물품을 외국으로 반출하거나 외교관용 물품 등의 면세에 의해 관세의 면제를 받을 수 있는 자가 사용하는 것을 조건으로 외국물품을 판매할 수 있는 특허보세구역을 말한다.

2 보세판매장의 종류 기출 2021~2022

(1) 외교관면세점

"외교관면세점"이란 관세법 제88조(외교관용 물품 등의 면세) 제1항 제1호부터 제4호까지에 따라 관세의 면제를 받을 수 있는 자에게 판매하는 보세판매장을 말한다.

(2) 출국장면세점

"출국장면세점"이란 출국장에서 출국인 및 통과여객기(선)에 의한 임시체류인에게 판매하는 보세판매장을 말한다.

(3) 입국장면세점

"입국장면세점"이란 **외국에서 국내로 입국하는 자에게 물품을 판매할 목적으로 공항, 항만 등의 입국경로에 설치된 보세판매장**을 말한다.

(4) 시내면세점

"시내면세점"이란 공항 및 항만의 보세구역 이외의 장소에서 출국인 및 통과여객기(선)에 의한 임시체류인에게 판매하는 보세판매장을 말한다.

3 용어의 정의(보세판매장 운영에 관한 고시상의 정의) 기출 2022

(1) 중소·중견기업 제품 매장

"중소·중견기업 제품 매장"이란 「중소기업기본법」제2조에 따른 중소기업, 「중견기업 성장촉진 및 경쟁력 강화에 관한 특별법」제2조 제1호에 따른 중견기업 및 외국의 법령에 따라 중소기업 또는 중견기업으로 확인받은 업체가 제조·가공한 물품을 판매하는 장소를 말한다.

(2) 판매장

"판매장"이란 판매물품을 실제로 판매하는 장소인 매장과 계단·에스컬레이터·화장실·사무실 등 물품판매와 직접 관련이 없는 공용시설을 말한다.

(3) 인도장 기출 2022

"인도장"이란 시내면세점, 출국장면세점 및 전자상거래에 의하여 판매한 물품을 구매자에게 인도하기 위한 곳으로, 다음의 어느 하나에 해당하는 장소를 말한다.
① 출국장 보세구역 내 설치한 장소
② 외국무역선 및 외국여객선박의 선내
③ 통관우체국 내 세관통관장소
④ 항공화물탁송 보세구역
⑤ 세관장이 지정한 보세구역(자유무역지역을 포함한다)
⑥ 입국장 보세구역 내 설치한 장소(이하 "입국장 인도장")

(4) 출국장

"출국장"이란 공항·항만 보세구역 내에서 출국인 또는 통과여객기(선)에 의한 임시체류인이 항공기 또는 선박을 탑승하기 위하여 대기하는 장소를 말한다.

(5) 입국장

"입국장"이란 공항·항만 보세구역 내에서 입국인이 국내로 입국하기 위하여 대기하는 장소를 말한다.

(6) 출국인

"출국인"이란 출국하는 내국인 및 외국인을 말한다.

(7) 입국인

"입국인"이란 입국하는 내국인 및 외국인을 말한다.

(8) 외국인

"외국인"이란 다음의 어느 하나에 해당하는 자를 말한다.
① 대한민국의 국적을 가지지 아니한 자
② 재외국민으로서 거주지 국가의 영주권(영주권 제도가 없는 국가에서는 영주권에 갈음하는 장기체류 사증)이나 이민사증을 취득한 자 또는 영주할 목적으로 외국에 거주하고 있는 자로서 거주여권(PR)을 소지한 자
③ 해외이주자로서 해외이주신고확인서 및 영주할 목적인 재외국민으로서 재외국민등록부 등본을 소지한 자 또는 재외국민 주민등록증을 소지한 자

(9) 시설관리권자

"시설관리권자"란 공항·항만의 출·입국장 시설을 관리하는 자를 말한다.

(10) 통합물류창고

"통합물류창고"란 보세판매장 협의단체장이 회원사의 원활한 보세화물관리와 물류지원을 위하여 보세판매장의 보관창고와 동일한 기능을 수행하기 위해 설치한 곳을 말한다.

4 보세판매장의 특허

(1) 보세판매장의 특허 비율

1) 원칙

① 대기업과 중소기업의 배분 원칙 : 세관장은 관세법 제196조 제1항에 따라 물품을 판매하는 보세판매장(출국장면세점, 입국장인도장 및 외교관면세점) 특허를 부여하는 경우에 중소기업 및 중견기업으로서 매출액, 자산총액 및 지분 소유나 출자 관계 등이 대통령령으로 정하는 기준에 맞는 기업 중 특허를 받을 수 있는 요건을 갖춘 자(이하 "중소기업 등")에게 대통령령으로 정하는 일정 비율 이상의 특허를 부여하여야 하고, 상호출자제한기업집단에 속한 기업에 대해 대통령령으로 정하는 일정 비율 이상의 특허를 부여할 수 없다.

② **중소기업 등의 요건** : 세관장은 중소기업 등 중에서 특허를 받을 수 있는 요건을 갖춘 자에게 보세판매장 총 특허 수의 100분의 30 이상(2017년 12월 31일까지는 보세판매장 총 특허 수의 100분의 20 이상)의 특허를 부여하여야 한다.

㉠ 공고일 직전 3개 사업연도의 매출액(기업회계기준에 따라 작성한 손익계산서상의 매출액으로서, 창업·분할·합병의 경우 그 등기일의 다음 날 또는 창업일이 속하는 사업연도의 매출액을 연간 매출액으로 환산한 금액을 말하며, 사업연도가 1년 미만인 사업연도의 매출액은 1년으로 환산한 매출액을 말한다)의 평균금액이 5천억원 미만인 기업일 것

㉡ 자산총액(공고일 직전 사업연도 말일 현재 재무상태표상의 자산총액을 말한다)이 1조원 미만인 기업일 것

㉢ 자산총액이 1조원 이상인 법인(외국법인을 포함한다)이 주식 또는 출자지분의 100분의 30 이상을 직접적 또는 간접적으로 소유하고 있는 기업이나 자산총액이 1조원 이상인 법인(외국법인을 포함한다)과 지배 또는 종속의 관계에 있는 기업이 아닐 것.

③ **상호출자제한기업집단** : 세관장은 상호출자제한기업집단에 속한 기업에 대하여 보세판매장 총 특허 수의 100분의 60 이상의 특허를 부여할 수 없다.

2) 예외

다만, 세관장은 관세법 제196조 제2항에 따라 물품을 판매하는 보세판매장(입국장면세점)의 경우에는 중소기업 등에게만 특허를 부여할 수 있다.

(2) 보세판매장 특허 비율 비적용

1) 의의

상기 1)의 ①에도 불구하고 기존 특허가 만료되었으나 신규 특허의 신청이 없는 등 대통령령으로 정하는 경우에는 상기 1)의 ①을 적용하지 아니한다.

2) 기존 특허가 만료되었으나 신규 특허의 신청이 없는 등 대통령령으로 정하는 경우

이는 기존 특허의 기간 만료, 취소 및 반납 등으로 인하여 보세판매장의 설치·운영에 관한 특허를 부여하는 경우로서 다음의 모두에 해당하는 경우를 말한다.

① 중소기업 등 외의 자에게 특허를 부여할 경우 특허 비율 요건을 충족하지 못하게 되는 경우

② 특허의 신청자격 요건을 갖춘 중소기업 등이 없는 경우

(3) 보세판매장 특허의 기준

1) 특허의 요건

① 자본금 10억원 이상의 법인일 것. 다만, 같은 법인이 두 곳 이상의 보세판매장을 설치·운영하려는 경우 두 번째 보세판매장부터는 추가로 특허장소별로 5억원 이상의 자본금을 보유할 것
② 장치면적 등 시설요건을 충족할 것. 다만, 한시적으로 시내면세점을 설치한 경우에는 예외로 한다.

2) 시설요건

보세판매장의 판매장과 보관창고의 장치면적 등 시설요건은 다음과 같다. 보세판매장을 설치·운영하려는 자(이하 "특허 신청자")는 세관장이 명하는 시설·기계 및 기구를 설치해야 하며, 보석류를 판매하려는 때에는 세관감정용 다이아몬드 테스터기 및 보석 현미경 등을 보세판매장에 비치하여야 한다.

① 외교관면세점

서울특별시 내에 한하며, 판매장 및 보관창고를 각각 별도로 설치하되 세관장이 보세화물 관리에 적정하다고 인정하는 면적

② 출국장면세점

㉠ 판매장출국장의 사정에 따라 사전 협의된 장소의 범위 내에서 세관장이 인정하는 면적
㉡ 보관창고판매장과 동일 출국장 내에 위치(다만, 세관장이 보세화물의 감시감독에 지장이 없다고 인정하는 경우 공항·항만 보안구역에 위치할 수 있다)

③ 입국장면세점

㉠ 판매장 : 입국장의 사정에 따라 사전 협의된 장소의 범위 내에서 세관장이 인정하는 면적
㉡ 보관창고 : 판매장과 동일 입국장 내에 위치(다만, 세관장이 보세화물의 감시감독에 지장이 없다고 인정하는 경우 공항·항만 보안구역에 위치할 수 있다)

④ 시내면세점

㉠ 서울과 부산지역 : 판매장 $496m^2$ 이상, 보관창고 : $165m^2$ 이상
㉡ 기타 지역 : 판매장 : $331m^2$ 이상, 보관창고 : $66m^2$ 이상
㉢ 중소·중견기업 제품 매장 : 매장 면적의 100분의 20 이상 또는 $864m^2$ 이상(다만, 중소기업 및 중견기업이 운영하는 시내면세점은 매장 면적의 100분의 10 이

상 또는 288m² 이상)

(4) 보세판매장 특허 부여

1) 의의

보세판매장의 특허는 대통령령으로 정하는 일정한 자격을 갖춘 자의 신청을 받아 대통령령으로 정하는 평가기준에 따라 심사하여 부여한다. 기존 특허가 만료되는 경우(갱신되는 경우는 제외한다)에도 또한 같다.

2) 대통령령으로 정하는 일정한 자격을 갖춘 자

이는 특허보세구역의 설치·운영에 관한 특허를 받을 수 있는 요건을 갖춘 자를 말한다.

3) 대통령령으로 정하는 평가기준

이는 다음의 평가요소를 고려하여 관세청장이 정하는 평가기준을 말한다.
① 특허보세구역의 설치·운영에 관한 특허를 받을 수 있는 요건의 충족 여부
② 관세 관계 법령에 따른 의무·명령 등의 위반 여부
③ 재무건전성 등 보세판매장 운영인의 경영 능력
④ 중소기업제품의 판매 실적 등 경제·사회 발전을 위한 공헌도
⑤ 관광 인프라 등 주변 환경요소
⑥ 기업이익의 사회 환원 정도
⑦ 상호출자제한기업집단에 속한 기업과 중소기업 등 간의 상생협력을 위한 노력 정도

(5) 보세판매장의 특허수수료 기출 2021

1) 의의

보세판매장의 특허수수료는 운영인의 보세판매장별 매출액(기업회계기준에 따라 계산한 매출액을 말한다)을 기준으로 기획재정부령으로 정하는 바에 따라 다른 종류의 보세구역 특허수수료와 달리 정할 수 있다. 다만, 재난 및 안전관리 기본법 제3조 제1호의 재난으로 인하여 보세판매장의 영업에 현저한 피해를 입은 경우 보세판매장의 특허수수료를 감경할 수 있다.

2) 특허수수료의 계산

① 원칙 : 보세판매장 특허수수료는 보세판매장의 매장별 매출액을 기준으로 다음 표의 특허수수료율을 적용하여 계산한 금액으로 한다.

해당 연도 매출액	특허수수료율
2천억원 이하	해당 연도 매출액의 1천분의 1
2천억원 초과 1조원 이하	2억원 + (2천억원을 초과하는 금액의 1천분의 5)
1조원 초과	42억원 + (1조원을 초과하는 금액의 100분의 1)

② **예외** : 상기 ①에도 불구하고 다음의 어느 하나에 해당하는 경우에는 보세판매장 특허수수료는 해당 연도 매출액의 1만분의 1에 해당하는 금액으로 한다. 다만, ⓒ의 경우에는 해당 제품에 대한 해당 연도 매출액의 1만분의 1에 해당하는 금액으로 하고, 해당 제품에 대한 매출액을 제외한 매출액에 대한 보세판매장 특허수수료는 상기 ①에 따른다.

ⓐ 중소기업으로서 관세법 시행령 제192조의2 제1항 각 호의 요건을 모두 충족하는 기업이 운영인인 경우

ⓑ 중견기업으로서 관세법 시행령 제192조의2 제1항 각 호의 요건을 모두 충족하는 기업이 운영인인 경우

ⓒ ⓐ 및 ⓑ에 해당하지 않는 자가 중소기업 또는 중견기업의 제품을 판매하는 경우

③ **보세판매장 특허수수료의 납부** : 보세판매장 특허수수료는 **연 단위로 해당 연도분을 다음 연도 4월 30일까지 납부**해야 한다. 다만, 해당 연도 중간에 특허의 기간 만료, 취소 및 반납 등으로 인하여 특허의 효력이 상실된 경우에는 그 효력이 상실된 날부터 3개월 이내에 납부해야 한다.

(6) 보세판매장의 특허갱신

1) 의의

특허를 받은 자는 두 차례에 한정하여 대통령령으로 정하는 바에 따라 특허를 갱신할 수 있다. 이 경우 갱신기간은 한 차례당 5년 이내로 한다.

2) 특허갱신 절차

① **특허갱신 안내** : 세관장은 보세판매장의 특허를 받은 자에게 특허를 갱신받으려면 특허기간이 끝나는 날의 6개월 전까지 특허 갱신을 신청해야 한다는 사실과 갱신절차를 특허기간이 끝나는 날의 7개월 전까지 휴대폰에 의한 문자전송, 전자메일, 팩스, 전화, 문서 등으로 미리 알려야 한다.

② **특허갱신 신청** : 보세판매장의 특허를 갱신하려는 자는 다음의 사항을 적은 신청서에 기획재정부령으로 정하는 서류를 첨부하여 그 기간만료 6개월 전까지 세관장에게 제

출해야 한다.
㉠ 갱신사유
㉡ 갱신기간

(7) 매출액 보고

1) 기획재정부장관의 보고

기획재정부장관은 매 회계연도 종료 후 4개월 이내에 보세판매장별 매출액을 대통령령으로 정하는 바에 따라 국회 소관 상임위원회에 보고하여야 한다.

2) 관세청장의 보고

관세청장은 기획재정부장관의 국회 소관 상임위원회에 대한 보고를 위하여 매 회계연도 종료 후 3월 말일까지 전국 보세판매장의 매장별 매출액을 기획재정부장관에게 보고해야 한다.

5 보세판매장의 운영인의 의무 및 판매물품의 반출입 절차 [기출 2021~2024]

(1) 운영인의 의무 [기출 2021/2023]

1) 중소·중견기업 제품 매장 설치 [기출 2021/2023]

시내면세점 운영인은 해당 보세판매장에 중소·중견기업 제품 매장을 설치하여야 한다.

2) 내수판매 금지 [기출 2023]

보세판매장에서 판매하는 물품과 동일 또는 유사한 물품을 수입하여 내수판매를 하지 않아야 한다.

3) 판매물품 진열장소의 면적 범위

판매물품을 진열·판매하는 때에는 상표단위별 진열장소의 면적은 매장면적의 10분의 1을 초과할 수 없다. 다만, 세관장이 보세판매장의 특성 등을 고려하여 따로 인정하는 때는 제외한다.

4) 외화 표시 물품 판매 시 준수사항

운영인이 외화로 표시된 물품을 표시된 외화 이외의 통화로 판매하는 때에는 다음의 사항을 준수하여야 한다.

① 해당 물품을 판매하는 날의 전일(최종 고시한 날을 말한다)의 기준환율 또는 재정환율을 적용
② 당일 적용하는 환율을 소수점 이하 3자리에서 버린 후, 소수점 이하 2자리까지 표시
③ 당일 적용환율을 정문입구 또는 구매자가 잘 볼 수 있는 곳(전자상거래에 의한 판매는 인터넷 홈페이지)에 게시

5) 운영인의 홍보의무 기출 2023

운영인은 다음의 사항을 팜플렛, 인터넷홈페이지와 게시판 등을 통하여 홍보하여야 한다.

① 입국장인도장에서 인도받을 물품의 구매한도액, 입국장면세점의 구매한도액 및 면세한도액의 혼동방지
② 면세점에서 구입한 면세물품의 원칙적인 국내반입 제한(입국장면세점 판매물품 및 입국장인도장 인도 물품은 제외한다)
③ 면세물품의 교환·환불절차 및 유의사항
④ 현장인도 받은 내국물품의 외국반출 의무
⑤ 그 밖에 해외통관정보 등 세관장이 홍보할 필요가 있다고 인정하는 사항

6) 게시판 설치

게시판은 해당 면세점의 정문, 안내데스크, 계산대, 인기품목 매장 등 구매자들의 눈에 잘 띄는 장소에 다음의 매장면적 기준에 따라 설치하여야 한다.

① 2,000m^2 초과 : 5개 이상
② 1,000m^2 초과, 2,000m^2 이하 : 4개 이상
③ 100m^2 초과, 1,000m^2 이하 : 3개 이상
④ 100m^2 이하 : 1개

7) 운영인의 책임

운영인은 상거래상의 법적, 도의적 책임을 다하여야 하며 판매가격 표시제를 엄수하여야 한다. 다만, 우대고객, 재고상품 등에 대한 할인판매를 하는 경우에는 동등한 고객들에게 공평하게 적용되도록 지침을 작성하여 시행하거나, 할인품목과 할인율을 매장에 게시하고 시행하여야 한다.

8) 보세판매장 업무사항 보고 기출 2023

운영인은 해당 월의 보세판매장의 업무사항을 다음 달 7일까지 보세판매장 반출입물품 관리를 위한 전산시스템(이하 "재고관리시스템")을 통하여 세관장에게 보고하여야 한다.

9) 판촉사원 등의 월별 현황 보고

운영인은 보세판매장에 근무하는 소속직원과 다른 법인 등에 소속되어 판매물품의 판촉·물류·사무 등을 위하여 근무하는 직원(이하 "판촉사원 등")의 월별 현황을 다음 달 7일까지 세관장에게 보고하여야 한다. 이 경우 판촉사원 등은 운영인의 사용인으로 본다.

10) 소속직원 등의 교육 이수 기출 2023

운영인은 보세판매장에 근무하는 소속직원과 판촉사원 등이 협의단체에서 주관하는 교육을 연 1회 이상(사전에 협의단체장이 교육계획을 관세청장에게 보고한 경우에는 그 계획 범위 내) 이수하도록 하여야 한다.

11) 수용능력 증감 등의 공사 승인

운영인은 수용능력 증감 등의 공사를 하려는 때에는 보세판매장의 수용능력 증감등 공사신청(승인)서를 세관장에게 제출하고 승인을 받아야 한다.

12) 구매자의 인적사항 확인

운영인이 물품을 판매하는 때에는 **구매자의 인적사항을 여권 또는 외국인임을 확인할 수 있는 자료, 그 외 세관장이 인정하는 신원확인방법을 통해 확인**해야 한다.

(2) 판매대상 물품 기출 2021

보세판매장에서 판매할 수 있는 물품은 다음과 같다.

1) 출국장면세점

출국장면세점에서 판매할 수 있는 물품은 **다음의 물품을 제외한 물품**으로 한다. **출국장면세점은 국산 가전제품 중 여행자의 휴대반출이 곤란하거나 세관장이 필요하다고 인정하는 품목에 대하여는 쿠폰으로 판매할 수 있으며, 쿠폰으로 판매한 상품은 관할세관장이 지정하는 보세구역에 반입하여 수출신고 수리 후 선적**하여야 한다.
① 관세법 제234조에 따른 수출입 금지물품
② 「마약류 관리에 관한 법률」, 「총포·도검·화약류 등의 안전관리에 관한 법률」에 따른 규제대상 물품

2) 입국장면세점

입국장면세점에서 판매할 수 있는 물품은 다음의 물품을 제외한 물품으로 한다.
① 관세법 제234조에 따른 수출입 금지물품
② 「마약류 관리에 관한 법률」, 「총포·도검·화약류 등의 안전관리에 관한 법률」에 따른 규제대상 물품
③ 「가축전염병 예방법」에 따른 지정검역물과 「식물방역법」에 따른 식물검역 대상물품
④ 「수산생물질병 관리법」에 따른 지정검역물

3) 입국장인도장

입국장인도장에서 판매할 수 있는 물품은 다음의 물품을 제외한 물품으로 한다.
① 관세법 제234조에 따른 수출입 금지물품
② 「마약류 관리에 관한 법률」, 「총포·도검·화약류 등의 안전관리에 관한 법률」에 따른 규제대상 물품
③ 「가축전염병 예방법」에 따른 지정검역물과 「식물방역법」에 따른 식물검역 대상물품
④ 「수산생물질병 관리법」에 따른 지정검역물

(3) 구매자 및 구매총액 기출 2021~2022, 2024

① 외교관면세점에서는 관세의 면제를 받을 수 있는 주한외교관 및 외국공관원에 한하여 물품을 판매할 수 있다.
② 출국장면세점과 시내면세점에서는 출국인 및 외국으로 출국하는 통과여객기(선)에 의한 임시체류인에 한정하여 물품을 판매할 수 있다.
③ 입국장면세점에서는 입국인에게 물품을 판매할 수 있다.
④ 운영인이 입국장인도장에서 인도받는 것을 조건으로 물품을 판매하는 경우에는 면세 한도를 따라야 한다.
⑤ **운영인은 입국인에게 미화 800달러 이하의 구매한도 범위 내에서 물품을 판매**하여야 한다. 이 경우 **술·담배·향수는 별도 면세범위 내에서만 판매**할 수 있다.
⑥ 운영인은 ②부터 ⑤까지에 따라 구매자의 출입국 여부 및 구매총액(입국장면세점 운영인에게만 적용한다)을 확인하여야 한다.
⑦ 시내면세점 운영인은 구매자가 신용카드로 결제하는 경우 「여신전문금융업법」 제15조에 따라 본인 명의인지를 확인하여야 한다.

(4) 판매물품의 반입신고 및 반입검사신청 기출 2024

1) 보관창고 반입 후 반출

운영인은 보세판매장 판매용물품을 보관창고(통합물류창고 또는 지정장치장 포함)에 반입한 후 매장으로 반출하여야 한다. 다만, 운영인이 사전에 세관장에게 반입전 판매를 신청한 물품은 판매(주문 또는 결제 포함) 이후에 보세판매장 보관창고에 반입할 수 있다.

2) 반입신고

운영인은 보세운송된 물품을 보관창고에 반입하는 때에는 전자문서 방식 또는 종이 서식에 따라 반입신고를 하여야 하며, 보세운송 도착보고는 반입신고로 갈음한다.

3) 반입검사신청

① 운영인은 보관창고에 반입된 물품을 7근무일 이내에 관할세관장에게 반입검사를 신청하여야 한다. 다만, 부득이한 사유로 같은 기간 내에 반입검사신청을 할 수 없는 때에는 반입검사 신청기간 연장신청을 해야 하며, 세관장은 연장신청사유 등을 검토하여 10일 이내에서 기간연장을 승인할 수 있다.

② 반입검사신청은 운영인 또는 운영인의 위임을 받은 자가 첨부서류 없이 전자문서(수입신고 양식 사용)를 수입통관시스템에 전송하는 방법으로 하여야 한다. 다만, 세관장이 서류제출대상으로 선별한 물품은 반입검사신청서에 송품장 등의 서류를 첨부하여 관할세관장에게 서류로 제출하여야 한다.

③ 상기 ②에도 불구하고 다음의 물품(적재화물목록 제출물품 및 재고관리시스템에 의한 보세운송 반입물품 제외)은 재고관리시스템을 통하여 반입검사를 신청하여야 한다.
  ㉠ 내국물품
  ㉡ 보세판매장 간의 양수물품
  ㉢ 미인도물품
  ㉣ 반품 및 교환물품

4) 검사 및 확인

① 세관장은 서류제출대상 물품 중 검사대상으로 선별된 물품에 대하여 세관공무원으로 하여금 다음의 사항을 검사·확인하여야 한다.
  ㉠ 품명, 규격, 수량
  ㉡ 적용세번 및 신고가격

㉢ 반입검사신청서 및 첨부서류와 현품과의 상이 여부, 파손 등 하자발생 여부 및 그 사유

㉣ 그 밖에 현품관리에 필요한 사항

② 세관장이 검사·확인한 때에는 다음의 어느 하나의 방법으로 확인사항을 통보한다.

㉠ 반입검사신청서에 반입검사신청확인 고무도장을 날인하여 신청인에게 교부

㉡ 관세사가 반입검사신청서 확인을 증명하는 경우에는 세관기재란에 반입검사P/L 신청확인필증 고무도장과 관세사인장을 날인한 후 교부

㉢ 반입검사신청의 경우 전자문서로 확인사항 통보

③ 세관장은 업체의 성실도, 물품의 우범도 등을 고려하여 세관별 수입C/S 검사비율 범위 내에서 자체 검사비율을 지정하여 운영할 수 있다.

5) 물품의 반입 시기

운영인은 영업개시일 이후 물품을 반입할 수 있다. 다만, 세관장은 영업개시일 전이라도 감시단속에 문제가 없는 경우 보세판매장에 물품 반입을 허용할 수 있다.

(5) 내국물품의 반출입절차

1) 반입검사신청

운영인이 내국물품을 보세판매장에 반입한 때에는 반입검사신청을 하여야 한다. 이 경우 반입신고를 한 것으로 본다.

2) 반입확인서의 발급

세관장은 환급대상내국물품을 보세판매장에 공급한 자가 환급대상 내국물품의 보세판매장 반입확인을 신청하는 때에는 반입검사신청의 내용을 확인한 후 환급대상수출물품 반입확인서를 발급하여야 한다.

3) 반출승인 및 반출

운영인이 반입된 내국물품을 변질, 손상, 판매부진, 그 밖에 부득이한 사유로 반출하려는 때에는 해당 물품을 보관창고에 구분하여 장치한 후 세관장에게 판매물품반출승인(신청)서를 제출한 후 승인을 받아 다음의 어느 하나에 해당하는 방법으로 반출하여야 한다.

① **환급대상내국물품** : 환급대상수출물품 반입확인 정정·취하 승인서. 다만, 같은 규정에 따라 정정·취하를 할 수 없는 경우에는 수입 또는 반송의 절차에 의한다.

② ① 이외의 내국물품 : 판매물품반출승인서

4) 반출신고 및 보관

운영인은 승인받은 물품을 반출하는 때에는 재고관리시스템에 반출내역을 신고하여야 하며, 환급대상이 아닌 내국물품을 보관창고에 보관하는 때에는 다른 외국물품 등과 구분하여 보관하여야 한다.

(6) 통합물류창고 등 반출입물품의 관리

1) 통합물류창고의 운영허가

보세판매장 협의단체의 장이 보세창고 또는 자유무역지역 내 물류창고를 통합물류창고로 운영하려는 때에는 관세청장으로부터 허가를 받아야 한다.

2) 반출입 관리

통합물류창고 운영인은 통합물류창고에 반입된 전체 물품의 재고현황을 확인할 수 있도록 반출입 관리하고, 반입검사신청 후의 물품은 각 보세판매장별로 구분하여 관리해야 한다. 다만, 물품을 전산에 의하여 보관·관리하는 자동화 보관시설을 갖추고 재고관리가 적정하다고 세관장이 인정하는 경우에는 각 보세판매장의 물품을 통합하여 보관할 수 있다.

3) 재고 관리

지정보세구역에 물품을 보관한 경우, 화물관리인은 보세판매장 반입물품을 구분하여 재고 관리하여야 한다.

4) 물품의 반출입 또는 인도

운영인은 보세운송절차에 의하여 통합물류창고(지정보세구역 포함)와 보세판매장 간에 장치된 물품을 반출입하거나, 보세판매장에서 판매된 물품을 통합물류창고(지정보세구역 포함)에 장치된 같은 물품으로 구매자에게 인도할 수 있다. 구매자가 구매한 물품을 국제우편 또는 항공·해상화물로 송부를 의뢰하는 경우에도 또한 같다.

5) 해외 면세점에 대한 물품의 공급 등

운영인은 통합물류창고를 활용하여 해외 면세점에 물품을 공급하거나 공급한 물품을 재반입할 수 있다. 이 때 공급 및 재반입 절차는 반송절차와 판매용 물품의 반입절차에 따른다.

(7) 판매장 진열 및 판매 기출 2021~2023

1) 판매사항 등의 관리

운영인이 물품을 판매한 때에는 구매자 인적사항 및 판매사항을 전산관리하고, 세관에 전자문서로 실시간 전송(시내면세점에서 판매된 물품을 보세운송 하는 경우 보세운송 신고 시)하여야 한다.

2) 대장 비치 등

운영인은 다음에서 정하는 대장을 판매장에 비치하고 구매자 인적사항 및 판매사항을 전산관리하여야 하며, 세관장 요구 시 물품별로 확인이 가능하도록 필요사항을 기록유지 하여야 한다. 이 경우 판매물품이 제7조(내국물품의 반출입절차) 제1항, 제12조(판매물품의 보세운송) 제3항 및 제15조(보세공장 물품 등의 반출입 절차) 제1항에 따른 물품인 때에는 구분하여 기록유지하여야 한다.

① 외교관면세점
  ㉠ 판매대장
  ㉡ 면세통관의뢰서 관리대장
② 출국장면세점, 입국장면세점, 시내면세점
  ㉠ 판매대장
  ㉡ 구매자 관리대장

3) 이동판매의 승인

출국장면세점의 판매물품을 이동판매 방식에 의해 판매하려는 경우에는 **이동판매대의 설치장소, 설치기한 및 판매품목 등에 관하여 세관장의 승인을 받은 경우에 한한다.**

(8) 외교관면세점의 판매절차

1) 면세통관신청서 등의 수령

운영인이 외교관 구매자에게 물품을 판매하는 때에는 외교관 구매자가 관세법 제88조(외교관용물품 등의 면세) 제1항 제1호부터 제4호까지에 해당하는 자임을 확인한 면세통관신청서를 제출받아야 한다. 다만, 주류와 담배를 판매하려는 때에는 외교부장관이 발행한 면세통관의뢰서를 제출받아야 하며, 그 승인 한도 내에서 분할 판매할 수 있다.

2) 상품명세 기재 및 제출

운영인은 물품판매 시 접수한 면세통관신청서의 구매상품란에 상품명세서를 구체적으로 명확하게 기재하고, 외교관 구매자의 확인을 받아 세관공무원에게 제출하여야 한다. 이 경우 면세통관신청서의 제출은 수입신고서로 본다.

3) 통관확인필증의 교부

세관공무원은 면세통관신청서의 우측 하단에 통관확인필증을 날인한 후, 원본을 세관에 비치하고 사본 1부는 판매자에게 교부하여야 한다. 이 경우 통관필 확인은 수입신고가 수리된 것으로 보고 세관공무원은 이를 수입신고대장에 기재하여야 한다.

4) 면세통관의 기록

운영인은 면세통관신청서의 내용을 면세통관의뢰서 관리대장에 기록하여야 한다.

5) 면세통관의 잔량 확인

운영인은 주류와 담배에 대하여 면세통관의뢰서 잔량확인대장에 구매승인량과 판매량 및 잔량을 기재하여 분기별로 세관공무원의 확인을 받아야 한다.

(9) 전자상거래에 의한 판매 기출 2021/2023

1) 전자상거래 방법에 의한 판매

운영인은 보세판매장의 물품을 전자상거래의 방법에 의하여 판매할 수 있다.

2) 판매신고

운영인이 전자상거래 방법에 따라 물품판매를 하려는 때에는 전자상거래 방법에 의한 보세판매장물품판매신고서에 다음의 서류를 첨부하여 관할세관장에게 신고하여야 한다. 다만, 제3자가 운영하는 사이버몰을 통한 판매를 신청한 경우에는 ①·②의 서류(해당 사이버몰 관련) 및 ④의 서류를 첨부한다.

① 통신판매업신고증 사본
② 전자상거래 이용약관 사본
③ 프로그램 개발 및 유지보수 계약서(위탁하는 경우에 한함)
④ 사업계획서

3) 판매신고에 대한 심사

판매신고를 접수한 세관장은 운영인과 통신판매업신고인이 같은 법인인지 여부(제3자가 운영하는 사이버몰을 통한 판매를 신청한 경우 제외)와 전자상거래 운영방법, 구매절차 및 결제방법이 적정한지 여부를 심사하여야 한다.

4) 구매자 인적사항의 기록

운영인이 전자상거래방법에 의하여 물품을 판매하는 경우에는 구매자의 인적사항을 대장 또는 전산으로 기록하여야 한다.

5) 판매의 변경신고 등

운영인은 판매신고한 사항을 변경하거나 전자상거래방법에 의한 판매를 휴지, 폐지 또는 재개하려는 때에는 미리 전자상거래방법에 의한 보세판매장 물품 판매 변경신고서에 관련 서류를 첨부하여 세관장에게 신고하여야 한다.

6) 행정제재

세관장은 보세판매장의 전자상거래에 의한 판매방법이 판매신고한 사항과 다르거나 법규에 위배되는 경우에는 해당 운영인에게 기한을 정하여 시정을 명하여야 하며, 운영인이 기한 내에 시정하지 아니한 때에는 전자상거래방법에 의한 물품판매의 중지를 명할 수 있다.

7) 중소·중견기업 간 공동 운영

운영인이 중소기업 또는 중견기업인 경우에는 사이버몰을 중소·중견기업 간 공동으로 운영할 수 있다.

(10) 판매물품의 보세운송 기출 2022~2023

1) 시내면세점에서 판매한 물품에 대한 인도장 인도

시내면세점에서 판매한 물품(전자상거래방법에 의한 판매물품 포함)에 대하여는 **현품을 판매장에서 인도하지 아니하고 구매자가 서명한 교환권(전자서명에 의한 전사식 교환권 포함)을 발행·교부하고, 인도장으로 운송한 후 해당 인도장에서 인도**하여야 한다. 다만, 전자식 교환권을 발행한 경우에는 교환권번호를 통보한 후 인도하는 때 여권 등으로 구매자 본인 여부를 확인할 수 있다.

2) 시내보세판매장에서 판매한 내국물품의 현장인도

상기 1)에도 불구하고 운영인은 출국하는 외국인이 시내면세점에서 구매한 내국물품(전자상거래방법에 의하여 구매한 내국물품, 세관장이 구매내역 등을 고려하여 현장인도를 제한한 여행자가 구매한 내국물품, 환급대상 내국물품 제외)을 해당 보세판매장에서 인도받기를 원하는 경우에는 반드시 구매자의 여권과 탑승권·전자티켓 등 예약내용을 확인할 수 있는 자료와 현장인도 제한 여부를 확인한 후 인도하여야 하며, 운영인은 판매·인도 즉시 재고관리시스템을 통하여 내국물품 현장인도 내역을 관할 세관장에게 신고하여야 한다.

3) 외국 원수 등에 대한 물품의 현장인도 [기출 2023]

운영인은 **우리나라를 방문하는 외국의 원수와 그 가족 및 수행원 그 밖에 이에 준하는 자로서 세관장이 외교관례상 의전이 필요하다고 인정하는 자** 등이 시내면세점에서 구입한 물품에 대하여 구매자가 원할 경우 **판매장에서 현장 인도**할 수 있다. 이 경우 운영인은 판매 즉시 재고관리시스템을 통하여 판매내역을 세관장에게 신고하여야 한다.

4) 판매물품에 대한 보세운송

운영인은 교환권에 의하여 판매한 물품에 대하여는 반송 및 간이보세운송신고서에 따라 관할지세관장에게 신고 후 수리를 받아 보세운송 신고 건별로 행낭 또는 각종 운반 박스 등에 넣은 후 운영인 책임하에 잠금 또는 봉인을 한 후 인도장으로 보세운송하되, 탑승 항공기 또는 선박 출발(입국장 인도장의 경우 도착을 말한다) 예정 2시간 전(인도장 관할 세관장이 보세판매장과 인도장의 거리, 교통상태 등을 고려하여 인정하는 경우에는 1시간 전으로 한다)에 도착되도록 한다. 다만, 각종 운반 박스 등으로 포장되어 잠금이 어려운 경우, 봉인만 한 후 운송할 수 있다.

5) 보세운송 도착확인 및 수리

세관장은 보세운송업무의 신속한 처리를 위하여 재고관리시스템에서 자동으로 신고내역을 확인하여 신고수리를 할 수 있으며, 운송물품 도착지세관장은 재고관리시스템에 의한 도착확인 및 수리를 하여야 한다. 이 경우 인도자가 지정된 인도장의 보세운송 도착확인 및 수리 업무는 인도자에게 위탁한다.

6) 인도장에서의 물품 인도

출국장면세점 운영인은 전자상거래방법으로 판매한 물품 및 입국장인도장에서 인도받을 것을 조건으로 판매한 물품을 상기 1)에 따라 인도장에서 인도할 수 있다.

(11) 판매물품의 인도자 지정 등 기출 2022~2023

1) 인도자의 지정

인도장에서 **판매물품을 구매자에게 인도하는 업무를 담당하려는 자**(이하 "인도자")는 다음에 해당하는 자로서 **인도장 관할세관장**(이하 "세관장")으로부터 지정을 받아야 한다.

① 인도자는 다음의 어느 하나에 해당하는 자이어야 한다.
  ㉠ **보세판매장 협의단체**
  ㉡ **관세행정 또는 보세화물관리와 관련 있는 비영리 법인**
② 다음의 어느 하나에 해당하는 자는 인도자로 지정될 수 없다. 다만, 입국장 인도장을 설치·운영하려는 자는 설치·운영에 필요한 요건을 모두 갖추어야 한다.
  ㉠ 관세법 제175조(운영인의 결격사유) 각 호의 어느 하나에 해당 하는 자
  ㉡ **관세 및 국세의 체납이 있는 자**

2) 인도자의 지정절차

인도자로 지정받고자 하는 자는 지정신청서와 상기 1)에서 정하는 서류를 구비하여 세관장에게 인도자 지정신청을 하여야 하며, 세관장은 5년의 범위(타인의 시설을 임차하여 사용하는 경우로서 남은 임차기간이 5년 미만인 경우에는 해당 임차기간) 내에서 기간을 정하여 인도자를 지정하고 그 지정사항을 관세청장에게 보고하여야 한다. 이 경우 인도자의 지정은 화물관리인으로 지정한 것으로 보며, 인도자의 지정기간의 갱신 및 지정취소에 대하여는 각각 ② 및 ③에 의한다.

① **지정신청 시 구비서류**
  ㉠ 인도장 운영계획서 1부
  ㉡ 채용 보세사 자격증 사본 각 1부
  ㉢ 그 밖에 세관장이 인도자 지정 및 인도장 관리에 필요하다고 인정하는 서류
② **지정기간 갱신 및 지정내용 변경**
  ㉠ 인도자 지정기간을 갱신하려는 자는 지정기간 만료 30일 전까지 지정신청 시 구비한 서류 중 변경된 내역을 구비하여 세관장에게 지정기간 갱신신청을 하여야 한다.
  ㉡ 세관장은 지정기간 갱신신청이 있을 경우, 요건을 심사하고 5년의 범위(타인의 시설을 임차하여 사용하는 경우로서 남은 임차기간이 5년 미만인 경우에는 해당 임차기간)내에서 기간을 정하여 지정기간의 갱신을 승인할 수 있으며 승인 시는 승인사실을 관세청장에게 보고하여야 한다.

ⓒ 인도자는 인도장의 수용능력을 증감하거나 수선 등 시설을 변경하려는 때에는 사전에 관할 세관장에게 그 사유와 함께 신고하여야 한다.

③ 세관장은 다음의 어느 하나에 해당하는 경우 인도자 지정을 취소할 수 있으며, 취소한 경우 그 사실을 관세청장에게 보고하여야 한다. 다만, 세관장은 면세물품 인도업무를 원활하게 수행하기 위하여 필요하다고 인정하는 경우 새로운 인도자 지정 시까지 그 지정취소를 보류할 수 있다.

ⓐ 상기 1)의 ②의 결격요건에 해당하는 경우
ⓑ 경고처분을 1년 내에 3회 이상 받은 때
ⓒ 그 밖의 인도자가 고의 또는 중대한 과실로 관세법을 위반하거나 관세행정 질서를 문란하게 하여 세관장이 인도자 지정을 취소함이 타당하다고 인정하는 때
ⓓ 그 밖에 인도자가 실제 인도장 업무를 수행하지 않아 지정취소를 요청하는 경우

3) 임시인도장의 지정

세관장은 **인도장의 수용능력 초과로 추가설치가 필요**하거나 공항·항만출국장내에서 공간이 협소하여 인도장 설치가 불가능한 경우에는 보세화물 관리와 안전에 이상이 없는 범위 내에서 **출국장 인접 보세구역에 한정하여 1년의 범위 내에서 임시인도장을 지정**할 수 있다.

(12) **판매물품의 인도** 기출 2022~2024

1) 보세사의 채용 등

인도자는 인도장의 업무량을 고려하여 **적정인원의 보세사를 채용**하여야 하며, **인도업무를 보세사에 위임**하여 수행하게 할 수 있다. 인도자는 **인도업무를 보조할 직원(이하 "인도보조자")을 둘 수 있다.

2) 인도자의 근무보고 등

① **인도자는 인도자와 인도보조자의 근무시간 및 근무방법을 세관장에게 보고**하여야 하며, 세관장은 운영인이 운송한 물품을 인도자에게 인도할 장소를 지정하고 인도자와 인도보조자의 근무 및 물품인도에 관한 사항을 지휘 감독한다.
② 인도자는 첫 항공편 출발예정시간 1시간 전부터 마지막 항공편이 출발하는 때까지 판매물품 인도업무를 수행할 수 있도록 인도업무를 수행할 보세사 및 인도보조자를 근무 배치하여야 한다.

3) 판매물품에 대한 인수

인도자는 인도장에 보세운송물품이 도착된 때에 잠금과 봉인에 이상이 없는지를 확인한 후 잠금을 개봉하고 보세운송 책임자와 인도자가 판매물품 인수인계서(반송 및 간이 보세운송 신고서를 판매물품 인수인계서로 고쳐 사용)를 작성하여 인수인계를 하여야 하며, 세관공무원은 필요한 경우 보세운송 도착물품을 검사할 수 있다.

4) 이상 유무에 대한 보고

인도자는 보세운송된 물품의 인수를 완료한 때에는 세관공무원에게 이상 유무를 보고하여야 하며, 보세사는 재고관리시스템의 당해 보세운송에 대하여 도착확인 등록을 하여야 한다.

5) 판매물품의 인도방법

인도자는 다음에서 정하는 바에 따라 구매자에게 물품을 인도한다.

① **구매자로부터 교환권을 회수(전자식 교환권의 경우 확인으로 대체)하여야 하며, 구매자의 직접서명(전자서명 포함)을 받고 구매 시의 서명이나 인적사항을 대조 확인** 하여야 한다.
② 인도자는 인도보조자에게 인도 업무를 위임할 수 있다. 다만, 세관장은 인도장의 특성을 고려하여 인도자의 인도방법을 조정할 수 있다.
③ 세관장은 품목 및 금액, 구매 선호도 또는 정보분석 등에 의하여 세관공무원의 물품인도 입회대상물품을 지정하여 세관공무원으로 하여금 입회하도록 하여야 한다.
④ 인도자는 당일 인도할 물품 중 ③에 따라 세관장이 지정하는 물품에 대하여는 수시로 세관공무원에게 인도 예상시간을 구두로 통지하여야 한다.
⑤ 인도자는 **교환권의 여권번호가 다른 경우에는 세관공무원의 지시에 따라 인도할 수** 있다. 이 경우 세관공무원은 출입국사실 등을 조회하여 본인 여부 및 고의성 여부 등을 판단하여야 하며, 인도자는 인도 즉시 해당 물품을 판매한 운영인에게 통보하여 해당 물품의 보세운송신고 내용을 정정하도록 하여야 한다.
⑥ 인도자는 인수자가 교환권을 분실한 경우에는 구매자의 성명, 여권번호, 출국편명(출국일) 등 인적사항을 확인한 후, 구매자와 인수자가 동일인임이 확인된 경우에 한해 교환권을 재발행할 수 있다.

6) 물품인도 사항에 대한 지휘·감독

세관장은 다음에서 정하는 바에 따라 물품인도 사항을 지휘 감독한다.

① 세관장은 필요한 경우 인도자의 인도업무가 적정하게 운영되는지 여부를 점검할 수 있다.
② 세관공무원이 상기 5)의 ③에 따른 확인을 하는 때에는 지정된 물품 전체에 대하여 확인하며, 물품의 품명, 규격, 구매자의 국적, 여권번호 및 성명 등을 확인하여야 한다.

7) 교환권의 송부

인도자는 **회수된 교환권을 정리하여 세관장에게 보고한 후 매월 10일 또는 세관장이 지정한 일자 단위로 판매자에게 송부**하여야 한다. 다만, 전자식 교환권은 전자문서의 방식으로 송부할 수 있다.

8) 판매물품의 미인도 방지 조치

운영인 및 인도자는 판매한 물품이 미인도되는 사례가 발생하지 않도록 다음 사항을 이행하여야 한다.

① 운영인은 교환권 이면에 인도절차에 대한 상세한 안내문을 인쇄하여야 한다.
② 운영인은 미인도물품이 발생한 경우 즉시 물품을 송부할 수 있도록 물품판매 시 교환권의 연락처 기재 여부를 확인하거나 여행안내인 등의 연락처를 확보하여야 한다.
③ 운영인은 판매물품을 구매자의 출·입국일시에 인도될 수 있도록 인도장으로 신속히 운송하여야 한다.
④ 인도자는 출국장의 잘 보이는 곳에 "인도장"의 표시를 하여 구매자들이 인도장 위치를 쉽게 확인할 수 있도록 하여야 한다.
⑤ 인도자는 공항·항만 시설 관리자와 협의하여 방송 등을 통하여 판매물품 인도에 대한 홍보를 하여야 한다.
⑥ 운영인 및 인도자는 각 판매사원과 인도장 근무직원에게 물품인도에 대한 교육을 실시하고 물품판매 시 구매자에게 물품인수 절차에 대한 사전홍보를 하도록 하여야 한다.

9) 국제우편 등에 의한 판매물품 송부

구매자가 구매한 물품을 국제우편 또는 항공·해상화물로 송부를 의뢰하는 경우 운영인 또는 보세사는 구매자가 작성한 국제우편 또는 항공·해상화물 송부의뢰서 3부 중 1부를 구매자에게 교부하고, 2부는 판매물품과 함께 구매자가 지정한 기일 내에 통관우체국 또는 항공·해상화물 탁송보세구역으로 보세운송하여 세관공무원 입회하에 통관우체국

담당공무원 또는 항공·해상화물 탁송 보세구역 운영인에게 인도하여야 한다. 이 경우 국제우편 또는 항공·해상화물 송부의뢰 물품은 다음의 절차에 의하여야 한다.

① 판매장 순찰공무원은 판매물품 중 일부를 발췌하여 내용물을 확인할 수 있으며, 확인한 물품에 대해서는 포장 후 잠금과 세관봉인을 하여야 한다.

② 국제우체국에 근무하는 세관공무원은 도착확인 시 소포물 포장 및 세관 봉인상태의 이상 유무를 확인하여, 이상이 없을 경우에 국제우체국 소포창구(소포창구가 없는 경우에는 같은 건물 내에 있는 비통관우체국 우편창구를 말한다)까지 호송하여 국제우편물 담당공무원에게 인계하여야 한다.

③ 공항·항만 세관에 근무하는 세관공무원은 보세구역에 도착한 물품의 도착 확인 시 항공·해상화물송부의뢰서에 의거 포장 및 봉인상태 이상 유무를 확인하며, 보세판매장 운영인은 선·기적을 입증할 수 있는 서류를 보관하여야 한다.

10) 판매물품에 대한 보세운송

보세운송 시에는 국제우편 또는 항공·해상화물송부의뢰서 2부를 보세운송신고서에 첨부하여 신고하여야 하며, 1부는 보세운송 도착지 세관공무원의 확인을 받아 운영인이 보관하여야 한다.

11) 판매물품에 대한 반송신고

보세판매장의 물품은 구매자에게 판매하고 판매내역이 구매자관리대장에 기록되거나 전산처리설비에 저장된 때 반송신고(내국물품의 경우 수출신고를 말한다)한 것으로 보며, 인도장 또는 보세판매장에서 구매자에게 인도하거나 국제우체국 또는 공항·항만 보세구역으로 보세운송신고하여 수리된 때 반송신고가 수리된 것으로 본다. 다만, 내국물품의 경우 인도된 때 수출신고가 수리된 것으로 본다.

12) 판매물품의 통합인도

인도자는 구매자의 편의와 원활한 인도업무 수행을 위해 필요하다고 인정되는 경우에는 세관장의 승인을 받아 2개 이상의 보세판매장 판매물품을 하나의 인도장에서 통합하여 인도할 수 있다. 이 경우 개별 보세판매장 운영인은 통합인도에 필요한 전산설비와 판매내역을 인도자에게 제공할 수 있다.

6 재고물품의 처리 기출 2021

(1) 특허상실에 따른 재고물품의 처리 기출 2021

1) 재고조사의 실시 및 현품 확정

보세판매장의 설치·운영특허가 상실되었을 때에는 세관장은 즉시 재고조사를 실시하고 현품을 확정하여야 한다.

2) 재고물품의 통관 및 이고

운영인은 특허가 상실된 때에는 **6개월 이내의 범위 내에서 세관장이 정한 기간** 내에 재고물품을 판매, 다른 보세판매장에 양도, 외국으로 반출 또는 수입통관절차에 의거 통관하여야 하며, 세관장이 정한 기간이 경과한 때에는 지정장치장 또는 세관장이 지정한 보세구역으로 이고하여야 한다. 지정장치장 또는 세관장이 지정한 보세구역으로 이고한 물품을 운영인이 **이고한 날부터 6개월 이내**에 타 보세판매장에 양도하지 않거나 외국으로 반출하지 아니하는 때에는 장치기간 경과물품 처리절차에 의거 처리한다.

3) 미판매 재고물품의 반송 또는 폐기

운영인은 외국물품을 변질, 고장, 재고과다 그 밖의 유행의 변화에 따라 판매하지 못하는 때에는 다음의 어느 하나의 방법에 의하여 세관장의 승인을 받아 반송하거나 폐기할 수 있으며, 해당 물품을 반송 또는 폐기한 때에는 재고관리시스템을 통하여 반출내역신고를 하여야 한다. 운영인은 폐기하는 물품의 가치가 상당하여 폐기하는 것이 불합리하다고 판단되는 경우에는 지정장치장 또는 세관장이 지정하는 보세구역으로 보세운송하여 장치기간 경과물품 처리절차에 의하여 처리하여 줄 것을 세관장에게 신청할 수 있다.
① 반송 : 판매물품반출승인(신청)서 제출
② 폐기 : 재고관리시스템에 의하여 전자문서로 폐기신청

4) 미판매 재고물품의 반품

운영인은 상기 3)에도 불구하고 해당 물품의 공급자(국내공급자와 해외공급자의 국내법인 포함)가 국내에 소재하는 경우에는 판매물품반출승인(신청)서에 의하여 세관장의 승인을 받아 국내의 공급자에게 해당 물품을 반품할 수 있다. 이 경우 반품하는 물품에 대하여 세관화물정보시스템을 통하여 화물관리번호 생성 및 보세운송신고를 하여야 하며, 화물관리번호가 생성된 때에는 해당 물품에 대하여 재고관리시스템에 반출내역신고를 하여야 한다.

7 보세판매장 특허심사위원회 [기출 2023]

(1) 심의사항

보세판매장의 특허에 관한 다음의 사항을 심의하기 위하여 관세청에 보세판매장 특허심사위원회를 둔다.
① **보세판매장 특허 신청자의 평가 및 선정**
② **보세판매장 특허 갱신의 심사**
③ 그 밖에 보세판매장 운영에 관한 중요 사항

(2) 구성 및 운영 [기출 2023]

1) 구성 인원

특허심사위원회는 **위원장 1명을 포함하여 100명 이내의 위원으로 성별을 고려하여 구성**한다.

2) 위원 및 위원장

특허심사위원회의 위원은 다음의 어느 하나에 해당되는 사람 중에서 관세청장이 평가기준을 고려하여 관세청장이 정하는 분야(이하 "평가분야")별로 위촉하고, 위원장은 위원 중에서 호선한다.
① 변호사·공인회계사·세무사 또는 관세사 자격이 있는 사람
② 학교에서 법률·회계 등을 가르치는 부교수 이상으로 재직하고 있거나 재직하였던 사람
③ 법률·경영·경제 및 관광 등의 분야에 전문적 지식이나 경험이 풍부한 사람

3) 위원의 임기

특허심사위원회 위원의 임기는 1년으로 하되, 한 차례만 연임할 수 있다.

4) 위원의 해촉

관세청장은 특허심사위원회의 위원이 다음의 어느 하나에 해당하는 경우에는 해당 위원을 해촉할 수 있다.
① 심신장애로 인하여 직무를 수행할 수 없게 된 경우
② 직무와 관련된 비위사실이 있는 경우
③ 직무태만, 품위손상이나 그 밖의 사유로 인하여 위원으로 적합하지 아니하다고 인정되는 경우

④ 위원 스스로 직무를 수행하는 것이 곤란하다고 의사를 밝히는 경우
⑤ 위원의 제척사유에 해당함에도 불구하고 회피하지 아니한 경우

5) 위원의 명단 공개

관세청장은 위촉한 위원 명단을 관세청의 인터넷 홈페이지 등에 공개하여야 한다.

제4장 종합보세구역

Ⅰ 개요

종합보세구역이란 1998년 12월 28일 관세법 개정으로 새로 도입된 보세구역의 일종이다. 종합보세구역은 동일 장소에서 기존 특허보세구역의 모든 기능(장치, 보관, 제조. 가공, 전시, 건설, 판매)을 복합적으로 수행할 수 있는 제도로서 외국인투자유치를 촉진하기 위한 목적으로 도입되었다. 종합보세구역은 지정보세구역이나 특허보세구역과는 달리 관세청장이 지정하며, 일반 기업이 종합 보세구역 제도를 이용하기 위해서는 종합보세구역에 입주하여 세관장에게 종합사업장 설치·운영신고를 하여야 한다.

Ⅱ 종합보세구역의 지정

1 종합보세구역의 지정 [기출 2022~2024]

(1) 지정 [기출 2022~2024]

1) 의의

   관세청장은 직권으로 또는 관계 중앙행정기관의 장이나 지방자치단체의 장, 그 밖에 종합보세구역을 운영하려는 자(이하 "지정요청자")의 요청에 따라 무역진흥에의 기여 정도, 외국물품의 반입·반출 물량 등을 고려하여 일정한 지역을 종합보세구역으로 지정할 수 있다.

2) 지정대상

   종합보세구역은 다음의 어느 하나에 해당하는 지역으로서 관세청장이 종합보세구역으로 지정할 필요가 있다고 인정하는 지역을 그 지정대상으로 한다.

① 「외국인투자촉진법」에 의한 **외국인투자지역**
② 「산업입지 및 개발에 관한 법률」에 의한 **산업단지**
③ 「유통산업발전법」에 의한 **공동집배송센터**
④ 「물류시설의 개발 및 운영에 관한 법률」에 따른 **물류단지**
⑤ 기타 종합보세구역으로 지정됨으로써 외국인투자촉진·수출증대 또는 물류촉진 등의 효과가 있을 것으로 예상되는 지역

3) 지정요건

① **일반적인 경우** : 관세청장은 종합보세구역으로 직권지정 하고자 하는 지역 또는 행정기관의 장 등이 종합보세구역으로 지정요청한 지역에 종합보세기능을 수행하기 위하여 입주하였거나 입주할 업체들의 외국인투자금액·수출금액 또는 외국물품 반입물량이 다음의 어느 하나에 해당하는 경우 해당 지역을 종합보세구역으로 지정할 수 있다. 다만, 국가첨단전략산업 경쟁력 강화 및 보호에 관한 특별조치법상 "국가첨단전략산업 특화단지"에 해당하는 경우에는 다음의 금액 또는 물량을 100분의 50으로 축소하여 적용한다.
  ㉠ 외국인투자금액이 미화 1천만불 이상
  ㉡ 수출금액이 연간 미화 1천만불 이상
  ㉢ 외국물품의 반입물량이 월 1천톤 이상

② **지정요청자가 개별업체인 경우** : 관세청장은 상기 ①에도 불구하고 종합보세구역 지정요청자가 개별업체로서 다음의 어느 하나에 해당하는 경우 해당 사업장을 종합보세구역으로 지정할 수 있다.
  ㉠ 자본금 10억원 이상으로 종합보세기능을 수행하는 경우
  ㉡ 수출금액이 연간 미화 300만불 이상으로 종합보세기능을 수행하는 경우
  ㉢ ㉠ 내지 ㉡에서 정하는 자본금 또는 수출금액을 충족하는 업체로서 통관을 위한 일시 장치 기능과 보관·분할·병합·재포장·분배 등 국제물류 촉진기능을 함께 수행하는 경우

4) 지정 협의

관세청장은 직권으로 종합보세구역을 지정하고자 하는 때에는 관계 중앙행정기관의 장 또는 지방자치단체의 장과 협의하여야 한다.

5) 지정사실 게재

관세청장이 종합보세구역을 지정한 때에는 종합보세구역의 명칭, 위치·소재지·면적, 지정목적, 관할세관 및 지정요청한 행정기관명(직권지정인 경우에는 생략한다)을 관보에 게재하여야 한다.

(2) 종합보세기능의 수행 기출 2022

종합보세구역에서는 **특허보세구역(보세창고·보세공장·보세전시장·보세건설장 또는 보세판매장)의 기능 중 둘 이상의 기능(이하 "종합보세기능")** 을 수행할 수 있다.

2 종합보세구역의 예정지역 지정

(1) 의의

관세청장은 지정요청자의 요청에 의하여 종합보세기능의 수행이 예정되는 지역을 종합보세구역예정지역(이하 "예정지역")으로 지정할 수 있다.

(2) 지정기간

예정지역의 지정기간은 3년 이내로 하되, 예정지역의 지정기간이 만료되기 전에 관세청장은 종합보세구역으로 지정할 것인지 여부를 결정하여야 한다. 다만, 개발계획의 변경 등으로 지정기간의 연장이 불가피하다고 인정되는 때에는 3년의 범위 내에서 연장할 수 있다.

(3) 지정의 해제

관세청장은 종합보세구역 지정 여부 결정 시 종합보세구역으로 지정하지 아니하기로 결정한 경우에는 그 예정지역의 지정을 즉시 해제하여야 한다.

(4) 종합보세구역의 지정

관세청장은 예정지역의 개발이 완료된 후 지정요청자의 요청에 의하여 종합보세구역으로 지정할 수 있다.

Ⅲ 종합보세사업장의 설치·운영 등

1 종합보세사업장의 설치·운영에 관한 신고 등 기출 2022~2023

(1) 종합보세사업장의 설치·운영에 관한 신고 기출 2022~2023

1) 의의

종합보세구역에서 종합보세기능을 수행하려는 자는 그 기능을 정하여 **세관장에게 종합보세사업장의 설치·운영에 관한 신고**를 하여야 한다.

2) 신고 절차

종합보세사업장의 설치·운영에 관한 신고의 절차에 관하여는 관세법 시행령 제188조(특허보세구역의 설치·운영에 관한 특허의 신청)의 규정을 준용한다. 다만, 관세청장은 종합보세구역의 규모·기능 등을 고려하여 첨부서류의 일부를 생략하는 등 설치·운영의 신고 절차를 간이하게 할 수 있다.

3) 신고의 결격사유

관세법 제175조(운영인의 결격사유) 각 호의 어느 하나에 해당하는 자는 종합보세사업장의 설치·운영에 관한 신고를 할 수 없다.

(2) 설치·운영기간 기출 2023

1) 의의

종합보세사업장의 설치·운영기간은 **운영인이 정하는 기간**으로 한다. 다만, **종합보세사업장의 토지·건물 등을 임차한 경우에는 임대차계약기간 만료 15일 전까지 기간연장된 임대차계약서 또는 시설사용허가서 사본을 제출하는 조건으로 운영인이 정하는 기간**으로 한다.

2) 연장신청

운영인은 설치·운영기간 이후에도 계속하여 종합보세기능을 수행하고자 할 때에는 **설영기간 만료 30일 전까지 설치·운영기간 변경신고**를 하여야 한다.

(3) 종합보세기능의 변경신고

1) 의의

종합보세사업장의 운영인은 그가 수행하는 종합보세기능을 변경하려면 세관장에게 이를 신고하여야 한다.

2) 신고 절차

종합보세기능의 변경신고를 하고자 하는 자는 그 변경내용을 기재한 신고서를 세관장에게 제출하여야 한다.

(4) 종합보세사업장의 폐업신고 등 [기출 2023~2024]

운영인이 종합보세사업장을 폐업하거나 30일 이상 계속하여 휴업하고자 할 때에는 운영인 또는 그 상속인(법인인 경우에는 청산법인 또는 합병 후 존속하거나 합병으로 인하여 설립된 법인)은 세관장에게 즉시 그 사실을 신고하여야 하며 다시 개업하고자 할 때에는 서면으로 그 요지를 통지하여야 한다. 이 경우 신고를 받은 세관장은 해당 종합보세사업장에 대하여 재고조사 등 필요한 조치를 취하여야 한다.

2 종합보세구역에의 물품의 반입·반출 등 [기출 2023~2024]

(1) 물품의 반출입신고 [기출 2023]

1) 반입신고

종합보세사업장에 물품을 반출입하고자 하는 운영인은 세관장에게 반출입신고를 하여야 한다. 이 경우 **외국으로부터 도착한 물품 또는 보세운송되어 반입하는 물품에 대하여는 House B/L단위로 신고**하여야 하며, 세관화물정보시스템 반입예정정보와 대조확인하고 전자문서로 반입신고를 하여야 한다.

2) 반출신고

화주, 보세운송업자 등으로부터 물품반출요청을 받은 운영인은 세관화물정보시스템의 반출예정정보 또는 반송신고필증을 확인한 후 이상이 없는 경우 반출 전에 전자문서로 반출신고를 하여야 한다.

3) 반출입신고 등의 생략

① 운영인이 동일 종합보세사업장에서 종합보세기능 간 물품을 이동하는 경우에는 반출입신고를 하지 아니하며, 동일 종합보세구역 내의 종합보세사업장 간의 물품의 이동에는 보세운송신고를 하지 아니한다.
② 종합보세구역에 반입된 외국물품이 사용신고 또는 수입신고되어 수리된 경우에는 반출신고를 생략한다.

(2) 내국물품의 반출입신고 [기출 2022]

1) 반출입신고

종합보세구역에 반입·반출되는 물품이 내국물품인 경우에는 기획재정부령으로 정하는 바에 따라 반출입신고를 생략하거나 간소한 방법으로 반입·반출하게 할 수 있다.

2) 반출입신고 생략대상

세관장은 **다음의 1에 해당하지 아니하는 경우에는 반출입신고를 생략**하게 할 수 있다.
① 세관장의 허가를 받고 내국물품만을 원료로 하여 제조·가공 등을 하는 경우 그 원료 또는 재료
② 혼용작업에 소요되는 원재료
③ **보세판매장에서 판매하고자 하는 물품**
④ 당해 내국물품이 외국에서 생산된 물품으로서 종합보세구역 안의 외국물품과 구별되는 필요가 있는 물품(보세전시장의 기능을 수행하는 경우에 한한다)

(3) 반입물품 확인 등 [기출 2023]

1) 물품의 이상보고

운영인은 반입된 물품이 반입예정 정보와 품명·수량이 상이하거나 안보위해물품의 반입, 포장파손, 누출·오염 등 물품에 이상이 있는 경우에는 즉시 세관장에게 보고하여야 한다.

2) 이상물품에 대한 조치

물품의 이상보고를 받은 세관장은 사고 발생 경위를 확인하여 자체조사 후 통고처분 등 필요한 조치를 하거나 적하목록정정이 필요한 경우에는 「보세화물 입출항 하선 하기 및 적재에 관한 고시」에 따른 조치를 하여야 한다. 다만, 「세관공무원의 범칙조사에 관한

훈령」 제14조 제1항 각 호의 어느 하나에 해당하는 경우 즉시 조사 전담부서로 조사의뢰를 하여야 한다.

3) 위험물에 대한 확인 및 보고

소방 관련 법령 등에 따라 위험물 장치허가를 받지 아니한 종합보세사업장 운영인은 화물 반입 시 위험물 여부를 확인하여야 하며, 위험물을 발견하였을 때에는 즉시 세관장에게 보고하여야 한다.

4) 반출의 제한

해당 종합보세사업장에 반입된 보세화물은 특별한 사유가 없는 한 다른 종합보세사업장 또는 보세구역으로 다시 반출할 수 없다. 다만, 다음의 어느 하나에 해당하는 경우에는 그러하지 아니하다.

① 위험물·보온·보냉물품, 검역대상물품 등 특수물품으로서 해당 물품의 보관에 적합한 보세구역으로 반출하는 경우
② 보세공장, 보세판매장, 보세건설장, 보세전시장 또는 동 기능을 수행하는 종합보세사업장에 반입하기 위하여 반출하는 경우
③ 해당 보세사업장의 폐업, 천재지변 등으로 반출하는 경우
④ 기타 보세화물의 멸실, 손상방지나 신속통관을 위하여 세관장이 필요하다고 인정하는 경우

Ⅳ 종합보세구역 판매물품에 대한 관세 등의 환급

1 의의 기출 2021

외국인 관광객 등 대통령령으로 정하는 자가 종합보세구역에서 구입한 물품을 국외로 반출하는 경우에는 해당 물품을 **구입할 때 납부한 관세 및 내국세 등을 환급**받을 수 있다.

2 외국인 관광객 등의 범위 기출 2022

"외국인 관광객 등 대통령령으로 정하는 자"란 외국환거래법 제3조에 따른 비거주자(이하 "외국인 관광객 등")를 말한다. 다만, **다음의 자를 제외**한다.
① 법인
② **국내에 주재하는 외교관**(이에 준하는 외국공관원을 포함한다)
③ **국내에 주재하는 국제연합군과 미국군의 장병 및 군무원**

3 종합보세구역에서의 물품판매 등

(1) 수입신고 및 신고납부

종합보세구역에서 외국인 관광객 등에게 물품을 판매하는 자(이하 "판매인")는 관세청장이 정하는 바에 따라 판매물품에 대한 수입신고 및 신고납부를 하여야 한다.

(2) 판매확인서 교부

판매인은 수입신고가 수리된 경우에는 구매자에게 당해 물품을 인도하되, 국외반출할 목적으로 구매한 외국인 관광객 등에게 판매한 경우에는 물품판매확인서(이하 "판매확인서")를 교부하여야 한다.

(3) 판매물품의 제한

관세청장은 종합보세구역의 위치 및 규모 등을 고려하여 판매하는 물품의 종류 및 수량 등을 제한할 수 있다.

4 외국인 관광객 등에 대한 관세 등의 환급

(1) 판매확인서 및 구매물품 제시

외국인 관광객 등이 종합보세구역에서 물품을 구매할 때에 부담한 관세 등을 환급 또는 송금받고자 하는 경우에는 출국하는 때에 출국항을 관할하는 세관장(이하 "출국항 관할세관장")에게 판매확인서와 구매물품을 함께 제시하여 확인을 받아야 한다.

(2) 출국항 관할세관장 확인

출국항 관할세관장은 외국인 관광객 등이 제시한 판매확인서의 기재사항과 물품의 일치 여부를 확인한 후 판매확인서에 확인인을 날인하고, 외국인 관광객 등에게 이를 교부하거나 판매인에게 송부하여야 한다.

(3) 환급 또는 송금

외국인 관광객 등이 판매확인서를 교부받은 때에는 환급창구운영사업자에게 이를 제시하고 환급 또는 송금받을 수 있다. 다만, 판매인이 판매확인서를 송부받은 경우에는 그 송부받은 날부터 20일 이내에 외국인 관광객등이 종합보세구역에서 물품을 구매한 때 부담한 관세 등을 당해 외국인 관광객 등에게 송금하여야 한다.

5 판매인에 대한 관세등의 환급 등

(1) 의의

판매인은 종합보세구역에서 관세 등이 포함된 가격으로 물품을 판매한 후 다음에 해당하는 경우에는 관세 등을 환급받을 수 있다.
① 외국인 관광객 등이 구매한 날부터 3월 이내에 물품을 국외로 반출한 사실이 확인되는 경우
② 판매인이 환급창구운영사업자를 통하여 당해 관세 등을 환급 또는 송금하거나 외국인 관광객 등에게 송금한 것이 확인되는 경우

(2) 환급 신청 절차

판매인이 관세 등을 환급받고자 하는 경우에는 환급신청서에 세관장이 확인한 판매확인서 및 수입신고필증 그 밖에 관세 등의 납부사실을 증빙하는 서류와 환급 또는 송금사실을

증명하는 서류를 첨부하여 당해 종합보세구역을 관할하는 세관장에게 제출하여야 한다.

(3) 서류 보관

환급금을 지급받은 판매인은 외국인 관광객 등에 대하여 환급 또는 송금한 사실과 관련된 증거서류를 5년간 보관하여야 한다.

V 반출입물품의 범위 등

1 반출입물품의 범위 등

(1) 수입통관 후 소비 또는 사용

1) 의의

종합보세구역에서 소비하거나 사용되는 물품으로서 기획재정부령으로 정하는 물품은 수입통관 후 이를 소비하거나 사용하여야 한다.

2) 수입통관 후 소비 또는 사용하는 물품

수입통관 후 소비 또는 사용하여야 하는 물품은 다음의 것으로 한다.
① 제조·가공에 사용되는 시설기계류 및 그 수리용 물품
② 연료·윤활유·사무용품 등 제조·가공에 직접적으로 사용되지 아니하는 물품

(2) 장치기간

1) 원칙

종합보세구역에 반입한 물품의 장치기간은 제한하지 아니한다.

2) 예외

다만, 보세창고의 기능을 수행하는 장소 중에서 관세청장이 수출입물품의 원활한 유통을 촉진하기 위하여 필요하다고 인정하여 지정한 장소에 반입되는 물품의 장치기간은 1년의 범위에서 관세청장이 정하는 기간으로 한다.

(3) 반출입 제한

세관장은 종합보세구역에 반입·반출되는 물품으로 인하여 국가안전, 공공질서, 국민보건 또는 환경보전 등에 지장이 초래되거나 종합보세구역의 지정 목적에 부합되지 아니하는 물품이 반입·반출되고 있다고 인정될 때에는 해당 물품의 반입·반출을 제한할 수 있다.

2 운영인의 물품관리 기출 2021

(1) 물품의 구분 관리 기출 2021

운영인은 종합보세사업장에 반입된 물품을 **내·외국물품별 및 수행하는 기능별로 구분하여 보관·관리**하여야 한다.

(2) 물품의 장치기간 기출 2021

종합보세사업장에 **반입한 물품의 장치기간은 종합보세사업장의 설치·운영신고기간**으로 한다. 다만, 설치·운영변경신고를 한 때에는 그 설치·운영기간을 장치기간에 합산한다.

(3) 긴급매각 대상

세관장은 종합보세구역에 장치된 물품 중 다음에 해당되는 물품은 매각할 수 있다.
① 살아 있는 동식물
② 부패하거나 부패할 우려가 있는 것
③ 창고나 다른 외국물품에 해를 끼칠 우려가 있는 것
④ 기간이 지나면 사용할 수 없게 되거나 상품가치가 현저히 떨어질 우려가 있는 것
⑤ 관세청장이 정하는 물품 중 화주가 요청하는 것

(4) 종합보세구역 안에서의 물품의 이동

1) 의의

운영인은 종합보세구역에 반입된 물품을 종합보세구역 안에서 이동·사용 또는 처분을 할 때에는 장부 또는 전산처리장치를 이용하여 그 기록을 유지하여야 한다. 이 경우 기획재정부령으로 정하는 물품은 미리 세관장에게 신고하여야 한다.

2) 이동신고 대상물품

세관장에게 신고하여야 하는 물품은 종합보세구역의 운영인 상호 간에 이동하는 물품으로 한다.

(5) 장기보관 외국물품의 매각요청 `기출 2021, 2024`

운영인은 종합보세사업장에 반입한 날부터 6개월 이상의 범위에서 관세청장이 정하는 기간이 지난 외국물품이 다음의 어느 하나에 해당하는 경우에는 관세청장이 정하여 고시하는 바에 따라 세관장에게 그 외국물품의 장기보관화물 매각승인(요청)서로 매각을 요청할 수 있다. 운영인은 세관장에게 매각을 요청하려는 경우 화주, 반입자 또는 그 위임을 받은 자에게 외국물품의 반출통고를 해야 하며, **반출통고 후 30일이 경과한 후에 매각을 요청**할 수 있다. 그 밖에 매각요청을 받은 장기보관화물의 처리절차는 「보세화물장치기간 및 체화처리에 관한 고시」를 준용한다.

① 화주가 분명하지 아니한 경우
② 화주가 부도 또는 파산한 경우
③ 화주의 주소·거소 등 그 소재를 알 수 없는 경우
④ **화주가 수취를 거절하는 경우**
⑤ 화주가 거절의 의사표시 없이 수취하지 아니한 경우

3 설비의 유지의무 등

(1) 설비의 유지의무

1) 의의

운영인은 대통령령으로 정하는 바에 따라 종합보세기능의 수행에 필요한 시설 및 장비 등을 유지하여야 한다.

2) 시설 및 장비 등의 설비

종합보세구역의 운영인이 유지하여야 하는 시설 및 장비 등의 설비는 다음의 설비로 한다.
① 제조·가공·전시·판매·건설 및 장치 기타 보세작업에 필요한 기계시설 및 기구
② 반입·반출물품의 관리 및 세관의 업무검사에 필요한 전산설비
③ 소방·전기 및 위험물관리 등에 관한 법령에서 정하는 시설 및 장비

④ 보세화물의 분실과 도난방지를 위한 (적절한) 시설

3) 설비가 일시적으로 기준에 미달하게 된 때

설비가 천재·지변 기타 불가피한 사유로 인하여 일시적으로 기준에 미달하게 된 때에는 종합보세구역의 운영인은 관세청장이 정하는 기간(3개월) 내에 이를 갖추어야 한다.

(2) 보수작업 등의 신고

종합보세구역에 장치된 물품에 대하여 보수작업을 하거나 종합보세구역 밖에서 보세작업을 하려는 자는 대통령령으로 정하는 바에 따라 세관장에게 신고하여야 한다.

4 종합보세구역에 대한 세관의 관리 등

(1) 출입 통제 등

세관장은 관세채권의 확보, 감시·단속 등 종합보세구역을 효율적으로 운영하기 위하여 종합보세구역에 출입하는 인원과 차량 등의 출입을 통제하거나 휴대 또는 운송하는 물품을 검사할 수 있다.

(2) 반출입상황 등 확인

세관장은 종합보세구역에 반입·반출되는 물품의 반입·반출 상황, 그 사용 또는 처분 내용 등을 확인하기 위하여 장부나 전산처리장치를 이용한 기록을 검사 또는 조사할 수 있으며, 운영인으로 하여금 업무실적 등 필요한 사항을 보고하게 할 수 있다.

(3) 시설 설치요구

관세청장은 종합보세구역 안에 있는 외국물품의 감시·단속에 필요하다고 인정될 때에는 종합보세구역의 지정요청자에게 보세화물의 불법유출, 분실, 도난방지 등을 위한 시설을 설치할 것을 요구할 수 있다. 이 경우 지정요청자는 특별한 사유가 없으면 이에 따라야 한다.

Ⅵ 종합보세구역 지정의 취소 등

1 종합보세구역 지정의 취소

(1) 의의

관세청장은 종합보세구역에 반입·반출되는 물량이 감소하거나 그 밖에 대통령령으로 정하는 사유로 종합보세구역을 존속시킬 필요가 없다고 인정될 때에는 종합보세구역의 지정을 취소할 수 있다.

(2) 취소 사유

① 종합보세구역의 지정요청자가 지정취소를 요청한 경우
② 종합보세구역의 지정요건이 소멸한 경우

2 종합보세기능의 수행 중지

세관장은 종합보세사업장의 운영인이 다음의 어느 하나에 해당하는 경우에는 6개월의 범위에서 운영인의 종합보세기능의 수행을 중지시킬 수 있다.
① 운영인이 설비의 유지의무를 위반한 경우
② 운영인이 수행하는 종합보세기능과 관련하여 반입·반출되는 물량이 감소하는 경우
③ 1년 동안 계속하여 외국물품의 반입·반출 실적이 없는 경우

3 종합보세사업장의 폐쇄명령

세관장은 종합보세사업장의 운영인이 다음의 어느 하나에 해당하는 경우에는 그 종합보세사업장의 폐쇄를 명하여야 한다.
① 거짓이나 그 밖의 부정한 방법으로 종합보세사업장의 설치·운영에 관한 신고를 한 경우
② 관세법 제175조(운영인의 결격사유) 각 호의 어느 하나에 해당하게 된 경우. 다만, 관세법 제175조 제8호에 해당하는 경우로서 같은 조 제2호 또는 제3호에 해당하는 사람을 임원으로 하는 법인이 3개월 이내에 해당 임원을 변경한 경우에는 그러하지 아니하다.
③ 다른 사람에게 자신의 성명·상호를 사용하여 종합보세사업장을 운영하게 한 경우

제5장 수입활어장치장

I 개요

1 용어의 정의 기출 2023

(1) 활어

"활어"란 관세율표 제0301호에 해당하는 물품으로서 관상용과 양식용(이식용, 시험연구조사용)을 제외한 것을 말한다.

(2) 활어장치장

"활어장치장"이란 다음의 장소를 말한다.
① 활어를 장치하는 보세구역
② 보세구역이 아닌 장소 중 세관장의 허가를 받아 활어를 장치하는 곳(이하 "보세구역 외 장치장")

(3) 검역

"검역"이란 「수산생물질병 관리법」 제27조에 따른 수입검역을 말한다.

(4) 검사

"검사"란 「수입식품안전관리 특별법」 제21조에 따른 검사를 말한다.

(5) 불합격품

"불합격품"이란 「수산생물질병 관리법」 제34조 제1항 각 호의 어느 하나에 해당하는 검역 불합격품과 「수입식품안전관리 특별법」 제21조에 따른 검사 결과 부적합 처분을 받은 물품을 말한다.

(6) 운영인 등

"운영인 등"이란 특허보세구역의 설치·운영에 관한 특허를 받은 자와 보세구역 외 장치허가를 받은 자를 말한다.

2 다른 규정과의 관계

「수입활어 관리에 관한 특례고시」에서 규정하지 아니한 사항은 「특허보세구역 운영에 관한 고시」,「보세화물관리에 관한 고시」에서 정하는 바에 따르되,「수입활어 관리에 관한 특례고시」에서 따로 정하는 경우에는 「수입활어 관리에 관한 특례고시」의 규정을 우선하여 적용한다.

Ⅱ 활어장치장의 시설 요건 등

1 활어장치장의 시설 요건 기출 2021~2022/2024

활어장치장은 다음의 요건을 모두 갖추어야 한다.

(1) 수조외벽

각각의 수조가 물리적·영구적으로 분리되는 구조와 재질로 이루어져야 하며, 수조 사이에 활어가 이동할 수 없도록 충분한 높이와 넓이를 갖추어야 한다.

(2) 폐쇄회로 텔레비전(이하 CCTV)

각각의 출입구와 2개의 수조당 1대 이상 설치하여야 하며, 활어의 검량 감시용으로 사용할 수 있는 이동식 CCTV를 1대 이상 보유하여야 한다. 다만, 세관장이 필요하다고 인정하는 경우에는 이를 가감할 수 있다.

(3) 조명시설 기출 2021

세관장이 CCTV 영상을 통해 수조의 현황을 용이하게 식별할 수 있을 정도의 조명시설을 갖춰야 한다. 다만, **암실에 보관하여야 하는 어종을 장치하는 경우에는 적외선 카메라를 보유**하여야 한다.

(4) 영상녹화시설 기출 2021~2022

CCTV 영상을 상시 녹화할 수 있고, 녹화된 영상을 30일 이상 보관할 수 있는 감시장비를 보유하여야 한다.

(5) 냉동·냉장시설

폐사어를 장치할 수 있는 냉동·냉장 보관시설을 보유하여야 한다.

(6) 인터넷망 구축 기출 2021~2022

세관장이 CCTV 영상을 인터넷 망을 통해 실시간으로 확인이 가능하도록 조치(예 CCTV 인터넷망에 접속 권한 등을 부여) 하여야 한다.

2 배치 도면 제출

운영인 등은 활어장치장의 수조와 CCTV의 배치 도면을 세관장에게 제출하여야 한다.

3 CCTV의 배치와 관리 기출 2023

(1) CCTV의 배치

운영인 등은 사각지대가 없도록 CCTV를 배치하여야 하며, CCTV의 고장 등으로 촬영이 불가능한 수조에는 활어를 장치할 수 없다.

(2) 세관장 승인 기출 2023

운영인 등은 활어장치장 내에 설치된 CCTV의 전원을 차단하거나, 촬영 방향의 이동 또는 촬영에 방해가 되는 물체를 배치하려는 경우에는 사전에 세관장의 승인을 얻어야 한다.

(3) 고장 발생 시 즉시 통보

운영인 등은 CCTV에 고장이 발생한 때에는 즉시 세관장에게 통보하여야 하며, 통보를 받은 세관장은 기간을 정하여 이를 수리할 것과 장치된 활어를 다른 수조로 이동하거나 다른 CCTV의 방향을 조정하는 등 필요한 조치를 명할 수 있다.

(4) 녹화 영상 보관

운영인 등은 CCTV 녹화 영상을 촬영한 날로부터 30일 이상 보관하여야 한다.

Ⅲ 활어의 장치

1 보세구역 외 장치 기출 2022

(1) 장치 허가의 신청 시기

1) 원칙

보세구역 외 장치허가는 해당 수조의 물을 제거한 후에 신청하여야 한다.

2) 예외

다만, 세관장이 해당 수조에 물이 채워진 상태에서도 수조의 내부를 확인할 수 있다고 인정하는 경우에는 그러하지 아니하다.

(2) 보세구역 외 장치장 위치 기출 2022

1) 원칙

보세구역 외 장치장은 **세관으로부터 40Km 이내에 위치**하여야 한다.

2) 예외

다만, 관내 보세창고의 수용능력, 반입물량, 감시단속상의 문제점 등을 고려하여 세관장이 타당하다고 인정하는 경우에는 세관으로부터 80Km를 초과하지 아니하는 범위 내에서 보세구역 외 장치를 허가할 수 있다.

(3) 허가 제한

세관장은 해당 보세구역 외 장치장에서「특허보세구역 운영에 관한 고시」제18조 제3항에서 규정한 반입정지의 대상이 되는 사유가 발생한 때에는,「수입활어 관리에 관한 특례고시」제15조 제2항에서 규정한 기간 동안 보세구역 외 장치의 허가를 하지 아니할 수 있다.

2 통관지 세관의 지정

활어를 통관할 수 있는 세관은 「수입통관 사무처리에 관한 고시」 제106조(특정물품의 통관지세관 제한)에서 정하는 바에 따른다.

3 장치장소의 제한

세관장은 다음의 어느 하나에 해당하는 경우에는 「보세화물관리에 관한 고시」 제4조 제1항의 규정에도 불구하고 관할 구역 내의 활어를 장치하기 위한 시설이 갖추어진 지정장치장(세관지정 보세창고 포함)에 반입하게 할 수 있다.
① 불합격품인 경우
② 최초 수입 건, 부적합 처분 이력이 있었던 건 또는 수출된 활어의 반송품 등 특별한 보관·관리가 필요하다고 인정되는 경우
③ 운영인 등이 세관장의 필요시설 설치명령에 대해 기한 내에 응하지 아니한 경우
④ 그 밖에 세관장이 운영인등의 법규수행능력평가와 활어의 성상 등을 고려하여 우범성이 높다고 판단되는 경우

4 미통관 표식 기출 2021

(1) 표시 원칙 기출 2021

운영인 등은 통관되지 않은 활어가 장치되어 있는 수조에는 이미 통관된 활어와 명확히 구분할 수 있도록 표식을 하여야 한다.

(2) 표시방법

미통관 표식은 거친 날씨 또는 야간에도 CCTV 영상으로 쉽게 식별이 가능한 재질(예 야광판 등)로 하여야 한다.

Ⅳ 수입신고

1 B/L 분할 신고 기출 2023

(1) 원칙 기출 2023

동일 선박 또는 항공기로 반입된 동일 화주의 활어는 B/L 건별로 수입신고를 하여야 한다.

(2) 예외

다만, 검사 또는 검역의 결과 일부 합격 등과 같이 세관장이 분할통관이 필요하다고 인정하는 경우에는 그렇지 않다.

Ⅴ 검량 등

1 검량

(1) 검량방법 및 절차 표준 제정

세관장은 수입활어의 검량방법 및 절차에 관한 표준을 제정할 수 있다.

(2) 이동식 CCTV 설치 요구

세관장은 검량과정에서 필요하다고 판단되는 경우에는 운영인 등에게 이동식 CCTV의 배치를 요구할 수 있다.

(3) 재검량 요구

세관장은 다음의 어느 하나에 해당하는 경우에는 화주 또는 운영인 등에게 다시 검량할 것을 요구할 수 있다.
① 상기 (1)에서 정하는 방법과 절차에 따르지 아니하는 경우
② 검량과정에서 CCTV 영상 전송이 단절된 경우
③ 활어의 수량과 중량에서 과부족이 현저하다고 의심되는 경우 등 재검량이 필요하다고 판단되는 경우

(4) 불합격품의 폐기 등

불합격품을 폐기 또는 반송하는 때에는 반드시 검량을 실시하여야 한다.

2 폐사어의 관리 기출 2021~2022

(1) 폐사 통보 기출 2022

1) 원칙

운영인 등은 장치 중인 **활어의 전부 또는 일부가 폐사한 경우**에는 그 **발생 사유와 발생량 등을 지체 없이 세관장에게 통보**하고, **폐사어 관리대장에 기록·유지**하여야 한다.

2) 예외

다만, 세관장이 인정하는 범위 내에서 폐사가 발생한 경우에는 그러하지 아니할 수 있다.

(2) 폐사어의 구분 보관 기출 2021~2022

운영인 등은 폐사어를 **별도의 냉동·냉장시설에 B/L별로 구분하여 보관**하여야 한다.

3 불합격품의 처리 기출 2023

(1) 반송 등의 명령 기출 2023

세관장은 불합격품이 발생한 경우, 해당 화주에게 불합격 사실을 통보받은 날부터 15일 이내에 반송 또는 폐기하도록 명령하여야 한다.

(2) 불법유출 방지 조치명령

세관장은 불합격품이 발생한 경우 운영인 등에게 불합격품이 장치된 수조를 봉인하거나 덮개를 설치하는 등 불법유출을 방지하기 위해 필요한 조치를 명령할 수 있다.

Ⅵ 세관의 관리

1 활어 운반용 컨테이너 관리

(1) 활어 운반용 컨테이너의 기록 또는 유지

세관장은 수입화주가 소유 또는 임대하여 사용하는 활어 운반용 컨테이너(이하 'SOC')의 화주명, 컨테이너번호, 컨테이너 도면 등에 관한 사항을 기록·유지하여야 한다.

(2) 활어 운반용 컨테이너의 확인

세관장은 X-ray 검색기 등을 통해 매 반기별로 SOC의 은닉공간 및 불법 개조 여부 등을 확인하여야 한다.

2 행정제재

(1) 경고처분

세관장은 다음의 어느 하나에 해당하는 경우에는 경고처분을 하여야 한다.
① 「수입활어 관리에 관한 특례고시」 제5조(CCTV의 배치와 관리)의 규정을 위반한 경우
② 세관장의 검량요구를 정당한 사유 없이 이행하지 아니한 경우
③ 「수입활어 관리에 관한 특례고시」 제11조 제1항의 규정을 이행하지 아니한 경우
④ 「수입활어 관리에 관한 특례고시」 제12조 제1항의 규정을 이행하지 아니한 경우 또는 사실과 다르게 기재하거나 세관장에게 통보한 경우
⑤ 그 밖에 「수입활어 관리에 관한 특례고시」 또는 「수입활어 관리에 관한 특례고시」에 의한 세관장의 명령에 위반한 경우

(2) 물품 반입 정지

세관장은 활어를 장치하는 보세구역이 「특허보세구역 운영에 관한 고시」 제18조 제3항의 어느 하나에 해당하는 경우에는 기간을 정하여 물품 반입을 정지하여야 하며, 그 기간의 산정은 별표 1의 기준에 따른다.

> **반입정지 기간산정 요령**
>
> ① 활어를 장치하는 특허 보세구역에의 물품의 반입을 정지하는 기간은 다음 계산식에 의한다. 다만, 이 기간은 반입빈도 기준일 이상이어야 하며 6월을 초과할 수 없다.
>
> > 반입정지기간 = 반입빈도기준일 × 위반금액 조정계수, 소수점 이하 버림
>
> * 반입빈도기준일 : 365일 / 연 반입횟수, 소수점 이하 버림, 단, 1이하로 할 수 없다.
>   연 반입횟수는 해당 장치장의 반입정지사유 발생 이전 1년간의 반입횟수, 1년간의 반입실적이 없는 경우에는 연간으로 환산한 반입횟수를 말하며, 반입실적이 없는 경우에는 관내의 모든 활어장치장의 평균 반입 횟수를 적용
> * 위반금액 조정계수 : 위반금액 / 100만원, 단, 1이하로 할 수 없다.
>
> ② 「특허보세구역 운영에 관한 고시」 제18조 제5항에 의한 반입정지 기간의 경감은 영업용 보세창고에 한한다.

(3) 과태료 부과 등

1) 의의

세관장은 화주가 「수입활어 관리에 관한 특례고시」 제13조 제1항에 따른 세관장의 명령을 이행하지 아니하는 경우에는 과태료 부과와 경고처분을 하고, 이전 명령의 이행기간 만료일로부터 10일 이내에 반송 또는 폐기하도록 명령하여야 한다.

2) 반복 부과

세관장은 화주가 「수입활어 관리에 관한 특례고시」 제13조 제1항에 따른 세관장의 명령을 이행할 때까지 반복하여 과태료 부과, 경고처분, 반송 또는 폐기명령을 하여야 한다.

(4) 과태료 부과통지

세관장은 과태료를 부과할 때에는 화주에게 부과·징수한다는 뜻을 미리 문서로 통지하여야 한다.

3과목

화물관리

제1장 화물관리 제도
제2장 보세운송제도
제3장 화물운송주선업자
제4장 환적화물의 처리

제1장 화물관리 제도

이 장에서는 사용의 편의를 위해 「관세법」을 법으로, 「관세법 시행령」을 영으로, 「관세법 시행규칙」을 규칙으로, 「보세화물관리에 관한 고시」를 고시로 약칭하여 사용한다.

I 용어의 정의

이 고시에서 사용하는 용어의 뜻은 다음과 같다.
① "세관지정장치장"이란 세관장이 관리하는 시설 또는 세관장이 시설 관리인의 사용 승인을 받아 지정장치장으로 지정한 시설을 말한다.
② "운영인등"이란 특허보세구역 운영인, 지정보세구역 화물관리인, 보세구역 외 장치의 허가를 받은 자, 검역물품의 관리인을 말한다.
③ "선박회사"란 물품을 운송한 선박회사와 항공사를 말한다.
④ "위험물"이란 폭발성, 인화성, 유독성, 부식성, 방사성, 산화성 등의 물질로서 관계 법령에 따라 위험품으로 분류되어 취급이나 관리가 별도로 정해진 물품을 말한다.
⑤ "화물관리 세관공무원"이란 통관지원과 또는 화물담당부서의 세관공무원을 말한다.
⑥ "세관화물정보시스템"이란 적재화물목록, 적재, 하선·하기, 보세운송신고, 보세구역 반출입 등의 자료를 관리하는 세관운영시스템을 말한다.
⑦ "전자문서"란 컴퓨터 간에 전송 등이 될 수 있도록 하기 위하여 관세청장이 정한 실행지침서에 따라 작성된 전자자료를 말한다.
⑧ "B/L제시 인도물품"이란 「수입통관 사무처리에 관한 고시」 제70조 제1항에 따른 물품을 말한다.
⑨ "관리대상화물"이란 「관리대상화물 관리에 관한 고시」 제2조 제1호에 따른 물품을 말한다.
⑩ "식품류"란 「식품위생법」에 따른 식품 및 식품첨가물, 「건강기능식품에 관한 법률」에 따른 건강기능식품, 「축산물 위생관리법」에 따른 축산물을 말한다.

Ⅱ 보세화물의 장치

1 보세구역의 장치

외국물품은 보세구역이 아닌 장소에 장치할 수 없다. 다만, 다음의 어느 하나에 해당하는 물품은 그러하지 아니하다.
① 수출신고가 수리된 물품
② 크기 또는 무게의 과다나 그 밖의 사유로 보세구역에 장치하기 곤란하거나 부적당한 물품
③ 재해나 그 밖의 부득이한 사유로 임시로 장치한 물품
④ 검역물품
⑤ 압수물품
⑥ 우편물품

2 보세구역의 장치 제한

① 보세구역에는 인화질 또는 폭발성의 물품을 장치하지 못한다.
② 보세창고에는 부패할 염려가 있는 물품 또는 살아있는 동물이나 식물을 장치하지 못한다.
③ 상기 ① 및 ②의 규정은 당해 물품을 장치하기 위하여 특수한 설비를 한 보세구역에 관하여는 이를 적용하지 아니한다.

3 화물분류기준 기출 2024

(1) 원칙적인 화물분류 기준

입항전 또는 하선(기)전에 수입신고나 보세운송신고를 하지 않은 보세화물의 장치장소 결정을 위한 화물분류 기준은 다음에 따른다.
① 선사는 화주 또는 그 위임을 받은 자가 운영인등과 협의하여 정하는 장소에 보세화물을 장치하는 것을 원칙으로 한다.
② 화주 또는 그 위임을 받은 자가 장치장소에 대한 별도의 의사표시가 없는 경우에는 다음 각 목에 따른다.
　㉠ Master B/L 화물은 선사가 선량한 관리자로서 장치장소를 결정한다.

ⓒ House B/L 화물은 화물운송주선업자가 선량한 관리자로서 선사 및 보세구역 운영인등과 협의하여 장치장소를 결정한다.
 ③ 상기 ②에 따라 장치장소를 정할 때에 화물운송주선업자가 선량한 관리자로서의 의무를 다하지 못할 경우에는 다음의 어느 하나를 장치장소로 한다.
  ㉠ 세관지정장치장
  ㉡ 세관지정 보세창고

(2) 예외적인 화물분류 기준

상기 (1)에도 불구하고 다음의 어느 하나에 해당하는 물품은 해당 내용에서 정하는 바에 따른다.
① 입항전 또는 하선(기)전에 수입신고가 되거나 보세운송신고가 된 물품은 보세구역에 반입함이 없이 부두 또는 공항 내에서 보세운송 또는 통관절차와 검사절차를 수행하도록 하여야 한다(이 경우 본·부선통관 목적으로 입항전 수입신고를 한 물품은 본·부선 내에서 통관절차와 검사절차를 수행하도록 하여야 한다).
② 위험물, 보온·보냉물품, 검역대상물품, 귀금속 등은 해당 물품을 장치하기에 적합한 요건을 갖춘 보세구역에 장치하여야 하며, 식품류는 보관기준을 갖춘 보세구역에 장치하여야 한다.
③ 보세창고, 보세공장, 보세전시장, 보세판매장에 반입할 물품은 특허 시 세관장이 지정한 장치물품의 범위에 해당하는 물품만 해당 보세구역에 장치한다.
④ 보세구역 외 장치의 허가를 받은 물품은 그 허가를 받은 장소에 장치한다.
⑤ 관리대상화물은 「관리대상화물 관리에 관한 고시」 제6조 및 제7조에 따라 장치한다.
⑥ 수입고철(비금속설을 포함한다)은 고철전용장치장에 장치하는 것을 원칙으로 한다.

(3) 운영인 등의 권리

상기 (1)과 (2)는 화물에 대하여 민법 또는 상법상의 권한이 있는 자의 보세구역 운영인 등 또는 화주에 대한 권리를 배제하지 아니한다.

(4) 컨테이너에 내장된 수입물품의 장치

컨테이너에 내장된 수입물품의 장치에 대하여는 「컨테이너관리에 관한 고시」를 준용한다.

(5) 이해관계인 감독 또는 조정

세관장은 상기 (1)부터 (4)까지의 규정의 운영과 관련하여 화물관리에 안전을 기하고 화물분류업무가 공정하게 이루어지도록 이해관계인을 감독하거나 조정할 수 있다.

4 물품의 반입

(1) 물품의 반입

화물분류기준에 따라 장치장소가 결정된 물품은 하선(기)절차가 완료된 후 해당 보세구역(동물검역소 구내계류장을 포함한다)에 물품을 반입하여야 한다.

(2) 반입물품 이상보고

운영인등은 반입된 물품이 반입예정 정보와 품명·수량이 상이하거나 안보위해물품의 반입, 포장파손, 누출, 오염 등으로 이상이 있는 경우에는 즉시 반입물품 이상보고서에 다음의 서류를 첨부하여 전자문서로 세관장에게 제출하여야 한다. 다만, 전자문서로 제출할 수 없는 경우에는 서류로 제출할 수 있다.
① 사유서
② B/L 사본 등 세관장이 반입물품 이상 여부 확인을 위해 필요한 서류

(3) 이상보고 물품에 대한 조치

① 반입물품 이상보고를 받은 세관장은 사고발생 경위를 확인하여 자체조사 후 통고처분 등 필요한 조치를 하거나 적재화물목록 정정이 필요한 경우에는 「보세화물 입출항 하선 하기 및 적재에 관한 고시」 제12조와 제25조에 따른 조치를 해야 한다.
② 다만, 위반사항이 「세관공무원의 범칙조사에 관한 훈령」 제14조 제1항 각 호의 어느 하나에 해당하는 경우 즉시 조사전담부서로 고발의뢰 해야 한다.

(4) 위험물 확인 및 보고

위험물 장치허가를 받지 아니한 특허보세구역 운영인등 및 지정보세구역 관리인은 화물 반입 시에 위험물 인지를 확인하여야 하며, 위험물을 발견하였을 때에는 즉시 세관장에게 보고하여야 한다.

(5) 관리대상화물의 장치

세관장은 관리대상화물을 세관지정장치장에 장치한다. 다만, 보세판매장 판매용물품은 「보세판매장 운영에 관한 고시」 제15조 제1항에 따라 장치하고, 수출입물품은 공항만 보세구역의 화물적체 해소와 관할세관 내에 보세창고가 부족하여 화주가 요청하는 경우 세관장의 승인을 얻어 세관지정장치장에 장치할 수 있으며, 관할세관 내에 영업용 보세창고가 없는 경우에는 세관장의 승인 없이 장치할 수 있다.

5 반출명령 [기출 2024]

(1) 다른 보세구역으로의 반출명령

세관장은 보세구역에 반입된 물품이 보세구역의 수용능력을 초과하여 추가로 물품반입이 곤란하거나, 태풍 등 재해로 인하여 보세화물에 피해의 우려가 있다고 인정될 때 해당 물품을 다른 보세구역으로 반출하도록 명령할 수 있다.

(2) 위험물 장치장으로의 반출명령

위험물 발견에 따른 보고를 받은 세관장은 위험물을 장치할 수 있는 장소로 즉시 반출명령하여야 한다.

(3) 기간 내 반출 및 보고

반출명령을 받은 해당 물품의 운송인, 보세구역 운영인등 또는 화물관리인은 세관장이 지정한 기간 내에 해당 물품을 다른 보세구역으로 반출하고 그 결과를 세관장에게 보고하여야 한다.

(4) 반출 또는 반출유예

화물반입량의 감소 등 일시적인 사정으로 보세구역의 수용능력이 충분하여 반출이 불필요한 경우에 세관장은 이전 연도 및 해당 연도의 월별, 보세구역별 반입물량의 증가 추이와 수용능력 실태 등을 심사하여 월별, 보세구역별로 일정 기준을 정하여 반출 또는 반출유예를 조치할 수 있다.

(5) 과태료 부과

세관장은 보세구역 운영인등이 반출명령을 이행하지 않은 경우에는 법 제277조에 따라 과태료를 부과한다.

6 반입물품의 장치기간 [기출 2023]

(1) 지정장치장 반입물품 [기출 2023]

지정장치장 반입물품의 장치기간은 6개월로 한다. 다만, **부산항·인천항·인천공항·김해공항 항역 내의 지정장치장으로 반입된 물품의 장치기간은 2개월로 하며, 세관장이 필요하다고 인정할 때에는 2개월의 범위에서 그 기간을 연장할 수 있다.**

(2) 보세구역 외 장치물품

수출신고가 수리된 물품, 크기 또는 무게의 과다나 그 밖의 사유로 보세구역에 장치하기 곤란하거나 부적당한 물품 및 재해나 그 밖의 부득이한 사유로 임시로 장치한 물품의 장치기간은 세관장이 허가한 기간(연장된 기간 포함)으로 한다.

(3) 여행자 또는 승무원의 휴대품으로서 유치 또는 예치된 물품 및 습득물 기출 2023

여행자 또는 승무원의 휴대품으로서 유치 또는 예치된 물품 및 습득물 중 **유치물품 및 습득물의 장치기간은 1개월**로 하며, **예치물품의 장치기간은 예치증에 기재된 출국예정 시기에 1개월을 가산한 기간**으로 한다. 다만, 유치물품은 화주의 요청이 있거나 세관장이 필요하다고 인정하는 경우 1개월의 범위에서 그 기간을 연장할 수 있다.

(4) 보세창고 반입물품 기출 2023

1) 원칙

보세창고 반입물품의 장치기간은 6개월로 하되 세관장이 필요하다고 인정할 때에는 6개월의 범위에서 그 기간을 연장할 수 있다. 다만, **다음에 해당하는 물품의 장치기간은 비축에 필요한 기간**으로 한다.

① **정부비축물품**
② 정부와의 계약이행을 위하여 비축하는 방위산업용품
③ 장기간 비축이 필요한 수출용원재료 및 수출품 보수용 물품
④ 국제물류촉진을 위하여 장기간 장치가 필요한 물품(LME, BWT 등)으로서 세관장이 인정하는 물품

2) 예외

상기 1)에도 불구하고 다음의 어느 하나에 해당하는 물품은 그 구분에 따르며 세관장이 필요하다고 인정할 때에는 2개월의 범위에서 그 기간을 연장 할 수 있다. 다만, 상기 1)의 단서에 해당하는 물품의 장치기간은 비축에 필요한 기간으로 한다.

① 인천공항 및 김해공항 항역 내 보세창고(다만, 자가용보세창고 제외) : 2개월
② 부산항 부두 내 보세창고와 부두 밖 컨테이너전용보세창고(CFS 포함) : 2개월
③ 인천항 부두 내 보세창고와 부두 밖 컨테이너전용보세창고(CFS 포함) : 2개월

(5) 보세공장 반입물품 등 [기출 2023]

보세공장 반입물품, 보세전시장 반입물품, 보세건설장 반입물품 및 보세판매장 반입물품의 장치기간은 특허기간으로 한다.

(6) 장치기간의 연장신청

화주 또는 그 위임을 받은 자가 상기 (1) 및 (4)부터 (5)까지의 규정에 따른 기간 연장을 하려는 때에는 세관장에게 보세구역물품 장치기간 연장승인(신청)서로 신청(전자적 방식에 의한 신청을 포함한다)하고, 신청서류는 우편 또는 FAX 등 정보통신망 등을 이용하여 제출할 수 있다.

(7) 장치기간의 기산 [기출 2023]

1) 보세구역 반입물품(동일 B/L 반입물품 제외)

보세구역에 반입된 물품의 장치기간은 해당 보세구역 반입일(여행자 또는 승무원의 휴대품으로서 유치 또는 예치된 물품 및 습득물 중 반송방법이 제한되는 물품은 반송신고를 할 수 있는 날)을 기준으로 장치기간을 기산한다. 다만, **다음의 어느 하나에 해당하는 물품은 종전에 산정한 장치기간을 합산**한다.
① 장치장소의 특허변경으로 장치기간을 다시 기산하여야 하는 물품
② 보세운송 승인을 받아 다른 보세구역에 반입하거나 보세구역 간 장치물품을 이동함으로써 장치기간을 다시 기산하여야 하는 경우 중 장치기간이 이미 경과된 물품

2) 동일 B/L 반입물품

동일 B/L물품이 수차에 걸쳐 반입되는 경우에는 그 B/L물품의 반입이 완료된 날부터 장치기간을 기산한다.

7 보세구역 외 장치의 허가 [기출 2023~2024]

(1) 허가 대상

① 물품이 크기 또는 무게의 과다로 보세구역의 창고 안에 장치하기 곤란한 물품
② 다량의 산물로서 보세구역에 장치 후 다시 운송하는 것이 불합리하다고 인정하는 물품

③ 부패, 변질의 우려가 있거나, 부패, 변질하여 다른 물품을 오손할 우려가 있는 물품과 방진, 방습 등 특수보관이 필요한 물품
④ 귀중품, 의약품, 살아있는 동·식물 등으로서 보세구역에 장치하는 것이 곤란한 물품
⑤ 보세구역이 아닌 검역시행장에 반입할 검역물품
⑥ 보세구역과의 교통이 불편한 지역에 양륙된 물품으로서 보세구역으로 운반하는 것이 불합리한 물품
⑦ 중계무역물품으로서 보수작업이 필요한 경우 시설 미비, 장소 협소 등의 사유로 인하여 보세구역 내에서 보수작업이 곤란하고 감시단속상 문제가 없다고 세관장이 인정하는 물품
⑧ 자가공장 및 시설(용광로 또는 전기로, 압연시설을 말한다)을 갖춘 실수요자가 수입하는 고철 등 물품
⑨ 그 밖에 세관장이 보세구역 외 장치를 허가할 필요가 있다고 인정하는 물품

(2) 허가신청

보세구역 외 장치를 하려는 자는 보세구역 외 장치허가신청서를 전자문서로 다음의 서류와 함께 세관장에게 제출하여 허가를 받아야 한다. 다만, 전자문서로 제출할 수 없는 자는 보세구역 외 장치허가(신청)서를 세관장에게 제출하여야 한다.
① 송품장 또는 물품매도확약서(Offer sheet)
② B/L 사본 또는 B/L 사본을 갈음하는 서류
③ 물품을 장치하려는 장소의 도면 및 약도. 다만, 동일 화주가 동일 장소에 반복적으로 신청하는 경우에는 생략할 수 있다.

(3) 허가사항 등록 및 허가서 교부

보세구역 외 장치신청서를 접수한 화물관리 세관공무원은 담당과장의 결재를 받은 후 세관화물정보시스템에 허가사항을 등록하고 허가번호를 기재하여 허가서를 교부하여야 한다.

(4) 허가수수료 기출 2023

① 납부하여야 하는 **보세구역 외 장치허가수수료는 1만 8천원**으로 한다. 이 경우 **동일한 선박 또는 항공기로 수입된 동일한 화주의 화물을 동일한 장소에 반입하는 때에는 1건의 보세구역 외 장치허가신청으로 보아 허가수수료를 징수**한다.

② 국가 또는 지방자치단체가 수입하거나 **협정에 의하여 관세가 면제되는 물품을 수입**하는 때에는 **보세구역 외 장치허가수수료를 면제**한다.
③ 보세구역 외 장치허가수수료를 납부하여야 하는 자가 관세청장이 정하는 바에 의하여 이를 따로 납부한 때에는 그 사실을 증명하는 증표를 허가신청서에 첨부하여야 한다.
④ 세관장은 전산처리설비를 이용하여 보세구역 외 장치허가를 신청하는 때에는 보세구역 외 장치허가수수료를 일괄고지하여 납부하게 할 수 있다.

(5) 허가기간 등

보세구역 외 장치의 허가기간은 6개월의 범위 내에서 세관장이 필요하다고 인정하는 기간으로 정하며, 허가기간이 종료한 때에는 보세구역에 반입하여야 한다. 다만, 다음의 어느 하나에 해당하는 사유가 있는 때에는 세관장은 허가기간을 연장할 수 있으나, 그 기간은 최초의 허가일로부터 법 제177조 제1항 제1호 가목에서 정하는 기간(보세창고에 장치된 외국물품의 장치기간)을 초과할 수 없다. 세관장은 보세구역 외 장치허가기간이 종료된 때에는 담보기간 동안 보세구역 외 장치허가를 의제할 수 있으며, 이 기간 동안에 장치기간경과물품 처리 절차를 신속히 진행하여야 한다.

① 동일 세관 관할구역 내에 해당 화물을 반입할 보세구역이 없는 경우
② 품목분류 사전심사의 지연으로 수입신고할 수 없는 경우
③ 인지부서의 자체조사, 고발의뢰, 폐기, 공매·경매낙찰, 몰수확정, 국고귀속 등의 결정에 따른 조치를 위하여 필요한 경우
④ 법 제226조에 따른 수입요건·선적서류 등 수입신고 또는 신고수리 요건을 구비하지 못한 경우
⑤ 재해 그 밖에 부득이한 사유로 생산지연·반송대기 등 세관장이 인정하는 사유가 있는 경우

8 담보의 제공 등 기출 2023

(1) 의의

세관장은 외국물품에 대하여 허가를 하려는 때에는 그 물품의 관세에 상당하는 담보의 제공, 필요한 시설의 설치 등을 명할 수 있다.

(2) 담보제공 기출 2023

세관장은 보세구역 외 장치허가신청(보세구역 외 장치허가기간의 연장을 포함한다)을 받은 경우 **보세구역 외 장치허가기간에 1개월을 연장한 기간을 담보기간으로 하여 담보제공**을 명할 수 있다.

(3) 담보제공의 생략 기출 2023

세관장은 보세구역 외 장치허가를 받으려는 물품 또는 업체가 **보세구역 외 장치 담보생략 기준에 해당하는 경우에는 담보제공을 생략**하게 할 수 있다(환적화물에 대해서도 이와 같다). 다만, 보세구역 외 장치허가 시 담보의 제공을 생략받은 업체가 경영부실 등으로 채권확보가 곤란한 때에는 보세구역 외 장치허가 중인 물품에 대하여 담보를 제공하게 할 수 있다.

[보세구역 외 장치 담보생략 기준]

구분	내용
물품별	- 제조업체가 수입하는 수출용 원자재(농・축・수산물은 제외) - 무세물품(부가가치세 등 부과대상은 제외) - 방위산업용물품 - 정부용품 - 재수입물품 중 관세가 면제될 것이 확실하다고 세관장이 인정하는 물품
업체별	- 정부, 정부기관, 지방자치단체, 공기업・준정부기관・그 밖의 공공기관 - 「관세 등에 대한 담보제공과 정산제도 운영에 관한 고시」에 의하여 지정된 신용담보업체, 담보제공 특례자 및 담보제공 생략자 - 그 밖에 관할구역 내의 외국인투자업체, 제조업체로서 세관장이 관세채권 확보에 지장이 없다고 판단하는 업체

(4) 보세구역 외 장치 담보액

보세구역 외 장치 담보액은 수입통관 시 실제 납부하여야 할 관세 등 제세 상당액으로 한다. 다만, 관세 등 제세의 면제나 감면이 보세구역 외 장치허가 시점에 객관적인 자료로서 확인되지 않은 경우에는 면제나 감면되지 않은 경우의 관세 등 제세 상당액의 담보를 제공하여야 한다.

(5) 보세구역 외 장치장 확인 등

세관장이 보세구역 외 장치를 허가하는 때에는 그 장소가 화재, 도난, 침수 등의 피해로부터 안전하게 보관할 수 있고, 세관의 감시업무 수행상 곤란이 없는 장소인지를 제출된 도면 등으로 확인하고, 보세화물관리 및 감시업무 수행상 필요한 경우 현장확인을 하거나 필요한 시설의 설치 등을 명할 수 있다.

(6) 위험물 보세구역 외 장치장의 요건

위험물을 보세구역 외 장치하려는 경우 해당 장치장소는 「위험물안전관리법」 등 관련 법령에 따라 허가 등을 받은 장소로서 인근 주민에게 피해를 주지 아니하고 주위 환경을 오염시키지 아니하는 곳이어야 한다.

Ⅲ 보세구역 물품의 반출입절차 등

1 보세구역 물품의 반출입신고 기출 2023

(1) 원칙(반출입신고)

보세구역에 물품을 반입하거나 반출하려는 자는 대통령령으로 정하는 바에 따라 세관장에게 신고하여야 한다.

(2) 예외(반출입신고의 생략) 기출 2023

세관장은 다음의 어느 하나에 해당하는 경우에는 **반출입신고서의 제출을 면제**하거나 **기재사항의 일부를 생략**하게 할 수 있다.
① 다음의 1에 해당하는 서류를 제출하여 반출입하는 경우
  ㉠ 적재화물목록
  ㉡ 보세운송신고서 사본 또는 수출신고필증
  ㉢ 내국물품장치신고서
② **자율관리보세구역으로 지정받은 자**가 내국물품(수입신고가 수리된 물품은 제외하고, 수출신고가 수리된 물품을 포함한다)에 대하여 장부를 비치하고 반출입사항을 기록관리하는 경우

2 물품의 검사 등

(1) 물품의 검사

보세구역에 물품을 반입하거나 반출하려는 경우에는 세관장은 세관공무원을 참여시킬 수 있으며, 세관공무원은 해당 물품을 검사할 수 있다.

(2) 반입물품의 종류 제한

세관장은 보세구역에 반입할 수 있는 물품의 종류를 제한할 수 있다.

(3) 검사서류의 제출

세관장은 물품의 반출입 검사를 함에 있어서 반입신고서·송품장 등 검사에 필요한 서류를 제출하게 할 수 있다.

3 보세구역 물품의 반입확인 〔기출 2023~2024〕

(1) 반입확인 및 반입신고

운영인등은 하선신고서에 의한 보세화물을 반입 시 세관화물정보시스템의 반입예정정보와 대조확인하고, 반입 즉시 반입신고서를 세관장에게 전자문서로 제출하여야 한다.

(2) 세관봉인대 확인

운영인등은 하선반입되는 물품 중 세관봉인대 봉인물품의 반입 즉시 세관장에게 세관봉인이 이상 있는지 등을 보고하고, 세관봉인대 봉인물품 반입확인대장에 세관봉인대 확인내역을 기록 관리하여야 한다. 이 경우 세관장은 필요 시 화물관리 세관공무원으로 하여금 직접 세관봉인대가 이상이 있는지를 확인하게 하거나 해당 물품을 검사하게 할 수 있다.

(3) 이상 유무 확인 〔기출 2023〕

운영인등은 보세운송물품이 도착한 때에는 다음의 사항을 확인하여 이상이 없는 경우에만 물품을 인수하고, 반입 즉시 반입신고서를 전자문서로 제출하여야 한다. 이 경우 **보세운송신고(승인) 건별로 도착일시, 인수자, 차량번호를 기록하여 장부 또는 자료보관 매체(마이크로필름, 광디스크, 기타 전산매체)에 2년간 보관**하여야 한다.

① 세관화물정보시스템의 보세운송예정정보와 현품이 일치하는지
② 운송차량번호, 컨테이너번호, 컨테이너봉인번호가 세관화물정보시스템의 내역과 일치하는지
③ 컨테이너 봉인이 파손되었는지
④ 현품이 과부족하거나 포장이 파손되었는지

(4) 반입물품 이상 보고 `기출 2023`

운영인등은 상기 (3)의 내용을 확인한 결과 일치하지 않는 부분이 있거나 포장 또는 봉인이 파손된 경우에는 물품의 인수를 보류하고 즉시 반입물품 이상보고서를 세관장에게 제출한 후 세관장의 지시에 따라 처리하여야 한다.

(5) 반입신고 정정

운영인등은 반입신고 내역을 정정하려는 때에는 반입신고 정정 신청서를 세관장에게 전자문서로 제출하고 승인을 받아야 한다.

(6) 반입신고 단위 `기출 2023-2024`

반입신고는 House B/L단위로 제출하여야 한다. 다만, 하선장소 보세구역에 컨테이너 상태로 반입하는 경우에는 Master B/L 단위로 할 수 있다.

(7) 컨테이너화물 반출입신고 `기출 2023`

컨테이너장치장(이하 "CY")에 반입한 물품을 다시 컨테이너 화물조작장(이하 "CFS")에 반입한 때에는 CY에서는 반출신고를 CFS에서는 반입신고를 각각 하여야 한다.

(8) 보세운송신고의 갈음 `기출 2023`

동일 사업장 내 보세구역 간 장치물품의 이동은 물품반출입신고로 보세운송신고를 갈음할 수 있다.

(9) 반입신고의 갈음

운영인등이 보세화물의 실시간 반출입정보를 자동으로 세관화물정보시스템으로 전송하는 경우, 이를 상기 (1), (3), (7) 및 (8)에 따른 반입신고로 갈음하게 할 수 있다.

4 보세구역 물품의 반출확인 및 반출신고

(1) 보세구역 물품의 반출확인 및 반출신고

1) 수입신고 수리된 물품 등의 반출

운영인등은 수입신고 수리 또는 반송신고 수리된 물품의 반출요청을 받은 때에는 세관화물정보시스템의 반출승인정보를 확인한 후 이상이 없는 경우 반출 전에 반출신고서를 전자문서로 제출하여야 한다. 다만, 자가용보세창고에 반입되어 수입신고 수리된 화물은 반출신고를 생략한다.

2) 보세운송신고 수리된 물품의 반출

운영인등은 보세운송신고 수리(승인)된 물품의 반출요청을 받은 때에는 세관화물정보시스템의 반출승인정보와 현품이 일치하는지를 확인한 후 이상이 없는 경우 반출 전에 반출신고서를 전자문서로 제출하여야 한다. 다만, 선적지보세구역에 장치된 반송물품을 출항하는 운송수단에 적재하기 위한 경우에 한하여 반송신고필증 확인 후 반출 전에 반출신고서를 전자문서로 제출할 수 있다.

3) 폐기물품 등의 반출

운영인등은 상기 1) 및 2) 이외에 폐기, 공매낙찰, 적재 등을 위한 물품 반출요청을 받은 때에는 세관화물정보시스템의 반출승인정보를 확인한 후 이상이 없는 경우 반출 전에 반출신고서를 전자문서로 제출하여야 한다.

(2) 이상이 있는 경우

운영인등은 이상이 있는 경우에는 출고를 보류하고 세관장에게 그 사실을 보고한 후 세관장이 지시에 따라 처리하여야 한다.

(3) 반출신고의 정정

운영인등은 반출신고 내역을 정정하려는 때에는 반출신고 정정 신청서를 세관장에게 전자문서로 제출하고 승인을 받아야 한다.

(4) 반출신고의 갈음

운영인등이 보세화물의 실시간 반출입정보를 자동으로 세관화물정보시스템으로 전송하는 경우 이를 반출신고로 갈음하게 할 수 있다.

5 컨테이너화물의 반출입신고

상기 3 및 4에도 불구하고 컨테이너보세창고에서 반출입되는 컨테이너화물에 대하여는 컨테이너 단위로 컨테이너 반출입신고서를 세관장에게 전자문서로 제출하여야 한다.

6 보세창고 내국물품 반출입신고 등 기출 2023~2024

(1) 내국물품 장치의 포괄 허용

운영인등이 보세창고의 일정 구역에 일정 기간 동안 내국물품을 반복적으로 장치하려는 경우 세관장은 외국물품의 장치 및 세관감시단속에 지장이 없다고 인정하는 때에는 보관장소, 내국물품의 종류, 기간 등에 대해 이를 포괄적으로 허용할 수 있다.

(2) 내국물품 반출입신고

보세창고에 내국물품을 반출입하려는 자는 반출입 전에 내국물품반출입신고서를 세관장에게 전자문서로 제출하여야 하며, 이 경우 반입신고에 대해서는 내국물품장치신고로 갈음한다.

(3) 반출입신고수리필증 교부 생략

내국물품 반출입신고를 접수한 세관장은 반출입신고수리필증을 교부하지 아니한다. 다만, 반출입 시 세관공무원을 입회시킬 수 있으며, 세관공무원은 해당 물품에 대하여 검사할 수 있다.

(4) 내국물품의 장치 기출 2023~2024

1) 의의

운영인은 미리 세관장에게 신고를 하고 **외국물품이나 통관을 하려는 내국물품의 장치에 방해되지 아니하는 범위**에서 보세창고에 내국물품을 장치할 수 있다. 다만, 동일한 보세창고에 장치되어 있는 동안 수입신고가 수리된 물품은 신고 없이 계속하여 장치할 수 있다.

2) 내국물품의 장치승인

① 운영인은 보세창고에 1년(동일한 보세창고에 장치되어 있는 동안 수입신고가 수리된

물품은 6개월) 이상 계속하여 **내국물품만을 장치**하려는 자는 내국물품장치승인(신청)서를 제출하여 **세관장의 승인**을 받아야 한다.

② 세관장은 내국물품 장치승인을 얻어 장치하는 물품에 대하여는 반출입신고를 생략하게 할 수 있다.

③ 내국물품 장치승인을 받은 보세창고에 내국물품만을 장치하는 기간에는 법 제161조(견본품 반출)와 제177조(장치기간)를 적용하지 아니한다.

(5) 내국물품 반출입신고의 생략

상기 (2)와 (3)에도 불구하고 세관장은 내국물품 장치승인을 얻어 장치하는 물품에 대하여 대장관리 등 기록유지가 되는 경우에는 해당 물품의 반출입신고를 생략하게 할 수 있다.

(6) 내국물품의 장치기간 기출 2023

1) 의의

내국물품의 보세창고 장치기간은 1년으로 한다. 다만, 수입신고 수리물품의 장치기간은 6개월로 하며, 이 경우 세관장이 필요하다고 인정한 때에는 수입신고 수리일부터 1년의 범위에서 반출기간연장승인(신청)서에 따른 세관장의 승인을 받아 그 장치기간을 연장할 수 있다.

2) 장치기간이 지난 내국물품

① 내국물품으로서 장치기간이 지난 물품은 **그 기간이 지난 후 10일 내에 그 운영인의 책임으로 반출**하여야 한다.

② 세관장으로부터 내국물품 장치승인을 받은 내국물품도 그 승인기간이 지난 경우에는 상기 ①과 동일하게 반출하여야 한다.

7 B/L제시 인도물품의 반출승인 기출 2023

(1) 반출승인 기출 2023

B/L제시 인도물품을 반출하려는 자는 **화물관리공무원에게 B/L 원본을 제시하여 반출승인**을 받아야 한다.

(2) 물품 확인

B/L을 제시받은 화물관리 세관공무원은 B/L제시 인도 대상물품인지를 확인하고, 세관화물정보시스템에 반출승인사항을 등록한 후 승인번호를 B/L에 기재하여 화주에게 교부하여야 한다.

(3) 물품 반출

운영인등은 세관화물정보시스템의 반출승인정보와 B/L을 확인한 후 물품에 이상이 없는 경우, 반출 전에 반출신고서를 전자문서로 제출하여야 한다.

8 선편 국제우편물의 반출입

(1) 반출신청

통관우체국장은 국제우편물을 보세구역(컨테이너터미널 등)에서 반출하고자 하는 경우에는 국제우편물 보세구역 반출 승인(신청)서를 해당 보세구역 관할 세관장에게 제출하여야 한다. 다만, FCL 컨테이너화물로 통관우체국까지 운송하는 국제우편물의 경우에는 신청을 생략할 수 있다.

(2) 반출승인

세관장은 반출신청을 받은 물품에 대한 검사가 필요치 않은 경우에는 지체 없이 세관화물정보시스템에 국제우편물 반출사항을 등록한 뒤, 국제우편물 보세구역 반출승인(신청)서에 반출승인번호를 기재하여 통관우체국장에게 교부한다.

(3) 물품의 이상 유무 확인

통관우체국장은 반출신청한 국제우편물이 통관우체국에 도착하였을 때에는 아래의 사항을 확인하고, 이상이 발견된 경우 지체 없이 용당세관장에게 통보해야 한다.
① FCL 컨테이너화물로 운송되는 경우 : 컨테이너번호 및 봉인번호 상이, 봉인 파손 등
② 그 밖의 경우 : 포장 파손 여부, 품명 및 수(중)량의 이상 유무

(4) 실태 조사

상기 (3)에 따른 통보를 받은 세관장은 담당공무원으로 하여금 그 실태를 조사하게 할 수 있다.

(5) 보세구역 반출신청 처리업무의 위탁

상기 (1)에도 불구하고 부산 및 양산세관의 국제우편물에 대한 보세구역 반출신청 처리업무는 용당세관장이 해당 세관장으로부터 그 권한을 위탁받아 처리한다.

9 B/L의 분할·합병

(1) B/L분할·합병의 승인신청

B/L을 분할·합병하려는 자는 B/L 분할·합병 승인신청서를 전자문서로 제출하여 세관장의 승인을 받아야 한다. 다만, B/L분할·합병승인신청서를 전자문서로 제출할 수 없는 경우에는 서류제출 할 수 있다.

(2) B/L분할·합병의 승인

B/L분할·합병승인신청서를 접수한 화물관리 세관공무원은 결재를 받은 후, 승인사항을 세관화물정보시스템에 등록하여야 한다.

10 보세구역 외 장치물품의 반출입 기출 2023

(1) 반입신고

보세구역 외 장치허가를 받은 자가 그 허가받은 장소에 물품을 반입한 때에는 물품 도착 즉시 다음의 어느 하나에 따라 세관장에게 반입신고를 하여야 한다.
① 자체 전산설비를 갖추고 있는 화주는 자체시스템에 의하여 반입신고
② 관세사에게 보세운송신고필증(도착보고용)을 제출한 경우에는 관세사전산시스템에 의하여 반입신고
③ 세관장에게 보세운송신고필증을 제출한 경우에는 화물관리 세관공무원이 세관화물정보시스템에 입력하여 반입신고

(2) 이상 유무 확인

반입신고를 받은 화물관리 세관공무원은 포장 파손, 품명·수량의 상이 등 이상이 있는지를 확인한 후 이상이 있는 경우에는 고시 제5조(물품의 반입) 제3항에 따라 처리하여야 한다.

(3) 반출신고 기출 2023

보세구역 외 장치장에 반입한 화물 중 수입신고 수리된 화물은 반출신고를 생략하며, 반송 및 보세운송절차에 따라 반출된 화물은 반출신고를 하여야 한다.

(4) 경영실태 파악 등

세관장은 보세구역 외 장치의 허가를 받은 물품의 안전관리를 위하여 업체의 경영실태를 수시로 파악하여야 하며, 반입일로부터 3개월 이내에 통관하지 아니할 때에는 매월 정기적으로 재고조사를 실시하여야 한다.

11 재고관리 및 확인

(1) 운영인등의 재고조사

운영인등은 매 분기별 자체 전산시스템의 재고 자료를 출력하여 실제 재고와 이상이 있는지를 확인하여야 하며, 전체 전산재고내역과 현품재고조사 결과를 세관장에게 보고하여야 한다. 다만, 세관장은 「수출입물류업체에 대한 법규수행능력측정 및 평가관리에 관한 훈령」제2조 제1호에 해당하는 운영인 또는 자율관리보세구역으로 지정받은 경우 그 운영인등에게는 연 1회 보고하게 할 수 있다.

(2) 세관장의 재고확인

운영인등으로부터 전산재고 내역과 현품 재고조사 결과를 보고받은 세관장은 이를 세관 화물정보시스템의 재고현황과 대조확인 하여야 하며, 필요하다고 판단되는 때에는 7일 이내의 기간을 정하여 현장에서 이를 확인할 수 있다.

(3) 이상 발견 시 조치

세관장은 재고 확인 결과 재고 현황에 이상이 있다고 판단되는 경우에는, 그 사유를 밝히는 등 필요한 조치를 취하여야 한다.

(4) 현장확인 시 동시 점검

세관장은 현장확인을 실시하는 때에 그 보세구역 운영인등이 「수출입물류업체에 대한 법규수행능력측정 및 평가관리에 관한 훈령」제2조 제1호에 해당하는 때에는 보세구역 운영상황 점검을 같이 실시할 수 있다.

(5) 현장확인절차

현장확인에 대하여는 이 고시에서 따로 정하는 경우를 제외하고는 「행정조사기본법」 제11조, 제17조, 제18조, 제21조 및 제22조를 준용한다. 다만, 다음의 어느 하나에 해당하는 때에는 이를 적용하지 아니하되, 이때에도 조사공무원은 같은 법 제11조 제3항에 따라 권한을 나타내는 증표를 지니고 이를 조사대상자에게 내보여야 한다.
① 「행정조사기본법」 제3조 제2항 제5호에 관한 사항
② 세관장이 행정조사를 긴급히 실시하여야 할 필요가 있다고 인정하는 경우

Ⅳ 보세화물의 관리·감독

1 장치물품의 수입신고 전 확인

(1) 장치물품의 수입신고 전 확인

화주는 수입신고를 하려는 물품에 대하여 수입신고 전에 관세청장이 정하는 바에 따라 확인을 할 수 있다.

(2) 장치물품의 수입신고 전 확인신청

화주는 장치물품을 수입신고 이전에 확인할 때에는 수입신고전 물품확인승인(신청)서를 제출하여 세관장의 승인을 받아야 한다.

(3) 물품확인승인서 제시 등

수입신고 전 물품확인승인을 받아 물품을 확인하려는 자는 보세구역 운영인에게 승인서를 제시하여야 하며, 운영인은 확인사항을 물품확인 대장에 기록 관리하여야 한다.

(4) 물품확인 시 입회

물품확인은 화물관리 세관공무원 또는 보세사 입회하에 실시하여야 한다.

2 화물관리 세관공무원의 권한과 임무

(1) 화물관리 세관공무원의 권한

보세화물 반출입 등에 관한 감시와 감독업무를 수행하는 화물관리 세관공무원의 권한은 다음과 같다.
① 각종 신고서류의 기재사항과 현품과 일치 여부, 검사 및 확인
② 관리대상화물에 대한 감시 및 조사
③ 직무수행을 위한 보세구역의 감독
④ 각종 신고서의 허가 및 수리 등

(2) 감독사항

화물관리 세관공무원은 보세구역 내에 반출입되는 화물과 관련하여 다음의 사항을 확인 감독한다.
① 보세화물의 반출입에 관한 사항
② 보세운송 발송·도착 확인에 관한 사항
③ 보세구역 출입문의 잠금, 개봉 및 출입자단속에 관한 사항
④ 견본품 반출 및 회수에 관한 사항
⑤ 장치기간경과물품 처리 통보 여부 등
⑥ 각종 업무보고 및 통제에 관한 사항
⑦ 세관장의 제반 지시, 명령사항 이행 여부

(3) 활동사항 보고 등

화물관리 세관공무원은 일일활동사항을 담당과장에게 보고하고 기록유지 한다.

3 수입신고 수리물품의 반출

(1) 수입신고 수리물품 반출의무

관세청장이 정하는 보세구역에 반입되어 수입신고가 수리된 물품의 화주 또는 반입자는 법 제177조(장치기간)에도 불구하고 그 수입신고 수리일부터 15일 이내에 해당 물품을 보세구역으로부터 반출하여야 한다.

(2) 반출대상

관세청장이 정하는 보세구역에 반입된 물품이 수입신고가 수리된 때에는 그 수리일로부터 15일 이내에 해당 보세구역에서 반출하여야 하며, 이를 위반한 경우에는 해당 수입화주를 조사한 후 100만원 이하의 과태료를 부과한다.

[수입신고 수리물품 반출의무 및 신고지연 가산세 적용대상 보세구역]

구분	관할세관
지정장치장	부산세관, 인천세관, 김해세관
지정장치장(컨테이너)	부산세관
일반 보세창고	부산세관, 김해세관
컨테이너전용 보세창고	부산세관, 인천세관, 용당세관

(3) 반출 제외대상

다음의 어느 하나에 해당하는 경우로서 반출기간 연장승인을 받은 경우에는 그러하지 아니하다.
① 정부 또는 지방자치단체가 직접 수입하는 물품
② 정부 또는 지방자치단체에 기증되는 물품
③ 외교관 면세물품 및 SOFA 적용 대상물품
④ 「수입통관 사무처리에 관한 고시」 제3장 제2절에 따른 간이한 신고대상물품
⑤ 원목, 양곡, 사료 등 벌크화물, 그 밖에 세관장이 반출기간연장승인이 필요하다고 인정하는 물품

(4) 반출기간의 연장

1) 의의

외국물품을 장치하는 데에 방해가 되지 아니하는 것으로 인정되어 세관장으로부터 해당 반출기간의 연장승인을 받았을 때에는 그러하지 아니하다.

2) 연장신청

연장승인을 얻고자 하는 자는 다음의 사항을 기재한 신청서를 세관장에게 제출하여야 한다.
① 당해 물품을 외국으로부터 운송하여 온 선박 또는 항공기의 명칭 또는 등록기호·입항예정연월일·선하증권번호 또는 항공화물운송장번호

② 장치장소
③ 신청사유

4 신고지연 가산세 기출 2023

(1) 신고지연 가산세의 징수 기출 2023

세관장은 대통령령으로 정하는 물품을 수입하거나 반송하는 자가 **지정장치장 또는 보세창고의 반입일 또는 보세구역이 아닌 장소의 장치일부터 30일**(이하 "신고기한") 내에 수입 또는 반송의 신고를 하지 아니한 경우에는 해당 물품 과세가격의 100분의 2에 상당하는 금액의 범위에서 대통령령으로 정하는 금액을 가산세로 징수한다.

(2) 가산세율 기출 2023

1) 가산세율의 산출

가산세액은 다음의 율에 의하여 산출하며, **500만원을 초과할 수 없다.**

신고일	가산세율
신고기한이 경과한 날부터 20일 내	해당 물품의 과세가격의 1천분의 5
신고기한이 경과한 날부터 50일 내	해당 물품의 과세가격의 1천분의 10
신고기한이 경과한 날부터 80일 내	해당 물품의 과세가격의 1천분의 15
그 외	해당 물품의 과세가격의 1천분의 20

2) 신고기한이 경과한 후 보세운송된 물품

신고기한이 경과한 후 보세운송된 물품에 대하여는 보세운송신고를 한 때를 기준으로 가산세율을 적용하며, 그 세액은 수입 또는 반송신고를 하는 때에 징수한다.

(3) 가산세 대상물품 기출 2023

1) 의의

가산세를 징수해야 하는 물품은 물품의 신속한 유통이 긴요하다고 인정하여 보세구역의 종류와 물품의 특성을 고려하여 관세청장이 정하는 물품으로 한다.

2) 관세청장이 정하는 물품

① 다음의 보세구역에 반입된 물품
㉠ 인천공항과 김해공항의 하기장소 중 지정장치장 및 보세창고

ⓒ 부산항의 하선장소 중 부두 내와 부두 밖의 컨테이너전용보세창고(CY)·컨테이너전용지정장치장(CY)·컨테이너화물조작장(CFS)

ⓒ 부산항의 부두내 지정장치장 및 보세창고

ⓔ 인천항의 하선장소 중 부두내와 부두밖의 컨테이너전용보세창고(CY)·컨테이너화물조작장(CFS)

② 법 제71조 제1항 제1호(원활한 물자수급 또는 산업의 경쟁력 강화를 위하여 특정물품의 수입을 촉진할 필요가 있는 경우) 또는 제2호(수입가격이 급등한 물품 또는 이를 원재료로 한 제품의 국내가격을 안정시키기 위하여 필요한 경우)에 해당하는 **할당관세 적용 물품 중에서 관세청장이 공고한 물품**

③ 「경제안보를 위한 공급망 안정화 지원 기본법」제29조 제1항에 따라 위기품목으로 지정된 품목 중 관세청장이 공고한 물품

(4) 가산세 면제대상

상기 (3)에도 불구하고 다음의 어느 하나에 해당하는 물품에 대하여는 가산세를 징수하지 아니한다.

① 정부 또는 지방자치단체가 직접 수입하는 물품
② 정부 또는 지방장치단체에 기증되는 물품
③ 수출용 원재료(신용장 등 관련 서류에 의하여 수출용 원재료로 확인되는 경우에만 해당된다)
④ 외교관 면세물품 및 SOFA적용 대상물품
⑤ 환적화물
⑥ 여행자휴대품

(5) 가산세 지정의 효력 정지

상기 (3)에도 불구하고 경기변동에 따라 물동량 변화, 가격안정 등 가산세 부과 요인이 소멸된 때에는 가산세 대상물품 전부 또는 일부의 지정 효력을 정지시킬 수 있다.

(6) 장치기간의 합산

보세운송 등의 절차에 따라 다음의 보세구역 간을 이동하는 물품에 대한 장치기간은 종전 보세구역의 장치기간을 합산한다.

① 상기 (3) 2)의 ① : 해당 보세구역
② 상기 (3) 2)의 ② : 모든 보세구역(보세구역 외 장치허가 장소를 포함한다)

5 비가공증명서 발급

(1) 비가공증명서 발급

세관장은 보세구역(자유무역지역 포함한다)에 일시장치된 보세화물에 대하여 다음에 해당하는 작업을 제외한 추가적인 가공을 하지 않고 국외로 반출할 경우 비가공증명서를 발급할 수 있다.
① 하역, 재선적, 운송을 위하여 필요한 작업 또는 그 밖에 화물을 정상상태로 유지하기 위한 작업
② 화물의 분리, 포장, 재포장, 라벨링, 리라벨링, 봉인·표시의 부착 또는 변경으로써 환적화물의 최종 목적국의 법령에 따라 비가공으로 인정되는 작업

(2) 비가공증명서 발급신청

비가공증명서를 발급받으려는 자는 화물이 국내에 최초 입항한 날로부터 2년 이내에 다음의 서류를 세관장에게 제출하여야 한다.
① 비가공증명(신청)서
② 반송·국외반출 신고서 또는 이를 갈음하는 서류(전산으로 확인할 수 있는 경우에는 제출을 생략할 수 있다)
③ 보세구역 운영인등 또는 자유무역지역 입주기업체가 작성한 일시장치 확인서
④ 입항 및 출항 선하증권 또는 항공화물운송장 사본
⑤ 최종 목적국에서 비가공으로 인정되는 작업임을 입증하는 다음의 서류
　㉠ 원산지증명서 사본
　㉡ 보수작업 완료보고서(「자율관리 보세구역 운영에 관한 고시」제9조에 따른 기록내역 포함) 또는 「자유무역지역 반출입물품의 관리에 관한 고시」제21조에 따른 보수작업 내역
⑥ 기타 세관장이 필요하다고 인정하는 서류

(3) 발급심사

세관장이 비가공증명서 발급신청을 받은 때에는 「관세법 시행규칙」제76조에 따른 직접운송원칙을 준용하여 심사하여야 하며, 사실의 확인, 조사 등이 필요한 때에는 관계 서류의 제출을 요구하거나 물품을 검사할 수 있다.

(4) 비가공증명서 발급요건

「자유무역지역 반출입물품의 관리에 관한 고시」제7조 제1항 제2호에 따라 사용소비신고한 물품은 상기 (1), (2) 및 다음의 요건을 모두 충족하는 경우에 비가공증명서를 발급할 수 있다.
① 자유무역지역 입주기업체의 재고관리시스템에서 증명신청 대상 물품을 수량 단위로 관리하고, 사용소비신고서와 화물관리번호, 수출입 B/L(AWB)을 연계하여 물품별로 이력을 추적할 수 있고, 비가공 사실을 세관장에게 입증할 수 있을 것
② 신청인과 일시장치 확인서 발행자가 모두 AEO 공인업체이거나 법규수행능력 우수업체일 것

V 보수작업

1 의의

보세구역에 장치된 물품은 그 현상을 유지하기 위하여 필요한 보수작업과 그 성질을 변하지 아니하게 하는 범위에서 포장을 바꾸거나 구분·분할·합병을 하거나 그 밖의 비슷한 보수작업을 할 수 있다. 이 경우 보세구역에서의 보수작업이 곤란하다고 세관장이 인정할 때에는 기간과 장소를 지정받아 보세구역 밖에서 보수작업을 할 수 있다.

2 보수작업 대상 [기출 2023]

세관장은 다음의 어느 하나에 해당하는 사유가 발생한 경우에는 보수작업을 승인할 수 있다.
① 보세구역에 장치된 물품이 운송 도중에 파손되거나 변질되어 시급히 보수하여야 할 필요가 있는 경우
② 보세구역에 장치된 물품의 **통관을 위하여 개장, 분할구분, 합병, 원산지표시, 그 밖에 이와 유사한 작업**을 하려는 경우
③ 중계무역물품을 수출하거나 보세판매장에서 판매할 물품을 공급하기 위하여 제품검사, 선별, 기능보완 등 이와 유사한 작업이 필요한 경우

3 보수작업의 절차 기출 2024

(1) 보수작업 승인신청

1) 개별보수작업 승인신청

보수작업의 승인을 받으려는 자는 다음의 사항을 기재한 신청서를 세관장에게 제출하여야 한다. 다만, 세관장은 수입신고 후 원산지표시 시정요구에 따른 보수작업신청 건에 대하여 자동승인 처리할 수 있다.

① 영 제175조 각 호의 사항
  ㉠ 장치장소 및 장치사유
  ㉡ 수입물품의 경우 당해 물품을 외국으로부터 운송하여 온 선박 또는 항공기의 명칭 또는 등록기호·입항예정연월일·선하증권번호 또는 항공화물운송장번호
  ㉢ 해당 물품의 내외국물품별 구분과 품명·규격·수량 및 가격
  ㉣ 당해 물품의 포장의 종류·번호 및 개수
② 사용할 재료의 품명·규격·수량 및 가격
③ 보수작업의 목적·방법 및 예정기간
④ 장치장소
⑤ 그 밖의 참고사항

2) 포괄보수작업 승인신청

운영인등이 동일 품목을 대상으로 동일한 보수작업을 반복적으로 하려는 경우에 세관장은 외국물품의 장치 및 세관 감시단속에 지장이 없을 때에는 1년 이내의 기간을 정하여 이를 포괄적으로 승인할 수 있다. 이 경우 운영인등은 포괄보수작업승인(신청)서를 제출하여 세관장의 승인을 받아야 한다. 복합물류보세창고 운영인이 사업계획에 따른 보수작업을 하려는 경우 포괄보수작업승인(신청)서를 제출하여 세관장의 승인을 받아야 한다.

(2) 승인신청에 대한 처리기간 기출 2023

① 세관장은 **보수작업 승인신청을 받은 날부터 10일 이내**에 승인 여부를 신청인에게 통지하여야 한다.
② 세관장이 해당 기간 내에 승인 여부 또는 민원 처리 관련 법령에 따른 처리기간의 연장을 신청인에게 통지하지 아니하면 그 기간(민원 처리 관련 법령에 따라 처리기간이 연장 또는 재연장된 경우 해당 처리기간)이 끝난 날의 다음 날에 승인을 한 것으로 본다.

(3) 보수작업 완료보고 기출 2024

보수작업의 승인을 받은 자는 보수작업을 완료한 경우에는 다음의 사항을 기재한 보고서를 세관장에게 제출하여 그 확인을 받아야 한다. 다만, 포괄보수작업승인을 받은 경우에는 매 월말 기준으로 다음 달 1일에 보수작업 완료보고서를 일괄하여 제출할 수 있으며, 원산지표시 시정요구에 따른 보수작업에 대해서는 「원산지표시제도 운영에 관한 고시」 제31조 제3항의 보수작업 완료확인 절차를 따른다.
① 해당 물품의 품명·규격·수량 및 가격
② 포장의 종류·기호·번호 및 개수
③ 사용한 재료의 품명·규격·수량 및 가격
④ 잔존재료의 품명·규격·수량 및 가격
⑤ 작업완료연월일

4 보수작업의 재료 기출 2023~2024

(1) 외국물품의제 기출 2023~2024

보수작업으로 외국물품에 부가된 내국물품은 외국물품으로 본다.

(2) 외국물품 사용 제한 기출 2023~2024

외국물품은 수입될 물품의 보수작업의 재료로 사용할 수 없다.

5 보수작업의 한계

(1) 보수작업의 허용범위

보수작업의 허용범위는 다음만 해당되며, 관세율표(HSK 10단위)의 변화를 가져오는 것은 보수작업으로 인정할 수 없다. 다만, 수출이나 반송 과정에서 부패·변질의 우려가 있는 경우 등 세관장이 타당하다고 인정하는 경우에는 그러하지 아니하다.
① 물품의 보존을 위해 필요한 작업(부패, 손상 등을 방지하기 위한 보존 작업 등)
② 물품의 상품성 향상을 위한 개수작업(포장개선, 라벨표시, 단순절단 등)
③ 선적을 위한 준비작업(선별, 분류, 용기변경 등)
④ 단순한 조립작업(간단한 세팅, 완제품의 특성을 가진 구성요소의 조립 등)
⑤ ①부터 ④까지와 유사한 작업

(2) 수출입허가(승인)한 규격과 세번을 합치시키기 위한 작업

수출입허가(승인)한 규격과 세번을 합치시키기 위한 작업을 하려는 경우에는 관세청장이 별도로 규정하는 것을 제외하고, 이를 보수작업의 범위로 인정할 수 없다.

6 보수작업의 감독

(1) 보수작업의 감독

보수작업은 보세구역 내의 다른 보세화물에 장애되지 않는 범위에서 이루어져야 하며, 세관장은 필요한 경우에 화물관리 세관공무원으로 하여금 작업과정을 감독하게 할 수 있다.

(2) 보수작업 결과 등록

화물관리 세관공무원은 보수작업내용이 포장수량의 분할이나 합병사항인 경우에는 보수작업 결과를 세관화물정보시스템에 등록하여야 한다.

Ⅵ 해체·절단 등의 작업

1 의의

보세구역에 장치된 물품에 대하여는 그 원형을 변경하거나 해체·절단 등의 작업을 할 수 있다.

2 해체·절단 등의 작업절차

(1) 허가의무

해체·절단 등의 작업을 하려는 자는 세관장의 허가를 받아야 한다.

(2) 허가신청

해체·절단 등의 작업의 허가를 받고자 하는 자는 다음의 사항을 기재한 신청서를 세관장에게 제출하여야 한다.
① 당해 물품의 품명·규격·수량 및 가격
② 작업의 목적·방법 및 예정기간
③ 기타 참고사항

(3) 허가신청에 대한 처리기간

① 세관장은 허가의 신청을 받은 날부터 10일 이내에 허가 여부를 신청인에게 통지하여야 한다.
② 세관장이 해당 기간 내에 허가 여부 또는 민원 처리 관련 법령에 따른 처리기간의 연장을 신청인에게 통지하지 아니하면 그 기간(민원 처리 관련 법령에 따라 처리기간이 연장 또는 재연장된 경우에는 해당 처리기간을 말한다)이 끝난 날의 다음 날에 허가를 한 것으로 본다.

(4) 작업의 완료보고

해체·절단 등의 작업을 완료한 때에는 다음의 사항을 기재한 보고서를 세관장에게 제출하여 그 확인을 받아야 한다.
① 작업 후의 물품의 품명·규격·수량 및 가격
② 작업개시 및 종료연월일
③ 작업상황에 관한 검정기관의 증명서(세관장이 특히 지정하는 경우에 한한다)
④ 기타 참고사항

3 해체·절단 등의 작업물품의 범위

해체·절단 등의 작업을 할 수 있는 물품은 다음의 어느 하나로 한다.
① 해체용 선박
② 각종 설중 세관장이 원형변경, 해체, 절단 등의 작업이 필요하다고 인정하는 물품
③ 세관장이 진정화작업이 필요하다고 인정하는 물품

4 해체·절단 등의 작업명령

세관장은 수입신고한 물품에 대하여 필요하다고 인정될 때에는 화주 또는 그 위임을 받은 자에게 작업을 명할 수 있다.

5 수입고철의 해체, 절단 등 작업

(1) 세관장 허가

수입고철의 해체, 절단 등의 작업을 하려는 자는 해체·절단작업허가(신청)서를 세관장에게 제출하여 허가를 받아야 한다.

(2) 작업완료 보고

작업완료 보고 시는 작업개시 전, 작업 중, 작업종료 상태를 각각 사진으로 촬영하여 작업완료 보고서에 첨부하여야 한다.

(3) 협조 의뢰

세관장은 수입고철의 부정유출을 방지하기 위하여 필요한 경우 해체, 절단 등 작업에 전문지식이 있는 자에게 협조를 의뢰할 수 있다.

(4) 현장 감시

세관장은 작업 개시 시와 종료 시 화물관리 세관공무원으로 하여금 그 작업을 확인하기 위하여 수시로 현장을 순찰 감시하도록 하여야 한다.

Ⅶ 장치물품의 폐기

1 화주의 신청에 따른 폐기

(1) 세관장 승인

부패·손상되거나 그 밖의 사유로 보세구역에 장치된 물품을 폐기하려는 자는 세관장의 승인을 받아야 한다.

(2) 폐기기준

"부패·손상되거나 그 밖의 사유"라 함은 다음의 어느 하나에 해당하는 경우를 말한다.
① 부패, 변질, 손상, 실용시효의 경과, 물성의 변화 등으로 상품가치를 상실한 경우
② 상품가치는 있으나 용도가 한정되어 있어 실용 가능성이 거의 없는 경우
③ 법 제208조에 따라 매각하려 하였으나 매각되지 아니하고 국고귀속의 실익이 없는 경우

(3) 폐기승인서 교부

폐기승인신청서를 접수한 때에는 결재 후 세관화물정보시스템에 승인사항을 등록하고 승인서를 교부하여야 한다.

(4) 폐기완료보고

폐기승인 신청인은 폐기를 완료한 즉시 폐기완료보고서와 증빙자료를 세관장에게 제출하여 그 확인을 받아야 한다. 다만, 다른 법률에 따라 실시하는 검사·검역 등의 폐기완료 결과를 전산으로 확인(화물관리번호, 불합격 사유, 불합격 조치내역, 폐기입회 등)할 수 있는 경우 전산 확인으로 증빙자료를 갈음할 수 있다.

2 세관장의 명령에 따른 폐기 기출 2023

(1) 폐기명령 등 기출 2023

세관장은 다음의 어느 하나에 해당하는 물품은 그 **장치기간에도 불구하고 화주, 반입자 또는 그 위임을 받은 자에게 1개월의 기간을 정하여 폐기 또는 반송을 명할 수 있다.** 다만, 급박하게 통고할 여유가 없을 때에는 폐기한 후 즉시 통고하여야 한다.

① 사람의 생명이나 재산에 해를 끼칠 우려가 있는 물품
② 부패하거나 변질된 물품
③ 유효기간이 지났거나 상품가치가 없어진 물품
④ 의약품 등으로서 유효기간이 경과하였거나 성분이 불분명한 경우
⑤ 위조상품, 모조품, 그 밖의 지식재산권 침해물품
⑥ **품명미상의 물품으로서 1년이 경과된 물품**
⑦ 검사·검역기준 등에 부적합하여 검사·검역기관에서 폐기대상 물품으로 결정된 물품

(2) 폐기공고

통고를 할 때 화주 등의 주소나 거소를 알 수 없거나 그 밖의 사유로 통고할 수 없는 경우에는 공고로써 이를 갈음할 수 있다.

(3) 폐기비용 및 대집행 기출 2023

1) 비용의 부담

폐기 또는 반송명령을 받은 화주, 반입자 또는 그 위임을 받은 자는 동 물품을 자기비용으로 폐기 또는 반송하여야 한다.

2) 방치물품에 대한 폐기

폐기명령을 받은 자가 기간이 경과하여도 이를 폐기 또는 반송하지 아니한 물품 중 폐기하지 않고 방치할 경우 자연·생활환경 및 국민보건 등 공익을 해할 것으로 인정된 물품은 세관장이 「행정대집행법」에 따라 보세구역 운영인 또는 화물관리인 등에게 폐기하게 할 수 있다. 다만, 폐기대상물품의 종류, 수량, 폐기비용 등을 고려하여 세관 자체적으로 폐기가 가능하다고 인정되는 물품은 세관장이 폐기할 수 있다.

3) 대집행 사실의 통고

세관장이 대집행을 하기 위하여는 대집행을 할 시기, 대집행을 하기 위하여 파견하는 집행책임자의 성명과 대집행에 소요되는 비용의 계산에 의한 견적가격 등이 기재된 폐기처분 대집행영장을 화주, 반입자 또는 그 위임을 받은 자에게 송부하여 대집행 사실을 통고하여야 한다.

4) 대집행 책임자의 지정

세관장이 대집행을 하는 경우 해당 물품 장치 보세구역 운영인 또는 관리인을 대집행

책임자로 지정한다. 이 경우 대집행 책임자는 대집행책임자라는 것을 표시한 증표를 휴대하여 대집행 시에 이해관계인에게 제시하여야 한다.

5) 비용납부명령

① **폐기대집행을 한 세관장은 비용납부명령서를 화주, 반입자 또는 그 위임을 받은 자에게 송부하여 해당 비용의 납부를 명하여야 한다.** 이 경우 **납기는 15일**로 한다.

② 비용납부명령서를 받은 자가 납기 내에 납부하지 아니하는 때에는 「국세징수법」에 따라 징수하며, 그 비용을 징수하였을 때에는 국고수입으로 한다.

6) 폐기명령 등의 송달방법

① 원칙 : 명령과 통고는 관련 서류를 화주, 반입자 또는 그 위임을 받은 자의 주소지에 송달하되, 우편으로 송부할 때에는 등기우편으로 하여야 하고, 인편으로 보낼 때에는 수령증을 받아야 한다.

② 예외 : 화주, 반입자, 그 위임을 받은 자의 주소 및 거소가 불분명하거나 그 밖의 부득이한 사유로 상기 ①에서 정한 송달방법으로 송달이 불가능할 때에는 공시송달하되, 송달할 서류와 함께 세관게시판에 공고하여야 한다. 이 경우 공시송달은 공고한 날부터 7일을 경과함으로써 그 효력이 발생한다.

7) 대집행 예상비용의 예산편성

세관장은 예산편성 시 폐기처분 대집행에 소요되는 연간 예상비용을 예산에 계상하여야 하며, 대집행에 소요되는 비용은 해당 예산과목에서 지출한다.

2 관세 징수 기출 2023

(1) 관세의 징수 기출 2023

보세구역에 장치된 외국물품이 멸실되거나 폐기되었을 때에는 그 운영인이나 보관인으로부터 즉시 그 관세를 징수한다. 다만, 재해나 그 밖의 부득이한 사유로 멸실된 때와 **미리 세관장의 승인을 받아 폐기한 때에는 예외**로 한다.

(2) 과세물건 확정시기 기출 2023

폐기승인을 받은 외국물품 중 폐기 후에 남아 있는 부분에 대하여는 폐기 후의 성질과 수량에 따라 관세를 부과한다.

3 폐기처리

(1) 폐기승인신청 내용 심사

세관장은 폐기승인신청이 있는 경우 폐기장소와 폐기방법 등이 적정한지를 심사하여야 한다.

(2) 폐기대상물품 등의 감독

세관장은 폐기대상 물품 및 잔존물이 부정유출의 우려가 있거나 감시단속상 지장이 있는 경우에는 화물관리 세관공무원으로 하여금 이를 감독하게 할 수 있다. 다만, 화물관리 세관공무원은 수입화물정보시스템에서 검사·검역 불합격 내역을 조회하여 검사·검역기관이 폐기입회를 요청하는 경우에는 검사·검역기관과 복수입회하도록 하여야 한다.

Ⅷ 장치물품의 멸실신고 등

1 장치물품의 멸실신고

(1) 멸실신고

보세구역에 장치된 외국물품이 멸실된 때에는 운영인등, 화물관리인 또는 보관인은 품명, 규격·수량 및 장치장소, 멸실 연월일과 멸실 원인 등을 기재한 신고서를 세관장에게 제출하여야 한다.

(2) 신고인

멸실신고는 특허보세구역 장치물품인 경우에는 운영인의 명의로, 특허보세구역 장치물품이 아닌 경우에는 보관인의 명의로 하여야 한다.

(3) 결과 등록

신고를 받은 화물관리 세관공무원은 신고 내용 및 현품을 확인한 후, 결과를 세관화물정보시스템에 등록하여야 한다.

2 물품의 도난 또는 분실의 신고

(1) 도난 또는 분실의 신고

보세구역 또는 보세구역이 아닌 장소에 장치된 물품이 도난당하거나 분실된 때에는 다음의 사항을 기재한 신고서를 세관장에게 제출하여야 한다.

① 영 제175조 각 호의 사항
  ㉠ 장치장소 및 장치사유
  ㉡ 수입물품의 경우 당해 물품을 외국으로부터 운송하여 온 선박 또는 항공기의 명칭 또는 등록기호·입항예정연월일·선하증권번호 또는 항공화물운송장번호
  ㉢ 해당 물품의 내외국물품별 구분과 품명·규격·수량 및 가격
  ㉣ 당해 물품의 포장의 종류·번호 및 개수
② 장치장소
③ 도난 또는 분실연월일과 사유

(2) 신고인

도난 또는 분실신고는 특허보세구역 장치물품인 경우에는 운영인의 명의로, 특허보세구역 장치물품이 아닌 경우에는 보관인의 명의로 하여야 한다.

3 물품이상의 신고

(1) 물품이상의 신고

보세구역 또는 보세구역이 아닌 장소에 장치된 물품에 이상이 있는 때에는 다음의 사항을 기재한 신고서를 세관장에게 제출하여야 한다.

① 영 제175조 각 호의 사항
  ㉠ 장치장소 및 장치사유
  ㉡ 수입물품의 경우 당해 물품을 외국으로부터 운송하여 온 선박 또는 항공기의 명칭 또는 등록기호·입항예정연월일·선하증권번호 또는 항공화물운송장번호
  ㉢ 해당 물품의 내외국물품별 구분과 품명·규격·수량 및 가격
  ㉣ 당해 물품의 포장의 종류·번호 및 개수
② 장치장소
③ 발견연월일

④ 이상의 원인 및 상태

(2) 신고인

물품이상의 신고는 특허보세구역 장치물품인 경우에는 운영인의 명의로, 특허보세구역 장치물품이 아닌 경우에는 보관인의 명의로 하여야 한다.

IX 견본품 반출 기출 2024

1 견본품 반출허가

(1) 의의

보세구역에 장치된 외국물품의 전부 또는 일부를 견본품으로 반출하려는 자는 세관장의 허가를 받아야 한다.

(2) 견본품 반출허가신청

보세구역등에 장치된 외국물품의 전부 또는 일부를 견품으로 반출하려는 자는 견품반출 허가(신청)서를 제출하여 세관장의 허가를 받아야 한다.

2 허가 여부 통지

세관장은 허가의 신청을 받은 날부터 10일 이내에 허가 여부를 신청인에게 통지하여야 한다. 세관장은 허가를 하는 경우에는 필요한 최소한의 수량으로 제한하여야 하며, 견본품 채취로 인하여 장치물품의 변질, 손상, 가치감소 등으로 관세채권의 확보가 어려운 경우에는 허가를 하지 아니할 수 있다.

3 허가의제

상기 2의 기간 내에 허가 여부 또는 민원 처리 관련 법령에 따른 처리기간의 연장을 신청인에게 통지하지 아니하면 그 기간(민원 처리 관련 법령에 따라 처리기간이 연장 또는 재연장된 경우에는 해당 처리기간을 말한다)이 끝난 날의 다음 날에 허가를 한 것으로 본다.

4 견본품 재반입 보고

견본품 반출허가를 받은 자는 반출기간이 종료되기 전에 해당 물품이 장치되었던 보세구역에 반입하고 견본품재반입보고서를 세관장에게 제출하여야 한다.

5 견본품 반출 허가사항 확인 등

보세구역 운영인등 또는 관리인은 견본품 반출허가를 받은 물품이 해당 보세구역에서 반출입될 때에는 견본품 반출 허가사항을 확인하고, 견본품 반출입사항을 견본품반출입 대장에 기록관리 하여야 한다.

6 견본품 채취

세관공무원은 보세구역에 반입된 물품에 대하여 검사상 필요하면 그 물품의 일부를 견본품으로 채취할 수 있다.

7 수입의 의제

다음의 어느 하나에 해당하는 물품이 사용·소비된 경우에는 수입신고를 하여 관세를 납부하고 수리된 것으로 본다.
① 상기 6에 따라 채취된 물품
② 다른 법률에 따라 실시하는 검사·검역 등을 위하여 견본품으로 채취된 물품으로서 세관장의 확인을 받은 물품

X 매각처분

1 매각대상 및 매각절차 기출 2024

(1) 매각대상 및 매각공고

1) 의의

세관장은 보세구역에 반입한 외국물품의 장치기간이 지나면 그 사실을 공고한 후 해당 물품을 매각할 수 있다. 다만, 다음의 어느 하나에 해당하는 물품은 기간이 지나기 전이라도 공고한 후 매각할 수 있으며, 급박하여 공고할 여유가 없을 때에는 매각한 후 공고할 수 있다.

① 살아 있는 동식물
② 부패하거나 부패할 우려가 있는 것
③ 창고나 다른 외국물품에 해를 끼칠 우려가 있는 것
④ 기간이 지나면 사용할 수 없게 되거나 상품가치가 현저히 떨어질 우려가 있는 것
⑤ 관세청장이 정하는 물품(지정장치장·보세창고·보세구역외장치장에 반입되어 반입일부터 30일 이내에 수입신고되지 못한 물품) 중 화주가 요청하는 것
⑥ 법 제26조에 따른 강제징수, 「국세징수법」 제30조에 따른 강제징수 및 「지방세징수법」 제39조의2에 따른 체납처분을 위하여 세관장이 압류한 수입물품(외국물품으로 한정한다)

2) 매각처분의 보류대상

상기 1)에도 불구하고, 다음의 어느 하나에 해당하는 경우에는 매각처분을 보류할 수 있다. ①부터 ③까지의 규정에 따라 매각처분을 보류한 경우에는 보류사유의 해소 여부를 수시로 확인하여 그 사유가 해제된 때에는 즉시 매각처분을 하여야 한다.

① 법 위반으로 조사 중인 경우
② 이의신청, 심판청구, 소송 등 쟁송이 계류 중인 경우
③ 화주의 의무는 다하였으나 통관지연의 귀책사유가 국가에 있는 경우
④ 외자에 의한 도입물자로서 기획재정부장관 및 산업통상자원부장관의 매각처분 보류 요청이 있는 경우
⑤ 화주의 매각처분 보류요청이 있는 경우
⑥ 그 밖에 세관장이 필요하다고 인정하는 경우

3) 매각처분의 보류요청

매각처분을 보류하려는 자는 장치기간 경과물품 매각처분 보류신청(승인)서에 다음의 서류를 첨부하여 세관장에게 제출하고 입찰 전까지 그 승인을 받아야 한다. 매각처분 보류요청을 받은 세관장은 수출입 또는 반송할 것이 확실하다고 인정하는 경우에만 4개월의 범위에서 필요한 기간을 정하여 매각처분을 보류할 수 있으며, 매각처분 보류결정을 한 경우에는 세관화물정보시스템에 공매보류등록을 하여야 한다.
① 사유서
② 송품장 등 화주임을 증명하는 서류
③ 그 밖에 세관장이 사실 확인을 위하여 필요하다고 인정하는 서류

4) 외자목록의 제출

세관장은 공공차관에 의해 도입된 물품 중 체화된 것에 대하여는 그 목록을 관세청장을 경유하여 기획재정부장관 및 산업통상자원부장관에게 제출하여야 한다. 세관장은 외자목록 제출일부터 1개월간 매각 및 그 밖의 처분을 보류하며 1개월 경과할 때까지 기획재정부장관 및 산업통상자원부장관으로부터 보류요구가 없는 물품에 대하여는 즉시 매각 등 필요한 조치를 취한다.

(2) 매각된 물품의 인도

매각된 물품의 질권자나 유치권자는 다른 법령에도 불구하고 그 물품을 매수인에게 인도하여야 한다.

(3) 매각공고

1) 매각공고의 시기 및 장소

매각공고는 공매예정가격산출서를 통보받은 날부터 60일의 기간 내(입찰 전일부터 10일 전)에 소관세관관서의 게시판과 관세청 및 본부세관 홈페이지에 공고해야 하고, 필요하면 일간신문에 게재할 수 있다.

2) 매각공고의 사항

매각공고에는 다음의 사항을 열거하여야 한다.
① 매각물품의 표시 및 매각수량
② 매각방법
③ 입찰일시 및 장소

④ 매각물품의 공람일시 및 장소
⑤ 매각물품의 예정가격(매각물품이 2종 이상으로서 예정가격 표시가 곤란한 경우에는 해당 매각물품의 공매목록에 표시할 수 있다)
⑥ 입찰참가자의 자격에 관한 사항
⑦ 입찰보증금 납부방법
⑧ 낙찰 시 잔금납입에 관한 사항
⑨ 계약 불이행 시 입찰보증금의 국고귀속에 관한 사항
⑩ 낙찰무효에 관한 사항
⑪ 매각조건
⑫ 원산지표시대상물품에 관한 사항 및 원산지표시방법 등
⑬ 그 밖에 공매집행에 필요하다고 인정되는 사항

3) 매각홍보

세관장은 공매목록을 출력하여 업종별 조합 또는 협회 등에 송부하거나, 블로그 등 다양한 매체를 활용하여 실수요자가 입찰에 참여하도록 홍보해야 한다.

(4) 매각의 대행

1) 매각대행의 사유

세관장은 매각을 할 때 다음의 어느 하나에 해당하는 경우에는 대통령령으로 정하는 기관(이하 "매각대행기관")에 이를 대행하게 할 수 있으며, 세관장은 매각대행에 따른 실비 등을 고려하여 기획재정부령으로 정하는 바에 따라 수수료를 지급할 수 있다
① 신속한 매각을 위하여 사이버몰 등에서 전자문서를 통하여 매각하려는 경우
② 매각에 전문지식이 필요한 경우
③ 그 밖에 특수한 사정이 있어 직접 매각하기에 적당하지 아니하다고 인정되는 경우

2) 매각대행기관

세관장이 매각을 대행하게 할 수 있는 기관은 다음의 기관 또는 법인·단체 중에서 관세청장이 지정하는 기관·법인 또는 단체(이하 "매각대행기관")로 한다.
① 한국자산관리공사
② 한국보훈복지의료공단
③ 관세청장이 정하는 기준에 따라 전자문서를 통한 매각을 수행할 수 있는 시설 및 시스템 등을 갖춘 것으로 인정되는 법인 또는 단체

3) 매각대행의 통지

세관장은 매각을 대행하게 하는 때에는 매각대행의뢰서를 매각대행기관에 송부해야 하고, 세관장은 매각대행의 사실을 화주 및 물품보관인에게 통지하여야 한다.

4) 매각대상물품의 인도

세관장이 점유하고 있거나 제3자가 보관하고 있는 매각대상물품은 이를 매각대행기관에 인도할 수 있다. 이 경우 제3자가 보관하고 있는 물품에 대하여는 그 제3자가 발행하는 당해 물품의 보관증을 인도함으로써 이에 갈음할 수 있다. 매각대행기관은 물품을 인수한 때에는 인계·인수서를 작성하여야 한다.

5) 매각대행의뢰의 철회요구

매각대행기관은 매각대행의뢰서를 받은 날부터 2년 이내에 매각되지 아니한 물품이 있는 때에는 세관장에게 당해 물품에 대한 매각대행의뢰의 철회를 요구할 수 있다. 세관장은 철회요구를 받은 때에는 특별한 사유가 없는 한 이에 응하여야 한다.

2 반출통고 [기출 2023~2024]

(1) 반출통고의 방법 [기출 2023]

세관장은 외국물품을 매각하려면 그 화주등에게 **통고일부터 1개월 내에 해당 물품을 수출·수입 또는 반송할 것을 통고(등기우편)**하여야 한다. 단, 화주등이 분명하지 아니하거나 그 소재가 분명하지 아니하여 통고를 할 수 없을 때에는 공고(게시공고)로 이를 갈음할 수 있다.

(2) 반출통고의 주체 [기출 2023~2024]

1) 보세전시장 등

보세전시장, 보세건설장, 보세판매장, 보세공장, 보세구역 외 장치장, 자가용 보세창고에 반입한 물품에 대해서는 관할세관장이 화주등에게 반출통고 한다.

2) 영업용 보세창고

영업용 보세창고에 반입한 물품의 반출통고는 보세구역 운영인이 화주등에게 하며, 지정장치장에 반입한 물품의 반출통고는 화물관리인이 화주등에게 하여야 한다.

(3) 반출통고의 시기 기출 2023

1) 지정장치장 및 보세창고

지정장치장, 보세창고에 반입한 물품에 대한 반출통고는 장치기간 만료 30일 전까지 하여야 한다.

2) 보세공장 등

보세공장, 보세판매장, 보세건설장, 보세전시장, 보세구역 외 장치장에 반입한 물품에 대한 반출통고는 보세구역 설영특허기간 만료시점에 반출통고 하여야 한다.

3) 장치기간이 2개월 미만인 물품

장치기간이 2개월 미만인 물품(유치·예치물품 등)의 반출통고는 장치기간 만료시점에 하여야 한다. 다만, 유치 또는 예치할 때 매각한다는 것을 통고한 경우에는 생략할 수 있다.

3 매각방법

(1) 매각의 방법

매각은 일반경쟁입찰·지명경쟁입찰·수의계약·경매 및 위탁판매의 방법으로 하여야 한다.

(2) 경쟁입찰에 의한 매각

1) 의의

경쟁입찰의 방법으로 매각하려는 경우 매각되지 아니하였을 때에는 5일 이상의 간격을 두어 다시 입찰에 부칠 수 있으며 그 예정가격은 최초 예정가격의 100분의 10 이내의 금액을 입찰에 부칠 때마다 줄일 수 있다. 이 경우에 줄어들 예정가격 이상의 금액을 제시하는 응찰자가 있을 때에는 대통령령으로 정하는 바에 따라 그 응찰자가 제시하는 금액으로 수의계약을 할 수 있다.

2) 예정가격의 체감

예정가격의 체감은 제2회 경쟁입찰 때부터 하되, 그 체감한도액은 최초예정가격의 100분의 50으로 한다. 다만, 관세청장이 정하는 물품을 제외하고는 최초예정가격을 기초로 하여 산출한 세액이하의 금액으로 체감할 수 없다.

3) 수의계약의 체결

① 응찰가격 중 다음 회의 입찰에 체감될 예정가격보다 높은 것이 있는 때에는 응찰가격의 순위에 따라 수의계약을 체결한다. 단독응찰자의 응찰가격이 다음 회의 입찰시에 체감될 예정가격보다 높은 경우 또는 공매절차가 종료한 물품을 최종 예정가격 이상의 가격으로 매수하려는 자가 있는 때에도 또한 같다.

② 수의계약을 체결하지 못하고 재입찰에 부친 때에는 직전입찰에서의 최고응찰가격을 다음 회의 예정가격으로 한다.

③ 수의계약을 할 수 있는 자로서 그 체결에 응하지 아니하는 자는 당해 물품에 대한 다음 회 이후의 경쟁입찰에 참가할 수 없다.

4) 낙찰취소

세관장은 다음의 어느 하나에 해당하는 사유가 발생한 때에는 해당 낙찰을 취소할 수 있다.

① 낙찰자가 지정된 기일까지 대금잔액을 납입하지 않는 경우
② 낙찰자가 특별한 사유 없이 공매조건을 이행하지 않는 경우
③ 공매낙찰 전에 해당 물품이 수출, 반송 또는 수입신고수리가 된 경우
④ 착오로 인하여 예정가격, 공매조건 등의 결정에 중대하고 명백한 하자가 있는 경우

(3) 경매 또는 수의계약에 의한 매각

다음의 어느 하나에 해당하는 경우에는 경매나 수의계약으로 매각할 수 있다.

① 2회 이상 경쟁입찰에 부쳐도 매각되지 아니한 경우
② 매각물품의 성질·형태·용도 등을 고려할 때 경쟁입찰방법으로 매각할 수 없는 경우
  ㉠ 부패·손상·변질 등의 우려가 현저한 물품으로서 즉시 매각하지 아니하면 상품가치가 저하할 우려가 있는 경우
  ㉡ 물품의 매각예정가격이 50만원 미만인 경우
  ㉢ 경쟁입찰의 방법으로 매각하는 것이 공익에 반하는 경우

(4) 위탁판매에 의한 매각

1) 위탁판매에 의한 매각대상

경매 또는 수의계약에 의한 방법으로도 매각되지 아니한 물품과 대통령으로 정하는 물품은 위탁판매의 방법으로 매각할 수 있다. "대통령령으로 정하는 물품"이란 다음의 어느 하나에 해당하는 물품 중에서 관세청장이 신속한 매각이 필요하다고 인정하여 위탁판매대상으로 지정한 물품을 말한다.

① 부패하거나 부패의 우려가 있는 물품
② 기간경과로 사용할 수 없게 되거나 상품가치가 현저히 감소할 우려가 있는 물품
③ 공매하는 경우 매각의 효율성이 저하되거나 공매에 전문지식이 필요하여 직접 공매하기에 부적합한 물품

2) 판매가격

위탁판매하는 경우 판매가격은 당해 물품의 최종예정가격[상기 1)에 해당하는 물품은 하기 (6)에 의하여 산출한 가격을 말한다)으로 하고, 위탁판매의 장소·방법·수수료 기타 필요한 사항은 관세청장이 정한다.

(5) 조건부 매각대상

매각한 물품으로 다음의 어느 하나에 해당하는 물품은 수출하거나 외화를 받고 판매하는 것을 조건으로 매각한다. 다만, ②의 물품으로서 관세청장이 필요하다고 인정하는 물품은 주무부장관 또는 주무부장관이 지정하는 기관의 장과 협의하여 수입하는 것을 조건으로 판매할 수 있다.
① 통합공고 제3조에서 정한 법률에 따라 수입이 금지된 물품
② 수출입공고 별표 3에 게기된 수입제한품목
③ 쌀 및 관련 제품(통합공고 별표 2에 농림축산식품부장관의 수입허가를 받도록 한 품목만 해당한다)

(6) 매각물품의 과세가격

1) 과세가격의 산출

매각된 물품에 대한 과세가격은 법 제30조부터 제35조까지의 규정에도 불구하고 최초예정가격을 기초로 하여 과세가격을 산출한다.

2) 매각물품의 예정가격 산출방법 등

매각할 물품의 예정가격의 산출방법과 위탁판매에 관한 사항은 대통령령으로 정하고, 경매절차에 관하여는 「국세징수법」을 준용한다.

(7) 매각 전 공고

세관장은 매각할 때에는 매각 물건, 매각 수량, 매각 예정가격 등을 매각 시작 10일 전에 공고하여야 한다.

4 잔금처리

(1) 매각대금의 충당

세관장은 매각대금을 그 매각비용, 관세, 각종 세금의 순으로 충당하고, 잔금이 있을 때에는 이를 화주에게 교부한다. 잔금의 교부는 관세청장이 정하는 바에 따라 일시 보류할 수 있다.

(2) 권리의 증명

매각하는 물품의 질권자나 유치권자는 해당 물품을 매각한 날부터 1개월 이내에 그 권리를 증명하는 서류를 세관장에게 제출하여야 한다.

(3) 권리자에 대한 잔금 교부

1) 일반적인 경우

세관장은 매각된 물품의 질권자나 유치권자가 있을 때에는 그 잔금을 화주에게 교부하기 전에 그 질권이나 유치권에 의하여 담보된 채권의 금액을 질권자나 유치권자에게 교부한다.

2) 잔금이 담보액보다 적은 경우

질권자나 유치권자에게 공매대금의 잔금을 교부하는 경우 그 잔금액이 질권이나 유치권에 의하여 담보된 채권액보다 적고 교부받을 권리자가 2인 이상인 경우에는 세관장은 「민법」이나 그 밖의 법령에 따라 배분할 순위와 금액을 정하여 배분하여야 한다.

(5) 매각대행기관의 잔금처리 대행

매각대행기관이 매각을 대행하는 경우에는 매각대행기관이 매각대금의 잔금처리를 대행할 수 있다.

5 국고귀속

(1) 반출통고 및 국고귀속

1) 반출통고

① 세관장은 매각되지 아니한 물품(강제징수 및 체납처분을 위하여 세관장이 압류한 수입물품은 제외)에 대하여는 그 물품의 화주등에게 장치 장소로부터 지체 없이 반출

할 것을 통고하여야 한다.

② 세관장은 보세구역 장치기간 경과물품 국고귀속 예정통고서를 등기우편으로 발송하며, 국고귀속 예정통고를 할 때 수입, 수출 또는 반송통관의 기한은 발송일부터 1개월로 한다.

③ 화주등이 분명하지 아니하거나 그 소재가 불명하여 국고귀속 예정통고를 할 수 없을 때(여행자 휴대품으로서 유치된 물품)에는 세관게시판에 게시공고하여 이를 갈음할 수 있다.

2) 국고귀속

반출통고일부터 1개월 내에 해당 물품이 반출되지 아니하는 경우에는 소유권을 포기한 것으로 보고 이를 국고에 귀속시킬 수 있다.

(2) 충당금 납부통지 및 국고귀속

1) 압류물품의 충당금 납부통지

세관장은 강제징수 및 체납처분을 위하여 세관장이 압류한 수입물품이 매각되지 아니한 경우에는 납세의무자에게 1개월 이내에 대통령령으로 정하는 유찰물품의 가격(해당 물품의 최종예정가격)에 상당한 금액을 관세 및 체납액(관세·국세·지방세의 체납액) 충당금으로 납부하도록 통지하여야 한다.

2) 국고귀속

상기 1)에 따른 통지를 받은 납세의무자가 그 기한 내에 관세 및 체납액 충당금을 납부하지 아니한 경우에는 유찰물품의 소유권을 포기한 것으로 보고 이를 국고에 귀속시킬 수 있다.

(3) 국고귀속의 보류

상기에도 불구하고 세관장은 다음의 어느 하나에 해당하는 물품에 대하여 국고귀속 조치를 보류할 수 있다.

① 국가기관(지방자치단체 포함)에서 수입하는 물품
② 공기업, 준정부기관, 그 밖의 공공기관에서 수입하는 물품으로서 국고귀속 보류요청이 있는 물품
③ 법 위반으로 조사 중인 물품
④ 이의신청, 심판청구, 소송 등 쟁송이 제기된 물품

⑤ 특수용도에만 한정되어 있는 물품으로서 국고귀속 조치 후에도 공매낙찰 가능성이 없는 물품
⑥ 국고귀속 조치를 할 경우 인력과 예산부담을 초래하여 국고에 손실이 야기된다고 인정되는 물품
⑦ 부패, 손상, 실용시효가 경과하는 등 국고귀속의 실익이 없다고 인정되는 물품
⑧ 그 밖에 세관장이 국고귀속을 하지 아니하는 것이 타당하다고 인정되는 물품

6 매각절차의 중지

세관장은 다음의 어느 하나에 해당하는 사유가 발생된 때에는 매각절차를 중지할 수 있다.
① 매각처분이 공익에 반하는 경우라고 판단되는 경우
② 이의신청, 심판청구, 소송 등 쟁송이 제기된 경우
③ 해당 물품이 이미 통관되었거나 예정가격, 공매조건 그 밖의 매각절차에 중대한 하자가 발생된 경우
④ 공매공고에 의해 1차 매각절차가 완료된 후, 매각되지 아니한 물품으로서 화주의 요청이 있고, 1개월 내에 수출입 또는 반송할 것이 확실하다고 인정되는 경우
⑤ 검사·검역기관에서 검사·검역기준 등에 부적합 물품으로 판명된 경우
⑥ 그 밖에 세관장이 필요하다고 인정하는 경우

제2장 보세운송제도

이 장에서는 사용의 편의를 위해 「보세운송에 관한 고시」를 고시로 약칭하여 사용한다.

I 보세운송

1 보세운송의 신고 기출 2023

(1) 보세운송의 장소

1) 원칙

외국물품은 다음의 장소 간에 한정하여 외국물품 그대로 운송할 수 있다.
① 국제항
② 보세구역
③ 보세구역 외 장치의 허가를 받은 장소
④ 세관관서
⑤ 통관역
⑥ 통관장
⑦ 통관우체국

2) 예외

수출신고가 수리된 물품은 해당 물품이 장치된 장소에서 상기 1)의 장소로 운송할 수 있다.

(2) 보세운송의 신고 등 기출 2023

1) 의의

보세운송을 하려는 자는 관세청장이 정하는 바에 따라 세관장에게 보세운송의 신고를 하여야 한다. 다만, 물품의 감시 등을 위하여 필요하다고 인정하여 대통령령으로 정하는 경우에는 세관장의 승인을 받아야 한다.

2) 보세운송 신고대상

보세운송하려는 수입화물 중 다음의 어느 하나에 해당하는 물품은 세관장에게 신고해야 한다.

① 보세운송 승인대상에 해당되지 않는 물품
② **특정물품간이보세운송업자가「관리대상화물 관리에 관한 고시」에 따른 검사대상 화물을 하선(기)장소에서 최초 보세운송**하려는 물품
③ 항공사가 국제항 간 입항적하목록 단위로 일괄하여 항공기로 보세운송하려는 물품
④ 간이보세운송업자가 하기 3)의 ①부터 ⑥까지, ⑧, ⑫의 물품을 운송하는 경우로서 별도의 서류제출이 필요 없다고 인정되는 물품
⑤ 신용담보업체 또는 포괄담보제공업체인 화주가 자기명의로 보세운송신고하는 물품

3) 보세운송 승인대상

다음의 어느 하나에 해당하는 물품을 운송하고자 하는 경우에는 세관장으로부터 보세운송에 대한 승인을 받아야 한다. 다만, 해당 물품 중 관세청장이 보세운송 승인대상으로 하지 아니하여도 화물관리 및 불법 수출입의 방지에 지장이 없다고 판단하여 정하는 물품에 대하여는 신고만으로 보세운송 할 수 있다.

① 보세운송된 물품 중 다른 보세구역 등으로 재보세운송하고자 하는 물품
②「검역법」·「식물방역법」·「가축전염병예방법」 등에 따라 검역을 요하는 물품
③「위험물안전관리법」에 따른 위험물
④「화학물질관리법」에 따른 유해화학물질
⑤ 비금속설
⑥ **화물이 국내에 도착된 후 최초로 보세구역에 반입된 날부터 30일이 경과한 물품**
⑦ 통관이 보류되거나 수입신고 수리가 불가능한 물품
⑧ 보세구역 외 장치허가를 받은 장소로 운송하는 물품
⑨ 귀석·반귀석·귀금속·한약재·의약품·향료 등과 같이 부피가 작고 고가인 물품
⑩ 화주 또는 화물에 대한 권리를 가진 자가 직접 보세운송하는 물품
⑪ 통관지가 제한되는 물품
⑫ 적재화물목록상 동일한 화주의 선하증권 단위의 물품을 분할하여 보세운송하는 경우 그 물품

⑬ 불법 수출입의 방지 등을 위하여 세관장이 지정한 물품
⑭ 법 및 법에 의한 세관장의 명령을 위반하여 관세범으로 조사를 받고 있거나 기소되어 확정판결을 기다리고 있는 보세운송업자 등이 운송하는 물품

4) 보세운송 승인기준

상기 3)의 ①부터 ⑧까지 및 ⑫의 물품에 대한 승인기준은 다음과 같다.

① 보세운송된 물품 중 다른 보세구역 등으로 재보세운송하려는 물품은 보세공장, 보세전시장, 보세건설장, 보세판매장, 자가용 보세창고에 반입하여야 할 경우 등 세관장이 부득이 하다고 인정하는 경우에만 할 수 있다.

② 「검역법」·「식물방역법」·「가축전염병 예방법」, 「수산생물질병 관리법」, 「야생생물 보호 및 관리에 관한 법률」 등에 따라 검역이 필요한 물품은 정해진 조치를 마쳤거나 보세구역(보세구역 외 장치허가를 받은 장소를 포함한다)으로 지정받은 검역시행장으로 운송하는 경우에만 할 수 있다.

③ 「위험물안전관리법」에 따른 위험물, 「화학물질관리법」에 따른 유해화학물질은 도착지가 관계 법령에 따라 해당 물품을 취급할 수 있는 경우에만 할 수 있다. 다만, 「화학물질관리법」제3조 제1항 각 호에 해당하는 화학물품으로써 관련 자료를 제출하면 그러하지 아니하다.

④ 비금속설은 다음의 어느 하나에 해당하는 경우에만 할 수 있다.
  ㉠ 도착지가 비금속설만을 전용으로 장치하는 영업용 보세창고로서 간이보세운송업자가 승인신청하는 경우
  ㉡ 도착지가 실화주의 자가용 보세창고로서 비금속설을 처리할 수 있는 용광로 또는 압연시설을 갖추고 있고 간이보세운송업자가 보세운송 승인신청을 하는 경우
  ㉢ 도착지가 비금속설을 장치할 수 있도록 보세구역 외 장치허가를 받은 장소로서 간이보세운송업자가 승인신청하는 경우
  ㉣ 컨테이너로 운송하는 경우로서 보세화물 관리상 문제가 없다고 세관장이 인정하는 경우

⑤ 화물이 국내에 도착된 후 최초로 보세구역에 반입된 날부터 30일이 경과한 물품은 다음의 어느 하나에 해당하는 경우에만 할 수 있다.
  ㉠ 통관지가 제한되는 물품으로서 통관지세관 관할구역 내 보세구역으로 운송하는 물품
  ㉡ 보세공장, 보세건설장, 보세전시장 등 특수보세구역으로 반입하여야 할 필요가 있는 물품

ⓒ 그 밖에 세관장이 보세운송이 부득이하다고 인정하는 물품
⑥ 통관이 보류되거나 수입신고 수리를 할 수 없는 물품은 반송을 위하여 선적지 하선장소로 보세운송하는 경우에만 할 수 있다.
⑦ 통관지가 제한되는 물품은 「수입통관 사무처리에 관한 고시」제106조에 따른 통관지 세관으로 보세운송하는 경우에만 할 수 있다.
⑧ 귀석·반귀석·귀금속·한약재·의약품·향료 등 부피가 작고 고가인 물품은 수출물품 제조용 원재료 또는 세관장이 지정한 보세구역으로 운송하는 물품에만 할 수 있다. 이 경우 다음의 어느 하나에 해당하는 업체가 운송해야 한다.
　ⓐ 특정물품간이보세운송업자
　ⓑ 수출입 안전관리 우수업체(AEO인증업체) 또는 일반간이보세운송업자. 다만, 금고 등 안전시설을 갖춘 유개(지붕구조의 덮개가 있는 것)차량에 운전자 이외의 안전요원이 탑승하여야 하며, 내국물품과 혼적하여서는 아니 된다.
⑨ 불법 수출입의 방지 등을 위하여 세관장이 「관리대상화물 관리에 관한 고시」에 따라 검사대상 화물로 선별한 물품 중 검사하지 아니한 물품은 운송목적지가 세관장이 지정한 보세구역인 경우에만 할 수 있다.

(3) 물품의 검사

세관공무원은 감시·단속을 위하여 필요하다고 인정될 때에는 관세청장이 정하는 바에 따라 보세운송을 하려는 물품을 검사할 수 있다.

(4) 보세운송 절차의 생략 기출 2023

1) 보세운송 절차를 요하지 않는 물품

다음의 어느 하나에 해당하는 물품은 보세운송 절차를 요하지 아니한다. 이 경우 ②에 따라 검역대상물품을 인수하는 자는 인수증에 B/L사본 및 보세구역 외 장치허가서 사본(동물검역소 구내계류장으로 운송하는 물품은 제외한다)을 첨부하여 제출하여야 하며, 화물관리공무원은 그 내용을 세관화물정보시스템에 등록해야 한다.
① **체신관서의 관리하에 운송되는 물품**
② 검역관서가 인수하여 검역소 구내계류장 또는 검역시행 장소로 운송하는 검역대상 물품
③ 국가기관에 의하여 운송되는 압수물품

2) 수출신고가 수리된 물품

① 원칙 : **수출신고가 수리된 물품은 관세청장이 따로 정하는 것을 제외하고는 보세운송 절차를 생략**한다. 다만, 다음의 어느 하나에 해당하는 물품은 그러하지 아니하다.
㉠ 「반송 절차에 관한 고시」에 따라 외국으로 반출하는 물품
㉡ 보세전시장에서 전시 후 반송되는 물품
㉢ 보세판매장에서 판매 후 반송되는 물품
㉣ 여행자 휴대품 중 반송되는 물품
㉤ 보세공장 및 자유무역지역에서 제조·가공하여 수출하는 물품
㉥ 수출조건으로 판매된 몰수품 또는 국고귀속된 물품

② 예외 : 상기 ①에도 불구하고 국제무역선의 국내항 간 허가를 받은 경우에 한하여 수출화주가 효율적인 선적 관리를 위해 국제무역선으로 수출신고가 수리된 물품을 운송(동일 국제항 내)하고자 할 때에는 보세운송하게 할 수 있다.

(5) 보세운송특례 기출 2024

1) 집단화지역 내의 보세운송특례

세관장은 다음의 장소 내에서 운송되는 물품에 대하여는 보세운송절차를 생략할 수 있다.
① 내륙컨테이너기지 등 관할 보세구역에 위치한 집단화지역 내
② 관할 보세구역과 타 세관이 관할하는 보세구역에 걸쳐서 위치한 동일한 집단화지역 내

2) 송유관을 통한 보세운송특례

송유관을 통해 운송하는 석유제품 및 석유화학제품에 대하여는 보세운송절차를 생략할 수 있다.

3) 보세운송특례 대상의 지정

세관장은 보세운송특례 보세구역을 지정하려는 경우에는 감시단속상 문제점 등을 종합 검토하여 지정해야 한다. 관할세관 내 보세운송특례 대상 보세구역에 대하여 별도 담보를 징수하지 아니한다.

4) 국제항 안에서 국제무역선을 이용한 보세운송의 특례

① 국제무역선이 소속된 선박회사(그 업무를 대행하는 자를 포함한다)로서 기획재정부령으로 정하는 선박회사는 국제항 안에서 환적물품 등 기획재정부령으로 정하는 물품을 국제무역선으로 보세운송할 수 있다.

기획재정부령으로 정하는 선박회사

1. 환적컨테이너의 경우 : 외항 정기 화물운송사업의 등록을 한 선박회사
2. 법 제2조 제4호 나목에 따른 외국물품으로서 관세청장이 정하여 고시하는 물품 : 다음의 어느 하나에 해당하는 선박회사
   가. 외항 부정기 화물운송사업의 등록을 한 선박회사
   나. 해양수산부장관이 허가한 외국국적 선박이 소속된 선박회사

환적물품 등 기획재정부령으로 정하는 물품

1. 환적컨테이너
2. 법 제2조 제4호 나목에 따른 외국물품으로서 관세청장이 정하여 고시하는 물품[국제무역선을 이용한 국내항 간 운송허가를 받은 물품(수출신고수리된 자동차)]

② 국제항 안에서 국제무역선을 이용하여 보세운송하고자 하는 선박회사는 해당 국제항을 관할하는 세관장에게 보세운송신고를 해야 한다.
③ 보세운송에 관하여는 고시 제28조부터 제42조까지의 규정을 준용하고, 수출신고가 수리된 물품을 운송하려는 경우 담보제공을 생략한다.

2 보세운송의 신고인 및 보세운송 보고 기출 2023~2024

(1) 보세운송의 신고인 기출 2023~2024

보세운송의 신고 또는 승인신청은 **다음의 어느 하나에 해당하는 자의 명의**로 하여야 한다.
① 화주. 다만, 환적화물의 경우에는 그 화물에 대한 권리를 가진 자
② 보세운송업자
③ 관세사등
④ 보세운송 할 수 있는 선박회사

(2) 보세운송 보고

보세운송의 신고를 하거나 승인을 받은 자는 해당 물품이 운송 목적지에 도착하였을 때에는 관세청장이 정하는 바에 따라 도착지의 세관장에게 보고하여야 한다.

3 보세운송통로 `기출 2023~2024`

(1) 보세운송통로 제한

세관장은 보세운송물품의 감시·단속을 위하여 필요하다고 인정될 때에는 관세청장이 정하는 바에 따라 운송통로를 제한할 수 있다.

(2) 보세운송기간 `기출 2023~2024`

1) 의의

보세운송은 관세청장이 정하는 기간 내에 끝내야 한다. 다만, 세관장은 재해나 그 밖의 부득이한 사유로 필요하다고 인정될 때에는 그 기간을 연장할 수 있다.

2) 관세청장이 정하는 기간

보세운송물품은 **신고수리(승인)일로부터 다음의 어느 하나에 정하는 기간까지 목적지에 도착**하여야 한다. 다만, 세관장은 선박 또는 항공기 입항 전에 보세운송신고를 하는 때에는 입항예정일 및 하선(기)장소 반입기간을 고려하여 5일 이내의 기간을 추가할 수 있다.

① **해상화물** : 10일
② **항공화물** : 5일

4 보세운송기간 경과 시의 관세 징수

(1) 보세운송기간 경과 시의 징수

1) 원칙

보세운송 신고를 하거나 승인을 받아 보세운송하는 외국물품이 지정된 기간 내에 목적지에 도착하지 아니한 경우에는 즉시 그 관세를 징수한다.

2) 예외

해당 물품이 재해나 그 밖의 부득이한 사유로 망실되었거나 미리 세관장의 승인을 받아 그 물품을 폐기하였을 때에는 그러하지 아니하다.

5 보세운송의 담보 기출 2023

세관장은 관세채권 확보를 위하여 보세운송의 승인을 신청한 물품에 대하여는 관세 및 제세 상당액을 담보로 제공하게 해야 한다. 다만, **다음의 어느 하나에 해당하는 경우에는 그러하지 아니하다.**

① 무세 또는 관세가 면제될 것이 확실하다고 인정하는 물품
② **자율관리 보세구역으로 지정된 보세공장에 반입하는 물품**
③ 보세운송신고(승인신청)하는 화주가 「관세 등에 대한 담보제도 운영에 관한 고시」에 따른 담보제공 생략자 또는 포괄담보를 제공하는 자로서 담보한도액 범위인 경우이거나 이미 담보를 제공한 물품
④ 간이보세운송업자가 보세운송의 승인을 신청한 물품

6 수입물품의 보세운송 관리 기출 2023

(1) 보세운송수단 등

1) 보세운송수단

보세운송업자가 보세운송을 하려는 경우에는 등록된 자가 보유한 운송수단 또는 등록된 다른 보세운송업자의 운송수단(관련 법령에 따라 화물자동차운송사업 등의 자격을 갖춘 보세운송업자로 한정한다)으로 운송하여야 한다. 다만, 보세운송 물품을 철도차량으로 운송하는 경우에는 그러하지 아니하다.

2) 특수화물의 운송

상기 1)에도 불구하고 냉장 또는 냉동화물 등 특수화물이거나 집단운송 거부 등 산업·경제 위기가 발생한 경우에는 사전에 세관장의 승인을 얻어 일반업체의 운송수단으로 운송할 수 있으며, 일반업체의 운송수단으로 보세운송(이하 "임차보세운송")을 하려는 자(관계 법령에 의하여 화물운송주선업 등의 자격을 갖춘 보세운송업자에 한한다)는 1년의 임차기간 범위 내에서 보세운송수단 임차승인(신청)서를 전자문서 또는 서류로 관할지 또는 신고지세관장에게 제출해야 한다.

3) 보세운송수단 임차승인

보세운송수단 임차승인 신청을 받은 세관장은 그 신청사유가 타당하다고 인정하면 이를 승인하고 신청인에게 전자문서 또는 서류로 통보해야 한다.

4) 물품 반출

출발지 보세구역 운영인 또는 화물관리인은 보세운송업자가 운송하는 경우 보세운송수단의 등록 여부를 확인한 후 물품을 반출해야 한다.

5) 복수의 운송수단을 이용할 경우

한 건의 보세운송에 대하여 복수의 운송수단을 이용할 경우 보세운송신고 또는 승인신청 시에 복수의 운송수단을 함께 기재하여 신고 또는 승인신청 할 수 있다.

6) 운송수단을 변경하려는 경우

보세운송신고인(또는 승인신청인, 이하 "보세운송인")이 보세운송신고 또는 승인신청 후 운송수단을 변경하려는 경우 보세운송신고 또는 승인신청한 세관장에게 보세운송신고(승인신청)항목 변경승인(신청)서를 전자문서 또는 서류로 제출하여야 한다.

7) 보세운송신고 항목 변경승인

보세운송신고 항목 변경승인 신청을 받은 세관장은 그 신청사유가 타당하다고 인정하면 이를 승인하고 신청인, 발송지세관장 또는 도착지세관장, 출발지 및 도착지 보세구역 운영인에게 전자문서로 통보하여야 한다.

(2) 보세운송 목적지 등 변경

1) 목적지 등 변경

보세운송인이 보세운송목적지 또는 경유지를 변경하려는 경우 보세운송신고(승인신청)항목변경승인(신청)서를 발송지세관장 또는 도착지세관장에게 전자서류 또는 서류로 제출하여 승인을 받아야 한다.

2) 보세운송신고 항목 변경승인

보세운송신고 항목 변경승인 신청을 받은 세관장은 목적지 또는 경유지 변경사유가 부득이하고 변경하려는 목적지 또는 경유지가 장소에 합당할 때에 한하여 이를 승인하고 신청인, 발송지세관장 또는 도착지세관장, 출발지 및 도착지 보세구역 운영인에게 전자문서로 통보하여야 한다.

(3) 보세운송기간 연장

1) 보세운송신고 항목 변경승인 신청

재해, 차량사고, 도착지 창고사정 등 그 밖에 부득이한 사유로 보세운송기간을 연장할 필요가 있을 때에는 보세운송인은 발송지세관장 또는 도착지세관장에게 보세운송신고(승인신청) 항목변경승인(신청)서를 전자문서 또는 서류로 제출하여야 한다.

2) 보세운송신고 항목 변경승인

보세운송신고 항목변경신청서를 접수한 세관장은 그 신청사유가 타당하다고 인정될 때에 한하여 세관장이 필요하다고 인정하는 범위에서 이를 승인하고 신청인, 발송지세관장 또는 도착지세관장, 출발지 및 도착지 보세구역 운영인에게 전자문서로 통보하여야 한다.

3) 재해 등의 확인

세관장은 담당공무원으로 하여금 재해, 차량 사고 현장 또는 창고 사정 등을 확인하게 할 수 있다.

(4) 보세운송 경유지 신고 등 기출 2023

1) 의의

보세운송인은 보세운송 도중 운송수단을 변경하기 위하여 경유지를 거치는 경우에는 보세운송신고 또는 승인신청 시에 이를 함께 기재하여 신고 또는 승인신청 해야 한다.

2) 보세운송 경유지

보세운송 경유지는 보세구역으로 한정한다. 다만, 보세구역이 없는 공항만을 거쳐 운송되는 경우로서 세관장이 부득이하다고 인정하면 그러하지 아니하다.

3) 보세구역 경유지에서의 작업 제한

보세구역 경유지에서는 **보세운송물품의 개장, 분리, 합병 등의 작업을 할 수 없다.**

(5) 보세운송물품 도착 기출 2023

1) 의의

보세운송인은 물품을 보세운송 기간 내에 도착지에 도착시켜야 한다.

2) 물품의 인계

보세운송인은 물품이 도착지에 도착한 때 지체 없이 B/L번호 및 컨테이너번호(컨테이너 화물인 경우)를 보세구역 운영인 또는 화물관리인에게 제시하고 물품을 인계하여야 한다. 다만, 보세구역 운영인 또는 화물관리인이 요구하는 경우 보세운송신고필증(승인서)(사본 가능)을 제시해야 한다.

3) 도착지 보세구역 운영인 등의 확인

도착지 보세구역 운영인 또는 화물관리인은 다음의 사항을 확인한 후 보세운송신고 또는 승인 건별로 도착일시, 인수자, 차량번호를 기록하여 장부 또는 자료보존매체(마이크로필름, 광디스크, 기타 전산매체)에 2년간 보관해야 한다.
① 등록된 보세운송수단으로서 세관 화물정보시스템의 운송수단 정보와 일치 여부
② 신고지 세관장으로부터 통보받은 보세운송 반입예정 정보와 현품의 일치 여부

4) 반입신고

도착지 보세구역 운영인 또는 화물관리인은 보세운송된 물품을 인수하였을 때에는 즉시 세관화물정보시스템에 반입신고를 하여야 한다. 다만, **보세운송 도착과 동시에 수입신고가 수리된 물품은 보세구역에 입고시키지 않은 상태에서 물품을 화주에게 즉시 인도하고 반출입신고를 동시에 해야 한다.**

5) 물품의 이상보고

도착지 보세구역 운영인 또는 화물관리인은 도착된 보세운송물품에 과부족이 있거나 컨테이너 또는 유개(지붕구조의 덮개가 있는 것)차의 봉인파손, 봉인번호 상이, 포장파손, 미등록 운송수단 확인 등 이상이 발견된 경우에는 지체 없이 세관장에게 보고해야 한다.

6) 이상보고에 대한 실태 조사

보세운송 도착화물에 대한 이상보고를 받은 세관장은 담당공무원으로 하여금 그 실태를 조사하게 할 수 있다.

7) 보세운송물품 도착보고의 갈음

보세운송물품 도착보고는 보세구역 운영인의 반입신고로 갈음한다. 다만, **발송지 세관 검사대상으로 지정된 경우 보세운송신고인 또는 보세운송 승인신청인은 도착 즉시 운영인에게 도착물품의 이상 여부를 확인받은 후 그 결과를 세관화물정보시스템에 전송**해야

하며, 도착지 세관 검사지정 건은 검사 후 그 결과를 화물담당공무원이 세관화물정보시스템에 등록해야 한다.

8) 전자문서 전송이 불가능한 경우

운송인은 상기 7)의 단서에 따른 도착보고는 다음의 방법으로 할 수 있다.

① 전자문서 전송이 불가능한 경우 도착지 보세구역 운영인이 기명 날인한 보세운송신고필증 또는 보세운송승인서를 제출할 수 있으며, 이 경우 화물관리공무원은 세관봉인 이상 유무 등을 확인 후 그 내역을 세관화물정보시스템에 등록하여야 함
② 모바일 보세운송 앱을 활용하여 물품의 출발과 도착 정보 제공

9) 항공사가 국내 국제항 간에 항공기로 보세운송하려는 경우

항공사가 국내 국제항 간에 항공기로 보세운송하려는 경우 **보세운송물품 도착보고는 도착지 세관에 전자문서로 입항적재화물목록을 제출하는 것으로 갈음**할 수 있다.

10) 도착보고 확인 및 조치

도착지세관 화물담당공무원은 세관화물관리시스템에서 보세운송기간이 경과한 도착보고 예정목록을 확인하여 도착이 되었는지 등 필요한 조치를 취하여야 한다.

(6) 도착관리

1) 이상 내역 통보

도착지세관장은 실태를 조사한 결과 도착물품에 이상이 있는 경우에는 즉시 신고지세관장에게 이상 내역을 통보해야 한다.

2) 조사 및 조치

신고지세관장은 매일 세관화물정보시스템을 조회하여 보세운송 기간 내에 전량 반입신고가 없는 미착물품과 도착지세관장으로부터 이상 내역을 통보받은 물품에 대하여는 사실을 확인하는 조사를 한 후 처벌, 관세추징 등의 조치를 취하고 그 결과를 세관화물정보시스템에 등록하여야 한다.

(7) 담보해제

1) 담보해제 신청

보세운송 승인신청 시에 담보를 제공한 자가 보세운송을 완료한 때에는 세관장에게 담보해제 신청서를 제출하여 담보해제를 신청하여야 한다.

2) 담보해제

담보해제 신청을 받은 세관장은 도착이 되었는지를 조회하고 이상이 없을 때에는 즉시 제공된 담보를 해제한다.

Ⅱ 보세운송업자 등의 등록 및 보고

1 보세운송업자 등의 등록 및 보고 기출 2023

(1) 보세운송업자 등의 등록 기출 2023

1) 등록 대상

다음의 어느 하나에 해당하는 자(이하 "보세운송업자 등")는 대통령령으로 정하는 바에 따라 관세청장이나 세관장에게 등록하여야 한다.
① 보세운송업자
② **보세화물을 취급하려는 자로서 다른 법령에 따라 화물운송의 주선을 업으로 하는 자** (이하 "화물운송주선업자")
③ 국제무역선·국제무역기 또는 국경출입차량에 물품을 하역하는 것을 업으로 하는
④ 국제무역선·국제무역기 또는 국경출입차량에 다음의 어느 하나에 해당하는 물품 등을 공급하는 것을 업으로 하는 자
   ㉠ 선박용품
   ㉡ 항공기용품
   ㉢ 차량용품
   ㉣ 선박·항공기 또는 철도차량 안에서 판매할 물품
   ㉤ 용역
⑤ 국제항 안에 있는 보세구역에서 물품이나 용역을 제공하는 것을 업으로 하는 자
⑥ 국제무역선·국제무역기 또는 국경출입차량을 이용하여 상업서류나 그 밖의 견본품 등을 송달하는 것을 업으로 하는 자
⑦ 구매대행업자 중 대통령령으로 정하는 자

2) 등록신청

보세운송업자 등의 등록을 하고자 하는 자는 다음의 사항을 기재한 신청서를 세관장에게 제출하여야 한다.
① 신청인의 주소·성명 및 상호
② 영업의 종류 및 영업장소
③ 운송수단의 종류·명칭 및 번호(관련 법령에 따라 등록 등을 한 번호)

3) 등록증 교부

세관장은 등록신청을 한 자가 등록요건을 갖추고 다음에 해당하는 경우에는 해당 등록부에 필요한 사항을 기재하고 등록증을 교부한다.
① 보세운송, 하역물품의 제공, 국제운송 등에 필요하다고 관세청장이 정하는 운송수단 또는 설비를 갖추고 있는 경우
② 관세청장이 정하는 일정금액 이상의 자본금 또는 예금을 보유한 경우
③ 법 및 법에 의한 세관장의 명령에 위반하여 관세범으로 조사받고 있거나 기소중에 있지 아니한 경우

(2) 영업보고 등

관세청장이나 세관장은 법의 준수 여부를 확인하기 위하여 필요하다고 인정할 때에는 보세운송업자 등에게 업무실적, 등록사항 변경 등 그 영업에 관하여 보고를 하게 하거나 장부 또는 그 밖의 서류를 제출하도록 명할 수 있다. 이 경우 영업에 관한 보고 또는 서류제출에 필요한 사항은 관세청장이 정한다.

(3) 업무보고

관세청장이나 세관장은 화물운송주선업자에게 해당 업무에 관하여 보고하게 할 수 있다.

(4) 등록의 유효기간 기출 2023

1) 원칙

등록의 유효기간은 **3년**으로 하며, 대통령령으로 정하는 바에 따라 갱신할 수 있다.

2) 예외

관세청장이나 세관장은 안전관리 기준의 준수 정도 측정·평가 결과가 우수한 자가 등록을 갱신하는 경우에는 유효기간을 2년의 범위에서 연장하여 정할 수 있다.

(5) 등록의 유효기간 갱신 기출 2023

1) 유효기간 갱신

등록의 유효기간을 갱신하려는 자는 **등록갱신신청서를 기간만료 1개월 전까지 관할지 세관장에게 제출**하여야 한다.

2) 등록 갱신신청 안내

세관장은 등록을 한 자에게 등록의 유효기간을 갱신하려면 등록의 유효기간이 끝나는 날의 1개월 전까지 등록 갱신을 신청하여야 한다는 사실과 갱신절차를 등록의 유효기간이 끝나는 날의 2개월 전까지 휴대폰에 의한 문자전송, 전자메일, 팩스, 전화, 문서 등으로 미리 알려야 한다.

(6) 등록사항 변경신고

등록을 한 자는 등록사항에 변동이 생긴 때에는 지체 없이 등록지를 관할하는 세관장에게 신고하여야 한다.

2 보세운송업자 등의 등록요건 기출 2023

(1) 보세운송업자의 등록요건

보세운송업자의 등록요건은 다음과 같다.
① 「화물자동차운수사업법」에 따른 화물자동차운송사업의 허가를 받은 자
② 「해운법」에 따른 해상화물운송사업의 등록을 마친 자
③ 「항공법」에 따른 항공운송사업의 면허를 받은 자

(2) 결격사유 기출 2023

다음의 어느 하나에 해당하는 자는 보세운송업자로 등록할 수 없다.
① 법 제175조(운영인의 결격사유) 각 호의 어느 하나에 해당하는 자
② **보세운송업자의 등록이 취소된 자로서 취소일로부터 2년이 경과되지 아니한 자**
③ 관세 및 국세의 체납이 있는 자

3 보세운송업자 등의 명의대여 등의 금지

보세운송업자 등은 다른 사람에게 자신의 성명·상호를 사용하여 보세운송업자 등의 업무를 하게 하거나 그 등록증을 빌려주어서는 아니 된다.

4 보세운송업자 등의 행정제재

(1) 등록취소 또는 업무정지 등

세관장은 보세운송업자 등이 다음의 어느 하나에 해당하는 경우에는 등록의 취소, 6개월의 범위에서의 업무정지 또는 그 밖에 필요한 조치를 할 수 있다. 다만, ① 및 ②에 해당하는 경우에는 등록을 취소하여야 한다.

① 거짓이나 그 밖의 부정한 방법으로 등록을 한 경우
② 법 제175조 각 호의 어느 하나에 해당하는 경우. 다만, 법 제175조 제8호에 해당하는 경우로서 같은 조 제2호 또는 제3호에 해당하는 사람을 임원으로 하는 법인이 3개월 이내에 해당 임원을 변경한 경우에는 그러하지 아니하다.
③ 항만운송사업법 등 관련 법령에 따라 면허·허가·지정·등록 등이 취소되거나 사업정지처분을 받은 경우
④ 보세운송업자 등(그 임직원 및 사용인 포함)이 보세운송업자 등의 업무와 관련하여 법이나 법에 따른 명령을 위반한 경우
⑤ 법 제223조의2(보세운송업자 등의 명의대여 등의 금지)를 위반한 경우
⑥ 보세운송업자 등(그 임직원 및 사용인 포함)이 보세운송업자 등의 업무와 관련하여 개별소비세법 제29조 제1항 또는 교통·에너지·환경세법 제25조 제1항에 따른 과태료를 부과받은 경우

보세운송에 관한 고시 제59조(보세운송업자의 등록취소)

① 세관장은 보세운송업자가 다음의 어느 하나에 해당하는 때에는 그 등록을 취소할 수 있다.
  ㉠ 보세운송업자 등록요건에 결격사유가 발생한 때
  ㉡ 관세 등 국세를 체납하고 납부할 가능성이 없는 것으로 세관장이 인정하는 때
  ㉢ 보세운송업무 정지처분을 받은 자가 등록기간 중에 3회 이상 업무정지 처분을 받은 때
② 세관장이 보세운송업자의 등록을 취소한 때에는 즉시 세관화물정보시스템에 입력한 후 관세청장에게 보고하고 해당 보세운송업자 및 관세물류협회의 장에게 서류 또는 전자문서로 통보하여야 한다.

(2) 과징금 부과

1) 의의
세관장은 업무정지가 그 이용자에게 심한 불편을 주거나 공익을 해칠 우려가 있을 경우에는 보세운송업자 등에게 업무정지처분을 갈음하여 해당 업무 유지에 따른 매출액의 100분의 3 이하의 과징금을 부과할 수 있다. 이 경우 매출액 산정, 과징금의 금액 및 과징금의 납부기한 등에 관하여 필요한 사항은 대통령령으로 정한다.

2) 과징금의 부과 기준
부과하는 과징금의 금액은 ①의 기간에 ②의 금액을 곱하여 산정한다.
① 기간 : 법 제224조 제1항에 따라 산정된 업무정지 일수(1개월은 30일 기준)
② 1일당 과징금 금액 : 해당 사업의 수행에 따른 연간매출액의 6천분의 1

3) 연간매출액 산정
① 보세운송업자 등이 해당 사업연도 개시일 전에 사업을 시작한 경우 : 직전 3개 사업연도의 평균 매출액. 이 경우 사업을 시작한 날부터 직전 사업연도 종료일까지의 기간이 3년 미만인 경우에는 그 시작일부터 그 종료일까지의 매출액을 연간 평균매출액으로 환산한 금액으로 한다.
② 보세운송업자 등이 해당 사업연도에 사업을 시작한 경우 : 사업을 시작한 날부터 업무정지의 처분 사유가 발생한 날까지의 매출액을 연간매출액으로 환산한 금액

4) 과징금의 가중 또는 경감
세관장은 산정된 과징금 금액의 4분의 1 범위에서 사업규모, 위반행위의 정도 및 위반 횟수 등을 고려하여 그 금액을 가중하거나 감경할 수 있다. 이 경우 과징금을 가중하는 때에는 과징금 총액이 산정된 연간매출액의 100분의 3을 초과할 수 없다.

(3) 강제징수
과징금을 납부하여야 할 자가 납부기한까지 납부하지 아니한 경우 과징금의 징수에 관하여는 법 제26조(담보 등이 없는 경우의 관세징수)를 준용한다.

5 보세운송업자 등의 등록의 효력상실

다음의 어느 하나에 해당하면 보세운송업자 등의 등록은 그 효력을 상실한다.
① 보세운송업자 등이 폐업한 경우
② 보세운송업자 등이 사망한 경우(법인인 경우에는 해산된 경우)
③ 등록의 유효기간이 만료된 경우
④ 등록이 취소된 경우

6 보세화물 취급 선박회사 등의 신고 및 보고

(1) 보세화물 취급 선박회사 등의 신고

1) 의의

보세화물을 취급하는 선박회사 또는 항공사(그 업무를 대행하는 자 포함)는 대통령령으로 정하는 바에 따라 세관장에게 신고하여야 한다. 신고인의 주소 등 대통령령으로 정하는 중요한 사항을 변경한 때에도 또한 같다.

2) 신고

선박회사 또는 항공사는 다음의 요건을 모두 갖추어 주소·성명·상호 및 영업장소 등을 적은 신고서를 세관장에게 제출하여야 한다.
① 법 제175조(운영인의 결격사유) 각 호의 어느 하나에 해당하지 아니할 것
② 해운법, 항공사업법 등 관련 법령에 따른 등록을 할 것
③ 대통령령으로 정하는 중요한 사항
  ㉠ 신고인의 주소 및 성명
  ㉡ 신고인의 상호 또는 영업장소
  ㉢ 상기에 따라 신고한 등록사항

(2) 보세화물 취급 선박회사 등의 보고

1) 의의

세관장은 통관의 신속을 기하고 보세화물의 관리절차를 간소화하기 위하여 필요하다고 인정할 때에는 대통령령으로 정하는 바에 따라 선박회사 또는 항공사로 하여금 해당 업무에 관하여 보고하게 할 수 있다.

2) 보고

세관장은 다음의 사항을 선박회사 또는 항공사로 하여금 보고하게 할 수 있다.

① 선박회사 또는 항공사가 화주 또는 화물운송주선업자에게 발행한 선하증권 또는 항공화물운송장의 내역
② 화물 취급과정에서 발견된 보세화물의 이상 유무 등 통관의 신속 또는 관세범의 조사상 필요한 사항

제3장 화물운송주선업자

이 장에서는 사용의 편의를 위해 「화물운송주선업자의 등록 및 관리에 관한 고시」를 고시로 하여 약칭을 사용한다.

I 총 칙

1 용어의 정의

① "통관지세관"이란 화물운송주선업자가 보세화물 취급 및 적재화물목록 제출 등의 업무를 주로 수행하는 세관을 말하며, 등록(갱신) 신청일을 기준으로 최근 1년간의 혼재화물적하목록 제출건수가 가장 많은 세관을 말한다. 다만, 신청일 이전에 적재화물목록 제출 실적이 없는 경우에는 향후 적재화물목록 제출을 주로 할 세관을 말한다.
② "혼재화물적하목록"이란 화물운송주선업자가 선하증권(House B/L) 또는 항공화물운송장(House AWB) 내역을 기재한 선박 또는 항공기의 적재화물목록을 말한다.
③ "혼재화물적하목록 제출"이란 화물운송주선업자가 선하증권(House B/L) 또는 항공화물운송장(House AWB) 내역을 기초로 적재화물목록을 작성하여 항공사 또는 선사에 제출하는 것을 말한다.
④ "세관화물정보시스템"이란 적재화물목록, 적재·하선(기) 등의 자료를 관리하는 세관운영시스템을 말한다.
⑤ "전자문서"란 컴퓨터 간에 전송 등이 될 수 있도록 하기 위하여 관세청장이 정한 실행지침서에 따라 작성된 전자 자료를 말한다.
⑥ "화물운송주선업자"란 법 제222조 제1항 제2호에 따른 화물운송의 주선을 업으로 하는 자를 말한다.

2 화물운송주선업자의 등록요건 기출 2024

화물운송주선업자의 등록요건은 다음과 같다.
① 법 제175조(운영인의 결격사유) 각 호의 어느 하나에 해당하지 않을 것
② 국제물류주선업의 등록을 하였을 것
③ 관세 및 국세의 체납이 없을 것
④ 화물운송주선업자 등록이 취소(법 제175조 제1호부터 제3호까지의 어느 하나에 해당하여 등록이 취소된 경우는 제외한다)된 후 2년이 지났을 것
⑤ 자본금 3억원 이상을 보유한 법인(법인이 아닌 경우에는 자산평가액이 6억원 이상)일 것
⑥ 법 또는 법에 따른 세관장의 명령에 위반하여 관세범으로 조사받고 있거나 기소 중에 있지 않을 것
⑦ 혼재화물적하목록 제출 등을 위한 전산설비를 갖추고 있을 것

3 등록신청 및 심사 기출 2024

(1) 등록신청

화물운송주선업자의 등록을 하려는 자는 화물운송주선업자 등록(갱신) 신청서를 통관지 세관장에게 제출하여야 하며, 신청서는 우편 및 전자우편으로 제출할 수 있다.

(2) 등록신청 시 제출서류

등록(갱신) 신청서에는 다음의 서류를 첨부하여야 한다. 이 경우 ⑧부터 ⑩까지의 서류는 행정정보의 공동이용을 통하여 담당공무원이 확인하는 것에 동의하는 경우에는 제출을 생략할 수 있다.
① 국제물류주선업등록증 사본
② 자산평가 증빙서류(개인사업자에 한함)
③ 자기 명의로 발행할 한글 또는 영문으로 작성된 선하증권 및 항공화물운송장의 양식·약관에 관한 서류
④ 신청인이 외국인(법인의 경우에는 임원이 외국인인 경우를 말한다)인 경우에는 법 제175조 각 호의 어느 하나에 해당하지 않음을 확인할 수 있는 다음의 어느 하나에 해당하는 서류
  ㉠ 외국공문서에 대한 인증의 요구를 폐지하는 협약을 체결한 국가의 경우 : 해당 국가의 정부 그 밖에 권한 있는 기관이 발행한 서류이거나 공증인이 공증한 해당

외국인의 진술서로서 해당 국가의 아포스티유(Apostille) 확인서 발급 권한이 있는 기관이 그 확인서를 발급한 서류

ⓒ 외국공문서에 대한 인증의 요구를 폐지하는 협약을 체결하지 않은 국가의 경우 : 해당 국가의 정부 그 밖에 권한 있는 기관이 발행한 서류이거나 공증인이 공증한 해당 외국인의 진술서로서 해당 국가에 주재하는 우리나라 영사가 확인한 서류

⑤ 화물운송주선업자 또는 그 임원의 인적사항(직책, 성명, 주민등록번호, 주소)
⑥ 화물운송주선업에 종사하는 직원의 인적사항(직책, 성명, 생년월일, 입사일자)
⑦ 전산설비 보유내역 증빙서류
⑧ 사업자등록증 사본
⑨ 법인등기부 등본(법인에 한함)
⑩ 국세납세증명서

(3) 심사

① 세관장은 등록 신청서를 접수받은 때에는 등록요건을 충족하는지와 화물운송주선업자부호가 중복되는지 등을 확인하여 접수일부터 10일 이내에 처리하여야 한다.
② 세관장은 등록요건에 부적합하거나, 처리기한 내에 처리할 수 없는 합리적인 사유가 있는 경우에는 그 사유를 신청인에게 통보하여야 한다.

(4) 등록

① 화물운송주선업자의 등록기간은 3년으로 하며, 갱신할 수 있다.
② 세관장은 심사결과 이상이 없는 경우에는 세관화물정보시스템에 신청사항 등록 후 신청인에게 화물운송주선업자등록증을 교부하여야 한다.
③ 세관장은 등록(갱신)신청 심사 시 실제운영 여부, 명의대여, 등록요건 확인 등을 위한 현장조사를 실시할 수 있다.

4 갱신신청 및 변동신고

(1) 갱신신청

① 화물운송주선업자의 등록을 갱신하려는 자는 기간만료 1개월 전까지 화물운송주선업자 등록(갱신)신청서와 신청인 첨부서류를 통관지 세관장에게 제출하여야 한다.
② 화물운송주선업자 등록(갱신)신청서를 접수받은 세관장은 상기 3을 준용하여 처리한다.

(2) 변동신고

① 화물운송주선업자의 등록을 한 자는 등록사항에 변동이 생긴 때에는 그 변동사유가 발생한 날부터 60일 이내에 화물운송주선업 등록사항 변동신고서와 신청인 제출서류를 통관지 세관장에게 제출하여야 한다.
② 세관장은 변동신고서를 접수한 때에는 변동사항을 확인한 후 이상이 없는 경우에는 이를 수리하고 세관화물정보시스템에 등록하여야 한다.

5 등록의 효력상실 기출 2024

화물운송주선업자가 다음의 어느 하나에 해당하는 경우에는 그 등록의 효력이 상실된다.
① 화물운송주선업을 폐업한 때
② 화물운송주선업자가 사망하거나 법인이 해산된 때
③ 등록기간이 만료된 때
④ 등록이 취소된 때

6 화물운송주선업자의 의무

① 화물운송주선업자는 적재화물목록 작성책임자로서 적재물품과 부합되게 혼재화물적하목록을 작성하여 제출하여야 한다.
② 화물운송주선업자는 적재물품이 운송의뢰를 받은 물품과 일치하지 않거나, 위조화폐·마약 등 수출입이 금지 또는 제한되는 물품으로 확인된 때에는 그 사실을 세관장에게 지체 없이 신고하여야 한다.
③ 화물운송주선업자의 의무 등과 관련하여 이 고시에서 정하는 것을 제외하고는 「보세화물 입출항 하선 하기 및 적재에 관한 고시」 및 「보세화물관리에 관한 고시」를 준용한다.
④ 화물운송주선업자는 등록된 다른 화물운송주선업자 또는 등록되지 않은 자에게 자신의 명의를 사용하여 화물운송주선업을 하게 하거나 그 등록증을 빌려주어서는 안 된다.
⑤ 화물운송주선업자로 등록되지 않은 자는 등록된 다른 화물운송주선업자의 명의를 사용하는 방법 등을 포함하여 일체의 화물운송주선업을 할 수 없다.
⑥ 화물운송주선업자는 화물운송주선업과 관련하여 세관장이 업무점검을 하는 경우 업무실적, 등록사항 변경, 업무에 종사하는 자의 인적사항 등 영업 관련 사항을 보고해야 한다.

7 전산처리설비의 이용

화물운송주선업자는 적재화물목록 작성 및 제출 등의 업무를 전산처리설비를 이용하여 전자신고 등의 방법으로 처리하여야 한다.

8 세관장의 업무감독

① 세관장은 등록된 화물운송주선업자의 본사 또는 영업소에 대하여 매년 단위로 자체계획을 수립하여 등록사항의 변동 여부 등에 대한 업무점검을 할 수 있다. 다만, 「보세화물관리에 관한 고시」 등 다른 규정에 따라 업무점검을 하는 경우 이와 병행하여 점검할 수 있다.
② 업무점검을 하는 경우에는 세관 업무량 등을 고려하여 서면으로 업무점검을 할 수 있으며, 등록 이후 1년 이내이거나, 종합인증우수업체(AEO) 또는 법규수행능력 우수업체에 대하여는 업무점검을 생략할 수 있다.
③ 세관장은 화물운송주선업자에 대한 업무점검 결과 이상이 있는 때에는 즉시 필요한 조치를 취하여야 한다.
④ 화물운송주선업자에 대하여 업무점검을 실시한 세관장은 점검결과와 조치결과를 점검만료 1개월 이내에 관세청장에게 보고하여야 한다.
⑤ 관세청장 또는 세관장은 필요하다고 인정되는 경우에는 화물운송주선업자에 대하여 그 영업에 관하여 보고를 하거나 장부 또는 화물운송주선과 관련된 계약서 등 그 밖의 서류의 제출을 명할 수 있다.
⑥ 업무점검에 관하여는 이 고시에서 따로 정하는 경우를 제외하고는 「행정조사기본법」 제11조, 제17조, 제18조, 제21조 및 제24조를 따른다. 다만, 다음의 어느 하나에 해당하는 때에는 이를 적용하지 않되, 이때에도 조사공무원은 같은 법 제11조 제3항에 따라 권한을 나타내는 증표를 지니고 이를 조사대상자에게 내보여야 한다.
  ㉠ 「행정조사기본법」 제3조 제2항 제5호에 관한 사항
  ㉡ 행정조사를 긴급히 실시하여야 할 필요가 있다고 세관장이 인정하는 경우

9 행정제재

(1) 행정제재

세관장은 화물운송주선업자 또는 그 임원, 직원, 사용인이 법 또는 법에 따른 세관장 명령사항 등을 위반한 경우 행정제재를 할 수 있다. 다만, 관세행정 발전에 기여한 바가 크고 관세채권확보 등에 어려움이 없는 경우에는 기준일수의 50% 이내에서 업무정지기간을 하향 조정(소수점 이하는 버린다)할 수 있다. 이 경우 최소 업무정지기간은 5일 이상이어야 한다.

(2) 등록취소

세관장은 화물운송주선업자가 다음의 어느 하나에 해당하는 경우에는 등록을 취소할 수 있다. 다만, ① 내지 ③에 해당하는 경우에는 등록을 취소하여야 한다.

① 거짓이나 그 밖의 부정한 방법으로 등록을 한 경우
② 법 제175조(운영인의 결격사유) 각 호의 어느 하나에 해당하는 경우. 다만, 제175조 제8호에 해당하는 경우로서 같은 조 제2호 또는 제3호에 해당하는 사람을 임원으로 하는 법인이 3개월 이내에 해당 임원을 변경한 경우에는 그러하지 아니하다.
③ 물류정책기본법 제47조에 따른 등록이 취소된 경우
④ 관세 및 국세를 체납하고 이를 납부할 가능성이 없는 것으로 세관장이 인정하는 경우
⑤ 화물운송주선업자가 최근 1년 이내에 3회 이상 업무정지처분을 받은 경우

(3) 등록취소의 심의

세관장은 업무정지 또는 등록취소를 하려는 경우 세관장(본부세관은 국장)을 위원장으로 하는 5명 이상의 위원회를 구성하여 심의한 후 결정하여야 한다.

(4) 심의결과 보고

세관장은 (1)의 단서에 따라 업무정지기간을 하향 조정한 경우에는 위원회의 심의결과를 첨부하여 관세청장에게 보고하여야 한다.

(5) 행정제재의 등록 등

세관장은 화물운송주선업자에 대하여 행정제재를 한 경우에는 즉시 세관화물정보시스템에 등록하여야 하며, 등록취소를 한 경우에는 관세청장에게 보고하여야 한다.

10 청문절차

① 세관장은 화물운송주선업자에 대하여 등록취소 또는 업무정지를 하려는 때에는 사전에 화물운송주선업자에게 통보하여 의견을 청취하여야 한다.
② 의견청취를 하려는 때에는 의견청취 예정일 10일 전까지 해당 화물운송주선업자에게 서면으로 통지하여야 한다. 이 경우 정당한 사유 없이 의견청취에 응하지 않을 때에는 의견진술의 기회를 포기한 것으로 본다는 뜻을 분명하게 밝혀야 한다.
③ 통지를 받은 화물운송주선업자 또는 그 대리인은 지정된 날에 출석하여 의견을 진술하거나 지정된 날까지 서면으로 의견을 제출할 수 있다.
④ 화물운송주선업자 또는 그 대리인이 출석하여 의견을 진술한 때에는 세관공무원은 그 요지를 서면으로 작성하여 출석자 본인으로 하여금 이를 확인하게 한 후 서명날인하게 하여야 한다.

제4장 환적화물의 처리

이 장에서는 사용의 편의를 위해 「환적화물 처리절차에 관한 특례고시」를 고시로 약칭하여 사용한다.

1 용어의 정의

① "환적"이란 동일한 세관관할구역 안에서 입항하는 운송수단에서 출항하는 운송수단으로 물품을 옮겨 싣는 것을 말한다.
② "복합환적"이란 입항하는 운송수단의 물품을 다른 세관의 관할구역으로 운송하여 출항하는 운송수단으로 옮겨 싣는 것(같은 세관의 관할구역에서 물품을 선박에서 항공기로 또는 항공기에서 선박으로 옮겨 싣는 것을 포함한다)을 말한다.
③ "내국환적운송"이란 최초 입항지에서 운송수단을 국제무역선(국제무역기 포함)으로 변경하여 국내 국제항 간 보세화물 또는 내국물품인 공컨테이너를 운송하는 것을 말한다.
④ "복합일관운송화물"이란 자동차에 적재한 상태로 해상 및 육로를 일관하여 운송하는 물품을 말한다.

2 적용범위 등

(1) 적용물품

① 우리나라에 반입되어 외국으로 반출되는 물품 중 수출·수입 또는 반송통관 절차를 거치지 아니하는 환적화물(복합환적화물 포함)
② 선사 또는 항공사의 요청에 따라 국내 국제항 간 국제무역선(기)으로 운송되는 내국환적운송 화물

(2) 적용법령

환적화물 및 복합환적화물의 처리절차에 관하여는 이 고시에 특별한 규정이 있는 경우 외에는 「보세화물 입출항 하선 하기 및 적재에 관한 고시」, 「보세운송에 관한 고시」,

「보세화물 장치기간 및 체화관리에 관한 고시」, 「보세화물관리에 관한 고시」 등에서 정하는 바에 따른다.

(3) 환적화물의 범위

이 고시의 다른 조항에서 환적화물이라는 용어를 사용할 경우 특별히 규정하지 않은 한 복합환적화물과 내국환적운송화물을 포함한 것으로 본다.

3 하선신고 등

(1) 환적화물의 하선 또는 하기신고

선사, 항공사 또는 그 위임을 받은 하역업체가 환적화물을 하선 또는 하기하려는 때에는 「보세화물 입출항 하선 하기 및 적재에 관한 고시」에 따라 하선 또는 하기신고서를 세관장에게 제출해야 한다.

(2) 환적화물 장치장소

환적화물을 하선 또는 하기하여 장치할 수 있는 장소는 다음과 같다.
① 「보세화물 입출항 하선 하기 및 적재에 관한 고시」 제15조 및 제28조에 따라 세관장이 하선 또는 하기장소로 지정한 보세구역(자유무역지역 입주기업체 포함)
② 법 제151조 제1항에 따른 물품(차량에 하역하려는 외국물품)의 경우에는 해당 통관장 또는 통관역을 관할하는 세관장이 하역장소로 지정한 보세구역
③ 보세화물의 형상, 반입자의 신용도 등을 고려하여 세관장이 필요하다고 인정하는 경우에는 하선 또는 하기장소가 아닌 보세구역(보세구역 외 장치허가를 받은 장소를 포함한다)

(3) 반입장소 등의 신고

상기 (2)의 ③의 경우 반입자는 반입장소 및 반입사유 등을 세관장에게 신고해야 한다.

(4) 하선 또는 하기물품의 반입

1) 원칙

하선 또는 하기물품은 「보세화물 입출항 하선 하기 및 적재에 관한 고시」 제19조 및 제30조에서 정한 기간 내에 하선 또는 하기장소에 반입해야 한다.

2) 예외

상기 1)에도 불구하고, 항공기에서 양륙하여 동일 공항 내에서 입항 후 10일의 범위에서 세관장이 정하는 기간 이내에 다른 항공기로 환적하려는 경우(위험물품은 제외한다)에는 하기장소에 반입하지 않고 계류장내 세관장이 지정하는 장소에 일시보관하였다가 출항하는 항공기에 적재할 수 있다. 다만, 세관장이 필요하다고 인정하는 경우에는 10일의 범위에서 그 기간을 연장할 수 있다.

4 반출입신고

(1) 반출입신고의 의무(원칙)

1) 의의

보세구역 운영인은 환적화물을 반출입할 때 반입예정정보 또는 반출승인정보와 물품의 상이 여부를 확인한 후 세관장에게 반입 즉시 반입신고를 하고, 반출 전에 세관장에게 반출신고를 해야 한다.

2) 반출입신고 단위

보세구역 운영인이 반출입신고를 하려는 때에는 House B/L 단위의 전자문서로 해야 한다. 다만, 다음의 어느 하나에 해당하는 경우에는 그 구분에 따른다.
① 컨테이너보세창고에서 컨테이너 단위로 반출입되는 환적화물 : 컨테이너 단위
② 공항내 화물터미널에서 Master B/L 단위로 반출입되는 환적화물 : Master B/L 단위
③ 보세운송하여 Master B/L 단위로 반출입되는 환적화물 : Master B/L 단위

(2) 반출입신고의 갈음(예외)

세관장은 상기 (1)에도 불구하고 하기장소가 공항 화물터미널이면서 다른 보세구역 등으로 반출하지 않고 동일 터미널에서 보관하였다가 출항하는 항공기에 적재하는 화물로서 운영인이 환적화물의 반출입 사항을 반출입대장(전산설비에 의한 기록관리를 포함한다)에 기록 관리하는 경우에는 입출항 적재화물목록을 제출하는 것으로 반출입신고를 갈음할 수 있다.

(3) 장치기간 경과 환적화물의 통고

보세구역 운영인은 장치기간이 경과한 환적화물에 대해 「보세화물 장치기간 및 체화관리에 관한 고시」에서 정한 규정에 따라 통고해야 한다.

5 환적신고 등

(1) 환적신고

물품을 환적하려는 자가 컨테이너 적출입작업(환적화물에 수출물품 또는 다른 환적화물을 추가로 적입하는 것을 포함한다)을 하려는 때에는 적출입 내역을 기재한 환적신고서를 적출입작업 전까지 컨테이너 적출입작업 예정지를 관할하는 세관장에게 제출해야 한다.

(2) 적출입작업

상기 (1)에 따른 환적화물의 컨테이너 적출입작업은 컨테이너 보세창고(CY)의 컨테이너 조작장(CFS) 또는 공항내 보세구역에서 해야 한다. 다만, 다음의 어느 하나에 해당하는 경우에는 그렇지 않다.
① 냉동화물 등 특수화물을 하선과 동시에 선측에서 컨테이너에 적입하는 작업
② 컨테이너에 내장된 냉동화물 등 특수화물을 선측에서 적출하여 동시에 선적하는 것이 불가피한 경우
③ 위험물 등 특수화물로서 특수시설을 갖춘 장소에서만 적출입 작업이 가능한 경우
④ 경유지 보세구역(의왕ICD 및 김포공항 화물터미널의 경우에만 해당한다)에서 환적화물 컨테이너(항공기용 탑재용기를 포함한다)에 적출입 작업을 하는 경우
⑤ 그 밖에 컨테이너 조작장(CFS)에서 작업이 곤란하다고 세관장이 인정하는 경우

(3) 작업상태 확인

세관장은 환적신고를 받은 때에는 화물관리 세관공무원으로 하여금 해당 물품에 대한 작업상태를 확인하게 할 수 있다.

6 보세운송 기출 2024

(1) 보세운송 신고

환적화물을 보세운송하려는 자는 입항 선박 또는 항공기의 House B/L 단위로 세관장에게 보세운송 신고를 해야 한다. 다만, 다음의 어느 하나에 해당하는 경우에는 그렇지 않다.
① 선박을 통해 입항지에 반입된 화물을 공항으로 운송한 후 외국으로 반출하려는 환적화물(보세운송목적지가 공항항역 내 1개 이상인 경우를 포함한다)은 모선단위 1건으로 일괄하여 신고할 수 있다.

② 다음의 어느 하나에 해당하는 화물은 Master B/L 단위로 신고할 수 있다.
  ㉠ 단일화주의 FCL화물
  ㉡ 컨테이너에서 적출하지 아니하고 동일한 목적지로 보세운송하는 LCL화물
  ㉢ 체신관서가 AEO인 보세운송업자와 위탁운송계약을 체결하고, 항공으로 반입된 환적 화물을 경유지 없이 통관우체국에서 부두내 보세구역으로 보세운송하거나 해상으로 반입된 환적 화물을 경유지 없이 부두내 보세구역에서 통관우체국으로 보세운송하는 경우

(2) 보세운송의 목적지

보세운송의 목적지는 물품을 적재하려는 항만이나 공항의 하선 또는 하기장소로 한정한다. 다만, 컨테이너 적출입작업 및 보수작업이 필요한 경우 등 세관장이 필요하다고 인정하는 경우에는 그러하지 아니하다.

(3) 컨테이너화물

보세운송 물품이 컨테이너화물(LCL화물을 포함한다)인 경우에는 최초 도착지 보세구역 운영인(보세사를 포함한다)의 확인을 받아 컨테이너를 개장해야 한다.

(4) 보세운송 특례 보세구역의 지정

세관장은 다음의 어느 하나에 해당하는 관할 내 보세구역 중 환적 물동량, 감시단속상 문제점 등을 종합적으로 검토하여 환적화물 보세운송 특례 보세구역을 지정할 수 있다.
① 부두 내 보세구역
② 부두 밖 컨테이너 보세장치장(ODCY)
③ 하선장소 중 AEO 공인업체 또는 법규수행능력 우수업체

(5) 보세운송 특례 보세구역 간 운송물품

보세운송 특례 보세구역 간 운송물품에 대하여는 보세구역 운영인이 반출신고서에 보세운송업자와 목적지를 기재하는 것으로 보세운송신고(승인)를 갈음할 수 있다. 이 경우 보세운송 목적지가 변경되면 보세구역 운영인 또는 보세운송업자는 목적지를 정정신고해야 한다.

(6) 화주등의 직접 운송

화주 및 화물에 대한 권리를 가진 선사 또는 화물운송주선업자(이하 "화주등")가 환적화물을 직접 운송하려는 경우에는 세관장에게 제세 등에 해당하는 담보를 제공해야 한다. 다만, 세관장은 환적화물을 운송하는 업체가 간이보세운송업체로 지정된 경우에는 담보 제공을 생략하게 할 수 있다.

7 복합환적절차 기출 2024

(1) 복합환적화물 기출 2024

다음의 어느 하나에 해당하는 복합환적화물은 적재화물목록에 보세운송인과 목적지를 기재하여 제출하는 것으로 보세운송신고(승인)를 갈음할 수 있다.
① 선박으로 반입한 화물을 공항으로 운송하여 반출하는 물품
② 항공기로 반입한 화물을 항만으로 운송하여 반출하는 물품
③ 선박 또는 항공기로 반입한 화물을 차량 또는 철도로 반출하는 물품
④ 차량 또는 철도로 반입한 화물을 항만 또는 공항으로 운송하여 선박 또는 항공기로 반출하는 물품
⑤ 항공기로 반입한 화물을 다른 공항으로 운송하여 반출하는 물품

(2) 복합환적화물의 보세운송

1) 화주등

복합환적화물을 보세운송하려는 화주등은 최초 입항지 세관장에게 House B/L 단위로 운송업체(화주등이 직접 운송하는 경우에는 해당 화주등을 말한다)와 반출 예정지 보세구역을 적재화물목록에 기재하여 신고해야 한다.

2) 운송인

복합환적화물을 운송하려는 경우 운송인은 적재화물목록 사본을 소지하고 보세구역 운영인 등에게 제시한 후 화물을 인계인수해야 하며, 보세구역 운영인은 화물의 이상 여부를 확인한 후 세관장에게 반출입신고를 해야 한다.

(3) 미반입 보세운송 등

세관장은 상기 (2)의 2)에도 불구하고 「일시수출입하는 차량통관에 관한 고시」 제10조 및 제26조에 따라 복합일관운송화물을 적재한 차량의 수입신고가 수리된 때에는 복합일관운송화물을 하선장소에 반입하지 아니하고 해당 차량으로 보세운송하게 할 수 있으며, 복합일관운송화물을 적재한 차량의 수출신고가 수리된 때에는 복합일관운송화물을 선적지 보세구역에 반입하지 아니하고 출항하는 선박에 직접 적재하게 할 수 있다.

(4) 운송기한

복합환적화물의 운송기한은 하선 또는 하기신고일부터 7일로 한다.

(5) 운송신고의 취하

복합환적화물 운송신고한 물품을 상기 (4)에서 정한 기한 내에 운송하지 않는 경우에는 입항지 세관장에게 복합환적화물 운송신고를 취하해야 한다. 이 경우 적재화물목록에 기재된 해당 물품의 반출예정지 보세구역을 최초 입항지(입경지) 보세구역으로 변경하는 것으로 취하를 갈음할 수 있다.

8 내국환적운송 [기출 2024]

(1) 대상물품 [기출 2024]

국내 국제항 간 국제무역선으로 화물을 운송할 수 있는 경우는 다음의 어느 하나와 같다.
① 우리나라로 수입하려는 외국물품으로서 최초 입항지에서 선하증권(항공화물운송장을 포함한다)에 기재된 최종 목적지로 운송하려는 화물
② 환적화물
③ 수출신고가 수리된 물품
④ 내국물품인 공컨테이너

(2) 화물명세 신고

화물을 운송하려는 자는 적재 및 하선하려는 화물의 명세를 세관장에게 신고해야 한다. 이 경우, 세관신고를 적재화물목록 제출로 갈음할 수 있다.

9 보수작업

(1) 보수작업 승인대상

세관장은 환적화물이 다음의 어느 하나에 해당하는 경우에는 보수작업을 승인할 수 있다.
① 보세구역에 장치된 물품이 운송 중에 파손 또는 변질되어 긴급하게 보수해야 할 필요가 있는 경우
② 보세구역에 장치된 물품의 효율적인 운송 등을 위하여 개장, 분할구분, 합병, 원산지 표시나 그 밖에 이와 유사한 작업을 하려는 경우
③ 종합보세구역에 장치된 석유제품의 품질보정작업(첨가제, 식별제 또는 착색제를 혼합하거나 그 석유제품과 동일한 유종의 석유제품을 혼합하는 방법으로 품질기준에 맞도록 보정하는 작업을 말한다)을 하려는 경우

(2) 보수작업 승인신청

보수작업을 하려는 자(이하 "보수작업 신청인")는 보수작업승인(신청)서를 세관장에게 제출하고 그 승인을 받아야 한다.

(3) 보수작업 완료보고

보수작업 신청인이 보수작업을 완료한 때에는 보수작업 완료보고서를 세관장에게 제출하고 그 확인을 받아야 한다.

(4) 일괄보수작업 승인신청

운영인이 동일 품목을 대상으로 동일한 보수작업을 반복적으로 하려는 경우 포괄보수작업에 관하여는 보세화물관리에 관한 고시 제21조 제2항 및 제23조 제2항을 준용한다.

10 적재

환적화물을 외국으로 반출하기 위하여 출항지에서 적재하려는 선사 또는 항공사는 입항할 때 제출한 화물정보와 비교하여 컨테이너봉인번호 상이 등 이상이 있는 경우 적재결과이상보고서를 선박 출항 전까지 세관장에게 제출해야 한다. 다만, 선사와 계약을 체결하여 검수(검정)업자가 물품을 검수 또는 검정한 경우에는 검수(검정)업자가 세관장에게 이를 제출할 수 있다.

11 비가공증명서의 발급

(1) 비가공증명서의 발급

세관장은 보세구역에 일시장치된 환적화물이 하역, 재선적, 운송을 위하여 필요한 작업 또는 그 밖에 정상상태를 유지하기 위한 작업 등을 제외한 추가적인 가공을 하지 않고 국외로 반출될 경우 비가공증명서를 발급할 수 있다.

(2) 비가공증명서 발급신청

비가공증명서를 발급받으려는 자는 보세구역운영인 또는 자유무역지역 입주기업체가 발행하는 다음의 사항을 기재한 일시장치 확인서와 비가공증명 발급신청서를 세관장에게 제출해야 한다. 다만, 세관장은 보세구역에 반입하지 아니하고 선박 간에 화물을 환적하는 경우에는 일시장치 확인서의 제출을 생략할 수 있다.

① 일시장치 장소
② 화물관리번호
③ B/L(AWB)번호
④ 반입일자
⑤ 품명, 반입중량, 수량
⑥ 해당 화물이 하역, 재선적, 운송을 위한 작업과 그 밖에 정상상태를 유지하기 위한 작업 외의 가공을 하지 않았다는 사실 확인

(3) 심사

세관장은 비가공증명서 발급신청을 받은 때에는 상기 **(1)**의 충족 여부와 직접운송원칙을 준용하여 심사해야 하며, 사실의 확인·조사 등이 필요한 때에는 관계 서류의 제출을 요구하거나 물품을 검사할 수 있다.

제5장 보세화물의 하선 하기 및 적재

이 장에서는 사용의 편의를 위해 「보세화물 입출항 하선 하기 및 적재에 관한 고시」를 고시로 약칭하여 사용한다.

I 총칙

1 용어의 정의 기출 2024

① "적재화물목록"이란 적재화물목록 작성요령에 따라 작성된 선박 또는 항공기에 적재된 화물의 목록으로 선박회사(이하 "선사") 또는 항공사가 Master B/L 또는 Master AWB의 내역을 기재한 마스터적재화물목록과 화물운송주선업자가 House B/L 또는 House AWB 내역을 기재한 하우스적재화물목록을 말한다.
② "적재화물목록 제출의무자"란 국제무역선(기)을 운항하는 선사(그 업무를 대행하는 자를 포함하며, 이하 "운항선사"), 항공사(그 업무를 대행하는 자를 포함하며, 이하 "운항항공사")를 말한다.
③ "적재화물목록 작성책임자"란 다음의 어느 하나에 해당하는 자를 말한다.
  ㉠ 마스터적재화물목록은 운항선사 또는 운항항공사. 다만, 공동배선의 경우에는 선박 또는 항공기의 적재공간을 용선한 선사(그 업무를 대행하는 자를 포함하며, 이하 "용선선사") 또는 공동운항항공사(그 업무를 대행하는 자를 포함한다)
  ㉡ 하우스적재화물목록은 화물운송주선업자(그 업무를 대행하는 자를 포함한다)
④ "하역"이란 화물을 선박 또는 항공기에서 내리는 양륙 작업과 화물을 선박 또는 항공기에 올려 싣는 적재 작업을 말한다.
⑤ "하역장소"란 화물을 하역하는 보세구역(「자유무역지역의 지정 및 운영에 관한 법률」에 따른 자유무역지역 입주기업체의 소재지를 포함한다)을 말한다. 다만, 항만의 경우에는 보세구역이 아닌 부두를 포함한다.

⑥ "하선(기)장소"란 선박 또는 항공기로부터 하역된 화물을 반입할 수 있는 보세구역(「자유무역지역의 지정 및 운영에 관한 법률」에 따른 자유무역지역 입주기업체의 소재지를 포함한다)을 말한다.
⑦ "Master B/L"이란 선사가 발행한 선하증권 또는 해상화물운송장을 말하며, "Master AWB"이란 항공사가 발행한 항공화물운송장을 말한다.
⑧ "House B/L"이란 화물운송주선업자가 화주에게 발행한 선하증권 또는 해상화물운송장을 말하며, "House AWB"이란 화물운송주선업자가 화주에게 발행한 항공화물운송장을 말한다.
⑨ "벌크화물"이란 일정한 포장용기로 포장되지 않은 상태에서 운송되는 물품으로서 수량관리가 불가능한 물품을 말한다.
⑩ "화물관리번호"란 적재화물목록상의 적재화물목록관리번호(Manifest Reference Number)에 Master B/L 또는 Master AWB 일련번호와 House B/L 또는 House AWB 일련번호(House B/L 또는 House AWB이 있는 경우)를 합한 번호를 말한다.
⑪ "검사대상화물"이란 「관리대상화물 관리에 관한 고시」제3조의 기준에 따라 적재화물목록 등을 심사하여 선별한 화물로서 "검색기검사화물"과 "즉시검사화물"을 말한다.
⑫ "환적화물"이란 국제무역선(기)에 의하여 우리나라에 도착한 외국화물을 외국으로 반출하는 물품으로서 수출입 또는 반송신고대상이 아닌 물품을 말한다.

2 화물관리기준

화물의 입출항, 하선(기) 및 적재관리는 다음의 기준에 따른다.
① **포장화물** : 포장단위
② **벌크화물** : 총중량 단위

Ⅱ 입항화물 관리

1 입항

(1) 적재화물목록의 제출(해상화물 및 항공화물 공통)

1) 원칙

① 적재화물목록 제출의무자는 적재항에서 화물이 선박에 적재되기 24시간 전(항공기는 입항하기 4시간 전)까지 적재화물목록을 선박(항공기) 입항예정지 세관장에게 전자문서로 제출해야 한다. 다만, 근거리 지역(선박 : 중국·일본·대만·홍콩·러시아 극동지역 등, 항공기 : 선박의 지역과 필리핀, 베트남, 캄보디아, 태국, 인도네시아, 말레이시아, 싱가포르, 라오스, 미얀마, 몽골, 카자흐스탄, 괌, 마카오, 사이판)의 경우에는 적재항에서 선박(항공기)이 출항하기 전까지, 벌크화물(선박)의 경우에는 선박이 입항하기 4시간 전까지 제출해야 하고, 특송화물(항공기)의 경우에는 항공기가 입항하기 30분 전까지 제출해야 한다.
② 공동배선(운항)의 경우에는 용선선사(공동운항공사)가 작성하여 제공한 적재화물목록 자료를 운항선사(항공사)가 이를 취합하여 세관장에게 제출해야 한다.
③ House B/L(AWB) 내역이 있는 경우에는 운항선사(항공사)가 하우스 적재화물목록 작성책임자로부터 하우스 적재화물목록을 제출받아 최종적으로 이를 취합하여 세관장에게 제출해야 한다.

2) 예외

세관장은 상기 1)에도 불구하고 적재화물목록 제출 이후 다음의 어느 하나에 해당하는 경우에는 적재화물목록 또는 적재화물목록 일부를 해당 물품 하선(하기) 전까지 추가로 제출하게 할 수 있다. 세관장은 추가 제출한 적재화물목록에 대하여 감시단속상 필요한 때에는 검사대상으로 선별하여 검사를 실시할 수 있다.

① 하역계획변경 등으로 공컨테이너 추가 하선이 필요한 경우(다만, 세관근무시간 이외에 하선작업을 하는 경우 하선 후 첫 근무일의 근무시간 종료 시까지 적재화물목록을 추가로 제출하게 할 수 있다)
② 선박의 고장, 컨테이너고장 등 또는 항공기의 고장 등으로 화물 등의 추가 하선(하기)이 필요한 경우

③ 냉동물 등이 선상에서 현품확인 후 계약됨에 따라 추가 하선이 필요한 경우
④ 그 밖의 부득이한 사유로 추가 하선(하기)이 필요한 경우

(2) 적재화물목록의 정정신청

1) 적재화물목록 작성책임자의 정정신청

적재화물목록 작성책임자는 적재화물목록 제출이 완료된 이후에 그 기재내용의 일부를 정정하려는 때에는 정정사유를 증명할 수 있는 자료를 첨부(세관장이 인정하는 경우 증명자료 제출을 생략할 수 있다)하여 적재화물목록 정정신청서를 제출해야 한다. 다만, 보세운송으로 보세구역에 반입된 화물은 도착지 보세구역을 관할하는 세관장에게 정정신청을 해야 한다.

2) 수입화주 등의 정정신청 요청

상기 1)의 단서에 해당하는 경우 수입화주(위임을 받은 자를 포함하며, 이하 "수입화주 등"이라고 한다)는 적재화물목록 작성책임자에게 즉시 정정신청을 요청해야 하고, 적재화물목록 작성책임자는 이에 따라 정정신청을 해야 한다. 다만, 신속 통관을 위하여 필요한 경우 수입화주 등은 적재화물목록 작성책임자에게 정정신청을 요청한 사실 및 정정사유 증명 자료를 첨부하여 적재화물목록 작성책임자 대신 정정신청을 할 수 있다.

3) 적재화물목록 정정신청의 시기

적재화물목록정정신청은 다음의 어느 하나에서 정하는 기간 내에 신청할 수 있다. 다만, B/L양수도 및 B/L 분할·합병의 경우에는 기간을 제한하지 아니한다.
① 하선(하기)결과 보고서 또는 반입물품 이상보고서가 제출된 물품 : 보고서 제출일로부터 15일 이내
② 특수저장시설에 장치가 필요한 냉동화물 등을 하선과 동시에 컨테이너 적입작업을 하는 경우 : 작업완료 다음 날까지(검수 또는 세관 직원의 확인을 받은 협정서를 첨부해야 한다)
③ 그 밖의 사유로 적재화물목록을 정정하려는 경우 : 선박(항공기) 입항일로부터 60일 이내

4) 적재화물목록의 정정승인

① 적재화물목록 정정신청서를 접수한 화물관리 세관공무원은 심사결과 정정하려는 내역이 관련 증명서류에 근거하여 하선결과보고 내역 또는 반입물품 이상보고 내역 등

과 일치하고 그 정정사유가 타당하다고 인정될 때에는 적재화물목록 정정신청 사항을 승인해야 한다. 다만, 정정신청 내역과 하선결과보고 내역 또는 반입이상보고 내역과의 일치 여부를 시스템에서 확인할 수 있는 경우 시스템에서 자동심사하여 승인할 수 있다.

② 세관장은 적재화물목록 정정신청한 물품에 대하여 필요하다고 인정할 때에는 화물관리 세관공무원에게 현품확인을 하게 할 수 있다.

③ 수하인·수량·중량을 정정한 때에는 정정내역을 입항지세관장 및 해당 물품이 장치되어 있는 보세구역 운영인에게 통보해야 한다.

(3) 적재화물목록의 정정생략

적재화물목록상의 물품과 실제 물품이 다음의 어느 하나에 해당하는 때에는 적재화물목록 정정신청을 생략할 수 있다. 그럼에도 불구하고 적재화물목록을 정정하려는 경우에는 상기 (2)를 준용한다. 다만, 하기 1) 또는 2)의 ①부터 ⑤에 해당하는 경우 상기 (2)의 3)은 적용하지 아니한다.

1) 해상화물

① 벌크화물(광물, 원유, 곡물, 염, 원피 등)로서 그 중량의 과부족이 5% 이내인 경우
② 용적물품(원목 등)으로서 그 용적의 과부족이 5% 이내인 경우
③ 포장파손이 용이한 물품(비료, 설탕, 시멘트 등) 및 건습에 따라 중량의 변동이 심한 물품(펄프, 고지류 등)으로서 그 중량의 과부족이 5% 이내인 경우
④ 포장단위 물품으로서 중량의 과부족이 10% 이내이고 포장상태에 이상이 없는 경우
⑤ 적재화물목록 이상사유가 오탈자 등 단순기재오류로 확인되는 경우
⑥ 별도관리물품 해제승인을 받은 후 반입신고하는 물품

2) 항공화물

① 포장파손이 용이한 물품으로서 과부족이 5% 이내인 경우
② 중량으로 거래되는 물품 중 건습에 따라 중량의 변동이 심한 물품으로서 그 중량의 과부족이 5% 이내인 경우
③ 포장단위 물품으로서 중량의 과부족이 10% 이내이고 포장상태에 이상이 없는 경우
④ 적재화물목록 이상사유가 오탈자 등 단순기재오류로 확인되는 경우
⑤ 별도관리물품 해제 승인을 받은 후 반입신고 하는 물품

(4) 적재화물목록의 직권정정

화물관리 세관공무원은 하선(하기)결과 및 반입이상 보고된 전자문서 또는 관련 서류로 확인이 가능한 다음의 어느 하나에 해당하는 경우에는 직권으로 정정할 수 있다. 다만, 보세운송된 화물의 경우에는 해당 보세구역 관할세관 화물관리 세관공무원이 해야 한다.
① 상기 (3)에 해당하는 경우
② 하선(하기)화물의 수량·중량에 대하여 검수(검정)업자가 하선(하기)결과 이상보고를 한 경우
③ 반입화물의 수량·중량에 대한 이상보고가 된 경우

2 하선(기)

(1) 하선(기)신고

1) 하선신고
   ① 원칙 : 운항선사(공동배선의 경우에는 용선선사 포함) 또는 그 위임을 받은 하역업체가 화물을 하선하려는 때에는 Master B/L 단위의 적재화물목록을 기준으로 하역장소와 하선장소를 기재한 하선신고서를 세관장에게 전자문서로 제출해야 한다.
   ② 예외 : 상기 ①에도 불구하고 다음의 어느 하나에 해당하는 경우에는 세관장에게 서류로 하선신고를 할 수 있으며 하선작업 완료 후 다음 날까지 하선신고서를 세관장에게 전자문서로 제출해야 한다.
      ㉠ B/L 단위로 구분하여 하선이 가능한 경우
      ㉡ 검역을 위하여 분할 하선을 해야 하는 경우
      ㉢ 입항 전에 수입신고 또는 하선 전에 보세운송신고한 물품으로서 검사대상으로 선별된 물품이 선상검사 후에 하선해야 하는 경우
      ㉣ 재난 등 긴급 하선해야 하는 경우

2) 하기신고
   항공사가 화물을 하기하려는 때에는 하역장소와 하기장소를 기재한 하기신고서를 세관장에게 제출해야 한다. 다만, AWB을 추가하는 정정의 경우에는 적재화물목록 정정신청서에 하기장소를 기재하는 것으로 하기신고를 갈음할 수 있다.

(2) 하선(기)장소

1) 하선장소

① 선사가 물품을 하선할 수 있는 장소는 다음의 장소로 한정한다. 다만, 부두 내에 보세구역이 없는 세관의 경우에는 관할구역 내 보세구역(보세구역 외 장치허가 받은 장소를 포함한다) 중 세관장이 지정하는 장소로 한다.

- ㉠ 컨테이너화물 : 컨테이너를 취급할 수 있는 시설이 있는 부두내 또는 부두밖 컨테이너 전용 보세창고(이하 "CY"라 하며, CFS를 포함한다) 다만, 부두사정상 컨테이너화물과 벌크화물을 함께 취급하는 부두의 경우에는 보세구역 중 세관장이 지정한 장소
- ㉡ 냉동컨테이너화물 : ㉠을 준용하되, 화주가 냉동컨테이너로부터 화물을 적출하여 반입을 원하는 경우 냉동시설을 갖춘 보세구역
- ㉢ 벌크화물 등 기타화물 : 부두내 보세구역
- ㉣ 액체, 분말 등의 형태로 본선에서 탱크, 사일로(Silo) 등 특수저장시설로 직송되는 물품 : 해당 저장시설을 갖춘 보세구역
- ㉤ 특송물품 : 특송물품 통관 시설이 구비된 세관지정장치장 또는 특송업체의 자체시설
- ㉥ 검사대상화물 : 「관리대상화물 관리에 관한 고시」제6조 제4항에 따라 세관장이 지정하는 장소

② 하선장소가 부두밖 보세구역인 경우에는 등록된 보세운송차량으로 운송해야 한다. 다만, 냉장 또는 냉동화물 등 특수한 경우에는 「보세운송에 관한 고시」 제37조 제2항부터 제6항까지의 규정을 준용한다.

③ 하선신고를 한 자가 하선장소 반입 전에 하선장소를 변경하려는 때에는 변경내역과 변경사유를 기재한 하선장소 변경신청서를 세관장에게 제출하여 승인을 받아야 한다.

2) 하기장소

항공사가 물품을 하기할 수 있는 장소는 항공기가 입항한 공항 항역내 보세구역으로 한정한다.

(3) 하선(기)장소의 결정

1) 하선장소의 결정

선사가 하선장소를 결정하는 때에는 다음의 순서에 따른다.

① 세관장이 밀수방지 등을 위하여 검사대상화물로 선별한 화물은 세관장이 지정한 장소
② 입항 전에 수입신고 또는 하선 전에 보세운송신고가 된 물품으로서 검사가 필요하다고 인정하는 물품은 부두 내의 세관장이 지정하는 장소
③ 그 밖의 화물은 상기 (2)의 1)에서 지정된 하선장소 중 선사가 지정하는 장소

2) 하기장소의 결정

항공사가 하기장소를 결정하는 때에는 다음 순서에 따른다.
① 세관장이 밀수방지 등을 위하여 검사대상화물로 선별한 화물은 세관장이 지정한 장소
② 다음의 어느 하나에 해당하는 물품은 즉시 반출을 위하여 하역장소로 한다. 다만, 세관장이 계류장 인도대상 물품으로 지정한 물품과 화물의 권리자가 즉시 반출을 요구하는 물품은 하역장소에 반입하지 않고 계류장 내에서 직접 반출할 수 있다.
　㉠ 입항 전 또는 하기장소 반입 전에 수입신고가 수리된 물품
　㉡ 하기장소 반입 전에 보세운송 신고가 수리되었거나 타 세관 관할 보세구역으로 보세운송할 물품으로 화물분류가 결정된 물품
　㉢ 검역대상물품(검역소에서 인수하는 경우)
　㉣ B/L제시인도물품(수입신고 생략물품)
③ 그 밖의 물품은 공항 항역내의 하기장소 중 항공사가 화주 또는 그 위임을 받은 자와 협의하여 정하는 장소. 다만, 화주 또는 그 위임을 받은 자가 장치장소에 대한 별도의 의사표시가 없는 경우에는 항공사가 지정한 장소

(4) 하선(기)작업 계획 수립 등

선사(항공사)가 하선(기)작업을 할 때에는 다음의 어느 하나에 해당하는 물품별로 하선(기)작업 계획을 수립하여 하역장소 내에 구분하여 일시장치해야 한다.
① 하선장소 내에서 통관할 물품 또는 공항 항역내 하기장소별로 통관할 물품
② 하선장소 내 컨테이너 화물조작장(CFS) 반입대상물품
③ 타 지역으로 보세운송할 물품
④ 세관장이 지정한 장치장에 반입할 검사대상화물
⑤ 냉동·냉장물품(해상) 또는 보냉·보온물품(항공)
⑥ 위험물품
⑦ 그 밖에 세관장이 별도로 화물을 분류하도록 지시한 물품

(5) 일시양륙의 신고

① 선사가 수입 또는 환적 목적이 아닌 외국물품을 하역작업상의 필요 등에 의하여 일시양륙하려는 경우에는 하선 전에 세관장에게 일시양륙신고를 해야 한다. 이 경우 입항적재화물목록 제출, 하선신고, 보세화물 반입신고는 일시양륙신고서에 필요 항목을 기재하는 것으로 갈음한다.

② 일시양륙한 외국물품은 동일 선박이 접안한 부두에서 떠나기 전에 일시하역물품 재적재 신고서를 제출하고 적재해야 한다. 이 경우 출항적재화물목록 제출, 보세화물 반출신고는 일시하역물품 재적재 신고서에 필요 항목을 기재하는 것으로 갈음한다.

③ 외국물품의 일시양륙 장소는 부두 내로 한정한다. 다만, 액체화물을 본선과 보세구역의 저장탱크 사이에 연결된 배관을 통해 일시양륙하는 경우에는 배관과 저장탱크를 양륙장소로 할 수 있다.

④ 선사는 일시양륙하려는 외국물품이 다음의 요건을 모두 충족하는 경우에는 상기의 절차를 생략할 수 있다.
  ㉠ 컨테이너화물 또는 전용운반선으로 운송하는 자동차 화물일 것
  ㉡ 선박안전 및 적재공간 확보 등으로 일시양륙이 불가피할 것
  ㉢ 선사 및 하역업체가 컨테이너 번호 또는 차대번호, 장치위치, 반출입내역 등을 실시간으로 기록하고 관리할 것
  ㉣ 출항허가 전까지 본선에 다시 적재할 것

(6) 하선신고의 수리

① 세관장은 하선신고서가 접수된 때에는 하선신고내용이 적재화물목록과 일치하는지 여부와 하선장소의 적정성 여부 등을 심사한 후 하선신고 수리사실을 등록하고 신고인, 관련 하역업자 및 보세구역 등에 통보해야 한다. 다만, 세관장은 신속한 화물처리를 위해 시스템에서 자동으로 하선신고를 수리할 수 있다.

② 세관장은 하선신고서를 심사한 결과 하선장소가 부적정하다고 인정하는 물품과 검사대상화물로 선별한 물품의 하선장소를 직권으로 정정할 수 있다. 이 경우 세관장은 즉시 신고인, 검수회사 및 세관장이 지정한 하선장소의 운영인에게 세관봉인대 봉인대상물품임을 통보하고, 동 내용을 하선신고 물품 세관봉인대 관리대장에 기록한 후, 세관봉인대 봉인 실시 및 하선장소 반입 시 이상 여부 등을 사후관리해야 한다.

③ 세관장으로부터 세관봉인대 봉인대상물품임을 통보받은 검수회사는 해당 물품의 하역단계에서 세관봉인대를 사용하여 봉인하고 그 사용내역을 하선물품 세관봉인대사

용목록에 기록관리한 후, 다음 날까지 세관장에게 봉인 명세를 제출해야 한다. 다만, 세관봉인 물품의 추적감시를 위해 봉인 전에 화물관리번호 및 컨테이너번호별로 세관봉인대 번호를 세관장에게 전자문서로 보고하는 경우에는 세관봉인대 사용목록의 기록관리 및 봉인명세 제출을 생략한다.

(7) 하선(하기)결과의 보고

① 하선신고를 한 자 또는 항공사(특송화물의 경우에는 특송업체인 화물운송주선업자)는 하선(기)결과 물품이 적재화물목록과 상이할 때에는 하선작업 완료 후(항공기 입항) 다음 날까지 하선(기)결과보고서를 세관장에게 제출해야 한다. 이 경우 선사와의 계약에 따라 검수(검정)업자가 물품검수(검정)를 한 경우에는 검수(검정)업자가 하선결과보고서를 세관장에게 제출해야 하고, 항공화물의 경우 추가 제출 화물에 대하여는 하기결과보고를 생략할 수 있다

② 세관장이 하선(하기)결과보고서를 접수한 때에는 필요한 경우 화물관리 세관공무원에게 상이내역 및 그 사유를 조사한 후 적재화물목록 정정 등 필요한 조치를 취하게 할 수 있다.

③ 하선결과보고를 한 자 또는 항공사는 적재화물목록 작성책임자에게 동 내용을 즉시 통보하여 적재화물목록 정정에 필요한 조치를 취해야 한다.

④ 선사 또는 검수(검정)업자는 하선결과보고를 함에 있어 세관에 제출된 적재화물목록을 사용하여 그 이상 유무를 확인해야 하며, 검수업자의 검수대상범위, 검수방법 및 검수업자의 감독 등에 관하여는 세관장이 정하는 바에 따른다.

(8) 하선(기)장소의 물품반입 기출 2024

1) 하선장소의 물품반입

① 하선신고를 한 자는 입항일(외항에서 입항수속을 한 경우 접안일)로부터 다음의 어느 하나에 해당하는 기간 내에 해당 물품을 하선장소에 반입해야 한다. 다만, 부득이한 사유로 지정기한(검색기검사를 마치고 하선장소에 반입하는 경우에는 지정기한 경과일수를 산출할 때 세관근무일자가 아닌 일수를 제외한다) 이내에 반입이 곤란할 때에는 반입지연사유, 반입예정일자 등을 기재한 하선장소 반입기간 연장승인(신청)서를 세관장에게 제출하여 승인을 받아야 한다.
　㉠ 컨테이너화물 : 5일
　㉡ 원목, 곡물, 원유 등 벌크화물 : 10일

② 하선장소를 관리하는 보세구역 운영인은 해당 보세구역을 하선장소로 지정한 물품

에 대해 해당 물품의 반입 즉시 House B/L 단위로 세관장에게 물품반입신고를 해야 하며, 창고 내에 물품이 입고되는 과정에서 실물이 적재화물목록상의 내역과 상이함을 발견하였을 때에는 반입물품 이상보고를 하거나, 반입사고화물로 분류하여 신고해야 한다. 다만, 다음의 어느 하나에 해당하는 물품은 Master B/L 단위로 반입신고를 할 수 있다.

    ㉠ Master B/L 단위의 FCL화물
    ㉡ LCL화물로서 해당 하선장소 내의 CFS 내에서 컨테이너 적출 및 반입작업 하지 아니하는 물품

③ 상기 ②의 ㉡에 따른 LCL화물이 Master B/L 단위로 반입신고된 후 사정변경 등의 사유로 해당 하선장소의 CFS 내에 컨테이너 적출 및 반입작업을 하려는 때에는 당해 컨테이너의 내장화물 적출사실을 세관장에게 신고하고 House B/L 단위로 물품반입신고를 해야 한다.

④ 입항전 수입신고 수리 또는 하선전 보세운송신고 수리가 된 물품을 하선과 동시에 차상반출하는 경우에는 반출입신고를 생략할 수 있다.

⑤ 하선장소 보세구역운영인(화물관리인)은 하선기한 내 공컨테이너가 반입되지 않은 경우 세관장에게 즉시 보고해야 한다.

⑥ 화물관리 세관공무원은 하선장소 보세구역운영인으로부터 반입신고가 있을 때에는 하선신고물품의 전량 반입완료 및 반입사고 여부를 확인하고 상기 ①에 따른 기한까지 반입되지 아니한 물품이 있거나 반입사고가 있는 물품에 대하여는 그 사유를 조사한 후 그 결과에 따라 처리한다.

2) 하기장소의 물품반입

① 하역장소 보세구역 운영인은 화물분류 완료 후 해당 물품을 지정된 하기장소 보세구역 운영인에게 지체 없이 인계해야 하며, 해당 물품을 인수받은 운영인은 입항 다음 날까지 지정된 하기장소에 반입해야 한다. 다만, 위험물품의 경우에는 지체 없이 하기장소에 반입해야 한다.

② 물품을 인수받은 보세구역 운영인은 해당 보세구역을 하기장소로 지정한 물품에 대해 해당 물품의 반입 즉시 House AWB 단위로 세관장에게 물품반입신고를 해야 하며, 창고 내에 물품을 입고하는 과정에서 실물이 적재화물목록상의 내역과 상이함을 발견하였을 때에는 반입물품 이상보고를 하거나, 반입사고화물로 분류하여 신고해야 한다. 다만, House AWB이 없는 화물은 Master AWB 단위로 반입신고를 할 수 있다.

③ 화물관리 세관공무원은 하기장소 보세구역 운영인으로부터 반입신고가 있을 때에는 적재화물목록상 물품의 전량반입완료 및 반입사고여부를 확인하고 ①에 따른 기한까지 반입되지 아니한 물품이 있거나 반입사고가 있는 물품에 대하여는 그 사유를 조사한 후 그 결과에 따라 처리한다.

(9) 특송반입(하기결과) 이상물품에 대한 적용특례 기출 2024

1) 특송반입 이상물품

① 하선장소 운영인은 특송물품으로서 반입물품 이상보고서가 제출된 이상화물 중 다음의 어느 하나에 해당하는 물품은 이상사유가 확인될 때까지 하선장소 내의 일정한 구역에 별도 관리한다.
  ㉠ 적재화물목록에 등재되지 아니한 물품
  ㉡ 적재화물목록보다 과다하게 반입된 물품
  ㉢ 적재화물목록보다 적게 반입된 물품

② 적재화물목록 작성책임자는 별도 관리 중인 물품에 대해 반입물품 이상보고일로부터 15일 이내에 이상사유를 규명하여 적재화물목록 정정 등의 절차를 거쳐 하선장소에 반입해야 한다.

③ 적재화물목록 작성책임자는 별도 관리하는 물품이 전량 미선적되거나 동일 적재화물목록의 물품이 분할선적된 경우로서 최초 적재화물목록을 제출한 선박의 입항일로부터 15일 이내에 미선적되었던 물품이 도착된 경우(후착화물이 적재화물목록에 등재되지 아니하고 도착된 경우로 한정한다)에는 상기 ②에도 불구하고 후착화물과 병합하여 별도관리 물품 해제 신청서를 세관장에게 제출하여 승인을 받은 후 하선장소에 반입해야 한다. 다만, 세관장이 물품관리에 이상이 없다고 판단하는 경우에는 적재화물목록 정정신청 승인 또는 반입신고 접수 시 시스템에서 자동으로 별도관리 물품 해제를 처리할 수 있다.

④ 하선장소 운영인은 상기 ①의 물품에 대하여는 적재화물목록 정정 또는 별도관리 해제절차가 완료된 경우에 한하여 반입신고를 한 후 일반화물과 같이 보관 관리해야 한다.

⑤ 세관장은 별도관리 대상물품에 대해 반입물품 이상보고일로부터 15일이 경과할 때까지 적재화물목록을 정정신청하지 않거나, 입항일로부터 15일 이내 후착화물과 병합반입하지 않는 경우에는 법 위반 여부를 조사 처분한 후 직권으로 적재화물목록을 정정할 수 있다.

2) 하기결과 이상물품

① 운항항공사(특송물품은 하기장소 운영인)는 하기결과보고서가 제출된 이상화물 중 다음의 어느 하나에 해당하는 물품은 이상사유가 확인될 때까지 하역장소(특송물품은 하기장소) 내의 일정한 구역에 별도 관리한다.
  ㉠ 적재화물목록에 등재되지 아니한 물품
  ㉡ 적재화물목록보다 과다하게 반입된 물품
  ㉢ 적재화물목록보다 적게 반입된 물품

② 적재화물목록 작성책임자는 별도 관리 중인 물품에 대해 하기결과보고일로부터 15일 이내에 이상사유를 규명하여 적재화물목록 정정 등의 절차를 거쳐 하기장소에 반입해야 한다.

③ 적재화물목록 작성책임자는 항공기 운항 사정상 동일 AWB의 물품이 전량 미기적 또는 분할기적된 경우로서 최초 적재화물목록을 제출한 항공기의 입항일로부터 15일 이내에 미기적 되었던 물품이 도착된 경우(후착화물이 적재화물목록에 등재되지 아니하고 도착된 경우로 한정한다)에는 상기 ②에도 불구하고 후착화물과 병합하여 별도관리 물품 해제 신청서를 세관장에게 제출하여 승인을 받은 후 하기장소에 반입해야 한다. 다만, 세관장이 물품관리에 이상이 없다고 판단하는 경우에는 적재화물목록 정정신청 승인 또는 반입신고 접수 시 시스템에서 자동으로 별도관리 물품 해제를 처리할 수 있다.

④ 하기장소 보세구역 운영인은 상기 ①의 물품에 대하여는 적재화물목록정정 또는 별도관리 해제절차가 완료된 경우에 한하여 반입신고를 한 후 일반화물과 같이 보관 관리해야 한다.

⑤ 세관장은 별도관리 대상물품에 대해 하기결과 보고일로부터 15일이 경과할 때까지 적재화물목록을 정정신청하지 않거나, 입항일로부터 15일 이내 후착화물과 병합반입하지 않는 경우에는 법 위반여부를 조사 처분한 후 직권으로 적재화물목록을 정정할 수 있다.

(10) 잘못 반입된 화물의 처리

① 선사 또는 화물운송주선업자는 입항화물 중 다음의 어느 하나에 해당하는 화물의 경우 잘못 반입된 화물로 처리한다. 다만, 해당 물품의 상거래상의 관행과 수출입 관련 공고 등을 종합적으로 검토하여 범칙혐의가 있는 경우는 제외한다.
  ㉠ 수하인 또는 통지처가 제3국의 수입자인 화물을 적재화물목록 작성책임자의 사

무착오로 국내 수입화물로 잘못 기재하여 하선한 화물(적재화물목록 작성책임자의 사무착오로 수하인 또는 통지처를 국내 수입자로 잘못 기재한 화물을 포함한다)
ⓒ 적재화물목록에 기재하지 아니하고 하선한 화물 중 화물운송장에 수하인 또는 통지처가 제3국의 수입자인 화물을 하역업자의 사무착오로 잘못 하선한 화물
ⓒ 적재화물목록에 기재된 수입화물의 수하인이 불분명하고 송하인의 반송요청이 있는 화물
② 세관장은 잘못 반입된 화물에 대하여 필요하다고 인정하는 때에는 화물관리 세관공무원에게 현품확인을 하게 할 수 있다.

(11) 하역제한

① **의의** : 세관장은 하역신고된 물품이 폐기물·화학물질 등 관세청장이 관계 중앙행정기관의 장과 협의하여 고시하는 물품으로서 하역 장소 및 통로, 기간을 제한하는 방법으로는 사회안전 또는 국민보건 피해를 방지하기 어렵다고 인정되는 경우에는 하역을 제한하고, 적절한 조치 또는 반송을 명할 수 있다.

② **하역제한 물품** : 관세청장이 관계 중앙행정기관의 장과 협의하여 고시하는 물품은 다음과 같다.
  ㉠ 「폐기물의 국가 간 이동 및 그 처리에 관한 법률」제19조에 따라 수출 또는 수입이 금지되는 폐기물
  ㉡ 관계 중앙행정기관의 장이 국민건강 보호와 환경보전을 위하여 긴급한 조치가 필요하여 하역제한을 요청하는 품목

Ⅱ 출항화물 관리

1 보세구역 반입

(1) 수출물품의 반입

보세구역 운영인은 수출하려는 물품이 반입된 경우에는 그 내역을 확인할 수 있는 서류(수출신고필증, 송품장, B/L 등)를 받아 화물반출입대장(전산설비를 이용한 기록관리를 포함한다)에 그 내역을 기록관리해야 한다. 다만, 전산으로 수출신고 수리내역을 확인한 경우에는 수출신고필증을 받지 아니할 수 있다.

(2) 수출물품의 반입신고

수출신고 수리물품 또는 수출신고 수리를 받으려는 물품의 반입신고는 화물반출입대장(전산설비를 이용한 기록관리를 포함한다)에 기록 관리하는 것으로 갈음한다. 다만, 보세구역에 반입 후 수출신고 하게 할 수 있는 물품은 세관장에게 반입신고를 해야 한다.

(3) 반송물품의 반입신고

반송물품을 보세구역에 반입하려는 보세구역 운영인은 세관장에게 반입신고를 해야 한다. 이 경우 반입신고는 보세운송 도착보고를 갈음할 수 있다.

2 보수작업

(1) 보수작업의 승인

적재지 보세구역(보세구역 외 장치의 허가를 받은 장소 포함)에 반입한 수출물품을 재포장, 분할, 병합, 교체 등 보수작업하려는 자는 관할세관장에게 수출물품 보수작업승인신청서를 제출하여 승인을 받아야 한다.

(2) 수출신고 변동 내역 통보

보수작업 결과 포장개수의 변동 등 당초의 수출신고 수리사항이 변경되는 경우에는 해당 보수작업 승인을 한 세관장이 그 내역을 수출신고 수리 세관장에게 통보해야 한다.

(3) 규정 준용

보수작업에 관하여는 「보세화물관리에 관한 고시」 제20조부터 제23조(보수작업 대상, 보수작업의 승인신청, 보수작업의 한계, 보수작업의 감독)를 준용한다.

3 멸실·폐기 등의 처리

(1) 폐기승인

적재지 보세구역에 반입된 수출물품을 부패·손상 등의 사유로 폐기하려는 자는 세관장에게 폐기승인신청서를 제출하여 승인을 받아야 한다.

(2) 멸실신고

보세구역 운영인은 보세구역에 반입된 화물이 천재지변, 화재 등으로 멸실된 경우에는 즉시 세관장에게 그 사실을 보고해야 한다.

(3) 멸실신고 등의 사실 통보

수출물품에 대하여 멸실신고를 받거나 폐기승인을 한 세관장은 그 내역을 수출신고수리 세관장에게 통보해야 한다.

(4) 규정 준용

멸실 또는 폐기에 관하여는 「보세화물관리에 관한 고시」 제25조부터 제29조(폐기기준, 폐기신청 및 승인, 멸실신고, 폐기처리)를 준용한다.

4 보세구역반출

(1) 적재지 보세구역반출의 사유

적재지 보세구역에 반입된 수출물품은 다음의 어느 하나에 해당하는 경우에 한정하여 적재지 보세구역으로부터 반출할 수 있다.
① 적재예정 선박 또는 항공기에 적재하고자 하는 경우
② 적재예정 선박 또는 항공기가 변경되거나 해상 또는 항공수송의 상호연계를 위하여 다른 적재지 세관의 보세구역으로 수출물품을 운송(보세운송 포함)하려는 경우

③ 동일 적재지 세관 내에서 혼재작업을 위해 다른 보세구역으로 수출물품을 운송하려는 경우
④ 보수작업과 폐기처리 등을 해당 적재지 보세구역 내에서 수행하기가 곤란하여 다른 장소로 수출물품을 운송하고자 하는 경우
⑤ 그 밖에 세관장이 적재지 보세구역에서 반출하는 사유가 타당하다고 인정하는 경우

(2) 반출사유의 확인

수출물품이 보세구역에서 반출되는 경우 보세구역 운영인은 반출사유가 타당한지 여부를 확인해야 하며, 그 내역을 화물반출입대장(전산설비를 이용한 기록관리 포함)에 기록 관리해야 한다.

(3) 수출물품의 반출신고

수출신고 수리물품 또는 수출신고 수리를 받으려는 물품의 반출신고는 화물반출입대장(전산설비를 이용한 기록관리 포함)에 기록 관리하는 것으로 갈음한다. 다만, 보세구역에 반입 후 수출신고를 하게 할 수 있는 물품은 세관장에게 반출신고를 해야 한다.

(4) 반송물품의 반출신고

반송물품을 보세구역에서 반출하려는 보세구역 운영인은 세관장에게 반출신고를 해야 하며, 적재를 위하여 반출하는 경우에는 반출자가 적재권한이 있는 자인지 확인 후 반출해야 한다.

5 출항화물의 적재신고

출항(반송물품 포함)하려는 물품을 선박이나 항공기에 적재하려는 자(적재화물목록 제출의무자)는 물품을 적재하기 전 적재신고를 해야 하며, 적재신고는 출항적재화물목록 제출로 갈음한다.

6 컨테이너 적출입 작업 등

CY에서의 입출항화물에 대한 컨테이너 적출입 작업은 CFS에서 해야 한다. 다만, 다음의 어느 하나에 해당하는 경우에는 그러하지 아니하다.
① 냉동화물 등 특수화물을 하선과 동시에 선측에서 컨테이너에 적입하는 작업
② 컨테이너에 내장된 냉동화물 등 특수화물을 선측에서 적출하여 동시에 적재하는 것이 불가피한 경우
③ 위험물 등 특수화물로서 특수시설을 갖춘 장소의 적출입작업이 불가피한 경우
④ 경유지 보세구역(의왕ICD 및 김포공항화물터미널에 한함)에서 환적화물 컨테이너 적출입작업(ULD 작업 포함)을 하는 경우
⑤ 그 밖에 CFS에서 작업이 곤란하다고 세관장이 인정하는 경우

7 출항화물의 적재

(1) 출항물품의 적재 제한

출항하려는 물품은 적재신고가 수리되기 전에 선박 또는 항공기에 적재할 수 없다. 다만, 내국물품 적재허가를 받아 직접 본선에 적재 후 수출신고하려는 물품은 그러하지 아니하다.

(2) 적재결과의 보고

선사 또는 항공사는 적재결과 물품이 적재화물목록과 상이할 때에는 적재완료 다음 날까지 적재결과보고서를 작성하여 세관장에게 제출해야 한다. 이 경우 선사와의 계약에 따라 검수(검정)업자가 물품검수(검정)를 한 경우에는 검수(검정)업자가 적재결과보고서를 세관장에게 제출해야 하며, 검수업자의 검수대상 범위, 검수방법 등에 대하여는 세관장이 정하는 바에 따른다.

(3) 보세화물의 일시적재

선사가 출항 목적이 아닌 하역 작업상의 필요 등에 의하여 보세화물을 일시적재하려는 경우에는 적재 전에 세관장에게 일시적재 신고를 해야 한다. 이 경우 보세화물 반출신고는 일시적재신고서에 필요항목을 기재하는 것으로 갈음한다.

(4) 일시하역물품의 재하선신고

일시적재한 화물은 동일 선박이 접안한 부두에서 떠나기 전 일시하역물품 재하선 신고서를 제출하고 하선해야 한다. 이 경우 보세화물 반입신고는 일시하역물품 재하선 신고서에 필요 항목을 기재하는 것으로 갈음한다.

8 출항화물의 적재화물목록 제출 기출 2024

(1) 적재화물목록 제출 세관 및 제출 시기

적재화물목록 제출의무자는 물품이 적재지 공항만내(ODCY 포함)에 장치된 후 출항지 세관장에게 적재화물목록을 제출해야 하며, 제출 시기는 다음의 어느 하나와 같다.

① 해상화물은 해당 물품을 선박에 적재하기 24시간 전까지 제출해야 하며, 근거리 지역의 경우에는 해당 물품을 선박에 적재하기 전까지 제출하되, 선박이 출항하기 30분 전까지 최종 마감하여 제출해야 한다. 다만, 적재하려는 물품이 다음의 어느 하나에 해당하는 경우에는 출항하기 전까지, 「수출통관 사무처리에 관한 고시」 제32조에 해당하는 물품(선상수출신고물품)의 경우에는 출항 다음 날 자정까지 제출할 수 있다.
  ㉠ 벌크화물
  ㉡ 환적화물, 공컨테이너
  ㉢ 그 밖에 적재 24시간 전까지 제출하기 곤란하다고 세관장이 인정하는 물품
② 항공화물은 해당 물품을 항공기에 적재하기 전까지 제출해야 하며, 항공기가 출항하기 30분 전까지 최종 마감하여 제출해야 한다.
③ 상기 ① 및 ②에도 불구하고 선박 또는 항공기의 안전운행, 적재계획 변경 등으로 물품을 예정대로 적재하지 못하거나 항만의 컨테이너터미널(부두를 포함한다) 또는 공항의 화물터미널에서 B/L상의 중·수량을 확정하는 경우에는 선박 또는 항공기가 출항한 다음 날 18시까지 한 차례만 물품목록의 일부를 삭제하거나 물품목록의 해당 항목을 정정할 수 있다.

(2) 공동배선 및 화물운송주선업자의 적재화물목록 제출

1) 공동배선의 적재화물목록 제출

공동배선의 경우에 운항 선사 또는 항공사는 용선 선사 또는 공동운항 항공사가 작성하여 제공한 적재화물목록 자료를 취합하여 세관장에게 제출해야 한다.

2) 화물운송주선업자의 적재화물목록 제출

화물운송주선업자가 집하·운송의뢰하는 화물의 경우 선사 또는 항공사는 화물운송주선업자가 작성하여 제공한 하우스 적재화물목록을 최종적으로 취합하여 세관장에게 제출해야 한다.

(3) 적재화물목록에 대한 수리 등

1) 적재화물목록에 대한 수리

세관장은 적재화물목록을 제출한 물품에 대하여 전산시스템으로 수출검사대상 여부를 확인 후 자동으로 수리하되, 수출신고사항과의 이상 유무 등 세관공무원의 확인이 필요하다고 판단되는 물품은 선별하여 확인할 수 있다.

2) 적재화물목록 제출의무자의 의무

적재화물목록 제출의무자는 적재화물목록을 제출한 물품 중 수출검사대상으로 선별된 물품이 있는지 확인하고, 선별된 물품이 있는 경우 세관공무원의 검사를 받은 후 적재해야 한다.

9 적재화물목록의 정정신청 기출 2024

(1) 적재화물목록의 정정신청

1) 의의

적재화물목록 작성책임자가 그 기재내용의 일부를 정정하려는 때에는 적재화물목록 정정신청서를 출항지 세관장에게 제출하여 승인을 받아야 한다. 이 경우 세관장은 그 정정사유를 증명할 수 있는 자료를 요구할 수 있다.

2) 적재화물목록 정정신청의 시기

적재화물목록 정정신청은 해당 출항물품을 적재한 선박, 항공기가 출항한 날로부터 다음에서 정하는 기간 내에 해야 한다.
① 해상화물 : 90일
② 항공화물 : 60일

3) 적재화물목록 정정신청의 생략

적재화물목록상의 물품과 실제 출항물품의 내역을 비교하여 다음의 어느 하나가 상이한 때에는 적재화물목록 정정신청을 생략하고 관련 근거서류에 따라 화물관리 세관공무원은 직권으로 정정할 수 있다. 그럼에도 불구하고 적재화물목록을 정정하려는 때에는 상기 1)을 준용한다.
① 용적
② 포장화물의 경우 중량(벌크화물 제외)

(2) 적재화물목록 정정승인

적재화물목록 정정신청서를 접수한 화물관리 세관공무원은 심사결과 정정하려는 내역이 관련 증명서류에 근거하여 출항한 물품의 내역과 일치하고 그 정정사유가 타당하다고 인정되는 때에는 적재화물목록 정정신청 사항을 승인해야 한다. 다만, 신속한 업무처리를 위해 시스템에서 자동심사하여 승인할 수 있다.

4과목

수출입안전관리

제1장 관세국경 감시체계
제2장 AEO
제3장 밀수 등 신고자 포상

제1장 관세국경 감시체계

이 장에서는 사용의 편의를 위해 관세법을 법으로, 관세법 시행령을 영으로, 관세법 시행규칙을 규칙으로, 「국제무역선의 입출항 전환 및 승선절차에 관한 고시」를 고시로 약칭하여 사용한다.

I 관세국경 감시업무의 개요

1 개념

관세국경 감시업무란 관세행정의 목적을 달성하기 위해 수출입화물, 운송수단, 공항만 출입자 및 해외여행자들이 지정된 관세통로를 통해 적법한 절차와 경로로 공항만의 관세선을 통과·이동하는지 관리·감시하고 각종 위해물품의 불법 반출입을 차단하기 위한 관세행정 행위를 말한다.

2 감시업무 대상, 방법 및 분야

(1) 항만감시 분야

우리나라 항만감시 체제는 이전의 부두별 24시간 세관공무원 상시근무체제에서 기동감시체제(기동순찰제제 : 주 감시소에만 상시 근무)로 바뀌었고, 2003년부터 전국 주요 항만에 CCTV를 설치해 전 부두를 24시간 감시할 수 있는 감시종합상황실을 운영하는 동시에 2010년부터는 감시종합상황실을 중심으로 하는 영상 기동감시체계를 구축·운영하고 있다.

(2) 공항감시 분야

공항감시와 관련해서는 해외여행자 화물 및 기탁화물은 X-ray 투시기를 통해 전량 간접방식으로 검사하고, 우범여행자 등에 의한 사회안전저해물품(총기·마약 등) 반입 예방 및 상용물품 불법반입 방지를 위해 여행자 입국 전 우범 여부를 선별할 수 있는 여행자정보 사전확인제도를 도입·운영하고 있다.

II 국제항

1 국제항의 지정 등 [기출 2021/2024]

(1) 국제항의 지정 [기출 2021/2024]

국제항은 **대통령령으로 정하며**, 다음의 표와 같다.

구분	국제항명
항구 (25개)	인천항, 부산항, 마산항, 여수항, 목포항, 군산항, 제주항, 동해·묵호항, 울산항, 통영항, 삼천포항, 장승포항, 포항항, 장항항, 옥포항, 광양항, 평택·당진항, 대산항, 삼척항, 진해항, 완도항, 속초항, 고현항, 경인항, 보령항
공항 (8개)	인천공항, 김포공항, 김해공항, 제주공항, 청주공항, 대구공항, 무안공항, 양양공항

(2) 국제항의 항계

국제항의 항계는 항만법 시행령 별표 1에 따른 항만의 수상구역 또는 공항시설법에 따른 범위로 한다.

(3) 국제항의 지정요건 [기출 2021/2024]

국제항의 시설기준 등에 관하여 필요한 사항은 대통령령으로 정하며, 국제항의 지정요건은 다음과 같다.

1) 선박의 입항 및 출항 등에 관한 법률 또는 공항시설법에 따라 국제무역선(기)이 항상 입출항할 수 있을 것

2) 국내선과 구분되는 국제선 전용통로 및 그 밖에 출입국업무를 처리하는 행정기관의 업무수행에 필요한 인력·시설·장비를 확보할 수 있을 것

3) 공항 및 항구의 여객수 또는 화물량 등에 관한 다음의 구분에 따른 기준을 갖출 것
　① 공항의 경우 : 다음의 어느 하나의 요건을 갖출 것
　　㉠ 정기여객기가 주 6회 이상 입항하거나 입항할 것으로 예상될 것
　　㉡ 여객기로 입국하는 여객수가 연간 4만명 이상일 것
　② 항구의 경우 : 국제무역선인 5천톤급 이상의 선박이 연간 50회 이상 입항하거나 입항할 것으로 예상될 것

(4) 업무 지장시설 보고 등 `기출 2021`

① 국제항의 운영자는 국제항이 시설기준 등에 미치지 못하게 된 경우 그 시설 등을 신속하게 개선하여야 하며, 기획재정부장관은 대통령령으로 정하는 바에 따라 그 시설 등의 개선을 명할 수 있다.
② 관세청장 또는 관계 행정기관의 장은 국제항이 지정요건을 갖추지 못하여 업무수행 등에 상당한 지장을 준다고 판단하는 경우에는 기획재정부장관에게 그 사실을 보고해야 한다. 이 경우 기획재정부장관은 관세청장 또는 국제항시설의 관리기관의 장과 국제항에 대한 현장점검을 할 수 있다.

(5) 개선명령 등

기획재정부장관은 보고 또는 현장점검 결과를 검토한 결과 시설 등의 개선이 필요한 경우에는 해당 국제항의 운영자에게 개선대책 수립, 시설개선 등을 명할 수 있으며, 그 이행결과를 보고하게 할 수 있다.

2 국제항 등에의 출입 `기출 2021/2024`

(1) 국제항 출입(원칙) `기출 2021`

국제무역선이나 국제무역기는 국제항에 한정하여 운항할 수 있다.

(2) 국제항이 아닌 지역에 대한 출입허가 `기출 2021/2024`

1) 의의

국제항이 아닌 지역에 대한 출입의 허가를 받은 경우에는 국제항이 아닌 지역에도 운항할 수 있다.

2) 출입허가신청

국제항이 아닌 지역에 대한 출입의 허가를 받으려는 자는 다음의 사항을 기재한 신청서를 해당 지역을 관할하는 세관장에게 제출해야 한다. 다만, 국제무역선 또는 국제무역기 항행의 편의 도모나 그 밖의 특별한 사정이 있는 경우에는 다른 세관장에게 제출할 수 있다.

① 선박 또는 항공기의 종류·명칭·등록기호·국적과 총톤수 및 순톤수 또는 자체무게
② 지명
③ 당해 지역에 머무는 기간
④ 당해 지역에서 하역하고자 하는 물품의 내외국물품별 구분, 포장의 종류·기호·번호 및 개수와 품명·수량 및 가격
⑤ 당해 지역에 출입하고자 하는 사유

3) 허가 수수료 납부

① **의의** : 국제무역선의 선장이나 국제무역기의 기장은 국제항이 아닌 지역에 대한 출입허가를 받으려면 기획재정부령으로 정하는 바에 따라 허가 수수료를 납부하여야 한다.
② **허가 수수료** : 허가 수수료는 다음 표에 따라 계산하되, 산정된 금액이 1만원에 미달하는 경우에는 1만원으로 한다. 이 경우 **수수료의 총액은 50만원을 초과하지 못한다.**

구분	출입 횟수 기준	적용 무게 기준	수수료
국제무역선	1회	해당 선박의 순톤수 1톤	100원
국제무역기	1회	해당 항공기의 자체무게 1톤	1,200원

③ **허가 수수료 면제** : 세관장은 다음의 어느 하나에 해당하는 사유가 있는 때에는 허가 수수료를 징수하지 아니한다.
  ㉠ 법령의 규정에 의하여 강제로 입항하는 경우
  ㉡ 급병환자, 항해 중 발견한 밀항자, 항해 중 구조한 조난자·조난선박·조난화물 등의 하역 또는 인도를 위하여 일시입항 하는 경우
  ㉢ 위험물품·오염물품 기타 이에 준하는 물품의 취급, 유조선의 청소 또는 가스발생 선박의 가스제거작업을 위하여 법령 또는 권한 있는 행정관청이 정하는 일정한 장소에 입항하는 경우
  ㉣ 개항의 협소 등 입항여건을 고려하여 관세청장이 정하는 일정한 장소에 입항하는 경우
④ **허가 수수료 반환** : 세관장은 당해 지역에 머무는 기간의 개시일까지 해당 출입허가를 취소한 경우에는 징수한 수수료를 반환한다.

4) 처리기간

세관장은 국제항이 아닌 지역에 대한 출입 허가의 신청을 받은 날부터 10일 이내에 허가 여부를 신청인에게 통지하여야 한다.

5) 허가의제

세관장이 상기 4)에서 정한 기간 내에 허가 여부 또는 민원 처리 관련 법령에 따른 처리기간의 연장을 신청인에게 통지하지 아니하면 그 기간(민원 처리 관련 법령에 따라 처리기간이 연장 또는 재연장된 경우에는 해당 처리기간을 말한다)이 끝난 날의 다음 날에 허가를 한 것으로 본다.

6) 허가 통보

출입허가를 한 세관장은 지체 없이 이를 당해 지역을 관할하는 세관장에게 통보하여야 한다.

Ⅲ 선박과 항공기

1 입항절차

(1) 입항보고

국제무역선이나 국제무역기가 국제항(국제항이 아닌 지역에 출입허가를 받은 지역을 포함한다)에 입항하였을 때에는 선장이나 기장은 대통령령으로 정하는 사항이 적힌 선박용품 또는 항공기용품의 목록, 여객명부, 승무원명부, 승무원 휴대품목록과 적재화물목록을 첨부하여 지체 없이 세관장에게 입항보고를 하여야 하며, 국제무역선은 선박국적증서와 최종 출발항의 출항허가증이나 이를 갈음할 서류를 제시하여야 한다. 다만, 세관장은 감시·단속에 지장이 없다고 인정될 때에는 선박용품 또는 항공기용품의 목록이나 승무원 휴대품목록의 첨부를 생략하게 할 수 있다.

(2) 여객명부 등의 제출

1) 선박회사 또는 항공사의 제출

세관장은 신속한 입항 및 통관절차의 이행과 효율적인 감시·단속을 위하여 필요할 때에는 관세청장이 정하는 바에 따라 입항하는 해당 선박 또는 항공기가 소속된 선박회사 또는 항공사(그 업무를 대행하는 자를 포함한다)로 하여금 여객명부·적재화물목록 등을 입항하기 전에 제출하게 할 수 있다.

2) 화물운송주선업자의 제출

① 의의 : 화물운송주선업자(탁송품 운송업자로 한정한다)로서 대통령령으로 정하는 요건을 갖춘 자가 작성한 적재화물목록은 관세청장이 정하는 바에 따라 해당 화물운송주선업자로 하여금 제출하게 할 수 있다.

② 적재화물목록을 제출할 수 있는 화물운송주선업자
  ㉠ 수출입 안전관리 우수업체로 공인된 업체
  ㉡ 안전관리기준 준수도 측정·평가의 결과가 우수한 자
  ㉢ 기획재정부령으로 정하는 화물운송 주선 실적이 있는 자

> 화물운송 주선 실적(선하증권 또는 항공화물운송장을 기준으로 한다)이 직전 연도 총 60만 건 이상인 자

(3) 입항보고서 제출시기

① **입항예정보고서 제출** : 선장 등은 선박이 입항하기 24시간 전까지 입항예정(최초)보고서를 세관장에게 제출해야 한다. 다만, 직전 출항국가 출항부터 입항까지 운항 소요시간이 24시간 이하인 경우에는 직전 출항국가에서 출항하는 즉시 입항예정(최초)보고서를 제출해야 한다.

② **최종입항보고서 제출** : 입항예정(최초)보고를 한 선장 등은 선박이 입항하여 부두에 접안하기 전까지 또는 해상에 정박하기 전까지 입항예정 보고한 내용을 근거로 하여 최종입항보고서를 제출해야 한다.

③ **여객명부 제출** : 선장 등은 입항 전에 제출하는 여객명부를 선박 입항 30분 전까지 세관장에게 제출해야 한다.

2 출항절차

(1) 출항허가

1) 의의

국제무역선이나 국제무역기가 국제항을 출항하려면 선장이나 기장은 출항하기 전에 세관장에게 출항허가를 받아야 한다.

2) 출항허가의 신청

① 선박 : 선박이 출항하고자 하는 때에는 다음의 사항을 기재한 신청서를 세관장에게 제출하여야 한다.
  ㉠ 선박의 종류·등록기호·명칭·국적·총톤수 및 순톤수
  ㉡ 여객·승무원·통과여객의 수
  ㉢ 적재물품의 개수 및 톤수
  ㉣ 선적지·목적지 및 출항일시

② 항공기 : 항공기가 출항하고자 하는 경우에는 다음의 사항을 기재한 신청서를 세관장에게 제출하여야 한다.
  ㉠ 항공기의 종류·등록기호·명칭 및 국적
  ㉡ 여객·승무원·통과여객의 수
  ㉢ 적재물품의 개수 및 톤수
  ㉣ 선적지·목적지 및 출항일시

(2) 적재화물목록의 제출

선장이나 기장은 출항허가를 받으려면 그 국제항에서 적재화물목록을 제출하여야 한다. 다만, 세관장이 출항절차를 신속하게 진행하기 위하여 필요하다고 인정하여 출항허가 후 7일의 범위에서 따로 기간을 정하는 경우에는 그 기간 내에 그 목록을 제출할 수 있다.

(3) 적재화물목록의 사전 제출

1) 선박회사 또는 항공사의 제출

세관장은 신속한 출항 및 통관절차의 이행과 효율적인 감시·단속을 위하여 필요한 경우에는 관세청장이 정하는 바에 따라 출항하는 해당 국제무역선 또는 국제무역기가 소속된 선박회사 또는 항공사로 하여금 적재화물목록을 출항허가신청 전에 제출하게 할 수 있다.

2) 화물운송주선업자의 제출

화물운송주선업자(탁송품 운송업자로 한정한다)로서 대통령령으로 정하는 요건을 갖춘 자가 작성한 적재화물목록은 관세청장이 정하는 바에 따라 해당 화물운송주선업자로 하여금 제출하게 할 수 있다.

(4) 허가신청의 처리기간

세관장은 출항허가의 신청을 받은 날부터 10일 이내에 허가 여부를 신청인에게 통지하여야 한다.

(5) 허가의제

세관장이 상기 (4)에서 정한 기간 내에 허가 여부 또는 민원 처리 관련 법령에 따른 처리기간의 연장을 신청인에게 통지하지 아니하면 그 기간(민원 처리 관련 법령에 따라 처리기간이 연장 또는 재연장된 경우에는 해당 처리기간을 말한다)이 끝난 날의 다음 날에 허가를 한 것으로 본다.

(6) 출항허가 신청서 제출시기

① 출항예정허가신청서 제출 : 선장 등은 선박이 출항하기 12시간 전까지 출항예정(최초)허가신청서를 제출해야 한다. 다만, 입항 후 12시간 이내에 출항하려는 선박은 출항하기 3시간 전까지 이를 제출해야 한다.
② 최종출항허가신청서 제출 : 출항예정(최초)허가신청한 선장 등은 선박이 출항을 위하여 부두에서 떠나기 전 또는 정박지에서 닻을 감아 올리기 전까지 출항예정(최초)허가 신청한 내용을 근거로 하여 최종출항허가신청서를 제출해야 한다.

3 입항보고 수리 및 출항허가

(1) 입항보고 수리 및 출항허가의 시기

세관장은 선박검색대상으로 지정하지 아니한 선박 중 입항선박에 대하여는 해당 선박이 부두에 접안하기 전까지 또는 해상에 정박하기 전까지 입항보고를 수리해야 하며, 출항선박에 대하여는 해당 선박이 부두에서 이안하기 전까지 또는 정박지에서 닻을 감아 올리기 전까지 출항허가 해야 한다.

(2) 전산심사에 따른 수리 또는 허가

세관장은 입항보고 및 출항허가신청에 대하여 우범성 등 기준을 적용하여 전산심사로 수리 또는 허가할 수 있다.

(3) 선박검색대상에 대한 수리 또는 허가

세관장은 선박검색대상으로 결정한 선박에 대하여는 검색한 결과를 전자통관시스템에 등록한 후 입항보고 수리 또는 출항허가 해야 한다.

(4) 수리 또는 허가의 통보

세관장은 입항보고 수리 또는 출항을 허가한 때에는 입항보고자 또는 출항신청자에게 통보해야 한다. 다만, 전자문서로 보고하거나 신청한 경우에는 수리하거나 허가한 때를 통보한 때로 본다.

(5) 입출항선박의 정보 제공

입항보고 수리 및 출항을 허가한 세관장은 입출항선박의 정보를 관세청장이 정하는 인터넷 홈페이지(portal.customs.go.kr)에 제공해야 한다.

4 입항보고 또는 출항허가신청의 정정·취소

(1) 정정 또는 취소 서류의 제출

선장 등은 입항보고하거나 출항허가를 신청한 내용을 정정하거나 취소하려는 경우에는 입항보고 수리 또는 출항허가 전까지는 이미 제출한 입항보고서 또는 출항신청서에 정정 또는 취소 내용을 입력하여 전자문서로 세관장에게 제출해야 한다.

(2) 정정 또는 취소의 기한

선장 등은 입항보고 수리 후 또는 출항허가 받은 후에 그 내용을 정정하거나 취소하려는 때에는 다음에서 규정된 기한 내에 입·출항보고 정정(취소)신청서를 전자문서로 제출해야 한다. 다만, 고시 제4조 제3항의 단서 또는 제4조 제4항에 따라 서면으로 제출한 때에는 정정(취소)신청서를 서면으로 제출할 수 있다.

① 입항보고 수리 후 : 입항보고 수리 후 출항 전까지
② 출항허가 받은 후 : 출항허가 후 24시간 이내. 다만, 정정 신청함에 있어 세관장이 불

가피하다고 인정하는 경우에는 출항허가 24시간이 경과한 후에도 신청서 제출 가능

(3) 우편 등을 통한 관련 서류의 제출 요구

정정 또는 취소 신청 시 세관장은 관련 서류의 확인이 필요한 경우에는 우편, 팩스, 전자우편으로 관련 서류를 제출하게 할 수 있다.

(4) 세관장의 정정 또는 취소 결정

정정·취소 신청을 받은 세관장은 그 내용을 검토하여 타당하다고 인정하는 경우에는 이미 제출된 전자문서자료를 정정 또는 취소해야 한다. 이때 세관장은 전산심사로 정정 또는 취소할 수 있다.

5 간이 입출항절차

(1) 국제항에 입항한 때부터 24시간 이내에 출항하는 경우

국제무역선이나 국제무역기가 국제항에 입항하여 물품(선박용품 또는 항공기용품과 승무원의 휴대품은 제외한다)을 하역하지 아니하고 입항한 때부터 24시간 이내에 출항하는 경우 세관장은 입항 시의 적재화물목록, 선박용품 또는 항공기용품의 목록, 여객명부, 승무원명부, 승무원 휴대품목록 또는 출항 시의 적재화물목록의 제출을 생략하게 할 수 있다.

(2) 입항절차를 마친 후 우리나라의 다른 국제항에 입항하는 경우

세관장은 국제무역선이나 국제무역기가 국제항에 입항하여 입항절차를 마친 후 다시 우리나라의 다른 국제항에 입항할 때에는 서류제출의 생략 등 간소한 절차로 입출항하게 할 수 있다.

6 승객예약자료의 요청 기출 2021

(1) 승객예약자료의 열람 등

세관장은 다음의 어느 하나에 해당하는 업무를 수행하기 위하여 필요한 경우 입항하거나 출항하는 선박 또는 항공기가 소속된 선박회사 또는 항공사가 운영하는 예약정보시스템의 승객예약자료(이하 "승객예약자료")를 정보통신망을 통하여 열람하거나 기획재

정부령으로 정하는 시한 내에 제출하여 줄 것을 선박회사 또는 항공사에 요청할 수 있다. 이 경우 해당 선박회사 또는 항공사는 이에 따라야 한다.
① 수출입금지물품을 수출입한 자 또는 수출입하려는 자에 대한 검사업무
② 다음의 어느 하나의 물품을 수출입하거나 반송하려는 자에 대한 검사업무
   ㉠ 마약류
   ㉡ 총포·도검·화약류·분사기·전자충격기 및 석궁

(2) 승객예약자료의 제출시한 기출 2021

승객예약자료의 제출시한은 다음의 구분에 의한다.
① **출항하는 선박 또는 항공기의 경우** : 출항 후 3시간 이내
② **입항하는 선박 또는 항공기의 경우** : 입항 1시간 전까지. 다만, 운항예정시간이 3시간 이내인 경우에는 입항 30분 전까지 할 수 있다.

(3) 세관장이 열람 또는 제출을 요청할 수 있는 승객예약자료 기출 2021

세관장이 열람이나 제출을 요청할 수 있는 승객예약자료는 다음의 자료로 한정한다.
① 국적, 성명, 생년월일, 여권번호 및 예약번호
② 주소 및 전화번호
③ 예약 및 탑승수속 시점
④ 항공권 또는 승선표의 번호·발권일·발권도시 및 대금결제방법
⑤ 여행경로 및 여행사
⑥ **동반탑승자 및 좌석번호**
⑦ **수하물 자료**
⑧ 항공사 또는 선박회사의 회원으로 가입한 경우 그 회원번호 및 등급과 승객주문정보

(4) 승객예약자료를 열람할 수 있는 사람 기출 2021

1) 의의

   제공받은 승객예약자료를 열람할 수 있는 사람은 **관세청장이 지정하는 세관공무원으로 한정**한다.

2) 권한 없는 자의 열람 방지

   세관장은 제공받은 승객예약자료를 열람할 수 있는 세관공무원에게 관세청장이 정하는

바에 따라 개인식별 고유번호를 부여하는 등의 조치를 하여 권한 없는 자가 승객예약자료를 열람하는 것을 방지하여야 한다.

(5) 승객예약자료의 구분 관리 기출 2021

1) 의의

세관장은 승객이 입항 또는 출항한 날(이하 "입·출항일")부터 1월이 경과한 때에는 해당 승객의 승객예약자료를 다른 승객의 승객예약자료(승객의 입·출항일부터 1월이 경과하지 아니한 승객예약자료를 말한다)와 구분하여 관리하여야 한다.

2) 보존기간

세관장은 구분하여 관리하는 승객예약자료(이하 "보존승객예약자료")를 해당 승객의 입·출항일부터 기산하여 3년간 보존할 수 있다. 다만, 다음의 어느 하나에 해당하는 자에 대한 보존승객예약자료는 5년간 보존할 수 있다.

① 수출입금지물품을 수출입한 자 또는 수출입하려고 하였던 자로서 관세청장이나 세관장의 통고처분을 받거나 벌금형 이상의 형의 선고를 받은 사실이 있는 자

② 다음의 어느 하나의 물품을 수출입 또는 반송하려고 하였던 자로서 관세청장이나 세관장의 통고처분을 받거나 벌금형 이상의 형의 선고를 받은 사실이 있는 자
  ㉠ 마약류
  ㉡ 총포·도검·화약류·전자충격기 및 석궁

③ 수사기관 등으로부터 제공받은 정보나 세관장이 수집한 정보 등에 근거하여 다음의 어느 하나에 해당하는 행위를 할 우려가 있다고 인정되는 자로서 관세청장이 정하는 기준에 해당하는 자
  ㉠ 수출입금지물품을 수출입하는 행위
  ㉡ 다음의 어느 하나의 물품을 수출입 또는 반송하는 행위
    ⓐ 마약류
    ⓑ 총포·도검·화약류·전자충격기 및 석궁

(6) 보존승객예약자료의 열람 승인

세관공무원은 보존승객예약자료를 열람하려는 때에는 관세청장이 정하는 바에 따라 미리 세관장의 승인을 얻어야 한다.

(7) 비밀유지의무

세관공무원은 직무상 알게 된 승객예약자료를 누설 또는 권한 없이 처리하거나 타인이 이용하도록 제공하는 등 부당한 목적을 위하여 사용하여서는 아니 된다.

7 재해나 그 밖의 부득이한 사유로 인한 면책 기출 2024

(1) 의의

법 제134조부터 제137조까지 및 제140조부터 제143조까지의 규정은 재해나 그 밖의 부득이한 사유에 의한 경우에는 적용하지 아니한다.

(2) 이유 신고

선장이나 기장은 지체 없이 그 이유를 세관공무원이나 경찰공무원(세관공무원이 없는 경우로 한정한다)에게 신고하여야 한다.

(3) 세관공무원에 대한 통보

신고를 받은 경찰공무원은 지체 없이 그 내용을 세관공무원에게 통보하여야 한다.

(4) 재해 등으로 인한 행위의 보고

선장이나 기장은 재해나 그 밖의 부득이한 사유가 종료되었을 때에는 지체 없이 세관장에게 그 경과를 보고하여야 한다.

8 임시 외국 정박 또는 착륙의 보고

재해나 그 밖의 부득이한 사유로 국내운항선이나 국내운항기가 외국에 임시 정박 또는 착륙하고 우리나라로 되돌아왔을 때에는 선장이나 기장은 지체 없이 그 사실을 세관장에게 보고하여야 하며, 외국에서 적재한 물품이 있을 때에는 그 목록을 제출하여야 한다.

9 물품의 하역 기출 2021

(1) 물품의 하역 또는 환적

국제무역선이나 국제무역기는 입항절차를 마친 후가 아니면 물품을 하역하거나 환적할 수 없다. 다만, 세관장의 허가를 받은 경우에는 그러하지 아니하다.

1) 허가신청서 제출

물품을 하역 또는 환적하기 위하여 허가를 받고자 하는 자는 허가신청서를 세관장에게 제출하여야 한다.

2) 처리기간

세관장은 입항절차를 마치기 전 하역 또는 환적 허가의 신청을 받은 날부터 10일 이내에 허가 여부를 신청인에게 통지하여야 한다.

3) 허가의제

세관장이 상기 2)에서 정한 기간 내에 허가 여부 또는 민원 처리 관련 법령에 따른 처리기간의 연장을 신청인에게 통지하지 아니하면 그 기간(민원 처리 관련 법령에 따라 처리기간이 연장 또는 재연장된 경우에는 해당 처리기간을 말한다)이 끝난 날의 다음 날에 허가를 한 것으로 본다.

(2) 하역 또는 환적신고

1) 의의

국제무역선이나 국제무역기에 물품을 하역하려면 세관장에게 신고하고 현장에서 세관공무원의 확인을 받아야 한다. 다만, 세관공무원이 확인할 필요가 없다고 인정하는 경우에는 그러하지 아니하다.

2) 하역 또는 환적신고서 제출

물품을 하역하려는 자는 하역신고서를 세관장에게 제출하고 그 신고필증을 현장세관공무원에게 제시하여야 한다. 다만, 수출물품의 경우에는 관세청장이 정하는 바에 따라 물품목록의 제출로써 이에 갈음할 수 있으며, 항공기인 경우에는 현장세관공무원에 대한 말로써 신고하여 이에 갈음할 수 있다.

(3) 하역통로 등의 제한

세관장은 감시·단속을 위하여 필요할 때에는 물품을 하역하는 장소 및 통로(이하 "하역통로")와 기간을 제한할 수 있다. 하역통로는 세관장이 지정하고 이를 공고해야 한다.

(4) 적재물품의 제한 기출 2021

1) 의의

국제무역선이나 국제무역기에는 내국물품을 적재할 수 없으며, 국내운항선이나 국내운항기에는 외국물품을 적재할 수 없다. 다만, 세관장의 허가를 받았을 때에는 그러하지 아니하다.

2) 제한의 예외

세관장은 다음의 어느 하나에 해당하는 허가를 하거나 신고를 한 경우에는 국제무역선 또는 국제무역기에 내국물품을 적재하거나 국내운항선 또는 국내운항기에 외국물품을 적재하게 할 수 있다.
① 선박용품 및 항공기용품 등에 대하여 하역허가를 받은 경우
② 보세운송신고를 하거나 보세운송승인을 받은 경우
③ 내국운송신고를 하는 경우
④ 수출신고가 수리된 경우

(5) 하역의 제한 등

세관장은 하역 또는 환적신고된 물품이 폐기물·화학물질 등 관세청장이 관계 중앙행정기관의 장과 협의하여 고시하는 물품으로서 하역 장소 및 통로, 기간을 제한하는 방법으로는 사회안전 또는 국민보건 피해를 방지하기 어렵다고 인정되는 경우에는 하역을 제한하고, 적절한 조치 또는 반송을 명할 수 있다.

10 외국물품의 일시양륙 등 기출 2021

(1) 신고대상 행위

다음의 어느 하나에 해당하는 행위를 하려면 세관장에게 신고를 하고, 현장에서 세관공무원의 확인을 받아야 한다. 다만, 관세청장이 감시·단속에 지장이 없다고 인정하여 따로 정하는 경우에는 간소한 방법으로 신고 또는 확인하거나 이를 생략하게 할 수 있다.
① 외국물품을 운송수단으로부터 일시적으로 육지에 내려 놓으려는 경우
② 해당 운송수단의 여객·승무원 또는 운전자가 아닌 자가 타려는 경우
③ 외국물품을 적재한 운송수단에서 다른 운송수단으로 물품을 환적 또는 복합환적하거나 사람을 이동시키는 경우

(2) 일시양륙 등의 신고 기출 2021/2024

1) 일시양륙의 신고

외국물품을 일시적으로 육지에 내려 놓고자 하는 경우에는 일시양륙신고서를 세관장에게 제출하고 그 신고필증을 현장세관공무원에게 제시하여야 한다.

2) 승선신고 처리절차

① **승선기간 : 승무원가족의 승선기간은 다음과 같으며,** 업무수행을 위한 승선기간은 업무수행에 필요한 기간으로 한다.
   ㉠ **해당 항구에서 승선과 하선을 하는 때에는 선박의 정박기간 이내**
   ㉡ 승선하여 국내항 간을 이동하려는 때에는 승선항의 승선일로부터 목적항 도착일까지

② **승선제한 : 세관장은 다음의 어느 하나에 해당하는 경우에는 승선을 제한할 수 있다.**
   ㉠ 최근 1년 이내 밀수전과가 있는 승무원에 대한 방문
   ㉡ 우범선박으로 지정된 선박에 대한 방문
   ㉢ 마약 등 밀반입 우려가 있거나 수사상 필요하다고 세관장이 지정한 선박에 대한 방문
   ㉣ **선박용품의 주문을 받기 위한 승선 등 그 목적이 불합리한 방문**

③ **승선신고의 의제 : 선박용품·선박내판매용품·내국물품의 하역 및 용역을 제공하기 위하여 선박용품 적재 등 허가(신청)서에 승선자 명단을 기재하여 허가를 받은 경우에는 승선신고를 한 것으로 갈음**하며, 승무원가족 또는 업무목적 등으로 승선하는 자가 국내항 간을 이동하고자 출입국·외국인청장에게 승선허가를 받은 경우에는 승선신고를 한 것으로 갈음한다.

④ **상시승선증의 유효기간 : 상시승선(신고)증의 유효기간은 발급일로부터 3년**으로 하며, 상시승선(신고)증의 유효기간을 연장하고자 하는 자는 유효기간 만료 30일 전까지 기간의 연장을 신청해야 한다.

⑤ **상시승선증의 반납 :** 상시승선(신고)증을 발급받은 자 또는 소속업체는 다음의 어느 하나에 해당하는 사실이 발생한 때에는 **즉시 발급한 세관장에게 그 사실을 통보하고 상시승선(신고)증을 반납해야 한다.**
   ㉠ **업체가 휴업 또는 폐업한 때**
   ㉡ 상시승선(신고)증을 발급받은 자가 법에 따라 처벌받은 때(다만, 법 제277조(과태료) 해당사항은 제외한다)

ⓒ 상시승선증을 발급받은 자가 퇴사·전출 등의 사유로 해당 업무를 수행할 수 없는 때(발급받은 자가 퇴사 등의 사유로 직접 반납할 수 없는 경우에는 해당 업체가 즉시 반납한다)

(3) 외국물품 장치장소 범위 등

육지에 내려놓고자 하는 외국물품을 장치할 수 있는 장소의 범위 등에 관하여는 관세청장이 정한다.

11 항외 하역

(1) 항외 하역허가

1) 의의

국제무역선이 국제항의 바깥에서 물품을 하역하거나 환적하려는 경우에는 선장은 세관장의 허가를 받아야 한다.

2) 허가신청

국제항의 바깥에서 하역 또는 환적하기 위하여 항외 하역허가를 받으려는 자는 다음의 사항을 기재한 항외하역 허가신청서를 세관장에게 제출해야 한다.

(2) 허가 수수료

1) 의의

선장은 항외 하역허가를 받으려면 기획재정부령으로 정하는 바에 따라 허가 수수료를 납부하여야 한다.

2) 허가 수수료 산정

납부하여야 하는 항외하역에 관한 허가 수수료는 하역 1일마다 4만원으로 한다. 다만, 수출물품(보세판매장에서 판매하는 물품과 보세공장, 자유무역지역에서 제조·가공하여 외국으로 반출하는 물품을 포함한다)에 대한 하역인 경우에는 하역 1일마다 1만원으로 한다.

(3) 처리기간

세관장은 항외 하역허가의 신청을 받은 날부터 10일 이내에 허가 여부를 신청인에게 통지하여야 한다.

(4) 허가의제

세관장이 상기 (3)에서 정한 기간 내에 허가 여부 또는 민원 처리 관련 법령에 따른 처리기간의 연장을 신청인에게 통지하지 아니하면 그 기간(민원 처리 관련 법령에 따라 처리기간이 연장 또는 재연장된 경우에는 해당 처리기간을 말한다)이 끝난 날의 다음 날에 허가를 한 것으로 본다.

12 선박용품 및 항공기용품의 하역 등

(1) 하역 또는 환적허가의 신청

1) 의의

다음의 어느 하나에 해당하는 물품을 국제무역선·국제무역기 또는 원양산업발전법 제2조 제6호에 따른 조업에 사용되는 선박(이하 "원양어선") 하역하거나 환적하려면 세관장의 허가를 받아야 하며, 하역 또는 환적허가의 내용대로 하역하거나 환적하여야 한다.
① 선박용품 또는 항공기용품
② 국제무역선 또는 국제무역기 안에서 판매하는 물품
③ 해양수산부장관의 허가·승인 또는 지정을 받은 자가 조업하는 원양어선에 무상으로 송부하기 위하여 반출하는 물품으로서 해양수산부장관이 확인한 물품

2) 허가신청

국제무역선 또는 국제무역기나 원양어선에 사용되는 선박에 물품을 하역하거나 환적하기 위하여 허가를 받으려는 자는 허가신청서를 세관장에게 제출해야 한다.

3) 물품의 검사

세관장은 허가를 함에 있어서 필요하다고 인정되는 때에는 소속공무원으로 하여금 당해 물품을 검사하게 할 수 있다.

4) 허가의 변경신청

허가를 받은 자가 허가를 받은 사항을 변경하고자 하는 때에는 변경하고자 하는 사항과 변경사유를 기재한 신청서를 세관장에게 제출하여 허가를 받아야 한다.

5) 하역 등의 완료사실 기재

허가를 받은 자는 허가내용에 따라 하역 또는 환적을 완료한 때에는 당해 허가서에 그 사실과 하역 또는 환적일자를 기재하여 당해 선박 또는 항공기의 장의 서명을 받아 보관하여야 한다. 이 경우 세관장은 필요하다고 인정하는 물품에 대하여는 세관공무원의 확인을 받게 할 수 있으며, 당해 선박 또는 항공기의 장이 적재한 사실을 확인하여 서명한 허가서 등을 제출하게 할 수 있다.

(2) 외국물품 선박용품 등의 적재

1) 의의

상기 (1)의 1)의 어느 하나에 해당하는 물품이 외국으로부터 우리나라에 도착한 외국물품일 때에는 보세구역으로부터 국제무역선 또는 국제무역기 또는 원양어선에 적재하는 경우에만 그 외국물품을 그대로 적재할 수 있다.

2) 허가신청서 기재사항

당해 물품이 외국물품인 때에는 허가신청서에 기재된 사항 외에 다음의 사항을 함께 쓰고 그 물품에 대한 송품장 또는 과세가격결정에 필요한 서류를 첨부하여야 한다.
① 당해 물품의 선하증권번호 또는 항공화물운송장번호
② 당해 물품의 장치된 장소(보세구역인 경우에는 그 명칭)와 반입연월일

(3) 선박용품 등에 대한 적재등의 이행관리

1) 이행의무자

① 선박용품 등의 적재등은 해당 허가를 받은 자가 직접 이행해야 한다.
② 선박회사가 대행업체를 지정한 경우에는 대행업체로 하여금 적재등 허가받은 절차를 이행하게 할 수 있다.
③ 공급자등은 적재등 허가신청이 **건당 미화 1만달러(원화표시는 물품 1천만원을 말한다) 이하의 선박용품 등으로서 세관장이 감시단속에 지장이 없다고 인정하는 물품의 경우에는 공급자 중에서 대행업체를 지정하여 적재등 허가받은 절차를 이행하게 할 수 있다.**
④ 대행업체가 적재등을 이행하는 경우에는 적재등 신청서에 대행업체를 기재해야 한다.

2) 이행기간

① **선박용품 등의 적재·환적 허가를 받은 자는 허가일부터 7일 이내에 적재등을 완료해야 한다.** 다만, 1회 항행일수가 7일 이내인 국제무역선은 해당 항차의 출항허가 전까지 그 절차를 완료해야 한다.
② 선박용품 등의 하선허가를 받은 자는 허가일부터 7일 이내에 하선허가 받은 물품을 보세구역에 반입해야 한다.

3) 완료보고

① **공급자등은 적재등을 완료한 때에는 다음날 12시까지 관할 세관장에게 보고해야 한다. 다만, 보고기한 내에 해당 선박이 출항하는 때에는 출항허가 전까지 보고해야 한다.**
② 공급자등이 적재등을 완료한 때에는 선장의 물품인수 확인을 받아야 하며, 세관공무원이 요청할 경우 이를 제출해야 한다.
③ 세관장은 상기 ①에도 불구하고, 선박의 출항이 임박하거나 정당한 사유가 있는 때에는 완료보고에 갈음하여 선장이 확인·서명한 적재 등 허가서를 현장공무원에게 제출하게 할 수 있다. 이 경우 세관공무원은 해당 내용을 전자통관시스템에 확인등록해야 한다.

(4) **선박용품 등의 범위**

상기 (1)의 1)에 따른 물품의 종류와 수량은 선박이나 항공기의 종류, 톤수 또는 무게, 항행일수·운행일수 또는 조업일수, 여객과 승무원·선원의 수 등을 고려하여 세관장이 타당하다고 인정하는 범위이어야 한다.

(5) **처리기간**

세관장은 상기 (1)에 따른 허가의 신청을 받은 날부터 10일 이내에 허가 여부를 신청인에게 통지하여야 한다.

(6) **허가의제**

세관장이 상기 (5)에서 정한 기간 내에 허가 여부 또는 민원 처리 관련 법령에 따른 처리기간의 연장을 신청인에게 통지하지 아니하면 그 기간(민원 처리 관련 법령에 따라 처리기간이 연장 또는 재연장된 경우에는 해당 처리기간을 말한다)이 끝난 날의 다음 날에 허가를 한 것으로 본다.

(7) 관세 징수

상기 (2)의 1)에 따른 외국물품이 하역 또는 환적허가의 내용대로 운송수단에 적재되지 아니한 경우에는 해당 허가를 받은 자로부터 즉시 그 관세를 징수한다. 다만, 다음의 어느 하나에 해당하는 경우에는 그러하지 아니하다.
① 세관장이 지정한 기간 내에 그 물품이 다시 보세구역에 반입된 경우
② 재해나 그 밖의 부득이한 사유로 멸실된 경우
③ 미리 세관장의 승인을 받고 폐기한 경우

13 국제무역선의 국내운항선으로의 전환 등 기출 2021

(1) 국제무역선의 국내운항선으로의 전환 등의 승인 기출 2021

국제무역선 또는 국제무역기를 국내운항선 또는 국내운항기로 전환하거나, 국내운항선 또는 국내운항기를 국제무역선 또는 국제무역기로 전환하려면 **선장이나 기장은 세관장의 승인을 받아야 한다.**

(2) 승인신청

승인을 받으려는 자는 다음의 사항을 기재한 신청서를 세관장에게 제출해야 한다.
① 선박 또는 항공기의 명칭·종류·등록기호·국적·총톤수 및 순톤수·자체무게·선적항
② 선박 또는 항공기의 소유자의 주소·성명
③ 국내운항선·국내운항기·국제무역선 또는 국제무역기 해당 여부
④ 전환하고자 하는 내용 및 사유

(3) 물품의 검사 기출 2021

세관장은 승인신청이 있는 때에는 당해 선박 또는 항공기에 적재되어 있는 물품을 검사할 수 있다.

14 그 밖의 선박 또는 항공기 기출 2021

(1) 국제무역선(기) 규정 준용 기출 2021

1) 의의

다음의 어느 하나에 해당하는 선박이나 항공기는 국제무역선이나 국제무역기에 관한

규정을 준용한다. 다만, **대통령령으로 정하는 선박 및 항공기에 대해서는** 그러하지 아니하다.
① 국제무역선 또는 국제무역기 외의 선박이나 항공기로서 외국에 운항하는 선박 또는 항공기
② 외국을 왕래하는 여행자와 휴대품·탁송품 또는 별송품을 전용으로 운송하기 위하여 국내에서만 운항하는 항공기(이하 "환승전용국내운항기")

2) 특수선박

"대통령령으로 정하는 선박 및 항공기"란 다음의 어느 하나에 해당하는 것을 말한다.
① 군함 및 군용기
② 국가원수 또는 정부를 대표하는 외교사절이 전용하는 선박 또는 항공기

(2) 일부 규정 비적용

1) 의의

상기 (1)에도 불구하고 환승전용국내운항기에 대해서는 법 제143조(선박용품 및 항공기용품의 하역 등) 제2항은 적용하지 아니하며, 효율적인 통관 및 감시·단속을 위하여 필요한 사항은 대통령령으로 따로 정할 수 있다.

2) 환승전용국내운항기의 관리

세관장은 다음의 어느 하나에 해당하는 사항에 대하여 관세청장이 정하는 바에 따라 그 절차를 간소화하거나 그 밖에 필요한 조치를 할 수 있다.
① 입항보고
② 출항허가신청
③ 그 밖에 환승전용국내운항기 및 해당 항공기에 탑승하는 외국을 왕래하는 여행자와 물품의 통관 및 감시에 필요한 사항

15 국경하천을 운항하는 선박

국경하천만을 운항하는 내국선박에 대해서는 국제무역선에 관한 규정을 적용하지 아니한다.

Ⅳ 선박용품 등의 관리

1 반입등록 등

(1) 반입등록

공급자등이 외국 선박용품등을 보세구역에 반입한 때에는 관할지 세관장에게 반입등록서를 제출해야 한다. 다만, 공급자등이 하선완료보고 하였거나 보세운송하여 도착보고 한 물품은 반입등록한 것으로 갈음한다.

(2) 반입등록의 정정·취하

공급자등이 반입등록한 내용을 정정 또는 취하하고자 하는 때에는 반입등록한 날부터 7일 이내에 반입등록 정정·취하승인신청서를 관할지 세관장에게 제출해야 한다.

(3) 품목번호

① 관세청장은 품목번호를 지정하고 전자통관시스템에 등록하여 관리할 수 있다.
② 공급자등은 선박용품등을 반입등록, 적재등의 허가신청 및 보세운송신고를 하고자 하는 때에는 지정된 품목번호를 사용해야 한다.

2 선박용품등의 적재 등의 관리

(1) 외국 선박용품등

① 공급자등이 외국물품인 선박용품등의 적재등 허가를 받고자 하는 때에는 해당 국제무역선이 정박한 지역의 관할 세관장에게 외국 선박용품등 적재(하선, 환적)허가신청서를 제출해야 한다. 이 경우 공급자등은 해당 물품의 선하증권(B/L), 송품장, 그 밖에 과세가격결정자료 및 다른 법령에 의한 구비요건 확인서류를 갖추어 보관해야 하며, 세관공무원의 제출요구가 있을 때에는 즉시 이에 따라야 한다.
② 상기 ①에도 불구하고 공급자등이 선박연료 공급허가를 신청하는 경우에는 선박연료공급선의 선박명 및 선박번호를 신청서에 기재해야 한다.
③ 선박회사(이하 "대리점"을 포함한다)는 자사 소속 국제무역선에 한정하여 선박용품등을 직접 적재등을 하거나 보세운송 할 수 있다. 다만, 선박회사는 공급자 중에서 대행업체를 지정하여 그 절차를 이행하게 할 수 있다.

(2) 내국 선박용품등

공급자등이 내국 선박용품등의 적재등 허가를 받으려는 때에는 해당 국제무역선이 정박한 지역의 관할 세관장에게 내국 선박용품등 적재(하선, 환적)허가신청서를 제출해야 한다.

(3) 적재등의 정정·취하

적재등의 허가를 받은 자가 허가내용을 정정 또는 취하하고자 하는 때에는 허가일부터 7일 이내에 적재등 정정·취하 승인신청서를 세관장에게 제출해야 한다. 다만, 적재등의 완료보고를 하는 때에는 완료보고 전까지 정정해야 한다.

3 선박용품등의 적재 등의 이행관리

(1) 이행의무자

① 선박용품등의 적재등은 해당 허가를 받은 자가 직접 이행해야 한다.
② 선박회사가 공급자 중에서 대행업체를 지정한 경우에는 대행업체로 하여금 적재등 허가받은 절차를 이행하게 할 수 있다.
③ 공급자등은 적재등 허가 신청이 건당 미화 1만달러(원화표시는 물품 1천만원을 말한다) 이하의 선박용품등으로서 세관장이 감시단속에 지장이 없다고 인정하는 물품의 경우에는 공급자 중에서 대행업체를 지정하여 적재등 허가받은 절차를 이행하게 할 수 있다.
④ 대행업체가 적재등을 이행하는 경우에는 적재등 신청서에 대행업체를 기재해야 한다.

(2) 이행기간

① 선박용품등의 적재·환적허가를 받은 자는 허가일부터 7일 이내에 적재등을 완료해야 한다. 다만, 1회 항행일수가 7일 이내인 국제무역선은 해당 항차의 출항허가 전까지 그 절차를 완료해야 한다.
② 선박용품등의 하선허가를 받은 자는 허가일부터 7일 이내에 하선허가 받은 물품을 보세구역에 반입해야 한다.

(3) 이행착수보고

공급자등은 다음의 어느 하나에 해당하는 선박용품등의 적재등을 이행하는 때에는 관할 세관장에게 보고해야 한다.
① 하선하는 경우
② 환적하는 경우
③ 그 밖에 세관장이 감시 단속을 위해 필요하다고 인정하는 경우

(4) 완료보고

① 공급자등은 적재등을 완료한 때에는 다음날 12시까지 관할 세관장에게 보고해야 한다. 다만, 보고기한 내에 해당 선박이 출항하는 때에는 출항허가 전까지 보고해야 한다.
② 공급자등이 적재등을 완료한 때에는 선장의 물품인수 확인을 받아야 하며, 세관공무원이 요청할 경우 이를 제출해야 한다.
③ 세관장은 상기 ①에도 불구하고, 선박의 출항이 임박하거나 정당한 사유가 있는 때에는 완료보고에 갈음하여 선장이 확인·서명한 적재 등 허가서를 현장공무원에게 제출하게 할 수 있다. 이 경우 세관공무원은 해당 내용을 전자통관시스템에 확인등록해야 한다.

4 특정 선박용품의 처리

(1) 조건부 하역 선박용품의 관리

① 선박용품 수리업자 및 선박회사(이하 "수리업자등")가 수리·점검 등을 위하여 외국선박용품을 일시 하선하려는 때에는 선박용품 하선허가신청서를 관할세관장에게 제출해야 한다. 이 경우 선박용품 하선신청 및 허가는 보세구역 외 보수작업의 신청 및 승인으로 본다.
② 수리업자등은 조건부 하역한 외국선박용품을 하역일부터 30일 이내에 해당 선박에 적재하고 세관장에게 완료보고 해야 한다. 다만, 세관장이 선박용품의 수리 지연 등 부득이한 사유가 있다고 인정하는 때에는 5월의 범위 내에서 적재기간을 연장하거나 같은 선사 소속의 다른 국제무역선에 적재하도록 할 수 있다.
③ 수리업자등은 조건부 하역 대상 선박용품에 대하여 직접 적재등을 하거나 공급자 중에서 대행업체를 지정하여 선박과 수리업체 간의 운송을 대행하게 할 수 있다.

④ 수리업자등은 하선한 선박용품을 재적재기한 내에 적재할 수 없는 때에는 보세구역에 반입해야 한다.

⑤ 수리업자등은 상기 ②의 단서에도 불구하고, 해당 선박이 입항하지 않거나 부득이한 사유로 조건부 하역한 외국선박용품을 외국으로 반출하려는 때에는 보세구역에 반입한 후 「반송절차에 관한 고시」를 따른다.

⑥ 수리업자등이 하선한 선박용품을 허가 내용대로 운송수단에 적재하지 않거나 재적재기한이 경과한 이후에도 보세구역에 반입하지 않은 때에는 해당 허가를 받은 자로부터 즉시 그 관세를 징수한다. 다만 다음의 어느 하나에 해당하는 경우에는 그러하지 아니한다.

㉠ 재해 그 밖의 부득이한 사유에 의하여 멸실되어 세관장에게 신고한 경우

㉡ 미리 세관장의 승인을 받고 폐기한 경우

(2) 출국대기자에 대한 선박용품의 제공

① 선박회사는 출국심사를 마치거나 우리나라를 경유하여 제3국으로 출발하려는 자(이하 "출국대기자")가 다음의 어느 하나의 사유로 선박의 출항이 지연되어 출국대기하는 경우 세관장의 허가를 받아 출국대기자에게 식음료(주류를 제외한다)를 제공할 수 있다.

㉠ 폭우, 폭설, 안개 등 기상악화

㉡ 선박의 긴급 정비

㉢ 테러 등의 첩보에 의한 안전점검

㉣ ㉠부터 ㉢ 등의 사유로 인한 긴급 회항

㉤ 그 밖에 항만시설의 장애 등 세관장이 인정하는 사유

② 선박회사 등은 관할 세관장에게 국제항의 출국장내 지정보세구역 중에서 출국대기자에게 식음료를 제공할 수 있는 보세구역(이하 "식음료제공구역") 지정을 요청할 수 있다. 이 경우 세관장은 다음의 사항을 검토해야 한다.

㉠ 보세구역 명칭 및 부호, 보세구역면적, 승객대기시설(의자 등) 유무 등 보세구역에 관한 사항

㉡ 출항 선박 수, 승선 여행자 수, 환승 여행자 수, 1시간 이상 지연 출항 선박 수, 1시간 이상 대기 여행자 수 등 최근 1년의 대기여행자에 관한 사항

㉢ 공급처에서 식음료제공구역까지의 구체적인 식음료 반출입 통로에 관한 사항

ⓔ 보세화물의 감시감독에 관한 사항

　　　ⓜ 식음료제공구역 위치도 및 식음료 반출입 통로 약도

③ 세관장은 식음료제공구역 지정의 필요성이 있거나 식음료제공구역의 지정요청을 받은 경우 식음료제공구역으로서의 적합성, 보세화물관리의 안전성 등을 고려하여 식음료제공구역을 지정할 수 있다.

④ 세관장은 식음료제공구역을 지정할 때에는 해당 지정보세구역내의 구체적인 식음료제공장소와 식음료의 반출입 통로를 지정해야 한다.

⑤ 세관장은 지정된 식음료제공구역에 반출입되는 보세화물의 감시감독에 지장을 초래하거나 지정사유가 소멸된 때에는 식음료제공구역 지정을 해제할 수 있다.

⑥ 선박회사가 허가받은 식음료를 출국대기자에게 제공하는 때에는 세관공무원의 확인을 받아야 한다.

⑦ 세관장의 허가를 받지 않고 출국대기 중인 자에게 식음료를 제공한 때에는 수입으로 보지 아니하는 소비 또는 사용으로 보지 않으며, 세관장은 즉시 그 관세를 징수해야 한다.

V 관리대상화물 관리

1 정의 기출 2021/2024

(1) 관리대상화물

"관리대상화물"이란 세관장이 지정한 보세구역 등에 감시·단속 등의 목적으로 장치하거나 검사 등을 실시하는 화물로서 다음의 어느 하나에 해당하는 물품을 말한다.

① 세관장이 입항보고서 및 적재화물목록을 심사하여 선별한 검사대상화물(검색기검사화물, 즉시검사화물, 반입후검사화물 및 수입신고후검사화물) 및 감시대상화물(하선(기)감시화물 및 운송추적감시화물)
② 「특송물품 수입통관 사무처리에 관한 고시」 제2조 제2호에 따른 특송물품
③ 「이사물품 수입통관 사무처리에 관한 고시」 제2조 제1호와 제2호의 이사자와 단기체류자가 반입하는 이사물품(이하 "이사물품등")
④ 「여행자 및 승무원 휴대품 통관에 관한 고시」 제17조 제1항과 제2항 및 제41조에 따른 유치물품 및 예치물품(이하 "유치물품등")
⑤ 「보세판매장 운영에 관한 고시」 제4조 제1항에 따른 보세판매장 판매용 물품(외국물품만을 말한다. 이하 "보세판매용물품")

(2) 검색기

"검색기"란 X-ray 등을 이용하여 컨테이너 등의 내장물품의 내용을 확인하는 과학검색장비를 말한다.

(3) 검색기검사화물

"검색기검사화물"이란 세관장이 선별한 검사대상화물 중 검색기로 검사를 실시하는 화물을 말한다.

(4) 즉시검사화물

"즉시검사화물"이란 세관장이 선별한 검사대상화물 중 검색기검사를 하지 않고 바로 개장검사를 실시하는 화물을 말한다.

(5) 반입후검사화물

"반입후검사화물"이란 세관장이 선별한 검사대상화물 중 하선(기)장소 또는 장치예정장소에서 이동식검색기로 검사하거나 컨테이너 적출 시 검사하는 화물을 말한다.

(6) 수입신고후검사화물

"수입신고후검사화물"이란 세관장이 선별한 검사대상화물 중 수입검사대상으로 선별할 수 있도록 관련 부서에 통보하는 화물을 말한다.

(7) 하선(기)감시화물

"하선(기)감시화물"이란 세관장이 선별하여 부두 또는 계류장 내에서 하역과정을 감시하거나 하역 즉시 검사하는 화물(공컨테이너를 포함한다)을 말한다.

(8) 운송추적감시화물

"운송추적감시화물"이란 세관장이 선별한 감시대상화물 중 하선(기)장소 또는 장치예정장소까지 추적감시하는 화물을 말한다.

(9) 세관지정장치장

"세관지정장치장"이란 「보세화물관리에 관한 고시」 제3조 제1호에 따른 시설을 말한다.

(10) 세관지정 보세창고등

"세관지정 보세창고등"이란 세관장이 관할구역 내 「특허보세구역운영에 관한 고시」 제2조 제1호에 따른 영업용보세창고 또는 「자유무역지역 반출입물품의 관리에 관한 고시」 제5조 제1항에 따라 관리부호를 부여받은 자유무역지역 내 입주기업체의 소재지 중에서 화물의 감시·단속이 용이한 곳으로 관리대상화물 등을 장치하거나 검사하기 위하여 지정한 보세창고를 말한다.

(11) 컨테이너 중량측정기

"컨테이너 중량측정기"란 검색기 검사장소에 설치된 계측기를 통하여 컨테이너 운송차량 및 해당 차량에 적재된 컨테이너 화물 등의 중량을 측정하는 장비를 말한다.

2 검사 또는 감시대상화물의 선별

(1) 선별기준

1) 관세청장이 별도로 시달한 기준

세관장은 선박회사 또는 항공사가 제출한 적재화물목록을 심사하여 관세청장이 별도 시달한 기준에 따라 감시단속상 검사 또는 감시가 필요하다고 인정하는 화물을 검사대상화물 또는 감시대상화물로 선별한다.

2) 세관장이 제정하는 내규

세관장은 상기 1)에도 불구하고, 다량의 LCL화물 등 검사대상화물 또는 감시대상화물을 효율적으로 선별·검사·감시하기 위하여 자체 실정에 맞는 내규를 따로 제정할 수 있다.

3) 검사대상 지정

세관장은 검사 또는 감시대상화물로 선별한 컨테이너 화물에 컨테이너가 다수인 경우에는 검사목적을 달성할 수 있는 최소한의 범위 내에서 검사대상을 지정할 수 있다.

(2) 환적화물의 검사대상화물 또는 감시대상화물 적용대상

세관장은 상기 (1)에도 불구하고 환적화물에 대하여 총기류 등 위해물품·마약류·수출입 금지품·밀수품과 대외무역법 및 상표법 위반물품 등과 관련된 정보가 있거나 세관장이 밀수단속을 위해 필요하다고 인정하는 경우 검사대상화물 또는 감시대상화물로 선별하여 검사 또는 감시할 수 있다.

(3) 검사대상화물 또는 감시대상화물의 선별

1) 검색기검사화물

세관장이 검색기검사화물로 선별하여 검사하는 화물은 다음의 어느 하나와 같다.
① 총기류·도검류 등 위해물품을 은닉할 가능성이 있는 화물
② 물품 특성상 내부에 밀수품을 은닉할 가능성이 있는 화물
③ 실제와 다른 품명으로 수입할 가능성이 있는 화물
④ 수(중)량 차이의 가능성이 있는 화물
⑤ 그 밖에 세관장이 검색기검사가 필요하다고 인정하는 화물

2) 즉시검사화물

세관장이 즉시검사화물로 선별하여 검사하는 화물은 다음의 어느 하나와 같다.
① 실제와 다른 품명으로 수입할 가능성이 있는 화물로서 LCL 컨테이너화물 등 검색기 검사로 우범성 판단이 곤란한 화물
② 수(중)량 차이의 가능성이 있는 화물
③ 반송 후 재수입되는 컨테이너 화물로 밀수입 등이 의심되는 화물
④ 그 밖에 세관장이 즉시검사가 필요하다고 인정하는 화물

검색기가 설치되지 않은 세관장은 상기 1)의 내용을 포함하여 즉시검사화물로 선별하여 검사할 수 있다.

3) 반입후검사화물

세관장이 반입후검사화물로 선별하여 검사하는 화물은 다음의 어느 하나와 같다.
① 우범성이 높다고 판단하는 화물로 검색기검사화물 및 즉시검사화물로 선별되지 않은 화물
② 검색기검사화물에 따른 검사 결과 반입후검사가 필요하다고 인정되는 화물
③ 하선(기)감시 결과 컨테이너 화물로 봉인번호가 상이하거나 봉인이 훼손되는 등 밀수가 의심되는 화물
④ 그 밖에 세관장이 반입후검사가 필요하다고 인정하는 화물

4) 수입신고후검사화물

세관장이 수입신고후검사화물로 선별하여 검사하는 화물은 다음의 어느 하나와 같다.
① 운송추적감시화물로 선별된 화물이 CY에서 수입통관 되는 경우
② 그 밖에 세관장이 수입신고후검사가 필요하다고 인정하는 화물

5) 하선(기)감시화물

세관장이 하선(기)감시화물로 선박 또는 항공기 단위로 선별하여 감시하는 화물은 다음의 어느 하나와 같다.
① 우범성이 있다고 판단되는 선박 또는 항공기로 운송하는 화물 및 공컨테이너
② 하선(기) 작업 중 부두(계류장)에서 세관에 신고 없이 화물 반출이 우려되는 화물
③ 그 밖에 세관장이 하선(기)감시가 필요하다고 인정하는 화물

6) 운송추적감시대상화물

세관장이 운송추적감시대상화물로 선별하여 감시하는 화물은 다음의 어느 하나와 같다.

① 검색기검사화물, 즉시검사화물 및 반입후검사화물로 선별된 검사대상화물 중 운송도중 다른 화물로 바꿔치기 우려가 있는 화물
② 입항 후 부두 또는 계류장 밖 보세구역으로 하선(기)운송 또는 보세운송되는 화물 중 감시가 필요하다고 인정되는 화물
③ 그 밖에 세관장이 운송추적감시가 필요하다고 인정하는 화물

3 장치 등

(1) 검사대상화물의 하선(기) 장소

1) 검색기검사화물, 반입후검사화물, 수입신고후검사화물 및 감시대상화물

검색기검사화물, 반입후검사화물, 수입신고후검사화물 및 감시대상화물의 하선(기)장소는「보세화물 입출항 하선 하기 및 적재에 관한 고시」제15조 제4항 제3호와 제28조 제3항 제3호에 따라 선박회사 또는 항공사가 지정한 장소로 한다.

2) 검색기검사화물의 반입 등

상기 1)에도 불구하고 검색기검사화물의 경우에는 검사를 마친 경우에만 하선장소에 반입할 수 있으며, 검사 결과 개장검사가 필요하다고 인정되는 경우에는 세관장이 별도로 지정하는 장소를 하선장소로 한다.

3) 즉시검사화물

즉시검사화물의 하선(기)장소는「보세화물 입출항 하선 하기 및 적재에 관한 고시」제15조 제4항 제1호와 제28조 제3항 제1호에 따라 세관장이 지정한 장소로 한다.

4) 세관장이 지정하는 하선(기) 장소

세관장이 상기 2) 및 3)에 따라 지정하는 하선(기)장소는 다음의 순서에 따른다.

① 세관지정장치장. 다만, 세관지정장치장이 없거나 검사대상화물이 세관지정장치장의 수용능력을 초과할 것으로 판단되는 경우에는 ②에 따른 장소
② 세관지정 보세창고등
③ 검사대상화물이 위험물품, 냉동·냉장물품 등 특수보관을 요하는 물품이거나 대형화

물·다량산물인 경우에는 ①과 ②의 규정에도 불구하고 해당 화물을 위한 보관시설이 구비된 장소

(2) 특송물품 등의 장치

1) 특송물품 등을 장치할 수 있는 보세구역

특송물품·이사물품등·유치물품등과 보세판매용물품을 장치할 수 있는 보세구역은 다음의 어느 하나와 같다.
① 특송물품 : 세관장이 따로 지정한 세관지정장치장
② 이사물품등 및 유치물품등 : 세관지정장치장 또는 세관지정 보세창고등
③ 보세판매용물품 : 세관지정장치장 또는 「보세판매장 운영에 관한 고시」제6조에 따른 보관창고

2) 관리대상화물과 일반화물의 구분 장치

세관지정장치장의 화물관리인 또는 세관지정 보세창고의 운영인(「자유무역지역 반출입 물품의 관리에 관한 고시」제5조 제1항에 따라 관리부호를 부여받은 자 및 보세구역 외 장치허가를 받은 자를 포함한다. 이하 "운영인")은 관리대상화물을 일반화물과 구분하여 장치해야 한다.

4 관리절차 기출 2024

(1) 검사대상화물 또는 감시대상화물의 관리절차 기출 2024

1) 검사대상화물 등의 선별

세관장은 하선(기)장소의 위치와 검색기의 검사화물량 등을 고려하여 검사대상화물 또는 감시대상화물을 선별하고, 해당 화물의 선별내역을 관세행정정보시스템에 입력해야 한다.

2) 검사대상화물 등의 선별사실 통보

세관장은 검사대상화물 또는 감시대상화물에 대하여 적재화물목록 심사가 완료된 때에 적재화물목록제출자에게 검사대상 또는 중량측정 대상으로 선별된 사실, 하선(기)장소, 검색기 검사장소 등을 검사대상화물 반입지시서등 전자문서로 통보해야 한다.

3) 검사대상화물 변경

세관장은 감시대상화물에 이상이 있다고 판단되는 경우 검사대상화물로 변경하여 검사할 수 있다, 이때 검사대상으로 선별된 사실을 다음의 어느 하나에 해당하는 자에게 통보해야 한다.
① 적재화물목록제출자
② 보세운송 신고 또는 승인신청을 할 수 있는 자
③ 화물관리인 또는 운영인
④ 적재화물목록에 기재된 화물의 수하인 또는 통지처

4) 반입후검사화물 등의 선별사실 통보

상기 2) 및 3)에도 불구하고 반입후검사화물 또는 운송추적감시화물의 경우 검사대상 선별사실을 검사가 완료된 이후에 통보할 수 있다.

(2) 검사대상화물 또는 감시대상화물의 검사 및 조치 기출 2024

1) 검사결과 등록

세관장은 검색기검사를 실시한 결과 이상이 없는 것으로 판단한 경우에는 그 결과를 관세행정정보시스템에 등록하고 해당 화물이 「보세화물 입출항 하선 하기 및 적재에 관한 고시」 제15조 제4항 제3호에 따른 하선장소로 신속히 이동될 수 있도록 조치해야 한다.

2) 중량측정

세관장은 검색기검사화물 중 중량측정이 필요하다고 인정되는 화물에 대하여 검색기 검사장소에서 컨테이너 중량측정기를 이용하여 컨테이너 운송차량과 그 차량에 적재된 컨테이너 화물 등의 중량을 측정할 수 있다.

3) 개장검사

세관장은 검색기검사를 실시한 결과 개장검사가 필요하다고 인정한 화물과 즉시검사화물에 대하여 세관장이 지정한 하선(기) 장소에서 개장검사를 실시한다.

4) 검사방법의 변경

세관장은 다음의 어느 하나에 해당하는 경우에 한하여 검사방법을 변경할 수 있다
① 검색기검사 결과 개장검사가 필요하다고 인정되어 즉시검사화물로 변경하는 경우

② 검색기검사화물로 선별한 화물을 검색기 고장 등의 사유로 즉시검사화물로 변경하는 경우
③ 화주의 요청으로 검색기검사화물을 즉시검사화물로 변경하는 경우
④ 하선(기)감시화물에 대하여 운송추적감시 또는 검사대상화물로 지정할 필요가 있다고 인정되는 경우
⑤ 즉시검사화물로 선별된 화물이 위험물, 냉동·냉장물 등 특수보관을 요하는 물품이거나 대형화물 또는 다량산물 등의 사유로 해당 화물을 위한 보관시설 등이 구비된 장소에서 개장검사를 하기 위해 반입후검사화물로 변경하는 경우

5) 반입후검사화물의 검사방법

세관장은 반입후검사화물에 대하여 검색기를 이용한 검사 또는 개장검사를 실시할 수 있다.

6) 운송추적감시화물 등의 타세관 검사사실 통보

세관장은 선별한 운송추적감시화물 또는 반입후검사화물이 다른 세관의 관할구역으로 보세운송신고 되거나 CY에서 수입통관 되는 경우 보세운송검사대상 또는 수입검사대상으로 선별할 수 있도록 관련 부서에 통보해야 한다.

7) 운송추적감시화물 등의 검사사실 통보

세관장은 검사대상화물 또는 감시대상화물에 대하여 검사 또는 감시를 실시한 경우에는 그 결과를 관세행정정보시스템에 등록해야 하며, 이상화물이 발견되었을 때에는 즉시 자체조사 후 통고처분, 고발의뢰 등 적절한 조치를 해야 한다. 다만, 이상이 없는 것으로 확인된 경우에는 신속한 통관을 위하여 필요한 조치를 해야 한다.

(3) 합동검사반 구성 및 운영

1) 합동검사반 구성 및 운영

세관장은 효율적인 검사업무 수행 및 신속한 밀수단속 업무처리를 위하여 필요하다고 인정하는 경우 화물, 감시, 통관, 조사 등 각 업무분야의 전문가로 합동검사반을 구성하여 운영할 수 있다.

2) 합동검사반이 검사하는 화물

합동검사반이 검사하는 화물은 다음과 같다.

① 밀수정보가 있는 화물

② 검사대상화물에 대한 검사 결과 합동검사가 필요하다고 인정되는 화물

③ 그 밖에 세관장이 합동검사가 필요하다고 인정하는 화물

3) 마약탐지견 또는 과학검색장비를 활용한 검사

세관장은 합동검사를 실시하는 경우 효율적인 검사가 이루어질 수 있도록 마약탐지견 또는 과학검색장비를 적절히 활용하여 검사해야 한다.

(4) 특송물품 등의 검사 및 조치

1) 관련 법령 적용

특송물품·이사물품등·유치물품등과 보세판매용물품의 검사절차·검사방법 등은 다음의 어느 하나와 같다.

① 특송물품은 「특송물품 수입통관 사무처리에 관한 고시」에서 정하는 바에 따른다.

② 이사물품등은 「이사물품 수입통관 사무처리에 관한 고시」에서 정하는 바에 따른다.

③ 유치물품등은 「여행자 및 승무원 휴대품 통관에 관한 고시」에서 정하는 바에 따른다.

④ 보세판매용물품은 「보세판매장 운영에 관한 고시」에서 정하는 바에 의한다.

2) 관리대상화물 관리에 관한 고시 적용

세관장은 상기 1)에도 불구하고 감시단속을 위하여 필요하다고 인정되는 때에는 본 고시를 우선 적용하여 해당 물품에 대한 검사를 실시할 수 있다.

(5) 검사 참석 및 서류 제출

1) 화주 등에 대한 검사참석 통보

세관장은 개장검사를 실시할 때 화주 또는 화주로부터 권한을 위임받은 자의 참석이 필요하다고 인정하거나 이들로부터 참석요청을 받은 때에는 이들이 검사에 참석할 수 있도록 검사일시·검사장소·참석가능시간 등을 통보해야 한다.

2) 화물관리인 등의 참석

세관장은 검사참석 통보를 하여도 검사일시에 화주 또는 화주로부터 권한을 위임받은 자가 참석하지 않은 때에는 해당 보세구역의 화물관리인 또는 운영인이나 그 대리인의 참석하에 검사를 실시할 수 있다.

3) 서류 제출

세관장은 개장검사를 실시하는 화물에 대하여 효율적인 검사업무 수행을 위하여 필요한 경우 화주 또는 화주로부터 권한을 위임받은 자에게 다음의 서류를 제출하게 할 수 있다.
① 송품장
② 선하증권 부본 또는 항공화물운송장 부본
③ 상세포장명세서 등 기타 검사관련 서류

5 검사대상화물의 해제 등 기출 2023

(1) 검사대상화물의 해제

1) 검사대상화물의 해제신청

화주 또는 화주로부터 권한을 위임받은 자는 선별된 검사대상화물 또는 감시대상화물이 다음의 어느 하나에 해당하는 경우 세관장에게 검사대상화물의 해제를 신청할 수 있으며, 신청서류는 우편, FAX, 전자우편으로 제출할 수 있다.
① 원자재(수출, 내수용 포함) 및 시설재인 경우
② 보세공장, 보세건설장, 보세전시장, 보세판매장 및 전자상거래 국제물류센터에 반입하는 물품인 경우
③ 학술연구용 실험기자재이거나 실험용품인 경우
④ 그 밖에 세관장이 ①부터 ③에 준하는 사유가 있다고 인정하는 경우

2) 해제신청에 따른 검사대상화물의 해제

세관장은 검사대상화물 또는 감시대상화물의 해제신청을 접수한 경우 해제신청의 사유 등이 타당하고 우범성이 없다고 인정되는 때에는 검사대상화물 또는 감시대상화물 지정을 해제할 수 있다.

3) 검사대상화물의 직권해제

세관장은 검사대상화물 또는 감시대상화물 중 다음의 어느 하나에 해당하는 화물로서 우범성이 없거나 검사 또는 감시의 실익이 적다고 판단되는 경우 검사대상화물 또는 감시대상화물의 지정을 직권으로 해제할 수 있다.
① 등록사유(검사착안사항)와 관련 없는 물품
② **수출입 안전관리 우수업체(수입부문)가 수입하는 물품**

③ 국가(지방자치단체)가 수입하는 물품 또는 SOFA 관련 물품
④ 이사물품 등 해당 고시에서 정하는 검사절차·검사방법에 따라서 처리되는 물품
⑤ 그 밖에 세관장이 우범성이 없거나 검사 또는 감시의 실익이 적다고 인정하는 화물

4) 검사대상화물의 지정해제

세관장은 검사대상화물 또는 감시대상화물을 검사한 결과 적재화물목록 정정, 보수작업 대상 등 해당 조치사항이 완료된 경우 검사대상화물 또는 감시대상화물의 지정을 해제할 수 있다.

5) 검사대상화물의 해제등록

세관장은 검사대상화물 또는 감시대상화물의 해제를 결정한 경우에는 그 사유를 관세행정정보시스템에 등록해야 한다.

(2) 보세운송

1) 검사대상화물 등의 보세운송 절차

검사대상화물·특송물품 및 이사물품등의 보세운송 절차는 「보세운송에 관한 고시」에서 정하는 바에 따른다. 다만, 즉시검사화물의 보세운송은 다음의 어느 하나에 해당하는 경우에 한한다.

① 진공포장 화물 등 특수한 장소에서만 개장이 불가피하여 해당 장소로 운송하고자 하는 경우
② 「검역법」·「식물방역법」·「가축전염병 예방법」·「위험물안전관리법」·「화학물질관리법」 등 관련 법규에 따라 지정된 보세구역으로 운송해야 하는 경우
③ 화주가 원거리에 소재하고 있어 검사대상화물 검사시 참석이 어려운 경우로서 세관장이 필요하다고 인정하는 경우
④ 그 밖에 세관장이 ①부터 ③에 준하는 사유가 있다고 인정하는 경우
⑤ 검사 결과 적재화물목록 정정·보수작업 대상 등 범칙조사 대상이 아닌 경우로서 보세화물 관리에 문제가 없다고 세관장이 인정하는 경우

2) 유치물품등의 보세운송 절차

유치물품등의 보세운송 절차는 「여행자 및 승무원 휴대품 통관에 관한 고시」에서 정하는 바에 따른다.

3) 보세판매용물품의 보세운송 절차

보세판매용물품의 보세운송 절차는 「보세판매장 운영에 관한 고시」에서 정하는 바에 따른다.

(3) 출입 통제

세관장은 검색기의 특성을 감안하여 일정한 구역을 통제구역으로 지정하여 일반인의 출입을 통제할 수 있다.

Ⅵ 차 량

1 관세통로

(1) 관세통로 경유 등

국경을 출입하는 차량(이하 "국경출입차량")은 관세통로를 경유하여야 하며, 통관역이나 통관장에 정차하여야 한다.

(2) 관세통로의 지정

관세통로는 육상국경으로부터 통관역에 이르는 철도와 육상국경으로부터 통관장에 이르는 육로 또는 수로 중에서 세관장이 지정한다.

(3) 통관역의 지정

통관역은 국외와 연결되고 국경에 근접한 철도역 중에서 관세청장이 지정한다.

(4) 통관장의 지정

통관장은 관세통로에 접속한 장소 중에서 세관장이 지정한다.

2 국경출입차량의 도착절차

(1) 도착보고

1) 의의

국경출입차량이 통관역이나 통관장에 도착하면 통관역장이나 도로차량(선박·철도차량 또는 항공기가 아닌 운송수단을 말한다)의 운전자는 차량용품목록·여객명부·승무원명부 및 승무원 휴대품목록과 관세청장이 정하는 적재화물목록을 첨부하여 지체 없이 세관장에게 도착보고를 하여야 하며, 최종 출발지의 출발허가서 또는 이를 갈음하는 서류를 제시하여야 한다. 다만, 세관장은 감시·단속에 지장이 없다고 인정될 때에는 차량용품목록이나 승무원 휴대품목록의 첨부를 생략하게 할 수 있다.

2) 도착보고서 기재사항

① 차량의 회사명·국적·종류·등록기호·번호·총화차수·총객차수
② 차량의 최초출발지·경유지·최종출발지·도착일시·출발예정일시 및 목적지
③ 적재물품의 내용·개수 및 중량
④ 여객 및 승무원수와 통과여객의 수

(2) 도착 전 서류 제출

세관장은 신속한 입국 및 통관절차의 이행과 효율적인 감시·단속을 위하여 필요한 경우에는 관세청장이 정하는 바에 따라 도착하는 해당 차량이 소속된 회사(그 업무를 대행하는 자를 포함한다)로 하여금 여객명부·적재화물목록 등을 도착하기 전에 제출하게 할 수 있다.

(3) 도착보고의 생략

1) 의의

상기 (1)에도 불구하고 대통령령으로 정하는 물품을 일정 기간에 일정량으로 나누어 반복적으로 운송하는 데에 사용되는 도로차량의 운전자는 사증을 받는 것으로 도착보고를 대신할 수 있다. 다만, 최종 도착보고의 경우는 제외한다.

2) 대통령령으로 정하는 물품

"대통령령으로 정하는 물품"이란 다음의 어느 하나에 해당하는 것을 말한다.
① 모래·자갈 등 골재
② 석탄·흑연 등 광물

(4) 최종 도착보고 시 서류 제출

사증을 받는 것으로 도착보고를 대신하는 도로차량의 운전자는 최종 도착보고를 할 때에 상기 (1)의 1)에 따른 서류를 한꺼번에 제출하여야 한다.

3 국경출입차량의 출발절차

(1) 출발보고 및 출발허가

1) 의의

국경출입차량이 통관역이나 통관장을 출발하려면 통관역장이나 도로차량의 운전자는 출발하기 전에 세관장에게 출발보고를 하고 출발허가를 받아야 한다.

2) 출발보고서 기재사항
① 차량의 회사명·종류·등록기호·번호·총화차수·총객차수
② 차량의 출발지·경유지·최종목적지·출발일시 및 도착일시
③ 적재물품의 내용·개수 및 중량
④ 여객 및 승무원의 수와 통과여객의 수

(2) 적재물품목록 제출

통관역장이나 도로차량의 운전자는 허가를 받으려면 그 통관역 또는 통관장에서 적재한 물품의 목록을 제출하여야 한다. 제출하는 물품의 목록은 관세청장이 정하는 바에 따라 세관장에게 제출하여야 한다.

(3) 출발보고 등의 생략

1) 의의

상기 (1)에도 불구하고 대통령령으로 정하는 물품을 일정 기간에 일정량으로 나누어 반복적으로 운송하는 데에 사용되는 도로차량의 운전자는 사증을 받는 것으로 출발보고 및 출발허가를 대신할 수 있다. 다만, 최초 출발보고와 최초 출발허가의 경우는 제외한다.

2) 대통령령으로 정하는 물품

"대통령령으로 정하는 물품"이란 다음의 어느 하나에 해당하는 것을 말한다.
① 모래·자갈 등 골재
② 석탄·흑연 등 광물

(4) 반복운송 도로차량의 신고

1) 의의

   상기 (3)에 따른 도로차량을 운행하려는 자는 기획재정부령으로 정하는 바에 따라 미리 세관장에게 신고하여야 한다.

2) 신고서 기재사항

   도로차량을 운행하려는 운전자는 다음의 사항을 기재한 신고서를 세관장에게 제출하여야 한다.
   ① 차량의 회사명·종류 및 차량등록번호
   ② 차량의 출발지, 경유지, 최종목적지, 최초 출발일시, 최종 도착일시 및 총운행횟수
   ③ 운송대상 물품의 내용 및 총중량

4 물품의 하역 등

(1) 하역신고

1) 의의

   통관역이나 통관장에서 외국물품을 차량에 하역하려는 자는 세관장에게 신고를 하고, 현장에서 세관공무원의 확인을 받아야 한다. 다만, 세관공무원이 확인할 필요가 없다고 인정할 때에는 그러하지 아니하다.

2) 하역신고서 기재사항

   물품을 하역하고자 하는 자는 다음의 사항을 기재한 신고서를 세관장에게 제출하고 그 신고필증을 현장 세관공무원에게 제시하여야 한다.
   ① 차량번호
   ② 물품의 품명·개수 및 중량
   ③ 작업의 구분과 작업예정기간

(2) 차량용품 등의 하역 등

차량용품과 국경출입차량 안에서 판매할 물품을 해당 차량에 하역하거나 환적하는 경우에는 법 제143조(선박용품 및 항공기용품의 하역 등) 및 영 제166조(선박용품 또는 항공기용품 등의 하역 또는 환적)의 규정을 준용한다.

5 국경출입차량의 국내운행차량으로의 전환 등

국경출입차량을 국내에서만 운행하는 차량(이하 "국내운행차량")으로 전환하거나 국내운행차량을 국경출입차량으로 전환하려는 경우에는 통관역장 또는 도로차량의 운전자는 세관장의 승인을 받아야 한다. 다만, 기획재정부령으로 정하는 차량의 경우에는 그러하지 아니하다.

6 도로차량의 국경출입

(1) 도로차량에 대한 증서의 교부

1) 의의

국경을 출입하려는 도로차량의 운전자는 해당 도로차량이 국경을 출입할 수 있음을 증명하는 서류를 세관장으로부터 발급받아야 한다.

2) 국경출입차량증서의 교부신청

국경을 출입할 수 있는 도로차량임을 증명하는 서류를 교부받으려는 자는 다음의 사항을 기재한 신청서를 세관장에게 제출하여야 한다.
① 차량의 종류 및 차량등록번호
② 적재량 또는 승차정원
③ 운행목적·운행기간 및 운행경로

(2) 서류 제시 및 사증 발급

국경을 출입하는 도로차량의 운전자는 출입할 때마다 상기 (1)에 따른 서류를 세관공무원에게 제시하고 사증을 받아야 한다. 이 경우 전자적인 방법으로 서류의 제시 및 사증 발급을 대신할 수 있다.

(3) 사증 수수료

사증을 받으려는 자는 기획재정부령으로 정하는 바에 따라 수수료를 납부하여야 한다. 다만, 기획재정부령으로 정하는 차량은 수수료를 면제한다. 사증 수수료는 400원으로 한다.

Ⅶ 대테러 관련 업무

1 정의

(1) 테러

"테러"란 국가·지방자치단체 또는 외국 정부(외국 지방자치단체와 조약 또는 그 밖의 국제적인 협약에 따라 설립된 국제기구를 포함한다)의 권한 행사를 방해하거나 의무 없는 일을 하게 할 목적 또는 공중을 협박할 목적으로 하는 다음의 행위를 말한다.

① 사람을 살해하거나 사람의 신체를 상해하여 생명에 대한 위험을 발생하게 하는 행위 또는 사람을 체포·감금·약취·유인하거나 인질로 삼는 행위

② 항공기와 관련된 다음의 어느 하나에 해당하는 행위
  ㉠ 운항 중인 항공기를 추락시키거나 전복·파괴하는 행위, 그 밖에 운항 중인 항공기의 안전을 해칠 만한 손괴를 가하는 행위
  ㉡ 폭행이나 협박, 그 밖의 방법으로 운항 중인 항공기를 강탈하거나 항공기의 운항을 강제하는 행위
  ㉢ 항공기의 운항과 관련된 항공시설을 손괴하거나 조작을 방해하여 항공기의 안전운항에 위해를 가하는 행위

③ 선박 또는 해상구조물과 관련된 다음 각각의 어느 하나에 해당하는 행위
  ㉠ 운항 중인 선박 또는 해상구조물을 파괴하거나, 그 안전을 위태롭게 할 만한 정도의 손상을 가하는 행위(운항 중인 선박이나 해상구조물에 실려 있는 화물에 손상을 가하는 행위를 포함한다)
  ㉡ 폭행이나 협박, 그 밖의 방법으로 운항 중인 선박 또는 해상구조물을 강탈하거나 선박의 운항을 강제하는 행위
  ㉢ 운항 중인 선박의 안전을 위태롭게 하기 위하여 그 선박 운항과 관련된 기기·시설을 파괴하거나 중대한 손상을 가하거나 기능장애 상태를 일으키는 행위

④ 사망·중상해 또는 중대한 물적 손상을 유발하도록 제작되거나 그러한 위력을 가진 생화학·폭발성·소이성 무기나 장치를 다음 각각의 어느 하나에 해당하는 차량 또는 시설에 배치하거나 폭발시키거나 그 밖의 방법으로 이를 사용하는 행위
  ㉠ 기차·전차·자동차 등 사람 또는 물건의 운송에 이용되는 차량으로서 공중이 이용하는 차량

  ⓒ ㉠에 해당하는 차량의 운행을 위하여 이용되는 시설 또는 도로, 공원, 역, 그 밖에 공중이 이용하는 시설
  ⓒ 전기나 가스를 공급하기 위한 시설, 공중이 먹는 물을 공급하는 수도, 전기통신을 이용하기 위한 시설 및 그 밖의 시설로서 공용으로 제공되거나 공중이 이용하는 시설
  ㉣ 석유, 가연성 가스, 석탄, 그 밖의 연료 등의 원료가 되는 물질을 제조 또는 정제하거나 연료로 만들기 위하여 처리·수송 또는 저장하는 시설
  ㉤ 공중이 출입할 수 있는 건조물·항공기·선박으로서 ㉠부터 ㉣까지에 해당하는 것을 제외한 시설
 ⑤ 핵물질, 방사성물질 또는 원자력시설과 관련된 다음 각각의 어느 하나에 해당하는 행위
  ㉠ 원자로를 파괴하여 사람의 생명·신체 또는 재산을 해하거나 그 밖에 공공의 안전을 위태롭게 하는 행위
  ⓒ 방사성물질 등과 원자로 및 관계 시설, 핵연료주기시설 또는 방사선발생장치를 부당하게 조작하여 사람의 생명이나 신체에 위험을 가하는 행위
  ⓒ 핵물질을 수수·소지·소유·보관·사용·운반·개조·처분 또는 분산하는 행위
  ㉣ 핵물질이나 원자력시설을 파괴·손상 또는 그 원인을 제공하거나 원자력시설의 정상적인 운전을 방해하여 방사성물질을 배출하거나 방사선을 노출하는 행위

(2) 테러단체

"테러단체"란 국제연합(UN)이 지정한 테러단체를 말한다.

(3) 테러위험인물

"테러위험인물"이란 테러단체의 조직원이거나 테러단체 선전, 테러자금 모금·기부, 그 밖에 테러 예비·음모·선전·선동을 하였거나 하였다고 의심할 상당한 이유가 있는 사람을 말한다.

(4) 외국인테러전투원

"외국인테러전투원"이란 테러를 실행·계획·준비하거나 테러에 참가할 목적으로 국적국이 아닌 국가의 테러단체에 가입하거나 가입하기 위하여 이동 또는 이동을 시도하는 내국인·외국인을 말한다.

(5) 테러자금

"테러자금"이란 공중 등 협박 목적을 위한 자금을 말한다.

(6) 대테러활동

"대테러활동"이란 테러 관련 정보의 수집, 테러위험인물의 관리, 테러에 이용될 수 있는 위험물질 등 테러수단의 안전관리, 인원·시설·장비의 보호, 국제행사의 안전확보, 테러위협에의 대응 및 무력진압 등 테러 예방과 대응에 관한 제반 활동을 말한다.

(7) 관계기관

"관계기관"이란 대테러활동을 수행하는 국가기관, 지방자치단체, 그 밖에 대통령령으로 정하는 기관을 말한다.

(8) 대테러조사

"대테러조사"란 대테러활동에 필요한 정보나 자료를 수집하기 위하여 현장조사·문서열람·시료채취 등을 하거나 조사대상자에게 자료제출 및 진술을 요구하는 활동을 말한다.

2 테러 및 위해물품 발견 시 행동요령

국경 감시와 관련하여 테러위해물품으로 의심되는 물품을 발견한 때에는 다음과 같이 행동하여야 한다.
① 물품을 흔들거나 떨어뜨리지 않는다.
② 화물이 개봉되어 의심스러운 물질이 발견된 경우에는 주변을 차단하는 등 안전조치를 취한다.
③ 즉시 안전담당관이나 경찰에 연락하고 어떠한 경우에도 운반하거나 손을 대지 않도록 한다.
④ 의심되는 물품의 냄새를 맡지 않는다.
⑤ 가루를 발견한 경우에는 물품을 밀봉된 비닐백에 별도 보관하여 관계당국에 인계한다.
⑥ 피부에 접촉하였을 경우에는 접촉부위를 비누와 물로 세척한다.

3 우편물을 개봉한 후의 유형별 대처요령

① 총기·도검류 : 원상태로 보존 후 경찰서 등에 신고한다.
② 화생방물질이 묻었으면 흐르는 물에 씻되, 피부를 문지르거나 긁지 않는다.
③ 창문을 닫고 우편물 개봉장소를 즉시 떠난다.
④ 경찰서·소방서 또는 화생방전문기관에 신고한다.

4 국가 및 지방자치단체의 책무 등

① 국가 및 지방자치단체는 테러로부터 국민의 생명·신체 및 재산을 보호하기 위하여 테러의 예방과 대응에 필요한 제도와 여건을 조성하고 대책을 수립하여 이를 시행하여야 한다.
② 국가 및 지방자치단체는 대책을 강구할 때 국민의 기본적 인권이 침해당하지 아니하도록 최선의 노력을 하여야 한다.
③ 국민보호와 공공안전을 위한 테러방지법(이하 "테러방지법")을 집행하는 공무원은 헌법상 기본권을 존중하여 테러방지법을 집행하여야 하며, 헌법과 법률에서 정한 적법절차를 준수할 의무가 있다.
④ 테러방지법은 대테러활동에 관하여 다른 법률에 우선하여 적용한다.

5 국가테러대책위원회

① 대테러활동에 관한 정책의 중요사항을 심의·의결하기 위하여 국가테러대책위원회(이하 "대책위원회")를 둔다.
② 대책위원회는 국무총리 및 관계기관의 장 중 대통령령으로 정하는 사람으로 구성하고 위원장은 국무총리로 한다.
③ 대책위원회는 다음의 사항을 심의·의결한다.
    ㉠ 대테러활동에 관한 국가의 정책 수립 및 평가
    ㉡ 국가 대테러 기본계획 등 중요 중장기 대책 추진사항
    ㉢ 관계 기관의 대테러활동 역할 분담·조정이 필요한 사항
    ㉣ 그 밖에 위원장 또는 위원이 대책위원회에서 심의·의결할 필요가 있다고 제의하는 사항

6 대테러센터

① 대테러활동과 관련하여 다음의 사항을 수행하기 위하여 국무총리 소속으로 관계기관 공무원으로 구성되는 대테러센터를 둔다.
  ㉠ 국가 대테러활동 관련 임무분담 및 협조사항 실무 조정
  ㉡ 장단기 국가대테러활동 지침 작성·배포
  ㉢ 테러경보 발령
  ㉣ 국가 중요행사 대테러안전대책 수립
  ㉤ 대책위원회의 회의 및 운영에 필요한 사무의 처리
  ㉥ 그 밖에 대책위원회에서 심의·의결한 사항
② 대테러센터의 조직·정원 및 운영에 관한 사항은 대통령령으로 정한다.
③ 대테러센터 소속 직원의 인적사항은 공개하지 아니할 수 있다.

7 전담조직의 설치 기출 2024

① 관계 기관의 장은 테러 예방 및 대응을 위하여 필요한 전담조직을 둘 수 있다.
② 전담조직은 테러 예방 및 대응을 위하여 관계 기관 합동으로 구성하거나 관계 기관의 장이 설치하는 다음의 전문조직(협의체를 포함한다)으로 한다.
  ㉠ 지역 테러대책협의회
  ㉡ 공항·항만 테러대책협의회
  ㉢ 테러사건대책본부
  ㉣ 현장지휘본부
  ㉤ 화생방테러대응지원본부
  ㉥ 테러복구지원본부
  ㉦ 대테러특공대
  ㉧ 테러대응구조대
  ㉨ 테러정보통합센터
  ㉩ 대테러합동조사팀

제2장 AEO

이 장에서는 사용의 편의를 위해 「수출입 안전관리 우수업체 공인 및 운영에 관한 고시」를 고시로 약칭하여 사용한다.

I 총 칙

1 AEO 제도 도입의 필요성

① 비관세장벽을 해소할 수 있다.
② 불법물품 반입 차단으로 사회안전과 국민건강을 보호할 수 있다.
③ 국제표준 규범 도입 등 국제사회와의 약속을 이행하고 동참할 수 있다.
④ 기업이미지 가치 상승으로 국제경쟁력을 제고할 수 있다.
⑤ 기업의 자율적 위험관리로 관세행정의 효율성을 도모할 수 있다.

2 AEO 제도의 특징

① 신속과 함께 안전을 담보할 수 있다.
② 국제협력을 통해 세관영역을 국내에서 국외로 확장할 수 있다.
③ 특정 시점·장소에서의 단편적 관리에서 흐름 중심의 통합관리를 지향한다.
④ 자율적인 내부통제체제 강화를 통한 법규준수도 제고를 지향한다.
⑤ 민-관 협력을 기반으로 하는 법규준수 및 수출입안전관리 제도이다.

3 정의 기출 2024

(1) 공인부문

"공인부문"이란 수출입물품의 제조·운송·보관 또는 통관 등 무역과 관련된 자 중에서 수출입 안전관리 우수업체 공인의 대상에 대하여 규정한 부문을 말한다.

(2) 공인기준

"공인기준"이란 관세청장이 수출입 안전관리 우수업체를 공인할 때 심사하는 법규준수, 내부통제시스템, 재무건전성 및 안전관리 기준을 말한다.

(3) 법규준수도

"법규준수도"란 통합 법규준수도 평가와 운영에 관한 고시」에 따라 측정한 점수를 말한다.

(4) 공인심사

"공인심사"란 관세청장이 수출입 안전관리 우수업체로 공인을 받고자 신청한 업체가 공인기준을 충족하는지 등(수입부문은 통관적법성 적정 여부를 포함한다)을 심사하는 것을 말한다.

(5) 갱신심사

"갱신심사"란 관세청장이 수출입 안전관리 우수업체 공인의 갱신을 신청한 업체가 공인기준을 충족하는지 등(수입부문은 통관적법성 적정 여부를 포함한다)을 심사하는 것을 말한다.

(6) 통관적법성

"통관적법성"이란 신고납부 세액과 관세법 및 다른 법령에서 정하는 수출입 관련 의무이행의 적법 여부를 말한다.

(7) 예비심사

"예비심사"란 공인 또는 갱신심사를 신청하기 전에 업체가 희망하여 관세청장이 공인을 신청할 때 준비하여야 하는 서류의 종류와 내용을 안내하고, 공인기준 중에서 일부를 정해서 업체의 수출입 관리현황이 이를 충족하는지 예비적으로 확인하는 것을 말한다.

(8) 서류심사

"서류심사"란 관세청장이 공인 또는 갱신심사를 할 때 업체로부터 서류나 장부 등을 제출받아 서면으로 심사하는 것을 말한다.

(9) 현장심사

"현장심사"란 관세청장이 공인 또는 갱신심사를 할 때 업체의 본사, 사업장 및 거래업체를 방문하여 심사하는 것을 말한다.

(10) 관리책임자

"관리책임자"란 수출입 안전관리 우수업체의 임직원으로서 해당 업체가 공인기준과 통관적법성을 충족하는지를 관리하기 위하여 지정한 사람을 말한다.

(11) 기업상담전문관

"기업상담전문관"이란 관세청 및 세관 소속 공무원으로서 관세청장이 수출입 안전관리 우수업체가 공인기준과 통관적법성을 충족하는지를 점검하고 지원하기 위하여 지정한 사람을 말한다.

(12) 지원기업

"지원기업"이란 협약을 체결하고 공인획득 지원사업에 참여하여 컨설팅, 교육 등의 서비스를 제공받는 기업으로, 「중소기업기본법」제2조에 따른 중소기업을 말한다.

(13) 관리기관

"관리기관"이란 공인획득 지원사업에 대한 보조금의 집행 및 관리, 사업의 진도관리, 중간 및 최종점검 등의 업무를 담당하는 기관을 말한다.

(14) 컨설팅기관

"컨설팅기관"이란 중소기업의 공인획득을 지원하기 위한 지도 및 상담을 하는 기관으로 고시 제44조에 따른 요건을 구비한 것으로 확인되어 등록된 기관을 말한다.

4 공인부문 기출 2021/2023~2024

(1) 공인신청자 기출 2021/2023

수출입 안전관리 우수업체로 공인을 신청할 수 있는 자는 다음과 같다.
① 수출자(수출부문)
② 수입자(수입부문)
③ 통관업을 하는 자(관세사부문)
④ 운영인 또는 지정장치장의 화물을 관리하는 자(보세구역운영인부문)
⑤ 보세운송업자(보세운송업부문)
⑥ 보세화물을 취급하려는 자로서 다른 법령에 따라 화물운송의 주선을 업으로 하는 자 및 국제무역선·국제무역기 또는 국경출입차량을 이용하여 상업서류나 그 밖의 견본품 등을 송달하는 것을 업으로 하는 자(화물운송주선업부문)
⑦ 국제무역선·국제무역기 또는 국경출입차량에 물품을 하역하는 것을 업으로 하는 자(하역업부문)
⑧ 국제무역선을 소유하거나 운항하여 보세화물을 취급하는 자(선박회사부문)
⑨ 국제무역기를 소유하거나 운항하여 보세화물을 취급하는 자(항공사부문)

(2) 자유무역지역 입주자

상기 (1)에도 불구하고 자유무역지역 입주자가 상기 (1)의 각 업무를 하는 경우 해당 공인부문으로 간주한다.

Ⅱ 공인 기준, 등급 및 절차 등

1 공인기준 기출 2022~2024

(1) 공인기준 기출 2022~2023

수출입 안전관리 우수업체의 공인기준은 다음과 같이 구분하며, 세부 내용은 고시 별표 1과 같다. 다만, 관세청장은 중소 수출기업이 공인기준을 충족하는지를 심사할 때에는 평가방법을 달리 적용할 수 있다.

① **법규준수** : 법, 자유무역협정의 이행을 위한 관세법의 특례에 관한 법률(이하 "자유무역협정관세법"), 대외무역법 및 외국환거래법 등 수출입 관련 법령을 성실하게 준수하였을 것
② **내부통제시스템** : 수출입신고 등의 적정성을 유지하기 위한 기업의 영업활동, 신고 자료의 흐름 및 회계처리 등과 관련하여 부서 간 상호 의사소통 및 통제 체제를 갖출 것
③ **재무건전성** : 재무제표에 대한 감사보고서의 감사의견이 적정이어야 하며, 부채비율이 동종업종의 평균 부채비율의 **200% 이하**이거나 외부 신용평가기관의 신용평가등급이 투자적격 이상 또는 매출 증가 등으로 성실한 법규준수의 이행이 가능할 정도의 재정을 유지하여야 한다.
④ **안전관리** : 수출입물품의 안전한 관리를 확보할 수 있는 거래업체, 운송수단, 출입통제, 인사, 취급절차, **시설과 장비**, 정보 및 교육·훈련체계를 갖출 것

(2) 세부사항 안내

관세청장은 수출입 안전관리 우수업체로 공인받고자 하는 업체가 공인기준을 쉽게 이해하고 현장에 적용할 수 있도록 각 기준별로 충족하여야 할 세부사항을 안내할 수 있다.

(3) 충족 요건 기출 2022/2024

수출입 안전관리 우수업체로 공인을 받기 위해서는 공인기준 중에서 필수적인 기준을 충족하고, 다음의 요건을 모두 충족하여야 한다.
① **법규준수도가 80점 이상**일 것. 다만, 중소 수출기업은 심의위원회를 개최하는 날을 기준으로 직전 2개 분기 연속으로 해당 분기단위의 **법규준수도가 80점 이상**인 경우도 충족한 것으로 본다.

② 내부통제시스템 기준의 평가점수가 80점 이상일 것
③ 재무건전성 기준을 충족할 것
④ 안전관리 기준 중에서 **충족이 권고되는** 기준의 평가점수가 70점 이상일 것

2 공인등급

(1) 공인등급별 기준

관세청장은 상기 1의 (3)을 충족한 업체를 대상으로 다음의 공인등급별 기준에 따라 수출입 안전관리 우수업체 심의위원회(이하 "심의위원회")의 심의를 거쳐 공인등급을 결정한다.
① A등급 : 법규준수도가 80점 이상인 업체
② AA등급 : 법규준수도가 90점 이상인 업체
③ AAA등급 : 갱신심사를 받은 업체 중에서 법규준수도가 95점 이상이고, 다음의 어느 하나에 해당하는 업체
  ㉠ 수출입 안전관리와 관련하여 다른 업체에 확대하여 적용할 수 있는 우수사례가 있는 업체. 이 경우 해당 우수사례는 공인등급을 상향할 때에 한번만 유효하다.
  ㉡ 중소기업이 수출입 안전관리 우수업체로 공인을 받는데 지원한 실적이 우수한 업체
  ㉢ 그 밖의 관세청장이 인정하는 경우로서 심의위원회의 결정을 받은 업체

(2) 우대 기준

관세청장은 상기 (1)에도 불구하고 업체가 다음의 어느 하나에 해당하는 경우에는 공인등급을 결정할 때에 우대할 수 있다.
① 수입물품의 과세가격 결정방법(특수관계가 있는 자들 간에 거래되는 물품의 과세가격 결정방법)에 대해서 관세청장의 사전심사를 받은 경우
② 관세청장 또는 세관장으로부터 원산지인증수출자로 인증을 받은 경우
③ 공인부문에 해당하는 거래업체 중에서 수출입 안전관리 우수업체의 비율이 높은 경우
④ 그 밖에 심의위원회에서 인정한 경우

(3) 재심의 요청

수출입 안전관리 우수업체가 관세청장의 공인등급 결정에 이의가 있는 경우에는 세관장을 통해 관세청장에게 재심의를 요청할 수 있다.

3 공인등급의 조정 절차 기출 2021/2023

(1) 공인등급의 상향(조정 신청) 기출 2021/2023

관세청장은 수출입 안전관리 우수업체가 4개 분기 연속으로 공인등급별 기준을 충족하는 경우 공인등급의 조정 신청을 받아 상향할 수 있다. 다만, 수출입 안전관리 우수업체가 갱신이 아닌 때에 공인등급의 조정을 신청하고자 할 때는 공인의 유효기간이 1년 이상 남아 있어야 한다.

(2) 공인등급 조정 신청서 제출

수출입 안전관리 우수업체가 공인등급의 조정을 신청할 때는 공인등급 조정 신청서를 관세청장에게 제출하여야 한다.

(3) 공인등급별 기준 충족 여부 확인

관세청장은 필요한 경우에 서류 확인 등 간소한 방법으로 수출입 안전관리 우수업체가 공인등급별 기준을 충족하는지를 확인할 수 있다.

(4) 공인등급의 하향

관세청장은 수출입 안전관리 우수업체가 해당 공인등급별 기준을 충족하지 못하거나 수출입신고 오류방지에 관한 고시 제13조 제2항에 해당하는 경우 등에는 공인등급을 낮출 수 있다.

4 공인신청 기출 2021/2023

(1) 공인신청 서류 기출 2021/2023

수출입 안전관리 우수업체로 공인을 받고자 심사를 신청하는 업체(이하 "신청업체")는 수출입 안전관리 우수업체 공인심사 신청서에 다음의 서류를 첨부하여 전자문서로 관세청장에게 제출하여야 한다. 다만, **첨부서류 중에서 행정기관 간 행정정보 공동이용이 가능한 서류는 신청인이 정보의 확인에 동의하는 경우 그 제출을 생략할 수 있다.**
 ① 공인기준을 충족하는지를 자체적으로 평가한 수출입 관리현황 자체평가표(법규준수도를 제외한다)
 ② 수출입 관리현황 설명서와 그 증빙서류

③ 사업자등록증 사본
④ 법인등기부등본
⑤ **대표자 및 관리책임자의 인적사항 명세서**
⑥ 수출입 안전관리와 관련한 우수 사례(우수 사례가 있는 경우에만 해당한다)
⑦ **지정된 교육기관이 발행한 관리책임자 교육이수 확인서. 다만, 관리책임자의 교체, 사업장 추가 등 불가피한 경우에는 현장심사를 시작하는 날까지 제출할 수 있다.**
⑧ 상호인정의 혜택 관련 영문 정보(국가 간 상호인정의 혜택을 받기를 희망하는 경우에만 해당한다)
⑨ 신청일을 기준으로 최근 2년 이내 세관장으로부터 관세조사를 받은 경우 관세조사 결과통지서(수입부문에만 해당한다). 다만, 해당 관세조사가 진행 중인 경우는 관세조사 계획통지서

(2) 공인신청 단위 기출 2021/2023

신청업체가 공인을 신청할 때는 **법인 단위(개인사업자를 포함한다)로 신청**하여야 하며, 첨부서류는 각 사업장별로 구분하여 작성하여야 한다. 다만, **첨부서류 중 사업장별로 중복되는 사항은 한꺼번에 작성하여 제출할 수 있다.**

(3) 공인신청의 정정

신청업체는 공인심사가 끝나기 전까지 신청한 내용이 잘못된 것을 확인하는 경우 관세청장에게 정정을 신청할 수 있으며, 관세청장은 신청업체가 정정신청한 내용이 타당한 경우에는 정정된 내용에 따라 공인심사를 진행한다.

(4) 공인신청의 각하 기출 2021

관세청장은 신청업체가 공인심사를 신청하였을 때 다음의 어느 하나에 해당하는 경우 그 신청을 각하한다.
① 상기 (1)에서 정한 서류를 제출하지 않은 경우
② 공인 부문별 공인 기준 중에서 법규준수 기준(공인기준 일련번호 1.1.1부터 1.1.3까지만 해당한다)을 충족하지 못한 경우
③ 공인 부문별 공인 기준 중에서 재무건전성 기준(공인기준 일련번호 3.1.1에만 해당한다)을 충족하지 못한 경우
④ **법인 단위 법규준수도가 70점 미만(중소 수출기업은 60점 미만)인 경우. 다만, 관세조사로 인하여 법규준수도 점수가 하락한 경우에는 그렇지 않다.**

⑤ 법규준수도가 공인을 신청하는 날을 기준으로 직전 8개 분기를 대상으로 측정되지 않는 경우. 다만 법인 분할 등으로 신설된 법인의 법규준수도가 측정되지 않는 경우에는 기존 법인과 신설 법인의 동일성 여부를 판단하여 동일성이 인정되는 경우에 한하여 기존 법인의 법규준수도로 신설 법인의 법규준수도를 대체할 수 있다.

5 공인신청의 취하

(1) 취하 신청

신청업체는 공인신청을 스스로 취하하고자 할 때는 공인심사 취하신청서를 작성하여 관세청장에게 제출하여야 한다.

(2) 제출 서류의 반환 또는 폐기

관세청장은 공인심사 신청의 취하를 접수하였을 때는 해당 업체에 제출된 서류를 반환하거나 동의를 얻어 폐기하여야 한다.

6 공인심사의 구분 [기출 2023]

(1) 공인심사의 방법 [기출 2023]

관세청장은 신청업체를 대상으로 공인심사를 할 때는 **서류심사와 현장심사의 순으로 구분하여** 실시한다.

(2) 통관적법성 검증

관세청장은 공인심사를 할 때 통관적법성 심사와 관련하여 신청업체에 오류 정보를 제공하거나 신청업체의 사업장을 방문하여 심사할 수 있다.

7 예비심사 [기출 2024]

(1) 예비심사의 신청

신청업체는 공인 또는 갱신심사를 신청하기 전에 예비심사를 희망하는 경우 예비심사 신청서를 관세청장에게 제출하여야 한다. 이 경우 예비심사의 내용은 다음과 같다.
① 공인심사 신청서의 기재 방법과 첨부서류의 종류 및 내용 안내

② 공인기준 일부에 대한 예시적 심사(제출된 서류의 적정성 확인 포함)
③ 그 밖에 수출입 안전관리 우수업체 공인과 관련한 일반적인 사항에 대한 자문·상담

(2) 예비심사의 위탁

관세청장은 예비심사 지원업무를 지정된 기관에 위탁할 수 있다.

(3) 중소 수출기업 우선 심사

관세청장은 중소 수출기업이 예비심사를 신청한 경우 다른 신청업체에 우선하여 예비심사를 할 수 있다.

(4) 심사기한

상기 (2)에 따른 수탁기관은 관세청장으로부터 예비심사 관련 서류를 이관받은 날부터 20일 이내에 검토를 마치고, 그 결과를 관세청장에게 제출하여야 한다.

(5) 예비심사의 처리기간

관세청장은 예비심사 신청서를 접수한 날로부터 40일 이내에 예비심사를 마쳐야 한다.

(6) 예비심사 결과 통보

관세청장은 수탁기관이 제출한 사항을 검토한 후 예비심사 결과를 확정하여 신청업체에 통보하여야 한다.

(7) 본심사 시 예비심사 결과 고려

관세청장은 공인심사 및 갱신심사를 하는 경우 예비심사 결과를 고려하여야 한다.

8 서류심사 기출 2023~2024

(1) 서류심사의 기한 기출 2023

관세청장은 **공인심사 신청서를 접수한 날로부터 60일 이내에** 서류심사를 마쳐야 한다.

(2) 보완 요구 기출 2024

관세청장은 신청업체가 제출한 서류를 통해서 공인기준을 충족하는지를 확인하기 어려

운 경우에는 30일의 범위 내에서 신청업체에 보완을 요구할 수 있다. 이 경우 관세청장은 보완을 요구할 사항을 가급적 한꺼번에 요구하여야 하며, 보완에 소요되는 기간(이하 "보완기간")은 심사기간에 포함하지 않는다.

(3) 보완 요구서 기재사항

관세청장은 보완을 요구할 때는 보완 요구서에 보완하여야 할 사항, 보완을 요구하는 이유 및 보완기한 등을 구체적으로 기재하여 신청업체에 통보하여야 한다.

(4) 의견 수렴 및 소명 기회 부여

관세청장은 보완 요구서를 송부하기 전에 신청업체의 요청이 있을 때는 해당 업체의 의견을 듣거나 업체에 소명할 수 있는 기회를 줄 수 있다.

(5) 보완기간의 연장신청

신청업체는 상기 (2)에도 불구하고 천재지변, 주요 사업장의 이전, 법인의 양도, 양수, 분할 및 합병 등 부득이한 사유로 보완에 장시간이 걸리는 경우 보완기간의 연장을 신청할 수 있다. 이 경우 관세청장은 보완기간을 모두 합하여 180일을 넘지 않는 범위 내에서 보완기간을 연장할 수 있다.

(6) 서류심사의 위탁

관세청장은 서류심사 지원업무를 지정된 기관에 위탁할 수 있다.

9 현장심사 기출 2024

(1) 현장심사의 실시

관세청장은 서류심사가 완료된 업체에 대해서 직원 면담, 시설 점검 및 거래업체 확인 등으로 현장심사를 실시한다.

(2) 현장심사 계획 협의

관세청장은 현장심사를 계획할 때는 심사 일정, 심사 참여자, 세부 절차 및 방법 등을 미리 신청업체와 협의하여야 한다.

(3) 현장심사 계획 통지

관세청장은 서류심사를 마친 날부터 30일 이내에 현장심사 계획 통지서를 신청업체에 송부하여야 한다. 이 경우 관세청장은 현장심사를 시작하기 최소 10일 전까지 그 계획을 통지하여야 한다.

(4) 현장심사 변경

관세청장은 부득이한 사유로 현장심사 일정을 변경하려는 경우에는 현장심사를 시작하기 5일 전까지 변경된 일정을 통지할 수 있다.

(5) 현장심사기간

관세청장은 현장심사를 시작한 날부터 60일 이내에 그 심사를 마쳐야 하며, 신청업체의 사업장을 직접 방문하는 기간은 15일 이내로 한다. 심사대상 사업장이 여러 곳인 경우 관세청장은 효율적인 심사를 위하여 일부 사업장을 선택하여 심사하는 등 탄력적으로 심사할 수 있다.

(6) 방문심사기간의 연장

관세청장은 신청업체의 사업장을 직접 방문하는 기간을 연장하고자 할 때는 연장하는 사유와 연장된 기간을 신청업체에 미리 통보하여야 한다. 이 경우 업체를 방문할 수 있는 기간은 모두 합하여 30일을 넘을 수 없다.

(7) 현장심사 연기 등

관세청장은 현장심사를 시작하기 전이나 시작한 후 업체에 부득이한 사유가 발생하여 정상적인 심사가 어렵다고 판단되는 경우는 최소한의 기간을 정하여 현장심사를 연기하거나 중지할 수 있다. 이때 관세청장은 연기 또는 중지 사유가 해소된 경우 빠른 시일 내에 현장심사를 재개하여야 한다.

(8) 현장심사 중단 등

관세청장은 신청업체의 수출입 관리현황이 공인기준에 현저히 충족하지 못하거나, 신청업체가 자료를 제출하지 않는 등 협조하지 않아 현장심사 진행이 불가능하다고 판단되는 경우 현장심사를 중단하고, 공인심사 신청의 기각 등 필요한 조치를 할 수 있다.

(9) 국내외 거래업체에 대한 현장심사

관세청장은 신청업체가 공인기준을 충족하는지 확인하기 위하여 필요한 경우 신청업체의 국내 또는 해외 거래업체를 현장심사 할 수 있다. 이 경우 심사절차 및 기간은 신청업체에 준하여 적용한다. 관세청장은 현장심사를 할 때 신청업체에 대한 보완 요구 등에 관하여 상기 8의 (2)부터 (5)까지를 준용한다.

(10) 현장심사 결과 통지

관세청장은 현장심사를 종료하였을 때 그 결과를 신청업체에 통지하여야 한다.

10 심사의 일부 생략 등

(1) 심사의 일부 생략

관세청장은 국제선박보안증서를 발급받은 국제항해선박소유자와 항만시설적합확인서를 발급받은 항만시설소유자에 대하여 해양수산부장관으로부터 세부 심사내용을 제공받아 확인한 결과, 공인기준을 충족한 부분에 대해서는 심사를 생략할 수 있다.

(2) 심사의 일부 간소화

관세청장은 중소 수출기업의 수출규모 및 법규준수도 점수 등을 고려하여 내부통제시스템 기준 중에서 위험평가 부분에 대한 공인심사를 간소하게 할 수 있다.

11 공인 및 공인의 유보

(1) 공인

관세청장은 현장심사를 마친 후 심의위원회의 심의를 거쳐 공인기준을 충족한 업체를 수출입 안전관리 우수업체로 공인하고 수출입 안전관리 우수업체 증서(이하 "증서")를 발급한다.

(2) 공인의 유보

관세청장은 신청업체가 다음의 어느 하나에 해당하는 경우 심의위원회의 심의를 거쳐 공인을 유보할 수 있다.

① 신청업체가 나머지 공인기준은 모두 충족하였으나, 법규준수도 또는 재무건전성 기준을 충족하지 못한 경우
② 신청업체가 수입하는 물품의 과세가격 결정방법이나 품목분류 및 원산지 결정에 이견이 있음에도 불구하고 법 제37조(과세가격 결정방법의 사전심사), 제86조(품목분류의 사전심사) 및 자유무역협정관세법 제31조(원산지 등에 대한 사전심사)에 따른 사전심사를 신청하지 않은 경우(수입부문에만 해당한다)
③ 신청업체가 공인부문별 공인기준 중에서 법규준수(공인기준 일련번호 1.1.1부터 1.1.3까지에만 해당한다)의 결격에 해당하는 형사 및 사법절차가 진행 중인 경우
④ 신청업체가 사회적 물의 등을 일으켰으나 해당 사안이 공인의 결격에 해당하는지를 판단하는데 추가적으로 사실을 확인하거나 심의를 위한 충분한 법리검토가 필요한 경우
⑤ 그 밖에 심의위원회에서 공인의 유보가 필요하다고 인정하는 경우

(3) 공인기준 준수 개선 계획서 제출 등

공인이 유보된 업체는 그 결정을 받은 날부터 30일 이내에 관세청장에게 공인기준 준수 개선 계획서를 제출하고 그 제출한 날부터 180일 이내에 공인기준 준수 개선 완료 보고서를 제출하여야 한다. 다만, 재무건전성 기준을 충족하지 못하여 공인이 유보된 경우로서 제출기한 내 재무제표 작성이 완료되지 않는 등의 사유로 개선 완료 보고서 제출이 곤란한 경우에는 1년 이내에서 그 제출기한의 연장을 신청할 수 있다.

(4) 공인기준 준수 개선 계획서 제출 생략

관세청장은 상기 (3)에도 불구하고 공인기준을 충족하지 못한 사항이 경미한 경우에는 공인이 유보된 업체에 공인기준 준수 개선 계획서 제출을 생략하고, 바로 공인기준 준수 개선 완료 보고서를 제출하게 할 수 있다.

12 공인유보업체에 대한 재심사 등

(1) 공인유보업체에 대한 재심사 신청 간주

공인유보업체는 공인기준 준수 개선 완료보고서를 제출한 경우 공인기준 충족 여부에 대한 재심사를 신청한 것으로 본다.

(2) 공인유보업체에 대한 재심사 범위

재심사의 범위는 심의위원회에서 공인을 유보한 사유로 한정한다. 다만, 관세청장이 다른 공인기준에 대해 심사할 필요가 있다고 인정하는 경우 심사 범위를 확대할 수 있다.

(3) 재심사 기간

관세청장은 재심사를 그 신청한 날로부터 60일 이내에 마쳐야 하며, 재심사의 절차에 관하여 제9조(현장심사)를 준용한다. 이 경우 관세청장은 서면심사 등 간소한 방식으로 재심사할 수 있다.

(4) 규정 준용

관세청장은 재심사 결과, 공인유보업체가 공인기준을 충족한 경우 고시 제11조 제1항(수출입 안전관리 우수업체의 공인)의 규정을 준용한다.

13 공인신청의 기각 기출 2021/2023

관세청장은 신청업체가 다음의 어느 하나에 해당하는 경우 공인신청을 기각할 수 있다.
① **서류심사 또는 현장심사 결과, 공인기준을 충족하지 못하였으며 보완 요구의 실익이 없는 경우**
② **공인심사를 할 때 제출한 자료가 거짓으로 작성된 경우**
③ 관세청장이 보완을 요구하였으나, 천재지변 등 특별한 사유 없이 보완 요구 기한 내에 보완하지 않거나(통관적법성 심사와 관련한 자료제출 및 보완 요구도 포함한다) 보완하였음에도 공인기준을 충족하지 못한 경우
④ 상기 11 (2) ③의 사유(법규준수의 결격에 해당하는 형사 및 사법절차가 진행 중인 경우)가 **현장심사를 마친 날부터 1년을 넘어서도 확정되지 않고 계속 진행되는 경우**. 다만, 이 경우 최소한 1심 판결이 유죄로 선고되어야 한다.
⑤ 공인기준 준수 개선 계획을 제출하지 않거나, 공인기준 준수 개선 완료 보고를 하지 않은 경우
⑥ **공인유보업체를 재심사한 결과, 공인기준을 충족하지 못한 것으로 확인된 경우**
⑦ **공인신청 후 신청업체의 법규준수도 점수가 70점 미만(중소 수출기업은 60점 미만)으로 하락한 경우**
⑧ **교육이수 확인서를 제출하지 않은 경우**

14 공인의 유효기간 기출 2021/2023

(1) 공인의 유효기간 기출 2021/2023

수출입 안전관리 우수업체 공인의 유효기간은 **증서상의 발급한 날로부터 5년**으로 한다. 다만, 수출입 안전관리 우수업체가 증서를 반납하였거나 심의위원회에서 수출입 안전관리 우수업체 공인의 취소를 결정하였을 때는 증서를 반납한 날 또는 해당 결정을 한 날에 공인의 유효기간이 끝나는 것으로 본다.

(2) 유효기간의 계속 기출 2021

갱신심사가 진행 중이거나 갱신심사에 따른 공인의 갱신 전에 유효기간이 끝나는 경우 해당 공인은 유효한 것으로 본다. 다만, 다음의 어느 하나에 해당하는 경우는 그 사유가 발생한 날에 공인의 유효기간이 끝나는 것으로 본다.
① 신청업체가 갱신심사 신청을 철회하는 경우
② 갱신심사 신청이 각하 또는 기각되는 경우

(3) 갱신된 공인의 유효기간 기출 2021

갱신심사에 따라 갱신된 공인의 유효기간은 기존 공인의 유효기간이 끝나는 날의 다음 날부터 시작한다.

(4) 공인등급을 조정하는 경우 기출 2021

관세청장이 공인의 유효기간 중 공인등급을 조정하는 경우 공인의 유효기간은 조정 전의 유효기간으로 한다.

15 공인의 갱신 기출 2021

(1) 의의 기출 2021

수출입 안전관리 우수업체 공인의 유효기간은 5년으로 하며, 대통령령으로 정하는 바에 따라 공인을 갱신할 수 있다.

(2) 공인의 갱신신청

공인을 갱신하려는 자는 공인의 유효기간이 끝나는 날의 6개월 전까지 신청서에 다음의 서류를 첨부하여 관세청장에게 제출해야 한다.
① 자체 안전관리 평가서
② 안전관리 현황 설명서
③ 그 밖에 업체의 안전관리 현황과 관련하여 관세청장이 정하는 서류

(3) 공인 갱신신청의 안내

관세청장은 공인을 받은 자에게 공인을 갱신하려면 **공인의 유효기간이 끝나는 날의 6개월 전까지 갱신을 신청해야 한다는 사실**을 해당 공인의 유효기간이 끝나는 날의 7개월 전까지 휴대폰에 의한 문자전송, 전자메일, 팩스, 전화, 문서 등으로 미리 알려야 한다.

(4) 공인증서의 교부

관세청장은 갱신신청을 받은 경우 안전관리기준을 충족하는 업체에 대하여 공인증서를 교부하여야 한다.

16 통관절차 등의 혜택 기출 2021/2024

(1) 통관절차 등의 혜택

관세청장은 수출입 안전관리 우수업체에 **통관절차 및 관세행정상의 혜택으로서 대통령령으로 정하는 사항**(수출입물품에 대한 검사 완화나 수출입신고 및 관세납부 절차 간소화 등의 사항)을 제공할 수 있다. 또한 관세청장은 **다른 국가의 수출입 안전관리 우수업체에 상호 조건에 따라 혜택을 제공할 수 있다.**

(2) 추가 혜택 제공

관세청장은 입항부터 하역, 운송, 보관, 수입신고 등 일련의 통관절차에 관련된 수출입 안전관리 우수업체에 대해서는 추가적인 혜택을 제공할 수 있다.

(3) 우선 순위

관세청장이 정한 다른 고시·훈령·예규·공고의 규정이 이 고시의 규정과 상충되는 때에는 이 고시의 규정을 우선하여 적용한다. 다만, 수출입 안전관리 우수업체에 이익이 되는 규정 또는 해당 업체가 요청하는 경우는 그렇지 않다.

통관절차 및 관세행정상의 혜택(모든 부문)			
혜택 기준	수출입 안전관리 우수업체		
	A	AA	AAA
법규위반시 행정형벌보다 통고처분, 과태료 등 행정질서벌 등 우선 고려	○	○	○
「기업심사 운영에 관한 훈령」에 따른 기획심사, 법인심사 제외 (현행범, 중대·명백한 위법정보가 있는 경우 본부세관 갱신심사부서와 협의하에 심사 가능)	○	○	○
「관세법 등에 따른 과태료 부과징수에 관한 훈령」에 따른 과태료 경감 (적용시점은 과태료부과시점)	20%	30%	50%
「여행자정보 사전확인제도 운영에 관한 훈령」에 따른 여행자 검사대상 선별제외	○ 대표자 총괄 책임자	○ 대표자 총괄 책임자	○ 대표자 총괄 책임자
국제공항 입출국시 전용검사대를 이용한 법무부 입출국 심사	○ 대표자	○ 대표자	○ 대표자 총괄 책임자
국제공항 출국시 승무원전용통로를 이용한 보안검색	○ 대표자	○ 대표자	○ 대표자 총괄 책임자
국제공항 입출국시 CIP라운지 이용	×	×	○ 대표자
중소벤처기업부의 「중소기업 병역지정업체 추천」시 5점 가산	○	○	○
「통고처분 벌금상당액 가중·감경 기준에 관한 고시」에 따른 통고처분금액의 경감	15%	30%	50%
「외국환거래의 검사업무 운영에 관한 훈령」에 따른 외국환 검사 제외 (현행범, 중대·명백한 위법정보가 있는 경우 본부세관 갱신심사부서와 협의하에 검사 가능)	○	○	○
「관세청 감사에 관한 훈령」 제12조에 따른 전산감사 확인사항 기업상담전문관을 통해 시정	○	○	○
기업 ERP에 의한 수출입 및 화물 신고	○	○	○
「수출입신고 오류방지에 관한 고시」제14조에 따라 오류에 대한 제재 경감	○	○	○
중소벤처기업부의 「글로벌 쇼핑몰 입점판매사업」 가점 부여	○	○	○

통관절차 및 관세행정상의 혜택(보세구역 운영인 부문) 기출 2021/2024			
혜택 기준	수출입 안전관리 우수업체		
	A	AA	AAA
「특허보세구역 운영에 관한 고시」 제7조에 따른 특허 갱신기간 연장 (공인 수출입업체의 자가용 보세창고의 경우에도 동일혜택 적용)	6년	8년	10년
「특허보세구역 운영에 관한 고시」 제7조에 따른 특허 갱신시 본부세관 특허심사위원회 심사생략 및 해당 세관에서 자체 심사 (공인 수출입업체의 자가용 보세창고의 경우에도 동일 혜택 적용)	○	○	○
「보세화물관리에 관한 고시」 제16조에 따른 분기별 자체 재고조사 후 연1회 세관장에게 보고	○	○	○
「자율관리보세구역 운영에 관한 고시」에 따른 자율관리보세구역 운영인 이상의 혜택 (제10조에 따른 정기감사 생략 등)	○	○	○
「특허보세구역운영에 관한 고시」 제18조제3항에 따른 반입정지 기간을 50% 범위 내에서 하향조정 가능	×	○	○

Ⅲ 사후관리 및 갱신심사

1 사후관리의 주체 기출 2021

(1) 관세청장의 확인

관세청장은 수출입 안전관리 우수업체가 안전관리 기준을 충족하는지를 주기적으로 확인하여야 한다.

(2) 수출입 안전관리 우수업체의 자율평가

관세청장은 수출입 안전관리 우수업체에 안전관리 기준의 충족 여부를 자율적으로 평가하도록 하여 대통령령으로 정하는 바에 따라 그 결과를 보고하게 할 수 있다.

2 관리책임자의 지정 및 역할 기출 2023~2024

(1) 관리책임자 기출 2023

수출입 안전관리 우수업체(신청업체를 포함한다)는 다음에 해당하는 관리책임자를 지정·운영하여야 한다.
① **총괄책임자** : 수출입 안전관리를 총괄하며, 의사 결정 권한이 있는 대표자 또는 임원
② **수출입관리책임자** : **수출입물품의 제조, 운송, 보관, 통관, 반출입 및 적출입 등과 관련된 주요 절차를 담당하는 부서장 또는 직원**

(2) 관리책임자의 지정

수출입 안전관리 우수업체는 관리책임자를 지정할 때 총괄책임자는 1명 이상을 지정하고, 수출입관리책임자는 부서와 사업장별로 충분한 인원을 지정한다.

(3) 관리책임자의 업무

관리책임자는 다음에 해당하는 업무를 담당한다.
① 정기 자율 평가, 변동사항 보고, 공인 또는 갱신심사 수감 등 공인기준 준수관련 업무
② 직원에 대한 수출입 안전관리 교육
③ 정보 교환, 회의 참석 등 수출입 안전관리 관련 관세청 및 세관과의 협업

④ 세액 등 통관적법성 준수 관리
⑤ 그 밖에 업체의 법규준수 향상을 위한 활동

(4) 관리책임자의 자격요건

관리책임자의 자격요건은 고시 별표 4와 같다.

1. 총괄책임자
   수출입물품과 관련된 주요 절차를 담당하는 부서의 책임자(대표자 또는 임원)
2. 수출입관리책임자

공인부문	자격 요건
수출, 수입, 화물운송주선업, 보세운송, 보세구역운영인, 하역업	가. 수출입 관련 업무에 3년 이상 근무한 사람(다만, 중소 수출기업은 1년 이상) 또는 나. 보세사 자격이 있는 사람 (보세구역운영인 부문에만 해당한다)
관세사	수출입 통관업무를 3년 이상 담당한 관세사
선박회사	가. 국제항해선박 및 항만시설의 보안에 관한 법률에 따라 보안책임자로 지정된 사람, 또는 나. 수출입 관련 업무에 3년 이상 근무한 사람
항공사	가. 항공보안법에 보안책임자로 지정된 사람, 또는 나. 수출입 관련 업무에 3년 이상 근무한 사람

3 관리책임자 교육 등 기출 2023~2024

(1) 관리책임자 교육 기출 2023~2024

관리책임자는 수출입 안전관리 우수업체의 공인 전·후에 다음과 같이 관세청장이 지정하는 교육을 받아야 한다.
① 공인 전 교육 : **수출입관리책임자는 16시간 이상. 다만, 공인 전 교육의 유효기간은 해당 교육을 받은 날부터 5년임**
② 공인 후 교육 : 매 2년마다 총괄책임자는 4시간 이상, 수출입관리책임자는 8시간 이상(처음 교육은 공인일자를 기준으로 1년 이내 받아야 함). 다만, **관리책임자가 변경된 경우는 변경된 날부터 180일 이내에 해당 교육을 받아야 한다.**

(2) 관리책임자가 받아야 하는 교육의 내용

관리책임자가 받아야 하는 교육의 내용은 고시 별표 4의2와 같다.

교육	교육 내용
공인 전 교육	가. 무역안전과 원활화를 위한 국제 규범 및 국내외 제도 나. 수출입 안전관리 우수업체 제도와 필요성 다. 법규준수 및 수출입 안전관리를 위한 내부통제시스템 라. 수출입 안전관리 우수업체 공인기준의 세부내용 마. 수출입 안전관리 우수업체 공인신청 시 사전 점검항목 및 주의사항
공인 후 교육	가. 무역안전과 원활화를 위한 국제 규범 및 국내외 제도의 흐름과 변화 나. 법규준수 및 수출입 안전관리를 위한 관리책임자의 역할 다. 수출입 안전관리 우수업체의 공인 유지를 위한 효율적인 사후관리 방법 라. 정기 자율 평가 및 갱신심사 대비를 위한 준수사항

(3) 교육시간의 인정

관세청장은 상기 (1)에도 불구하고 관리책임자가 관세청장이 별도로 지정하는 수출입 안전관리 우수업체 제도관련 행사 등에 참석하거나 교육내용이 포함된 국제항해선박 및 항만시설의 보안에 관한 법률에 따라 실시되는 교육을 받은 경우 해당 교육시간을 인정할 수 있다.

(4) 교육 이수 권고

관세청장은 관리책임자가 공인 후 교육을 받지 않았을 때는 다음 차수의 교육을 받도록 권고하여야 한다.

(5) 교육의 위탁

관세청장은 관리책임자에 대한 교육을 관리책임자 교육기관의 지정요건을 충족한 비영리법인에 위탁할 수 있다.

(6) 관리책임자 교육기관 지정 신청

교육기관으로 지정받으려는 자는 관리책임자 교육기관 지정 신청서에 다음의 서류를 첨부하여 관세청장에게 제출하여야 하며, 신청서류는 우편 및 팩스로 제출할 수 있다. 이 경우 행정기관 간 공동이용이 가능한 서류는 신청인이 정보의 확인에 동의하는 경우 그 제출을 생략할 수 있다.

① 교육기관의 시설 등의 소유에 관한 증명서류(전세 또는 임대인 경우 계약서 사본)
② 법인등기부등본(법인의 경우에만 해당한다)
③ 교육기관의 지정요건을 갖추었음을 증명하는 서류
④ 교육 시행계획서

(7) 관리책임자 교육기관 지정서 발급

관세청장은 관리책임자 교육 지정 신청서를 제출한 자를 심사하여 교육기관으로 지정하려는 경우에는 관리책임자 교육기관 지정서를 발급하여야 한다.

4 변동사항 보고 기출 2021/2023~2024

(1) 변동사항 보고 기출 2021/2023~2024

수출입 안전관리 우수업체는 **다음의 어느 하나에 해당하는 사실이 발생한 경우 그 사실이 발생한 날로부터 30일 이내에 수출입 관리현황 변동사항 보고서를 작성하여 관세청장에게 보고하여야 한다.** 다만, **변동사항이 범칙행위, 부도 등 공인유지에 중대한 영향을 미치는 경우 지체 없이 보고하여야 한다.**
① 양도, 양수, 분할·합병 및 특허 변동 등으로 인한 법적 지위 등의 변경
② 대표자, 수출입 관련 업무 담당 임원 및 관리책임자의 변경
③ 소재지 이전, 사업장의 신설·증설·확장·축소·폐쇄 등
④ 사업내용의 변경 또는 추가
⑤ 화재, 침수, 도난, 불법 유출 등 수출입화물 안전관리와 관련한 특이사항

(2) 변동사항 점검

변동보고를 받은 관세청장은 법적지위 등이 변경된 이후에도 기업의 동일성 유지와 공인기준 충족 여부 등을 점검하여야 하며, 필요한 경우에는 현장을 방문하여야 한다.

(3) 기업의 동일성 판단 기준

기업의 동일성은 아래 사항을 종합적으로 고려하여 판단하여야 한다.
① 당해 기업 조직의 구성 및 운영(수출입 안전관리 업무 관리 조직 포함)
② 매출 구조 및 주요 수출입 물품 현황 등 사업의 내용
③ 그 밖에 사업의 실질 및 지위 변동 관련 사항

(4) 공인기준 준수 개선 요구

관세청장은 점검 결과, 수출입 안전관리 우수업체가 공인기준을 충족하지 못하거나 법규준수도의 하락으로 공인등급의 하향 조정이 예상되는 경우 공인기준 준수 개선을 요구하여야 한다.

(5) 공인기준 준수 개선 계획서 제출

수출입 안전관리 우수업체는 공인기준 준수 개선 요구를 받은 날부터 30일 이내에 관세청장에게 공인기준 준수 개선계획을 제출하고, 그 제출일부터 90일 이내에 개선 완료 보고서를 제출하여야 한다.

(6) 공인기준 준수 개선 계획서 제출 생략

관세청장은 상기 (5)에도 불구하고 공인기준을 충족하지 못한 사항이 경미한 경우에는 공인기준 준수 개선계획의 제출을 생략하고, 해당 요구를 받은 날부터 30일 이내에 공인기준 준수 개선 완료 보고서를 제출하게 할 수 있다.

(7) 조치

관세청장은 공인기준 준수 개선 완료 보고서를 검토한 후 공인등급의 조정, 공인의 취소, 공인의 유보, 공인신청의 기각, 혜택의 정지 등 필요한 조치를 할 수 있다.

5 정기 자율 평가 [기출 2023~2024]

(1) 의의 [기출 2023~2024]

수출입 안전관리 우수업체는 매년 공인일자가 속하는 달에 정기 자율 평가서에 따라 공인기준을 충족하는지를 자율적으로 점검하고 다음 달 15일까지 관세청장에게 그 결과를 제출하여야 한다. 다만, **수출입 안전관리 우수업체가 여러 공인부문에 걸쳐 공인을 받은 경우는 공인일자가 가장 빠른 공인부문을 기준으로 자율 평가서를 함께 제출할 수 있다.**

(2) 정기 자율 평가의 생략

상기 (1)에도 불구하고 관세청장은 수출입 안전관리 우수업체가 갱신심사를 신청한 경우는 공인의 유효기간이 끝나는 날이 속한 연도에 실시하는 정기 자율 평가를 생략하게 할 수 있다. 다만, 수출입 안전관리 우수업체가 갱신심사 신청을 취하하는 경우에는 상기 (1)에 따른 기한 또는 갱신심사를 취하한 날의 다음 달 15일까지 정기 자체평가서를 관세청장에게 제출하여야 한다.

(3) 정기 자율 평가의 확인

수출입 안전관리 우수업체는 자율 평가서를 다음의 어느 하나에 해당하는 자(해당 업체에 소속된 자는 제외한다)에게 확인을 받아야 한다. 다만, 중소기업은 수출입 관련 업무에 1년 이상 근무한 경력이 있고, 관리책임자 교육을 받은 해당 업체 소속 관리책임자의 확인을 받을 수 있다.

① 관세청장이 지정한 비영리법인
② 수출입 안전관리 우수업체 공인을 받은 관세사무소 또는 관세법인·통관취급법인 등에 소속된 자로서 최근 5년 이내에 공인 전 교육을 받은 관세사
③ 관세청장 또는 교육기관이 시행하는 수출입 안전관리 우수업체 제도 교육을 최근 5년 이내에 35시간 이상을 받은 관세사
④ 수출입 안전관리 우수업체로 공인을 받은 보세구역운영인 등에 소속된 자로서 최근 5년 이내에 공인 전 교육을 받은 보세사(보세구역 운영인 부문에 한정한다)
⑤ 관세청장 또는 교육기관이 시행하는 수출입 안전관리 우수업체 제도 교육과정을 최근 5년 이내에 35시간 이상 받은 보세사(보세구역 운영인 부문에 한정한다)

(4) 정기 자율 평가서 확인서 제출

정기 자율 평가 확인자는 정기 자율 평가서 확인서를 관세청장에게 제출하여야 한다.

(5) 공인기준 충족 여부 확인 [기출 2023]

관세청장은 정기 자율 평가서 및 확인서에 대해서 공인기준을 충족하는 지를 확인할 경우 **확인자**에게 관련 자료를 요청하거나, 수출입 안전관리 우수업체의 사업장 등을 방문하여 확인할 수 있다.

(6) 공인기준 준수 개선 요구 [기출 2023]

관세청장은 확인 결과, 수출입 안전관리 우수업체가 **공인기준**을 충족하지 못하거나 법 **규준수도**가 하락하여 공인등급 하락이 예상되는 경우 공인기준 준수 개선을 요구하여야 한다.

6 갱신심사 기출 2021

(1) 갱신심사의 신청

수출입 안전관리 우수업체는 공인을 갱신하고자 할 때는 **공인의 유효기간이 끝나기 6개월 전까지 수출입 안전관리 우수업체 갱신심사 신청서에 최초 공인신청 시에 필요한 서류를 첨부하여 관세청장에게 전자문서로 제출**하여야 한다. 이 경우 **관세청장은 원활한 갱신심사를 운영하기 위해 수출입 안전관리 우수업체가 공인의 유효기간이 끝나기 1년 전부터 갱신심사를 신청하게 할 수 있다.**

(2) 여러 공인부문에서 공인을 받은 경우

수출입 안전관리 우수업체가 여러 공인부문에 걸쳐 공인을 받은 경우에는 공인일자가 가장 빠른 공인부문을 기준으로 갱신심사를 함께 신청할 수 있다. 이 경우 관세청장은 수출입 안전관리 우수업체의 동의를 얻어 공인부문별 유효기간을 공인일자가 가장 빠른 공인부문의 유효기간에 일치시킬 수 있다.

(3) 갱신심사의 방법

관세청장은 갱신심사 신청업체를 대상으로 갱신심사를 할 때는 수출입 안전관리 우수업체의 공인부문별로 서류심사와 현장심사의 순으로 구분하여 실시한다.

(4) 갱신심사의 범위

갱신심사의 범위는 공인기준과 통관적법성 심사와 관련하여 다음의 사항을 포함할 수 있다.

① **수입부문** : 통관적법성 심사대상 분야(법규준수와 관련된 과세가격, 품목분류, 원산지, 환급, 감면, 외환, 보세화물 관리, 사후관리 및 통관요건에 대한 세관장 확인업무 등)

② **관세사부문** : 법 및 관세사법과 그 밖에 관세사 직무 관련 법령에 따른 수출입신고와 관련 자료의 작성·관리상의 적정성

③ **그 밖의 부문** : 법과 그 밖에 공인부문별 수출입 관련 법령에 따른 세관신고·화물관리 등의 적정성

(5) 방문심사기간

관세청장은 갱신심사 중 현장심사를 할 때 통관적법성 심사를 위하여 수출입 안전관리 우수업체의 사업장을 직접 방문하는 기간은 방문을 시작한 날로부터 15일 이내로 한다. 이 경우 수출입 안전관리 우수업체가 중소기업에는 서면심사 등 간소한 방식으로 검증할 수 있다.

7 갱신심사 결과의 처리 등

(1) 갱신심사 결과의 처리

관세청장은 수출입 안전관리 우수업체에 대한 갱신심사 결과, 갱신 및 갱신의 유보, 갱신유보업체 등에 대한 재심사, 갱신심사 신청의 기각과 관련하여 제11조부터 제12조의2까지(공인 및 공인의 우보, 공인유보업체에 대한 재심사 등, 공인신청의 기각)를 준용한다.

(2) 공인기준 준수 개선 요구

관세청장은 갱신심사 결과, 수출입 안전관리 우수업체가 공인기준을 충족하지 못하거나 법규준수도의 하락으로 공인등급 하락이 예상되는 경우 현장심사 결과를 보고한 날에 공인기준 준수 개선을 요구하여야 한다.

(3) 보정신청 통지 등

세관장은 갱신심사 결과, 수출입 안전관리 우수업체가 납부하였거나 납부하여야 할 세액에 과부족이 있음을 안 때에는 해당 업체에게 보정을 신청하도록 통지하거나 경정 등 필요한 조치를 하여야 한다.

8 정기 통관적법성 자율 검증

(1) 의의

수입부문에 해당하는 수출입 안전관리 우수업체는 매년 공인일자가 속하는 달에 통관적법성 심사대상 분야(법규준수와 관련된 과세가격, 품목분류, 원산지, 환급, 감면, 외환, 보세화물 관리, 사후관리 및 통관요건에 대한 세관장 확인업무 등)에 해당하는 사항을 자율적으로 검증하고 보정·수정 등의 조치 후 다음 달 15일까지 세관장에게 그 결과를 제출할 수 있다.

(2) 자율 검증의 혜택

세관장은 수출입 안전관리 우수업체가 통관적법성 자율 검증 결과를 성실하게 제출하였을 때에는 갱신심사 시 통관적법성 심사기간을 단축하거나 서면심사를 실시하는 등 갱신심사를 간소화할 수 있다.

9 기업상담전문관의 지정·운영 [기출 2023]

(1) 기업상담전문관의 지정·운영

관세청장은 수출입 안전관리 우수업체가 공인기준과 통관적법성을 충족하는지를 점검하고 지원하기 위하여 업체별로 기업상담전문관(AM, Account Manager)을 지정·운영한다.

(2) 기업상담전문관의 업무 [기출 2023]

기업상담전문관은 수출입 안전관리 우수업체에 대하여 다음의 업무를 담당한다. 이 경우 기업상담전문관은 원활한 업무 수행을 위해서 수출입 안전관리 우수업체에 자료를 요구하거나 해당 업체의 사업장 등을 방문할 수 있다.
① 공인기준을 충족하는지에 대한 주기적 확인
② 공인기준 준수 개선계획의 이행 확인
③ 수입신고에 대한 보정심사 등 관세행정 신고사항에 대한 수정, 정정 및 그 결과의 기록유지
④ **변동사항, 정기 자율 평가, 세관협력도의 확인 및 점검**
⑤ 법규준수 향상을 위한 정보 제공 및 상담·자문
⑥ 정산업체의 수입세액 정산보고서 확인 및 점검
⑦ 기업 프로파일 관리

(3) 공인기준 준수 개선 요구

기업상담전문관은 수출입 안전관리 우수업체가 공인기준(공인기준 일련번호 3.2.1기준은 제외한다)을 충족하지 못하거나 분기 단위 법규준수도가 최근 2분기 연속으로 해당 업체의 공인등급별 기준 아래로 떨어진 경우 공인기준 준수 개선을 요구하여야 한다.

10 수출입 안전관리 기준 준수도의 측정·평가·활용 기출 2021~2022/2024

(1) 수출입 안전관리 기준 준수도의 측정·평가 기출 2021/2022

1) 의의

관세청장은 수출입안전관리우수업체로 공인받기 위한 **신청 여부와 관계없이 수출입물품의 제조·운송·보관 또는 통관 등 무역과 관련된 자 중 대통령령으로 정하는 자**를 대상으로 **안전관리** 기준을 준수하는 정도를 대통령령으로 정하는 절차에 따라 측정·평가할 수 있다.

2) 측정·평가의 절차

관세청장은 **연 4회의 범위**에서 다음의 어느 하나에 해당하는 자를 대상으로 안전관리기준의 준수 정도에 대한 측정·평가를 할 수 있다.
① 운영인
② 납세의무자
③ 화물관리인
④ 선박회사 또는 항공사
⑤ 수출·수입·반송 등의 신고인(화주를 포함한다)
⑥ 전자상거래물품의 특별통관 대상 업체
⑦ 보세운송업자등
⑧ 자유무역지역의 입주기업체

(2) 수출입 안전관리 기준 준수도 측정·평가의 활용 기출 2022/2024

1) 의의

관세청장은 측정·평가 대상자에 대한 **지원·관리**를 위하여 측정·평가한 결과를 대통령령으로 정하는 바에 따라 활용할 수 있다.

2) 활용 부문

관세청장은 안전관리기준의 준수 정도에 대한 측정·평가의 결과를 다음의 사항에 활용할 수 있다.
① 간이한 신고 방식의 적용 등 통관 절차의 간소화
② 검사 대상 수출입물품의 선별
③ 그 밖에 업체 및 화물 관리의 효율화를 위하여 기획재정부령으로 정하는 사항

Ⅳ 국가 간 상호인정

1 국가 간 수출입 안전관리 우수업체의 상호인정 기출 2023~2024

(1) 상호인정약정(MRA)의 체결 기출 2023

관세청장은 세계관세기구의 무역안전과 원활화를 위한 표준틀을 적용하고 있는 다른 나라의 관세당국과 상호인정약정을 체결할 수 있다.

(2) 상호인정약정의 체결절차 기출 2024

관세청장은 다음의 절차에 따라 상호인정약정을 체결하며, 다른 나라의 관세당국과 협의하여 탄력적으로 조정할 수 있다.
① 공인기준의 상호 비교
② 상호방문 합동 공인심사
③ 상호인정약정의 혜택 및 정보교환 등 운영절차 마련
④ 관세당국 최고책임자 간 서명

2 상호인정에 따른 혜택 및 이행점검 등 기출 2023

(1) 상호인정에 따른 혜택

관세청장은 다른 나라 관세당국과 상호인정약정을 체결한 경우 상대국 통관절차 상에서 우리나라의 수출입 안전관리 우수업체가 혜택을 받게 하거나, 우리나라의 통관절차상에서 상대국의 수출입 안전관리 우수업체에 혜택을 제공할 수 있다. 이 경우 혜택의 제공 기간은 양국 관세당국에서 부여한 수출입 안전관리 우수업체 공인의 유효기간으로 한다.

(2) 이행점검 기출 2023

혜택의 적용을 위해서 우리나라의 수출입 안전관리 우수업체는 상호인정약정별로 정해진 방법에 따른 조치사항을 이행하여야 하며, **상대국의 수출입 안전관리 우수업체와 거래하는 우리나라 수출입업체는 해당 업체의 공인번호를 연계한 해외거래처부호를 전자통관시스템을 통하여 신청하여야 한다.** 다만, 관세청장은 필요한 경우 등록된 해외거래처부호의 수출입 안전관리 우수기업 공인 정보를 수정할 수 있다.

(3) 혜택 중단 〔기출 2023〕

관세청장은 상대국의 수출입 안전관리 우수업체의 공인이 취소된 경우 제공된 혜택 제공을 즉시 중단하여야 한다.

(4) 상대국 관세당국과 이행협의 실시 〔기출 2023〕

관세청장은 상호인정약정의 혜택 점검, 이행 절차 개선, 제도설명 등을 위해 상대국 관세당국과 이행협의를 실시할 수 있다.

[2024년 12월 기준]

기준국가	체결국 수	체결국가(체결년도)
한국	25	캐나다('10), 싱가포르('10), 미국('10), 일본('11), 뉴질랜드('11), 중국('13), 홍콩('14), 멕시코('14), 튀르키예('14), 이스라엘('15), 도미니카공화국('15), 인도('15), 대만('15), 태국('16), 호주('17), 아랍에미리트('17), 말레이시아('17), 페루('17), 우루과이('17), 카자흐스탄('19), 몽골('19), 인도네시아('20), 사우디아라비아('23), 영국('24), 베트남('24)

※ AEO 제도 도입국(83개)
미국(14개), 유럽(43개), 아시아 태평양(12개), 중동/북미(6개), 동/남아프리카(7개), 서/중앙아프리카(1개)

V 보 칙

1 공인표지의 사용

(1) 공인표지의 사용

수출입 안전관리 우수업체는 공인의 유효기간 동안 관세청장이 정한 공인표지를 서류 또는 홍보물 등에 표시할 수 있다. 이 경우 수출입 안전관리 우수업체는 관세청장이 정한 공인표지를 임의로 변경하여서는 아니 된다.

(2) 공인표지의 활용범위 및 유의사항

① 공인표지는 수출입 안전관리 우수업체만 사용 가능

② 수출입 안전관리 우수업체가 소유하거나 실질적으로 관리하는 차량, 건물 등의 시설 외에도 안내책자, 명함, 신문광고 등 기업 활동과 관련된 모든 분야에서 사용 가능
③ 공인표지의 임의적인 변형은 허용이 안 됨

(3) 공인표지의 사용 승인

수출입 안전관리 우수업체가 아닌 자가 공인표지를 사용하고자 할 때는 관세청장에게 사전 승인을 받아야 한다.

2 혜택 적용의 정지 기출 2021/2023

관세청장은 수출입 안전관리 우수업체(대표자 및 관리책임자를 포함한다)가 다음의 어느 하나에 해당하는 경우 **6개월의 범위 내에서 혜택의 전부 또는 일부의 적용을 정지할 수 있다.** 이 경우 관세청장은 수출입 안전관리 우수업체에 시정을 명령하거나 개선을 권고할 수 있다.

① 수출입안전관리우수업체(대표자 및 관리책임자를 포함한다)가 관세법 또는 「자유무역협정의 이행을 위한 관세법의 특례에 관한 법률」, 「대외무역법」, 「외국환거래법」, 「수출용 원재료에 대한 관세 등 환급에 관한 특례법」 등 수출입과 관련된 법령을 위반하여 검찰에 고발 또는 송치되거나 통고처분을 받은 경우
② 정당한 사유 없이 변동사항을 보고하지 않거나 정기 자율 평가서를 제출 기한부터 1개월 이내에 제출하지 아니한 경우
③ 공인의 유효기간 중 기업상담전문관으로부터 공인기준 준수 개선 요구를 3회 이상 받은 경우
④ 관리책임자 공인 후 교육을 받도록 권고받은 이후에 특별한 사유 없이 교육을 받지 않은 경우
⑤ 공인을 유보한 경우. 다만, **공인의 유보 사유가 다음의 어느 하나에 해당하는 경우에는 혜택을 부여할 수 있다.**
  ㉠ 재무건전성 기준을 충족하지 못한 경우
  ㉡ 신고정확도 하위 10%에 해당하는 경우
  ㉢ 사업장별 법규준수도 기준(관세사부문)을 충족하지 못한 경우
  ㉣ 그 밖에 혜택을 부여하는 것이 타당하다고 심의위원회에서 결정한 경우

3 공인의 취소 기출 2021/2023

(1) 공인의 취소 기출 2021/2023

관세청장은 수출입 안전관리 우수업체(대표자 및 관리책임자를 포함한다)가 다음의 어느 하나에 해당하는 경우에는 공인을 취소할 수 있다. 다만, ①에 해당하는 경우 공인을 취소하여야 한다.

① 거짓이나 그 밖의 부정한 방법으로 공인을 받거나 공인을 갱신한 경우
② 수출입 안전관리 우수업체가 양도, 양수, 분할 또는 합병 등으로 공인 당시 업체와 동일하지 않다고 판단되는 경우
③ 공인기준 준수 개선 또는 자료 제출을 요구(통관적법성 관련 자료 제출 요구를 포함)하였으나 정당한 사유 없이 이행하지 않거나 이행하였음에도 공인기준을 충족하지 못하는 경우
④ 해당 공인 부문의 유효기간 내에 혜택 적용의 정지 처분을 5회 이상 받은 경우
⑤ 관세청장의 시정명령 또는 개선 권고사항을 특별한 사유 없이 이행하지 않은 경우
⑥ 관세법 또는 수출입 관련 법령의 위반과 관련하여 다음의 어느 하나에 해당하는 경우. 다만, 각 법령의 양벌규정에 따라 처벌된 개인 또는 법인은 제외한다.
　㉠ 법 제268조의2, 제269조, 제270조, 제270조의2, 제271조, 제274조 및 제275조의2부터 제275조의4까지의 규정에 따라 벌금형 이상의 형을 선고받거나 통고처분을 이행한 경우
　㉡ 법 제276조에 따라 벌금형의 선고를 받은 경우
　㉢ 「자유무역협정의 이행을 위한 관세법의 특례에 관한 법률」, 「대외무역법」, 「외국환거래법」 「수출용 원재료에 대한 관세 등 환급에 관한 특례법」 등 수출입과 관련된 법령을 위반하여 벌금형 이상의 형을 선고받은 경우
　㉣ 「관세사법」제29조에 따라 벌금형 이상의 형을 선고받거나 통고처분[같은 조 제4항 및 같은 법 제32조(같은 법 제29조 제4항과 관련된 부분으로 한정한다)에 따라 적용되는 법 제311조에 따른 통고처분은 제외한다]을 받은 경우

(2) 혜택 적용의 중단 및 공인 취소

공인 취소 사유에 해당하는 경우 즉시 혜택의 적용을 중단하고 청문 및 공인취소 절차를 진행한다.

(3) 공인 유효기간의 종료

관세청장은 심의위원회의 심의를 거쳐 공인의 취소를 결정한 경우 해당 결정을 한 날에 공인의 유효기간이 끝나는 것으로 본다.

4 청문 등 기출 2021

(1) 의견진술 기회 부여

관세청장은 수출입 안전관리 우수업체 공인을 취소하려는 경우 사전에 해당 업체에 청문 등을 통한 의견진술 기회를 주어야 한다.

(2) 청문 계획 통지

청문을 하는 경우 청문 예정일 10일 전까지 해당 업체에 청문 계획을 서면으로 통지하여야 하며, 수출입 안전관리 우수업체가 정당한 사유 없이 청문에 응하지 아니한 때에는 의견 진술을 포기한 것으로 본다.

(3) 의견 진술 또는 제출

의견 청취 계획 통지를 받은 수출입 안전관리 우수업체의 대표 또는 그 대리인은 지정된 날에 출석하여 의견을 진술하거나 지정된 날까지 서면으로 의견을 제출할 수 있다.

(4) 의견 진술의 확인

해당 수출입 안전관리 우수업체의 대표 또는 그 대리인이 출석하여 의견을 진술한 때에는 담당 공무원은 그 요지를 서면으로 작성하여 출석자에게 확인한 후 서명 날인하게 하여야 한다.

(5) 심의위원회의 심의 기출 2021

관세청장이 수출입 안전관리 우수업체에 대한 공인을 취소하려는 때에는 심의위원회의 심의를 거쳐야 한다.

5 공인증서의 반납 기출 2021

수출입 안전관리 우수업체는 공인이 취소된 경우 **지체 없이 관세청장에게 증서를 반납하여야 한다.**

6 공인정보 활용 및 공개

(1) 공인정보 활용

관세청장은 통관절차 등의 혜택을 적용하고, 다른 행정 목적의 사용을 위해서 수출입 안전관리 우수업체의 명단, 유효기간 등 공인정보를 활용할 수 있다.

(2) 공인정보 제공

관세청장은 수출입 안전관리 우수업체가 국가 간 상호인정 혜택을 받을 수 있도록 공인정보를 상대국 관세당국에 제공할 수 있다.

(3) 공인정보 공개

관세청장은 수출입 안전관리 우수업체의 동의를 얻어 공인정보를 외부에 공개할 수 있다.

7 수출입 안전관리 우수업체 카드

(1) 수출입 안전관리 우수업체 카드 발급

관세청장은 통관절차 등의 혜택을 효과적으로 제공하기 위하여 수출입 안전관리 우수업체의 대표자 또는 총괄책임자를 대상으로 수출입 안전관리 우수업체 카드(이하 "카드")를 발급할 수 있다.

(2) 전자문서 카드 발급 신청

수출입 안전관리 우수업체는 카드를 발급받기 위해서 전자통관시스템을 통하여 전자문서로 카드 발급을 신청하여야 한다.

(3) 수출입 안전관리 우수업체 카드 반납

수출입 안전관리 우수업체는 공인이 취소된 경우 지체 없이 관세청장에게 카드를 반납하여야 한다.

Ⅵ 보세구역 운영인의 공인기준 기출 2024

1 법규준수 기출 2021

1.1.1 신청업체와 신청인(관리책임자를 포함한다)이 법 제175조 제1호부터 제5호까지 또는 제7호에서 규정한 결격사유에 해당하지 않아야 한다.

1.1.2 신청업체와 신청인(관리책임자를 포함한다)이 법 제268조의2를 위반하여 벌금형 또는 통고처분을 받은 사실이 있는 경우에는 벌금형을 선고받거나 통고처분을 이행한 후 2년이 경과하여야 한다.

1.1.3 신청업체와 신청인(관리책임자를 포함한다)이 영 제259조의2 제1항 제1호에서 정한 법령(관세법령을 제외한다)을 위반하여 벌칙조항 중 징역형이 규정된 조항에 따라 벌금형 이상을 선고받은 사실이 있는 경우에는 징역형 종료 또는 벌금형 선고 후 2년이 경과하거나 집행유예 기간이 만료 되어야 한다. 다만, 각 법령의 양벌규정에 따라 처벌된 개인 또는 법인은 제외한다.

1.1.4 신청업체와 신청인(관리책임자를 포함한다)이 관세법 제276조에 따라 벌금형 선고를 받은 사실이 있는 경우에는 벌금형 선고 후 2년이 경과하여야 한다.

1.1.5 신청업체는 통합법규준수도시스템 또는 현장심사를 통하여 측정한 관세행정 법규준수도가 수출입 안전관리 우수업체 공인기준을 충족하여야 한다.

2 내부통제시스템 기출 2024

2.1.1 운영인은 최고경영자의 법규준수와 안전관리에 대한 경영방침과 이를 이행하기 위한 세부목표를 수립하여야 한다.

2.1.2 운영인은 법규준수와 안전관리를 위한 조직과 인력을 확보하고, 관세행정 관련 활동에 적극 참여하여야 한다.

2.1.3 운영인은 법규준수와 안전관리를 위하여 수출입물품 취급 관련 자격증 소지자와 경험자를 근무하도록 하여야 한다.

2.1.4 운영인은 청렴성을 유지하기 위하여 윤리경영방침을 마련하고, 내부고발제도 등 부정방지 프로그램을 활성화하여야 한다.

2.2.1 운영인은 법규준수와 안전관리 관련 업무 처리에 부정적 영향을 주는 위험요소의 식별, 평가, 관리대책의 수립, 개선 등을 포함한 절차를 마련하여야 한다.

2.3.1 운영인은 법규준수와 안전관리 관련 업무의 이행을 위하여 수출입물품 관리 등에 대한 절차를 마련하고, 최신자료를 유지하여야 한다.

2.3.2 운영인은 수출입물품의 이동과 물품취급 거래내역에 관한 관리절차를 마련하고, 관련 법령에 따라 보관하여야 한다.

2.3.3 운영인은 수출입물품의 보관내역과 이와 관련된 보관 수수료 등을 추적할 수 있는 운영체계를 구축하고, 세관장으로부터 요청받을 경우 접근을 허용하여야 한다.

2.3.4 운영인은 화물 반출입시 즉시 신고할 수 있는 체계를 구축하여야 한다.

2.4.1 운영인은 법규준수와 안전관리 업무에 대한 정보가 관련 부서에 공유되도록 하여야 한다.

2.4.2 운영인은 법규준수와 안전관리를 위하여 관세행정 전문가, 거래업체와 정기적으로 협의하여야 한다.

2.5.1 운영인은 내부통제활동에 대하여 주기적으로 평가하고 개선하는 절차를 마련하여야 한다.

3 재무건전성

3.1.1 신청업체와 신청인이 관세 등 국세와 지방세의 체납이 없어야 한다.

3.2.1 신청업체는 ① 재무제표에 대한 감사보고서의 감사의견이 적정이어야 하며, ② **부채비율이 동종업종의 평균 부채비율의 200% 이하이거나 외부신용평가기관의 신용평가 등급이 투자적격 이상 또는 매출 증가 등으로 성실한 법규준수의 이행이 가능할 정도의 재정을 유지하여야 한다.** 단, ①의 경우에는 「주식회사의 외부감사에 관한 법률」 적용대상 업체에만 적용한다.

4 안전관리 [기출 2024]

(1) 거래업체 관리

4.1.1 운영인은 거래업체를 선정하기 위한 절차를 마련하여야 한다.

4.1.2 운영인은 수출입 안전관리 우수업체 공인이 없는 거래업체에게 안전관리기준을 충족하였는지 여부를 문서나 전자적인 방법으로 표시하도록 요구하여야 하며, 위험평가 절차에 따라 거래업체의 안전관리기준 충족 여부를 주기적으로 검증하여야 한다.

(2) 운송수단 등 관리

4.2.1 운영인은 선박, 물품, 컨테이너와 트레일러 등에 비인가된 사람의 침입을 방지하여야 하며, 컨테이너와 트레일러 등의 이상 여부를 확인하고, 손상된 컨테이너와 트레일러 등을 식별하여 세관장 및 관련 외국 관세당국에 보고하는 절차를 마련하여야 한다.

4.2.2 운영인은 컨테이너와 트레일러 등에 비인가된 물품이나 사람의 침입을 방지하기 위해 봉인을 관리하고, 손상된 봉인을 식별하여 세관장 및 관련 외국 관세당국에 보고하는 절차를 마련하여야 한다.

4.2.3 운영인은 물품 및 컨테이너와 트레일러 등에 대한 무단 접근이나 조작을 방지하기 위하여 안전한 장소에 보관하고, 물품 보관장소 및 컨테이너와 트레일러 등에 대하여 주기적으로 점검하는 절차를 마련하여야 한다. 운영인은 무단침입이 확인된 경우 세관장에게 보고하는 절차를 마련하여야 한다.

(3) 출입통제 관리

4.3.1 운영인은 직원을 식별하고, 접근을 통제하기 위하여 직원식별시스템을 마련하고, 회사 관리자를 지정하여 직원, 방문자, 납품업자를 식별하는 표식의 발급과 회수를 관리하여야 한다.

4.3.2 운영인은 접근통제구역을 설정하고, 직원별로 직무수행 범위에 따라 접근가능 구역과 권한을 구분하여야 하며, 접근통제장치를 발급, 회수, 변경하는 절차를 마련하여야 한다.

4.3.3 운영인은 방문자 도착 시 사진이 부착된 신분증을 확인하고, 방문자 안내와 출입증을 패용하도록 하여야 한다.

4.3.4 운영인은 방문자가 방문목적에 따라 접근가능 구역에만 출입하도록 통제하는 절차를 마련하여야 한다.

4.3.5 운영인은 권한이 없거나 신원이 확인되지 않은 사람에 대하여 검문과 대응하는 절차를 마련하여야 한다. 운영인은 선박에서 밀항자 등을 발견하였을 경우에는 세관장에게 즉시 보고하여야 한다.

4.3.6 운영인은 물품 취급 및 보관지역을 감시하기 위하여 순찰하여야 한다.

(4) 인사관리

4.4.1 운영인은 채용예정자의 입사지원 정보에 대한 진위여부를 채용 전에 확인하여야 한다.

4.4.2 운영인은 관련 법령이 허용하는 범위 내에서 채용예정자에 대한 이력을 점검하여야 하며, 채용 후에는 직무 수행의 중요성에 기초하여 직원을 주기적으로 점검해야 한다.

4.4.3 운영인은 퇴직직원의 신분증과 시설 및 시스템 접근권한을 회수하는 절차를 마련하여야 한다.

(5) 취급절차 관리 `기출 2021`

4.5.1 운영인은 수출입물품의 운송, 취급, 보관, 반출입과 관련된 절차를 준수하기 위해 비인가된 물품과 사람의 접근을 통제하는 안전관리조치를 하여야 한다.

4.5.2 운영인은 컨테이너에 밀항자를 은닉하는 것으로 알려진 외국의 항구로부터 선박 및 컨테이너가 반입되었을 경우에는 정밀검색하는 절차를 마련하여야 한다.

4.5.3 **운영인은 반입물품의 중량·라벨·표식·수량 등을 반입예정정보와 대조 확인하여야 한다.** 운영인은 반출물품을 구매주문서 또는 운송의뢰서, 반출승인정보 등과 대조 확인하여야 한다. 또한, **물품을 인수하거나 불출하기 전에 운전사의 정확한 신원을 확인하여야 한다.**

4.5.4 운영인은 물품을 수하인 등에게 인계할 때 검수하여야 하며, 물품의 불일치 또는 부적절한 인계 등이 발생하였을 때에는 즉시 세관장에게 보고하여야 한다.

4.5.5 운영인은 컨테이너가 반출되기 전에 검사를 위하여 선별된 컨테이너를 안전하게 보관하고, 세관 검사대상으로 선별된 컨테이너가 세관장이 지정한 장소로 정확하고 신속하게 운송되도록 하여야 한다.

4.5.6 운영인은 세관직원 등이 검사를 위하여 컨테이너를 개장한 경우에는 검사 종료 시 즉시 재봉인하여야 한다.

(6) 시설과 장비 관리

4.6.1 운영인은 물품 취급 및 보관 시설 주변을 둘러싸는 울타리를 설치하여야 하며, 울타리의 손상 등 이상 여부를 주기적으로 검사하여야 한다.

4.6.2 운영인은 사람과 차량이 출입하는 출입구에 인력을 배치하거나 감시하고, 적절한 출입과 안전관리를 위하여 출입구를 최소한으로 유지하여야 한다.

4.6.3 운영인은 물품 취급 및 보관 시설 내부 또는 인접지역에 개인차량이 주차되지 않도록 하여야 한다.

4.6.4 운영인은 불법 침입을 막을 수 있는 자재를 사용하여 건물을 건축하여야 하고, 주기적으로 검사하고 보수하여야 한다.

4.6.5 운영인은 내·외부 창문, 출입구 및 울타리의 안전관리를 위하여 잠금장치를 설치하여야 하며, 근무시간 이후에는 사무실 접근을 통제하여야 하고, 회사 관리자에게 열쇠와 자물쇠 등의 불출을 관리하도록 하여야 한다.

4.6.6 운영인은 출입구, 물품 취급 및 보관 시설, 울타리, 주차지역을 포함한 시설 내·외부에 적절한 조명을 설치하여야 하며, 선박이 항구에 접안하고 있는 동안 부두 및 선박의 측면에도 조명을 설치하여야 한다.

4.6.7 운영인은 물품 취급 및 보관장소에 권한 없는 사람의 접근을 방지하고 시설을 감시하기 위하여 경보장치와 감시카메라를 설치하여야 한다.

4.6.8 운영인은 밀수를 방지하기 위하여 개인 차량이 터미널에 접근하는 것을 제한하고, 개인 차량의 접근을 허용하는 경우에는 선박, 물품 취급 및 보관 장소의 내부 또는 인접지역에 주차되지 않도록 하여야 한다. 또한 트럭이 항구에 있는 동안에는 항상 잠긴 상태를 유지하여 밀항자가 침입하지 못하도록 하여야 한다.

(7) 정보기술 관리

4.7.1 운영인은 컴퓨터시스템의 암호를 주기적으로 변경하고, 개별적으로 할당된 계정을 사용하도록 하여야 하며, 정보기술 관리정책, 절차 및 표준을 마련하여야 한다.

4.7.2 운영인은 회사정보에 대한 부적절한 접근, 조작 및 교환을 포함한 정보기술의 오·남용을 확인할 수 있는 시스템을 마련하도록 하여야 하며, 정보기술 관련 규정 위반자에 대하여는 합당한 징계처분을 하여야 한다.

(8) 교육과 훈련

4.8.1 운영인은 수출입물품과 관련된 각 지점에서 발생할 수 있는 각종 위험을 이해하고 인식을 제고하는 프로그램을 수립하여 시행하여야 하며, 직원들이 위험상황에 대처하기 위하여 회사가 정한 절차와 보고방법을 숙지하도록 하여야 한다.

4.8.2 운영인은 법규준수와 안전관리를 위하여 수출입물류업무에 대한 교육을 실시하여야 한다.

4.8.3 운영인은 수출입물품에 대한 안전관리 유지, 내부공모 파악·부정방지 프로그램의 준수, 물품취급 장소·시설 등에 대한 접근통제 및 정보기술 보호·관리 등에 대해 직원들에게 교육하여야 하며, 교육에는 직원의 참여를 독려할 수 있도록 혜택이 포함되어 있어야 한다.

제3장 밀수 등 신고자 포상

이 장에서는 사용의 편의를 위해 「밀수 등 신고자 포상에 관한 훈령」을 훈령으로 약칭하여 사용한다.

1 용어의 정의 기출 2023

이 훈령에서 사용하는 용어의 뜻은 다음과 같다.
① "신고"란 민간인 등이 포상의 대상에 해당하는 행위를 인편, 구두, 전화, 인터넷 및 팩스 등을 통하여 관세청이나 세관에 알리는 행위를 말한다.
② "세관장 등"이란 관세청장과 세관장을 말한다.
③ "위해물품"이란 총포류, 실탄류 및 화약·폭약류 및 도검류 등 훈령에서 규정하고 있는 물품을 말한다.
④ "위변조화폐 등"이란 위조 또는 변조된 화폐, 유가증권, 여권, 주민등록증, 외국인등록증, 운전면허증, 신용카드, 학위증 등 각종 증명서 및 공공기관 도장 등을 말한다.
⑤ "사건금액"이란 통고처분 또는 검찰에 고발·송치 시 등의 금액으로서 다음의 어느 하나에 해당하는 금액을 말한다.
  ㉠ 「관세법」 위반사건 : 해당 범칙물품의 국내도매가격(관세포탈 또는 부정감면 사건은 전체물품 중 포탈 또는 부정감면받은 세액의 전체세액에 대한 비율에 해당하는 물품의 국내도매가격을 말하고, 부정환급 사건은 해당 범칙물품의 수출신고가격 또는 부정환급액 중 높은 금액을 말하며, 가격조작사건은 조작한 차액에 해당하는 금액을 말한다)
  ㉡ 「대외무역법」 위반 사건 및 지식재산권 침해 사건 : 해당 범칙물품의 국내도매가격(위조상품의 경우 진정상품의 국내도매가격을 말한다)
  ㉢ 「외국환거래법」 위반 사건(「특정경제범죄 가중처벌 등에 관한 법률」위반 사건을 포함한다) : 해당 범칙 외국통화를 내국통화로 환산한 금액. 이 경우 적용할 환율은 위반행위 시 적용된 실거래 환율로 하며, 실거래 환율이 불명확한 경우에는 매매기준율 또는 재정된 매매기준율로 한다.

② 「범죄수익은닉의 규제 및 처벌 등에 관한 법률」 위반 사건 : 해당 사건과 관련된 범죄수익 등. 다만, 혼화재산인 경우에는 몰수대상 재산의 금액 또는 수량에 상당하는 부분을 말한다.

⑰ 「마약류 관리에 관한 법률」위반 사건 : 해당 범칙물품의 실제 거래가격. 다만, 실제 거래가격이 확인되지 않는 경우에는 관세청장이 검찰자료 등을 참고하여 책정·시달하는 기준가격 등에 따라 합리적으로 산출한다.

⑭ 「수입식품안전관리 특별법」, 「식품위생법」, 「약사법」, 「건강기능식품에 관한 법률」, 「화장품법」 및 「의료기기법」위반사건 : 해당 범칙물품의 국내도매가격

⑥ "국고수입액"이란 **해당 사건과 직접 관련된 벌금, 몰수판매대금 또는 몰수에 갈음하는 추징금, 부족세액 추징금, 과징금, 과태료 등 실제 국고납부액의 합계**를 말한다.

⑦ "여행자 휴대품 검색요원 등"이란 다음의 어느 하나에 해당하는 사람을 말한다.
   ㉠ 특송화물, 우편물, 여행자휴대품 등의 검사 또는 검색 업무에 종사하는 사람
   ㉡ 특송화물, 우편물 등의 집배·운송 업무에 종사하는 사람

⑧ "포상관리시스템"이란 범칙조사시스템 내에서 포상금의 신청, 심의 및 지급과 관련된 일련의 절차를 처리하는 전산시스템을 말한다.

⑨ "중대사건"이란 국민적 비난여론이 집중되고 사회적 파급효과가 큰 사건으로 관세청장이 별도로 정한 기준에 부합하는 범죄를 말한다.

⑩ "내부 신고"란 피신고자인 기업, 법인, 단체, 조직 등에 소속되어 근무하거나 근무하였던 자 또는 이와 유사한 지위에 있다고 관세포상심사위원회에서 인정하는 자가 신고하는 행위를 말한다.

2 포상의 대상 [기출 2023]

세관장등은 다음의 어느 하나에 해당하는 사람에게(외국인을 포함한다) 포상한다. 다만, 신고자가 해당사건의 피검거자일 경우는 포상하지 않는다.

① 「관세법」 제268조의2, 제269조, 제270조, 제270조의2, 제271조, 제274조, 제275조의2, 제275조의3 및 제276조에 해당하는 관세범을 밀수신고센터에 신고한 사람. 다만, 피신고자를 조사한 결과 관세범에 해당하지 않더라도 피신고자로부터 관세 및 내국세 등을 추가 징수한 경우는 포함한다.

② 관세행정 업무와 관련하여 다음의 어느 하나에 해당하는 자를 밀수신고센터에 신고한 자
  ㉠ 「자유무역지역의 지정 및 운영에 관한 법률」 제56조, 제57조, 제59조 및 제65조에 해당하는 자
  ㉡ **「마약류관리에 관한 법률」을 위반한 자**
  ㉢ 지식재산권을 침해한 자
  ㉣ 「대외무역법」을 위반한 자 및 「대외무역법」 제33조에 따른 원산지 표시대상물품과 관련된 「농수산물의 원산지 표시 등에 관한 법률」을 위반한자
  ㉤ 「외국환거래법」을 위반한 자
  ㉥ 「특정경제범죄 가중처벌 등에 관한 법률」 제4조를 위반한 자
  ㉦ 「수출용 원재료에 대한 관세 등 환급에 관한 특례법」 제23조 제1항·제2항에 해당하는 자. 다만, 피신고자를 조사한 결과 범칙혐의가 없어도 피신고자로부터 관세 및 내국세 등을 추가 징수한 경우는 포함한다.
  ㉧ 「범죄수익은닉의 규제 및 처벌 등에 관한 법률」을 위반한 자
  ㉨ 위해물품 불법 수출입사범
  ㉩ **위변조화폐 등 불법 수출입사범**
  ㉪ 「자유무역협정의 이행을 위한 관세법의 특례에 관한 법률」을 위반한 자
  ㉫ 「불공정무역행위 조사 및 산업피해 구제에 관한 법률」을 위반한 자
  ㉬ 「수입식품안전관리 특별법」, 「식품위생법」, 「약사법」, 「건강기능식품에 관한 법률」, 「화장품법」 및 「의료기기법」을 위반한 자
③ 세관장 등이 관세행정의 개선이나 발전에 특별한 공로가 있다고 인정하는 자

3 포상의 시기 기출 2024

포상은 다음의 어느 하나에 해당하는 때에 실시한다.
① 통고처분 사건의 경우 범인이 통고의 요지를 이행한 때
② 고발 또는 송치사건의 경우 고발 또는 송치한 때
③ 국고수입액에 따라 포상하는 경우 국고에 납부된 사실(분할납부의 경우 최종 납세고지분의 납부사실)이 확인되고 관련 법령에서 정한 불복 제기기간 또는 제소기간이 경과되었거나 불복청구절차 또는 행정소송절차가 종료되어 부과처분 등이 확정된 때
④ 위해물품 또는 위변조화폐등을 적발하여 포상하는 경우 적발사실이 확인된 때

⑤ 원산지표시 위반에 따른 과징금 부과건 및 「외국환거래법」 제32조에 따른 과태료 부과건의 경우 각각 과징금 또는 과태료 납부사실이 확인된 때
⑥ 피의자의 인적사항이 확인되지 않고 범칙물품만 적발한 사건(이하 "불상사건"이라 한다)의 경우 범칙물품에 대한 국고귀속 또는 폐기 결정 등의 처분이 있은 때

4 포상금의 지급기준

(1) 포상금의 지급기준(원칙)

포상금의 지급기준은 다음과 같다. 다만, 보세구역 관련 업무 종사자, 수출입화물의 하역 및 검수업무 종사자 및 공항만 감시업무에 종사하는 청원경찰 등에게는 사건별로 2,500만원을 초과하여 지급할 수 없다.

① 사건금액에 따른 포상금 지급기준은 훈령 별표 1에 따른다. 다만, 관세법 제275조의2, 제275조의3, 제276조 위반사건은 훈령 별표 5를 적용한다.
② ①에도 불구하고 「마약류 관리에 관한 법률」 위반사건은 훈령 별표 6에 따른다.
③ 국고수입액에 따른 포상금 지급기준은 훈령 별표 2에 따른다.
④ 위해물품 적발에 따른 포상금 지급기준은 훈령 별표 3에 따른다.
⑤ 위변조화폐 등 적발에 따른 포상금 지급기준은 훈령 별표 4에 따른다.

(2) 포상금의 지급기준(예외)

상기 (1)에도 불구하고 인터넷사이트·TV·신문 등 불특정 다수의 국민이 접근 가능한 매체에 게시된 내용을 신고한 경우와 여행자 휴대품 검색요원 등이 본연의 업무를 수행하는 과정에서 인지하여 신고한 경우에는 훈령 별표 5에 따른다. 다만, 위해물품 또는 위변조화폐등을 적발하는 경우에는 별표 3 및 별표 4에 따라 포상금을 지급할 수 있다.

(3) 중대사건 신고 시의 포상금 지급

상기 (1)에도 불구하고 중대사건을 신고한 경우 훈령 별표 1부터 별표 4까지에 따른 지급기준 금액의 100분의 50의 범위 내에서 추가하여 지급할 수 있다.

(4) 내부 신고 시의 포상금 지급

상기 (1) 및 (3)에도 불구하고 내부 신고를 한 경우 훈령 별표 1부터 별표 4까지에 따른 지급기준 금액의 2배의 범위 내에서 지급할 수 있다.

(5) 포상금 미지급 대상 사건에 대한 포상금 지급

훈령 별표 1, 별표 5 및 별표 6에 따라 포상금 미지급 대상에 해당하는 사건은 별표 2를 적용하는 경우에도 포상금을 지급하지 않는다.

(6) 불상사건에 대한 포상금 지급

불상사건의 경우 상기 (1) 및 (2)에 따른 포상금액의 50% 이내에서 그 공로에 따라 포상금을 차등 지급하되, 100만원을 초과하여 지급할 수 없다. 다만, 「마약류 관리에 관한 법률」 위반사건은 훈령 별표 6에 따른다.

(7) 통제배달 협조자에 대한 포상금 지급

특송화물, 우편물 등의 집배·운송 업무에 종사하는 사람이 세관의 통제배달 요청에 협조하여 범인 검거에 기여한 경우 훈령 별표 5의 주2에 따른다.

(8) 그 밖의 자에 대한 포상금 지급

그 밖에 관세행정의 개선이나 발전에 특별히 공로가 있는 자는 그 공로에 따라 200만원의 범위에서 포상금을 지급할 수 있다.

5 포상금의 산정

(1) 포상금 산정의 기준

포상금 산정 시에는 하나의 범칙물품에 대하여 하나의 법령만을 적용하여 산출하되, 상기 4의 (1) 중 유리한 기준을 적용할 수 있다.

(2) 하나의 사건이 둘 이상의 법령위반에 해당하는 경우

하나의 사건이 둘 이상의 법령위반에 해당하는 경우에는 법령별로 포상금을 따로 계산한 후 합산하여 산출한다.

(3) 포상금 최고액

포상금 최고액은 다음과 같다.
① 중대사건인 경우 : 7천5백만원. 다만, 「마약류 관리에 관한 법률」 위반 사범은 3억원으로 한다.

② 내부 신고인 경우 : 1억원. 다만, 「마약류 관리에 관한 법률」 위반 사범은 3억원으로 한다.
③ ① 및 ② 이외의 경우 : 훈령 별표 1과 별표 2에서 정한 최고액. 다만, 최종 산정된 포상금액은 1억5천만원을 초과할 수 없다.

(4) 메트암페타민을 적발한 경우

50g 이상의 메트암페타민을 적발한 경우에는 반드시 중앙관세분석소 등 전문기관에 순도분석을 의뢰하여야 하며, 순도분석 결과에 따라 다음의 기준에 따라 사건금액을 조정하여 산출한 후 상기 4 의 (1)을 적용한다.
① 순도가 80% 이상인 경우 : 사건금액(상기 1의 ⑤의 ㉭에 의하여 산출된 가격을 말한다)의 100%
② 순도가 60% 이상 80% 미만인 경우 : 사건금액의 70%
③ 순도가 40% 이상 60% 미만인 경우 : 사건금액의 50%
④ 순도가 20% 이상 40% 미만인 경우 : 사건금액의 30%
⑤ 순도가 20% 미만인 경우 : 사건금액의 10%

(5) 1만원 미만의 단수가 있는 경우

포상금 산정 시 1만원 미만의 단수가 있는 경우 그 단수가 5천원 이상 1만원 미만인 때에는 이를 1만원으로 하고, 그 단수가 5천원 미만인 때에는 단수가 없는 것으로 한다.

6 포상금 신청

(1) 포상금 신청절차

포상금을 신청하려는 자는 포상관리시스템의 포상신청 화면에 등록하고, 다음의 서류를 포상담당자에게 제출한다.
① 통고처분 사건의 경우 : 수납기관의 수납사실이 확인된 세외수입고지서겸영수증서의 사본 또는 범칙조사시스템의 통고처분이행 화면 출력물
② 고발 또는 송치사건의 경우 : 고발서 또는 송치서 사본
③ 국고수입액 기준을 적용하는 경우 : 국고금 수납사실을 확인할 수 있는 서류[징수관리시스템 또는 관세청통합정보시스템(CDW) 해당화면 출력물이나 영수증 사본을 포함한다] 또는 국고납입사실을 확인하는 수사기관의 공문서

④ 위해물품을 적발한 경우 : 위해물품보고서. 이 경우 하기 ⑧에 따른 공통서류 제출을 생략할 수 있다.
⑤ 위변조화폐등을 적발한 경우 : 관련 증빙자료. 이 경우 하기 ⑧에 따른 공통서류 제출을 생략할 수 있다.
⑥ 원산지위반 과징금 부과건 및 「외국환거래법」제32조 위반에 따른 과태료 부과건의 경우 각각 과징금 또는 과태료 납부사실을 확인할 수 있는 서류[징수관리시스템 또는 관세청통합정보시스템(CDW) 해당 화면 출력물이나 영수증 사본을 포함한다]. 이 경우 하기 ⑧에 따른 공통서류의 제출을 생략할 수 있다.
⑦ 불상사건의 경우 : 국고귀속 또는 폐기처분 등 관련 증빙자료
⑧ 범죄인지보고서, 감정서 등 공통서류. 다만, 범칙조사시스템에 의하여 범죄인지보고서 등이 작성된 경우에는 포상담당자가 그 사실을 확인하여 공로조서에 기재하는 것으로 공통서류를 갈음할 수 있다.

(2) 포상금 신청 시기

포상금은 상기 2의 어느 하나에 해당하는 지급원인이 발생한 날부터 2년 이내에 신청하여야 한다.

7 포상금 결정 및 지급

(1) 포상금 결정 기준

관세청장은 다음의 기준에 따라 공로를 평가하여 포상금을 차등 지급한다.
① 공로의 대소(大小)는 신고내용의 정확성 등 사건검거 기여도, 검거사건의 범죄성질 및 규모(범칙금액, 범인 수) 등에 따른다.
② 신고내용을 바탕으로 추가 검거실적이 있는 경우 그 검거실적의 50% 범위에서 공로를 인정할 수 있다.
③ 관세행정의 개선이나 발전에 대한 공로는 그 업적이 관세행정의 개선이나 발전에 대한 특별한 공로의 정도나 밀수방지에 대한 기여도를 감안하여 평가한다.

(2) 포상금의 가중 또는 경감

포상금은 사건의 중요도, 난이도, 정책 부합성 및 예산 사정 등을 감안하여 가중·경감하여 지급할 수 있다. 이 경우 관세청장은 가중·경감의 기준을 따로 정하여 세관장에게 시달할 수 있다.

(3) 포상금 결정에 대한 심의·의결기관

포상금의 결정은 관세청, 본부세관 및 직할세관 관세포상심사위원회에서 심의·의결한다.

(4) 포상금의 지급

신청된 포상금은 예산의 범위에서 지급하며 다음 해로 이월하여 지급할 수 없다.

(5) 포상금 소요액 보고

세관장은 매월 말을 기준으로 포상금 소요액 조서를 작성하여 본부세관장에게 보고하고, 본부세관장 및 직할세관장은 특별한 사유가 없으면 다음 달 10일까지 관세청장에게 보고한다.

(6) 포상금 소요액 예산 배정

관세청장은 포상금 소요액 예산을 분기별이나 월별로 본부세관장 및 직할세관장에게 배정한다.

(7) 포상금 지급불가 시의 적용 규정

주소 및 거소의 불명, 그 밖의 사유로 포상금을 포상대상자에게 지급할 수 없는 경우에는 「정부보관금에 관한 법률」에서 정하는 바에 따른다.

8 포상금의 지급절차

(1) 지급 요청

포상업무 부서의 장은 회계 부서의 장에게 관세포상심사위원회에서 결정된 포상금을 포상업무 부서의 공용계좌에 입금하여 줄 것을 요청한다.

(2) 포상금 지급 방법

포상업무 부서의 포상업무 담당자는 입금된 포상금을 다음의 어느 하나에 해당하는 방법으로 신고자에게 지급한다.
① 계좌이체 방식에 따른 송금 등의 방법으로 신고자 계좌에 입금
② 신고자별로 1매의 자기앞수표로 인출하여 신고자 계좌에 입금
③ 신고자가 직접 수령을 원하는 경우에는 신고자별로 1매의 자기앞수표로 인출하여 포상금 수령증을 받고 직접 지급

(3) 외국인에 대한 포상금 지급

외국인에게 포상금을 지급하는 경우에는 송금 및 환전수수료 등 각종 수수료를 제한 금액을 해당 국가의 화폐로 환전하여 계좌에 입금하며, 본인이 원하는 경우 해외주재 관세협력관 등을 통하여 지급할 수 있다.

(4) 대리신고 시의 포상금 지급

① 상기 (2) 및 (3)에도 불구하고 신고자가 세관직원을 통하여 대리신고를 한 경우에는 대리신고한 세관직원의 계좌에 포상금을 입금한다.
② 포상금을 지급받은 세관직원은 상기 (2)의 ① 또는 ②의 방법으로 신고자에게 포상금을 지급하되, 부득이한 사정이 있는 경우에는 상기 (2)의 ③의 방법으로 지급할 수 있다. 이 경우 다음의 증빙서류를 첨부하여 소속 과장의 확인을 받아 포상업무 담당자에게 제출한다.
  ㉠ 상기 (2)의 ① 및 ②의 방법으로 지급하는 경우 : 해당 송금(입금) 영수증, 자기앞 수표 사본
  ㉡ 상기 (2)의 ③의 방법으로 지급하는 경우 : 해당 자기앞 수표 사본, 신고자의 포상금 수령증 및 신분증 사본
③ 포상업무담당자는 증빙서류의 적합 여부를 확인하고 밀봉한 후 봉투에 사건번호를 기재한 뒤 이를 이중 잠금장치를 갖춘 기구에 포상금 지급일부터 3년간 보관한다.

(5) 신고자 등에 대한 통지 및 서약서 수령

상기 (2)부터 (4)까지에 따라 신고자에게 포상금을 지급하는 때에는 신고자 또는 대리신고한 세관직원에게 전화, 인터넷 등을 이용하여 통지하고 서약서를 수령한다.

9 포상의 제한

① 같은 공로에 대하여는 이중으로 포상할 수 없다.
② 이미 조사 중인 사항에 대한 신고에 대해서는 포상하지 않는다. 다만, 관세포상심사위원회의 심의 결과에 따라 공로가 인정되는 경우에는 포상금을 지급할 수 있다.
③ 범칙행위자, 범죄대상 및 범죄방법 등의 구체적인 정보가 포함되지 않은 막연하거나 단순한 정보에 대해서는 포상금액을 경감하거나 포상에서 제외할 수 있다. 이 경우 포상심사위원회 회의록에 그 사유를 기록·유지한다.
④ 공무원이 자신의 직무와 관련하여 신고한 경우에는 포상금을 지급하지 않거나 감액하여 지급할 수 있다.

10 관세포상심의위원회

(1) 관세포상심의위원회의 설치 및 심의·의결사항

관세포상심사위원회는 관세청, 본부세관 및 직할세관에 각각 두며, 다음의 사항을 심의·의결한다. 다만, ⑤와 ⑥의 사항은 최소 3년마다 심의하여야 한다.
① 포상대상자
② 공로의 평가
③ 포상의 종류
④ 포상금 지급액
⑤ 포상금제도 운영 결과와 이에 대한 평가에 관한 사항
⑥ 포상금제도의 개선에 관한 사항
⑦ 그 밖에 포상에 필요한 사항

(2) 관세청 관세포상심의위원회의 구성 인원

관세청 관세포상심사위원회는 조사국장을 위원장으로 하고, 다음의 사람을 위원으로 한다.
① 기획재정담당관
② 정보데이터기획담당관
③ 통관물류정책과장
④ 심사정책과장
⑤ 조사총괄과장

⑥ 관세·무역 및 관세범 조사에 관한 학식과 경험이 풍부한 사람 및 시민단체에서 추천하는 사람 중에서 관세청장이 위촉하는 5명 이내의 사람

(3) 세관 관세포상심의위원회의 구성 인원

본부세관 및 직할세관 관세포상심사위원회는 조사업무 담당국장(대구·광주본부세관 및 직할세관은 조사업무 담당과장)을 위원장으로 하고, 다음의 사람을 위원으로 한다.
① 본부세관의 경우에는 본부세관 및 권역내세관 소속 5급(대구본부세관 및 광주본부세관은 6급) 이상 공무원, 직할세관의 경우에는 소속 6급 이상 공무원 중에서 본부세관장 또는 직할세관장이 지정하는 6명 이내의 사람
② 관세·무역 및 관세범 조사에 관한 학식과 경험이 풍부한 사람 및 시민단체에서 추천하는 사람 중에서 본부세관장 또는 직할세관장이 위촉하는 5명 이내의 사람

(4) 지급액에 따른 심의·의결기관

포상금의 지급액은 본부세관 또는 직할세관의 관세포상심사위원회에서 심의·의결하여 결정하되, 심의·의결된 포상금의 지급액이 5천만원을 초과하는 사건은 관세청 관세포상심사위원회에 상정하여 심의·의결한다.

(5) 위원의 임기

상기 (2)의 ⑥ 및 (3)의 ②에 따른 위원의 임기는 2년으로 하되, 연임할 수 있다.

(6) 위원의 해임 또는 해촉

관세청장이나 세관장은 관세포상심사위원회 위원이 다음의 어느 하나에 해당하는 경우에는 해당 위원을 해임 또는 해촉할 수 있다.
① 심신장애로 인하여 직무를 수행할 수 없게 된 경우
② 직무와 관련된 비위사실이 있는 경우
③ 직무태만, 품위손상이나 그 밖의 사유로 인하여 위원으로 적합하지 않다고 인정되는 경우
④ 위원 스스로 직무를 수행하는 것이 곤란하다고 의사를 밝힌 경우
⑤ 하기 (7)의 어느 하나에 해당함에도 불구하고 회피하지 않은 경우

(7) 위원의 제척

관세포상심사위원회의 위원은 다음의 어느 하나에 해당하는 경우에는 해당 안건의 심의·의결에서 제척된다.

① 위원이 안건의 당사자(당사자가 법인·단체 등인 경우에는 그 임직원을 포함한다)이거나 안건에 관하여 직접적인 이해관계가 있는 경우
② 위원의 배우자, 4촌 이내의 혈족 및 2촌 이내의 인척의 관계에 있는 사람이 안건의 당사자이거나 안건에 관하여 직접적인 이해관계가 있는 경우
③ 위원이 안건 당사자의 대리인이거나 최근 5년 이내에 대리인이었던 경우
④ 위원이 안건 당사자의 대리인이거나 최근 5년 이내에 대리인이었던 법인·단체 등에 현재 속하고 있거나 속했던 경우
⑤ 위원이 최근 5년 이내에 안건 당사자의 자문·고문에 응했거나 안건 당사자와 연구·용역 등의 업무 수행에 동업 또는 그 밖의 형태로 직접 해당 안건 당사자의 업무에 관여했던 경우
⑥ 위원이 최근 5년 이내에 안건 당사자의 자문·고문에 응했거나 안건 당사자와 연구·용역 등의 업무 수행에 동업 또는 그 밖의 형태로 직접 안건 당사자의 업무에 관여했던 법인·단체 등에 현재 속하고 있거나 속했던 경우

(8) 위원의 자진 회피

관세포상심사위원회의 위원은 상기 **(7)**의 어느 하나에 해당하는 경우에는 스스로 해당 안건의 심의·의결에서 회피해야 한다.

Memo

5과목

자율관리 및 관세벌칙

제1장 자율관리 보세구역
제2장 보세사
제3장 자유무역지역
제4장 관세벌칙

제1장 자율관리 보세구역

이 장에서는 사용의 편의를 위해 「자율관리 보세구역 운영에 관한 고시」를 고시로 약칭하여 사용한다.

I 용어의 정의

1 "운영인 등"

"운영인 등"이라 함은 다음의 자를 말한다.
① 특허보세구역의 설치·운영에 관한 특허를 받은 자
② 종합보세사업장의 설치·운영에 관한 신고를 한 자
③ 지정장치장의 화물관리인

2 보세사 채용

① "보세사 채용"이란 운영인이 직접 보세사를 채용하는 것과 운영인이 화물관리업무를 분사시킨 후 해당 분사회사에서 보세사를 채용하는 것을 말한다.
② 이 경우 분사회사는 관세법 제175조 각 호의 결격사유에 해당하지 아니하여야 한다.

3 세관장

"세관장"이라 함은 당해 보세구역을 관할하는 세관장을 말한다.

Ⅱ 지정요건

자율관리 보세구역은 다음의 사항을 충족하고 **운영인 등의 법규수행능력이 우수**하여 보세구역 자율관리에 지장이 없어야 한다.

1 일반 자율관리 보세구역 〔기출 2023~2024〕

① 보세화물관리를 위한 **보세사 채용**
② 화물의 반출입, 재고관리 등 **실시간 물품관리가 가능한 전산시스템(WMS, ERP 등)** 구비

2 우수 자율관리 보세구역 〔기출 2023〕

① 상기 **1**의 사항
② 종합인증 우수업체
③ 보세공장의 경우 보세공장 운영에 관한 고시 제36조 제1항 제3호 및 제4호를 충족할 것
  ㉠ 전년도 해당 공장에서 생산한 물품의 수출입신고금액 중 수출신고금액 비중이 50% 이상인 자 또는 전년도 수출신고금액이 미화 1천만달러 이상인 자(보세공장에서 사용신고한 원재료를 제조·가공한 후 동일법인인 다른 보세공장으로 보세운송되어 추가 공정을 거쳐 수출하는 경우와 내국신용장 등에 의하여 수출용원재료를 공급하는 경우에는 해당 보세공장의 수출실적에 포함한다). 다만, 신규 보세공장은 기존 자율관리 보세공장에서 증설된 경우로서 제조·가공 공정이 동일한 경우 기존 자율관리 보세공장의 수출입실적을 적용할 수 있다.
  ㉡ 반출입, 제조·가공, 재고관리 등 업무처리의 적정성을 확인·점검할 수 있는 기업자원관리(ERP)시스템 또는 업무처리시스템에 세관 전용화면을 제공하거나 해당 시스템의 열람 권한을 제공한 자

Ⅲ 지정신청 및 갱신

1 자율관리 보세구역 지정신청 [기출 2022/2024]

보세구역의 화물관리인이나 운영인은 자율관리보세구역 지정신청서에 보세사의 보세사등록증과 관세청장이 정하는 서류를 첨부하여 **세관장에게 지정신청**을 하여야 한다.

2 지정 및 지정서 교부

지정신청을 받은 세관장은 지정요건을 검토하여 보세화물관리 및 세관 감시감독에 지장이 없다고 판단되는 경우 해당 보세구역의 특허기간을 지정기간으로 하여 자율관리 보세구역을 지정하고, 자율관리 보세구역 지정서를 교부하여야 한다.

3 갱신신청 [기출 2022/2024]

보세구역 운영인 등이 자율관리 보세구역 지정기간을 갱신하려는 때에는 **지정기간이 만료되기 1개월 전까지 세관장에게 자율관리 보세구역 갱신신청**을 하여야 한다. 다만, 특허보세구역 특허의 갱신과 자율관리 보세구역 갱신을 통합하여 신청한 경우에는 특허보세구역 설치·운영 특허(갱신)신청서 하단의 자율관리 보세구역 갱신신청란에 갱신신청 여부를 표시하는 방법으로 자율관리 보세구역 갱신신청을 한 것으로 갈음한다. 이때, 자율관리 보세구역의 갱신심사기간은 특허보세구역 갱신심사기간에 따른다.

4 갱신신청 안내 [기출 2022]

세관장은 자율관리 보세구역의 운영인 등에게 다음의 사항을 **지정기간 만료 2개월 전에 문서, 전자메일, 전화, 휴대폰 문자전송 방법 등으로 미리 알려야 한다.**
① 지정기간 만료 1개월 전까지 갱신신청 하여야 한다는 사실
② 갱신절차

Ⅳ 지정취소 사유 등 및 의견청취

1 지정취소 사유 등

(1) 지정취소 사유

① 관세법 제178조 제1항(반입정지 등의 사유)에 해당된 때
  ㉠ 장치물품에 대한 관세를 납부할 자금능력이 없다고 인정되는 경우
  ㉡ 본인이나 그 사용인이 관세법 또는 관세법에 따른 명령을 위반한 경우
  ㉢ 해당 시설의 미비 등으로 특허보세구역의 설치 목적을 달성하기 곤란하다고 인정되는 경우
  ㉣ 그 밖에 ㉠부터 ㉢지의 규정에 준하는 것으로서 대통령령으로 정하는 사유에 해당하는 경우
② 운영인 등이 보세사가 아닌 자에게 보세화물관리 등 보세사의 업무를 수행하게 하는 경우
③ 보세사를 해고하거나 취업정지 등의 사유로 업무를 수행할 수 없는 경우로서 2개월 이내에 다른 보세사를 채용하지 않을 때
④ 자율관리 보세구역 지정 요건을 충족하지 못한 경우
⑤ 그 밖에 보세화물을 자율적으로 관리할 능력이 없거나 부적당하다고 세관장이 인정하는 경우

(2) 운영인 등 통보

세관장은 자율관리 보세구역의 지정을 취소한 때에는 해당 보세구역의 운영인 등에게 통보하여야 한다.

2 의견청취

(1) 지정취소 전 의견청취

세관장은 자율관리 보세구역의 지정을 취소하려는 때에는 미리 해당 운영인 등의 의견을 청취하는 등 기회를 주어야 한다.

(2) 의견청취 예정일 등 통지

세관장이 의견청취를 할 때에는 의견청취 예정일 10일 전까지 의견청취 예정일 등을 지정하여 당해 보세구역의 운영인 등에게 서면으로 통지하여야 한다. 이 경우 통지서에는 정당한 사유 없이 의견청취에 응하지 아니할 때에는 의견진술의 기회를 포기하는 것으로 본다는 뜻을 명시하여야 한다.

(3) 의견진출 또는 제출

상기 (2)에 따른 통지를 받은 해당 운영인 등 또는 그 대리인은 지정된 날에 출석하여 의견을 진술하거나 지정된 날까지 서면으로 의견을 제출할 수 있다.

(4) 의견진술 확인

해당 보세구역의 운영인 등 또는 그 대리인이 출석하여 의견을 진술한 때에는 세관공무원은 그 요지를 서면으로 작성하여 출석자 본인으로 하여금 이를 확인하게 한 후 서명날인하게 하여야 한다.

V 절차생략 등과 절차생략 등의 정지

1 절차생략 등 기출 2022/2024

보세구역 중 물품의 관리 및 세관감시에 지장이 없다고 인정하여 **관세청장이 정하는 바**에 따라 **세관장이 지정**하는 보세구역(자율관리 보세구역)에 장치한 물품은 **세관공무원의 참여**와 관세법에 따른 절차 중 **관세청장이 정하는 절차**를 생략한다.

(1) 일반 자율관리 보세구역

① 식품위생법 제10조, 건강기능식품에 관한 법률 제17조 및 축산물 위생관리법 제6조, 의료기기법 제20조 및 약사법 제56조, 화장품법 제10조 및 전기용품 및 생활용품 안전관리법 제9조·제18조·제25조·제29조에 따른 표시작업(원산지표시 제외)과 벌크화물의 사일로(silo)적입을 위한 포장제거작업의 경우 보수작업 신청(승인) 생략

② 보세화물 관리에 관한 고시 제16조(재고관리 및 확인)에 따른 재고조사 및 보고의무를 분기별 1회에서 년 1회로 완화

③ 보세구역 운영상황의 점검생략

④ 장치물품의 수입신고 전 확인신청(승인) 생략

(2) 우수 자율관리 보세구역

① 상기 (1)의 ①의 사항

② 보세공장 운영에 관한 고시 제37조에 따른 특례 적용

③ 보세공장 운영에 관한 고시 제7조 제2항에 따른 보관창고 증설을 단일보세공장 소재지 관할구역 내의 장소에도 허용

(3) 절차생략 등의 업무 수행

세관장은 절차생략 등의 업무에 대하여는 자율관리 보세구역 지정서에 명기하고, 보세사로 하여금 수행하게 하여야 한다.

2 절차생략 등의 정지 기출 2022

(1) 절차생략 등 정지 사유 기출 2022

세관장은 자율관리 보세구역 운영인 등이 다음의 어느 하나에 해당하는 경우에는 기간을 정하여 절차생략 등을 정지할 수 있다.

① 보세사가 해고 또는 취업정지 등의 사유로 업무를 수행할 수 없는 경우

② 운영인 등이 경고처분을 1년에 3회 이상 받은 경우

(2) 정지기간 기출 2022

세관장은 절차생략 등을 정지하는 경우 그 기간은 다음에 따른다.

① 상기 (1)의 ①의 경우에는 보세사를 채용할 때까지

② 상기 (1)의 ②의 경우에는 1개월 이내의 기간

(3) 직권 관리 기출 2022

세관장은 절차생략 등을 정지하는 기간 동안 자율관리 보세구역에 위탁되거나 생략된 업무는 **세관공무원이 직접 관리**한다.

Ⅵ 운영인 등의 의무 기출 2024

1 준수사항

운영인 등은 자율관리 보세구역 운영과 관련하여 다음의 사항을 준수하여야 한다.
① 운영인 등은 보세사가 아닌 자에게 보세화물관리 등 보세사의 업무를 수행하게 하여서는 아니 된다. 다만, 업무대행자를 지정하여 사전에 세관장에게 신고한 경우에는 보세사가 아닌 자도 보세사가 이탈 시 보세사 업무를 수행할 수 있다.
② 운영인 등은 당해 보세구역에 작업이 있을 때는 보세사를 상주근무하게 하여야 하며, 보세사를 채용, 해고 또는 교체하였을 때에는 세관장에게 즉시 통보하여야 한다.
③ 보세사가 해고 또는 취업정지 등의 사유로 업무를 수행할 수 없는 경우에는 2개월 이내에 다른 보세사를 채용하여 근무하게 하여야 한다.
④ 운영인 등은 절차생략 등에 따른 물품 반출입 상황 등을 보세사로 하여금 기록·관리하게 하여야 한다.
⑤ 운영인 등은 해당 보세구역 반출입물품과 관련한 생산, 판매, 수입 및 수출 등에 관한 세관공무원의 자료요구 또는 현장 확인 시에 협조하여야 한다.

2 운영인 책임

업무대행자가 수행한 업무에 대해서는 운영인이 책임진다.

Ⅶ 자율관리 보세구역에 대한 감독 등

1 자율관리 보세구역에 대한 감독 기출 2022/2024

(1) 자율점검 기출 2022/2024

1) 원칙

운영인은 회계연도 종료 3개월이 지난 후 15일 이내에 자율관리 보세구역 운영 등의 적정 여부를 자체 점검하고, 다음의 사항을 포함하는 **자율점검표를 작성하여 세관장에게 제출하여야 한다.**
① 자율관리 보세구역 지정요건 충족 여부
② 관세청장이 정하는 절차생략 준수 여부
③ 운영인 등의 의무사항 준수 여부

2) 예외

다만, 운영인이 자율점검표를 보세구역 운영상황 및 재고조사 결과와 함께 제출하려는 경우, 자율점검표를 다음 해 2월말까지 제출할 수 있다.

(2) 자율점검 심사에 따른 조치 기출 2022

세관장은 제출받은 **자율점검표 등의 심사결과 자율관리 보세구역 운영 관리가 적정하다고 판단되는 경우에는 자율점검표를 해당 년도 정기감사에 갈음하여 생략할 수 있으며, 자율점검표 미제출·제출기한 미준수 등의 사유에 해당하는 자율관리 보세구역에 대하여는 정기감사를 하여야 한다.**

(3) 정기감사 기출 2022/2024

세관장은 자율관리 보세구역의 운영실태 및 보세사의 관계 법령 이행 여부 등을 확인하기 위하여 **별도의 감사반을 편성(외부 민간위원을 포함할 수 있다)**하고, 7일 이내의 기간을 설정하여 년 1회 정기감사를 실시하여야 한다.

(4) 시정명령 등

세관장은 정기감사 결과 이상이 있을 경우에는 시정명령 등 필요한 조치를 하고 그 결과를 관세청장에게 보고하여야 한다.

(5) 정기감사의 생략 등 기출 2022

세관장은 **보세구역 운영상황 점검(현장확인)**을 실시하는 때에는 그 보세구역 운영인이 정기감사를 **생략하거나 통합하여 실시할 수 있다.**

2 행정제재 기출 2022

(1) 경고처분 등

세관장은 운영인 등과 보세사가 보세화물관리에 관한 의무사항을 불이행한 때에는 사안에 따라 경고처분 등의 조치를 할 수 있다.

(2) 경고처분 통보

세관장은 보세사에게 **경고처분을 하였을 때에는 한국관세물류협회장에게 통보**하여야 한다.

3 관계 서류의 보존 기출 2024

운영인 등은 해당 보세구역에서 반출입된 화물에 대한 장부를 2년간 보관하여야 한다.

제2장 보세사

이 장에서는 사용의 편의를 위해 관세법을 법으로, 관세법 시행령을 영으로, 「보세사제도 운영에 관한 고시」를 고시로 약칭하여 사용한다.

I 의의

보세사는 보세화물관리에 전문적인 지식을 지니고 보세화물 관리에 대한 세관공무원의 업무 중 일부를 위탁받아 수행하는 보세화물 전문관리자를 말한다. 지정보세구역의 화물관리인이나 특허보세구역 운영인이 자신의 보세구역을 세관으로부터 자율관리 보세구역으로 지정받기 위해서는 보세사 채용이 의무화되어 있다.

II 보세사의 자격 및 등록

1 보세사의 자격

법 제175조 제1호부터 제7호까지의 어느 하나에 해당하지 아니하는 사람으로서 보세화물의 관리업무에 관한 시험(이하 "보세사 시험"이라 한다)에 합격한 사람은 보세사의 자격이 있다.

2 보세사 등록 기출 2024

(1) 보세사 등록신청

보세사 자격을 갖춘 사람이 보세사로 근무하려면 해당 보세구역을 관할하는 세관장에게 등록하여야 한다. 보세사 등록을 신청하고자 하는 사람은 보세사 등록 신청서에 입사예정 증명서 또는 재직확인 증명서를 첨부하여 세관장이 권한을 위탁한 한국관세물류협회장에게 제출하여야 한다.

(2) 보세사 등록 및 통보

보세사 등록신청을 받은 한국관세물류협회장은 보세사 등록신청을 한 사람이 법 제175조 제1호부터 제7호까지의 어느 하나에 해당하지 아니한 경우에 보세사 등록대장에 기재하고 보세사 등록증을 교부한 후 세관장에게 등록사실을 통보하여야 한다. 다만, 한국관세물류협회장이 국가관세종합정보시스템에 전산 입력한 경우에는 세관장에게 통보절차를 생략한다.

(3) 보세사 근무지

보세사 등록을 하는 경우에는 보세사로 근무하려는 사업장이 세관장으로부터 보세구역부호를 부여받은 곳이어야 한다. 다만, 세관장이 보세구역부호를 부여할 예정인 다음의 어느 하나에 해당하는 사업장을 근무지로 하여 보세사 등록을 신청할 수 있다.
① 특허보세구역의 설치·운영에 관한 특허를 신청하여 특허 예정인 보세구역
② 보세판매장 물류창고 운영 허가를 신청하여 운영 예정인 통합물류창고
③ 보세판매장 판매물품 인도자(이하 "인도자") 지정을 신청하여 운영 예정인 인도장

(4) 보세사 등록증 교부

상기 (3)의 어느 하나에 해당하는 사업장을 근무지로 하여 보세사 등록신청을 받은 한국관세물류협회장은 다음의 요건을 모두 충족하는 경우에 보세사 등록증을 신청인에게 교부하여야 한다.
① 보세사 등록신청을 한 사람이 법 제175조 제1호부터 제7호까지의 어느 하나에 해당하지 아니할 것
② 해당 사업장이 세관장으로부터 보세구역부호를 부여받았을 것

(5) 보세사 등록 변경신고

특허보세구역 운영인(지정된 지정장치장의 화물관리인을 포함한다), 통합물류창고 운영인 및 인도자가 본인이 운영하는 사업장 간에 등록된 보세사를 인사이동 하려는 때에는 보세사 등록 변경 신고서에 해당 보세사 재직확인 증명 서류와 인사이동 증명 서류를 첨부하여 한국관세물류협회장에게 제출하여야 한다. 이 경우 보세사 등록신청을 한 것으로 본다.

(6) 보세사 등록 변경

보세사 등록 변경 신고서를 접수한 한국관세물류협회장은 상기 (2)를 준용하여 보세사 등록에 관한 업무를 처리한다. 다만, 보세사 등록 변경 신고한 보세사가 법 제175조 제2호부터 제7호까지의 어느 하나에 해당하는지 여부의 확인은 생략할 수 있다.

3 보세사 등록 취소 기출 2024

세관장은 보세사가 다음의 어느 하나에 해당하는 때에는 그 등록을 취소하고, 그 사실을 전산에 등록한 후 한국관세물류협회장에게 통보하여야 한다.
① 법 제165조 제5항 각 호의 어느 하나가 등록취소 사유에 해당하는 때
② 특허보세구역 운영인, 통합물류창고 운영인, 인도자 및 등록보세사로부터 보세사의 퇴사·해임·교체통보 등을 받은 때

4 보세사 등록의 결격사유

다음의 어느 하나에 해당하는 사람은 보세사 등록을 할 수 없다.
① 보세사 등록이 취소(법 제175조 제1호부터 제3호까지의 어느 하나에 해당하여 등록이 취소된 경우는 제외한다)된 후 2년이 지나지 아니한 사람
② 등록 신청일을 기준으로 법 제175조 제1호에 해당하는 사람

5 행정제재

세관장은 보세사 등록을 한 사람이 다음의 어느 하나에 해당하는 경우에는 등록의 취소, 6개월 이내의 업무정지, 견책 또는 그 밖에 필요한 조치를 할 수 있다. 다만, ① 및 ②에 해당하면 등록을 취소하여야 한다. 세관장은 보세사가 다음의 어느 하나에 해당하는 때에는 그 등록을 취소하고, 그 사실을 전산에 등록하여야 한다. ①부터 ③까지에 따라 등록이 취소된 사람은 그 취소된 날로부터 2년 내에 다시 등록하지 못한다.

① 법 제175조 제1호부터 제7호까지의 어느 하나에 해당하게 된 경우
② 사망한 경우
③ 법이나 법에 따른 명령을 위반한 경우
④ 보세구역 운영인 또는 등록 보세사로부터 보세사의 퇴사·해임·교체통보 등을 받은 때

Ⅲ 보세사의 직무 및 의무

1 직무교육

(1) 직무교육의 실시

직무교육은 한국관세물류협회장이 실시한다. 이 경우 직무교육 이수시간의 계산방법 및 직무교육 이수의 주기 등에 관한 사항은 한국관세물류협회장이 정한다.

(2) 직무교육 결과 보고

한국관세물류협회장은 직무교육을 실시하였을 때에는 종료 후 7일 이내에 그 결과를 관세청장에게 보고하여야 한다.

(3) 직무교육 이수 여부에 따른 평가 등

세관장은 직무교육 이수 이력에 따라 보세사가 소속한 보세구역에 대한 관세법상의 평가, 심사 및 혜택 등을 차등화 할 수 있다.

2 보세사의 직무

보세사의 직무는 다음과 같다.
① 보세화물 및 내국물품의 반입 또는 반출에 대한 참관 및 확인
② 보세구역 안에 장치된 물품의 관리 및 취급에 대한 참관 및 확인
③ 보세구역 출입문의 개폐 및 열쇠 관리의 감독
④ 보세구역의 출입자 관리에 대한 감독
⑤ 견본품의 반출 및 회수
⑥ 기타 보세화물의 관리를 위하여 필요한 업무로서 관세청장이 정하는 업무
  ㉠ 보수작업과 화주의 수입신고 전 장치물품 확인 시 입회·감독
  ㉡ 세관봉인대의 시봉 및 관리
  ㉢ 환적화물 컨테이너 적출입 시 입회·감독
  ㉣ 다음의 비치대장 작성과 확인. 다만, 전산신고 등으로 관리되는 경우에는 생략할 수 있다.
    ⓐ 내국물품 반출입 관리대장
    ⓑ 보수작업 관리대장
    ⓒ 환적화물 컨테이너적출입 관리대장
    ⓓ 장치물품 수입신고전 확인대장
    ⓔ 세관봉인대 관리대장
    ⓕ 그 밖에 보세화물 관련 규정에서 보세사의 직무로 정한 각종 대장
상기 ㉠부터 ㉣에서 정한 사항 이외의 다른 규정에서 정한 직무는 그에 따른다.

3 보세사의 의무 기출 2022

(1) 세관장의 명령 준수 등

① 보세사는 **관세법과 관세법에 따른 명령을 준수**하여야 하며, 그 **직무를 성실하고 공정하게 수행**하여야 한다. 보세사는 다음의 사항과 **세관장의 업무감독에 관련된 명령을 준수**하여야 하고 **세관공무원의 지휘**를 받아야 한다.
② 보세사는 다른 업무를 겸임할 수 없다. 다만, **영업용 보세창고가 아닌 경우 보세화물 관리에 지장이 없는 범위 내에서 다른 업무를 겸임할 수 있다.**
③ **해당 보세구역에 작업이 있는 시간에는 상주하여야 한다.** 다만, 영업용 보세창고의

경우에는 세관개청시간과 해당 보세구역 내의 작업이 있는 시간에 상주하여야 한다.
④ 보세사는 품위를 손상하는 행위를 하여서는 아니 된다.
⑤ 보세사는 **직무를 수행할 때 고의로 진실을 감추거나 거짓 진술을 하여서는 아니 된다.**

(2) 규정 숙지 및 준수

보세사는 보세구역 내에 장치된 화물의 관리와 관련하여 법령 및 화물관계 제반 규정과 자율관리보세구역 관리에 관한 규정을 항상 숙지하고 이를 준수하여야 한다.

4 보세사의 명의대여 등의 금지

(1) 보세사 명의대여 등의 금지

보세사는 다른 사람에게 자신의 성명·상호를 사용하여 보세사 업무를 하게 하거나 그 자격증 또는 등록증을 빌려주어서는 아니 된다.

(2) 보세사 업무 수행 등의 금지

누구든지 다른 사람의 성명·상호를 사용하여 보세사의 업무를 수행하거나 자격증 또는 등록증을 빌려서는 아니 된다.

(3) 알선 금지

누구든지 상기 (1) 또는 (2)의 행위를 알선해서는 아니 된다.

5 금품 제공 등의 금지

보세사는 다음의 행위를 하여서는 아니 된다.
① 공무원에게 금품이나 향응을 제공하는 행위 또는 그 제공을 약속하는 행위
② 상기 ①의 행위를 알선하는 행위

Ⅳ 보세사의 징계

1 보세사의 징계 기출 2022

(1) 징계사유 기출 2022

세관장은 보세사가 다음의 어느 하나에 해당한 때에는 보세사징계위원회의 의결에 따라 징계처분을 한다.
① 법이나 법에 따른 명령을 위반한 경우
② 보세사의 직무 또는 의무를 이행하지 아니하는 경우
③ 경고처분을 받은 보세사가 1년 내에 다시 경고처분을 받는 경우

(2) 징계 종류 기출 2022

징계는 다음의 3종으로 한다. 다만, **연간 6월의 범위 내 업무정지를 2회 받으면 등록취소하여야 한다.**
① **견책**
② **6월의 범위 내 업무정지**
③ **등록취소**

(3) 징계의결의 요구 등 기출 2022

① 세관장은 보세사가 **법이나 법에 따른 명령을 위반한 경우**에는 **지체 없이 보세사징계위원회에 징계의결을** 요구해야 한다.
② 보세사징계위원회는 **징계의결의 요구를 받은 날부터 30일 이내에 이를 의결**해야 한다.

(4) 징계처분의 통보

세관장은 보세사에게 징계처분을 하였을 때에는 한국관세물류협회장에게 통보하여야 한다.

2 보세사징계위원회

세관장은 보세사 등록의 취소 등 필요한 조치를 하는 경우 보세사징계위원회의 의결에 따라 징계처분을 한다.

3 보세사징계위원회의 구성 등 [기출 2022]

(1) 설치 기관
보세사의 징계에 관한 사항을 심의·의결하기 위하여 세관에 보세사징계위원회를 둔다.

(2) 인원의 구성

1) 구성 인원 수

보세사징계위원회는 위원장 1명을 포함하여 5명 이상 10명 이하의 위원으로 구성한다. 또한 간사 1인을 두며, 간사는 보세사업무를 담당하는 화물주무가 된다.

2) 구성 인원

보세사징계위원회의 위원장은 세관장 또는 해당 세관 소속 4급 이상 공무원으로서 세관장이 지명하는 사람이 되고, 위원은 다음의 사람 중에서 세관장이 임명 또는 위촉하는 사람으로 구성한다.
① 소속 세관공무원
② 관세청장이 지정하여 고시하는 법인의 임원
③ 관세 또는 물류 전문가로서 상기 ②에 따른 법인의 대표자가 추천하는 사람

(3) 위원의 임기
상기 (2)의 2)의 ② 및 ③에 해당하는 위원의 임기는 2년으로 하되, 한 번만 연임할 수 있다. 다만, 보궐위원의 임기는 전임위원 임기의 남은 기간으로 한다.

(4) 위원의 해임 또는 해촉
세관장은 보세사징계위원회의 위원이 다음의 어느 하나에 해당하는 경우에는 해당 위원을 해임 또는 해촉할 수 있다.
① 심신장애로 인하여 직무를 수행할 수 없게 된 경우
② 직무와 관련된 비위사실이 있는 경우
③ 직무태만, 품위손상이나 그 밖의 사유로 인하여 위원으로 적합하지 않다고 인정되는 경우
④ 위원 스스로 직무를 수행하는 것이 곤란하다고 의사를 밝히는 경우
⑤ 하기 (5)의 어느 하나에 해당함에도 불구하고 회피하지 않은 경우

(5) 위원의 제척 기출 2022

보세사징계위원회의 위원은 다음의 어느 하나에 해당하는 경우에는 보세사징계위원회의 심의·의결에서 제척된다.

① 위원 본인이 징계의결 대상 보세사인 경우
② 위원이 징계의결 대상 보세사와 채권·채무 등 금전관계가 있는 경우
③ 위원이 징계의결 대상 보세사와 친족[배우자(사실상 혼인관계에 있는 사람을 포함한다), 6촌 이내의 혈족 또는 4촌 이내의 인척을 말한다]이거나 친족이었던 경우
④ 위원이 **징계의결 대상 보세사와 직접적으로 업무연관성**이 있는 경우

(6) 회피

보세사징계위원회의 위원은 상기 (5)의 어느 하나에 해당하는 경우에는 스스로 해당 안건의 심의·의결에서 회피해야 한다.

제3장 자유무역지역

이 장에서는 사용의 편의를 위해 「자유무역지역의 지정 및 운영에 관한 법률」은 법으로, 「자유무역지역의 지정 및 운영에 관한 법률 시행령」은 영으로, 「자유무역지역의 지정 및 운영에 관한 법률 시행규칙」은 규칙으로, 「자유무역지역 반출입물품의 관리에 관한 고시」는 고시로 약칭하여 사용한다.

I 총칙

1 자유무역지역의 의의

자유무역지역이란 자유로운 제조·유통·무역 활동이 보장되는 지역으로서, 대외무역법·관세법 등 관계 법률에 의한 규제를 완화하여 자유로운 무역 활동을 보장한다.

2 법의 목적

자유로운 제조·물류·유통 및 무역활동 등이 보장되는 자유무역지역을 지정·운영함으로써 ① 외국인투자의 유치, ② 무역의 진흥, ③ 국제물류의 원활화 및 ④ 지역개발 등을 촉진하여 ⑤ 국민경제의 발전에 이바지함을 목적으로 한다.

3 용어의 정의 기출 2022~2023

(1) 자유무역지역

"자유무역지역"이란 관세법, 대외무역법 등 관계 법률에 대한 특례와 지원을 통하여 자유로운 제조·물류·유통 및 무역활동 등을 보장하기 위한 지역으로서 지정된 지역을 말한다.

(2) 입주기업체

"입주기업체"란 입주 자격을 갖춘 자로서 입주계약을 체결한 자를 말한다.

(3) 지원업체

"지원업체"란 입주 자격을 갖춘 자로서 입주계약을 체결한 자를 말한다.

(4) 외국인투자기업

"외국인투자기업"이란 외국인투자 촉진법 제2조 제1항 제6호에 따른 기업으로서 같은 법 제4조 제3항 또는 제4항에 따라 외국인투자가 제한되는 업종에 해당하지 아니하는 업종을 경영하는 기업을 말한다.

(5) 공장 [기출 2023]

"공장"이란 **산업집적활성화 및 공장설립에 관한 법률 제2조 제1호에 따른 공장**을 말한다.

(6) 관세등 [기출 2023]

"관세등"이란 **관세, 부가가치세, 임시수입부가세, 주세, 개별소비세, 교통·에너지·환경세, 농어촌특별세 또는 교육세**를 말한다.

(7) 관세영역

"관세영역"이란 자유무역지역 외의 국내지역을 말한다.

(8) 수입 [기출 2023]

"수입"이란 **관세법 제2조 제1호에 따른 수입**을 말한다.

(9) 수출 [기출 2023]

"수출"이란 **관세법 제2조 제2호에 따른 수출**을 말한다.

(10) 외국물품 [기출 2023]

"외국물품"이란 **관세법 제2조 제4호에 따른 외국물품**을 말한다.

(11) 내국물품

"내국물품"이란 관세법 제2조 제5호에 따른 내국물품을 말한다.

(12) 지식서비스산업

"지식서비스산업"이란 산업발전법 제8조 제2항에 따른 지식서비스산업을 말한다.

(13) 반입신고 기출 2022

"반입신고"란 물품을 자유무역지역으로 반입하기 위한 신고로서 관세법 제157조에 따른 반입신고를 말한다.

(14) 사용소비신고 기출 2022

"사용소비신고"란 외국물품을 고유한 사업의 목적 또는 용도에 사용 또는 소비하기 위하여 영 제18조의3 제2항에서 정한 사항을 수입신고서 서식으로 신고하는 것을 말한다.

(15) 국외반출신고 기출 2022

"국외반출신고"란 외국물품 등을 국외반출하기 위한 신고로서 관세법의 반송신고와 동일한 성격의 신고를 말한다.

(16) 보수 기출 2022

"보수"란 해당 물품의 HS품목분류의 변화를 가져오지 않는 보존 작업, 선별, 분류, 용기변경, 포장, 상표부착, 단순조립, 검품, 수선 등의 활동(원산지를 허위로 표시하거나, 지식재산권을 침해하는 행위는 제외한다)을 말한다.

(17) 잉여물품 기출 2022

"잉여물품"이란 제조·가공작업으로 인하여 발생하는 부산물과 불량품, 제품생산 중단 등의 사유로 사용하지 않는 원재료와 제품(제조물품의 전용 포장재·운반용품을 포함한다) 등을 말한다.

(18) 외국물품등

"외국물품등"이란 외국물품, 자유무역지역 안으로 반입신고를 한 법 제29조 제1항 제2호 및 제3호의 물품, 수출용원재료에 대한 관세 등 환급에 관한 특례법 제4조 제3호에 따라 관세영역에서 자유무역지역 안으로 공급한 물품을 말한다.

(19) 전자상거래 국제물류센터

"전자상거래 국제물류센터"란 세관장으로부터 입주기업체 관리부호를 부여받아 국경간 전자상거래 물품을 해외 고객주문에 맞춰 품목별로 분류·보관·재포장 후 국제배송을 하는 물류센터를 말한다.

4 다른 법률과의 관계 [기출 2022/2024]

(1) 관세법과의 관계 [기출 2022]

1) 법에서 정하는 사항

자유무역지역에서는 법에 규정된 사항을 제외하고는 관세법을 적용하지 아니한다. 다만, 다음의 어느 하나에 해당하는 경우에는 그러하지 아니하다.
① 자유무역지역에 통제시설이 설치되어 있지 아니한 경우
② 입출항 및 하역 절차 등 통관을 위하여 필수적인 절차가 이 법에 규정되어 있지 아니한 경우
③ 물품의 통관에 관하여 이 법보다 관세법을 적용하는 것이 입주기업체에 유리한 경우

2) 고시에서 정하는 사항

① 자유무역지역의 물품 반출입신고와 입주기업체 간의 물품이동 등에 관한 사항은 법에서 정한 경우를 제외하고는 관세법을 적용하지 아니한다. 다만, **자유무역지역 안의 외국물품등을 관세영역으로 반출하는 경우에는 법에서 정한 경우를 제외하고는 관세법을 적용**한다.
② 자유무역지역에 물품을 반입하기 이전과 자유무역지역에서 물품을 반출한 이후의 입출항, 적재화물목록 제출, 하역절차 등 통관을 위하여 필수적인 절차가 법에 규정되어 있지 아니한 경우에는 관세법을 적용한다.
③ 수출입 안전관리 우수업체에 대한 통관절차상 혜택 등 **물품의 통관에 관하여 관세법을 적용하는 것이 입주기업체에 유리한 경우에는 관세법을 적용**한다.

(2) 외국인투자기업에 적용되지 않는 법률 [기출 2022]

입주기업체 중 외국인투자기업에 대하여는 다음의 법률을 적용하지 아니한다.
① **고용상 연령차별금지 및 고령자고용촉진에 관한 법률** 제12조

② 국가유공자 등 예우 및 지원에 관한 법률 제31조, 보훈보상대상자 지원에 관한 법률 제35조, 5·18민주유공자예우에 관한 법률 제22조, 특수임무유공자 예우 및 단체설립에 관한 법률 제21조
③ **장애인고용촉진 및 직업재활법** 제28조

(3) 경제자유구역의 지정 및 운영에 관한 특별법과의 관계 `기출 2022`

자유무역지역의 지정 및 운영에 관하여 경제자유구역의 지정 및 운영에 관한 특별법에 이 법과 다른 규정이 있는 경우에는 이 법을 우선하여 적용한다.

Ⅱ 자유무역지역의 지정 등

1 자유무역지역의 지정 등

(1) 지정 요청

중앙행정기관의 장이나 특별시장·광역시장·특별자치시장·도지사 또는 특별자치도지사(이하 "시·도지사"라 한다)는 대통령령으로 정하는 바에 따라 관계 중앙행정기관의 장 및 관계 시·도지사와의 협의를 거쳐 산업통상자원부장관에게 자유무역지역의 지정을 요청할 수 있다. 이 경우 시·도지사는 자유무역지역 관리권자에게 그 시·도지사를 대신하여 관계 중앙행정기관의 장 및 관계 시·도지사와 협의하여 줄 것을 요청할 수 있으며, 요청을 받은 자유무역지역 관리권자는 특별한 사유가 없으면 그 요청에 따라야 한다.

(2) 기본계획 제출

중앙행정기관의 장 또는 시·도지사는 자유무역지역의 지정을 요청하려면 대통령령으로 정하는 사항이 포함된 자유무역지역 기본계획을 작성하여 산업통상자원부장관에게 제출하여야 한다.

(3) 지정 전 협의

산업통상자원부장관은 지정이 요청된 지역의 실정과 지정의 필요성 및 지정 요건을 검토한 후 기획재정부장관, 국토교통부장관 등 대통령령으로 정하는 관계 중앙행정기관의 장(이하 "관계 중앙행정기관의 장"이라 한다)과 협의하여 자유무역지역을 지정한다.

다만, 자유무역지역 예정지역으로 지정된 지역의 전부 또는 일부를 자유무역지역으로 지정하려는 경우에는 관계 중앙행정기관의 장과 협의를 거치지 아니할 수 있다.

(4) 고시 및 통지

산업통상자원부장관은 자유무역지역을 지정하였을 때에는 그 지역의 위치·경계·면적과 그 밖에 대통령령으로 정하는 사항(해당 자유무역지역의 명칭, 위치도 및 토지이용계획)을 고시하고, 그 내용을 지체 없이 관계 중앙행정기관의 장 및 시·도지사에게 통지하여야 한다.

(5) 공개

통지를 받은 시·도지사는 그 내용을 14일 이상 일반인이 열람할 수 있게 하여야 한다.

2 자유무역지역의 지정 요건

자유무역지역은 다음의 요건을 모두 갖춘 지역에 대하여 지정한다.

(1) 다음의 어느 하나에 해당하는 지역으로서 화물 처리능력 등 대통령령으로 정하는 기준에 적합할 것

① **산업단지** : 공항 또는 항만에 인접하여 화물을 국외의 반출·반입하기 쉬운 지역일 것

② **공항** : 다음의 요건을 모두 갖추고 있을 것
   ㉠ 연간 30만톤 이상의 화물을 처리할 수 있고, 정기적인 국제 항로가 개설되어 있을 것
   ㉡ 물류터미널 등 항공화물의 보관, 전시, 분류 등에 사용할 수 있는 지역 및 그 배후지의 면적이 30만제곱미터 이상이고, 배후지는 해당 공항과 접하여 있거나 전용 도로 등으로 연결되어 있어 공항과의 물품 이동이 자유로운 지역으로서 화물의 보관, 포장, 혼합, 수선, 가공 등 공항의 물류기능을 보완할 수 있을 것

③ **물류터미널 및 물류단지** : 다음의 요건을 모두 갖추고 있을 것
   ㉠ 연간 1천만톤 이상의 화물을 처리할 수 있는 시설이나 설비를 갖추고 있을 것
   ㉡ 반입물량의 100분의 50 이상이 외국으로부터 반입되고, 외국으로부터 반입된 물량의 100분의 20 이상이 국외로 반출되거나 반출될 것으로 예상될 것
   ㉢ 물류단지 또는 물류터미널의 면적이 50만제곱미터 이상일 것

④ 항만 : 다음의 요건을 모두 갖추고 있을 것
  ㉠ 연간 1천만톤 이상의 화물을 처리할 수 있고, 정기적인 국제 컨테이너선박 항로가 개설되어 있을 것
  ㉡ 3만톤급 이상의 컨테이너선박용 전용부두가 있을 것
  ㉢ 육상구역의 면적 및 그 배후지의 면적이 50만제곱미터 이상이고, 배후지는 해당 항만과 접하여 있거나 전용도로 등으로 연결되어 있어 항만과의 물품 이동이 자유로운 지역으로서 화물의 보관, 포장, 혼합, 수선, 가공 등 항만의 물류기능을 보완할 수 있을 것

(2) 도로 등 사회간접자본시설이 충분히 확보되어 있거나 확보될 수 있을 것

(3) 물품의 반입·반출을 효율적으로 관리하기 위하여 필요한 시설로서 대통령령으로 정하는 시설(이하 "통제시설"이라 한다)이 설치되어 있거나 통제시설의 설치계획이 확정되어 있을 것
  ① 담장, 출입문, 경비초소 또는 그 밖에 외국물품의 불법유출 및 도난을 방지하기 위해 필요한 시설로서 관세청장이 정하여 고시하는 면적, 위치 등에 관한 기준을 충족하는 시설
  ② 반입물품 및 반출물품을 검사하기 위한 검사장으로서 관세청장이 정하여 고시하는 면적, 위치 등에 관한 기준을 충족하는 시설

> **통제시설의 기준**
> ① 외곽울타리 및 외국물품의 불법유출·도난방지를 위한 과학감시장비
> ② 감시종합상황실과 화물차량통제소
> ③ 다음의 요건을 충족하는 세관검사장
>   ㉠ 물품의 장치장소, 출입문 등을 고려하여 해당 자유무역지역 내 최적의 동선을 확보할 수 있는 장소에 설치하되, 차량의 출입 및 회차 등이 자유롭도록 충분한 면적을 확보하여야 한다.
>   ㉡ 검사장은 컨테이너트레일러를 부착한 차량이 3대 이상 동시에 접속하여 검사할 수 있는 규모인 400m² 이상의 검사대, 검사물품 보관창고 등 검사를 용이하게 할 수 있는 시설을 갖추어야 한다.
>   ㉢ 컨테이너화물을 취급하는 자유무역지역의 경우 컨테이너검색기 설치에 필요한 최소면적인 10,000m²를 따로 확보하여야 한다.
> ④ 세관공무원이 24시간 상주근무에 필요한 사무실 및 편의시설

3 자유무역지역의 변경 등

(1) 자유무역지역의 변경

자유무역지역의 지정을 요청한 중앙행정기관의 장 또는 시·도지사는 자유무역지역의 운영을 위하여 필요한 경우에는 산업통상자원부장관에게 그 자유무역지역의 위치·경계 또는 면적의 변경을 요청할 수 있다.

(2) 자유무역지역의 지정해제

산업통상자원부장관은 자유무역지역의 지정 사유가 없어졌다고 인정하거나 관계 중앙행정기관의 장 또는 시·도지사로부터 지정해제 요청을 받은 경우에는 자유무역지역의 지정을 해제할 수 있다.

4 자유무역지역 예정지역의 지정 등

(1) 자유무역지역 예정지역의 지정

산업통상자원부장관은 중앙행정기관의 장 또는 시·도지사의 요청에 따라 상기 2의 어느 하나에 해당하는 지역(그 예정지를 포함한다)을 자유무역지역 예정지역(이하 "예정지역"이라 한다)으로 지정할 수 있다.

(2) 예정지역의 변경

예정지역의 지정을 요청한 중앙행정기관의 장 또는 시·도지사는 필요한 경우 산업통상자원부장관에게 그 예정지역의 위치·경계 또는 면적의 변경을 요청할 수 있다.

(3) 예정지역의 지정기간

1) 원칙

예정지역의 지정기간은 3년 이내로 한다.

2) 예외

다만, 산업통상자원부장관은 해당 예정지역에 대한 개발계획의 변경 등으로 지정기간의 연장이 불가피하다고 인정하는 경우에는 3년의 범위에서 지정기간을 연장할 수 있다.

(4) 자유무역지역 지정 여부 결정

산업통상자원부장관은 예정지역의 지정기간이 만료되기 전에 자유무역지역으로 지정할 것인지 여부를 결정하여야 한다.

(5) 예정지역 해제

산업통상자원부장관은 자유무역지역으로 지정하지 아니하기로 결정한 경우에는 그 예정지역의 지정을 즉시 해제하여야 한다.

Ⅲ 자유무역지역의 관리 및 입주

1 관리권자 [기출 2024]

(1) 관리권자

자유무역지역의 구분별 관리권자(이하 "관리권자"라 한다)는 다음과 같다.
① 산업단지 : 산업통상자원부장관
② 공항 및 배후지 : 국토교통부장관
③ 물류터미널 및 물류단지 : 국토교통부장관
④ 항만 및 배후지 : 해양수산부장관

(2) 관리권자의 업무

관리권자는 자유무역지역의 관리에 관한 다음의 업무를 수행한다.
① 입주기업체 및 지원업체의 사업활동 지원
② 공공시설의 유지 및 관리
③ 각종 지원시설의 설치 및 운영
④ 그 밖에 자유무역지역의 관리 또는 운영에 관한 업무

2 자유무역지역의 구분 [기출 2021]

관리권자는 관리업무를 효율적으로 운영하기 위하여 자유무역지역을 그 기능 및 특성에

따라 생산시설지구, 지식서비스시설지구, 물류시설지구, 지원시설지구, 그 밖에 대통령령으로 정하는 지구(공공시설지구와 교육·훈련시설지구)로 구분할 수 있다.

3 입주 자격 `기출 2021`

(1) 원칙

자유무역지역에 입주할 수 있는 자는 다음의 어느 하나에 해당하는 자로 한다.
① **수출을 주목적으로 하는 제조업종의 사업을 하려는 자로서 수출비중 등이 대통령령으로 정하는 기준을 충족하는 자**

대통령령으로 정하는 기준을 충족하는 자

입주계약 신청일(입주기업체의 경우에는 영업일 현재를 말한다)부터 과거 3년의 기간 중 총매출액 대비 수출액 비중이 다음의 구분에 따른 기준을 충족하는 기간이 연속하여 1년 이상인 자를 말한다.
① 첨단기술을 활용하는 제품·서비스나 같은 항에 따른 첨단제품을 생산하는 사업(산업통상자원부장관이 정하여 고시하는 바에 따라 첨단기술 또는 첨단제품 확인을 받은 경우로 한정한다)을 경영하는 경우 : 다음 각 목의 구분에 따른 기준
  ㉠ 중소기업인 경우 : 100분의 20 이상
  ㉡ 중소기업이 아닌 경우 : 100분의 30 이상
② ①에 해당하지 않는 경우 : 다음의 구분에 따른 기준
  ㉠ 중소기업인 경우 : 100분의 30 이상
  ㉡ 중견기업인 경우 : 100분의 40 이상
  ㉢ 중소기업 및 중견기업이 아닌 경우 : 100분의 50 이상

② 수출을 주목적으로 하려는 국내복귀기업(해외진출기업의 국내복귀 지원에 관한 법률 제7조에 따라 지원대상 국내복귀기업으로 선정된 기업을 말한다)으로서 복귀 이전 총매출액 대비 대한민국으로의 수출액을 제외한 매출액의 비중 등이 대통령령으로 정하는 기준을 충족하는 자

대통령령으로 정하는 기준을 충족하는 자

입주계약 신청일부터 과거 3년의 기간 중 총매출액 대비 대한민국으로의 수출액을 제외한 매출액이 100분의 30(중소기업의 경우에는 100분의 20으로 한다) 이상인 기간이 연속하여 1년 이상인 자

③ 제조업종 또는 지식서비스산업에 해당하는 업종(⑤부터 ⑦까지의 규정에 해당하는 업종은 제외한다)의 사업을 하려는 외국인투자기업으로서 외국인투자비중 및 수출비중 등이 대통령령으로 정하는 기준을 충족하는 자. 다만, 국내 산업구조의 고도화와 국제경쟁력 강화를 위하여 대통령령으로 정하는 업종에 해당하는 외국인투자기업에 대하여는 수출비중을 적용하지 아니한다.

대통령령으로 정하는 기준을 충족하는 자

다음의 사항을 모두 충족하는 자를 말한다.
① 외국인투자자의 기준을 충족하는 자. 다만, 입주계약을 체결한 후 신주발행 등으로 국내자본이 증가하여 외국인투자 촉진법 시행령 제2조제2항제1호의 요건을 충족하지 아니하게 되는 경우에도 외국인투자자의 기준을 충족하는 것으로 본다.
② 입주계약 신청일(입주기업체의 경우에는 영업일 현재를 말한다)부터 과거 3년의 기간 중 총매출액 대비 수출액이 100분의 30(지식서비스산업의 경우에는 100분의 5로 한다) 이상인 기간이 연속하여 1년 이상인 자. 다만, 입주계약 신청일 기준으로 과거 매출실적이 없는 신설 외국인투자기업의 경우에는 요건을 적용하지 아니할 수 있으며, 이 경우 신설 외국인투자기업은 공장설립등의 완료신고일(지식서비스산업의 경우에는 입주계약일 또는 사업개시의 신고일로 한다)부터 3년 이내에 요건을 충족하여야 한다.

대통령령으로 정하는 업종

신성장동력산업에 속하는 사업으로서 외국인투자금액이 미화 100만달러 이상인 경우

④ 지식서비스산업에 해당하는 업종(⑤부터 ⑦까지의 규정에 해당하는 업종은 제외한다)의 사업을 하려는 자로서 수출비중 등이 대통령령으로 정하는 기준을 충족하는 자

대통령령으로 정하는 기준을 충족하는 자

과거 3년의 기간 중 총매출액 대비 수출액이 100분의 5 이상인 기간이 연속하여 1년 이상인 자

⑤ 수출입거래를 주목적으로 하는 도매업종의 사업을 하려는 자로서 수출입거래 비중 등이 대통령령으로 정하는 기준을 충족하는 자

대통령령으로 정하는 기준을 충족하는 자

입주계약 신청일(입주기업체의 경우에는 영업일 현재를 말한다)부터 과거 3년의 기간 중 총매출액 대비 수출입거래 비중이 100분의 50(중소기업의 경우에는 100분의 30으로 하고, 중견기업의 경우에는 100분의 40으로 한다) 이상인 기간이 연속하여 1년 이상인 자

⑥ 물품의 하역·운송·보관·전시 또는 그 밖에 대통령령으로 정하는 사업을 하려는 자

 대통령령으로 정하는 사업

① 국제운송주선·국제선박거래, 포장·보수·가공 또는 조립하는 사업 등 복합물류 관련 사업
② 선박 또는 항공기(선박 또는 항공기의 운영에 필요한 장비를 포함한다)의 수리·정비 및 조립업 등 국제물류 관련 사업
③ 연료, 식수, 선식 및 기내식 등 선박 또는 항공기 용품의 공급업
④ 물류시설 관련 개발업 및 임대업

⑦ 입주기업체의 사업을 지원하는 업종으로서 대통령령으로 정하는 업종의 사업을 하려는 자

 대통령령으로 정하는 업종

① 금융업, ② 보험업, ③ 통관업, ④ 세무업, ⑤ 회계업, ⑥ 해운중개업, 해운대리점업, 선박대여업 및 선박관리업, ⑦ 항만용역업, ⑧ 교육·훈련업, ⑨ 유류판매업, ⑩ 폐기물의 수집·운반 및 처리업, ⑪ 정보처리업, ⑫ 음식점업, ⑬ 식품판매업, ⑭ 숙박업, ⑮ 목욕장업, ⑯ 세탁업, ⑰ 이용업 및 미용업, ⑱ 그 밖에 입주기업체의 사업을 지원하는 업종으로서 자유무역지역 운영지침에서 정하는 업종

⑧ 대통령령으로 정하는 공공기관
  ㉠ 지방자치단체 및 지방자치단체가 전액 출자·출연한 법인
  ㉡ 국민연금공단
  ㉢ 국민건강보험공단
  ㉣ 한국무역보험공사
  ㉤ 한국공항공사
  ㉥ 인천국제공항공사
  ㉦ 항만공사

         ⑧ 한국철도공사
    ⑨ 국가기관

(2) 예외

관리권자는 제조업 또는 지식서비스산업에 해당하는 업종의 사업을 하려는 자가 상기 (1)의 ① 또는 ④의 요건을 갖추지 아니한 경우에도 국제물류의 원활화와 지역개발 및 수출촉진 등을 위하여 필요하다고 인정하여 산업통상자원부령으로 정하는 경우에는 산업통상자원부장관과 협의를 거쳐 자유무역지역에 입주하게 할 수 있다.

4 입주의 제한 기출 2022

관리권자는 자유무역지역에 입주하려는 자가 **입주 자격을 갖춘 경우에도** 관세법 제73조에 따라 국내외 가격차에 상당하는 율로 양허한 농림축산물(이하 "양허관세품목"이라 한다)을 원재료로 하는 물품을 제조·가공하는 업종의 사업을 하려는 자의 입주를 제한하여야 한다. 다만, 원재료 및 원재료를 제조·가공한 물품을 전량 국외로 반출하는 경우에는 입주를 제한하지 아니할 수 있다.

5 입주계약의 체결 기출 2022

(1) 입주계약의 체결

자유무역지역에 입주하여 사업을 하려는 자는 관리권자와 그 입주에 관한 계약(이하 "입주계약"이라 한다)을 체결하여야 한다. 입주계약을 변경하려는 경우에도 또한 같다.

(2) 우선 계약 기출 2022

입주계약을 체결할 때에 관리권자는 다음의 어느 하나에 해당하는 자와 우선적으로 입주계약을 체결할 수 있다.
① **외국인투자기업**
② 국내산업구조의 고도화와 국제경쟁력 강화에 긴요한 신성장동력산업 기술을 수반하는 사업을 하는 자
③ **수출을 주목적으로 하는 사업을 하려는 자**

(3) 조건 부여

관리권자는 입주계약을 체결하는 경우에는 입주 목적 달성을 위하여 필요한 조건을 붙일 수 있다. 그 조건은 공공의 이익을 증진하기 위하여 필요한 최소한도에 한하여야 하며, 부당한 의무를 부과하여서는 아니 된다.

(4) 농림축산물을 원재료로 하는 사업의 입주 요건 기출 2022

입주계약을 체결할 때 농림축산물을 원재료로 하는 제조업종·가공업종의 사업을 하려는 자는 다음의 물품관리체계를 갖추고 그 자유무역지역을 관할하는 세관장과 사전 협의를 하여야 한다.
① 물품의 반출입 및 재고관리 전산시스템 구축
② 보세사 채용
③ 원재료의 수량을 객관적으로 계산할 수 있는 증빙자료 제출

6 입주계약 체결의 결격사유 기출 2022

다음의 어느 하나에 해당하는 자는 입주계약을 체결할 수 없다.
① 피성년후견인
② 이 법 또는 관세법을 위반하여 징역형의 실형을 선고받고 그 집행이 끝나거나(집행이 끝난 것으로 보는 경우를 포함한다) 집행이 면제된 날부터 2년이 지나지 아니한 사람
③ 이 법 또는 관세법을 위반하여 징역형의 집행유예를 선고받고 그 유예기간 중에 있는 사람
④ 법 제56조, 제57조, 제59조부터 제61조까지, 관세법 제269조부터 제271조까지 또는 같은 법 제274조에 따라 벌금형 또는 통고처분을 받은 자로서 그 벌금형 또는 통고처분을 이행한 후 2년이 지나지 아니한 자. 다만, 제68조, 관세법 제279조에 따라 처벌된 법인 또는 개인은 제외한다.
⑤ 관세 또는 내국세를 체납한 자
⑥ ① 및 ②부터 ⑤까지의 규정에 해당하는 사람을 임원(해당 법인의 자유무역지역의 운영업무를 직접 담당하거나 이를 감독하는 사람으로 한정한다)으로 하는 법인
⑦ 입주계약이 해지(①에 따라 해지된 경우 제외)된 후 2년이 지나지 아니한 자

7 입주계약의 해지 등 [기출 2022/2024]

(1) 입주계약의 해지

관리권자는 입주기업체 또는 지원업체(이하 "입주기업체등"이라 한다)가 부정한 방법으로 입주계약을 체결한 경우에는 입주계약을 해지하여야 한다.

(2) 해지 사유 [기출 2022]

관리권자는 입주기업체등이 다음의 어느 하나에 해당하는 경우에는 입주계약을 해지할 수 있다. 다만, ① 및 ③의 경우 관리권자가 시정을 명한 후 산업통상자원부령으로 정하는 기간 이내에 입주기업체등이 이를 이행하는 때에는 그러하지 아니하다.
① 입주 자격을 상실한 경우
② 입주계약을 체결한 사업 외의 사업을 한 경우
③ 입주계약을 체결할 때 부여된 조건을 이행하지 아니한 경우
④ 결격사유에 해당하게 된 경우(법인의 임원 중 제12조 제1호·제3호부터 제6호까지의 규정에 해당하는 사람이 있는 경우 3개월 이내에 교체하여 임명하는 경우는 제외한다)
⑤ 폐업한 경우

(3) 사업 중지

입주계약이 해지된 자는 그 해지 당시의 수출 또는 수입 계약에 대한 이행업무 및 산업통상자원부령으로 정하는 잔무 처리업무를 제외하고는 그 사업을 즉시 중지하여야 한다.

(4) 반출 또는 양도

입주계약이 해지된 자는 외국물품, 자유무역지역 안으로 반입신고를 한 제29조 제1항 제2호·제3호의 물품, 관세영역에서 자유무역지역 안으로 공급한 물품(이하 "외국물품등"이라 한다)의 종류 및 수량 등을 고려하여 6개월의 범위에서 그 자유무역지역을 관할하는 세관장(이하 "세관장"이라 한다)이 정하는 기간 이내에 잔여 외국물품 등을 자유무역지역 밖으로 반출하거나 다른 입주기업체에 양도하여야 한다.

(5) 공장등의 양도

입주계약이 해지된 자는 자유무역지역에 소유하는 토지나 공장·건축물 또는 그 밖의 시설(이하 "공장등"이라 한다)을 대통령령으로 정하는 바에 따라 다른 입주기업체나 입주자격이 있는 제3자에게 양도하여야 한다.

(6) 토지 또는 공장등의 처분 사유

다음의 어느 하나에 해당하는 경우 해당 토지 또는 공장등을 처분하여야 한다.
① 양도되지 아니한 토지 또는 공장등을 처분하는 경우
② 공장설립등의 완료신고 전에 입주계약이 해지된 경우
③ 사업개시의 신고 전에 입주계약이 해지된 경우

8 입주계약 체결 등의 통보

관리권자는 입주계약(변경계약을 포함한다)을 체결하거나 입주계약을 해지한 경우에는 대통령령으로 정하는 바에 따라 세관장에게 통보하여야 한다.

9 입주기업체관리부호의 발급

자유무역지역에서 외국물품등을 보관하거나 외국물품등의 전부 또는 일부를 원재료로 하여 물품을 제조·가공·조립·보수하는 등 외국물품등을 취급하려는 자는 관세청장이 정하는 바에 따라 세관장에게 입주기업체관리부호(입주기업체의 관리를 위하여 부여하는 번호를 말한다)를 발급받아야 한다.

10 통제시설의 설치 등 기출 2021

(1) 통제시설의 설치 및 운영시기 공고 기출 2021

관리권자는 관세청장과 협의를 거쳐 자유무역지역에 통제시설을 설치하고, 그 운영시기를 공고하여야 한다.

(2) 통제시설 유지·관리 기출 2021

관리권자는 통제시설을 유지·관리하여야 한다.

(3) 통제시설의 보수 또는 확충 요청 기출 2021

관세청장은 통제시설의 보수 또는 확충이 필요하다고 인정할 때에는 관리권자에게 통제시설의 보수 또는 확충을 요청할 수 있다. 이 경우 관리권자는 특별한 사유가 없으면 그 요청에 따라야 한다.

(4) 출입 기록 관리 기출 2021

관리권자는 **자유무역지역을 출입하는 사람 및 자동차에 대한 기록을 산업통상자원부령으로 정하는 방법으로 관리**하여야 하며, 세관장이 출입기록을 요청하는 경우 특별한 사유가 없으면 이에 따라야 한다.

Ⅳ 물품의 반입·반출 및 관리 등

1 물품의 반입 또는 수입 기출 2021

(1) 반입신고 기출 2021

다음의 어느 하나에 해당하는 물품을 **자유무역지역 안으로 반입하려는 자는 관세청장이 정하는 바에 따라 세관장에게 반입신고**를 하여야 한다.
① **외국물품**. 다만, 수출신고가 수리된 물품으로서 관세청장이 정하는 자료를 제출하는 물품은 제외한다.

> **외국물품의 반입신고**
>
> 외국물품을 자유무역지역으로 반입하려는 자는 다음의 어느 하나에서 정하는 바에 따라 세관장에게 반입신고를 하여야 한다.
> ① 외국물품을 보관 또는 전시 등의 목적으로 일시적으로 반입(장치)하려는 자는 수출입화물시스템에서 정한 전자문서로 세관장에게 반입신고를 하여야 한다.
> ② 외국물품을 사용(수출입거래를 주목적으로 하는 도매업종의 사업을 하려는 자로서 수출입거래 비중 등이 대통령령으로 정하는 기준을 충족하는 자 및 물품의 하역·운송·보관·전시 또는 그 밖에 대통령령으로 정하는 사업을 하려는 자로서 자체 재고관리시스템에 의한 수량단위 화물관리가 가능하다고 세관장이 인정한 입주기업체가 반입하여 분할 또는 합병하는 물품을 포함한다) 또는 소비할 목적으로 반입하려는 자는 반입신고(제조업종 생략 가능) 및 사용소비신고를 하여야 한다. 다만, 수입신고대상 물품은 사용소비신고 대상에서 제외한다.

③ 전자상거래 국제물류센터를 운영하는 자가 외국물품을 반입하여 사용하는 경우에는 반입신고서류 외에 품목단위 반입신고서를 세관장에게 전자문서로 제출하여야 한다.
④ 다른 자유무역지역, 보세공장 또는 종합보세구역으로부터 제조·가공된 물품을 반입하는 때에는 전자문서로 반입신고하여야 한다. 다만, 전산시스템 오류 등 부득이한 경우 반입신고할 수 있다.

관세청장이 정하는 자료

① 국외에서 반입되는 물품으로서 이를 적재한 선박·항공기 그 밖의 운송수단에서 다른 선박·항공기 그 밖의 운송수단으로 이적하는 화물인 경우에는 입항적하목록
② 수출신고가 수리된 물품인 경우에는 수출신고필증

② 입주기업체가 자유무역지역에서 사용 또는 소비하려는 내국물품 중 제45조 제1항 및 제2항 (관세등의 면제 또는 환급)의 적용을 받으려는 물품으로서 다음의 어느 하나에 해당하는 물품
  ㉠ 기계, 기구, 설비 및 장비와 그 부분품
  ㉡ 원재료, 윤활유, 사무용컴퓨터 및 건축자재
  ㉢ 그 밖에 사업목적을 달성하는 데에 필요하다고 인정하여 관세청장이 정하는 물품
③ 국내사업장이 없는 비거주자 또는 외국법인(이하 "비거주자등"이라 한다)가 국외반출을 목적으로 자유무역지역에 보관하려는 내국물품 중 관세등의 면제 또는 환급을 받으려는 물품으로서 다음의 요건을 모두 갖춘 물품
  ㉠ 국내사업자와 직접 계약에 따라 공급받을 것
  ㉡ 대금은 외국환은행을 통하여 원화로 지급할 것
  ㉢ 비거주자등이 지정하는 입주기업체에게 인도할 것

(2) 반입신고의 수리

세관장은 반입신고를 받은 경우 그 내용을 검토하여 이 법에 적합하면 신고를 수리하여야 한다.

(3) 내국물품 확인서 발급

세관장은 반입신고를 하지 아니하고 자유무역지역 안으로 반입된 내국물품에 대하여 그 물품을 반입한 자가 신청한 경우에는 내국물품 확인서를 발급할 수 있다. 이 경우 내국물품 확인서의 발급절차와 그 밖에 필요한 사항은 관세청장이 정하여 고시한다.

(4) 수입신고(반입)

상기 (1)에도 불구하고 다음의 어느 하나에 해당하는 경우 그 반입을 하려는 자는 수입신고를 하고 관세등을 내야 한다.
① 입주기업체 외의 자가 외국물품을 자유무역지역 안으로 반입하려는 경우
② 법 제10조 제1항 제1호부터 제3호까지 및 같은 조 제2항에 따른 입주 자격을 갖춘 입주기업체가 자유무역지역에서 사용 또는 소비하기 위하여 외국물품을 자유무역지역 안으로 반입하려는 경우. 다만, 다음의 어느 하나에 해당하는 외국물품을 반입하는 경우는 제외한다.
  ㉠ 기계, 기구, 설비 및 장비와 그 부분품
  ㉡ 원재료(입주기업체가 수입신고하려는 원재료는 제외한다), 윤활유, 사무용컴퓨터 및 건축자재
  ㉢ 그 밖에 사업목적을 달성하는 데에 필요하다고 인정하여 관세청장이 정하는 물품
③ 법 제10조 제1항 제4호 및 제5호에 따른 입주 자격을 갖춘 입주기업체가 자유무역지역에서 자기가 직접 사용 또는 소비하기 위하여 외국물품(상기 ②에 해당하는 물품 중 해당 사업목적을 달성하는 데에 필요한 물품은 제외한다)을 자유무역지역 안으로 반입하려는 경우

(5) 수입신고(반출) 기출 2021

다음의 어느 하나에 해당하는 경우 그 반출을 하려는 자는 **수입신고를 하고 관세등을 내야 한다.**
① 자유무역지역에서 외국물품등의 전부 또는 일부를 원재료로 하여 제조·가공·조립·보수 등의 과정을 거친 후 그 물품을 관세영역으로 반출하려는 경우
② **외국물품등을 자유무역지역에서 그대로 관세영역으로 반출하려는 경우**

(6) 반출 금지

① 상기 (5)에도 불구하고 상기 (1)의 ③의 내국물품은 자유무역지역에서 관세영역으로 반출해서는 아니 된다.
② 전량 국외반출을 조건으로 반입한 원재료 및 원재료를 제조·가공한 물품은 자유무역지역에서 관세영역으로 반출해서는 아니 된다.

2 사용·소비 신고 등

입주기업체가 자유무역지역에 반입된 외국물품 중 상기 1 의 (4)의 ②에 해당하는 물품 등 대통령령으로 정하는 물품을 자유무역지역에서 사용 또는 소비하려는 경우에는 그 사용 또는 소비 전에 세관장에게 사용·소비 신고를 하여야 한다. 이 경우 세관공무원은 물품을 검사할 수 있다.

3 국외로의 반출 및 수입

(1) 국외 반출신고

외국물품등을 자유무역지역에서 국외로 반출(국제무역선 또는 국제무역기에 대한 공급을 포함한다)하려는 자는 대통령령으로 정하는 바에 따라 세관장에게 신고하여야 한다. 다만, 상기 1 의 (1)의 ①에 해당하는 물품으로서 관세청장이 정하는 자료를 제출하는 물품에 대하여는 그러하지 아니하다.

(2) 국외 반출신고의 수리

세관장은 국외 반출신고를 받은 경우 그 내용을 검토하여 이 법에 적합하면 신고를 수리하여야 한다.

(3) 수출신고

외국물품등이 아닌 물품을 자유무역지역에서 국외로 반출하려는 자는 수출신고를 하여야 한다.

4 내국물품의 반출확인 기출 2021

(1) 내국물품 반입증명서류의 제출 기출 2021

1) 의의

외국물품등이 아닌 **내국물품을 자유무역지역에서 관세영역으로 반출하려는 자는 내국물품 확인서, 세금계산서 등 내국물품으로 반입된 사실을 증명하는 서류**(이하 "내국물품 반입증명서류"라 한다)**를** 세관장에게 제출하여야 한다.

2) 서류의 제출 절차

외국물품등이 아닌 내국물품을 자유무역지역에서 관세영역으로 반출하려는 자는 다음의 어느 하나에 해당하는 서류를 세관장에게 제출하여야 한다. 다만, 관세청장이 지정한 보세판매장 통합물류창고(이하 "통합물류창고"라 한다)에서 내국물품의 반출입사항을 관세청 전자통관시스템에 실시간 전송하는 경우에는 제출을 생략할 수 있다.
① 내국물품 반입확인서
② 수출신고가 취하·각하되거나 수출신고 수리가 취소된 물품인 경우에는 그 증빙서류
③ 내국물품 원재료 사용승인을 받은 물품인 경우에는 내국물품원재료사용승인서
④ 수입신고 수리된 물품은 수입신고필증. 다만, 관세청 전자통관시스템으로 반출신고한 물품은 제출 생략
⑤ 그 밖에 세금계산서 등 내국물품으로 반입된 사실을 입증할 수 있는 서류

(2) 내국물품 반입증명서류의 제출 생략 기출 2021

내국물품을 반출하려는 자는 관세청장이 정하는 **내국물품 반출목록신고서를 세관장에게 제출하는 것으로** 내국물품 반입증명서류의 제출을 갈음할 수 있다. 다만, 세관장이 내국물품 반입증명서류의 제출을 요구하는 경우에는 이에 따라야 한다.

(3) 내국물품 반출목록신고서의 제출이 곤란한 경우 등 기출 2021

내국물품을 반출하려는 자가 **내국물품 반출목록신고서를 전자문서로 제출하기 곤란한 경우에는 서류로 제출할 수 있으며,** 세관공무원은 반출하는 내국물품에 대하여 검사 또는 확인할 수 있다.

(4) 내국물품 반출확인의 생략 기출 2021

상기 (1)에도 불구하고 세관장은 출입자의 휴대품 및 다음의 어느 하나에 해당하는 물품에 대하여는 **세관장이 필요하다고 인정하는 경우 내국물품확인을 생략할 수 있다.**
① 출입차량
② 출입자의 휴대품
③ 법 제29조(물품의 반입 또는 수입) 제1항 제2호 각 목의 어느 하나에 해당하지 않는 물품으로서 자유무역지역에서 사용 또는 소비하기 위하여 반입된 사무용 소모품, 음식료품, 담배, 유류(전기·가스를 포함한다) 및 후생복리용 소모품 등으로 관세영역으로부터 반입되었음이 확인된 물품

④ 세관장이 타당하다고 인정하는 직업에 필요한 용구로서 출입자가 휴대하여 반입하는 물품
⑤ 출입자가 상시 휴대하여 사용하는 개인용 물품으로서 기호품, 신변장식용품, 취미용품 그 밖에 세관장이 타당하다고 인정하는 물품

(5) 서류 보관 기출 2021

상기 (2)의 경우 내국물품을 반출하려는 자는 **내국물품 반출목록신고서를 제출한 날부터 5년 이내의 범위에서 대통령령으로 정하는 기간(2년) 동안 내국물품 반입증명서류를 보관**하여야 한다.

5 수출입승인에 대한 특례 등

(1) 수출입공고 대상

대외무역법 제11조에 따라 수입 또는 수출이 제한된 물품(같은 법 제46조에 따라 조정명령을 받은 물품은 제외한다)을 자유무역지역 안으로 반입하거나 자유무역지역으로부터 외국으로 반출하려는 자는 산업통상자원부장관(제5조 제1호 나목부터 라목까지의 규정에 해당하는 지역의 경우는 세관장으로 한다)의 승인을 받아야 한다. 이 경우 산업통상자원부장관의 승인은 대외무역법에 따른 승인으로 본다.

(2) 통합공고 대상

대외무역법 제12조에 따라 통합하여 공고되는 수출·수입요령에 해당되는 품목의 물품은 관계 행정기관이 정하여 고시하는 수출·수입요령에도 불구하고 자유무역지역 안으로 반입하거나 자유무역지역으로부터 외국으로 반출할 수 있다. 다만, 마약, 총기, 부패한 식품 등 해당 통합공고에서 따로 정하는 수입제한 품목에 해당하는 물품은 그러하지 아니하다.

(3) 수출입공고 대상물품의 반출

수출입공고 대상물품을 관세영역으로 반출하려면 산업통상자원부장관의 승인을 받아야 한다. 이 경우 산업통상자원부장관의 승인은 대외무역법에 따른 승인으로 본다.

(4) 통합공고 대상 물품 반출

통합공고 대상 물품을 관세영역으로 반출할 때에는 통합공고에서 정한 수출·수입요령에 따른다.

6 외국물품등의 일시 반출

입주기업체는 자유무역지역 안에 반입된 외국물품등을 물품의 수리, 견본품의 전시, 시험검사 등의 목적으로 관세영역으로 일시 반출하려는 경우에는 반출 허용기간 등 대통령령으로 정하는 바에 따라 세관장의 허가를 받아야 한다.

7 역외작업 기출 2024

(1) 역외작업 신고

입주기업체는 외국물품등(외국으로부터 직접 반출장소에 반입하려는 물품을 포함한다)을 가공 또는 보수하기 위하여 관세영역으로 반출하려는 경우에는 그 가공 또는 보수작업(이하 "역외작업"이라 한다)의 범위, 반출기간, 대상물품, 반출장소를 정하여 세관장에게 신고하여야 한다.

(2) 역외작업 신고 수리

세관장은 역외작업 신고가 법에 적합하게 이루어졌을 때에는 이를 지체 없이 수리하여야 한다.

(3) 과세물건 확정 시기

관세법 제187조 제6항에 따라 관세등을 징수하는 물품에 대한 과세물건 확정의 시기는 역외작업 신고 수리가 있은 때로 한다.

8 역외작업 물품의 반출신고 등 기출 2024

(1) 반출장소 외 관세영역 반출

입주기업체가 역외작업에 의하여 가공 또는 보수된 물품을 반출장소에서 반출장소 외의 관세영역으로 반출하려는 경우에는 법 제29조 제4항을 준용한다.

(2) 국외 반출

입주기업체가 역외작업에 의하여 가공 또는 보수된 물품을 반출장소에서 국외로 직접 반출하려는 경우에는 법 제30조 제1항 및 제2항을 준용한다.

(3) 폐품 처분신고

입주기업체가 역외작업의 공정에서 발생한 폐품을 처분하려는 경우에는 세관장에게 신고하여야 한다.

(4) 폐품 처분신고의 수리

세관장은 폐품 처분신고를 받은 경우 그 내용을 검토하여 이 법에 적합하면 신고를 수리하여야 한다.

9 보세운송 기출 2022~2024

(1) 보세운송의 장소

외국물품등은 자유무역지역과 다른 자유무역지역 또는 관세법 제213조(보세운송의 신고) 제1항 각 호의 장소 간에 한정하여 보세운송할 수 있다.

(2) 보세운송 절차 기출 2022

상기 (1)에 따라 보세운송 하려는 경우에는 「보세운송에 관한 고시」를 준용한다. 다만, 자유무역지역에서 제조·가공한 물품인 경우 보세운송기간을 7일로 하며 7일 이내의 범위에서 연장할 수 있다.

(3) 보세운송신고의 생략 기출 2022

1) 원칙

① 동일 자유무역지역 내 입주기업체 간에 외국물품등을 이동하려는 때에는 관세청 전자통관시스템에 의한 반출입신고로 보세운송신고를 갈음할 수 있다. 다만, 관세청 전자통관시스템에 의한 반출입신고가 곤란한 업체는 입주기업체 간에 체결된 계약서 등을 제출하여 세관공무원의 확인을 받은 후 이동할 수 있다.

② 일시반출허가를 받아 반출하거나 재반입하는 물품의 반출입신고는 일시반출허가서나 재반입신고서로 갈음하며 따로 보세운송절차를 거칠 필요가 없다.

2) 예외

상기 1)에도 불구하고 통합물류창고에 반입되는 물품 중 보세판매장재고관리시스템에 의하여 관리되는 물품을 보세판매장, 인도장 또는 국외반출을 위하여 공항만의 보세구역 등으로 보세운송하는 경우에는 「보세판매장 운영에 관한 고시」에서 정하는 바에 따른다.

(4) 물품의 반출입 및 보세운송 특례

제조업 또는 복합물류업에 해당하는 입주기업체 간에는 반출입 및 보세운송신고를 할 수 있으며, 입주기업체에는 보세공장과 복합물류보세창고를 포함한다.

(5) 국외반출물품등의 보세운송 및 선·기적 [기출 2022-2023]

1) 보세운송신고

국외반출신고가 수리된 물품을 선적하기 위하여 보세운송하는 경우에는 수출신고서 서식을 사용하여 보세운송신고를 할 수 있다.

2) 보세운송 및 선·기적기간

국외반출신고가 수리된 물품의 보세운송기간은 신고수리일부터 30일 이내로 하며, 선(기)적은 국외반출신고가 수리된 날부터 30일 이내에 선(기)적하여야 한다. 다만, 세관장은 재해·선(기)적 일정 변경 등 부득이한 사유로 기간 연장의 신청이 있는 때에는 6개월의 범위에서 그 기간을 연장할 수 있다.

3) 기간 경과 시의 조치

상기 2)에 따른 기간에 선(기)적 되지 않은 경우 자유무역지역 관할지 세관장은 국외반출신고가 수리된 물품을 자유무역지역으로 재반입하게 한 후 국외반출신고수리 취소 등 필요한 조치를 취하여야 한다.

10 물품의 반출 등

(1) 반출신고

반입된 외국물품(수입신고가 수리된 물품을 포함한다)을 관세영역, 다른 자유무역지역 또는 동일 자유무역지역 내 다른 입주기업체로 반출하려는 자는 반출신고를 하여야 한다. 이 경우 반출신고에 관하여는 관세법 제157조를 준용한다.

(2) 매각 요청

입주기업체는 상기 (1)에 따른 지역 외의 지역에 반입한 날부터 1년 이내의 범위에서 관세청장이 정하는 기간이 지난 외국물품이 다음의 어느 하나에 해당하는 경우에는 관세청장이 정하여 고시하는 바에 따라 세관장에게 그 외국물품의 매각을 요청할 수 있다.
① 화주가 분명하지 아니한 경우
② 화주가 부도 또는 파산한 경우
③ 화주의 주소·거소 등 그 소재를 알 수 없는 경우
④ 화주가 수취를 거절하는 경우
⑤ 화주가 거절의 의사표시 없이 수취하지 아니하는 경우

11 재고 기록 등

(1) 재고 기록 대상

입주기업체는 다음의 물품에 대하여 관세청장이 정하여 고시하는 바에 따라 그 품명, 규격, 수량, 가격, 보수작업의 내용 등 재고관리에 필요한 사항을 기록·관리하여야 한다. 다만, 관세청장이 정하여 고시하는 금액 이하의 물품 등 대통령령으로 정하는 물품에 대하여는 그러하지 아니하다.
① 자유무역지역 안으로 반입한 물품
② 자유무역지역에서 사용·소비하거나 생산한 물품
③ 자유무역지역으로부터 반출한 물품
④ 외국물품등을 폐기한 후에 남는 경제적 가치를 가진 물품

(2) 내국물품 구분

입주기업체는 상기 (1)에 따른 물품이 제29조 제1항 제2호에 따른 내국물품에 해당하는 경우에는 그 물품에 대한 재고관리에 필요한 사항을 다른 물품과 구분하여 기록·관리하여야 한다.

(3) 멸실 등의 신고

입주기업체는 외국물품등을 멸실·분실한 경우 또는 폐기하려는 경우에는 대통령령으로 정하는 바에 따라 세관장에게 신고하여야 한다.

(4) 멸실 등의 신고 수리

세관장은 멸실 등의 신고를 받은 경우 그 내용을 검토하여 이 법에 적합하면 신고를 수리하여야 한다.

(5) 자료 보관

입주기업체는 기록한 자료를 대통령령으로 정하는 기간(5년) 동안 보존하여야 한다.

(6) 분할 등을 통한 관리

입주기업체는 관세청장이 정하여 고시하는 기준에 따라 물품의 재고관리 체계를 갖춘 경우에는 상기 (1)의 ① 및 ②의 물품을 분할하거나 병합하는 등의 방식으로 관리할 수 있다.

11 전자상거래 국제물류센터(GDC)의 운영 등 [기출 2023]

(1) 운영기준 [기출 2023]

1) 업체요건

전자상거래 국제물류센터를 운영하고자 하는 자는 **수출입 안전관리 우수업체(AEO) 또는 법규수행능력평가 우수업체**이어야 한다. 다만, 신규업체가 신청하는 경우 세관장은 신청업체의 전자상거래 국제물류 유치 실적 또는 계획을 고려하여 조건부로 운영하게 할 수 있다.

2) 화물관리역량 요건

입주기업체는 **재고관리시스템, 시설 및 내부통제 등 고시 별표 8의 화물관리역량 평가 기준을 충족**하여야 한다. (보세사 채용의무 있음)

3) 입주지역

입주지역은 공항 및 배후지 및 항만 및 배후지 내로 한다.

(2) 관리부호 변경

세관장은 다음의 어느 하나에 해당하는 사유가 발생한 경우 해당 입주기업체의 관리부호를 일반 보관업 관리부호(별표 1에 따른 자유무역지역 업종별 고유번호 : 77)로 변경하여야 하며, 입주기업체의 의견을 미리 청취하여야 한다.

① 전자상거래 국제물류센터를 운영하는 입주기업체가 운영 개시일부터 2년 내 자격을 충족하지 못한 경우
② 상품코드별로 재고조사를 실시할 수 없는 등 전자상거래 국제물류센터를 운영할 능력이 없다고 인정되는 경우. 다만, 세관장이 6개월 이내의 시정기간을 부여하고 이를 시정하는 경우는 제외한다.

(3) 품목단위 반출입신고

1) 사용 또는 소비신고

입주기업체는 전자상거래 국제물류센터에 반입된 물품의 포장을 해체하여 상품코드별로 분할·보관하려는 경우 물품의 포장을 해체하기 전에 사용소비신고를 하고 품목단위 반출입신고서를 제출하여야 한다. 이때 사용소비신고는 B/L단위로 반입된 외국물품에 한한다.

2) 반출입신고

입주기업체는 상품코드별로 분할·보관된 물품을 전자상거래 국제물류센터에서 반출하려는 경우 물품 반출 전에 품목단위 반출입신고서를 제출하여야 한다.

(4) 물품의 반출 기출 2023~2024

1) 해외 구매자에게 발송 시

입주기업체가 전자상거래 국제물류센터에 반입된 물품을 해외 구매자에게 발송하려는 경우 물품 반출 전에 국외반출신고 또는 수출신고를 하여야 하며, 관세영역으로 반출하려는 경우에는 물품 반출 전에 수입신고를 하여야 한다. 이 경우 내국물품만을 수출신고할 경우 수출신고서상의 수출대행자 및 수출화주를 물품공급자 등 국내 사업자로 할 수 있다.

2) 수입신고 시

전자상거래 국제물류센터 반입물품을 수입신고하려는 경우 해당 물품의 납부세액이 관세법 제40조에 따른 징수금액의 최저한 미만이 되도록 물품을 분할하여 수입신고할 수 없다.

3) 공급자 등에게 반송 시

입주기업체가 유통기한·사용기한 경과, 변질, 재고과다 등의 사유로 해당 물품의 공급자 등에게 반송하려는 경우에는 일반 보세화물의 반송절차를 따른다.

(5) 특송·우편물품의 반입 등

1) 통관절차 전 취소된 물품

통관절차를 거치기 전에 주문이 취소되어 수입신고할 수 없는 특송·우편물품은 보세운송절차를 거쳐 전자상거래 국제물류센터로 반입할 수 있다. 다만, 동일 자유무역지역 내에서 물품이 이동하는 경우에는 보세운송절차를 생략할 수 있다.

2) 반품된 물품

해외로 배송된 물품이 반품된 경우 해당 물품은 보세운송절차에 따라 전자상거래 국제물류센터에 재반입할 수 있다.

(6) 재고관리 등 기출 2023

1) 재고관리방법

전자상거래 국제물류센터에 반입되는 모든 판매용 물품은 재고관리시스템에 의해 상품코드별로 관리하여야 하며, 관세청 전자통관시스템과 연계되어 실시간 품목단위 반출입신고와 재고관리가 가능하여야 한다.

2) 구분 관리

입주기업체는 B/L단위 관리물품과 품목단위 관리물품을 구분 장치하여야 하며, **재고관리시스템에 의해 물품별 통관진행상황 등 실시간 재고현황을 관리**할 수 있어야 한다.

3) 분할·합병 등에 따른 재고관리

전자상거래 국제물류센터에서 사용소비신고 후 분할·합병 등의 방식으로 재고관리할 수 있는 물품은 해외 구매자 또는 국내 사업자에게 판매할 물품으로 한다.

4) 재고조사 및 결과 보고

입주기업체는 전자상거래 국제물류센터 반입물품에 대해 연간 재고조사 외 회계연도 반기 자체 재고조사를 실시하고, 이상 유무 등 재고조사 결과를 세관장에게 보고하여야 한다.

5) 재고 이상 발생 시의 조치

세관장은 재고 이상이 발생한 경우 재고 불일치 사유를 조사한 후 해당 세액 추징 등 적정한 조치를 취하여야 한다.

12 입주기업체의 재고관리 상황의 조사 등

(1) 입주기업체의 재고관리 상황의 조사

세관장은 재고관리의 이행 여부를 확인하기 위하여 소속 공무원으로 하여금 입주기업체에 대하여 조사를 하게 할 수 있다. 이 경우 조사를 하는 공무원은 그 권한을 표시하는 증표를 지니고 이를 관계인에게 보여 주어야 한다.

(2) 자료제출 요구

세관장은 입주기업체에 대하여 조사에 필요한 회계장부, 원재료 및 제품의 관리대장, 그 밖에 필요한 자료의 제출을 요구할 수 있다.

(3) 조사의 거부 등 금지

입주기업체는 정당한 사유 없이 조사를 거부·방해 또는 기피하거나 자료제출을 거부하여서는 아니 된다.

(4) 관세등의 징수

세관장은 조사를 한 결과 외국물품등의 재고가 부족한 경우에는 대통령령으로 정하는 바에 따라 입주기업체로부터 그에 해당하는 관세등을 지체 없이 징수하여야 한다. 다만, 분실신고를 한 물품이 자유무역지역에 있는 것이 확인되는 경우 또는 재해나 그 밖의 부득이한 사유로 물품이 멸실된 경우에는 그러하지 아니하다.

(5) 반출입실적 자료 요청

관리권자는 자유무역지역의 효율적인 관리·운영을 위하여 필요한 경우에는 대통령령으로 정하는 바에 따라 관세청장에게 입주기업체의 물품 반입·반출실적에 대한 자료의 제공을 요청할 수 있다.

13 물품의 폐기 기출 2022~2024

(1) 폐기 대상 기출 2022~2024

세관장은 자유무역지역에 있는 물품 중 다음의 어느 하나에 해당하는 물품에 대하여는 화주 및 반입자와 그 위임을 받은 자(이하 "화주등"이라 한다)에게 국외 반출 또는 폐기를 명하거나 화주등에게 미리 통보한 후 직접 이를 폐기할 수 있다. 다만, 화주등에게 통보할 시간적 여유가 없는 특별한 사정이 있을 때에는 그 물품을 폐기한 후 지체 없이 화주등에게 통보하여야 한다.
① 사람의 생명이나 재산에 해를 끼칠 우려가 있는 물품
② 부패 또는 변질된 물품
③ 유효기간이 지난 물품
  ㉠ 실용시효가 경과되었거나 상품가치를 상실한 물품
  ㉡ 의약품 등으로서 유효기간이 만료되었거나 성분이 불분명한 경우
④ ①부터 ③까지의 규정에 준하는 물품으로서 관세청장이 정하여 고시하는 물품
  ㉠ 위조상품, 모조품, 그 밖에 지식재산권 침해물품
  ㉡ 품명미상의 물품으로서 반입 후 1년이 지난 물품
  ㉢ 검사·검역기준 등에 부적합하여 검사·검역기관에서 폐기대상으로 결정된 물품

(2) 폐기공고

세관장은 폐기 통보를 할 때에 화주등의 주소 또는 거소를 알 수 없거나 그 밖의 부득이한 사유로 통보를 할 수 없는 경우에는 대통령령으로 정하는 바에 따라 공고로써 통보를 갈음할 수 있다.

(3) 비용 부담

화주등이 물품을 국외로 반출하거나 폐기한 경우 또는 세관장이 폐기한 경우 그 비용은 화주등이 부담한다.

14 반입정지 등 기출 2022/2024

(1) 물품반입의 정지처분 기출 2022

세관장은 다음의 어느 하나에 해당하는 경우에는 대통령령으로 정하는 바에 따라 6개월의 범위에서 해당 입주기업체에 대하여 자유무역지역으로의 물품반입을 정지시킬 수 있다.
① 수입신고 및 관세등의 납부를 하지 아니하고 외국물품을 사용·소비하기 위하여 자유무역지역 안으로 반입한 경우
② 수입신고 및 관세등의 납부를 하지 아니하고 외국물품등을 자유무역지역에서 관세

영역으로 반출한 경우
③ 국외 반출신고 시 법령에 따라 국외 반출에 필요한 허가·승인·추천·증명 또는 그 밖의 조건을 구비하지 아니하거나 부정한 방법으로 구비한 경우
④ 역외작업 물품의 반출신고 및 관세등의 납부의무를 위반한 경우
⑤ 재고 기록 등의 의무를 위반한 경우
⑥ 정당한 사유 없이 조사를 거부·방해 또는 기피하거나 자료제출을 거부한 경우
⑦ 관세법 제269조, 제270조, 제270조의2, 제271조(제268조의2의 미수범과 제268조의2의 죄를 범할 목적으로 그 예비를 한 자는 제외한다) 및 제274조에 따른 위반사유에 해당하는 경우

(2) 과징금 부과 [기출 2024]

세관장은 물품반입의 정지처분이 그 이용자에게 심한 불편을 주거나 공익을 해칠 우려가 있는 경우에는 입주기업체에 대하여 물품반입의 정지처분을 갈음하여 해당 입주기업체 운영에 따른 매출액의 100분의 3 이하의 과징금을 부과할 수 있다. 이 경우 매출액 산정, 과징금의 금액, 과징금의 납부기한 등에 관하여 필요한 사항은 대통령령으로 정한다.

(3) 과징금 징수

과징금을 납부하여야 할 자가 납부기한까지 납부하지 아니한 경우 과징금의 징수에 관하여는 국세 체납처분의 예에 따라 징수한다.

15 물품의 반입·반출의 금지 등 [기출 2023]

(1) 수출입금지물품 반출입 금지

누구든지 관세법 제234조 각 호의 어느 하나에 해당하는 물품(수출입금지물품)을 자유무역지역 안으로 반입하거나 자유무역지역 밖으로 반출할 수 없다.

(2) 외국물품등의 반입·반출 제한 [기출 2023]

세관장은 국민보건 또는 환경보전에 지장을 초래하는 물품이나 그 밖에 대통령령으로 정하는 물품에 대하여는 **자유무역지역 안으로의 반입과 자유무역지역 밖으로의 반출을 제한**할 수 있다.

① 사업장폐기물 등 폐기물
② 총기 등 불법무기류
③ 마약류
④ 상표권 또는 저작권을 침해하는 물품
⑤ ①부터 ④까지의 규정에 따른 물품과 유사한 물품으로서 관세청장이 정하여 고시하는 물품

> **대통령령으로 정하는 물품**
> ① 사업장폐기물 등 폐기물, ② 총기 등 불법무기류, ③ 마약류, ④ 상표권 또는 저작권을 침해하는 물품, ⑤ ①부터 ④까지의 규정에 따른 물품과 유사한 물품으로서 관세청장이 정하여 고시하는 물품

(3) 반출입제한물품 등 보고

1) 즉시 보고 대상

입주기업체는 다음의 어느 하나에 해당하는 물품이 반입되는 경우 즉시 세관장에게 보고하여야 한다.
① 반출입 제한 대상인 경우
② 반입예정정보와 품명, 수량이 다르거나 포장파손, 누출, 오염 등 물품에 이상이 있는 경우
③ 자유무역지역에 반출입되는 외국물품의 원산지가 허위표시된 경우
④ 자유무역지역에 반출입되는 물품이 상표권 및 저작권을 침해하는 물품인 경우

2) 조사 실시

① 보고를 받은 세관장은 보고사실에 대한 사실조사 등을 실시하고 밀수 등 혐의점이 있는 경우에는 위반혐의에 대하여 조사하여야 한다.
② 조사는 위반사항을 알게 된 부서에서 수행하며, 조사결과 관세법 등을 위반한 확증을 얻은 때에는 통고처분 등 필요한 처분을 하여야 한다.
③ ②에도 불구하고 위반사항이 세관공무원의 범칙조사에 관한 훈령 제14조 제1항 각 호의 어느 하나에 해당하는 경우 즉시 조사전담부서로 조사의뢰를 하여야 한다.

16 지식재산권 등의 보호

(1) 지식재산권 등의 보호 대상

다음의 어느 하나에 해당하는 지식재산권을 침해하는 물품은 자유무역지역 안으로 반입하거나 자유무역지역 밖으로 반출할 수 없다.
① 상표법에 따라 설정등록된 상표권
② 저작권법에 따른 저작권과 저작인접권
③ 식물신품종 보호법에 따라 설정등록된 품종보호권
④ 농수산물 품질관리법에 따라 등록되거나 조약·협정 등에 따라 보호대상으로 지정된 지리적표시권 또는 지리적표시
⑤ 특허법에 따라 설정등록된 특허권
⑥ 디자인보호법에 따라 설정등록된 디자인권
⑦ 방위산업기술 보호법에 따른 방위산업기술

(2) 지식재산권 등의 보호 조치

관세청장 및 세관장은 자유무역지역에서 지식재산권 등을 침해하는 물품을 단속하기 위하여 필요한 조치를 할 수 있다.

17 물품의 검사 등

(1) 물품의 검사 또는 확인

자유무역지역에서 반출·반입·수출·수입되는 물품에 대하여는 세관장이 검사 또는 확인할 수 있다.

(2) 물품의 검사 또는 확인 장소

물품의 검사 또는 확인은 그 물품이 장치되어 있는 장소에서 한다. 다만, 공항 또는 항만지역으로서 관세청장이 지정하는 지역에 장치되어 있는 물품 또는 정밀한 검사가 필요한 물품에 대하여는 그러하지 아니하다.

(3) 물품 등의 검사 방법

세관장은 자유무역지역을 출입하는 자가 휴대하거나 운송하는 물품 또는 운송수단에 대하여 관세청장이 정하여 고시하는 바에 따라 이를 검사할 수 있다.

Ⅴ 관세등의 부과 및 감면 등

1 자유무역지역에서 생산한 물품에 대한 관세등의 부과기준

① 자유무역지역에서 외국물품등의 전부 또는 일부를 원재료로 하여 제조·가공·조립·보수 등의 과정을 거친 후 그 물품을 관세영역으로 반출하려는 경우 그 반출되는 물품은 외국으로부터 우리나라에 도착된 외국물품으로 보아 관세등을 부과한다.
② 이 경우 반입신고를 하지 아니한 내국물품을 대통령령으로 정하는 바에 따라 세관장의 승인을 받아 원재료로 사용하였을 때에는 그 내국물품의 수량 또는 가격을 제조·가공·조립·보수한 물품의 과세표준에서 공제한다.

2 관세등의 면제 또는 환급 등

(1) 관세등의 면제 또는 환급

입주기업체가 반입신고를 한 내국물품에 대하여는 주세법 제31조 제1항 제1호, 개별소비세법 제15조 제1항 제1호 또는 교통·에너지·환경세법 제13조 제1항 제1호에 따라 수출하거나 수출용원재료에 대한 관세 등 환급에 관한 특례법 제4조 제1호 또는 제3호에 따라 수출 또는 공급하는 것으로 보아 관세등을 면제하거나 환급한다.

(2) 내국물품에 대한 영세율 적용

입주기업체가 반입신고를 한 내국물품에 대해서는 부가가치세법 제21조 제1항에 따라 수출에 해당하는 것으로 보아 부가가치세의 영세율을 적용한다.

(3) 외국물품등과 용역에 대한 영세율 적용

자유무역지역에서 입주기업체 간에 공급하거나 제공하는 외국물품등과 용역에 대하여는 부가가치세의 영세율을 적용한다.

3 예정지역에서의 관세등의 면제

(1) 예정지역에서의 관세등의 면제

예정지역 또는 관세법을 적용받는 자유무역지역에서 법 제10조 제1항 제1호부터 제5호까지의 규정에 해당하는 입주기업체가 건물 및 공장을 건축하기 위하여 외국에서 반입하는 대통령령으로 정하는 시설재에 대하여는 관세등을 면제한다.

(2) 사후관리 등

관세등이 면제된 물품의 사후관리 등에 관하여는 관세법 제102조 및 제103조를 적용한다.

4 법인세 등 조세감면

외국인투자기업인 입주기업체에 대하여는 조세특례제한법에서 정하는 바에 따라 법인세, 소득세, 취득세, 등록면허세, 재산세, 종합토지세 등의 조세를 감면할 수 있다.

5 교통유발부담금의 면제

입주기업체의 공장등에 대하여는 교통유발부담금을 면제한다.

제4장 관세벌칙

이 장에서는 사용의 편의를 위해 관세법을 법으로 약칭하여 사용한다.

I 벌 칙

1 전자문서 위조·변조죄 등 기출 2022

(1) 1년 이상 10년 이하의 징역 또는 1억원 이하의 벌금 기출 2022

국가관세종합정보시스템이나 전자문서중계사업자의 전산처리설비에 기록된 전자문서 등 관련 정보를 위조 또는 변조하거나 위조 또는 변조된 정보를 행사한 자는 1년 이상 10년 이하의 징역 또는 1억원 이하의 벌금에 처한다.

(2) 5년 이하의 징역 또는 5천만원 이하의 벌금

다음의 어느 하나에 해당하는 자는 5년 이하의 징역 또는 5천만원 이하의 벌금에 처한다.

① 관세청장의 지정을 받지 아니하고 전자문서중계업무를 행한 자
② 국가관세종합정보시스템 또는 전자문서중계사업자의 전산처리설비에 기록된 전자문서 등 관련 정보를 훼손하거나 그 비밀을 침해한 자
③ 업무상 알게 된 전자문서 등 관련 정보에 관한 비밀을 누설하거나 도용한 한국관세정보원 또는 전자문서중계사업자의 임직원 또는 임직원이었던 사람

2 밀수출입죄 기출 2022

(1) 금지품수출입죄 기출 2022

법 제234조의 물품(수출입 금지물품)을 수출하거나 수입한 자는 7년 이하의 징역 또는 7천만원 이하의 벌금에 처한다.

(2) 밀수입죄

다음의 어느 하나에 해당하는 자는 5년 이하의 징역 또는 관세액의 10배와 물품원가 중 높은 금액 이하에 상당하는 벌금에 처한다.
① 수입신고를 하지 아니하고 물품을 수입한 자. 다만, 수입신고전 즉시반출신고를 한 자는 제외한다.
② 수입신고를 하였으나 해당 수입물품과 다른 물품으로 신고하여 수입한 자

(3) 밀수출죄 또는 밀반송죄

다음의 어느 하나에 해당하는 자는 3년 이하의 징역 또는 물품원가 이하에 상당하는 벌금에 처한다.
① 수출신고 또는 반송신고를 하지 아니하고 물품을 수출하거나 반송한 자
② 수출신고 또는 반송신고를 하였으나 해당 수출물품 또는 반송물품과 다른 물품으로 신고하여 수출하거나 반송한 자

3 관세포탈죄 등

(1) 관세포탈죄

수입신고를 한 자(연대납세의무를 부담하는 구매대행업자 포함) 중 다음의 어느 하나에 해당하는 자는 3년 이하의 징역 또는 포탈한 관세액의 5배와 물품원가 중 높은 금액 이하에 상당하는 벌금에 처한다. 이 경우 ①의 물품원가는 전체 물품 중 포탈한 세액의 전체 세액에 대한 비율에 해당하는 물품만의 원가로 한다.
① 세액결정에 영향을 미치기 위하여 과세가격 또는 관세율 등을 거짓으로 신고하거나 신고하지 아니하고 수입한 자(법 제19조 제5항 제1호 다목에 따른 구매대행업자를 포함한다)

② 세액결정에 영향을 미치기 위하여 거짓으로 서류를 갖추어 품목분류 사전심사·재심사 및 품목분류 재심사를 신청한 자
③ 법령에 따라 수입이 제한된 사항을 회피할 목적으로 부분품으로 수입하거나 주요 특성을 갖춘 미완성·불완전한 물품이나 완제품을 부분품으로 분할하여 수입한 자

> 법령에 따라 수입이 제한된 사항을 회피할 목적으로 부분품으로 수입하거나 주요 특성을 갖춘 미완성·불완전한 물품이나 완제품을 부분품으로 분할하여 수입한 자는 법 제207조 제1항 제3호에 규정되어 있지만, 성격상 부정수입죄로 분류하는 것이 맞습니다.

(2) 부정수입죄

수입신고를 한 자 중 법령에 따라 수입에 필요한 허가·승인·추천·증명 또는 그 밖의 조건을 갖추지 아니하거나 부정한 방법으로 갖추어 수입한 자는 3년 이하의 징역 또는 3천만원 이하의 벌금에 처한다.

(3) 부정수출죄 기출 2022

수출신고를 한 자 중 **법령에 따라 수출에 필요한 허가·승인·추천·증명 또는 그 밖의 조건을 갖추지 아니하거나 부정한 방법으로 갖추어 수출한 자는 1년** 이하의 징역 또는 **2천만원** 이하의 벌금에 처한다.

(4) 부정감면죄

부정한 방법으로 관세를 감면받거나 관세를 감면받은 물품에 대한 관세의 징수를 면탈한 자는 3년 이하의 징역에 처하거나, 감면받거나 면탈한 관세액의 5배 이하에 상당하는 벌금에 처한다.

(5) 부정환급죄

부정한 방법으로 관세를 환급받은 자는 3년 이하의 징역 또는 환급받은 세액의 5배 이하에 상당하는 벌금에 처한다. 이 경우 세관장은 부정한 방법으로 환급받은 세액을 즉시 징수한다.

4 가격조작죄 기출 2022

①에 따른 신청 또는 신고를 할 때 **부당하게 재물이나 재산상 이득을 취득하거나 제3자로 하여금 이를 취득하게 할 목적으로 물품의 가격을 조작하여 신청 또는 신고한 자는 2년** 이하의 징역 또는 ②에 따른 **금액** 이하의 벌금에 처한다.

① 다음의 어느 하나에 해당하는 신청 또는 신고
  ㉠ 보정신청
  ㉡ 수정신고
  ㉢ 법 제241조 제1항·제2항에 따른 신고(수출, 수입 및 반송)
  ㉣ 입항전 수입신고
② 다음의 금액 중 가장 높은 금액
  ㉠ 5천만원
  ㉡ 물품원가
  ㉢ 다음 ⓐ 및 ⓑ 간의 차액
    ⓐ 상기 ①의 어느 하나에 해당하는 신청 또는 신고를 한 물품가격
    ⓑ 과세가격(법 제241조 제1항·제2항에 따른 수출신고 또는 반송신고의 경우에는 해당 물품을 국제무역선 또는 국제무역기에 인도하는 조건으로 실제로 지급받았거나 지급받아야 할 가격으로서 최종 선적항 또는 선적지까지의 운임·보험료를 포함한 가격을 말한다)

5 미수범 등 기출 2024

(1) 교사범 또는 방조범

그 정황을 알면서 법 제269조(밀수출입죄) 및 제270조(관세포탈죄 등)에 따른 행위를 교사하거나 방조한 자는 정범에 준하여 처벌한다.

(2) 미수범

법 제268조의2(전자문서 위조·변조죄 등), 제269조(밀수출입죄) 및 제270조(관세포탈죄 등)의 미수범은 본죄에 준하여 처벌한다.

(3) 예비범

법 제268조의2(전자문서 위조·변조죄 등), 제269조(밀수출입죄) 및 제270조(관세포탈죄 등)의 죄를 저지를 목적으로 그 예비를 한 자는 본죄의 2분의 1을 감경하여 처벌한다.

6 밀수 전용 운반기구의 몰수

밀수출입죄에 전용되는 선박·자동차나 그 밖의 운반기구는 그 소유자가 범죄에 사용된다는 정황을 알고 있고, 다음의 어느 하나에 해당하는 경우에는 몰수한다.
① 범죄물품을 적재하거나 적재하려고 한 경우
② 검거를 기피하기 위하여 권한 있는 공무원의 정지명령을 받고도 정지하지 아니하거나 적재된 범죄물품을 해상에서 투기·파괴 또는 훼손한 경우
③ 범죄물품을 해상에서 인수 또는 취득하거나 인수 또는 취득하려고 한 경우
④ 범죄물품을 운반한 경우

7 범죄에 사용된 물품의 몰수 등

(1) 특수가공물품

밀수출입죄에 사용하기 위하여 특수한 가공을 한 물품은 누구의 소유이든지 몰수하거나 그 효용을 소멸시킨다.

(2) 다른 물품의 몰수

밀수출입죄에 해당되는 물품이 다른 물품 중에 포함되어 있는 경우 그 물품이 범인의 소유일 때에는 그 다른 물품도 몰수할 수 있다.

8 밀수품의 취득죄 등

(1) 알선하거나 감정한 자

다음의 어느 하나에 해당되는 물품을 취득·양도·운반·보관 또는 알선하거나 감정한 자는 3년 이하의 징역 또는 물품원가 이하에 상당하는 벌금에 처한다.
① 밀수출입죄에 해당되는 물품
② 상기 3 의 (1)의 ③, (2) 및 (3)에 해당되는 물품

(2) 미수범

상기 (1)의 미수범은 본죄에 준하여 처벌한다.

(3) 예비범

상기 (1)에 규정된 죄를 범할 목적으로 그 예비를 한 자는 본죄의 2분의 1을 감경하여 처벌한다.

9 징역과 벌금의 병과

법 제269조부터 제271조까지 및 제274조의 죄(밀수품의 취득죄 등)를 저지른 자는 정상에 따라 징역과 벌금을 병과할 수 있다.

10 강제징수면탈죄 등

(1) 강제징수면탈죄

납세의무자 또는 납세의무자의 재산을 점유하는 자가 강제징수를 면탈할 목적 또는 면탈하게 할 목적으로 그 재산을 은닉·탈루하거나 거짓 계약을 하였을 때에는 3년 이하의 징역 또는 3천만원 이하의 벌금에 처한다.

(2) 보관물품은닉죄 등

압수물건의 보관자 또는 압류물건의 보관자가 그 보관한 물건을 은닉·탈루, 손괴 또는 소비하였을 때에도 3년 이하의 징역 또는 3천만원 이하의 벌금에 처한다.

(3) 방조범 등

상기 (1)과 (2)의 사정을 알고도 이를 방조하거나 거짓 계약을 승낙한 자는 2년 이하의 징역 또는 2천만원 이하의 벌금에 처한다.

11 명의대여행위죄 등

(1) 타인의 명의를 도용한 경우

관세(세관장이 징수하는 내국세등을 포함한다)의 회피 또는 강제집행의 면탈을 목적으로 하거나 재산상 이득을 취할 목적으로 다음의 행위를 한 자는 2년 이하의 징역 또는 2천만원 이하의 벌금에 처한다.
① 타인의 명의를 사용하여 탁송품 또는 우편물을 수입한 자
② 타인의 명의를 사용하여 납세신고를 한 자

(2) 타인에게 자신의 명의를 사용하게 한 경우

관세(세관장이 징수하는 내국세등을 포함한다)의 회피 또는 강제집행의 면탈을 목적으로 하거나 재산상 이득을 취할 목적으로 타인에게 자신의 명의를 사용하여 납세신고를 하도록 허락한 자는 1년 이하의 징역 또는 1천만원 이하의 벌금에 처한다.

12 보세사의 명의대여죄 등 기출 2024

다음의 어느 하나에 해당하는 자는 1년 이하의 징역 또는 1천만원 이하의 벌금에 처한다.
① 다른 사람에게 자신의 성명·상호를 사용하여 보세사 업무를 수행하게 하거나 자격증 또는 등록증을 빌려준 자
② 다른 사람의 성명·상호를 사용하여 보세사의 업무를 수행하거나 자격증 또는 등록증을 빌린 자
③ 상기 ① 또는 ②를 알선한 자

13 허위신고죄 등 기출 2022/2024

(1) 물품원가 또는 2천만원 중 높은 금액 이하의 벌금

다음의 어느 하나에 해당하는 자는 물품원가 또는 2천만원 중 높은 금액 이하의 벌금에 처한다.
① 종합보세사업장의 설치·운영에 관한 신고를 하지 아니하고 종합보세기능을 수행한 자
② 세관장의 중지조치 또는 세관장의 폐쇄 명령을 위반하여 종합보세기능을 수행한 자
③ 보세구역 반입명령에 대하여 반입대상 물품의 전부 또는 일부를 반입하지 아니한 자

④ 법 제241조 제1항·제2항 또는 제244조 제1항에 따른 신고를 할 때 제241조 제1항에 따른 사항을 신고하지 아니하거나 허위신고를 한 자(제275조의3 제1항 각 호에 해당하는 자는 제외한다)

⑤ 보정신청 또는 수정신고를 할 때 법 제241조 제1항에 따른 사항을 허위로 신청하거나 신고한 자

⑥ 신고수리 전에는 운송수단, 관세통로, 하역통로 또는 장치장소로부터 신고된 물품을 반출한 자

(2) 2천만원 이하의 벌금 기출 2022

다음의 어느 하나에 해당되는 자는 **2천만원** 이하의 벌금에 처한다. 다만, 과실로 ②, ③ 또는 ④에 해당하게 된 경우에는 300만원 이하의 벌금에 처한다.

① **부정한 방법으로 적재화물목록을 작성하였거나 제출한 자**

② 법 제12조 제1항(제277조 제7항 제2호에 해당하는 경우 제외), 제98조 제2항, 제109조 제1항(제277조 제6항 제3호에 해당하는 경우 제외), 제134조 제1항(제146조 제1항에서 준용하는 경우 포함), 제136조 제2항, 제148조 제1항, 제149조, 제222조 제1항(제146조 제1항에서 준용하는 경우 포함) 또는 제225조 제1항 전단을 위반한 자

③ 법 제83조 제2항, 제88조 제2항, 제97조 제2항 및 제102조 제1항을 위반한 자. 다만, 법 제277조 제6항 제3호에 해당하는 자는 제외한다.

④ 특허보세구역의 설치·운영에 관한 특허를 받지 아니하고 특허보세구역을 운영한 자

⑤ 법 제227조에 따른 세관장의 의무 이행 요구를 이행하지 아니한 자

⑥ 자율심사 결과를 거짓으로 작성하여 제출한 자

⑦ 법 제178조 제2항 제1호·제5호 및 제224조 제1항 제1호에 해당하는 자

(3) 1천만원 이하의 벌금

다음의 어느 하나에 해당하는 자는 1천만원 이하의 벌금에 처한다. 다만, 과실로 ② 또는 ③에 해당하게 된 경우에는 200만원 이하의 벌금에 처한다.

① 입항보고를 거짓으로 하거나 출항허가를 거짓으로 받은 자

② 법 제135조 제1항(제146조 제1항에서 준용하는 경우 포함, 제277조 제6항 제4호에 해당하는 자 제외), 제136조 제1항(제146조 제1항에서 준용하는 경우 포함), 제137조의2 제1항 각 호 외의 부분 후단(제277조 제6항 제4호에 해당하는 자 제외), 제

140조 제1항·제4항·제6(제146조 제1항에서 준용하는 경우 포함), 제141조 제1호·제3호(제146조 제1항에서 준용하는 경우 포함), 제142조 제1항(제146조 제1항에서 준용하는 경우 포함), 제144조(제146조 제1항에서 준용하는 경우 포함), 제150조, 제151조 또는 제213조 제2항 또는 제223조의2를 위반한 자
③ 부정한 방법으로 신고필증을 발급받은 자
④ 세관장 또는 세관공무원의 조치를 거부 또는 방해한 자

(4) 500만원 이하의 벌금

관할세관장에게 등록하지 아니하고 보세사로 근무한 자는 500만원 이하의 벌금에 처한다.

14 과태료

(1) 2억원 또는 1억원 이하의 과태료

① 과세가격결정자료등의 제출을 요구받은 특수관계에 있는 자로서 법 제10조에서 정하는 정당한 사유 없이 제37조의4 제4항 각 호의 어느 하나에 해당하는 행위를 한 자에게는 1억원 이하의 과태료를 부과한다. 이 경우 제276조(허위신고죄 등)는 적용되지 아니한다. 또한 제37조의4 제7항을 위반한 자에게는 2억원 이하의 과태료를 부과한다.

(2) 5천만원 이하의 과태료

다음의 어느 하나에 해당하는 자에게는 5천만원 이하의 과태료를 부과한다. 다만, 과실로 ②에 해당하게 된 경우에는 400만원 이하의 과태료를 부과한다.
① 세관공무원의 질문에 대하여 거짓의 진술을 하거나 그 직무의 집행을 거부 또는 기피한 자
② 법 제200조 제3항, 제203조 제1항 또는 제262조에 따른 관세청장 또는 세관장의 조치를 위반하거나 검사를 거부·방해 또는 기피한 자
③ 법 제263조를 위반하여 서류의 제출·보고 또는 그 밖에 필요한 사항에 관한 명령을 이행하지 아니하거나 거짓의 보고를 한 자
④ 법 제266조 제1항에 따른 세관공무원의 자료 또는 물품의 제시요구 또는 제출요구를 거부한 자

(3) 1천만원 이하의 과태료

다음의 어느 하나에 해당하는 자에게는 1천만원 이하의 과태료를 부과한다.
① 법 제139조(제146조 제1항에서 준용하는 경우를 포함한다), 제143조 제1항(제146조 제1항에서 준용하는 경우를 포함한다), 제152조 제1항, 제155조 제1항, 제156조 제1항, 제159조 제2항, 제160조 제1항, 제161조 제1항, 제186조 제1항(제205조에서 준용하는 경우를 포함한다), 제192조(제205조에서 준용하는 경우를 포함한다), 제200조 제1항, 제201조 제1항·제3항, 제219조 제2항 또는 제266조 제2항을 위반한 자
② 법 제187조 제1항(제89조 제5항에서 준용하는 경우를 포함한다) 또는 제195조 제1항에 따른 허가를 받지 아니하거나 제202조 제2항에 따른 신고를 하지 아니하고 보세공장·보세건설장·종합보세구역 또는 지정공장 외의 장소에서 작업을 한 자

(4) 500만원 이하의 과태료

다음의 어느 하나에 해당하는 자에게는 500만원 이하의 과태료를 부과한다.
① 유통이력을 신고하지 아니하거나 거짓으로 신고한 자
② 유통이력에 대한 장부기록 자료를 보관하지 아니한 자
③ 관세청장이 정하는 장소에 반입하지 아니하고 수출신고를 한 자

(5) 200만원 이하의 과태료 기출 2024

다음의 어느 하나에 해당하는 자에게는 200만원 이하의 과태료를 부과한다.
① 특허보세구역의 특허사항을 위반한 운영인
② 법 제38조 제4항, 제83조 제1항, 제107조 제3항, 제140조 제5항, 제157조 제1항, 제158조 제2항·제6항, 제172조 제3항, 제194조(제205조에서 준용하는 경우를 포함한다), 제196조의2 제5항, 제198조 제3항, 제199조 제1항, 제202조 제1항, 제214조, 제215조(제219조 제4항 및 제221조 제2항에서 준용하는 경우를 포함한다), 제216조 제2항(제219조 제4항 및 제221조 제2항에서 준용하는 경우를 포함한다), 제221조 제1항, 제222조 제3항, 제225조 제1항 후단 또는 제251조 제1항을 위반한 자
③ 법 제83조 제2항, 제88조 제2항, 제97조 제2항, 제102조 제1항 및 제109조 제1항을 위반한 자 중 해당 물품을 직접 수입한 경우 관세를 감면받을 수 있고 수입자와 동일한 용도에 사용하려는 자에게 양도한 자

④ 법 제135조 제1항·제2항 또는 제137조의2 제1항 각 호 외의 부분 후단을 위반한 자 중 과실로 여객명부 또는 승객예약자료를 제출하지 아니한 자

⑤ 법 제159조 제6항, 제180조 제3항(제205조에서 준용하는 경우를 포함한다), 제196조 제4항, 제216조 제1항(제219조 제4항 및 제221조 제2항에서 준용하는 경우를 포함한다), 제222조 제4항, 제225조 제2항, 제228조 또는 제266조 제3항에 따른 관세청장 또는 세관장의 조치를 위반한 자

⑥ 법 제321조 제2항 제2호를 위반하여 운송수단에서 물품을 취급한 자

⑦ 보세구역에 물품을 반입하지 아니하고 거짓으로 반입신고를 한 자

(6) 100만원 이하의 과태료

다음의 어느 하나에 해당하는 자에게는 100만원 이하의 과태료를 부과한다.

① 적재물품과 일치하지 아니하는 적재화물목록을 작성하였거나 제출한 자. 다만, 다음의 어느 하나에 해당하는 자가 투입 및 봉인한 것이어서 적재화물목록을 제출한 자가 해당 적재물품의 내용을 확인하는 것이 불가능한 경우에는 해당 적재화물목록을 제출한 자는 제외한다.
  ㉠ 부정한 방법으로 적재화물목록을 작성하였거나 제출한 자
  ㉡ 적재물품을 수출한 자
  ㉢ 다른 선박회사·항공사 및 화물운송주선업자

② 신고필증을 보관하지 아니한 자

③ 법 제28조 제2항에 따른 신고를 하지 아니한 자

④ 법 제107조 제4항, 제108조 제2항, 제138조 제2항·제4항, 제141조 제2호, 제157조의2, 제162조, 제179조 제2항, 제182조 제1항(제205조에서 준용하는 경우를 포함한다), 제183조 제2항·제3항, 제184조(제205조에서 준용하는 경우를 포함한다), 제185조 제2항(제205조에서 준용하는 경우를 포함한다), 제245조 제3항 또는 제254조의2제2항 및 제3항을 위반한 자

⑤ 법 제160조 제4항(제207조 제2항에서 준용하는 경우를 포함한다)에 따른 세관장의 명령을 이행하지 아니한 자

⑥ 법 제177조 제2항(제205조에서 준용하는 경우를 포함한다), 제180조 제4항(제205조에서 준용하는 경우를 포함한다) 또는 제249조에 따른 세관장의 명령이나 보완조치를 이행하지 아니한 자

⑦ 법 제180조 제1항(제205조에서 준용하는 경우를 포함한다)·제2항(제89조 제5항에서 준용하는 경우를 포함한다), 제193조(제205조에서 준용하는 경우를 포함한다) 또는 제203조 제2항에 따른 세관장의 감독·검사·보고지시 등에 응하지 아니한 자

(7) 비밀유지 의무 위반에 대한 과태료

관세청장은 과세정보를 타인에게 제공 또는 누설하거나 그 목적 외의 용도로 사용한 자에게 2천만원 이하의 과태료를 부과·징수한다. 다만, 형법 등 다른 법률에 따라 형사처벌을 받은 경우에는 과태료를 부과하지 아니하고, 과태료를 부과한 후 형사처벌을 받은 경우에는 과태료 부과를 취소한다.

(8) 세관장의 부과·징수

과태료는 대통령령으로 정하는 바에 따라 세관장이 부과·징수한다.

15 금품 수수 및 공여

(1) 금품 수수

1) 징계부과금 부과 의결 요구

세관공무원이 그 직무와 관련하여 금품을 수수하였을 때에는 징계절차에서 그 금품 수수액의 5배 내의 징계부가금 부과 의결을 징계위원회에 요구하여야 한다.

2) 징계부가금 감면

징계대상 세관공무원이 징계부가금 부과 의결 전후에 금품 수수를 이유로 다른 법률에 따라 형사처벌을 받거나 변상책임 등을 이행한 경우(몰수나 추징을 당한 경우를 포함한다)에는 징계위원회에 감경된 징계부가금 부과 의결 또는 징계부가금 감면을 요구하여야 한다.

3) 체납처분의 예에 따른 징수

징계부가금 부과처분을 받은 자가 납부기간 내에 그 부가금을 납부하지 아니한 때에는 징계권자는 국세체납처분의 예에 따라 징수할 수 있다.

(2) 금품 공여

관세청장 또는 세관장은 세관공무원에게 금품을 공여한 자에 대해서는 대통령령으로 정하는 바에 따라 그 금품 상당액의 2배 이상 5배 내의 과태료를 부과·징수한다. 다만, 형

법 등 다른 법률에 따라 형사처벌을 받은 경우에는 과태료를 부과하지 아니하고, 과태료를 부과한 후 형사처벌을 받은 경우에는 과태료 부과를 취소한다.

16 형법 적용의 일부 배제

법에 따른 벌칙에 위반되는 행위를 한 자에게는 형법 제38조 제1항 제2호 중 벌금경합에 관한 제한가중규정을 적용하지 아니한다.

17 양벌 규정

(1) 양벌 규정의 적용

1) 원칙

법인의 대표자나 법인 또는 개인의 대리인, 사용인, 그 밖의 종업원이 그 법인 또는 개인의 업무에 관하여 벌칙(과태료 제외)에 해당하는 위반행위를 하면 그 행위자를 벌하는 외에 그 법인 또는 개인에게도 해당 조문의 벌금형을 과한다.

2) 예외

법인 또는 개인이 그 위반행위를 방지하기 위하여 해당 업무에 관하여 상당한 주의와 감독을 게을리하지 아니한 경우에는 그러하지 아니하다.

(2) 개인의 범위

개인은 다음의 어느 하나에 해당하는 사람으로 한정한다.
① 특허보세구역 또는 종합보세사업장의 운영인
② 수출(수출용 원재료에 대한 관세 등 환급에 관한 특례법 제4조에 따른 수출 등 포함)·수입 또는 운송을 업으로 하는 사람
③ 관세사
④ 국제항 안에서 물품 및 용역의 공급을 업으로 하는 사람
⑤ 전자문서중계사업자

18 몰수·추징

(1) 금지품수출입죄

법 제269조 제1항(제271조 제3항에 따라 그 죄를 범할 목적으로 예비를 한 자 포함)의 경우에는 그 물품을 몰수한다.

(2) 밀수입죄 등

법 제269조 제2항(제271조 제3항에 따라 그 죄를 범할 목적으로 예비를 한 자 포함), 제269조 제3항(제271조 제3항에 따라 그 죄를 범할 목적으로 예비를 한 자 포함) 또는 제274조 제1항 제1호(그 죄를 범할 목적으로 예비를 한 자 포함)의 경우에는 범인이 소유하거나 점유하는 그 물품을 몰수한다. 다만, 법 제269조 제2항 또는 제3항의 경우로서 다음의 어느 하나에 해당하는 물품은 몰수하지 아니할 수 있다.
① 보세구역에 신고를 한 후 반입한 외국물품
② 세관장의 허가를 받아 보세구역이 아닌 장소에 장치한 외국물품
③ 폐기물관리법 제2조 제1호부터 제5호까지의 규정에 따른 폐기물
④ 그 밖에 몰수의 실익이 없는 물품으로서 대통령령으로 정하는 물품

(3) 범칙금 징수

1) 의의

몰수할 물품의 전부 또는 일부를 몰수할 수 없을 때에는 그 몰수할 수 없는 물품의 범칙 당시의 국내도매가격에 상당한 금액을 범인으로부터 추징한다. 다만, 법 제274조 제1항 제1호 중 제269조 제2항의 물품을 감정한 자는 제외한다.

2) 국내도매가격의 정의

"국내도매가격"이라 함은 도매업자가 수입물품을 무역업자로부터 매수하여 국내도매시장에서 공정한 거래방법에 의하여 공개적으로 판매하는 가격을 말한다.

(4) 범인 간주

개인 및 법인은 상기 (1)부터 (3)까지의 규정을 적용할 때에는 이를 범인으로 본다.

Ⅱ 통고처분

1 통고처분 기출 2022/2024

(1) 의의

관세청장이나 세관장은 관세범을 조사한 결과 범죄의 확증을 얻었을 때에는 대통령령으로 정하는 바에 따라 그 대상이 되는 자에게 그 이유를 구체적으로 밝히고 다음에 해당하는 금액이나 물품을 납부할 것을 통고할 수 있다.
① 벌금에 상당하는 금액
② 몰수에 해당하는 물품
③ 추징금에 해당하는 금액

(2) 벌금에 상당하는 금액 기출 2022

1) 원칙

벌금에 상당하는 금액은 **해당 벌금 최고액의 100분의 30**으로 한다. 다만, 영 별표 4에 해당하는 범죄로서 해당 물품의 원가가 해당 벌금의 최고액 이하인 경우에는 해당 물품 원가의 100분의 30으로 한다.

2) 예외

① **금액의 인상** : 관세청장이나 세관장은 관세범이 조사를 방해하거나 증거물을 은닉·인멸·훼손한 경우 등 관세청장이 정하여 고시하는 사유에 해당하는 경우에는 상기 1)에 따른 금액의 **100분의 50 범위에서 관세청장이 정하여 고시하는 비율**에 따라 그 금액을 늘릴 수 있다.
② **금액의 인하** : 관세청장이나 세관장은 관세범이 조사 중 해당 사건의 부족세액을 자진하여 납부한 경우, 심신미약자인 경우 또는 자수한 경우 등 관세청장이 정하여 고시하는 사유에 해당하는 경우에는 상기 1)에 따른 금액의 100분의 50 범위에서 관세청장이 정하여 고시하는 비율에 따라 그 금액을 줄일 수 있다.
③ **2가지 이상 해당하는 경우** : 관세범이 ① 및 ②에 따른 사유에 2가지 이상 해당하는 경우에는 각각의 비율을 합산하되, 합산한 비율이 100분의 50을 초과하는 경우에는 100분의 50으로 한다.

(3) 통고

관세청장이나 세관장은 통고처분을 하는 경우 관세범의 조사를 마친 날부터 10일 이내에 그 범칙행위자 및 양벌 규정이 적용되는 법인 또는 개인별로 통고서를 작성하여 통고해야 한다.

2 벌금 또는 추징금 예납

(1) 의의

관세청장이나 세관장은 통고처분을 받는 자가 벌금이나 추징금에 상당한 금액을 예납하려는 경우에는 이를 예납시킬 수 있다.

(2) 예납신청

벌금 또는 추징금에 상당한 금액을 예납하고자 하는 자는 다음의 사항을 기재한 신청서를 관세청장 또는 세관장에게 제출하여야 한다.
① 주소 및 성명
② 예납금액
③ 신청사유

(3) 보관증 교부

예납금을 받은 관세청장 또는 세관장은 그 보관증을 예납자에게 교부하여야 한다.

(4) 충당 후 잔금이 있는 경우

관세청장 또는 세관장은 보관한 예납금으로써 예납자가 납부하여야 하는 벌금 또는 추징금에 상당하는 금액에 충당하고 잔금이 있는 때에는 지체 없이 예납자에게 환급하여야 한다.

3 공소시효 정지 기출 2024

통고가 있는 때에는 공소의 시효는 정지된다.

4 신용카드 등에 의한 납부

(1) 신용카드 등에 의한 납부

1) 의의

통고처분을 받은 자는 납부하여야 할 금액을 대통령령으로 정하는 통고처분 납부대행기관을 통하여 신용카드, 직불카드 등(이하 "신용카드 등")으로 납부할 수 있다.

2) 대통령령으로 정하는 통고처분 납부대행기관

"대통령령으로 정하는 통고처분 납부대행기관"이란 정보통신망을 이용하여 신용카드 등에 의한 결재를 수행하는 기관으로서 다음의 어느 하나에 해당하는 기관을 말한다.
① 금융결제원
② 시설, 업무수행능력, 자본금 규모 등을 고려하여 관세청장이 지정하는 자

(2) 납부일

신용카드 등으로 납부하는 경우에는 통고처분 납부대행기관의 승인일을 납부일로 본다.

(3) 납부대행 수수료

통고처분 납부대행기관은 납부대행의 대가로 기획재정부령으로 정하는 바에 따라 납부대행 수수료를 받을 수 있다.

5 통고처분의 면제 기출 2024

(1) 의의

관세청장이나 세관장은 통고처분 대상자의 연령과 환경, 법 위반의 동기와 결과, 범칙금 부담능력과 그 밖에 정상을 고려하여 관세범칙조사심의위원회의 심의·의결을 거쳐 통고처분을 면제할 수 있다. 이 경우 관세청장이나 세관장은 관세범칙조사심의위원회의 심의·의결 결과를 따라야 한다.

(2) 통고처분 면제 대상자

통고처분 면제는 다음의 요건을 모두 갖춘 관세범을 대상으로 한다.
① 상기 1 의 1)의 ①의 금액이 30만원 이하일 것

② 상기 **1**의 1)의 ②의 물품의 가액과 ③의 금액을 합한 금액이 100만원 이하일 것

6 즉시 고발

관세청장이나 세관장은 범죄의 정상이 징역형에 처해질 것으로 인정될 때에는 법 제311조(통고처분) 제1항에도 불구하고 즉시 고발하여야 한다.

7 압수물품의 반환

(1) 환가대금의 반환

관세청장이나 세관장은 압수물품을 몰수하지 아니할 때에는 그 압수물품이나 그 물품의 환가대금을 반환하여야 한다.

(2) 반환 불가 공고

물품이나 그 환가대금을 반환받을 자의 주소 및 거소가 분명하지 아니하거나 그 밖의 사유로 반환할 수 없을 때에는 그 요지를 공고하여야 한다.

(3) 환가대금의 국고귀속

공고를 한 날부터 6개월이 지날 때까지 반환의 청구가 없는 경우에는 그 물품이나 그 환가대금을 국고에 귀속시킬 수 있다.

(4) 관세의 징수

물품에 대하여 관세가 미납된 경우에는 반환받을 자로부터 해당 관세를 징수한 후 그 물품이나 그 환가대금을 반환하여야 한다.

8 통고서의 작성

(1) 통고서의 작성

통고처분을 할 때에는 통고서를 작성하여야 한다.

(2) 통고사항

통고서에는 다음의 사항을 적고 처분을 한 자가 서명날인 하여야 한다.
① 처분을 받을 자의 성명, 나이, 성별, 직업 및 주소
② 벌금에 상당한 금액, 몰수에 해당하는 물품 또는 추징금에 상당한 금액
③ 범죄사실
④ 적용 법조문
⑤ 이행 장소
⑥ 통고처분 연월일

9 통고서의 송달

통고처분의 고지는 통고서를 송달하는 방법으로 하여야 한다.

10 통고의 불이행과 고발

관세범인이 통고서의 송달을 받았을 때에는 그 날부터 15일 이내에 이를 이행하여야 하며, 이 기간 내에 이행하지 아니하였을 때에는 관세청장이나 세관장은 즉시 고발하여야 한다. 다만, 15일이 지난 후 고발이 되기 전에 관세범인이 통고처분을 이행한 경우에는 그러하지 아니하다.

11 일사부재리

관세범인이 통고의 요지를 이행하였을 때에는 동일사건에 대하여 다시 처벌을 받지 아니한다.

12 무자력 고발

관세청장이나 세관장은 다음의 어느 하나의 경우에는 법 제311조(통고처분) 제1항에도 불구하고 즉시 고발하여야 한다.
① 관세범인이 통고를 이행할 수 있는 자금능력이 없다고 인정되는 경우

② 관세범인의 주소 및 거소가 분명하지 아니하거나 그 밖의 사유로 통고를 하기 곤란하다고 인정되는 경우

13 압수물품의 인계

(1) 압수물품의 인계

관세청장 또는 세관장은 법 제312조(즉시 고발)·제316조(통고의 불이행과 고발) 및 제318조(무자력 고발)의 규정에 의하여 관세범을 고발하는 경우 압수물품이 있는 때에는 압수물품조서를 첨부하여 인계하여야 한다.

(2) 인계 요지 통지

관세청장 또는 세관장은 압수물품이 법 제303조(압수와 보관) 제2항의 규정에 해당하는 것인 때에는 당해 보관자에게 인계의 요지를 통지하여야 한다.

14 준용 규정

관세범에 관하여는 법에 특별한 규정이 있는 것을 제외하고는 형사소송법을 준용한다.

Ⅲ 조사와 처분

1 통칙

(1) 관세범

① "관세범"이란 법 또는 법에 따른 명령을 위반하는 행위로서 법에 따라 형사처벌되거나 통고처분되는 것을 말한다.
② 관세범에 관한 조사·처분은 세관공무원이 한다.

(2) 공소의 요건

① 관세범에 관한 사건에 대하여는 관세청장이나 세관장의 고발이 없으면 검사는 공소를 제기할 수 없다.
② 다른 기관이 관세범에 관한 사건을 발견하거나 피의자를 체포하였을 때에는 즉시 관세청이나 세관에 인계하여야 한다.

(3) 관세범에 관한 서류

관세범에 관한 서류에는 연월일을 적고 서명날인 하여야 한다.

(4) 조사처분에 관한 서류

① 관세범의 조사와 처분에 관한 서류에는 장마다 간인하여야 한다.
② 문자를 추가하거나 삭제할 때와 난의 바깥에 기입할 때에는 날인하여야 한다.
③ 문자를 삭제할 때에는 그 문자 자체를 그대로 두고 그 글자수를 적어야 한다.

(5) 조서의 서명

① 관세범에 관한 서류에 서명날인하는 경우 본인이 서명할 수 없을 때에는 다른 사람에게 대리서명하게 하고 도장을 찍어야 한다. 이 경우 도장을 지니지 아니하였을 때에는 손도장을 찍어야 한다.
② 다른 사람에게 대리서명하게 한 경우에는 대리서명자가 그 사유를 적고 서명날인 하여야 한다.

(6) 서류의 송달 및 수령증

① 관세범에 관한 서류는 인편이나 등기우편으로 송달한다.
② 관세범에 관한 서류를 송달하였을 때에는 수령증을 받아야 한다.

2 조사와 처분 기출 2024

(1) 관세범의 조사

세관공무원은 관세범이 있다고 인정할 때에는 범인, 범죄사실 및 증거를 조사하여야 한다.

(2) 조사

세관공무원은 관세범 조사에 필요하다고 인정할 때에는 피의자·증인 또는 참고인을 조사할 수 있다.

(3) 조서 작성

① 세관공무원이 피의자·증인 또는 참고인을 조사하였을 때에는 조서를 작성하여야 한다.
② 조서는 세관공무원이 진술자에게 읽어 주거나 열람하게 하여 기재 사실에 서로 다른 점이 있는지 물어보아야 한다.
③ 진술자가 조서 내용의 증감 변경을 청구한 경우에는 그 진술을 조서에 적어야 한다.
④ 조서에는 연월일과 장소를 적고 다음의 사람이 함께 서명날인 하여야 한다.
　㉠ 조사를 한 사람
　㉡ 진술자
　㉢ 참여자

(4) 조서의 대용 기출 2024

① 현행범인에 대한 조사로서 긴급히 처리할 필요가 있을 때에는 그 주요 내용을 적은 서면으로 조서를 대신할 수 있다.
② 서면에는 연월일시와 장소를 적고 조사를 한 사람과 피의자가 이에 서명날인하여야 한다.

(5) 출석 요구 기출 2024

① 세관공무원이 관세범 조사에 필요하다고 인정할 때에는 피의자·증인 또는 참고인의 출석을 요구할 수 있다.

② 세관공무원이 관세범 조사에 필요하다고 인정할 때에는 지정한 장소에 피의자·증인 또는 참고인의 출석이나 동행을 명할 수 있다.
③ 피의자·증인 또는 참고인에게 출석 요구를 할 때에는 출석요구서를 발급하여야 한다.

(6) 사법경찰권

세관공무원은 관세범에 관하여 사법경찰관리의 직무를 수행한다.

(7) 피의자의 구속

사법경찰관리의 직무를 행하는 세관공무원이 법령에 의하여 피의자를 구속하는 때에는 세관관서·국가경찰관서 또는 교도관서에 유치하여야 한다.

(8) 수색·압수영장 기출 2024

① 법에 따라 수색·압수를 할 때에는 관할 지방법원 판사의 영장을 받아야 한다. 다만, 긴급한 경우에는 사후에 영장을 발급받아야 한다.
② 소유자·점유자 또는 보관자가 임의로 제출한 물품이나 남겨 둔 물품은 영장 없이 압수할 수 있다.

(9) 현행범의 체포

세관공무원이 관세범의 현행범인을 발견하였을 때에는 즉시 체포하여야 한다.

(10) 현행범의 인도 기출 2024

① 관세범의 현행범인이 그 장소에 있을 때에는 누구든지 체포할 수 있다.
② 범인을 체포한 자는 지체 없이 세관공무원에게 범인을 인도하여야 한다.

(11) 압수물품의 국고귀속

① 세관장은 법 제269조, 제270조 제1항부터 제3항까지 및 제272조부터 제274조까지의 규정에 해당되어 압수된 물품에 대하여 그 압수일부터 6개월 이내에 해당 물품의 소유자 및 범인을 알 수 없는 경우에는 해당 물품을 유실물로 간주하여 유실물 공고를 하여야 한다.
② 유실물 공고일부터 1년이 지나도 소유자 및 범인을 알 수 없는 경우에는 해당 물품은 국고에 귀속된다.

(12) 검증수색

세관공무원은 관세범 조사에 필요하다고 인정할 때에는 선박·차량·항공기·창고 또는 그 밖의 장소를 검증하거나 수색할 수 있다.

(13) 신변 수색 등 기출 2024

① 세관공무원은 범죄사실을 증명하기에 충분한 물품을 피의자가 신변에 은닉하였다고 인정될 때에는 이를 내보이도록 요구하고, 이에 따르지 아니하는 경우에는 신변을 수색할 수 있다.
② 여성의 신변을 수색할 때에는 성년의 여성을 참여시켜야 한다.

(14) 참여

세관공무원이 수색을 할 때에는 다음의 어느 하나에 해당하는 사람을 참여시켜야 한다. 다만, 이들이 모두 부재중일 때에는 공무원을 참여시켜야 한다.
① 선박·차량·항공기·창고 또는 그 밖의 장소의 소지인·관리인
② 동거하는 친척이나 고용된 사람
③ 이웃에 거주하는 사람
② 및 ③에 따른 사람은 성년자이어야 한다.

(15) 압수와 보관 기출 2024

① 세관공무원은 관세범 조사에 의하여 발견한 물품이 범죄의 사실을 증명하기에 충분하거나 몰수하여야 하는 것으로 인정될 때에는 이를 압수할 수 있다.
② 압수물품은 편의에 따라 소지자나 시·군·읍·면사무소에 보관시킬 수 있다.
③ 관세청장이나 세관장은 압수물품이 다음의 어느 하나에 해당하는 경우에는 피의자나 관계인에게 통고한 후 매각하여 그 대금을 보관하거나 공탁할 수 있다. 다만, 통고할 여유가 없을 때에는 매각한 후 통고하여야 한다.
   ㉠ 부패 또는 손상되거나 그 밖에 사용할 수 있는 기간이 지날 우려가 있는 경우
   ㉡ 보관하기가 극히 불편하다고 인정되는 경우
   ㉢ 처분이 지연되면 상품가치가 크게 떨어질 우려가 있는 경우
   ㉣ 피의자나 관계인이 매각을 요청하는 경우

(16) 물품의 압수 및 보관

① 물품을 압수하는 때에는 당해 물품에 봉인하여야 한다. 다만, 물품의 성상에 따라 봉인할 필요가 없거나 봉인이 곤란하다고 인정되는 때에는 그러하지 아니하다.

② 압수물품을 보관시키는 때에는 수령증을 받고 그 요지를 압수 당시의 소유자에게 통지하여야 한다.

(17) 압수물품의 폐기

관세청장이나 세관장은 압수물품 중 다음의 어느 하나에 해당하는 것은 피의자나 관계인에게 통고한 후 폐기할 수 있다. 다만, 통고할 여유가 없을 때에는 폐기한 후 즉시 통고하여야 한다.

① 사람의 생명이나 재산을 해칠 우려가 있는 것
② 부패하거나 변질된 것
③ 유효기간이 지난 것
④ 상품가치가 없어진 것

(18) 압수조서 등의 작성

1) 압수조서 등의 작성

검증·수색 또는 압수를 하였을 때에는 조서를 작성하여야 한다.

2) 검증·수색 또는 압수조서의 기재사항

검증·수색 또는 압수조서에는 다음의 사항을 기재하여야 한다.

① 당해 물품의 품명 및 수량
② 포장의 종류·기호·번호 및 개수
③ 검증·수색 또는 압수의 장소 및 일시
④ 소유자 또는 소지자의 주소 또는 거소와 성명
⑤ 보관장소

(19) 야간집행의 제한

① 해 진 후부터 해 뜨기 전까지는 검증·수색 또는 압수를 할 수 없다. 다만, 현행범인 경우에는 그러하지 아니하다.

② 이미 시작한 검증·수색 또는 압수는 ①에도 불구하고 계속할 수 있다.

(20) 조사 중 출입금지 기출 2024

세관공무원은 피의자·증인 또는 참고인에 대한 조사·검증·수색 또는 압수 중에는 누구를 막론하고 그 장소에의 출입을 금할 수 있다.

(21) 신분 증명

① 세관공무원은 조사·검증·수색 또는 압수를 할 때에는 제복을 착용하거나 그 신분을 증명할 증표를 지니고 그 처분을 받을 자가 요구하면 이를 보여 주어야 한다.

② 세관공무원이 제복을 착용하지 아니한 경우로서 그 신분을 증명하는 증표제시 요구를 따르지 아니하는 경우에는 처분을 받을 자는 그 처분을 거부할 수 있다.

(22) 경찰관의 원조

세관공무원은 조사·검증·수색 또는 압수를 할 때 필요하다고 인정하는 경우에는 경찰공무원의 원조를 요구할 수 있다.

(23) 조사 결과의 보고

① 세관공무원은 조사를 종료하였을 때에는 관세청장이나 세관장에게 서면으로 그 결과를 보고하여야 한다.

② 세관공무원은 보고를 할 때에는 관계 서류를 함께 제출하여야 한다.

부록

실전 모의고사

1과목 수출입통관절차
2과목 보세구역관리
3과목 보세화물관리
4과목 수출입안전관리
5과목 자율관리 및 관세벌칙
정답 및 해설

실전 모의고사

● 시험시간 : 135분　● 정답 및 해설 p. 614　● 채점점수 : _____점

1과목　수출입통관절차

01　관세법상 용어의 정의에 관한 설명으로 옳은 것은?

① 우리나라의 선박 등이 영해에서 채집하거나 포획한 수산물 등은 '내국물품'에 해당한다.
② '복합환적'이란 동일한 세관의 관할 구역에서 입국 또는 입항하는 운송수단에서 출국 또는 출항하는 운송수단으로 물품을 옮겨 싣는 것을 말한다.
③ '세관공무원'에는 세관장 및 그 소속 공무원 외에 관세청장도 포함된다.
④ 지정보세구역의 설치·운영에 관한 신고를 한 자는 '운영인'에 해당한다.
⑤ 수입하려는 물품을 수입신고 전에 하역통로로부터 반출하기 위하여 즉시반출신고를 한 물품의 경우에는 '내국물품'으로 본다.

02　관세법상 과세물건의 확정시기에 대한 설명으로 옳은 것은?

① 원칙적으로 관세는 수입신고를 하는 때의 물품의 가격과 수량에 따라 관세를 부과한다.
② 수입신고전 즉시반출신고를 하고 반출된 물품으로서 추후 수입신고가 된 물품은 수입신고를 한 때의 물품의 성질과 수량에 따라 관세가 부과된다.
③ 우편으로 수입되는 물품은 수입신고를 한 때의 물품의 성질과 수량에 따라 관세를 부과한다.
④ 수입신고를 하기 전에 도난된 물품은 해당 물품이 도난된 때의 물품의 성질과 수량에 따라 관세가 부과된다.
⑤ 장치기간이 경과되어 매각된 물품은 매각 절차를 시작할 때의 물품의 성질과 수량에 따라 관세가 부과된다.

03 관세부과의 제척기간에 대한 설명으로 맞는 것은?

① 수입신고를 하지 아니하고 수입한 경우에는 관세를 부과할 수 있는 날부터 5년이 지나면 부과할 수 없다.
② 부정한 방법으로 관세를 포탈하였거나 환급 또는 감면을 받은 경우에는 관세를 부과할 수 있는 날부터 7년이 지나면 부과할 수 없다.
③ 과다환급 또는 부정환급 등의 사유로 관세를 징수하는 경우에는 환급한 날을 관세를 부과할 수 있는 날로 한다.
④ 관세법을 위반하여 납세의무자가 고발되더라도 관세부과의 제척기간이 중단되거나 정지되지 아니한다.
⑤ 감사원법에 따른 심사청구에 대한 결정에 따라 명의대여 사실이 확인된 경우에는 당초의 부과처분을 취소하고 그 결정이 확정된 날부터 5년 이내에 실제로 사업을 경영한 자에게 경정이나 그 밖에 필요한 처분을 할 수 있다.

04 관세법에 따른 납세의무자가 올바르게 연결된 것은?

① 수입물품을 수입신고 전에 양도한 경우 : 그 양도인
② 보세구역에 장치된 물품이 분실된 경우 : 운영인 또는 보관인
③ 수입신고가 수리되기 전에 사용하는 경우 : 수입신고를 하는 때의 화주
④ 선박용품을 하역허가의 내용대로 운송수단에 적재되지 아니한 경우 : 해당 선박에 적재를 한 자
⑤ 수입신고전 즉시반출신고를 한 자가 기간 내에 수입신고를 하지 아니하는 경우 : 해당 물품을 즉시 반출한 자

05 관세법령상 수입신고수리전 세액심사 대상물품으로 틀린 것은?

① 법률 또는 조약에 의하여 관세 또는 내국세를 감면받고자 하는 물품
② 관세법 제107조의 규정에 의하여 관세를 분할납부하고자 하는 물품
③ 관세를 체납하고 있는 자가 신고하는 물품(체납액이 10만원 미만이거나 체납기간 7일 이내에 수입신고하는 경우를 제외한다)
④ 납세자의 성실성 등을 참작하여 관세청장이 정하는 기준에 해당하는 불성실신고인이 신고하는 물품
⑤ 물품의 가격변동이 큰 물품 기타 수입신고 수리 후에 세액을 심사하는 것이 적합하지 아니하다고 세관장이 인정하는 물품

06 관세법 제94조(소액물품 등의 면세)에 따라 관세를 면제할 수 있는 수입물품에 해당하지 않는 것은?

① 기록문서 또는 그 밖의 서류
② 물품가격이 미화 250달러 이하인 물품으로서 견본품으로 사용될 것으로 인정되는 물품
③ 물품가격이 미화 150달러 이하인 물품으로서 자가사용 물품으로 인정되는 것
④ 물품이 천공 또는 절단되었거나 통상적인 조건으로 판매할 수 없는 상태로 처리되어 견본품으로 사용될 것으로 인정되는 물품
⑤ 판매 또는 임대를 위한 물품의 상품목록·가격표 및 교역안내서 등

07 다음은 잠정수량신고·잠정가격신고 대상물품의 수출신고에 대한 설명이다. (   ) 안에 들어갈 내용을 바르게 나열한 것은?

> 배관 등 고정운반설비를 이용하여 적재하는 경우 또는 제조공정상의 이유 및 국제원자재 시세에 따른 금액이 사후에 확정되어 수출신고 시에 수량이나 가격 확정이 곤란한 물품 중 다음 각 호의 어느 하나에 해당하는 물품을 수출하려는 자는 별지 제1호서식에 의거 (㉠)에 적재예정수량 및 금액을 신고하고, (㉡)로부터 수량의 경우 (㉢), 금액의 경우 (㉣)이 경과하기 전까지 별지 제2호서식에 따라 실제 공급한 수량 및 금액을 신고할 수 있다.

① ㉠ : 수출신고 시, ㉡ : 수출신고일, ㉢ : 5일, ㉣ : 180일
② ㉠ : 수출신고 시, ㉡ : 적재완료일, ㉢ : 5일, ㉣ : 180일
③ ㉠ : 수출신고 시, ㉡ : 적재완료일, ㉢ : 10일, ㉣ : 200일
④ ㉠ : 적재완료 시, ㉡ : 수출신고일, ㉢ : 5일, ㉣ : 180일
⑤ ㉠ : 적재완료 시, ㉡ : 적재완료일, ㉢ : 10일, ㉣ : 200일

08 대외무역법 시행령 제19조에 따른 수출입승인 면제물품에 해당하는 경우라도 관세법 제226조 제2항에 따라 세관장이 수출입요건 구비 여부를 확인하는 물품이 아닌 것은?

① 마약류 관리에 관한 법률 해당 물품
② 폐기물의 국가 간 이동 및 그 처리에 관한 법률 해당 물품
③ 생활화학제품 및 살생물제의 안전관리에 관한 법률 해당 물품
④ 전기용품 및 생활용품 안전관리법 해당 물품
⑤ 식물방역법 해당 물품

09 관세법령상 간이세율을 적용할 수 없는 물품에 해당되지 않는 것은?

① 수출용원재료
② 범칙행위에 관련된 물품
③ 종량세가 적용되는 물품
④ 고가품으로서 관세청장이 정하는 물품
⑤ 화주가 수입신고를 할 때에 과세대상물품의 일부에 대하여 간이세율의 적용을 받지 아니할 것을 요청한 경우의 당해 물품

10 수입통관 사무처리에 관한 고시상 특정물품의 통관지세관 지정물품이 아닌 것은?

① 해체용 선박
② 쌀(HS 1006.20호, 1006.30호 해당 물품)
③ 중고승용차
④ 수산물(HS 0305호로서 건조한 것)
⑤ 한약재 원료

11 관세법상 부과고지 대상에 해당되지 아니한 것은?

① 보세건설장에서 건설된 시설로서 수입신고가 수리되기 전에 가동된 경우
② 보세구역(보세구역 외 장치를 허가받은 장소를 포함한다)에 반입된 물품이 수입신고가 수리되기 전에 반출된 경우
③ 납세의무자가 관세청장이 정하는 사유로 과세가격이나 관세율 등을 결정하기 곤란하여 부과고지를 요청하는 경우
④ 수입신고전 즉시반출신고를 하고 반출한 경우, 해당 물품을 반출한 날부터 10일 내에 수입신고를 하지 아니하여 관세를 징수하는 경우
⑤ 그 밖에 납세신고가 부적당한 것으로서 기획재정부령으로 정하는 경우

12 물품을 수입하면서 다음의 관세율이 경합될 경우 가장 먼저 적용되는 세율은?

① 기본세율 8%
② 할당관세율 6%
③ 잠정세율 7%
④ 일반특혜관세율 5%
⑤ 편익관세율 9%

13 관세법 제238조 규정에 의한 보세구역 반입명령 제도에 관련한 조치 및 설명으로 옳지 아니한 것은?

① 관세청장은 수출신고가 수리되어 외국으로 반출되기 전에 있는 물품으로서 관세법에 따른 의무사항을 위반한 물품에 대해서는 화주에게 보세구역으로 반입할 것을 명할 수 있다.
② 세관장은 반입의무자에게 보세구역에 반입된 물품을 국외로 반출 또는 폐기할 것을 명할 수 있으며, 이 경우 반출 또는 폐기에 드는 비용은 반입의무자가 부담한다.
③ 관세청장이 보세구역의 반입명령을 하는 경우에는 반입대상물품, 반입할 보세구역, 반입사유와 반입기한을 기재한 명령서를 화주 또는 수출입신고자에게 송달하여야 한다.
④ 관세청장 또는 세관장은 수출입신고가 수리된 물품이 지식재산권을 침해한 경우에는 해당 물품을 보세구역으로 반입할 것을 명할 수 있다. 다만, 해당 물품이 수출입신고가 수리된 후 2개월이 지난 경우에는 그러하지 아니하다.
⑤ 관세청장은 관세법 위반사항이 경미하거나 감시·단속에 지장이 없다고 인정되는 경우에는 반입의무자에게 해당 물품을 보세구역으로 반입하지 아니하고 필요한 조치를 하도록 명할 수 있다.

14 관세법상 통관 제한사유에 해당하지 아니한 것은?

① 법령에 따라 원산지를 표시하여야 하는 물품으로서 원산지 표시가 법령에서 정하는 기준과 방법에 부합되지 아니하게 표시된 경우
② 법령에 따라 원산지를 표시하여야 하는 물품으로서 원산지 표시가 부정한 방법으로 사실과 다르게 표시된 경우
③ 법령에 따라 원산지를 표시하여야 하는 물품으로서 원산지 표시가 되어 있지 아니한 경우
④ 물품의 품질을 사실과 다르게 표시한 물품으로서 산업표준화법을 위반한 물품
⑤ 관세법, 조약 등에 따라 원산지 확인이 필요한 물품으로서 원산지증명서를 구비하지 못한 물품

15 관세법상 수입으로 보지 아니하는 소비 또는 사용이 아닌 것은?

① 선박용품·항공기용품 또는 차량용품을 운송수단 안에서 그 용도에 따라 소비하거나 사용하는 경우
② 선박용품·항공기용품 또는 차량용품을 세관장이 정하는 지정보세구역에서 출입국관리법에 따라 출국심사를 마친 자에게 제공하여 그 용도에 따라 소비하거나 사용하는 경우
③ 선박용품·항공기용품 또는 차량용품을 세관장이 정하는 지정보세구역에서 우리나라에 입국하지 아니하고 우리나라를 경유하여 제3국으로 출발하려는 자에게 제공하여 그 용도에 따라 소비하거나 사용하는 경우
④ 승무원이 휴대품을 운송수단 또는 관세통로에서 소비하거나 사용하는 경우
⑤ 관세법에서 인정하는 바에 따라 소비하거나 사용하는 경우

16 수입통관 사무처리에 관한 고시에 따라 반드시 종이서류를 제출해야 하는 것은?

① 포장명세서
② 원산지증명서
③ 선하증권(B/L) 사본
④ 부과고지 대상물품
⑤ 합의에 의한 세율적용 승인(신청)서

17 보세구역에 장치한 물품의 수입신고 시기가 다음과 같을 때, ( ) 안에 들어갈 적용 가산세율이 옳은 것은?

> • 신고기한이 경과한 날부터 15일이 되는 시기에 신고를 한 때 : 해당 물품 과세가격의 (㉠)
> • 신고기한이 경과한 날부터 30일이 되는 시기에 신고를 한 때 : 해당 물품 과세가격의 (㉡)
> • 신고기한이 경과한 날부터 45일이 되는 시기에 신고를 한 때 : 해당 물품 과세가격의 (㉢)

① ㉠ : 1천분의 4, ㉡ : 1천분의 5, ㉢ : 1천분의 10
② ㉠ : 1천분의 4, ㉡ : 1천분의 10, ㉢ : 1천분의 10
③ ㉠ : 1천분의 5, ㉡ : 1천분의 10, ㉢ : 1천분의 10
④ ㉠ : 1천분의 5, ㉡ : 1천분의 10, ㉢ : 1천분의 20
⑤ ㉠ : 1천분의 5, ㉡ : 1천분의 15, ㉢ : 1천분의 20

18 관세법상 입항전수입신고에 관한 설명으로 틀린 것은?

① 수입하려는 물품의 신속한 통관이 필요할 때에는 대통령령으로 정하는 바에 따라 해당 물품을 적재한 선박이나 항공기가 입항하기 전에 수입신고를 할 수 있다. 이 경우 입항전수입신고가 된 물품은 우리나라에 도착한 것으로 본다.
② 세관장은 입항전수입신고를 한 물품에 대하여 물품검사의 실시를 결정하였을 때에는 수입신고를 한 자에게 이를 통보하여야 한다.
③ 검사대상으로 결정된 물품은 수입신고를 한 세관의 관할 보세구역(보세구역이 아닌 장소에 장치하는 경우 그 장소를 포함한다)에 반입되어야 한다. 다만, 세관장이 적재상태에서 검사가 가능하다고 인정하는 물품은 해당 물품을 적재한 선박이나 항공기에서 검사할 수 있다.
④ 검사대상으로 결정되지 아니한 물품은 입항 전에 그 수입신고를 수리할 수 있다.
⑤ 입항전수입신고가 수리되고 보세구역 등으로부터 반출되지 아니한 물품에 대하여는 해당 물품이 지정보세구역에 장치된 경우에 한하여 관세법 제106조 제4항을 준용하여 관세를 환급한다.

19 수입신고의 각하 사유에 해당하지 아니한 것은?

① 거짓이나 그 밖의 기타 부정한 방법으로 신고한 경우
② 출항전신고나 입항전신고의 요건을 갖추지 아니한 경우
③ 출항전신고나 입항전신고한 화물이 도착하지 아니한 경우
④ 통관보류, 통관요건 불합격이 결정된 경우
⑤ 폐기, 공매·경매낙찰, 몰수확정, 국고귀속이 결정된 경우

20 ( )에 들어갈 내용을 순서대로 옳게 기재한 것은?

> 「관세법 시행령」 제10조 【담보의 제공절차 등】 ⑨ 세관장은 다음 각 호의 어느 하나에 해당하는 경우에는 법 제39조의 규정에 따른 납부고지를 할 수 있다.
> 1. 관세의 담보를 제공하고자 하는 자가 담보액의 확정일부터 (   )일 이내에 담보를 제공하지 아니하는 경우
> 2. 납세의무자가 수입신고 후 (   )일 이내에 법 제248조 제2항의 규정에 의한 담보를 제공하지 아니하는 경우

① 5, 5
② 5, 10
③ 10, 5
④ 10, 10
⑤ 10, 15

21 납세의무자가 가격신고를 생략할 수 있는 대상이 아닌 것은?

① 방위산업용 기계와 그 부분품 및 원재료로 수입하는 물품. 다만, 당해 물품과 관련된 중앙행정기관의 장의 수입확인 또는 수입추천을 받은 물품에 한한다.
② 수출용 원재료
③ 특정연구기관 육성법의 규정에 의한 특정연구기관이 수입하는 물품
④ 과세가격이 미화 1만불 이하인 물품으로 관세청장이 인정하는 물품
⑤ 정부 또는 지방자치단체가 수입하는 물품

22 수입통관 사무처리에 관한 고시상 수입신고가 생략되는 물품이 아닌 것은?

① 재외공관 등에서 외교부로 발송되는 자료
② 기록문서와 서류
③ 해당 물품의 총 과세가격이 미화 250불 이하의 면세되는 상용견품
④ 장례를 위한 유해(유골)와 유체
⑤ 우리나라에 내방하는 외국의 원수와 그 가족 및 수행원에 속하는 면세대상물품

23 수입통관 사무처리에 관한 고시상 B/L분할신고 및 수리에 관한 규정으로 틀린 것은?

① B/L을 분할하여도 물품검사와 과세가격 산출에 어려움이 없는 경우에는 B/L을 분할하여 신고할 수 있다.
② 관세법 제226조(허가·승인 등의 증명 및 확인)에 따른 의무를 회피하기 위한 경우에는 B/L을 분할하여 신고할 수 없다.
③ 보세창고에 입고된 물품으로서 세관장이 보세화물관리에 관한 고시에 따른 보세화물관리에 지장이 없다고 인정하는 경우에는 여러 건의 B/L에 관련되는 물품을 1건으로 수입신고할 수 있다.
④ B/L분할신고에 따른 수입물품이 물품검사 대상인 경우 처음 수입신고할 때 분할 전 B/L물품 전량에 대하여 물품검사를 하여야 한다.
⑤ 분할된 물품의 납부세액이 징수금액 최저한인 1만원 미만인 경우로서 신고물품 중 일부만 통관이 허용되고 일부는 통관이 보류되는 경우에는 B/L을 분할하여 신고할 수 없다.

24 관세징수권 소멸시효의 중단사유로 틀린 것은?

① 납부고지
② 통고처분
③ 교부청구
④ 공소제기
⑤ 사해행위 취소소송

25 관세법령상 원산지증명서의 제출을 생략할 수 있는 물품에 해당하지 않는 것은?

① 세관장이 물품의 종류·성질·형상 또는 그 상표·생산국명·제조자 등에 의하여 원산지를 확인할 수 있는 물품
② 우편물(수입신고 대상 우편물을 제외한다)
③ 물품가격이 15만원 이하인 물품
④ 개인에게 무상으로 송부된 탁송품·별송품 또는 여행자의 휴대품
⑤ 기타 관세청장이 관계행정기관의 장과 협의하여 정하는 물품

2과목 보세구역관리

01 관세법상 보세구역에 대한 내용 중 틀린 것은?
① 보세구역은 외국물품을 수입신고가 수리되기 전인 보세상태에서 장치, 제조·가공, 전시, 건설, 판매 등을 할 수 있는 장소를 말한다.
② 보세구역은 일반적으로 일정 구역의 토지 또는 건축물이어야 하며, 수면과 선박·차량과 같은 정착성이 없어도 보세구역으로 할 수 있다.
③ 보세구역은 토지에 둘러싸이거나 울타리, 둑, 경계표 등에 의하여 확실히 구분이 가능하고 정착성이 있다고 볼 수 있는 원목저장소, 선박의 건조장소, 부두, 공작물, 장기간 계류되어 있는 선박 등의 경우 보세구역으로 할 수 있다.
④ 보세구역은 외국물품을 장치, 제조·가공, 전시 등을 할 수 있는 장소이다.
⑤ 보세구역은 관세청장 또는 세관장이 지정하거나 특허한 장소이다.

02 관세법상 지정보세구역에 대한 내용으로 틀린 것은?
① 지정보세구역은 국가, 지방자치단체 및 공항시설 또는 항만시설을 관리하는 법인이 소유하거나 관리하는 토지·건물 또는 그 밖의 시설에 대하여 세관장이 지정한 보세구역을 말한다.
② 지정보세구역은 토지나 시설의 소유자 또는 관리자의 신청에 의해서는 지정할 수 없다.
③ 지정보세구역은 주로 공항만시설 등에 지정되므로 모든 수출입화물이 경유하게 되는 지역적 특성을 갖고 있다.
④ 공동 이용장소라는 점에서 공익성을 갖고 있으며, 효율적 공동이용을 위해 화물의 신속한 물류가 요구되는 물류촉진 요구성이 있다.
⑤ 공동 이용장소에서의 화물관리는 물품을 지정보세구역에 반입한 화주 또는 반입자가 책임지고 처리해야 한다는 점에서 화물관리의 자율책임성이 요구되는 특징이 있다.

03 보세전시장 반입물품에 대한 검사에 대한 설명으로 틀린 것은?
① 세관장에게 반입신고를 한 외국물품이 보세전시장에 반입된 경우 운영인은 그 물품에 대하여 세관공무원의 검사를 받아야 한다.
② 세관장은 반입신고된 물품이 반입대상물품에 속하지 아니하거나 신고내용과 현품이 다를 때에는 그 물품을 지체 없이 다른 보세구역으로 반출할 것을 설영인에게 명할 수 있다.
③ 보세전시장에 장치된 외국물품의 장치기간은 해당 박람회 등의 회기와 그 회기의 전후에 박람회 등의 운영을 위한 외국물품의 반입과 반출 등에 필요하다고 인정되는 기간을 고려해서 세관장이 정한다.
④ 보세전시장에서 사용될 내국물품이 해당 보세전시장에서 개최될 박람회등의 운영과 관계가 없는 것일 때에는 반출입의 신고를 생략할 수 있다.
⑤ 내국물품이 외국에서 생산된 제품으로서 보세전시장에 있는 외국물품과 구별할 필요가 있을 때에는 세관장이 해당 내국물품의 장치장소를 제한하거나, 전시 또는 판매행위 등을 제한할 수 있다.

04 보세판매장 판매물품의 보세운송에 대한 설명으로 틀린 것은?
① 시내면세점에서 판매한 물품에 대하여는 현품을 판매장에서 인도하지 아니하고 구매자가 서명한 교환권을 발행·교부하고, 인도장으로 운송한 후 해당 인도장에서 인도하여야 한다.
② 운영인은 우리나라를 방문하는 외국의 원수와 그 가족으로서 세관장이 외교관례상 의전이 필요하다고 인정하는 자 등이 시내면세점에서 구입한 물품에 대하여 구매자가 원할 경우 판매장에서 현장 인도할 수 있다.
③ 운영인은 교환권에 의하여 판매한 물품에 대하여는 반송 및 간이보세운송신고서에 따라 관할지세관장에게 신고 후 수리를 받아 여러 보세운송 신고 건을 취합하여 행낭 또는 각종 운반 박스 등에 넣은 후 운영인 책임하에 시건 또는 봉인을 한 후 인도장으로 보세운송을 하여야 한다.
④ 세관장은 보세운송업무의 신속한 처리를 위하여 재고관리시스템에서 자동으로 신고내역을 확인하여 신고수리를 할 수 있다.
⑤ 출국장면세점 운영인은 전자상거래방법으로 판매한 물품을 인도장에서 인도할 수 있다.

05 관세법상 세관장이 종합보세사업장의 운영인에게 종합보세사업장의 폐쇄를 명령하는 경우가 아닌 것은?

① 운영인이 거짓이나 그 밖의 부정한 방법으로 종합보세사업장의 설치·운영에 관한 신고를 한 경우
② 운영인이 파산선고를 받고 복권되지 아니한 경우
③ 운영인이 관세법을 위반하여 징역형의 집행유예를 선고받고 그 유예기간 중에 있는 경우
④ 운영인이 피성년후견인을 임원으로 하는 법인으로서 3개월 이내에 해당 임원을 변경한 경우
⑤ 운영인이 다른 사람에게 자신의 성명·상호를 사용하여 종합보세사업장을 운영하게 한 경우

06 보세판매장 특허심사위원회에 관한 설명으로 틀린 것은?

① 특허심사위원회는 위원장 1명을 포함하여 100명 이내의 위원으로 성별을 고려하여 구성한다.
② 특허심사위원회 위원의 임기는 1년으로 하되, 한 차례만 연임할 수 있다.
③ 세관장은 특허심사위원회의 위원이 심신장애로 인하여 직무를 수행할 수 없게 된 경우에는 해당 위원을 해촉할 수 있다.
④ 관세청장은 위촉한 위원 명단을 관세청의 인터넷 홈페이지 등에 공개해야 한다.
⑤ 특허심사위원회의 회의는 회의 때마다 평가분야별로 무작위 추출 방식으로 선정하는 25명 이내의 위원으로 구성한다.

07 관세법령상 보세구역 외 장치허가에 대한 설명으로 옳지 않은 것은?

① 크기 또는 무게의 과다나 그 밖의 사유로 보세구역에 장치하기 곤란하거나 부적당한 물품을 보세구역이 아닌 장소에 장치하려는 자는 세관장의 허가를 받아야 한다.
② 세관장은 외국물품에 대하여 보세구역 외 장치의 허가를 하려는 때에는 그 물품의 관세에 상당하는 담보의 제공, 필요한 시설의 설치 등을 명할 수 있다.
③ 보세구역 외 장치의 허가를 받으려는 자는 기획재정부령으로 정하는 금액과 방법 등에 따라 수수료를 납부하여야 한다.
④ 국가 또는 지방자치단체가 수입하거나 협정에 의하여 관세가 면제되는 물품을 수입하는 때에도 보세구역 외 장치허가수수료를 징수한다.
⑤ 보세구역 외 장치허가수수료를 납부하여야 하는 자가 관세청장이 정하는 바에 의하여 이를 따로 납부한 때에는 그 사실을 증명하는 증표를 허가신청서에 첨부하여야 한다.

08 종합보세구역의 물품반출입에 대한 설명으로 틀린 것은?

① 외국으로부터 도착한 물품 또는 보세운송되어 반입하는 물품에 대하여는 House B/L단위로 신고하여야 한다.
② 운영인이 동일 종합보세사업장에서 종합보세기능 간에 물품을 이동하는 경우에는 반출입신고를 하지 아니하나, 동일 종합보세구역 내의 종합보세사업장 간의 물품의 이동에는 보세운송신고를 하여야 한다.
③ 운영인은 반입된 물품이 반입예정 정보와 품명·수량이 상이하거나 안보위해물품의 반입, 포장파손, 누출·오염 등 물품에 이상이 있는 경우에는 즉시 세관장에게 보고하여야 한다.
④ 세관장은 종합보세사업장에 반입된 물품이 종합보세사업장의 수용능력초과로 물품반입이 곤란하다고 인정되는 때에는 해당 물품을 다른 종합보세사업장으로 반출하도록 명령할 수 있다.
⑤ B/L제시 인도물품을 반출하고자 하는 자는 화물관리공무원에게 B/L원본을 제시하여 반출승인을 받아야 한다.

09 보세창고 특허 및 운영에 관한 고시상 특수보세구역의 요건을 설명한 것 중 틀린 것은?

① 위험물품 전용 보세창고는 위험물품 취급자격자를 채용하여야 하는 요건을 갖추어야 한다.
② 야적 전용 보세창고(창고건물에 부속된 야적장은 제외한다)는 4,500m^2 이상의 대지로서 주위의 지면보다 높아야 하며, 침수를 방지할 수 있는 구조와 시설을 갖추어야 한다. 다만, 엔진블록 등 원상태 유출의 우려가 있는 성질의 고철을 장치하는 야적장은 물품을 매몰하거나 그 밖의 방법으로 은닉할 수 없도록 바닥을 단단히 하여야 한다.
③ 컨테이너 전용 보세창고는 부지면적은 15,000m^2 이상이어야 하는 요건을 갖추어야 한다.
④ 액체화물 전용 보세창고는 창고면적이 1,000m^2 이상이어야 하는 요건을 갖추어야 한다.
⑤ 복합물류 보세창고는 물품 보관시설과 구획을 달리하여 분류·재포장·상표부착 등에 필요한 시설과 작업장을 갖추어야 하며 수량단위 화물관리가 가능한 재고관리 시스템을 구비하여야 한다.

10 자가용 보세창고에 장치할 수 있는 물품에 해당하지 않는 것은?

① 수출하고자 하는 계약내용과 다른 물품
② 수입하여 판매하려는 물품
③ 연구기관에서 사용하는 연구용 물품
④ 장기비축 수출용원재료 또는 수출품 보수용 물품을 수출입하려는 경우
⑤ 외국무역선 또는 외국무역기에 선(기)용품 또는 판매물품을 공급(판매)하는 경우

11 다음은 특허보세구역 및 종합보세구역에 대한 과징금 부과에 대한 내용이다. ( ) 안에 들어갈 내용은?

> 세관장은 특허보세구역 및 종합보세구역에 대한 물품반입의 정지처분이 그 이용자에게 심한 불편을 주거나 공익을 해칠 우려가 있는 경우에는 특허보세구역의 운영인에게 반입정지 처분을 갈음하여 해당 특허보세구역 운영에 따른 매출액의 ( ) 이하의 범위에서 ( )을(를) 부과할 수 있다. 이 경우, ( )의 사전심사를 거쳐야 한다.

① 100분의 30, 가산세, 특허심사위원회
② 100분의 30, 과징금, 특허심사위원회
③ 100분의 3, 과태료, 특허심사위원회
④ 100분의 3, 과징금, 특허심사위원회
⑤ 100분의 3, 벌금, 특허심사위원회

12 보세공장 재고조사에 대한 내용 중 틀린 것은?

① 보세공장에 대한 재고조사는 서면심사 및 실지조사의 방법으로 회계연도 종료 3개월 이후 연 2회 실시를 원칙으로 한다. 다만, 부정유출의 혐의가 있거나, 설치·운영특허가 상실되는 등 세관장이 필요하다고 인정하는 경우에는 수시로 재고 조사할 수 있다.
② 운영인은 회계연도 종료 3개월이 지난 후 15일 이내에 보세공장 반입 원재료 및 제품 등의 관리에 대한 적정 여부를 자체 점검하고, 자율점검표를 작성하여 전산시스템으로 전송하거나 관할 세관장에게 서류로 제출하여야 한다.
③ 위 '나'의 경우 공인회계사가 보세공장 운영에 관한 고시에서 정하는 바에 따라 재고조사를 실시하고 작성한 보고서는 자율점검표를 갈음할 수 있다.
④ 세관장은 재고조사 대상으로 정하여진 보세공장에 대하여 재고조사 개시일부터 10일 이전에 물품의 반출입사항, 잉여물품의 처리사항 등 보세공장 물품관리에 필요한 사항이 포함된 제출서류명(결산서 및 부속서류 등), 서류제출기한, 재고조사 대상기간, 재고조사 기간 등을 기재한 통지서를 운영인에게 송부하여야 하며, 재고조사 개시일부터 서면심사의 경우는 7일 이내, 실지조사의 경우는 10일 내에 완료하여야 한다.
⑤ 세관장은 부정유출혐의 등 긴급하게 조사할 필요가 있다고 인정하는 경우에는 사전통지를 생략할 수 있다.

13 보세건설장에 반입된 물품에 대한 신고 수리 전 사용제한 및 외국물품의 통관 등에 대한 내용이다. 틀린 것은?

① 보세건설장의 운영인은 산업시설 건설에 사용되는 외국물품인 기계류 설비품은 수입신고 후 사용하여야 한다.
② 산업시설 건설에 사용되는 외국물품인 공사용 장비는 수입신고 수리 전에 사용할 수 없다.
③ 산업시설에 병설되는 사무소, 의료시설, 식당, 공원, 숙사 등 부대시설을 건설하기 위한 외국물품은 수입신고 후 사용하여야 한다.
④ 그 밖에 해당 산업시설 건설의 형편상 필요하다고 인정되는 외국물품은 수입신고 수리 전에 사용할 수 없다.
⑤ 보세건설장 운영인은 보세건설장 작업이 종료한 때에는 수입신고한 물품 중 잉여물품을 세관장에게 보고하여야 하며, 세관장은 잉여물품에 대하여 관세와 내국세 징수 등 해당 세액을 경정하여야 한다.

14 다음 중 보세판매장의 종류에 해당하지 않는 것은?

① 지정면세점
② 입국장면세점
③ 출국장면세점
④ 외교관면세점
⑤ 외국인전용면세점

15 수입활어 관리에 관한 특례고시상 용어의 정의에 대한 것 중 틀린 것은?

① "활어"란 관세법의 별표 관세율표 제0301호(살아 있는 어류)에 해당하는 물품으로서 관상용과 양식용(이식용, 시험연구조사용)을 포함한 것을 말한다.
② "활어장치장"이란 활어를 장치하는 보세구역과 보세구역이 아닌 장소 중 세관장의 허가를 받아 활어를 장치하는 곳을 말한다.
③ "검역"이란 수산동물질병 관리법 제27조에 따른 수입검역을 말한다.
④ "검사"란 식품위생법 제19조에 따른 검사를 말한다.
⑤ "불합격품"이란 수산동물질병 관리법 제34조 제1항 각 호의 어느 하나에 해당하는 검역 불합격품과 식품위생법 제19조에 따른 검사 결과 부적합물품을 말한다.

16 보세판매장 판매물품의 인도에 대한 설명으로 틀린 것은?

① 인도자는 인도장의 업무량을 고려하여 적정인원의 보세사를 채용하여야 하며, 인도업무를 보세사에 위임하여 수행하게 할 수 있다.
② 인도자는 인도업무를 보조할 직원을 둘 수 있다.
③ 인도자는 첫 항공편 출발예정시간 1시간 전부터 마지막 항공편이 출발하는 때까지 판매물품 인도업무를 수행할 수 있도록 인도업무를 수행할 보세사 및 인도보조자를 근무 배치하여야 한다.
④ 인도자는 물품의 인수를 완료한 때에는 세관공무원에게 이상 유무를 보고하여야 하며, 세관장은 재고관리시스템의 당해 보세운송에 대하여 도착확인 등록을 하여야 한다.
⑤ 인도자는 인도자와 인도보조자의 근무시간 및 근무방법을 세관장에게 보고하여야 하며, 세관장은 운영인이 운송한 물품을 인도자에게 인도할 장소를 지정하고 인도자와 인도보조자의 근무 및 물품인도에 관한 사항을 지휘 감독한다.

17 수입활어장치장의 폐사어 관리 등에 대한 내용이다. 틀린 것은?

① 운영인등은 장치 중인 활어의 전부 또는 일부가 폐사한 경우에는 그 발생 사유와 발생량 등을 지체 없이 세관장에게 통보하고, 폐사어 관리대장에 기록·유지하여야 한다. 다만, 세관장이 인정하는 범위 내에서 폐사가 발생한 경우에는 그러하지 아니할 수 있다.
② 운영인 등은 폐사어를 별도의 냉동·냉장시설에 B/L별로 구분하여 보관하여야 한다.
③ 세관장은 불합격품이 발생한 경우 해당 화주에게 불합격 사실을 통보를 받은 날부터 30일 이내에 반송 또는 폐기하도록 명령하여야 한다.
④ 세관장은 불합격품이 발생한 경우 운영인등에게 불합격품이 장치된 수조를 봉인하거나 덮개를 설치하는 등 불법유출을 방지하기 위해 필요한 조치를 명령할 수 있다.
⑤ 세관장은 수입화주가 소유 또는 임대하여 사용하는 활어 운반용 컨테이너의 화주명, 컨테이너번호, 컨테이너 도면 등에 관한 사항을 기록·유지하여야 한다.

18 관세법상 지정보세구역에 장치한 물품에 대한 보관책임에 대한 설명으로 옳지 않은 것은?

① 지정장치장에 반입한 물품은 화주 또는 반입자가 그 보관의 책임을 진다.
② 세관장은 지정장치장의 질서유지와 화물의 안전관리를 위하여 필요하다고 인정할 때에는 화주를 갈음하여 보관의 책임을 지는 화물관리인을 지정할 수 있다. 다만, 세관장이 관리하는 시설이 아닌 경우에는 세관장은 해당 시설의 소유자나 관리자와 협의하여 화물관리인을 지정하여야 한다.
③ 지정장치장의 화물관리인은 화물관리에 필요한 비용(세관설비 사용료를 포함한다)을 화주로부터 징수할 수 있다. 다만, 그 요율에 대하여는 기획재정부장관의 승인을 받아야 한다.
④ 지정장치장의 화물관리인은 징수한 비용 중 세관설비 사용료에 해당하는 금액을 세관장에게 납부하여야 한다.
⑤ 세관장은 불가피한 사유로 화물관리인을 지정할 수 없을 때에는 화주를 대신하여 직접 화물관리를 할 수 있다. 이 경우 화물관리에 필요한 비용을 화주로부터 징수할 수 있다.

19 관세법령상 화물관리인으로 지정받을 수 있는 자에 해당하지 아니한 것은?

① 직접 물품관리를 하는 국가기관의 장
② 관세행정과 관련 있는 비영리법인
③ 보세화물의 관리와 관련 있는 비영리법인
④ 세관장이 관리하는 시설이 아닌 경우로서 해당 시설의 소유자가 요청한 자
⑤ 세관장이 관리하는 시설이 아닌 경우로서 세관장이 추천한 자

20 보세창고 특허 및 운영에 관한 고시상 용어의 정의에 대한 설명으로 틀린 것은?

① 영업용 보세창고란 수출입화물을 보관하는 것을 업으로 하는 특허보세구역을 말한다.
② 자가용 보세창고란 운영인이 소유하거나 사용하는 자가화물을 보관하기 위한 특허보세구역을 말한다.
③ 컨테이너 전용 보세창고란 컨테이너를 보관하고, 컨테이너에 화물을 적입 또는 인출하여 통관절차를 이행할 수 있는 특허보세구역을 말한다.
④ 야적 전용 보세창고란 철재, 동판, 시멘트 제품이나 그 밖의 광물과 석재, 목재 등의 물품을 보관하는 특허보세구역을 말하며, 노천에서 보관하는 물품은 제외한다.
⑤ 복합물류 보세창고란 국제물류 촉진기능을 수행하기 위하여 외국물품 등을 보관하는 시설과 보수작업(재포장, 분할·합병 작업 등)을 상시적으로 수행하는 데 필요한 시설을 갖춘 특허보세구역을 말한다.

21 컨테이너 전용 보세창고의 요건에 대한 설명으로 옳지 않은 것은?

① 부지면적은 15,000m^2 이상이어야 한다.
② 보세화물을 보관하고 컨테이너 적입화물을 적출하는 화물조작장(CFS)을 설치하여야 한다.
③ 컨테이너 보세창고에는 컨테이너 장치에 지장이 없는 최소한의 면적 범위에서 컨테이너로 반입된 거대·중량 또는 장척화물을 장치할 수 있는 야적장을 설치할 수 있다.
④ 컨테이너 트레일러가 주차하고 회차하기에 충분한 부지가 있어야 한다.
⑤ 지붕이 있고 주위에 벽을 가진 지상건축물로서 창고면적이 1,500m^2 이상이어야 한다.

22 관세법령상 특허보세구역의 설치·운영의 특허의 기준에 해당하지 아니한 것은?

① 체납된 관세 및 내국세가 없을 것
② 관세법을 위반하여 징역형의 집행유예를 선고받고 그 유예기간 중에 있지 않을 것
③ 파산선고를 받고 복권된 자가 아닐 것
④ 위험물품을 장치·제조·전시 또는 판매하는 경우에는 위험물품의 종류에 따라 관계행정기관의 장의 허가 또는 승인 등을 받을 것
⑤ 관세청장이 정하는 바에 따라 보세화물의 보관·판매 및 관리에 필요한 자본금·수출입규모·구매수요·장치면적 등에 관한 요건을 갖출 것

23 관세법 제175조의 특허보세구역 운영인의 결격사유에 해당되는 것은?

㉠ 미성년자
㉡ 파산선고를 받고 복권되지 아니한 자
㉢ 관세법을 위반하여 징역형의 집행유예를 선고받고 그 집행이 끝난 후 2년이 지나지 아니한 자
㉣ 관세법을 위반하여 징역형의 실형을 선고받고 그 집행이 끝나거나(집행이 끝난 것으로 보는 경우를 포함한다) 면제된 후 2년이 지나지 아니한 자
㉤ 관세법 제269조에 따라 벌금형을 받은 자로서 그 벌금형을 선고받은 후 2년이 지나지 아니한 자

① ㉠, ㉡, ㉢, ㉣
② ㉠, ㉡, ㉢, ㉤
③ ㉠, ㉢, ㉣, ㉤
④ ㉡, ㉢, ㉣, ㉤
⑤ ㉠, ㉡, ㉣, ㉤

24 관세법령상 종합보세구역에 대한 설명으로 옳지 않은 것은?

① 관세청장은 직권 또는 관계 중앙행정기관의 장이나 지방자치단체의 장, 그 밖에 종합보세구역을 운영하려는 자의 요청에 따라 무역진흥에의 기여 정도, 외국물품의 반입·반출 물량 등을 고려하여 일정한 지역을 종합보세구역으로 지정할 수 있다.

② 종합보세구역에서는 보세창고·보세공장·보세전시장·보세건설장 또는 보세판매장의 기능 중 둘 이상의 기능을 수행할 수 있다.

③ 종합보세구역에서 종합보세기능을 수행하려는 자는 그 기능을 정하여 세관장에게 종합보세사업장의 설치·운영에 관한 신고를 하여야 한다.

④ 종합보세사업장의 운영인은 그가 수행하는 종합보세기능을 변경하려면 세관장의 승인을 받아야 한다.

⑤ 종합보세구역에 물품을 반입하거나 반출하려는 자는 대통령령으로 정하는 바에 따라 세관장에게 신고하여야 한다.

25 관세법령상 보세건설장에 대한 설명으로 옳지 않은 것은?

① 보세건설장에서는 산업시설의 건설에 사용되는 외국물품인 기계류 설비품이나 공사용 장비를 장치·사용하여 해당 건설공사를 할 수 있다.

② 보세건설장에 반입할 수 있는 물품은 산업시설의 건설에 사용되는 외국물품 및 이와 유사한 물품으로서 당해 산업시설의 건설에 필요하다고 세관장이 인정하는 물품에 한한다.

③ 운영인은 보세건설장에 외국물품을 반입하였을 때에는 사용 전에 해당 물품에 대하여 수입신고를 하고 세관공무원의 검사를 받아야 한다.

④ 세관장은 보세건설장에 반입된 외국물품에 대하여 필요하다고 인정될 때에는 보세건설장 안에서 그 물품을 장치할 장소를 제한하거나 그 사용상황에 관하여 운영인으로 하여금 보고하게 할 수 있다.

⑤ 보세건설장의 운영인은 사용 전 수입신고를 한 물품을 사용한 건설공사가 완료된 때에는 그날로부터 3일 이내에 이를 세관장에게 보고하여야 한다.

3과목 화물관리

01 보수작업에 대한 설명으로 맞는 것은?
① 물품의 상품성 향상을 위한 개수작업은 보수작업으로 허용되지 아니한다.
② 보수작업을 하려는 자는 세관장에게 신고하여야 한다.
③ HSK 6단위의 변화를 가져오는 것은 보수작업으로 인정되지 않지만, HSK 10단위 변화를 가져오는 것은 보수작업으로 인정될 수 있다.
④ 보수작업으로 내국물품에 부가된 외국물품은 내국물품으로 본다.
⑤ 외국물품은 수입될 물품의 보수작업의 재료로 사용할 수 없다.

02 보세구역에서 이루어진 각종 행위와 세관장에게 받아야 할 처분내용이 잘못 연결된 것은?
① 물품폐기 – 승인
② 물품멸실 – 신고
③ 해체작업 – 허가
④ 보수작업 – 신고
⑤ 물품반입 – 신고

03 장치기간 경과물품의 매각처분 보류 사유에 해당하지 않는 것은?
① 관세법 위반으로 조사 중인 경우
② 이의신청, 심판청구, 소송 등 쟁송이 계류 중인 경우
③ 화주의 의무는 다하였으나 통관지연의 귀책사유가 국가에 있는 경우
④ 외자에 의한 도입물자로서 관련 법령에 따라 기획재정부장관 및 산업통상자원부장관의 매각처분 보류요청이 있는 경우
⑤ 세관장이 매각처분을 보류하는 것이 필요하다고 인정하는 경우

04 다음 ( ) 안에 들어갈 내용을 순서대로 나열한 것은?

> ① 지정장치장 반입물품의 장치기간은 (　　)로 한다. 다만, 부산항·인천항·인천공항·김해공항 항역 내의 지정장치장으로 반입된 물품의 장치기간은 (　　)로 하며, 세관장이 필요하다고 인정할 때에는 (　　)의 범위에서 그 기간을 연장할 수 있다.
> ② 여행자 또는 승무원의 휴대품으로서 유치물품 및 습득물의 장치기간은 (　　)로 하며, 예치물품의 장치기간은 예치증에 기재된 출국예정시기에 (　　)을 가산한 기간으로 한다. 다만, 유치물품은 화주의 요청이 있거나 세관장이 필요하다고 인정하는 경우 (　　)의 범위에서 그 기간을 연장할 수 있다.

① 2개월, 2개월, 2개월, 1개월, 1개월, 1개월
② 3개월, 3개월, 2개월, 1개월, 1개월, 2개월
③ 3개월, 2개월, 2개월, 1개월, 1개월, 1개월
④ 6개월, 2개월, 2개월, 1개월, 1개월, 1개월
⑤ 6개월, 2개월, 2개월, 2개월, 2개월, 1개월

05 세관장은 관세법 제160조 제4항에 따라 보세구역에 장치된 물품에 대하여 그 장치기간에도 불구하고 화주 등에게 반송 또는 폐기할 것을 명할 수 있다. 이에 해당하지 않는 것은?

① 사람의 생명이나 재산에 해를 끼칠 우려가 있는 물품
② 유효기간이 지났거나 상품가치가 없어진 물품
③ 위조상품, 모조품, 그 밖의 지식재산권 침해물품
④ 품명미상의 물품으로서 6개월이 경과된 물품
⑤ 검사·검역기준 등에 부적합하여 검사·검역기관에서 폐기대상 물품으로 결정된 물품

06 해상수입화물의 적하목록 정정생략 사유에 해당하지 않는 것은?

① 광물 등의 산물로서 그 중량의 과부족이 5% 이내인 경우
② 원목 등의 용적물품으로서 그 용적의 과부족이 5% 이내인 경우
③ 비료 등 포장파손이 용이한 물품 및 건습에 따라 중량의 변동이 심한 물품으로서 그 중량의 과부족이 5% 이내인 경우
④ 포장단위 물품으로서 중량의 과부족이 15% 이내이고 포장상태에 이상이 없는 경우
⑤ 적하목록 이상사유가 단순기재오류 등으로 확인되는 경우

07 보세화물 입출항 하선 하기 및 적재에 관한 고시에 규정된 용어의 정의에 대한 설명으로 틀린 것은?

① "하선(기)장소"란 선박 또는 항공기로부터 하역된 화물을 반입할 수 있는 보세구역을 말한다.
② "산물"이란 일정한 포장용기로 포장되지 않은 상태에서 운송되는 물품으로서 수량관리가 중량으로 되는 물품을 말한다.
③ "화물관리번호"란 적하목록상의 적하목록관리번호(Manifest Reference Number)에 Master B/L일련번호와 House B/L일련번호를 합한 번호를 말한다.
④ "검사대상화물"이란 관리대상화물 관리에 관한 고시 제3조의 기준에 따라 적하목록 등을 심사하여 선별한 화물로서 "검색기검사화물"과 "즉시검사화물"을 말한다.
⑤ "환적화물"이란 외국무역선(기)에 의하여 우리나라에 도착한 외국화물을 외국으로 반출하는 물품으로서 수출입 또는 반송신고대상이 아닌 물품을 말한다.

08 관세법상 보세운송승인 대상물품이 아닌 것은?

① 귀석·반귀석·귀금속·한약재·의약품·향료 등과 같이 부피가 작고 고가인 물품
② 화주 또는 화물에 대한 권리를 가진 자가 직접 보세운송하는 물품
③ 통관지가 제한되는 물품
④ 화물이 국내에 도착된 후 최초로 보세구역에 반입된 날부터 15일이 경과한 물품
⑤ 불법 수출입의 방지 등을 위하여 세관장이 지정한 물품

09 하기장소의 물품반입에 대한 설명으로 틀린 것은?

① 하역장소 보세구역 운영인은 화물분류 완료 후 해당 물품을 지정된 하기장소 보세구역 운영인에게 지체 없이 인계하여야 하며, 해당 물품을 인수받은 운영인은 입항 후 24시간 이내에 지정된 하기장소에 반입하여야 한다.
② 위험물품의 경우에는 지체 없이 하기장소에 반입하여야 한다.
③ 물품을 인수받은 보세구역 운영인은 해당 보세구역을 하기장소로 지정한 물품에 한해 해당 물품의 반입 즉시 House AWB 단위로 세관장에게 전자문서로 물품반입신고를 하여야 한다.
④ 창고 내에 물품을 입고하는 과정에서 실물이 적하목록상의 내역과 상이함을 발견하였을 때에는 반입사고화물로 분류하여 신고하여야 한다.
⑤ 화물관리 세관공무원은 하기장소 보세구역운영인으로부터 반입신고가 있을 때에는 적하목록상 물품의 전량반입완료 및 반입사고 여부를 확인하고 입항 후 12시간 이내에 반입되지 아니한 물품이 있거나 반입사고가 있는 물품에 대하여는 그 사유를 조사한 후 그 결과에 따라 처리한다.

10 특정물품 간이보세운송업자의 지정요건에 해당하지 않는 것은?

① 자본금 3억원 이상인 법인
② 2억원 이상의 인·허가 보증보험에 가입한 자
③ 관세법에 따른 담보(부동산 포함)를 2억원 이상 제공한 자
④ 유개(지붕구조의 덮개가 있는 것)화물자동차 10대 이상과 트랙터 10대 이상 보유한 자
⑤ 임원 중 관세사 1명 이상 재직하고 있는 업체

11 보세화물 반입에 관한 설명으로 틀린 것은?

① 화물분류기준에 따라 장치장소가 결정된 물품은 하선(기)절차가 완료된 후 해당 보세구역(동물검역소 구내계류장을 포함한다)에 물품을 반입하여야 한다.
② 운영인은 반입된 물품이 반입예정 정보와 품명·수량이 상이하거나 안보위해물품의 반입, 포장파손, 누출, 오염 등으로 이상이 있는 경우에는 즉시 반입물품 이상보고서에 사유서 등의 서류를 첨부하여 전자문서로 세관장에게 제출하여야 한다.
③ 반입물품 이상보고를 받은 세관장은 사고발생 경위를 확인하여 자체조사 후 통고처분 등 필요한 조치를 하거나 적재화물목록 정정이 필요한 경우에는 즉시 조사전담부서로 고발의뢰해야 한다.
④ 위험물 장치허가를 받지 아니한 특허보세구역 운영인 및 지정보세구역 관리인은 화물 반입 시에 위험물 인지를 확인하여야 하며, 위험물을 발견하였을 때에는 즉시 세관장에게 보고하여야 한다.
⑤ 세관장은 관리대상화물을 세관지정장치장에 장치한다. 다만, 보세판매장 판매용 물품은 보세판매장운영에 관한 고시 제15조 제1항에 따라 장치하고, 수출입물품은 공항만 보세구역의 화물적체 해소와 관할 세관 내에 보세창고가 부족하여 화주가 요청하는 경우 세관장의 승인을 얻어 세관지정장치장에 장치할 수 있다.

12 수출화물의 적재신고에 관한 설명으로 틀린 것은?

① 수출(반송물품을 포함한다)하고자 하는 물품을 선박이나 항공기에 적재하고자 하는 자("적하목록 제출의무자"를 말한다)는 물품을 적재하기 전 적재신고를 하여야 한다.
② 적재신고는 물품이 선적지 공항만 내(ODCY 포함) 장치된 후 물품목록을 출항지 세관장에게 전자문서로 제출하여야 하며, 해상화물은 해당 물품을 선박에 적재하기 24시간 전까지 제출하여야 한다.
③ 환적화물, 공컨테이너의 경우 출항하기 전까지, 선상 수출신고에 해당하는 물품의 경우에는 출항 익일 24시까지 제출할 수 있다.
④ 항공화물은 해당 물품을 항공기에 적재하기 전까지 제출하여야 하며, 항공기가 출항하기 30분 전까지 최종 마감하여 제출하여야 한다.
⑤ 선박 또는 항공기의 안전운행, 적재계획 변경 등으로 물품을 예정대로 적재하지 못하거나 항만의 컨테이너터미널(부두 포함) 또는 공항의 화물터미널에서 B/L상의 중·수량을 확정하는 경우에는 선박 또는 항공기의 출항 익일 24시까지 1회에 한하여 물품목록의 일부를 삭제하거나 물품목록의 해당 항목을 정정할 수 있다.

13 보세운송업자등의 등록요건에 해당하지 않는 것은?

① 관세 및 국세의 체납이 없는 자
② 파산선고를 받고 복권되지 아니하여 보세운송업자등의 등록이 취소된 후 2년이 지난 자
③ 화물자동차운수사업법에 따른 화물자동차운송사업의 허가를 받은 자
④ 해운법에 따른 해상화물운송사업의 등록을 마친 자
⑤ 항공법에 따른 항공운송사업의 면허를 받은 자

14 보세운송 제도에 대한 설명으로 틀린 것은?

① 보세운송신고 또는 승인신청은 화주, 관세청장 또는 세관장에게 등록한 보세운송업자, 관세사 등이 할 수 있다.
② 보세운송신고 또는 승인신청은 보세운송하려는 화물이 장치되어 있거나 입항예정인 보세구역을 관할하는 세관 또는 보세운송 물품의 도착지보세구역을 관할하는 세관의 장에게 한다.
③ 보세운송 하는 물품의 목적지는 국제항 등 관세법 제213조 제1항에 따른 지역 또는 자유무역지역으로서 해당 물품을 장치할 수 있는 곳이어야 한다.
④ 검역법 등에 따라 검역관서가 인수하여 검역소 구내계류장 또는 검역시행 장소로 운송하는 검역대상 물품은 보세운송승인 대상에 해당된다.
⑤ 보세운송 중에 있는 물품이 부패, 변질, 손상, 그 밖의 사유로 상품가치를 상실하였을 때에는 보세운송물품 폐기승인(신청)서를 보세운송 신고지 세관장 또는 도착지 세관장에게 제출하여 그 승인을 얻어 폐기할 수 있다.

15 다음 (　) 안에 들어갈 내용을 순서대로 나열한 것은?

> 보세운송물품은 신고수리(승인)일로부터 다음 각 호의 어느 하나에 정하는 기간까지 목적지에 도착하여야 한다. 다만, 세관장은 선박 또는 항공기 입항 전에 보세운송신고를 하는 때에는 입항예정일 및 하선(기)장소 반입기간을 고려하여 (　)일 이내의 기간을 추가할 수 있다.
> 1. 해상화물 : (　)일
> 2. 항공화물 : (　)일

① 5일, 5일, 5일　　② 5일, 5일, 10일
③ 5일, 10일, 5일　　④ 10일, 5일, 5일
⑤ 10일, 10일, 10일

16 물품취급시간 외에 물품을 취급하려는 자가 통보서의 제출을 면제할 수 있는 사유에 해당하지 않는 것은?

① 우편물(수출 또는 수입신고를 하여야 하는 것은 제외한다)을 취급하는 경우
② 보세공장에서 보세작업을 하는 경우. 다만, 감시·단속에 지장이 있다고 세관장이 인정할 때에는 예외로 한다.
③ 보세전시장 또는 보세건설장에서 전시·사용 또는 건설공사를 하는 경우
④ 수출신고 수리 시 세관의 검사가 생략되는 수출물품을 취급하는 경우
⑤ 재해 기타 불가피한 사유로 인하여 당해 물품을 취급하는 경우. 이 경우에는 사전에 경위서를 세관장에게 제출하여 그 확인을 받아야 한다.

17 보세운송업자 등록의 효력이 상실되는 사유에 해당하지 않는 것은?

① 보세운송업을 폐업한 때
② 보세운송업자가 사망하거나 법인이 해산된 때
③ 등록기간이 만료된 때
④ 등록이 취소된 때
⑤ 관세 및 국세가 체납된 때

18 세관장이 국고귀속 조치를 보류할 수 있는 물품에 해당하지 않는 것은?

① 국가기관(지방자치단체 포함)에서 수입하는 물품
② 관세법 위반으로 조사 중인 물품
③ 이의신청, 심판청구, 소송 등 쟁송이 제기된 물품
④ 국고귀속이 공익에 반하는 경우라고 판단되는 물품
⑤ 부패, 손상, 실용시효가 경과하는 등 국고귀속의 실익이 없다고 인정되는 물품

19 보세운송 관리에 대한 설명으로 틀린 것은?

① 보세운송업자가 보세운송을 하려는 경우에는 등록된 자가 보유한 운송수단 또는 등록된 다른 보세운송업자의 운송수단(관련 법령에 따라 화물자동차운송사업 등의 자격을 갖춘 보세운송업자로 한정한다)으로 운송하여야 한다.
② 보세운송인이 보세송목적지 또는 경유지를 변경하려는 경우 보세운송신고(승인신청) 항목변경승인(신청)서를 발송지세관장 또는 도착지세관장에게 전자서류 또는 서류로 제출하여 승인을 받아야 한다.
③ 재해, 차량사고, 도착지 창고사정 등 그 밖에 부득이한 사유로 보세운송기간을 연장할 필요가 있을 때에는 보세운송인은 발송지세관장 또는 도착지세관장에게 보세운송신고(승인신청) 항목변경승인(신청)서를 전자문서 또는 서류로 제출하여야 한다.
④ 보세운송 경유지는 보세구역으로 한정한다. 다만, 보세구역이 없는 공항만을 거쳐 운송되는 경우로서 세관장이 부득이하다고 인정하면 그러하지 아니하다.
⑤ 보세구역 경유지에서는 보세운송물품의 개장, 분리, 합병 등의 작업을 할 수 있다.

20 해상입항화물의 하선신고에 대한 설명으로 틀린 것은?

① 운항선사가 화물을 하선하려는 때에는 House B/L 단위의 적재화물목록을 기준으로 하역장소와 하선장소를 기재한 하선신고서를 세관장에게 전자문서로 제출해야 한다.
② 검역을 위하여 분할 하선을 해야 하는 경우에는 세관장에게 서류로 하선신고를 할 수 있으며, 하선작업 완료 후 다음 날까지 하선신고서를 세관장에게 전자문서로 제출해야 한다.
③ 선사는 벌크화물 등 기타 화물에 대하여는 부두내 보세구역에 하선할 수 있다.
④ 하선장소가 부두밖 보세구역인 경우에는 등록된 보세운송차량으로 운송해야 한다.
⑤ 외국물품의 일시양륙 장소는 부두 내로 한정한다. 다만, 액체화물을 본선과 보세구역의 저장탱크 사이에 연결된 배관을 통해 일시양륙하는 경우에는 배관과 저장탱크를 양륙장소로 할 수 있다.

21 보세화물의 장치장소 결정을 위한 화물분류기준에 대한 설명 중 틀린 것은?

① 입항 전 또는 하선(기) 전에 수입신고가 되거나 보세운송신고가 된 물품은 보세구역에 반입함이 없이 부두 또는 공항 내에서 보세운송 또는 통관절차와 검사절차를 수행하도록 하여야 한다.
② 위험물, 보온·보냉물품, 검역대상물품, 귀금속 등은 해당 물품을 장치하기에 적합한 요건을 갖춘 보세구역에 장치하여야 하며, 식품류는 보관기준을 갖춘 보세구역에 장치하여야 한다.
③ 보세창고, 보세공장, 보세전시장, 보세판매장에 반입할 물품은 특허 시 세관장이 지정한 장치물품의 범위에 해당하는 물품만 해당 보세구역에 장치한다.
④ 보세구역외장치의 허가를 받은 물품은 그 허가를 받은 장소에 장치한다.
⑤ 수입고철(비금속설을 제외한다)은 고철전용장치장에 장치하는 것을 원칙으로 한다.

22 보세구역 외 장치의 허가대상이 아닌 것은?

① 물품이 크기 또는 무게의 과다로 보세구역의 고내에 장치하기 곤란한 물품
② 다량의 산물로서 보세구역에 장치 후 다시 운송하는 것이 불합리하다고 인정하는 물품
③ 부패, 변질의 우려가 있거나, 부패, 변질하여 다른 물품을 오손할 우려가 있는 물품과 방진, 방습 등 특수보관이 필요한 물품
④ 귀중품, 의약품, 살아있는 동·식물 등으로서 보세구역에 장치하는 것이 곤란한 물품
⑤ 중계무역물품으로서 보수작업이 필요한 경우 시설미비, 장소협소 등의 사유로 인하여 보세구역 내에서 보수작업이 곤란하고 감시단속상 문제가 없다고 관세청장이 인정하는 물품

23 보세구역 외 장치물품의 허가기간을 연장할 수 있는 사유가 아닌 것은?

① 동일 세관 관할구역 내에 해당 화물을 반입할 보세구역이 없는 경우
② 품목분류 사전심사의 지연으로 수입신고할 수 없는 경우
③ 인지부서의 자체조사, 고발의뢰, 폐기, 공매·경매낙찰, 몰수확정, 국고귀속 등의 결정에 따른 조치를 위하여 필요한 경우
④ 수입요건·선적서류 등 수입신고 또는 신고수리 요건을 구비하지 못한 경우
⑤ 재해 그 밖에 부득이한 사유로 생산지연·반송대기 등 관세청장이 인정하는 사유가 있는 경우

24 환적화물의 환적신고 등에 대한 설명으로 틀린 것은?

① 물품을 환적하려는 자가 컨테이너 적출입작업(환적화물에 수출물품 또는 다른 환적화물을 추가로 적입하는 것을 포함한다)을 하여 환적하는 경우 적출입작업 전까지 환적신고서를 컨테이너 적출입작업 예정지 관할 세관장에게 전자문서로 제출하여야 한다.
② 물품을 환적하려는 자가 비가공증명서를 발급받으려는 물품을 환적하는 경우 적재 전까지 환적신고서를 선적예정지 관할 세관장에게 전자문서로 제출하여야 한다.
③ 컨테이너 적출입작업을 하여 환적하는 경우, 그 적출입작업은 해당 CY의 CFS 또는 공항내 보세구역에서 하여야 한다.
④ 냉동화물 등 특수화물을 하선과 동시에 선측에서 컨테이너에 적입하는 작업을 할 때에도 해당 CY의 CFS 또는 공항내 보세구역에서 하여야 한다.
⑤ 세관장은 환적신고를 받은 때에는 화물관리 세관공무원으로 하여금 해당 물품에 대한 작업상태를 확인하게 할 수 있다.

25 선사가 적재물품을 하선할 수 있는 장소에 대한 설명으로 틀린 것은?

① 컨테이너화물 : 컨테이너를 취급할 수 있는 시설이 있는 부두 내 또는 부두 밖 컨테이너 보세장치장
② 컨테이너화물 : 부두사정상 컨테이너화물과 산물을 함께 취급하는 부두의 경우에는 보세구역 중 세관장이 지정한 장소
③ 냉동컨테이너화물 : 컨테이너화물 하선장소를 준용하되, 화주가 냉동컨테이너로부터 화물을 적출하여 반입을 원하는 경우 냉동시설을 갖춘 보세구역
④ 산물 등 기타화물 : 부두 밖 보세구역
⑤ 액체, 분말 등의 형태로 본선에서 탱크, 사이로 등 특수저장시설로 직송되는 물품 : 해당 저장시설을 갖춘 보세구역

4과목 수출입안전관리

01 관리대상화물에 해당하지 아니한 것은?

① 입항보고서 및 적재화물목록을 제출받은 세관장이 검사대상화물(검색기검사화물, 즉시검사화물, 반입후검사화물 및 수입신고후검사화물) 및 감시대상화물(하선(기)감시화물 및 운송추적감시화물)
② 특송물품
③ 이사자와 단기체류자가 반입하는 이사물품
④ 유치물품 및 예치물품
⑤ 보세판매장 판매용 물품(외국물품 및 내국물품)

02 검사 또는 감시대상화물의 선별에 대한 설명으로 틀린 것은?

① 세관장은 운항선사나 항공사가 제출한 적재화물목록을 심사하여 관세청장이 별도 시달한 기준에 따라 감시단속상 검사 또는 감시가 필요하다고 인정하는 화물을 검사대상화물 또는 감시대상화물로 선별한다.
② 세관장은 다량의 LCL화물 등 검사대상화물 또는 감시대상화물을 효율적으로 선별·검사·감시하기 위하여 자체 실정에 맞는 내규를 따로 제정할 수 있다.
③ 세관장은 검사 또는 감시대상화물로 선별한 컨테이너 화물에 컨테이너가 다수인 경우에는 검사목적을 달성할 수 있는 최소한의 범위 내에서 검사대상을 지정할 수 있다.
④ 세관장은 환적화물의 경우에는 총기류 등 위해물품·마약류·수출입금지품·밀수품과 대외무역법 및 상표법 위반물품 등과 관련된 정보가 있는 경우 검사대상화물 또는 감시대상화물로 선별하여 검사할 수 있다.
⑤ 세관장은 반송 후 재수입되는 컨테이너 화물로 밀수입 등이 의심되는 화물에 대하여는 검색기검사화물로 선별하여 검사할 수 있다.

03 다음 중 반입후검사화물로 선별하여 검사하는 화물에 해당되는 것을 모두 고른 것은?

> ㉠ 우범성이 높다고 판단하는 화물로 검색기검사화물 및 즉시검사화물로 선별되지 않은 화물
> ㉡ 하선(기)감시 결과 컨테이너 화물로 봉인번호가 상이하거나 봉인이 훼손되는 등 밀수가 의심되는 화물
> ㉢ 입항 후 부두 또는 계류장 밖 보세구역으로 하선(기)운송 또는 보세운송되는 화물 중 감시가 필요하다고 인정되는 화물
> ㉣ 실제와 다른 품명으로 수입할 가능성이 있는 화물

① ㉠, ㉡
② ㉠, ㉢
③ ㉠, ㉣
④ ㉡, ㉢
⑤ ㉡, ㉣

04 관세법상 관세통로에 관한 설명으로 옳은 것은?

① 국경출입차량은 통관역 또는 통관장을 경유하여야 한다.
② 국경출입차량은 관세통로에 정차하여야 한다.
③ 관세통로는 육상국경으로부터 통관장에 이르는 철도와 육상국경으로부터 통관역에 이르는 육로 또는 수로 중에서 세관장이 지정한다.
④ 통관역은 국외와 연결되고 국경에 근접한 육로 또는 수로 중에서 관세청장이 지정한다.
⑤ 통관장은 관세통로에 접속한 장소 중에서 세관장이 지정한다.

05 국제항으로 지정된 항구가 아닌 것은?

① 광양항
② 고현항
③ 양양항
④ 울산항
⑤ 통영항

06 수출입 안전관리 우수업체 공인부문에 해당하지 않는 것은?

① 수출부문 ② 관세사부문
③ 하역업부문 ④ 보세운송업부문
⑤ 철도회사부문

07 수출입 안전관리 우수업체 기업상담전문관이 담당하는 업무에 해당하지 아니한 것은?

① 공인기준을 충족하는지에 대한 주기적 확인
② 수입신고에 대한 보정심사 등 관세행정 신고사항에 대한 수정, 정정 및 그 결과의 기록유지
③ 변동사항, 정기 자율 평가, 세관협력도의 확인 및 점검
④ 정산업체의 수입세액 정산보고서 점검 및 작성
⑤ 기업 프로파일 관리

08 도로차량의 국경출입에 관한 설명으로 옳지 않은 것은?

① 국경을 출입하려는 도로차량의 운전자는 해당 도로차량이 국경을 출입할 수 있음을 증명하는 서류를 세관장으로부터 발급받아야 한다.
② 국경을 출입하는 도로차량의 운전자는 출입할 때마다 국경을 출입할 수 있음을 증명하는 서류를 세관공무원에게 제시하고 사증을 받아야 한다.
③ 이 경우 전자적인 방법으로 서류의 제시 및 사증 발급을 대신할 수 있다.
④ 사증을 받으려는 자는 기획재정부령으로 정하는 바에 따라 수수료를 납부하여야 한다.
⑤ 사증수수료는 1,000원으로 한다.

09 수출입 안전관리 우수업체 혜택 적용의 정지 사유에 해당하지 아니한 것은?

① 수출입 관련 법령의 위반과 관련하여 관세법에 따라 통고처분을 받은 경우. 다만, 처벌이 확정되지 아니하였을 때는 그러하지 아니하다.
② 정당한 사유 없이 변동사항을 보고하지 않거나 정기 자율 평가서를 제출기한으로부터 1개월 이내에 제출하지 아니한 경우
③ 공인의 유효기간 중에 보완요구를 3회 이상 받은 경우
④ 교육을 받도록 권고받은 이후에 특별한 사유 없이 교육을 받지 않은 경우
⑤ 공인을 유보한 경우. 다만, 공인의 유보 사유가 경미하다가 판단되는 경우에는 혜택을 부여할 수 있다.

10 관세법령상 국제항의 지정 등에 대한 설명으로 옳지 않은 것은?

① 국제항은 대통령령으로 지정한다.
② 국제항의 시설기준 등에 관하여 필요한 사항은 대통령령으로 정한다.
③ 국제항의 운영자는 개항이 시설기준 등에 미치지 못하게 된 경우 그 시설 등을 신속하게 개선하여야 한다.
④ 기획재정부장관은 대통령령으로 정하는 바에 따라 그 시설 등의 개선을 명할 수 있다.
⑤ 국제항의 항계는 항만법 별표 1에 따른 항만의 수상구역 또는 공항시설법 시행령에 의한 범위로 한다.

11 수출입 안전관리 우수업체의 공인이 취소되는 사유에 해당하지 않는 것은?

① 정기 수입세액 정산 시 거짓자료를 제출한 경우
② 공인기준 준수 개선 또는 자료 제출을 요구(통관적법성 관련 자료 제출 요구를 포함)하였으나 정당한 사유 없이 이행하지 않거나 이행하였음에도 공인기준을 충족하지 못한 것으로 판단되는 경우
③ 양도, 양수, 분할 및 합병 등으로 처음에 공인한 수출입 안전관리 우수업체와 동일하지 않다고 판단되는 경우
④ 관세청장의 시정요구 또는 개선 권고사항을 특별한 사유 없이 이행하지 않는 경우
⑤ 공인의 유효기간 내에 혜택 적용의 정지 처분을 3회 이상 받은 경우

12 수출입 안전관리 우수업체 심의위원회에서 심의하는 사항을 모두 고른 것은?

> ㉠ 수출입 안전관리 우수업체의 공인 및 갱신
> ㉡ 수출입 안전관리 우수업체의 공인등급 조정
> ㉢ 공인과 갱신을 유보하는 업체의 지정
> ㉣ 공인과 갱신을 유보한 업체의 공인심사 및 갱신심사의 신청 기각
> ㉤ 수출입 안전관리 우수업체 공인의 취소

① ㉠, ㉡, ㉢
② ㉠, ㉢, ㉤
③ ㉠, ㉡, ㉢, ㉣
④ ㉠, ㉢, ㉣, ㉤
⑤ ㉠, ㉡, ㉢, ㉣, ㉤

13 밀수 등 신고자 포상에 관한 훈령에 따른 포상의 시기에 대한 연결이 바르지 않은 것은?

① 통고처분 사건의 경우 범인에 대한 통고서를 송달한 때
② 고발 또는 송치사건의 경우 고발 또는 송치한 때
③ 국고수입액에 따라 포상하는 경우 국고에 납부된 사실(분할납부의 경우 최종 납세고지분의 납부사실)이 확인되고 관련 법령에서 정한 불복 제기기간 또는 제소기간이 경과되었거나 불복청구절차 또는 행정소송절차가 종료되어 부과처분 등이 확정된 때
④ 위해물품 또는 위변조화폐등을 적발하여 포상하는 경우 적발사실이 확인된 때
⑤ 원산지표시 위반에 따른 과징금 부과 건 및 외국환거래법 제32조에 따른 과태료 부과 건의 경우 각각 과징금 또는 과태료 납부사실이 확인된 때

14 수출입 안전관리 우수업체의 공인심사 중 현장심사에 대한 설명으로 틀린 것은?

① 관세청장은 서류심사가 완료된 업체에 대해서 직원 면담, 시설 점검 및 거래업체 확인 등으로 현장심사를 실시한다.
② 관세청장은 현장심사를 계획할 때에는 심사 일정, 심사 참여자, 세부 절차 및 방법 등을 미리 신청업체와 협의하여야 한다.
③ 관세청장은 서류심사를 마친 날로부터 30일 이내에 현장심사 계획 통지서를 신청업체에게 송부하여야 한다. 이 경우 관세청장은 현장심사를 시작하기 최소 10일 전까지 그 계획을 통지하여야 한다.
④ 관세청장은 부득이한 사유로 심사 일정을 변경하고자 하는 경우에는 현장심사를 시작하기 10일 전까지 변경된 일정을 통지할 수 있다.
⑤ 관세청장은 현장심사를 시작한 날로부터 60일 이내에 그 심사를 마쳐야 하며, 신청업체의 사업장을 직접 방문하는 기간은 15일 이내로 한다. 심사대상 사업장이 여러 곳인 경우에 관세청장은 효율적인 심사를 위하여 일부 사업장을 선택하여 심사하는 등 탄력적으로 심사할 수 있다.

15 국제항의 지정요건 등에 대하여 옳지 않은 것은?

① 선박의 입항 및 출항 등에 관한 법률 또는 공항시설법에 의하여 국제무역선(기)이 상시 입출항할 수 있을 것
② 국내선과 구분되는 국제선 전용통로 및 그 밖에 출입국업무를 처리하는 행정기관의 업무수행에 필요한 인력·시설·장비를 확보할 수 있을 것
③ 공항의 경우 정기여객기가 주 6회 이상 입항하거나 입항할 것으로 예상될 것
④ 공항의 경우 여객기로 입국하는 여객수가 연간 5만명 이상일 것
⑤ 항구의 경우 국제무역선인 5천톤급 이상의 선박이 연간 50회 이상 입항하거나 입항할 것으로 예상될 것

16 수출입 안전관리 우수업체 공인신청의 기각 사유에 해당하지 아니한 것은?

① 공인심사를 할 때에 제출한 자료가 거짓으로 작성된 경우
② 공인기준 준수 개선 계획을 제출하지 않거나, 공인기준 준수 개선 완료 보고를 하지 않은 경우
③ 공인유보업체를 재심사한 결과, 공인기준을 충족하지 못한 것으로 확인된 경우
④ 공인신청 후 신청업체의 법규준수도 점수가 60점 미만(중소 수출기업은 50점 미만)으로 하락한 경우
⑤ 관리책임자 교육이수 확인서를 제출하지 않은 경우

17 다음 ( ) 안에 들어갈 내용이 순서대로 바르게 나열된 것은?

> 제13조【공인의 유효기간】① 수출입 안전관리 우수업체 공인의 유효기간은 증서상의 발급한 날로부터 ( )으로 한다. 다만, 심의위원회에서 수출입 안전관리 우수업체 공인의 ( )를 결정하였을 때에는 해당 ( )에 공인의 유효기간이 끝나는 것으로 본다.

① 3년, 취소, 결정을 한 날
② 3년, 유보, 결정을 한 날의 다음 날
③ 5년, 취소, 결정을 한 날
④ 5년, 취소, 결정을 한 날의 다음 날
⑤ 5년, 유보, 결정을 한 날

18 수출입 안전관리 우수업체 관리책임자가 담당하는 업무에 해당하지 아니한 것은?

① 정기 자율 평가, 변동사항 보고, 공인 또는 갱신심사 수감 등 공인기준 준수 관련 업무
② 직원에 대한 수출입 안전관리 교육
③ 정보 교환, 회의 참석 등 수출입 안전관리 관련 관세청 및 세관과의 협업
④ 세액 등 통관적법성 준수 관리
⑤ 기업 프로파일 관리

19 수출입 안전관리 우수업체의 변동사항 보고에 대한 설명으로 틀린 것은?

① 수출입 안전관리 우수업체는 대표자 등의 변경사실이 발생한 경우에는 그 사실이 발생한 날로부터 30일 이내에 수출입 관리현황 변동사항 보고서를 작성하여 관세청장에게 보고하여야 한다. 다만, 변동사항이 범칙행위, 부도 등 공인유지에 중대한 영향을 미치는 경우에는 15일 내에 보고하여야 한다.
② 수출입 관리현황 변동보고를 받은 관세청장은 법적지위 등이 변경된 이후에도 기업의 동일성이 유지되는지와 공인기준을 충족하는지 등을 점검하여야 하며, 필요한 경우에는 현장을 방문하여야 한다.
③ 관세청장은 점검 결과, 수출입 안전관리 우수업체가 공인기준을 충족하지 못하거나 법규준수도의 하락으로 공인등급의 하향 조정이 예상되는 경우에는 공인기준 준수 개선을 요구하여야 한다.
④ 수출입 안전관리 우수업체는 준수 개선 요구를 받은 날로부터 30일 이내에 관세청장에게 공인기준 준수 개선 계획을 제출하고, 그 제출일로부터 90일 이내에 개선 완료 보고서를 제출하여야 한다.
⑤ 관세청장은 공인기준 준수 개선 완료 보고서를 검토한 후 공인등급의 조정, 공인의 취소, 공인의 유보, 공인신청의 기각, 혜택의 정지 등 필요한 조치를 할 수 있다.

20 수출입 안전관리 우수업체의 정기 자율 평가에 대한 설명으로 틀린 것은?

① 수출입 안전관리 우수업체는 매년 공인일자가 속하는 달에 정기 자율 평가서에 따라 공인기준을 충족하는지를 자체적으로 점검하고 다음 달 15일까지 관세청장에게 그 결과를 제출하여야 한다.
② 관세청장은 수출입 안전관리 우수업체가 갱신심사를 신청한 경우에는 공인의 유효기간이 끝나는 날이 속하는 연도에 실시하는 정기 자율 평가를 생략하게 할 수 있다.
③ 수출입 안전관리 우수업체는 자율 평가서를 관세청장이 지정한 비영리법인 등에게 확인을 받아야 한다. 다만, 중소기업은 수출입 관련 업무에 6개월 이상 근무한 경력이 있고 관리책임자 교육을 받은 해당 업체 소속 관리책임자의 확인을 받을 수 있다.
④ 관세청장은 정기 자율 평가서 및 확인서에 대해서 공인기준을 충족하는 지를 확인할 경우에는 확인자에게 관련 자료를 요청하거나, 수출입 안전관리 우수업체의 사업장 등을 방문하여 확인할 수 있다.
⑤ 관세청장은 확인 결과, 수출입 안전관리 우수업체가 공인기준을 충족하지 못하거나 법규준수도가 하락하여 공인등급의 하락이 예상되는 경우 공인기준 준수 개선을 요구하여야 한다.

21 보세구역 운영인 부문에 적용되는 통관절차 등의 혜택에 대해 (   ) 안에 들어갈 내용을 순서대로 바르게 나열한 것은?

혜택 기준	수출입 안전관리 우수업체		
	A	AA	AAA
「특허보세구역 운영에 관한 고시」 제7조에 따른 특허 갱신 기간 연장	(A)	(B)	(C)

① 1년, 2년, 3년
② 2년, 4년, 6년
③ 3년, 5년, 7년
④ 4년, 6년, 8년
⑤ 6년, 8년, 10년

22 수출입 안전관리 우수업체의 갱신심사에 대한 설명으로 틀린 것은?

① 수출입 안전관리 우수업체는 공인을 갱신하고자 할 때에는 공인의 유효기간이 끝나기 6개월 전까지 수출입 안전관리 우수업체 갱신심사 신청서에 수출입 관리현황 자체평가표 등의 서류를 첨부하여 관세청장에게 전자문서로 제출하여야 한다.
② 관세청장은 원활한 갱신심사를 운영하기 위해 수출입 안전관리 우수업체에게 공인의 유효기간이 끝나기 1년 전부터 갱신심사를 신청하게 할 수 있다.
③ 수출입 안전관리 우수업체가 여러 공인부문에서 걸쳐 공인을 받은 경우에는 공인일자가 가장 빠른 공인부문을 기준으로 갱신심사를 함께 신청할 수 있다. 이 경우 관세청장은 수출입 안전관리 우수업체의 동의를 얻어 공인부문별 유효기간을 공인일자가 가장 빠른 공인부문의 유효기간에 일치시킬 수 있다.
④ 관세청장은 갱신심사 신청업체를 대상으로 갱신심사를 할 때에는 수출입 안전관리 우수업체의 공인부문별로 서류심사와 현장심사의 순으로 구분하여 실시한다.
⑤ 관세청장은 갱신심사 중 현장심사를 할 때에 통관적법성 심사를 위하여 수출입 안전관리 우수업체의 사업장을 직접 방문하는 기간은 방문을 시작한 날로부터 10일 이내로 한다.

23 하역업자의 내부통제시스템 공인기준에 대한 설명으로 틀린 것은?

① 하역업자는 수출입물품의 하역 등과 관련된 자료의 관리절차를 마련하고, 관련 법령에 따라 자료를 보관하여야 한다.
② 하역업자는 수출입물품의 하역내역 등을 추적할 수 있는 운영체계를 구축하고, 세관장으로부터 요청받을 경우 접근을 허용하여야 한다.
③ 하역업자는 수출입물품 이동(하역·하역운송)의 안전성을 확보하기 위한 절차를 마련하여야 한다.
④ 하역업자는 법규준수와 안전관리 업무에 대한 정보가 관련 부서에 공유되도록 하여야 한다.
⑤ 하역업자는 법규준수와 안전관리를 위하여 필요할 경우 관세행정 전문가, 거래업체와 협의하여야 한다.

24 보세구역 운영인의 법규준수 공인기준에 대한 설명으로 틀린 것은?

① 신청업체와 신청인(관리책임자를 포함한다)이 관세법 제175조(운영인의 결격사유) 제1호부터 제5호까지 또는 제7호에서 규정한 결격사유에 해당하지 않아야 한다.

② 신청업체와 신청인(관리책임자를 포함한다)이 관세법 제268조의2(전자문서 위조·변조죄 등)를 위반하여 벌금형 또는 통고처분을 받은 사실이 있는 경우에는 벌금형을 선고받거나 통고처분을 이행한 후 2년이 경과하여야 한다.

③ 신청업체와 신청인(관리책임자를 포함한다)이 관세법 시행령 제259조의2(수출입 안전관리 기준 등) 제1항 제1호에서 정한 법령(관세법령을 포함한다)을 위반하여 벌칙조항 중 징역형이 규정된 조항에 따라 벌금형 이상을 선고받은 사실이 있는 경우에는 징역형 종료 또는 벌금형 선고 후 2년이 경과하거나 집행유예 기간이 만료되어야 한다.

④ 신청업체와 신청인(관리책임자를 포함한다)이 관세법 제276조(허위신고죄 등)에 따라 벌금형 선고를 받은 사실이 있는 경우에는 벌금형 선고 후 2년이 경과하여야 한다.

⑤ 신청업체는 통합법규준수도시스템 또는 현장심사를 통하여 측정한 관세행정 법규준수도가 수출입 안전관리 우수업체 공인기준을 충족하여야 한다.

25 국민보호와 공공안정을 위한 테러방지법에 따른 대테러센터가 수행하는 임무에 해당하지 아니한 것은?

① 국가 대테러활동 관련 임무분담 및 협조사항 실무 조정
② 장단기 국가대테러활동 지침 작성·배포
③ 테러경보 발령
④ 대테러활동에 관한 국가의 정책 수립 및 평가
⑤ 대책위원회의 회의 및 운영에 필요한 사무의 처리

5과목 자율관리 및 관세벌칙

01 자율관리보세구역의 지정신청 및 갱신에 대한 설명으로 틀린 것은?

① 자율관리보세구역으로 지정을 받으려는 사람은 자율관리보세구역 지정신청서를 세관장에게 제출하여야 하며, 신청서류는 우편 또는 FAX 등 정보통신망 등을 이용하여 제출할 수 있다.
② 자율관리보세구역 지정신청을 받은 세관장은 지정요건을 검토하여 보세화물관리 및 세관 감시감독에 지장이 없다고 판단되는 경우 해당 보세구역의 특허기간을 지정기간으로 하여 자율관리보세구역을 지정하고, 자율관리보세구역 지정서를 교부하여야 한다.
③ 보세구역 운영인 등이 자율관리보세구역 지정기간을 갱신하려는 때에는 지정기간이 만료되기 1개월 전까지 세관장에게 지정신청 서식으로 자율관리보세구역 갱신신청을 하여야 한다.
④ 특허의 갱신과 자율관리보세구역 갱신을 통합하여 신청한 경우에는 특허보세구역 설치·운영 특허(갱신) 신청서 하단의 자율관리보세구역 갱신 신청란에 갱신 신청 여부를 표시하는 방법으로 자율관리보세구역 갱신 신청을 한 것으로 갈음한다. 이때, 자율관리보세구역 갱신 심사기간은 특허보세구역 갱신 심사기간에 따른다.
⑤ 세관장은 자율관리보세구역 운영인 등에게 지정기간 만료 15일 전까지 갱신 신청하여야 한다는 사실과 갱신절차를 지정기간 만료 1개월 전에 문서, 전자메일, 전화, 휴대폰 문자전송 방법 등으로 미리 알려야 한다.

02 자율관리보세구역의 지정신청 사유에 해당하지 않는 것은?

① 장치물품에 대한 관세를 납부할 자금능력이 없다고 인정되는 경우
② 해당 시설의 미비 등으로 특허보세구역의 설치 목적을 달성하기 곤란하다고 인정되는 경우
③ 운영인 등이 보세사가 아닌 자에게 보세화물관리 등 보세사의 업무를 수행하게 한 경우
④ 보세사가 해고 또는 취업정지 등의 사유로 업무를 수행할 수 없는 경우로서 1개월 이내에 다른 보세사를 채용하지 않는 경우
⑤ 자율관리보세구역 지정요건을 충족하지 못한 경우

03 보세사의 의무가 아닌 것은?

① 보세사는 세관장의 업무감독에 관련된 명령을 준수하여야 하고, 세관공무원의 지휘를 받아야 한다.
② 보세사는 다른 업무를 겸임할 수 없다. 다만, 영업용 보세창고의 경우에는 보세화물 관리에 지장이 없는 범위 내에서 다른 업무를 겸임할 수 있다.
③ 보세사는 해당 보세구역에 작업이 있는 시간에는 상주하여야 한다. 다만, 영업용 보세창고의 경우에는 세관개청시간과 해당 보세구역 내의 작업이 있는 시간에 상주하여야 한다.
④ 보세사는 보세구역 내에 장치된 화물의 관리와 관련하여 법령 및 화물관계 제반 규정과 자율관리보세구역 관리에 관한 규정을 항상 숙지하고 이를 준수하여야 한다.
⑤ 보세사는 직무와 관련하여 부당한 금품을 수수하거나 알선·중개하여서는 아니 된다.

04 보세사의 직무에 해당하는 것을 모두 고른 것은?

> ㉠ 보세화물 및 내국물품의 반입 또는 반출에 대한 참관 및 확인
> ㉡ 보세구역 안에 장치된 물품의 관리 및 취급에 대한 참관 및 확인
> ㉢ 보세구역 출입문의 개폐 및 열쇠관리의 감독
> ㉣ 세관봉인대의 시봉 및 관리
> ㉤ 보수작업과 화주의 수입신고 전 장치물품 확인 시 입회·감독
> ㉥ 견본품의 반출 및 회수

① ㉠, ㉡, ㉢, ㉣
② ㉠, ㉢, ㉣, ㉤
③ ㉡, ㉢, ㉣, ㉤, ㉥
④ ㉠, ㉡, ㉢, ㉣, ㉤
⑤ ㉠, ㉡, ㉢, ㉣, ㉤, ㉥

05 보세사의 징계에 대한 설명으로 틀린 것은?

① 세관장은 보세사가 관세법이나 관세법에 따른 명령을 위반한 경우 보세사징계위원회의 의결에 따라 징계처분을 한다.
② 세관장은 보세사가 보세사의 직무 또는 의무를 이행하지 아니하는 경우 보세사징계위원회의 의결에 따라 징계처분을 한다.
③ 세관장은 보세사가 경고처분을 받은 보세사가 1년 내에 다시 경고 처분을 받는 경우 보세사징계위원회의 의결에 따라 징계처분을 한다.
④ 보세사 징계는 견책, 6월의 범위 내 업무정지, 등록취소로 한다. 다만, 연간 6월의 범위 내 업무정지를 3회 받으면 등록취소 하여야 한다.
⑤ 보세사징계위원회에는 간사 1인을 두며, 간사는 보세사업무를 담당하는 화물주무가 된다.

06 자율관리보세구역의 지정요건에 대한 설명으로 틀린 것은?

① 일반 자율관리보세구역 : 보세화물관리를 위한 보세사 채용
② 일반 자율관리보세구역 : 화물의 반출입, 재고관리 등 실시간 물품관리가 가능한 전산시스템(WMS, ERP 등) 구비
③ 일반 자율관리보세구역 : 종합인증 우수업체
④ 우수 자율관리보세구역 : 보세공장의 경우 보세공장 운영에 관한 고시의 지정요건을 충족할 것
⑤ 자율관리보세구역은 운영인 등의 법규수행능력이 우수하여 보세구역 자율관리에 지장이 없어야 한다.

07 일반 자율관리보세구역에서 생략할 수 있는 절차에 해당하지 않는 것은?

① 벌크화물의 사일로(silo) 적입을 위한 포장제거작업의 경우 보수작업 신청(승인) 생략
② 재고조사 및 보고의무를 분기별 1회에서 년 1회로 완화
③ 보세구역 운영상황의 점검생략
④ 장치물품의 수입신고 전 확인신청(승인) 생략
⑤ 식품위생법에 따른 원산지표시작업

08 자율관리보세구역의 운영인 등의 의무에 대한 설명으로 틀린 것은?

① 운영인 등은 보세사가 아닌 자에게 보세화물관리 등 보세사의 업무를 수행하게 하여서는 아니 된다. 다만, 업무대행자를 지정하여 사전에 세관장에게 신고한 경우에는 보세사가 아닌 자도 보세사가 이탈 시 보세사 업무를 수행할 수 있다.
② 운영인 등은 당해 보세구역에 작업이 있을 때는 보세사를 상주근무 하게 하여야 하며, 보세사를 채용, 해고 또는 교체하였을 때에는 세관장에게 즉시 통보하여야 한다.
③ 보세사가 해고 또는 취업정지 등의 사유로 업무를 수행할 수 없는 경우에는 1개월 이내에 다른 보세사를 채용하여 근무하게 하여야 한다.
④ 운영인 등은 절차생략 등에 따른 물품 반출입 상황 등을 보세사로 하여금 기록·관리하게 하여야 한다.
⑤ 운영인 등은 해당 보세구역 반출입 물품과 관련한 생산, 판매, 수입 및 수출 등에 관한 세관공무원의 자료요구 또는 현장 확인 시에 협조하여야 한다.

09 자율관리보세구역의 감독에 대한 설명으로 틀린 것은?

① 운영인은 회계연도 종료 3개월이 지난 후 15일 이내에 자율관리보세구역 운영 등의 적정 여부를 자체 점검하고, 자율점검표를 작성하여 세관장에게 제출하여야 한다.
② 운영인이 자율점검표를 보세구역 운영상황 및 재고조사 결과와 함께 제출하려는 경우, 자율점검표를 다음 해 1월말까지 제출할 수 있다.
③ 세관장은 제출받은 자율점검표 등의 심사결과 자율관리보세구역 운영 관리가 적정하다고 판단되는 경우에는 자율점검표를 해당 년도 정기감사에 갈음하여 생략할 수 있으며, 자율점검표 미제출·제출기한 미준수 등의 사유에 해당하는 자율관리보세구역에 대하여는 정기감사를 하여야 한다.
④ 세관장은 자율관리보세구역의 운영실태 및 보세사의 관계법령 이행여부 등을 확인하기 위하여 별도의 감사반을 편성(외부 민간위원을 포함할 수 있다)하고 7일 이내의 기간을 설정하여 년 1회 정기감사를 실시하여야 한다.
⑤ 세관장은 감사 결과 이상이 있을 경우에는 시정명령 등 필요한 조치를 하고 그 결과를 관세청장에게 보고하여야 한다.

10 관세법상 통고처분의 통고서에 기재되는 사항이 아닌 것은?자유무역의 지정 및 운영에 관한 법률 제9조에 따른 자유무역지역의 구분 지구가 아닌 것은?

① 공공시설지구 ② 생산시설지구 ③ 지식서비스시설지구
④ 민간시설지구 ⑤ 물류시설지구

11 관세법상 밀수품 취득죄에 대한 설명으로 틀린 것은?

① 본 죄의 행위는 밀수품을 취득, 양여, 운반, 보관, 알선, 감정한 행위이다.
② 본 죄를 범한 자에게 징역형과 벌금형을 병과할 수 있다.
③ 본 죄는 밀수품이라는 사실을 알아야 성립한다.
④ 본 죄의 미수범과 예비한 자는 본죄에 준하여 처벌한다.
⑤ 본 죄에 해당하는 물품은 몰수하고, 몰수할 수 없는 때에는 추징한다(다만, 관세법 제269조 제2항의 물품을 감정한 자는 제외함).

12 관세법상 금지품 수출입죄에 대한 설명으로 틀린 것은?

① 본 죄의 객체는 관세법 제234조에 따른 수출입 금지품이다.
② 본 죄의 보호법익은 국가 재정수입 확보 및 관세행정 질서유지에 있다.
③ 본 죄는 수출입금지품을 수입 또는 수출함으로써 성립하고, 외국에서 도착한 물품을 통관하지 않은 상태에서 그대로 반출하는 반송은 이에 해당하지 아니한다.
④ 본 죄의 행위는 금지품을 수출 또는 수입하는 행위이며 밀수를 하든지 수출입 신고를 하든 본 죄를 구성하게 된다.
⑤ 본 죄는 7년 이하의 징역 또는 7천만원 이하의 벌금에 처한다.

13 관세법상 징역과 벌금을 병과할 수 없는 것은?

① 가격조작죄　　② 관세포탈죄　　③ 밀수품취득죄
④ 허위신고죄　　⑤ 밀수출입죄

14 자유무역지역의 외국물품 반입절차와 관련한 내용으로 틀린 것은?

① 반입신고는 House B/L 단위로 하여야 하며, 하선장소로 지정된 입주기업체에 컨테이너 상태로 반입하는 경우에는 Master B/L 단위로 신고할 수 있다. 다만, 컨테이너 보관창고(CY)에서 반출입되는 컨테이너화물에 대하여는 컨테이너 단위로 반입신고 하여야 한다.
② 보세운송에 의하여 자유무역지역으로 반입되는 외국화물의 보세운송 도착보고는 도착지 세관장에게 하여야 하며, 보세운송기간에 하여야 한다.
③ 하선신고를 한 자는 입항일부터 컨테이너 화물은 3일, 원목·곡물·원유 등 벌크화물은 10일 이내에 하선장소에 반입하여야 한다.
④ 외국무역선 또는 외국무역기에서 사용되는 선용품 또는 기용품 및 그 밖의 수리용 물품을 일시적으로 자유무역지역에 반입하려는 자는 선(기)용품 및 선(기)내 판매용품의 하역 등에 관한 고시에서 규정한 하선(기)절차를 준용하여야 한다. 이 경우 허가는 신고로 보며, 반입신고는 생략한다.
⑤ 세관장은 입주기업체가 수용능력을 초과한 경우에는 다른 보세구역으로 반출하도록 하고, 위험물을 장치할 수 없는 입주업체가 위험물을 반입한 경우에는 위험물 장치가 가능한 장소로 즉시 반출명령을 하여야 한다.

15 자유무역지역의 지정 및 운영에 관한 법률에서 정의하는 용어에 대한 설명으로 틀린 것은?

① "자유무역지역"이란 관세법, 대외무역법 등 관계 법률에 대한 특례와 지원을 통하여 자유로운 제조·물류·유통 및 무역활동 등을 보장하기 위한 지역으로서 지정된 지역을 말한다.
② "입주기업체"란 입주 자격을 갖춘 자로서 입주계약을 체결한 자를 말한다.
③ "관세등"이란 관세, 부가가치세, 지방소비세, 담배소비세, 임시수입부가세, 주세, 개별소비세, 교통·에너지·환경세, 농어촌특별세 또는 교육세를 말한다.
④ "외국인투자기업"이란 외국인투자 촉진법에 따른 기업으로서 외국인투자자가 제한되는 업종에 해당하지 아니하는 업종을 경영하는 기업을 말한다.
⑤ "공장"이란 산업집적활성화 및 공장설립에 관한 법률에 따른 공장을 말한다.

16 자유무역지역에 입주할 수 있는 자에 해당하지 않는 것은?

① 수출을 주목적으로 하는 제조업종의 사업을 하려는 자로서 수출 비중 등이 대통령령으로 정하는 기준을 충족하는 자
② 수출을 주목적으로 하려는 국내복귀기업(해외진출기업의 국내복귀 지원에 관한 법률에 따라 지원대상 국내복귀기업으로 선정된 기업을 말한다)으로서 복귀 이전 총매출액 대비 대한민국으로의 수출액을 제외한 매출액의 비중 등이 대통령령으로 정하는 기준을 충족하는 자
③ 수출입거래를 주목적으로 하는 소매업종의 사업을 하려는 자로서 수출입거래 비중 등이 대통령령으로 정하는 기준을 충족하는 자
④ 물품의 하역·운송·보관·전시 또는 그 밖에 대통령령으로 정하는 사업을 하려는 자
⑤ 국가기관

17 법규 수행능력 평가제도에 있어 내부 자율통제시스템에 포함하여야 할 사항이 아닌 것은?

① 내부자율통제시스템을 철저히 운영하여 법규수행능력 향상을 위한 사항
② 소속직원이 보세화물 취급과정에서 밀수 등 불법행위에 가담하는 것을 적극 방지하기 위한 사항
③ 법규준수와 안전관리에 대한 경영방침을 위한 사항
④ 설비, 장비가 밀수 등 불법행위에 이용되는 것을 사전에 예방하기 위한 사항
⑤ 세관과의 긴밀한 협조를 통해 자율적인 법규수행능력 향상에 필요한 사항

18 자율관리보세구역의 감독에 대한 설명으로 틀린 것은?

① 운영인은 회계연도 종료 3개월이 지난 후 15일 이내에 자율관리 보세구역 운영 등의 적정 여부를 자체 점검하고, 자율간리 보세구역 지정요건 충족 여부 등의 사항을 포함하는 자율점검표를 작성하여 세관장에게 제출하여야 한다. 다만, 운영인이 자율점검표를 보세구역 운영상황 및 재고조사 결과와 함께 제출하려는 경우, 자율점검표를 다음 해 2월말까지 제출할 수 있다.
② 세관장은 제출받은 자율점검표 등의 심사결과 자율관리 보세구역 운영 관리가 적정하다고 판단되는 경우에는 자율점검표를 해당 년도 정기감사에 갈음하여 생략할 수 있으며, 자율점검표 미제출·제출기한 미준수 등의 사유에 해당하는 자율관리 보세구역에 대하여는 정기감사를 하여야 한다.
③ 세관장은 자율관리보세구역의 운영실태 및 보세사의 관계법령 이행여부 등을 확인하기 위하여 별도의 감사반을 편성(외부 민간위원을 포함할 수 있다)하고 20일 이내의 기간을 설정하여 년 1회 정기감사를 실시하여야 한다.
④ 세관장은 운영인 등과 보세사가 보세화물관리에 관한 의무사항을 불이행한 때에는 사안에 따라 경고처분 등의 조치를 할 수 있다.
⑤ 운영인 등은 해당 보세구역에서 반출입된 화물에 대한 장부를 2년간 보관하여야 한다.

19 자율관리보세구역에 대한 절차생략 등의 정지에 대한 설명으로 틀린 것은?

① 세관장은 자율관리보세구역 운영인 등이 보세사가 해고 또는 취업정지 등의 사유로 업무를 수행할 수 없는 경우에는 기간을 정하여 절차생략 등을 정지할 수 있다.
② 위 "가"의 경우에는 보세사를 채용할 때까지 절차 생략 등을 정지한다.
③ 세관장은 자율관리보세구역 운영인 등이 경고처분을 1년에 3회 이상 받은 경우에는 기간을 정하여 절차생략 등을 정지할 수 있다.
④ 위 "다"의 경우에는 1개월 이내의 기간 동안 절차 생략 등을 정지한다.
⑤ 세관장은 절차생략 등을 정지하는 기간 동안 자율관리보세구역에 위탁되거나 생략된 업무는 운영인 또는 화물관리인이 직접 관리한다.

20 운영인 등의 자율관리보세구역 의무사항에 대한 설명으로 틀린 것은?

① 운영인 등은 보세사가 아닌 자에게 보세화물관리 등 보세사의 업무를 수행하게 하여서는 아니 된다. 다만, 업무대행자를 지정하여 사전에 세관장에게 신고한 경우에는 보세사가 아닌 자도 보세사가 이탈시 보세사 업무를 수행할 수 있다.
② 운영인 등은 당해 보세구역에 작업이 있을 때는 보세사를 상주근무하게 하여야 하며 보세사를 채용, 해고 또는 교체하였을 때에는 세관장에게 즉시 통보하여야 한다.
③ 보세사가 해고 또는 취업정지 등의 사유로 업무를 수행할 수 없는 경우에는 즉시 다른 보세사를 채용하여 근무하게 하여야 한다.
④ 운영인 등은 절차생략 등에 따른 물품 반출입 상황 등을 보세사로 하여금 기록·관리하게 하여야 한다.
⑤ 운영인 등은 해당 보세구역 반출입 물품과 관련한 생산, 판매, 수입 및 수출 등에 관한 세관공무원의 자료요구 또는 현장 확인 시에 협조하여야 한다.

21 관세청장이나 세관장이 관세법에 의하여 고발하여야 하는 경우가 아닌 것은?

① 범죄의 정상이 징역형에 처해질 것으로 인정되는 경우
② 관세범인이 통고를 이행할 수 있는 자금능력이 없다고 인정되는 경우
③ 관세범인의 주소 및 거소가 분명하지 아니한 경우
④ 관세범인이 통고서의 송달을 받은 날부터 15일 내에 이행하지 아니하였을 경우
⑤ 관세범인이 2회 이상의 출석요구에 불응하는 경우

22 보세사 등록취소 사유에 해당하지 아니한 것은?

① 보세사가 관세법을 위반하여 징역형의 실형을 선고받고 그 집행이 끝나거나(집행이 끝난 것으로 보는 경우를 포함한다) 면제된 후 2년이 지나지 아니한 때
② 보세사가 관세법을 위반하여 징역형의 집행유예를 선고받은 후 2년이 지나지 아니한 때
③ 보세사가 사망한 때
④ 보세사가 관세법이나 관세법에 따른 명령을 위반한 때
⑤ 보세사가 보세구역 운영인 또는 등록보세사로부터 보세사의 퇴사·해임·교체통보 등을 받은 때

23 자유무역지역에 대한 설명 중 틀린 것은?

① 자유무역지역은 자유무역지역의 지정 및 운영에 관한 법률에 의하여 지정되는 특수지역을 말한다.
② 중앙행정기관의 장이나 특별시장·광역시장·특별자치시장·도지사 또는 특별자치도지사는 대통령령으로 정하는 바에 따라 관계 중앙행정기관의 장 및 관계 시·도지사와의 협의를 거쳐 기획재정부장관에게 자유무역지역의 지정을 요청할 수 있다.
③ 자유무역지역에 입주할 수 있는 자격은 수출을 주목적으로 하는 제조업자, 수출입거래를 주목적으로 하는 도매업자, 물품의 하역·운송·보관·국제운송주선·전시사업 등 물류관련 사업자, 연료·식수·선식 및 기내식 등 선박·항공기용품의 공급업자, 물류시설 관련 개발법 및 임대업자, 입주기업체의 사업을 지원하는 업종으로서 금융업, 보험업, 통관업 등의 사업자, 각종 국가기관과 지방자치단체 또는 공공기관 등으로 다양하다.
④ 자유무역지역에 입주한 업체는 외국물품을 보세상태로 사용해 물품을 제조·가공할 수 있다.
⑤ 자유무역지역은 관세법에 의한 보세공장 또는 종합보세구역과 달리 이 지역에 반입된 기계·기구·설비 및 장비와 그 부분품, 원재료·윤활유·사무용 컴퓨터 및 건축자재도 보세상태로 사용할 수 있다는 점에서 혜택이 크다. 또한, 이들 입주업체에 대해서는 법인세, 재산세 등의 조세감면 혜택도 부여된다.

24 자유무역지역의 관리권자에 대한 연결 중 옳은 것만 나열된 것은?

⊙ 산업단지 : 산업통상자원부장관
ⓒ 공항 및 배후지 : 산업통상자원부장관
ⓒ 물류터미널 및 물류단지 : 산업통상자원부장관
② 항만 및 배후지 : 해양수산부장관

① ⊙, ⓒ ② ⊙, ⓒ
③ ⊙, ② ④ ⓒ, ⓒ
⑤ ⓒ, ②

25 자유무역지역 지정절차에 대한 설명 중 틀린 것은?

① 중앙행정기관의 장이나 특별시장·광역시장·특별자치시장·도지사 또는 특별자치도지사는 대통령령으로 정하는 바에 따라 관계 중앙행정기관의 장 및 관계 시·도지사와의 협의를 거쳐 산업통상자원부장관에게 자유무역지역의 지정을 요청할 수 있다.
② 산업통상자원부장관은 자유무역지역을 지정하였을 때에는 그 지역의 위치·경계·면적과 그 밖에 대통령령으로 정하는 사항을 고시하고, 그 내용을 지체 없이 관계 중앙행정기관의 장 및 시·도지사에게 통지하여야 한다.
③ 통지를 받은 시·도지사는 그 내용을 14일 이상 일반인이 열람할 수 있게 하여야 한다.
④ 산업통상자원부장관은 중앙행정기관의 장 또는 시·도지사의 요청에 따라 자유무역지역 예정지역으로 지정할 수 있다.
⑤ 예정지역의 지정기간은 5년 이내로 한다. 다만, 산업통상자원부장관은 해당 예정지역에 대한 개발계획의 변경 등으로 지정기간의 연장이 불가피하다고 인정하는 경우에는 5년의 범위에서 지정기간을 연장할 수 있다.

정답 및 해설

| 1과목 | 수출입통관절차

01	③	02	④	03	④	04	⑤	05	⑤	06	②	07	②	08	④	09	⑤	10	④
11	④	12	④	13	④	14	⑤	15	④	16	④	17	③	18	⑤	19	④	20	④
21	④	22	③	23	⑤	24	⑤	25	③										

| 2과목 | 보세구역관리

01	②	02	②	03	④	04	③	05	④	06	③	07	④	08	②	09	④	10	①
11	④	12	①	13	④	14	⑤	15	①	16	④	17	③	18	③	19	⑤	20	④
21	⑤	22	③	23	②	24	④	25	⑤										

| 3과목 | 보세화물관리

01	⑤	02	④	03	⑤	04	④	05	④	06	④	07	②	08	④	09	⑤	10	③
11	③	12	⑤	13	②	14	④	15	③	16	⑤	17	⑤	18	④	19	⑤	20	①
21	⑤	22	⑤	23	⑤	24	④	25	④										

| 4과목 | 수출입안전관리

01	⑤	02	⑤	03	①	04	⑤	05	③	06	⑤	07	④	08	⑤	09	①	10	⑤
11	⑤	12	⑤	13	①	14	④	15	④	16	④	17	③	18	⑤	19	①	20	③
21	⑤	22	⑤	23	⑤	24	③	25	④										

| 5과목 | 자율관리 및 관세벌칙

01	⑤	02	④	03	②	04	⑤	05	④	06	③	07	⑤	08	③	09	②	10	④
11	④	12	②	13	④	14	②	15	③	16	③	17	③	18	③	19	⑤	20	③
21	⑤	22	②	23	②	24	③	25	⑤										

01 ③
① 우리나라의 선박 등이 공해에서 채집하거나 포획한 수산물 등이 '내국물품'에 해당된다.
② 환적에 대한 설명이다.
④ 관세법상 '운영인'에는 지정보세구역의 설치·운영에 관한 신고를 한 자가 포함되지 않는다.
⑤ 즉시반출신고를 하고 반출된 물품이 '내국물품'에 해당된다.

02 ④
① 원칙적으로 관세는 수입신고를 하는 때의 물품의 성질과 수량에 따라 관세를 부과한다.
② 수입신고전 즉시반출신고를 하고 반출된 물품으로서 추후 수입신고가 된 물품은 수입신고전 즉시반출신고를 한 때의 물품의 성질과 수량에 따라 관세가 부과된다.
③ 우편으로 수입되는 물품은 통관우체국에 도착한 때의 물품의 성질과 수량에 따라 관세를 부과한다.
⑤ 장치기간이 경과되어 매각된 물품은 매각 절차에 따라 매각된 때의 물품의 성질과 수량에 따라 관세가 부과된다.

03 ④
① 수입신고를 하지 아니하고 수입한 경우에는 관세를 부과할 수 있는 날부터 <u>7년</u>이 지나면 부과할 수 없다. (2024.12.31. 개정)
② 부정한 방법으로 관세를 포탈하였거나 환급 또는 감면을 받은 경우에는 관세를 부과할 수 있는 날부터 <u>10년</u>이 지나면 부과할 수 없다.
③ 과다환급 또는 부정환급 등의 사유로 관세를 징수하는 경우에는 <u>환급한 날의 다음날</u>을 관세를 부과할 수 있는 날로 한다.
④ 고발은 관세징수권 소멸시효의 중단 사유에 해당한다.
⑤ 감사원법에 따른 심사청구에 대한 결정에 따라 명의대여 사실이 확인된 경우에는 당초의 부과처분을 취소하고 그 결정이 확정된 날부터 <u>1년</u> 이내에 실제로 사업을 경영한 자에게 경정이나 그 밖에 필요한 처분을 할 수 있다.

04 ⑤
① 수입물품을 수입신고 전에 양도한 경우 : 그 <u>양수인</u>
② 보세구역에 장치된 물품이 분실된 경우 : 운영인 또는 <u>화물관리인</u>
③ 수입신고가 수리되기 전에 사용하는 경우 : 그 <u>사용자</u>
④ 선박용품을 하역허가의 내용대로 운송수단에 적재되지 아니한 경우 : <u>하역허가를 받은 자</u>

05 ⑤
물품의 가격변동이 큰 물품 기타 수입신고 수리 후에 세액을 심사하는 것이 적합하지 아니하다고 인정하여 <u>관세청장이 정하는 물품</u>이 수입신고수리전 세액심사 대상물품에 해당된다.

06 ②
과세가격이 미화 250달러 이하인 물품으로서 견본품으로 사용될 것으로 인정되는 물품이 관세가 면제되는 소액물품에 해당된다.

07 ②
㉠ : 수출신고 시, ㉡ : 적재완료일, ㉢ : 5일, ㉣ : 180일이 해당된다.

08 ④
전기용품 및 생활용품 안전관리법 해당 물품은 세관장이 수출입요건 구비 여부를 확인하지 아니한다.

09 ⑤
간이세율을 적용받지 않으려면, 화주가 과세대상물품 전부에 대하여 간이세율의 적용을 받지 아니할 것을 요청하여야 한다.

10 ④
수산물 중 HS 0302호, 0303호, 0305호에 해당되는 것으로서 HS 0305호는 염수장한 것에 한한다.

11 ④
수입신고전 즉시반출신고를 하고 반출한 경우, 즉시반출신고를 한 날부터 10일 내에 수입신고를 하지 아니하여 관세를 징수하는 경우가 부과고지 대상에 해당된다.

12 ④
할당관세율은 일반특혜관세율보다 낮은 경우에만 우선 적용되며, 편익관세율은 나머지 세율보다 낮은 경우에만 우선 적용된다.

13 ④
해당 물품이 수출입신고가 수리된 후 3개월이 지난 경우에는 그러하지 아니하다.

14 ⑤
관세법, 조약 등에 따라 원산지 확인이 필요한 물품으로서 원산지증명서를 구비하지 못한 물품의 경우 관세의 편익을 적용하지 아니할 수 있지만, 통관을 제한할 수 있는 사유에는 해당되지 아니한다.

15 ④
여행자가 휴대품을 운송수단 또는 관세통로에서 소비하거나 사용하는 경우를 수입으로 보지 아니하며, 승무원은 해당되지 아니한다.

16 ④
부과고지 대상물품은 관세법 시행규칙 제48조 제4항 본문에 규정된 자가 수입하는 자동차 이외의 이사화물을 제외하고는 반드시 종이서류를 제출하여야 한다.

17 ③
㉠ 신고기한이 경과한 날부터 20일 내(15일) : 해당 물품 과세가격의 <u>1천분의 5</u>
㉡ 신고기한이 경과한 날부터 50일 내(30일) : 해당 물품 과세가격의 <u>1천분의 10</u>
㉢ 신고기한이 경과한 날부터 50일 내(45일) : 해당 물품 과세가격의 <u>1천분의 10</u>

18 ⑤
입항전수입신고가 수리되고 보세구역 등으로부터 반출되지 아니한 물품에 대하여는 해당 물품이 지정보세구역에 장치되었는지 여부에 관계없이 관세법 제106조 제4항을 준용한다.

19 ④
통관보류, 통관요건 불합격이 결정된 물품은 신고각하의 사유가 아니며, <u>해당 물품을 반송하거나 폐기하려는 경우에는 신고취하의 신청 사유</u>가 된다.

20 ④
두 가지 모두 10일로 한다.

21 ④
과세가격이 미화 1만불 이하인 물품으로서 <u>개별소비세, 주세, 교통·에너지·환경세가 부과되는 물품과 분할하여 수입되는 물품이 아닌 것</u>이 가격신고 생략 대상이 된다.

22 ③
신고서에 의한 간이신고 대상에 해당된다.

23 ⑤
원칙적으로 분할된 물품의 납부세액이 징수금액 최저한인 1만원 미만인 경우에는 B/L분할신고를 할 수 없으나, 신고물품 중 일부만 통관이 허용되고 일부가 보류되는 경우에는 제외된다.

24 ⑤
사해행위 취소소송은 관세징수권 소멸시효의 <u>정지사유</u>에 해당된다.

25 ③
<u>과세가격</u>이 15만원 이하인 물품이 원산지증명서 생략 대상에 해당된다.

| 2과목 | 보세구역관리

01　②
수면과 선박·차량과 같은 정착성이 없는 경우에는 보세구역으로 할 수 없다.

02　②
토지나 시설의 소유자 또는 관리자의 신청에 의해서도 세관장이 지정할 수 있다.

03　④
보세전시장에서 사용될 내국물품이 해당 보세전시장에서 개최될 박람회등의 운영과 관계가 없는 것일 때에는 반출입의 신고를 생략하지 아니한다.

04　③
운영인은 교환권에 의하여 판매한 물품에 대하여는 반송 및 간이보세운송신고서에 따라 관할지세관장에게 신고 후 수리를 받아 보세운송 신고 건별로 행낭 또는 각종 운반 박스 등에 넣은 후 운영인 책임하에 시건 또는 봉인을 한 후 인도장으로 보세운송을 하여야 한다.

05　④
관세법 제175조(운영인의 결격사유)의 어느 하나에 해당하게 된 경우에는 대상이 되지만, 해당 조 제8호에 해당하는 경우로서 같은 조 제2호에 해당하는 사람을 임원으로 하는 법인이 3개월 이내에 해당 임원을 변경한 경우에는 그러하지 아니 하다.

06　③
관세청장은 특허심사위원회의 위원이 심신장애로 인하여 직무를 수행할 수 없게 된 경우에는 해당 위원을 해촉할 수 있다.

07　④
국가 또는 지방자치단체가 수입하거나 협정에 의하여 관세가 면제되는 물품을 수입하는 때에는 보세구역 외 장치허가수수료를 면제한다.

08　②
운영인이 동일 종합보세사업장에서 종합보세기능 간에 물품을 이동하는 경우에는 반출입신고를 하지 아니하며, 동일 종합보세구역내의 종합보세사업장 간의 물품의 이동에는 보세운송신고를 하지 아니한다.

09　④
액체화물 전용 보세창고는 창고면적 기준을 적용하지 않는다.

10 ①

자가용 보세창고에 장치할 수 있는 물품은 다음과 같다.
① 제조·가공에 사용하는 원재료
② 제조용 설비 및 하자보수용 물품
③ 수입하여 판매하려는 물품
④ 연구기관에서 사용하는 연구용 물품
⑤ 장기비축 수출용원재료 또는 수출품 보수용 물품을 수출입하려는 경우
⑥ 외국무역선 또는 외국무역기에 선(기)용품 또는 판매물품을 공급(판매)하는 경우

11 ④

세관장은 특허보세구역 및 종합보세구역에 대한 물품반입의 정지처분이 그 이용자에게 심한 불편을 주거나 공익을 해칠 우려가 있는 경우에는 특허보세구역의 운영인에게 반입정지 처분을 갈음하여 해당 특허보세구역 운영에 따른 매출액의 <u>100분의 3</u> 이하의 범위에서 <u>과징금</u>을 부과할 수 있다. 이 경우, <u>특허심사위원회</u>의 사전심사를 거쳐야 한다.

12 ①

보세공장에 대한 재고조사는 서면심사 및 실지조사의 방법으로 회계연도 종료 3개월 이후 <u>연 1회</u> 실시를 원칙으로 한다.

13 ③

산업시설에 병설되는 사무소, 의료시설, 식당, 공원, 숙사 등 부대시설을 건설하기 위한 외국물품은 <u>수입신고 수리 전에 사용할 수 없다.</u>

14 ⑤

⑤는 보세판매장에 해당하지 아니한다.

15 ①

"활어"란 관세법의 별표 관세율표 제0301호(살아 있는 어류)에 해당하는 물품으로서 관상용과 양식용(이식용, 시험연구조사용)을 <u>제외한 것</u>을 말한다.

16 ④

인도자는 물품의 인수를 완료한 때에는 세관공무원에게 이상 유무를 보고하여야 하며, <u>보세사</u>는 재고관리시스템의 당해 보세운송에 대하여 도착확인 등록을 하여야 한다.

17 ③

세관장은 불합격품이 발생한 경우 해당 화주에게 불합격 사실을 통보를 받은 날부터 <u>15일</u> 이내에 반송 또는 폐기하도록 명령하여야 한다.

18 ③
지정장치장의 화물관리인은 화물관리에 필요한 비용(세관설비 사용료를 포함한다)을 화주로부터 징수할 수 있다. 다만, 그 요율에 대하여는 세관장의 승인을 받아야 한다.

19 ⑤
세관장이 관리하는 시설이 아닌 경우 세관장은 해당 시설의 소유자나 관리자와 협의하여 화물관리인을 지정하여야 하는데, 해당 시설의 소유자나 관리자가 요청한 자가 지정될 수 있다.

20 ④
"야적전용보세창고"란 철재, 동판, 시멘트 제품이나 그 밖의 광물과 석재, 목재 등의 물품과 노천에서 보관하여도 상품가치가 크게 저하되지 않는 물품을 보관하는 특허보세구역을 말한다.

21 ⑤
지붕이 있고 주위에 벽을 가진 지상건축물로서 창고면적이 $1,000m^2$ 이상이어야 한다.

22 ③
파산선고를 받고 복권되지 아니한 자는 특허의 기준을 충족하지 못한 것으로 볼 수 있다. 그러나 복권된 자는 그러하지 아니하다.

23 ⑤
관세법을 위반하여 징역형의 집행유예를 선고받고 그 유예기간 중에 있는 자가 해당된다.

24 ④
종합보세사업장의 운영인은 그가 수행하는 종합보세기능을 변경하려면 세관장에게 이를 신고하여야 한다.

25 ⑤
보세건설장의 운영인은 사용 전 수입신고를 한 물품을 사용한 건설공사가 완료된 때에는 지체 없이 이를 세관장에게 보고하여야 한다.

| 3과목 | 화물관리

01 ⑤
① 물품의 상품성 향상을 위한 개수작업은 보수작업으로 허용된다.
② 보수작업을 하려는 자는 세관장의 승인을 받아야 한다.
③ HSK 10단위의 변화를 가져오는 것도 보수작업으로 인정할 수 없다.
④ 보수작업으로 외국물품에 부가된 내국물품은 외국물품으로 본다.

02 ④
보수작업을 하려는 자는 <u>세관장의 승인을 받아야 한다</u>.

03 ⑤
매각처분 보류 사유에 해당하지 아니하며, 화주의 매각처분 보류요청이 있는 경우 매각처분을 보류할 수 있다.

04 ④
① 지정장치장 반입물품의 장치기간은 <u>6개월</u>로 한다. 다만, 부산항·인천항·인천공항·김해공항 항역 내의 지정장치장으로 반입된 물품의 장치기간은 <u>2개월</u>로 하며, 세관장이 필요하다고 인정할 때에는 <u>2개월</u>의 범위에서 그 기간을 연장할 수 있다.
② 여행자 또는 승무원의 휴대품으로서 유치물품 및 습득물의 장치기간은 <u>1개월</u>로 하며, 예치물품의 장치기간은 예치증에 기재된 출국예정시기에 <u>1개월</u>을 가산한 기간으로 한다. 다만, 유치물품은 화주의 요청이 있거나 세관장이 필요하다고 인정하는 경우 <u>1개월</u>의 범위에서 그 기간을 연장할 수 있다.

05 ④
품명미상의 물품으로서 1년이 경과된 물품이 폐기명령 대상에 해당된다.

06 ④
포장단위 물품으로서 중량의 과부족이 <u>10% 이내</u>이고 포장상태에 이상이 없는 경우가 정정생략 사유에 해당된다.

07 ②
"산물"이란 일정한 포장용기로 포장되지 않은 상태에서 운송되는 물품으로서 수량관리가 <u>불가능한 물품</u>을 말한다.

08 ④
화물이 국내에 도착된 후 최초로 보세구역에 반입된 날부터 <u>30일</u>이 경과한 물품이 대상에 해당된다.

09 ⑤
화물관리 세관공무원은 하기장소 보세구역운영인으로부터 반입신고가 있을 때에는 적하목록상 물품의 전량반입완료 및 반입사고 여부를 확인하고 입항 후 <u>24시간</u> 이내에 반입되지 아니한 물품이 있거나 반입사고가 있는 물품에 대하여는 그 사유를 조사한 후 그 결과에 따라 처리한다.

10 ③
관세법에 따른 담보(<u>부동산은 제외</u>)를 2억원 이상 제공한 자가 해당된다.

11 ③

반입물품 이상보고를 받은 세관장은 사고발생 경위를 확인하여 자체조사 후 통고처분 등 필요한 조치를 하거나 적재화물목록 정정이 필요한 경우에는 보세화물 입출항 하선 하기 및 적재에 관한 고시 제12조(해상 수입화물 적하목록의 정정신청)와 제25조(항공 수입화물 적하목록의 정정신청)에 따른 조치를 해야 한다. 다만, <u>위반사항이 세관공무원의 범칙조사에 관한 훈령 제14조 제1항 각 호의 어느 하나에 해당하는 경우 즉시 조사전담부서로 고발의뢰해야 한다.</u>

12 ⑤

선박 또는 항공기의 안전운행, 적재계획 변경 등으로 물품을 예정대로 적재하지 못하거나 항만의 컨테이너터미널(부두 포함) 또는 공항의 화물터미널에서 B/L상의 중·수량을 확정하는 경우에는 선박 또는 항공기의 출항 익일 <u>세관 근무시간</u>까지 1회에 한하여 물품목록의 일부를 삭제하거나 물품목록의 해당 항목을 정정할 수 있다.

13 ②

보세운송업자등으로 등록하기 위해서는 보세운송업자등의 등록이 취소된 후 2년이 지난 자여야 하지만, 관세법 제175조 제1호부터 3호까지(미성년자, 피성년후견인과 피한정후견인, 파산선고를 받고 복권되지 아니한 자)에 해당하는 경우에는 제외한다.

14 ④

해당하는 물품은 보세운송 절차를 요하지 않는다.

> **보세운송 절차를 요하지 않는 물품**
> 1. 우편법에 따라 체신관서의 관리하에 운송되는 물품
> 2. 검역법 등에 따라 검역관서가 인수하여 검역소 구내계류장 또는 검역시행 장소로 운송하는 검역대상 물품
> 3. 국가기관에 의하여 운송되는 압수물품

15 ③

보세운송물품은 신고수리(승인)일로부터 다음 각 호의 어느 하나에 정하는 기간까지 목적지에 도착하여야 한다. 다만, 세관장은 선박 또는 항공기 입항 전에 보세운송신고를 하는 때에는 입항예정일 및 하선(기)장소 반입기간을 고려하여 <u>5일</u> 이내의 기간을 추가할 수 있다.
1. 해상화물 : <u>10일</u>
2. 항공화물 : <u>5일</u>

16 ⑤

재해 기타 불가피한 사유로 인하여 당해 물품을 취급하는 경우에는 <u>사후</u>에 경위서를 세관장에게 제출하여 그 확인을 받아야 한다.

17 ⑤
보세운송업자 등록의 효력이 상실되는 사유에 해당하지 않는다.

18 ④
국고귀속의 보류 사유에 해당하지 않는다.

19 ⑤
보세구역 경유지에서는 보세운송물품의 개장, 분리, 합병 등의 작업을 할 수 <u>없다</u>.

20 ①
운항선사가 화물을 하선하려는 때에는 <u>Master B/L 단위의 적재화물목록을 기준</u>으로 하역장소와 하선장소를 기재한 하선신고서를 세관장에게 전자문서로 제출해야 한다.

21 ⑤
수입고철(비금속설을 <u>포함한다</u>)은 고철전용장치장에 장치하는 것을 원칙으로 한다.

22 ⑤
관세청장이 아닌 세관장이 인정하는 물품이 그 대상이 된다.

23 ⑤
관세청장이 아닌 세관장이 인정하는 사유가 있는 경우가 해당된다.

24 ④

> **환적화물 처리절차에 관한 특례고시 제6조【환적신고】**
> ② 제1항 제1호에 따른 환적화물의 컨테이너 적출입작업은 해당 CY의 CFS 또는 공항내 보세구역에서 하여야 한다. 다만, <u>다음 각 호의 어느 하나에 해당하는 경우에는 그러하지 아니하다</u>.
> 1. 냉동화물 등 특수화물을 하선과 동시에 선측에서 컨테이너에 적입하는 작업
> 2. 컨테이너에 내장된 냉동화물 등 특수화물을 선측에서 적출하여 동시에 선적하는 것이 불가피한 경우
> 3. 위험물 등 특수화물로서 특수시설을 갖춘 장소에서만 적출입 작업이 가능한 경우
> 4. 경유지 보세구역(경인ICD 및 김포공항 화물터미널의 경우에만 해당한다)에서 환적화물 컨테이너(항공기용 탑재용기를 포함한다)에 적출입 작업을 하는 경우
> 5. 그 밖에 부두내 CFS가 없는 경우 등 부득이한 사유로 CFS에서 작업이 곤란하다고 세관장이 인정하는 경우

25 ④
산물 등 기타화물은 부두 내 보세구역으로 한다.

| 4과목 | 수출입안전관리

01 ⑤
보세판매장 판매용 물품은 <u>외국물품만</u>을 말한다.

02 ⑤
반송 후 재수입되는 컨테이너 화물로 밀수입 등이 의심되는 화물은 검색기검사화물이 아닌 즉시검사화물에 해당한다.

03 ①
ⓒ : 운송추적감시대상화물, ⓔ : 검색기검사화물

04 ⑤
① 국경출입차량은 <u>관세통로</u>를 경유하여야 한다.
② 국경출입차량은 <u>통관역이나 통관장</u>에 정차하여야 한다.
③ 관세통로는 육상국경으로부터 <u>통관역</u>에 이르는 철도와 육상국경으로부터 <u>통관장</u>에 이르는 육로 또는 수로 중에서 세관장이 지정한다.
④ 통관역은 국외와 연결되고 국경에 근접한 <u>철도역</u> 중에서 관세청장이 지정한다.

05 ③
양양항은 국제항으로 지정되어 있지 아니하고, <u>양양공항이 국제항으로 지정</u>되어 있다.

06 ⑤
철도회사부문은 공인 부문에 해당하지 아니한다.

07 ④
정산업체의 수입세액 정산보고서의 확인 및 점검은 기업상담전문관이 담당하는 업무에 해당하지 아니한다. (2022.1.1. 개정 후 수입세액 정산보고 제도가 삭제됨)

08 ⑤
사증수수료는 <u>400원</u>으로 한다.

09 ①
처벌의 <u>확정 여부를 구분하지 않는다</u>.

10 ⑤
국제항의 항계는 「항만법 시행령」 별표 1에 따른 항만의 수상구역 또는 「공항시설법」에 의한 범위로 한다.

11 ⑤

공인의 유효기간 내에 혜택 적용의 정지 처분을 <u>5회 이상</u> 받은 경우에 공인이 취소된다.

12 ⑤

5가지 모두 수출입 안전관리 우수업체 심의위원회에서 심의하는 사항이다.

13 ①

① 통고처분 사건의 경우 <u>범인이 통고의 요지를 이행한 때</u>에 포상을 실시한다.

14 ④

관세청장은 부득이한 사유로 심사 일정을 변경하고자 하는 경우에는 현장심사를 시작하기 <u>5일 전</u>까지 변경된 일정을 통지할 수 있다.

15 ④

공항의 경우 여객기로 입국하는 여객수가 <u>연간 4만명 이상</u>이여야 한다.

16 ④

공인신청 후 신청업체의 법규준수도 점수가 <u>70점 미만</u>(중소 수출기업은 <u>60점 미만</u>)으로 하락한 경우에 공인신청이 기각될 수 있다.

17 ③

수출입 안전관리 우수업체 공인의 유효기간은 증서상의 발급한 날로부터 <u>5년</u>으로 한다. 다만, 심의위원회에서 수출입 안전관리 우수업체 공인의 <u>취소</u>를 결정하였을 때에는 해당 <u>결정을 한 날</u>에 공인의 유효기간이 끝나는 것으로 본다.

18 ⑤

기업상담전문관이 담당하는 업무에 해당한다.

19 ①

수출입 안전관리 우수업체는 대표자 등의 변경사실이 발생한 경우에는 그 사실이 발생한 날로부터 30일 이내에 수출입 관리현황 변동사항 보고서를 작성하여 관세청장에게 보고하여야 한다. 다만, 변동사항이 범칙행위, 부도 등 공인유지에 중대한 영향을 미치는 경우에는 <u>지체 없이</u> 보고하여야 한다.

20 ③

중소기업은 수출입 관련 업무에 <u>1년 이상</u> 근무한 경력이 있고 관리책임자 교육을 받은 해당 업체 소속 관리책임자의 확인을 받을 수 있다.

정답 및 해설 655

21 ⑤
6년, 8년, 10년이 해당된다.

22 ⑤
관세청장은 갱신심사 중 현장심사를 할 때에 통관적법성 검증을 위하여 수출입 안전관리 우수업체의 사업장을 직접 방문하는 기간은 방문을 시작한 날로부터 15일 이내로 한다.

23 ⑤
하역업자는 법규준수와 안전관리를 위하여 관세행정 전문가, 거래업체와 정기적으로 협의하여야 한다.

24 ③
신청업체와 신청인(관리책임자를 포함한다)이 관세법 시행령 제259조의2(수출입 안전관리 기준 등) 제1항 제1호에서 정한 법령(관세법령을 제외한다)을 위반하여 벌칙조항 중 징역형이 규정된 조항에 따라 벌금형 이상을 선고받은 사실이 있는 경우에는 징역형 종료 또는 벌금형 선고 후 2년이 경과하거나 집행유예 기간이 만료되어야 한다.

25 ④
대테러활동에 관한 국가의 정책 수립 및 평가는 국가테러대책위원회의 심의·의결사항에 해당하며, 대테러센터는 국가 중요행사 대테러안전대책 수립을 수행한다.

| 5과목 | 자율관리 및 관세벌칙

01 ⑤
세관장은 자율관리보세구역 운영인 등에게 지정기간 만료 1개월 전까지 갱신 신청하여야 한다는 사실과 갱신절차를 지정기간 만료 2개월 전에 문서, 전자메일, 전화, 휴대폰 문자전송 방법 등으로 미리 알려야 한다.

02 ④
보세사가 해고 또는 취업정지 등의 사유로 업무를 수행할 수 없는 경우로서 2개월 이내에 다른 보세사를 채용하지 않는 경우가 지정취소 사유에 해당된다.

03 ②
보세사는 다른 업무를 겸임할 수 없다. 다만, 영업용 보세창고가 아닌 경우 보세화물 관리에 지장이 없는 범위 내에서 다른 업무를 겸임할 수 있다.

04 ⑤
보기의 모든 직무가 보세사의 직무에 해당된다.

05 ④
보세사 징계는 견책, 6월의 범위 내 업무정지, 등록취소로 한다. 다만, 연간 6월의 범위 내 업무정지를 2회 받으면 등록취소 하여야 한다.

06 ③
종합인증 우수업체는 우수 자율관리보세구역에서만 요구되는 사항이다.

07 ⑤
식품위생법 등 여러 법령에 따른 표시작업은 생략될 수 있지만, 원산지표시작업은 제외된다.

08 ③
보세사가 해고 또는 취업정지 등의 사유로 업무를 수행할 수 없는 경우에는 2개월 이내에 다른 보세사를 채용하여 근무하게 하여야 한다.

09 ②
운영인이 자율점검표를 보세구역 운영상황 및 재고조사 결과와 함께 제출하려는 경우, 자율점검표를 다음 해 2월말까지 제출할 수 있다.

10 ④
민간시설지구는 해당하지 아니한다.

11 ④
미수범은 본죄에 준하여 처벌하고, 예비범에 대하여는 본죄의 2분의 1을 감경하여 처벌한다.

12 ②
보호법익은 국가안전, 사회공공의 안녕, 통화의 안정 등을 확보하는데 목적이 있다.

13 ④
허위신고죄는 해당하지 아니한다.

14 ②
보세운송 도착보고는 반입신고로 갈음한다.

15 ③
"관세등"에 지방소비세와 담배소비세는 포함되지 아니한다.

16 ③
수출입거래를 주목적으로 하는 도매업종의 사업을 하려는 자로서 수출입거래 비중 등이 대통령령으로 정하는 기준을 충족하는 자여야 한다.

17 ③
'③'은 포함되는 사항이 아니다.

18 ③
세관장은 자율관리보세구역의 운영실태 및 보세사의 관계법령 이행여부 등을 확인하기 위하여 별도의 감사반을 편성(외부 민간위원을 포함할 수 있다)하고 7일 이내의 기간을 설정하여 년 1회 정기감사를 실시하여야 한다.

19 ⑤
세관장은 절차생략 등을 정지하는 기간 동안 자율관리보세구역에 위탁되거나 생략된 업무는 세관공무원이 직접 관리한다.

20 ③
보세사가 해고 또는 취업정지 등의 사유로 업무를 수행할 수 없는 경우에는 2개월 이내에 다른 보세사를 채용하여 근무하게 하여야 한다.

21 ⑤
관세범인이 2회 이상의 출석요구에 불응하는 경우는 고발 사유에 해당하지 아니한다.

22 ②
집행유예의 경우 유예기간 중에 있는 때에만 해당된다.

23 ②
중앙행정기관의 장이나 특별시장·광역시장·특별자치시장·도지사 또는 특별자치도지사는 대통령령으로 정하는 바에 따라 관계 중앙행정기관의 장 및 관계 시·도지사와의 협의를 거쳐 산업통상자원부장관에게 자유무역지역의 지정을 요청할 수 있다.

24 ③
공항 및 배후지, 물류터미널 및 물류단지 모두 국토교통부장관이 관리권자이다.

25 ⑤
예정지역의 지정기간은 3년 이내로 한다. 다만, 산업통상자원부장관은 해당 예정지역에 대한 개발계획의 변경 등으로 지정기간의 연장이 불가피하다고 인정하는 경우에는 5년의 범위에서 지정기간을 연장할 수 있다.

Memo

[저자프로필]

■ 안준호

약력

- 관세사, 보세사, 외환전문역 2종, 무역영어 1급 자격증 보유
- 동국대학교 국제통상학과 졸업
- (현) 관세법인 태영 인천공항지점 대표 관세사
- (현) 인천공항세관 공익관세사
- (현) 이패스코리아 보세사 강사
- (현) 이패스코리아 원산지관리사 강사
- (현) 이패스코리아 외환전문역 2종 강사
- (현) 이패스관세사 관세법 강사
- (현) YES FTA 전문교육 강사
- (현) 웰페이스학원 무역실무 / 대외무역법 / 외국환거래법 강사
- (현) 평택대학교 외부강사(FTA통상의 이해, 원산지관리 실무)
- (전) 무역협회 / 관세청 FTA 컨설턴트
- (전) EBS 국제무역사 2급 강사
- (전) 이패스동남고시 관세사 무역실무 강사
- (전) 이패스동남고시 관세사 대외무역법 / 외국환거래법 강사

[수상 경력]

- 2019년 품목분류 연구논문 공모전 우수
- 2016년 관세품목분류 인터넷 경진대회 장려

[저서]

- 2021~2025 관세사 관세법/관세법개론
- 2021~2025 객관식 관세법개론
- 2021~2025 관세사 관세법령 3단비교집
- 2024~2025 한권으로 마무리하는 관세사 2차 기출 예상문제 풀이집 공저
- 2021 한권으로 끝내는 무역실무(고득점)
- 2021 무역실무 기본 이론서
- 2020 와우패스 국제무역사 2급
- 신 무역실무1, 2
- 무역실무 핵심이론정리
- 한Q에 보는 대외무역법 / 외국환거래법

2025 이패스 보세사 합격예감

개정2판 1쇄 인쇄 / 2025년 02월 28일
개정2판 1쇄 발행 / 2025년 03월 10일

공 편 저 안준호, 이패스코리아 금융연구소
발 행 인 이재남
발 행 처 이패스코리아
          서울시 영등포구 경인로 775 에이스하이테크시티 2동 10층
          전   화 1600-0522
          팩   스 02-6345-6701
          홈페이지 www.epasskorea.com
          이 메 일 edu@epasskorea.com
등 록 번 호 제318-2003-000119호(2003년 10월 15일)

※잘못된 책은 교환해드립니다.